Tobias Büchi

Die Festung Basel, Daniel Specklin und der Dreissigjährige Krieg

Gutachten, Ausführung und Rahmenbedingungen

Colmena

Die Forschungsarbeit wurde unterstützt durch:
Sulger-Stiftung
Dr. H. A. Vögelin-Bienz-Stiftung

Die Publikation wurde gefördert durch:
ERNST GÖHNER STIFTUNG
L. & Th. La Roche-Stiftung
E. E. Zunft zu Hausgenossen

Gedruckt mit Unterstützung der Berta Hess-Cohn Stiftung, Basel.

Lektorat: Marianne Wackernagel, Colmena
Gestaltung: Jiří Oplatek, Claudiabasel
Satz: Jiří Oplatek und Marianne Wackernagel
Bildbearbeitung: Jiří Oplatek
Papier: Munken Polar, 120 g/m², 1.1 GTO, Vol. 1.13
Schrift: Practice
Druck: Memminger MedienCentrum
ISBN 978-3-906896-12-0

Vorwort und Dank

Jahrhundertelang bot die Befestigung der Städte ihren Bewohnern Schutz im Krieg und Sicherheit im Frieden, vielleicht sogar Geborgenheit. Mauern, Tore und Türme hoben Stadt und Landschaft deutlich voneinander ab. Gleich einem Gebäude waren die meisten Städte von aussen als Ganze überblickbar, und dieser Übersicht entsprach eine ebenfalls wahrnehmbare innere Ordnung. Türme und Tore obsolet gewordener mittelalterlicher Anlagen symbolisierten noch bis weit ins 20. Jahrhundert den Stolz der Bürger auf ihre Stadt, ihre Freiheit und Unabhängigkeit. Allerdings hatte seit dem 16. Jahrhundert ein Technologieschub im Waffenwesen dazu geführt, dass die Festungen unsichtbarer und die Städte abhängiger wurden. Wälle und Bastione lösten die hohen Mauern und Türme ab. Die Entwicklung immer leistungsfähigerer Technologien, Herstellungs- und Verwaltungsprozesse führte zu materiell verbesserten Lebensbedingungen und einem Bevölkerungswachstum. Zunehmend standen die Wehranlagen der Stadterweiterung, dem Verkehr und schliesslich dem Bedürfnis nach Luft, Licht und Sonne im Weg. Da sie militärtechnisch unterdessen sowieso keinen Schutz mehr boten, befreite man die meisten Städte von diesen inzwischen als Einengung des Lebens wahrgenommenen Anlagen.

An die im Dreissigjährigen Krieg ausgebaute und im 19. Jahrhundert geschleifte Festung Basels erinnern wie vielerorts fast nur noch Strassennamen. Beispielsweise die Wallstrasse. Diese ist bei weitem nicht so bekannt wie die Wallstreet von New York, doch es gibt Analogien. Es erscheint nämlich nicht zufällig, dass der berüchtigste Finanzplatz der Welt nach den Wällen einer Festung benannt ist, die das ehemalige Nieuw Amsterdam gegen jene indigenen Völker schützen sollte, die rücksichtslosester Ausbeutung durch niederländische Kompanien, die ersten Aktiengesellschaften, weichen mussten – auch mit Sklaven wurde an der Wallstreet gehandelt. Finanzwirtschaft und Festung waren nun, wie sich zeigen wird, im 17. Jahrhundert auch in Basel so unmittelbar miteinander verknüpft wie Geld und Macht. Es ist auch kaum ein Zufall, dass die potenteste militärische und wirtschaftliche Macht unserer Zeit aus einem Pentagon gesteuert wird, das jenen fünfeckigen Kastellen gleicht, die schon seit fast einem halben Jahrtausend der Beherrschung innerer und äusserer Feinde des Staates dienen.

Dergleichen historische Zusammenhänge ins Bewusstsein zu heben, ist vielleicht noch schwieriger, als Forschung zum Thema Festungsbau seit der Renaissance zu finanzieren. Es besteht schliesslich die Gefahr, dass man realisieren muss, wie tief sich die Kosten und Ertrag optimiernde, von Militäringenieuren mit entwickelte quantitative Denkweise über die Jahrhunderte im alltäglichen Denken verwurzelt hat. Dies notabene gerade auch in einem der reichsten Territorien der Welt, dem Finanzplatz Schweiz, der mit seiner durch Wehrbauten bis in die jüngste Zeit praktizierten Einigelungsstrategie und der offiziell dadurch gesicherten Neutralität schon lange das mit dem Krieg und Leid anderer verbundene lukrative Geschäft betreibt und in Zeiten der Krise jeweils als sicherer Hort für die mehr oder weniger rechtmässig angehäuften Kapitalien der Welt dient.

Macht, Geld, Technologie und somit Militär, Bankier und Ingenieur planen und beherrschen die Welt bis heute. Festungen waren neben Kanonen innovativste Technologien des 16. und 17. Jahrhunderts. Der moderne Festungsbau gilt als Reaktion auf die technische und operative Verbesserung der Kanone. Der mit immer mehr Geld bis in die Gegenwart gesteigerte ‹offensive-defensive inventive circle› dieser Technologien führte zu immer grösseren Machtkonzentrationen. Weil nämlich diese technischen Machtmittel sehr teuer waren, mussten die Machthaber expandieren und die wirtschaftlichen Strukturen ihrer auszubauenden Territorien laufend verbessern und optimieren. Der Staat wurde mitsamt seiner ‹Human Resources› zunehmend der Planung unterworfen. Zahlreiche Institutionen wurden geschaffen. Heere von Administratoren erhoben und verwalteten immer mehr Steuern und steuerten die Geldflüsse zum Ausbau von Infrastrukturen wie der von Ingenieuren geplanten und gebauten Kanäle – Vorläufer der Eisenbahn –, der Heeresstrassen, Bergwerke und Industrien im Hinterland.

Diese Entwicklung ist Grundlage des gerade in Krisen angestrebten bequemen, sicheren und gesunden Lebens, das bezüglich des materiellen Wohlstands – für eine Minderheit wenigstens – kaum als unerfüllt bezeichnet werden kann. Es ist bemerkenswert, dass die seit dem 16. Jahrhundert aus dem Militärbauwesen entstandene Ingenieurstechnik einerseits ein zunehmend geordneteres, sichereres, bequemeres und längeres Leben ermöglicht, zugleich aber dieses Leben mit der totalen Vernichtung bedroht. Wenn wir mit über Jahrhunderte entwickelten Technologien die möglicherweise letzten Ressourcen von Mensch und Natur mobilisieren – auch die moderne Ökonomie mit ihren Ursprüngen in der Forstwirtschaft wurde schon längst eine Technik –, ist eine geschichtliche Besinnung auf die eng mit dem Militär und dem Krieg verknüpfte Mentalität des Technokraten und Ingenieurs also auch Teil einer – wenn man so will – Analyse des kollektiven Unterbewussten, also eine Analyse dessen, was wir heute in unseren expliziten Handlungen implizit voraussetzen.

Die folgende allgemeine Einführung in den Festungsbau wird kulturell Interessierte in das vernachlässigte Thema einführen. Die Erläuterung der *Architektur- und Bauordnung der Stadt Basel* aus dem Jahr 1588 von Daniel Specklin mag den an der Geschichte seines Berufes interessierten Techniker, den Ingenieur und Architekten zum Nachdenken über die eigene Disziplin anregen. Die im Rahmen dieser Arbeit durchgeführte Transkription von Specklins Bauordnung ist im Anhang mit allen notwendigen Illustrationen abgedruckt. Alle in alter Schrift und Sprache Geübten können mittels dieser Nachschrift überprüfen, welche Mühe es macht, die kommunizierten Inhalte in heutiger Sprache verständlich zu machen. Mehr als die Hälfte der Arbeit aber – die Ausführungen zum Dreissigjährigen Krieg – ist für historisch Interessierte geschrieben. Hier wurde versucht, kulturelle, politische, militärische, technische und finanzielle Aspekte miteinander zu verbinden, um ein Gesamtbild des Themenbereichs Sicherheit und Herrschaft zu bieten.

Es bleibt zu danken. Ich danke der Dr. H. A. Vögelin-Bienz-Stiftung (Basel) und besonders der Sulger-Stiftung (Basel) für die Finanzierung der wissenschaftlichen Arbeit, der Ernst Göhner Stiftung (Zug), der L. & Th. La Roche-Stiftung (Basel) und der E. Zunft zu Hausgenossen (Basel) für Beiträge an die Publikationskosten sowie der Berta Hess-Cohn Stiftung (Basel) für die Finanzierung des Drucks. Dank auch dem Staatsarchiv Basel-Stadt, das den Scan von Specklins Manuskript für die Publikation zur Verfügung stellte.

Marianne Wackernagel danke ich dafür, dass sie das Buch in den Colmena-Verlag aufnahm, für das kompetente Lektorat und den Satz. Jiří Oplatek danke ich für die – wie immer – hervorragende Gestaltung des Bandes. Ihnen beiden sei für das grosse persönliche Engagement und die angenehme Zusammenarbeit herzlich gedankt!

Tobias Büchi, April 2021

Inhaltsverzeichnis

Prolog

«Dann zwischen dem papeÿr vnd effect, ein großer vnderscheid.»

Abb. 1: Specklin, *Architektur- und Bauordnung der Stadt Basel*, 1588, Titelblatt

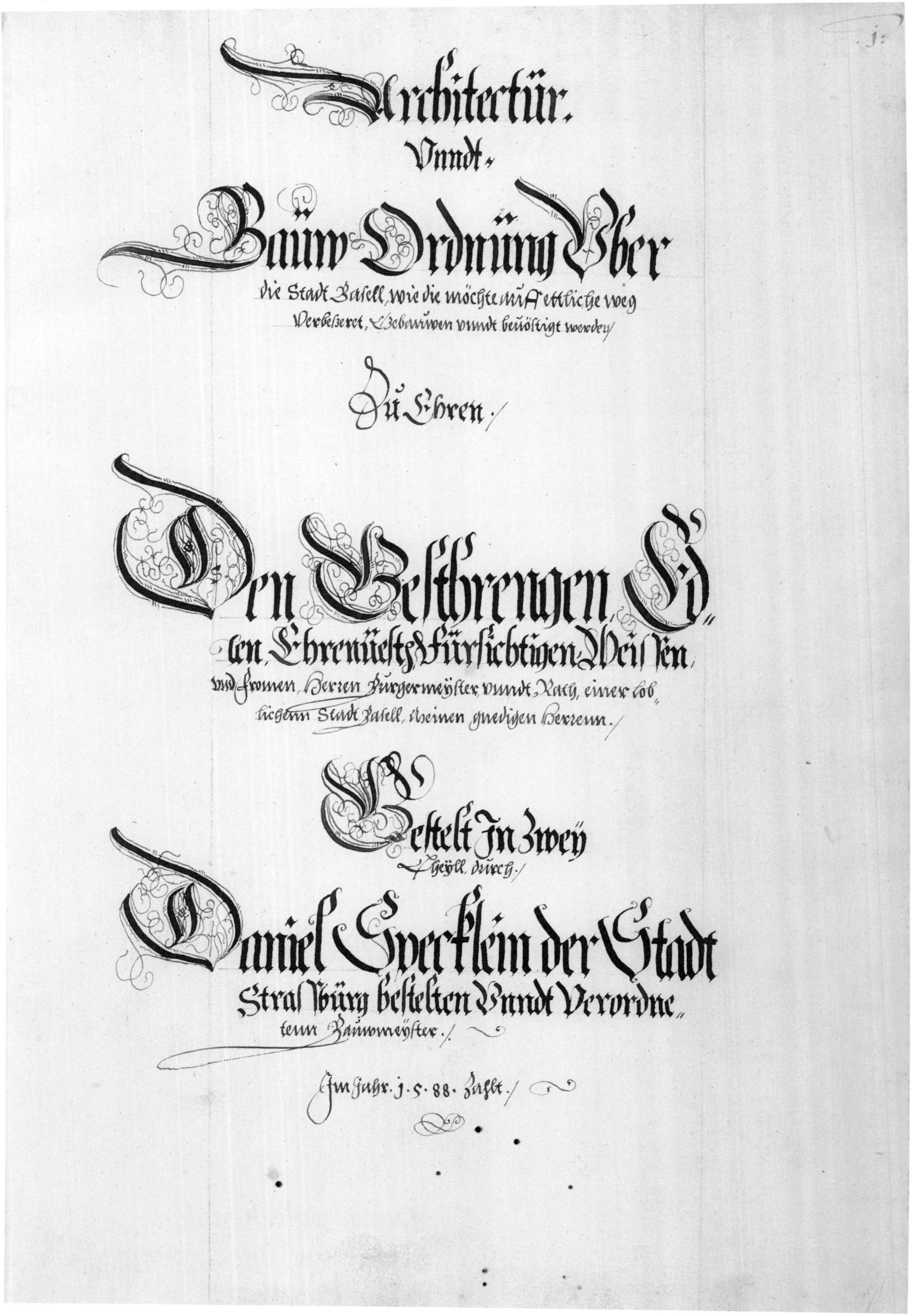

Architectür.
Vnndt.
Bauw Ordnung Vber
die Stadt Basell, wie die möchte mit ettliche weg
Verbesseret, Gebauwen vnndt beuöstigt werden/

Zu Ehren./

Den Gestrengen, Ed=
len, Ehrenuesten, Fürsichtigen, Weissen
vnd frommen, Herren Burgermeyster vnndt Rath, einer lob=
lichenn Stadt Basell, Meinen gnedigen Herrenn./

Gestelt In zwey
Theyll, durch./
Daniel Specklein der Stadt
Straßburg bestelten Vnndt Verordne=
tenn Bauwmeyster./

Im Jahr. 1.5.88. Zahlt./

Im 16. und 17. Jahrhundert erschienen zahlreiche Traktate, die das damals noch junge Medium des Buchdrucks dazu nutzten, um Kenntnisse über die Festungsbaukunst zu vermittelten und zu verbreiten.[1] Da man Ausbildungsstätten für Bauherren, Baubeamte, Ingenieure und Architekten erst im späten 17. und im 18. Jahrhundert schuf, waren solche Bücher für den Wissensaustausch und als oft autodidaktisch verwendetes Lehrmittel auch für Fachleute unverzichtbar. Seit Albrecht Dürer im Jahr 1527 sein Buch *Etliche vnderricht, zu befestigung der Stett, Schlosz, vnd flecken* publizierte, streitet man sich jedoch darüber, welche Rolle die Theorie der Festungsbaukunst in der Praxis spielte. Gerade im Bauwesen neigte man immer schon dazu, den Einfluss der Theorie auf die Praxis zu negieren. Tatsächlich verdankt der Praktiker der Theorie aber meist mehr, als er zugeben will. Beispielsweise seine Ausbildung, die immer mehr oder weniger theoretischer Natur ist.

Die am Staatsarchiv Basel-Stadt teilweise erhaltenen Projekte und Gutachten zur Befestigung der Stadt im 16. und im 17. Jahrhundert bieten nun die Gelegenheit, die Aktivitäten von so wichtigen Fortifikationstheoretikern wie Daniel Specklin (1536–1589), Claude Flamand (1570–1626) oder Johannes Faulhaber (1580–1635) als Gutachter, Berater, Planer und Bauleiter an einem konkreten Bauvorhaben zu untersuchen. Zudem waren an der Planung und Ausführung dieser Festung ausgewiesene Praktiker wie Johan van Valckenburgh († 1625) und Adam Stapf († 1624) beteiligt, und wir erfahren einiges nicht nur zur Rolle der Bauherrschaft, sondern überhaupt zur politischen und militärischen Situation und zur Finanzierung eines so grossen Bauvorhabens.

Das wichtigste Dokument für die Fragestellung ist sicherlich Specklins *Architektur- und Bauordnung der Stadt Basel* von 1588 (Abb. 1), denn der Strassburger galt in Fachkreisen bis ins 18. Jahrhundert hinein als einer der besten Festungsexperten, dessen persönliche Entwicklung auch im Detail Fragen aufwirft, welche die Entstehung des modernen Bastionärsystems im gesamteuropäischen Kontext betreffen.

Die Entwicklung dieses Baumeisters ist durch drei weitere Schriften, das Manuskript *Codex mathematicus* (1575), das Manuskript *Architectur* (1583) und die 1589 gedruckte *Architectura von Vestungen* dokumentiert. Alle Festungsmanieren, die Specklin 1589 vorstellte, waren indessen derart kostspielig, dass sie sich damals von einer einzelnen Stadt kaum finanzieren liessen. Erst mit dem Aufkommen reicher Territorialfürsten und der Institutionalisierung des Festungsbauwesens nach dem Dreissigjährigen Krieg wurde es möglich, Werke vergleichbarer Grössenordnung auszuführen. Ende des 17. Jahrhunderts wurde die *Architectura von Vestungen* wiederentdeckt und hatte auch dank Neuauflagen einen nicht zu unterschätzenden Einfluss auf die Praxis der Befestigungskunst.[2]

Aber Specklin war auch ein hervorragender Praktiker, der seine neuartigen Ideen in reduzierter Form umzusetzen wusste. Wie Entwürfe für Belfort, Schloss Lichtenberg und Herrenstein zeigen, hatte er Erfahrung in der Befestigung bestehender Burgen. Neben seiner Tätigkeit als Kartograph und als Festungsbaumeister für die Stadt Strassburg verrichtete er Aufgaben für die Städte Ingolstadt (1576), Ulm (1578), Colmar (1579), Ensisheim (zwischen 1579 und 1588) und Basel (1588). Aufgrund seiner Aktivitäten in Wien und Ungarn und seiner Reisen kannte er einige der wichtigsten Festungen Europas (Wien, Antwerpen und Jülich) aus eigener Anschauung. Darüber hinaus setzte er sich intensiv mit den wichtigsten gedruckten und ungedruckten Traktaten seiner Zeit auseinander.

Specklins Gutachten für Basel entspricht der übergeordneten Fragestellung insofern, als diese aus einem theoretischen und einem praktischen Teil für ein konkretes Bauvorhaben besteht. Das Dokument bietet die Gelegenheit, den Zusammenhang von Theorie und Praxis im Wirken eines der bedeutendsten Festungsingenieure des 16. Jahrhunderts detailliert aufzuarbeiten. Die Praxisnähe des Theoretikers zeigt sich in diesem Dokument schon dadurch, dass Specklin mehrere Entwürfe für unterschiedliche Budgets anbietet und es versteht, auf konkrete Umstände wie die finanzielle Situation, die Topografie oder die schon bestehenden Wehrbauten einzugehen.

Für die Analyse der mit Vorurteilen belegten Rolle der Fortifikationstheorie in der Praxis ist es jedoch auch notwendig, den Prozess der Verwirklichung so weit als möglich nachzuvollziehen. Dabei können gescheiterte Projekte genauso lehrreich sein wie ausgeführte. Dokumente aus den Beständen des Staatsarchivs Basel-Stadt geben zum Beispiel über den von Specklin vorgefundenen Zustand der Anlage Auskunft. Zudem modernisierte Basel seine Festung im Dreissigjährigen Krieg. Im Allgemeinen gilt dieser Ausbau aufgrund der übermässig grossen finanziellen Belastung als gescheitert. Der Festungsbau des 16. Jahrhunderts und während des Dreissigjährigen Kriegs darf jedoch nicht rückwärts, aus der Perspektive der französischen Tradition des späten 17. und des 18. Jahrhunderts, beurteilt werden, die auf ganz anderen ökonomischen Voraussetzungen beruhte. Will man dem tatsächlich Ausgeführten gerecht werden, ist vielmehr der ganze politisch-militärische Komplex der Eidgenossenschaft mit zu berücksichtigen.

Nach einer allgemeinen Einführung in die Geschichte der Festungsbaukunst wenden wir uns in einem ersten Teil der Theorie Specklins zu. Dabei lernen wir, was Ende des 16. Jahrhunderts im Bereich der Fortifikation – damals neben dem Waffenwesen eine Spitzentechnologie – theoretisch möglich gewesen wäre. Dann widmen wir uns der Praxis. Nach der Erläuterung von Specklins realistischeren Entwürfen wird die komplexe Geschichte der tatsächlich ausgeführten Verstärkung der Befestigung Basels im Dreissigjährigen Krieg analysiert. Diese Analyse wird zeigen, dass man sich damals vielleicht besser an einem der Vorschläge Specklins orientiert hätte, statt dem Reiz modischer Neuerungen zu erliegen und eine Befestigung in der sogenannten altniederländischen Manier anzustreben. Zudem wird zutage treten, dass nicht mangelnde Mittel bessere Lösungen verhinderten. Geld wäre genügend vorhanden gewesen, doch weil die Machthaber den militärischen Schutz zum lukrativen Finanzgeschäft gemacht haben, wurden Projekte, welche die militärischen Anforderungen erfüllt und die einfache Bevölkerung besser geschützt hätten, bloss in reduzierter Form ausgeführt.

Eingangszitat: aus einem Gutachten des Basler Lohnherrn Theodor Falkeisen für die Befestigung Zürichs, StAZH, A 38.1.11–12 (26. 3. 1628).

1 Vergleiche Bürger 2013 und Büchi 2015.

2 Zur ersten und erweiterten zweiten Auflage vergleiche die Beiträge von Tobias Büchi in Oechslin 2013, Nrn. 179 und 180. Zu den Neuauflagen im 18. Jahrhundert vergleiche ebenda, Nrn. 182–185.

Theorie und Praxis der Festungsbaukunst – Einführung

«Ich aber halte viel von einer starcken, guten und wol geordneten Vestung»

Abb. 2: Jakob Sandtner, Kleines Modell von Ingolstadt, 1571–1573

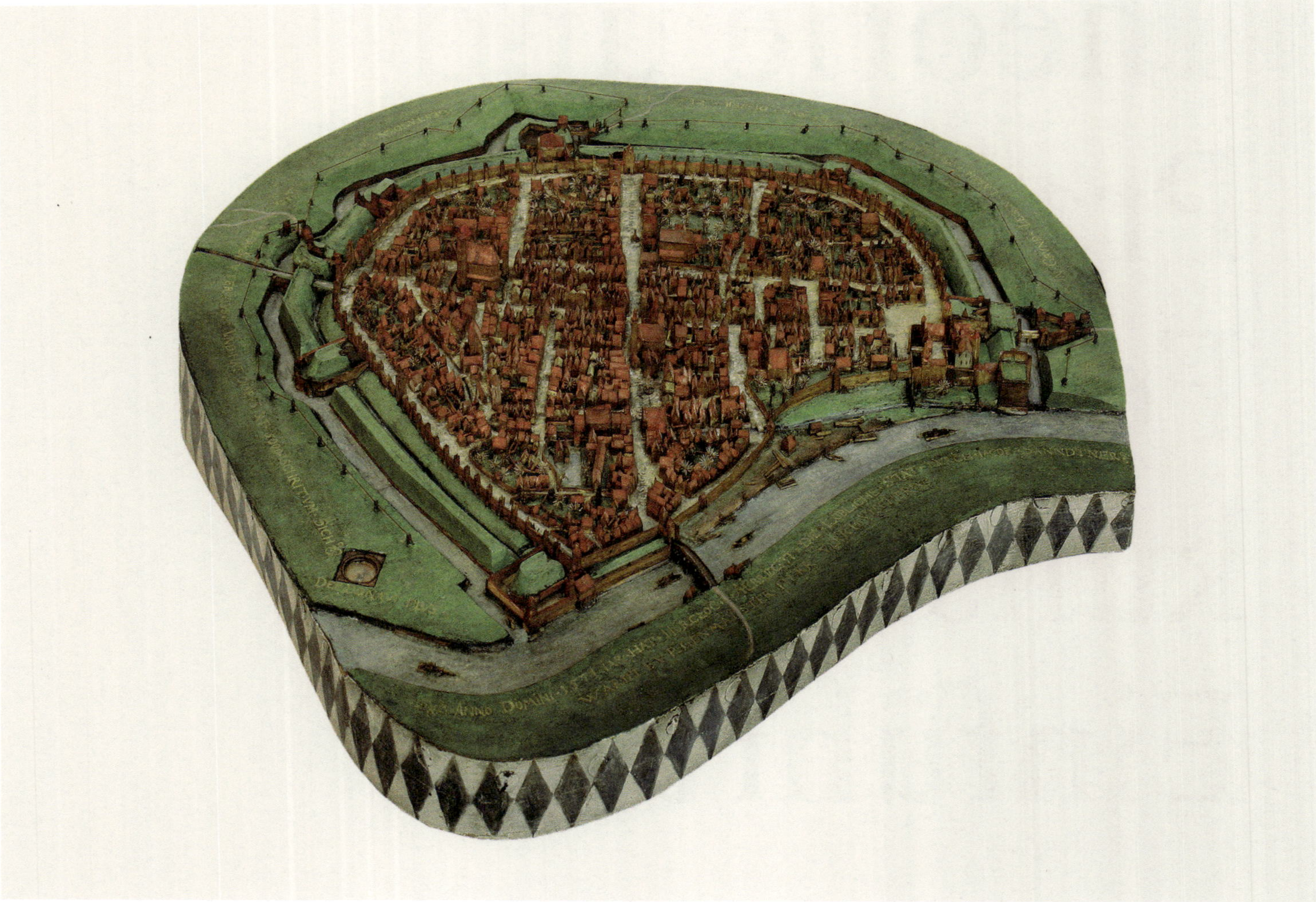

Abb. 3: Hans Rogel, Stadtmodell von Augsburg, 1560–1563

In der Planung und Errichtung von Wehrbauten waren stets unterschiedlichste Aspekte politischer, ökonomischer, militärischer, organisatorischer und herstellungstechnischer Art zu berücksichtigen. Schon im 16. und 17. Jahrhundert zeigte die Theorie der Festungsbaukunst auf, wie diese miteinander verknüpften Aspekte die Struktur einer konkreten Festung bedingen. Bestimmend sind:

1. die unter Berücksichtigung des finanziellen Aspektes auftretenden Bedingungen der Festungsbaukunst im übergeordneten politischen, geografischen und militärisch-strategischen Kontext,
2. die Bedingungen des aktuellen militärischen Gebrauchs (Taktik), des Unterhalts und Betriebs von Festungen,
3. die Bedingungen des Herstellungsprozesses, die mit der Planung, der Organisation des Baubetriebs und der Ausführung geplanter Festungen zusammenhängen. Dazu gehören:

- die Bedingungen des Materials, die letztlich zu den empirischen Naturwissenschaften führen,
- die Bedingungen der Bautechnik und ihrer Mittel wie Baumaschinen und Baustellenorganisation mit dem damit verbundenen Verwaltungsapparat,
- die Form oder Gestalt von Festungen und die Darstellungsmittel dieser Form, denn sowohl die wehrtechnisch günstigste Form wie auch die Art der Darstellung mithilfe von drei Rissen, die das auszuführende architektonische Werk vorwegnehmen, musste man im 16. Jahrhundert erst entwickeln.

Diese jedes konkrete Bauwerk determinierenden Sphären sind hierarchisch so gegliedert, dass immer die übergeordnete die untergeordnete in sich enthält. Die Finanzierungsmöglichkeiten sind eine politische Frage. Militärische Überlegungen treten innerhalb der politischen Sphäre auf. Taktische Fragen spielen eine Rolle innerhalb der militärischen Strategie und bedingen die Form der Festungen. Probleme des Herstellungsprozesses treten unter der Bedingung militärischer Anforderungen an den Gebrauch und Unterhalt einer Festung auf. Die Herstellung teilt sich in technische und organisatorische Prozesse auf. Mittel dieser Prozesse wie Baupläne oder Baumaschinen können ihrerseits eigene Untersuchungen erfordern und Anlass spezieller Wissenschaften wie zum Beispiel der darstellenden Geometrie oder der Mechanik werden.

Die beschriebenen Zusammenhänge waren den Ingenieuren spätestens Mitte des 17. Jahrhunderts vollkommen klar.[1] In der Theorie der Festungsbaukunst mussten die Einsichten in einzelne Aspekte und Bedingungen jedoch erst nach und nach mühsam errungen werden. Die Schaffung neuer Disziplinen und die damit verbundene Spezialisierung erfolgte über lange Zeiträume. Das Arbeitsfeld der neuen Fachleute im entstehenden Ingenieurbauwesen kann somit nicht als interdisziplinär, sondern muss eher als prädisziplinär bezeichnet werden. Viele der modernen, höchst spezialisierten wissenschaftlichen Disziplinen – etwa Physik, Baustatik oder verschiedenste Bereiche der Technologie – bildeten sich überhaupt erst seit dem 16. Jahrhundert heraus und wurden noch bis ins 18. Jahrhundert unter den sogenannten Mathematischen Wissenschaften (disciplinæ mathematicæ mixtæ) versammelt, die in zahlreichen Kompendien und Schulbüchern als Allgemeinbildung mittlerer und höherer Stände vermittelt wurden. Die Erforschung der Geschichte des Militäringenieurs muss also vor ihrer Spezialisierung ansetzen und prädisziplinär erfolgen, damit sie aufzeigen kann, wie und warum die modernen wissenschaftlichen Disziplinen überhaupt entstanden sind. Dies soll im Folgenden in aller Kürze versucht werden.

In der ersten Hälfte des 16. Jahrhundert ging es in Praxis und Theorie des Festungsbaus vorwiegend um die Entwicklung eines Befestigungssystems, das der Feuerwaffe und verbesserten Belagerungsmethoden gewachsenen war. In diesem Prozess hatte die Praxis die Führung. Die Theorie selektionierte, reflektierte und systematisierte über lange Zeiträume in der Praxis gewonnene Erfahrungen, Erkenntnisse und Erfindungen.

Eine neue Befestigungsmethode wurde nötig, weil die im Prinzip schon länger bekannte Kanone Ende des 15. Jahrhunderts technisch so weit verbessert worden war, dass die seit Urzeiten im Wehrbau verwendeten relativ hohen und dünnen Steinmauern ihrem Beschuss nicht mehr widerstehen konnten. Zudem liessen sich auf diesen Mauern unmöglich Kanonen zur Verteidigung aufstellen. Im Mittelalter noch uneinnehmbare Orte konnten mit der Kanone nun in wenigen Stunden erobert werden.

Die Erfahrung zeigte, dass man bestehende Anlagen am besten mit Erdwällen gegen die gesteigerte Gewalt der Geschosse schützen konnte. Diese Wälle hatten zugleich den Vorteil, dass sich auf ihnen Geschütze zur aktiven Verteidigung aufstellen liessen. Beispiele für mit Wällen und Rondellen aus Erde verstärkte Stadtmauern sind die von Reinhard von Solms (1491–1562) geplanten Befestigungen von Ingolstadt und Augsburg. Von beiden Städten wurden noch im 16. Jahrhundert hölzerne Modelle angefertigt: Jakob Sandtner stellte jenes der ab 1539 von Reinhard und ab 1543 von Georg Stern ausgeführten Anlage von Ingolstadt her (Abb. 2),[2] Hans Rogel jenes von Augsburg mit seinen sechs von Reinhard entworfenen Erdrondellen (Abb. 3)[3].

Albrecht Dürer hatte dieselben, aus der Praxis der Verstärkung bestehender Anlagen entwickelten Methoden bereits 1527 im ersten gedruckten reinen Fortifikationstraktat vorgestellt (Abb. 4–6).[4] Zwei in der Theorie wichtige Dinge sind schon hier zu sehen: Zum einen reduzierte Dürer die an ausgeführten Bauwerken wie Ingolstadt und Augsburg auftretenden ungleichmässigen Festungsformen auf geometrische Grundformen wie Kreis und Quadrat. Zum anderen gab er die Bauwerke in zusammenhängenden Grund- und Aufrissen wieder und realisierte damit ein damals in dieser Art neues Darstellungsverfahren, das die Planung und Ausführung so weitläufiger und unübersichtlicher Bauwerke ganz erheblich erleichtern, wenn nicht überhaupt erst ermöglichen sollte.

Die von Solms und Dürer beschriebenen Rondellen wurden im 16. Jahrhundert nach und nach von den spitzen Basteien (so beispielsweise Abb. 49) verdrängt, die das Markenzeichen von in ganz Europa tätigen italienischen Ingenieuren waren. An dieser Entwicklung war Daniel Specklin in Auseinandersetzung mit den Italienern Carlo Theti und Francesco de' Marchi in besonderem Masse beteiligt.[5] Das 1589 von Specklin in seiner *Architectura von Vestungen* präsentierte Bastionärsystem (Abb. 7), das bis Mitte des 17. Jahrhunderts unübertroffen bleiben sollte, markiert den Abschluss der Transformation der mittelalterlichen Befestigung ins Bastionärsystem. Basteien und die grösseren Bastionen waren besser als Rondellen zu verteidigen, weil ihre spitz zulaufenden Gesichter dem Angreifer keine Deckung im Graben liessen. Zudem hatten gerade Linien den Vorteil, dass man sie bestreichen, das heisst, ihnen entlang schiessen und so mit einem Schuss gleich

Eingangszitat: Specklin 1589, Fol. 37v.

1 Vergleiche zum Beispiel die Analyse von Wilhelm Dilichs *Peribologia* (1640) in Büchi 2015, S. 238–245.

2 Kleines Modell von Ingolstadt (1571–1573), Stadtmuseum Ingolstadt. An den Planungen für Ingolstadt waren gegen Ende des 16. Jahrhunderts auch Daniel Specklin und Carlo Theti beteiligt (Burger 2008, S. 79). Sandtner stellte im Auftrag von Herzog Albrecht V. auch Modelle von Staubing, München (Bayerisches Nationalmuseum, München, Saal 22, Modell 2), Landshut (Modell 1) und Burghausen her. Auch Specklin verfertigte Modelle: Von Strassburg beispielsweise stellte er sowohl ein nicht erhaltenes Modell wie auch eine nicht erhaltene Vogelschaudarstellung her (Fischer 1996, S. 104 und 106).

3 Hans Rogel, Augsburg, 1560–1563, Fichten-, Linden- und Buchenholz, farbig gefasst, Maximilianmuseum Augsburg, Inv.-Nr. 3818. Rogel fertigte ebenfalls 1563 einen von zwei Holzstöcken gedruckten Vogelschauplan Augsburgs an.

4 Dürer 1527, E3b, F1a und D3a (ZürichTH: Rar 5113).

5 Vergleiche Büchi 2015, S. 53–74.

Abb. 4: Albrecht Dürer, Grundriss einer Sperrfestung, Dürer 1527, E3b

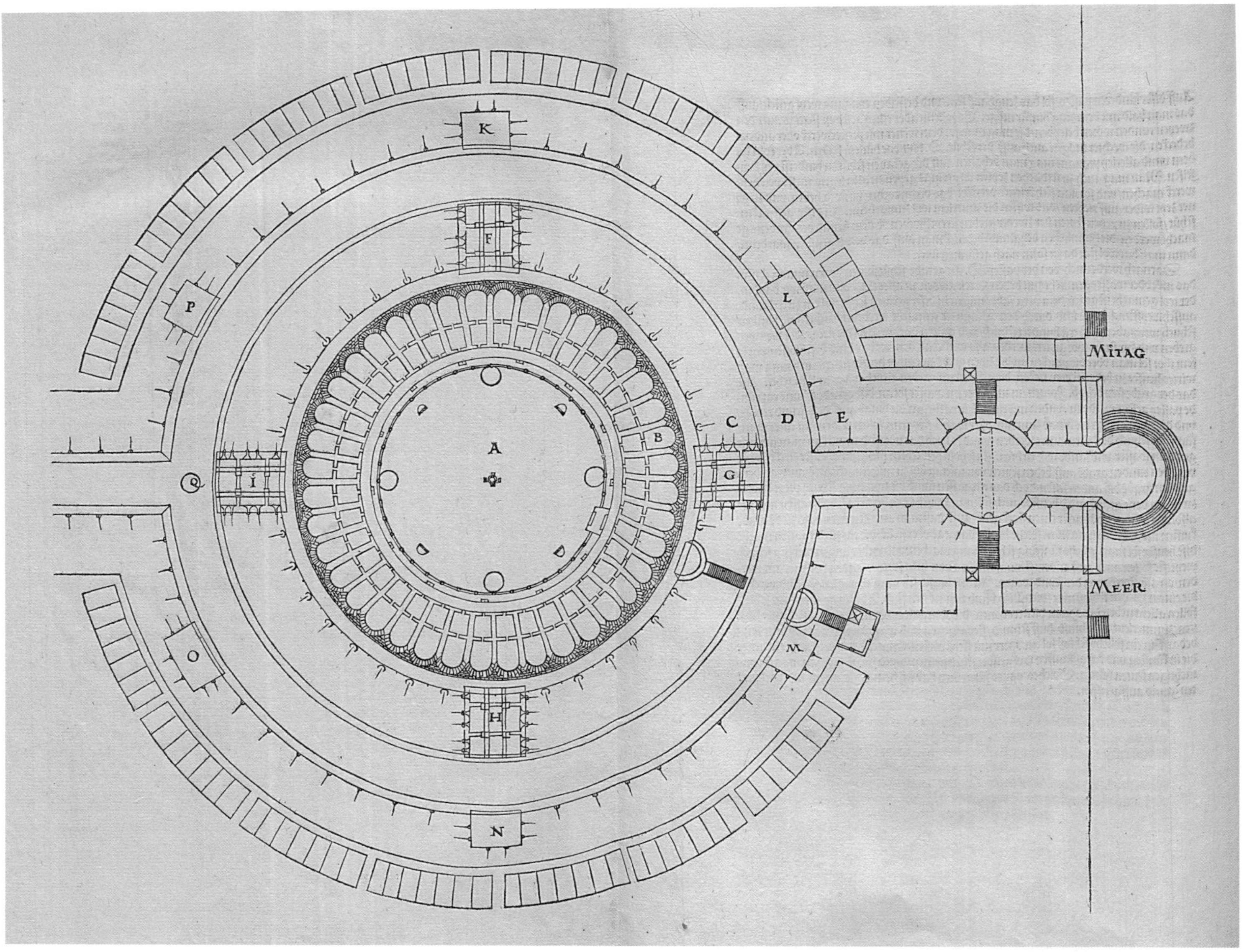

Abb. 5: Albrecht Dürer, Aufriss und Längsschnitt der Sperrfestung, Dürer 1527, F1a

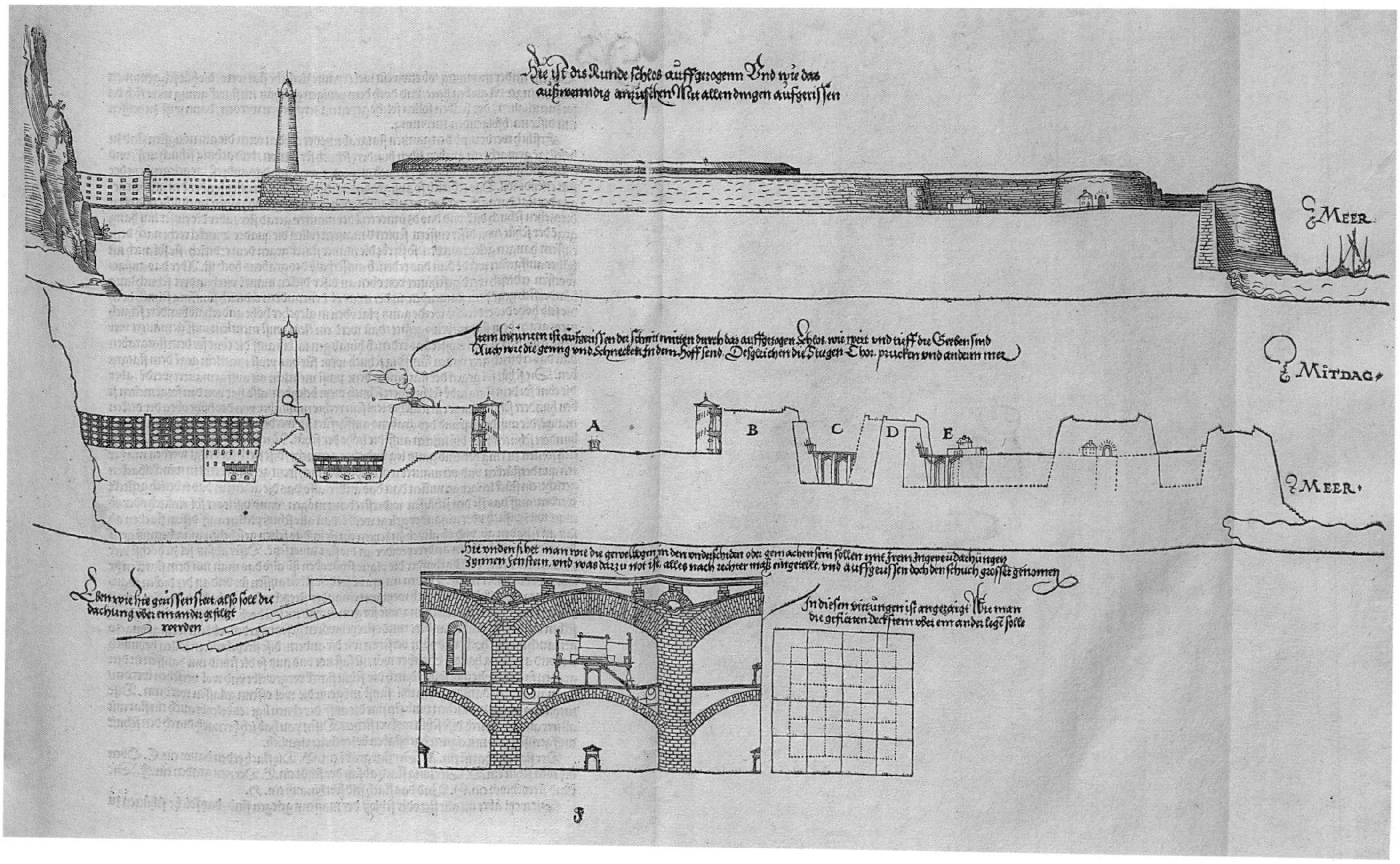

Abb. 6: Albrecht Dürer, Befestigung einer Residenzstadt, Dürer 1527, D3a

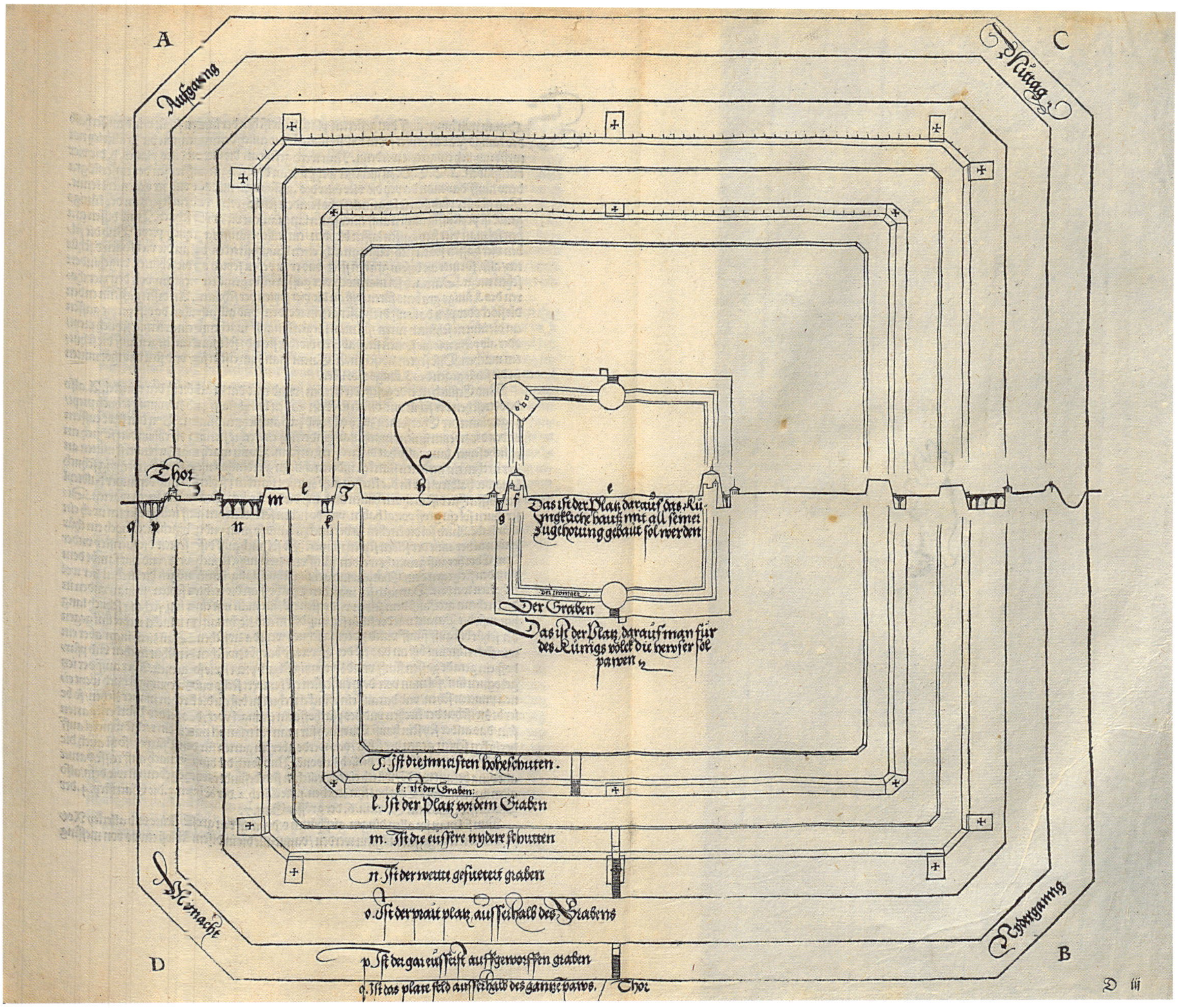

mehrere Ziele treffen konnte. Die gute Bestreichbarkeit möglichst aller Linien brachte die sternförmige Anlage von Festungen hervor.

Bis in die Mitte des 17. Jahrhunderts wurde das Bastionärsystem im Wesentlichen nur noch durch das zwischen den Bastionen angeordnete Ravelin ergänzt. Zu sehen ist die definitive Grundform des Bastionärsystems beispielsweise in der erstmals 1685 publizierten Manier des niederländischen Militäringenieurs Menno van Coehoorn (Abb. 18). Mit dem Ravelin entstand ein gezackter Festungsumriss, dank dem sich der Feind überall im Vorfeld der Festung ins Kreuzfeuer nehmen, also aus zwei Richtungen beschiessen liess, was die Eroberung erheblich erschwerte.

Auch wenn es von anderen Systemen – den Tenaillen- und Polygonalsystemen – konkurrenziert wurde, blieb das Bastionärsystem – zumindest in Frankreich – bis ins 19. Jahrhundert hinein Standard der Festungsbaukunst.

Ab dem späten 16. Jahrhundert bemühte man sich nicht mehr so sehr darum, neue Befestigungsmethoden zu entwickelten, sondern wandte sich vermehrt der Aufgabe zu, die Planungs- und Bauprozesse zu optimieren.

In den aus Bauherrenvertretern, Soldaten und Ingenieuren bestehenden Planungsgremien spielten Holzmodelle und architektonische Zeichnungen eine wichtige Rolle. Mit diesen Arbeitsmitteln war es möglich, wehrtechnische Anforderungen an eine Festung vor der Bauausführung zu diskutieren, getroffene Entscheidungen zu fixieren, den Grundriss im Feld abzustecken und die langwierige Bauausführung effizient zu leiten. Zudem liessen sich dadurch Bauzeit und Baukosten schon vor dem ersten Spatenstich besser abschätzen.

Die der Herstellung von Festungen dienenden Modelle und Zeichnungen sind als Mittel planender Voraussicht ein Element der Theorie. Es ging jedoch nicht bloss darum, die Idee einer Festung auf dem Papier vorstellen zu können, sondern die dargestellte Idee musste sich auch verwirklichen lassen. Der Ingenieur konnte nur dann einen ausführbaren Plan zeichnen, wenn er vor der Bauausführung aus Erfahrung wusste, wie sich natürliche Baustoffe verhalten und wie und mit welchen Mitteln ein Werk tatsächlich konstruiert und ausgeführt werden konnte. Um beispielsweise die Abdachung eines Walles richtig zeichnen zu können, musste er wissen, wie steil sich die Erde verschiedenster Qualität überhaupt abdachen liess. Dieses Erfahrungswissen wurde in der Theorie zugunsten der Praxis gesammelt, systematisiert und anwendbar gemacht.

Wollte sich der Ingenieur nicht blamieren, musste sich der mithilfe der Geometrie auf dem Papier konstruierte Entwurf einer Festung auch in wirklicher Materie ausführen lassen. Es war deshalb unabdingbar, den Zusammenhang von Geometrie und materieller Wirklichkeit prinzipiell zu klären. Weil derselbe Zusammenhang auch eine entscheidende Rolle in den damals entstehenden

Abb. 7: Daniel Specklin, Normalsystem, Specklin, *Architettura von Vestungen*, 1589, Taf. 10

50 Werckschuch thun 100 schritt oder paßus.
H.

Abb. 8: Buonaiuto Lorini, Ramme mit Schwungrad, Lorini 1597, S. 206

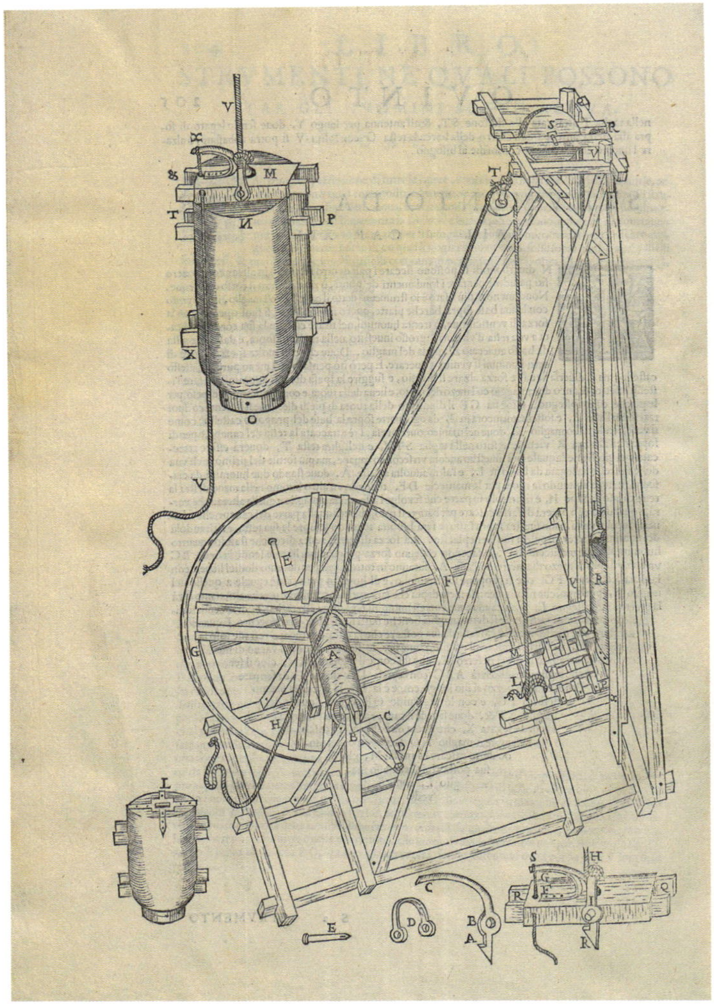

Abb. 9: Galileo Galilei, *Discorsi e Dimostrazioni Matematiche*, 1638, S. 129

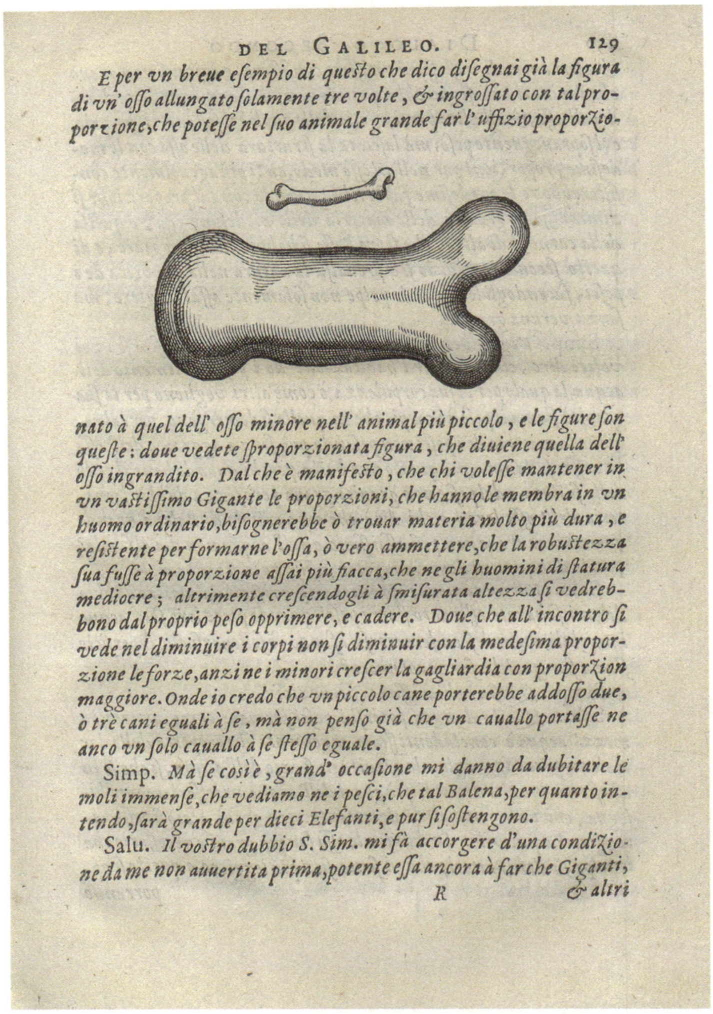

DEL GALILEO. 129

E per vn breue eſempio di queſto che dico diſegnai già la figura di vn' oſſo allungato ſolamente tre volte, & ingroſſato con tal proporzione, che poteſſe nel ſuo animale grande far l' uffizio proporzionato à quel dell' oſſo minore nell' animal più piccolo, e le figure ſon queſte: doue vedete ſproporzionata figura, che diuiene quella dell' oſſo ingrandito. Dal che è manifeſto, che chi voleſſe mantener in vn vaſtiſſimo Gigante le proporzioni, che hanno le membra in vn huomo ordinario, biſognerebbe ò trouar materia molto più dura, e reſiſtente per formarne l'oſſa, ò vero ammettere, che la robuſtezza ſua fuſſe à proporzione aſſai più fiacca, che ne gli huomini di ſtatura mediocre; altrimente creſcendogli à ſmiſurata altezza ſi vedrebbono dal proprio peſo opprimere, e cadere. Doue che all' incontro ſi vede nel diminuire i corpi non ſi diminuir con la medeſima proporzione le forze, anzi ne i minori creſcer la gagliardia con proporzion maggiore. Onde io credo che vn piccolo cane porterebbe addoſſo due, ò trè cani eguali à ſe, mà non penſo già che vn cauallo portaſſe ne anco vn ſolo cauallo à ſe ſteſſo eguale.

Simp. *Mà ſe così è, grand' occaſione mi danno da dubitare le moli immenſe, che vediamo ne i peſci, che tal Balena, per quanto intendo, ſarà grande per dieci Elefanti, e pur ſi ſoſtengono.*

Salu. *Il voſtro dubbio S. Sim. mi fà accorgere d'una condizione da me non auuertita prima, potente eſſa ancora à far che Giganti,*

R *& altri*

Naturwissenschaften spielte, gelten einige Festungsbautheoretiker, etwa der Italiener Galileo Galilei oder der Niederländer Simon Stevin, auch als Begründer der modernen Physik.[6]

Diese komplexe Thematik lässt sich anhand des 1597 veröffentlichten Festungsbuchs von Buonaiuto Lorini veranschaulichen. Lorini arbeitete im Dienst der Republik Venedig an der Festung Palmanova. Sein Buch enthält einen Abschnitt über Baumaschinen, der eng mit von Galileo Galilei verfassten Manuskripten zusammenhängt.[7]

Gemäss einer Ende des 16. Jahrhunderts allgemein akzeptierten Analogie, die aus der spätantiken Militärliteratur stammt, galten Festungen – genau wie Kanonen – als Kriegsmaschinen. Maschinen- und Festungsbau hängen im Arbeitsgebiet des Ingenieurs miteinander zusammen. Maschinen wie die von Lorini dargestellte Ramme (Abb. 8)[8] führte man meist nicht nach Bauplänen, sondern nach kleinen materiellen Modellen aus. Lorini warnte nun davor, solchen Modellen zu sehr zu vertrauen. So seien die kleinen Modelle beispielsweise stabiler als die nach ihnen in wirklicher Grösse ausgeführten Maschinen, obwohl beide dieselbe Struktur haben. Galileo erläuterte den Sachverhalt so: Das Skelett eines unter Beibehaltung von Proportion und Material zu einem Riesen vergrösserten Menschen würde unter seinem Eigengewicht zusammenbrechen. Die Knochen eines Riesen müssten ganz andere Proportionen haben als die Knochen eines Menschen – oder sie müssten aus einem festeren Material bestehen (Abb. 9).[9] Dies sei bei der Vergrösserung eines materiellen Modells einer Maschine zu berücksichtigen.

Aus solchen elementaren Erkenntnissen, die auch den Zusammenhang von mit Modellen durchgeführten Experimenten mit der Wirklichkeit betreffen, entwickelte sich in den folgenden Jahrhunderten beispielsweise die Baustatik. Die Wissenschaft denkt in Modellen. Modelle sind nicht die Wirklichkeit, sondern Konzepte, die es dem Menschen erlauben, diese Wirklichkeit zu verstehen und die Ausführung materieller Werke im Rahmen gegebener Bedingungen vorauszuplanen.

Neben den entstehenden Naturwissenschaften spielte in der Festungsbaukunst auch jene Umstrukturierung des Militärwesens eine Rolle, die man als Oranische Militärreform bezeichnet: In den Niederlanden wurde die militärische Praxis seit dem späten 16. Jahrhundert mithilfe von Schriften aus der Antike und von geometrischen Grundsätzen normiert. Man schuf eine ganze Reihe von Modellen für einzelne Prozesse in der Schlacht, im Marschieren, im Angriff auf Festungen, im Aufschlagen von Militärlagern, im Waffengebrauch, aber auch für Ausrüstungsgegenstände und Waffen. Man entwarf beispielsweise Schlacht- oder Marschordnungen, mit denen sich die Soldaten drillen und disziplinieren liessen. Die meist schriftlich in Instruktionen festgehaltenen Normen sind als Modelle für Prozesse und Gegenstände zu bezeichnen, weil sich die Norm in der Praxis nie in reiner, sondern immer nur in modifizierter Form verwirklichen liess. Normen waren also in aktiver Analyse überlieferter und bewährter Praxis gewonnene Modelle künftiger Praxis.

Ähnliches gilt für den Festungsbau. Betrachten wir ein exemplarisches Beispiel aus der Praxis von Daniel Specklin (Abb. 10): Sein Bastionärsystem in der oben dargestellten gleichmässigen Form ist ein Modell. Dies zeigen die zwei Ausschnitte aus seinem Entwurf für die Befestigung der Stadt Basel (unten), in dem dasselbe System

6 Ansatzweise wurden die Zusammenhänge von Naturwissenschaft und Festungsbaukunst bei Galileo Galilei herausgearbeitet in Büchi 2015, S. 132–145. Vergleiche auch Valeriani 2010, S. 71–113, besonders das Schema S. 75. Zu Stevins Ansatz und Methoden vergleiche Büchi 2015, S. 149–169.

7 Vergleiche den Nachweis bei Büchi 2015, S. 132–142.

8 Lorini 1597, S. 206 (ZürichTH, Alte Drucke, Rar 9401 q).

9 Galileo 1638, S. 128–129 (ZürichTH, Alte Drucke, Rar 5498).

Abb. 10: Daniel Specklin, Normalsystem (Ausschnitt), verglichen mit seiner Visierung N°: 4 für Basel (zwei Ausschnitte)

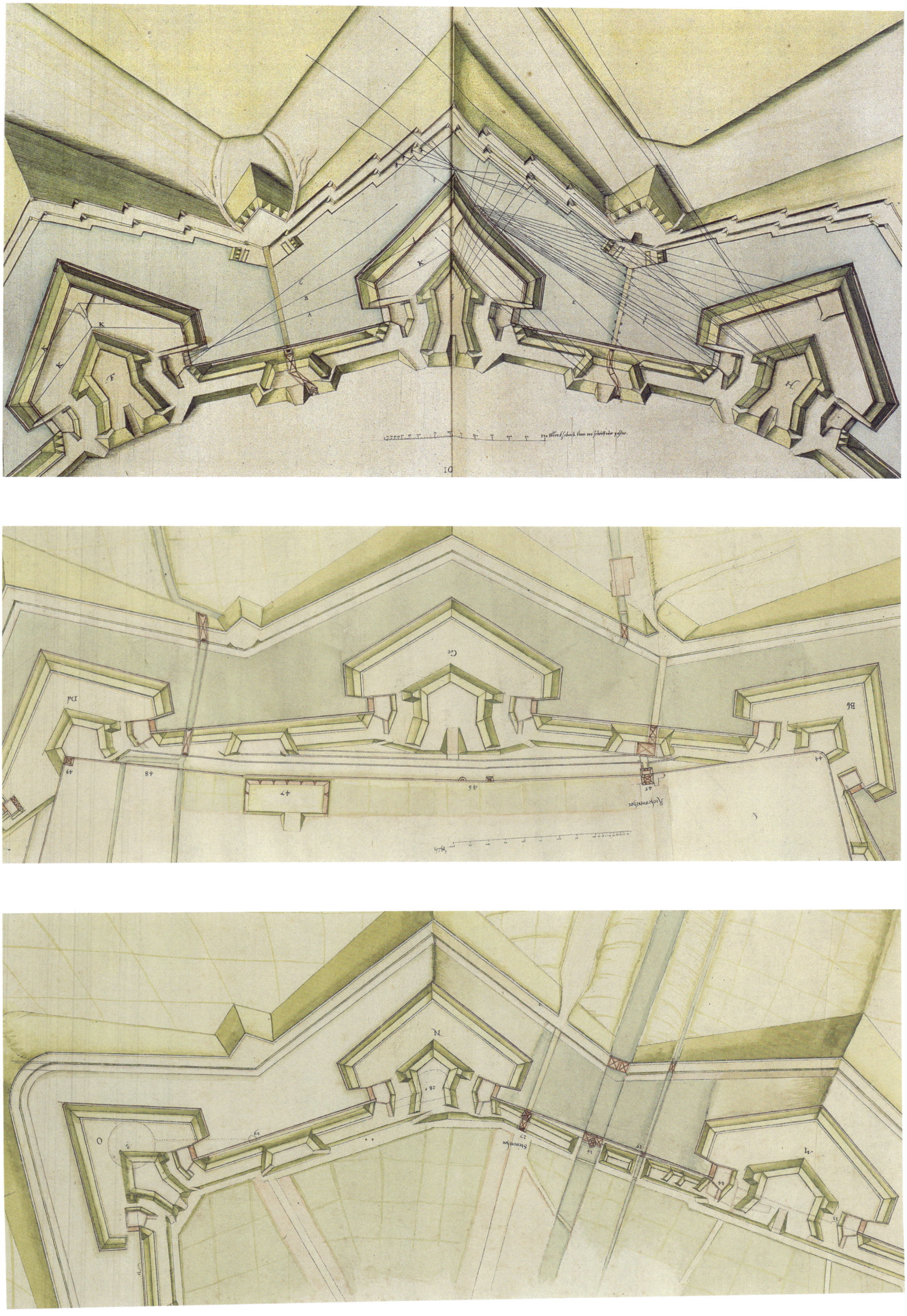

Abb. 11: Johannes Ardüser, Hilfsmittel zur Planung von Festungen, Ardüser 1651, Taf D

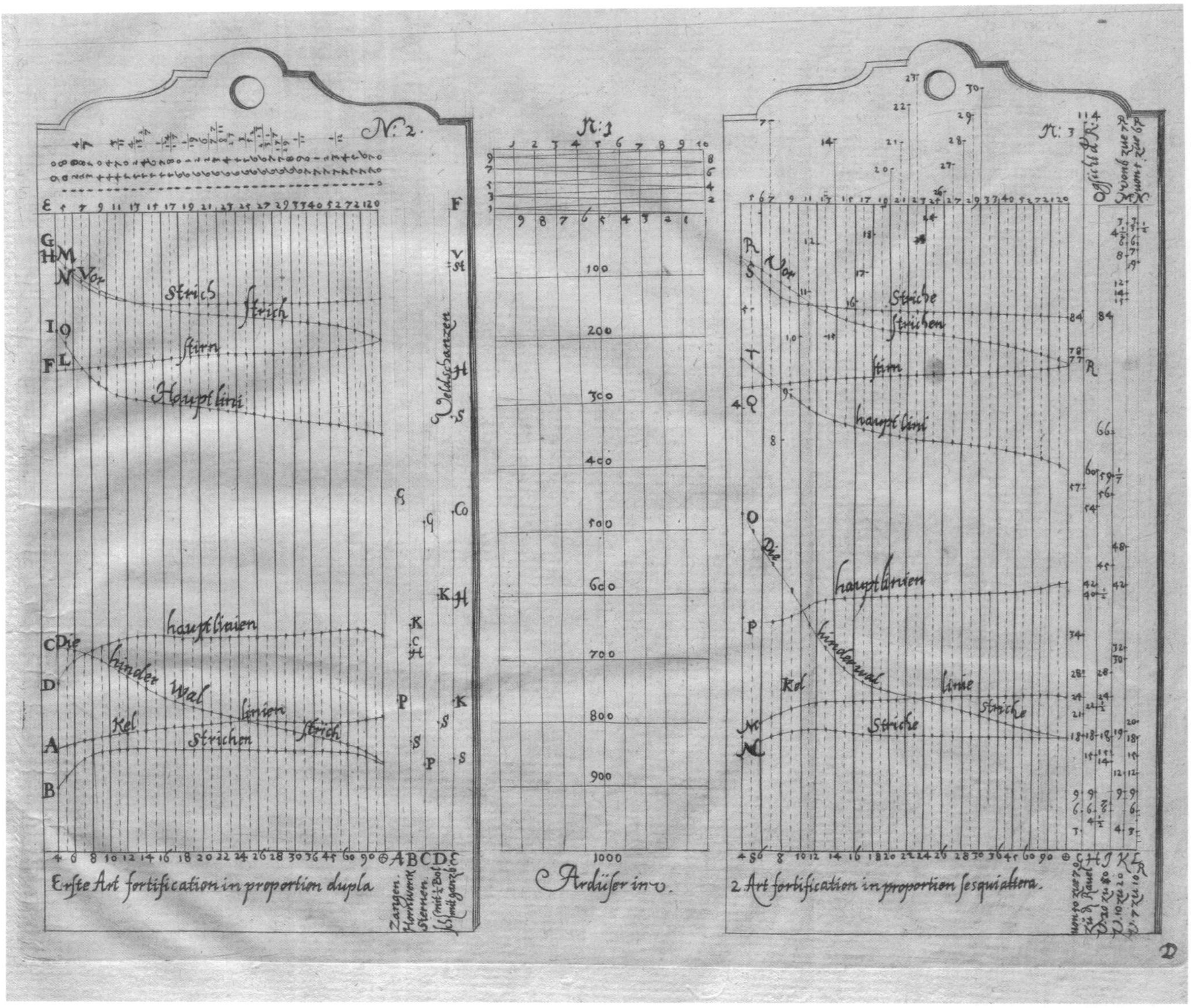

Abb. 12: Samuel Marolois, Tabelle mit genormten Winkel- und Längenmassen für Festungen, Marolois 1615, L1b

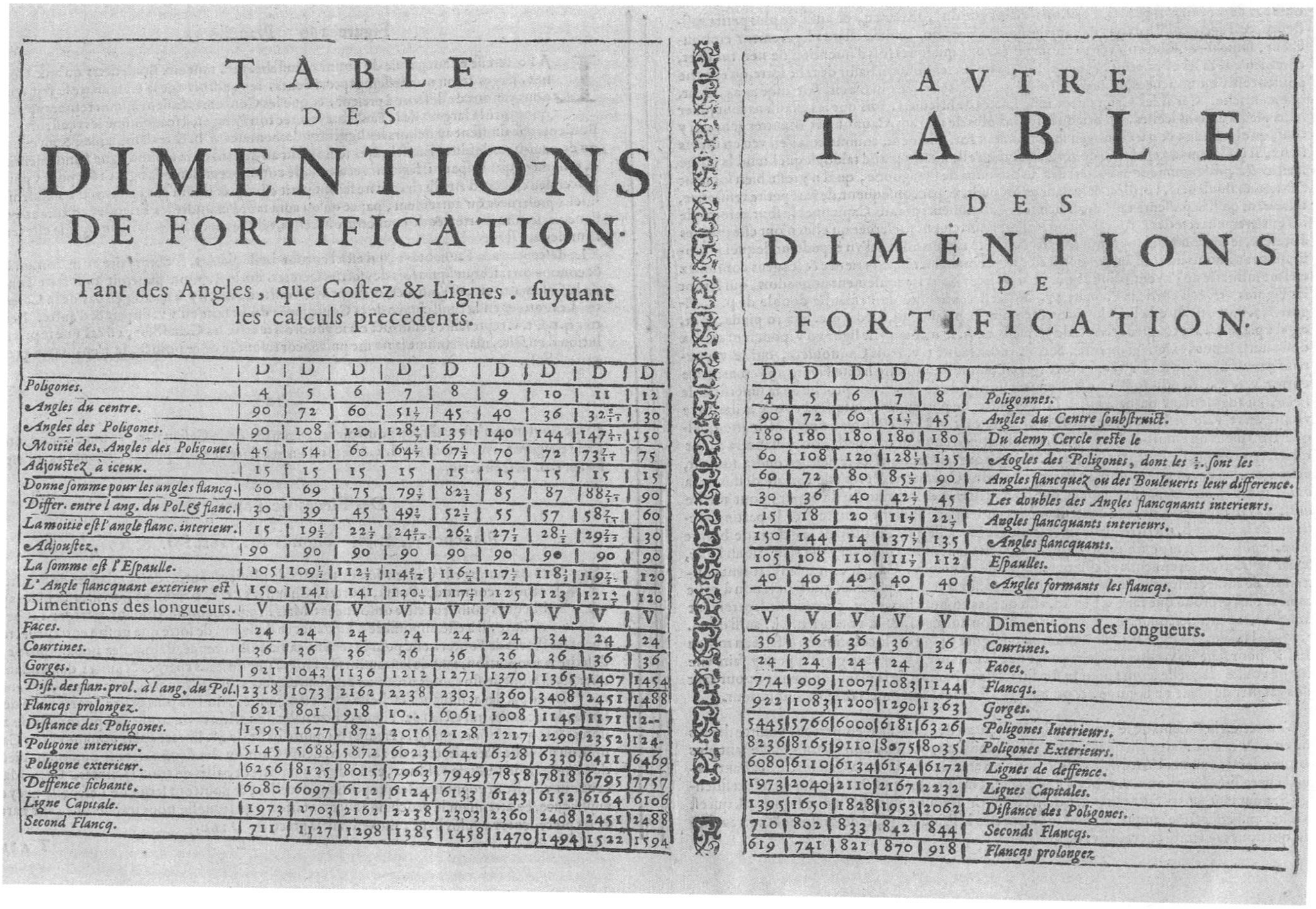

TABLE DES DIMENTIONS DE FORTIFICATION.

Tant des Angles, que Costez & Lignes. suyuant les calculs precedents.

	D	D	D	D	D	D	D	D	D
Poligones.	4	5	6	7	8	9	10	11	12
Angles du centre.	90	72	60	51 1/7	45	40	36	32 8/11	30
Angles des Poligones.	90	108	120	128 4/7	135	140	144	147 3/11	150
Moitié des. Angles des Poligones	45	54	60	64 2/7	67 1/2	70	72	73 7/11	75
Adjoustez à iceux.	15	15	15	15	15	15	15	15	15
Donne somme pour les angles flancq.	60	69	75	79 1/7	82 1/2	85	87	88 2/11	90
Differ. entre l ang. du Pol. & flanc.	30	39	45	49 2/7	52 1/2	55	57	58 2/11	60
La moitiè est l'angle flanc. interieur.	15	19 1/2	22 1/2	24 9/14	26 1/4	27 1/2	28 1/2	29 2/11	30
Adjoustez.	90	90	90	90	90	90	90	90	90
La somme est l'Espaulle.	105	109 1/2	112 1/2	114 9/14	116 1/4	117 1/2	118 1/2	119 2/11	120
L'Angle flancquant exterieur est	150	141	141	130 1/2	117 1/2	125	123	121 4/5	120
Dimentions des longueurs.	V	V	V	V	V	V	V	V	V
Faces.	24	24	24	24	24	24	34	24	24
Courtines.	36	36	36	26	36	36	36	36	36
Gorges.	921	1043	1136	1212	1271	1370	1365	1407	1454
Dist. des flan. prol. à l ang. du Pol.	2318	1073	2162	2238	2303	1360	3408	2451	1488
Flancqs prolongez.	621	801	918	10..	6061	1008	1145	1171	12--
Distance des Poligones.	1595	1677	1872	2016	2128	2217	2290	2352	124-
Poligone interieur.	5145	5688	5872	6023	6142	6328	6330	6411	6469
Poligone exterieur.	6256	8125	8015	7963	7949	7858	7818	6795	7757
Deffence fichante.	6080	6097	6112	6124	6133	6143	6152	6164	6106
Ligne Capitale.	1973	1703	2162	2238	2303	2360	2408	2451	2488
Second Flancq.	711	1127	1298	1385	1458	1470	1494	1522	1594

AUTRE TABLE DES DIMENTIONS DE FORTIFICATION.

D	D	D	D	D	
4	5	6	7	8	*Poligonnes.*
90	72	60	51 1/7	45	*Angles du Centre soubstruict.*
180	180	180	180	180	*Du demy Cercle reste le*
60	108	120	128 1/7	135	*Aogles des Poligones, dont les 1/2. sont les*
60	72	80	85 1/7	90	*Angles flancquez ou des Bouleuerts leur difference.*
30	36	40	42 1/7	45	*Les doubles des Angles flancqnants interieurs.*
15	18	20	11 1/7	22 1/7	*Angles flancquants interieurs.*
150	144	14	137 1/7	135	*Angles flancquants.*
105	108	110	111 1/7	112	*Espaulles.*
40	40	40	40	40	*Angles formants les flancqs.*
V	V	V	V	V	Dimentions des longueurs.
36	36	36	36	36	*Courtines.*
24	24	24	24	24	*Faoes.*
774	909	1007	1083	1144	*Flancqs.*
922	1083	1200	1290	1363	*Gorges.*
5445	5766	6000	6181	6326	*Poligones Interieurs.*
8236	8165	9110	8075	8035	*Poligones Exterieurs.*
6080	6110	6134	6154	6172	*Lignes de deffence.*
1973	2040	2110	2167	2232	*Lignes Capitales.*
1395	1650	1828	1953	2062	*Distance des Poligones.*
710	802	833	842	844	*Seconds Flancqs.*
619	741	821	870	918	*Flancqs prolongez.*

Abb. 13: Galileo Galilei, Compasso Militare, Galileo 1640, Falttafel

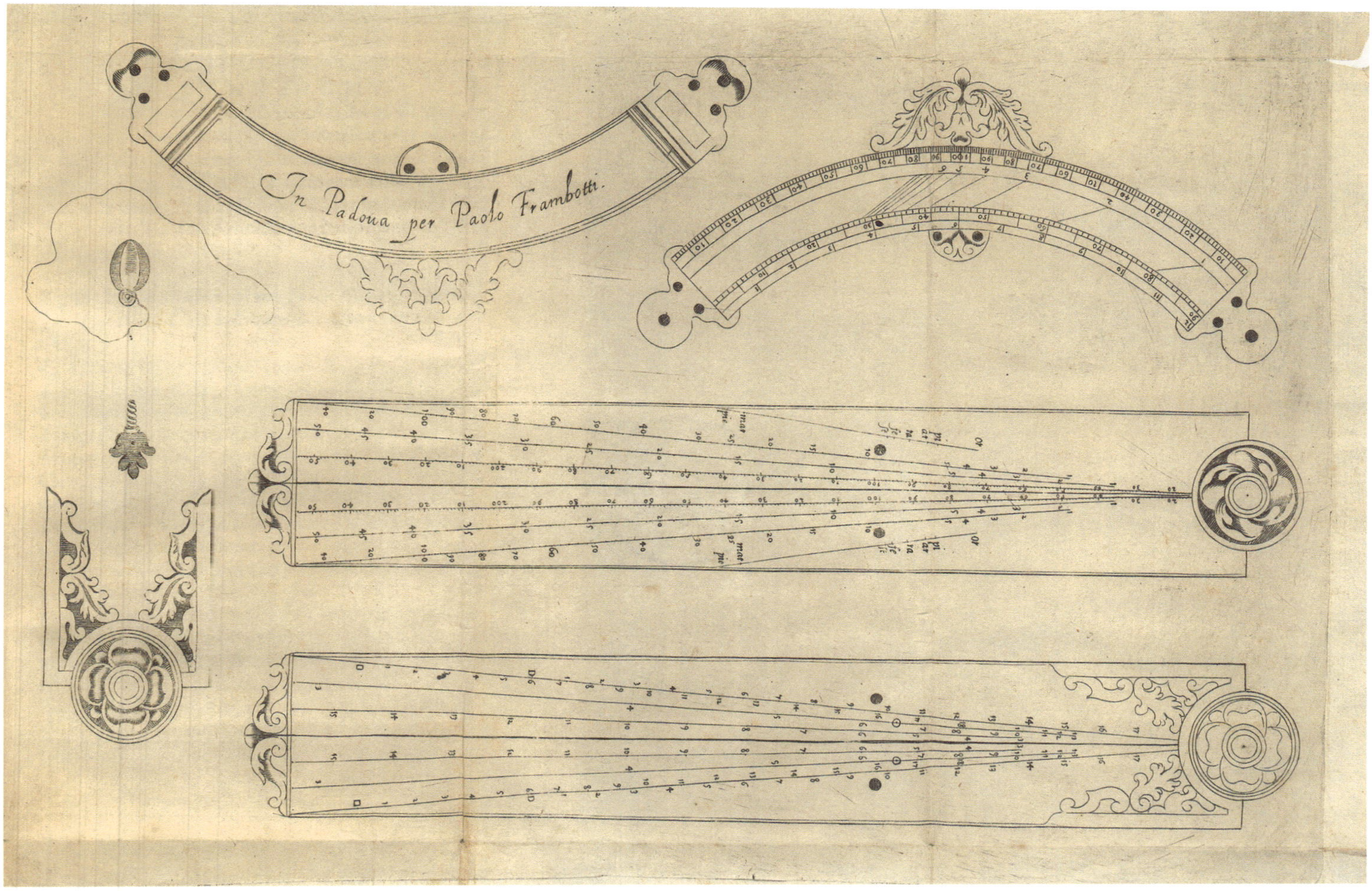

dem Gelände und bestehenden Bauten angepasst wurde. Was im Modell ganz gleichmässig ist, wird in der Anwendung ungleichmässig. Die Kunst des Ingenieurs besteht gerade darin, das optimierte Modell im speziellen Fall richtig an die Bedingungen des Bauplatzes anpassen zu können. Das Modell wiederum muss so konzipiert sein, dass es sich den jeweiligen Umständen anpassen lässt. In der Praxis ist eben nicht entscheidend, dass alle Teile einer Festung gleich gross sind, sondern dass sie sich möglichst gleich gut verteidigen lassen. Gleich einer Kette ist eine Festung so stark wie ihr schwächstes Glied. Nur im Modell entspricht der gleichmässigen Verteidigung auch die geometrische Gleichmässigkeit. In optimaler Form liesse sich dieses Modell aber nur in einer perfekten Ebene verwirklichen.

Der beschriebene Zusammenhang von Modell und modifizierender Praxis wurde in der Folge von gut einem Dutzend Autoren mit einem immensen Aufwand und den damals modernsten, in der Astronomie entwickelten mathematischen Methoden wie den Logarithmen und der Trigonometrie in Regeln gefasst.[10] Man stellte die vorausberechneten Masse aller Teile möglicher Festungen in Tabellen wie jenen von Samuel Marolois dar (Abb. 12).[11] Damit verbunden war ein sich an Euklids Geometrie orientierender axiomatischer Aufbau der Theorie aus möglichst wenigen Grundsätzen.[12] Ziel dieser Anstrengungen war eine didaktisch effizient organisierte Grundausbildung von Ingenieuren, Bauherrenvertretern und Bauherren aus Adel und Bürgertum. Die Nachfrage nach Lehrmitteln für den Privatunterricht und das autodidaktische Studium war so immens, dass Verleger auch Übersetzungen zahlreicher italienischer, französischer und niederländischer Traktate auf den Markt warfen. Das Lernen aus Büchern war wichtig, weil entsprechende Schulen selten waren.

Über die Jahrzehnte wandelte sich die Verwirklichung von Festungsmodellen in eine blosse Technik, die zur Not auch von Anfängern mit analogen Rechenmaschinen wie dem hier vorgestellten Gerät des Zürcher Festungsbaumeisters Johannes Ardüser hätte beherrscht werden können (Abb. 11).[13] Weitere Beispiele sind der von Galileo Galilei hergestellte und vertriebene Compasso Militare (Abb. 13), einige von Georg Galgemair in zahlreichen Publikationen vorgestellte Proportionalzirkel,[14] das von Johannes Faulhaber zum Entwerfen ungleichmässiger Anlagen geschaffene Instrument in Form einer Gliederkette oder die von Johann Wilhelm Dilich in Frankfurt am Main verwendeten Instrumente.[15]

Solche meist für militärische Anwendungsbereiche konzipierten Rechenmaschinen gelten übrigens als Vorläufer unserer Computer. Abgesehen von der digitalen und elektronischen Arbeitsmethode zu Recht, denn der Nutzer braucht – wie beim Computer – eigentlich nicht zu wissen, wie das Instrument funktioniert. Er muss lediglich über Regeln verfügen, die es ihm ermöglichen, Daten einzugeben und Resultate abzulesen. Er ist eben bloss ‹User›. Im Gegensatz zu älteren, in der Astronomie verwendeten Geräten sind solche Rechner zudem Universalinstrumente für unterschiedlichste

10 Die wichtigsten dieser Autoren sind: Marolois 1615; Freitag 1631; Faulhaber 1633–1637; Cellarius 1645 und Dögen 1648.

11 Marolois 1615, L1b (ZürichTH, Alte Drucke).

12 Vergleiche Büchi 2015, S. 199–207.

13 Ardüser 1651, Taf. D.

14 Vergleiche dazu die Beiträge von Michael Gnehm und Büchi in Oechslin 2018, S. 475–486.

15 Vergleiche Faulhaber 1633–1637, 3. Teil, S. 76–80 und Taf. R. Zu Dilich vergleiche Glasemann 2009, S. 387–406, besonders S. 397–405, wo mehrere in der Sammlung des Historischen Museums Frankfurt a. M. aufbewahrte Instrumente erwähnt werden, die beim Bau der Festung verwendet worden sein könnten. Glasemann beschreibt zwei Instrumente mit den Inventarnummern X 881 und X 883, die dem Dilich 1640, Taf. LXIX–LXXII und Dilich 1689, S. 337–340 dargestellten Instrument gleichen. Ähnliche Instrumente gab es im Bereich der Zivilarchitektur. Vergleiche zum Beispiel den Proportionalzirkel von Balthasar Neumann (Mainfränkisches Museum in Würzburg, Inventarnummer H 12228) zur Konstruktion der fünf Säulenarten.

Abb. 14: Daniel Suttinger, Zweite Türkenbelagerung Wiens, 1683, Kupferstich

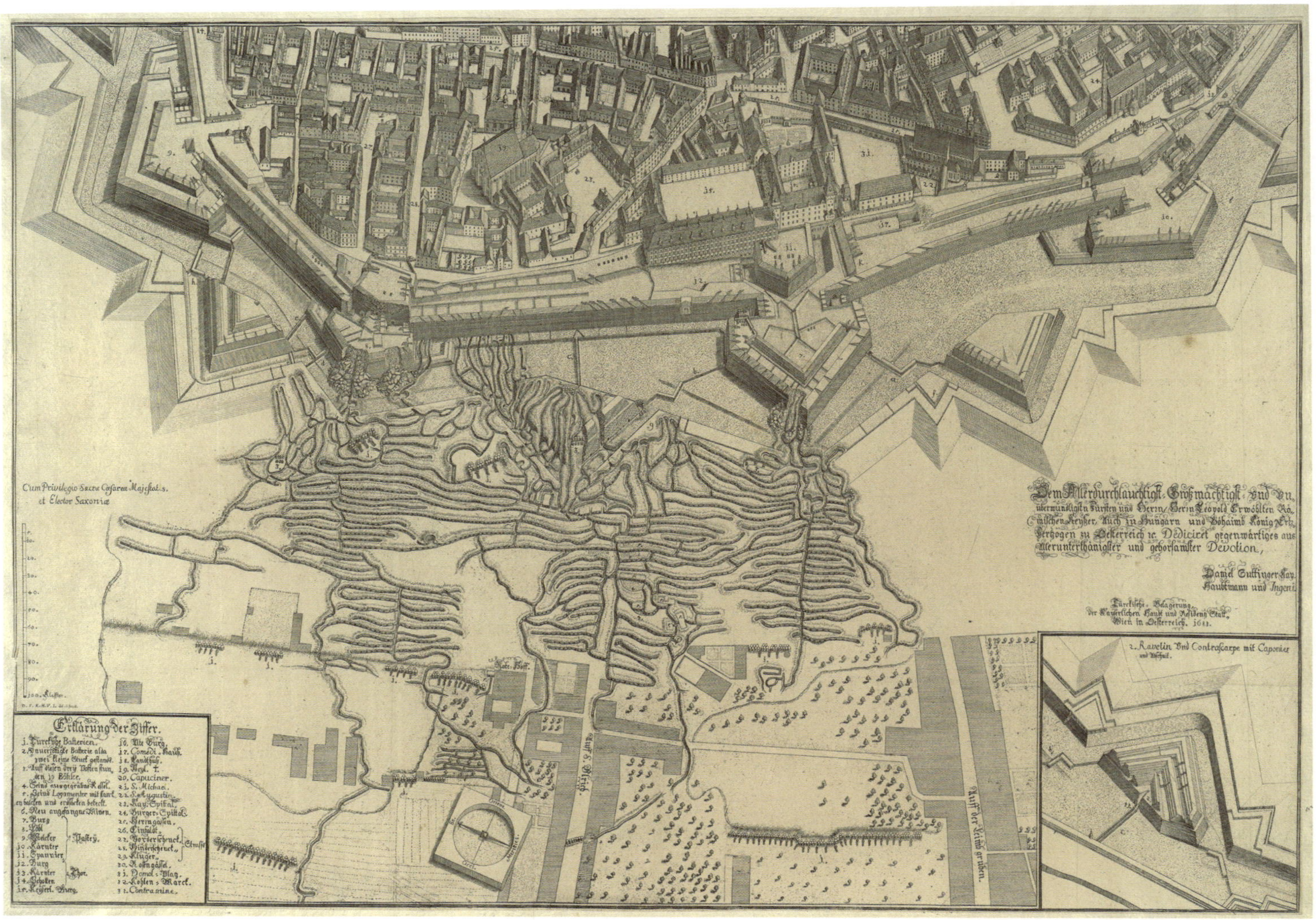

Abb. 15: Sébastien Le Prestre de Vauban, *Traité de l'attaque et de la déffence des places,* erste Hälfte 18. Jahrhundert, Taf. XXIV

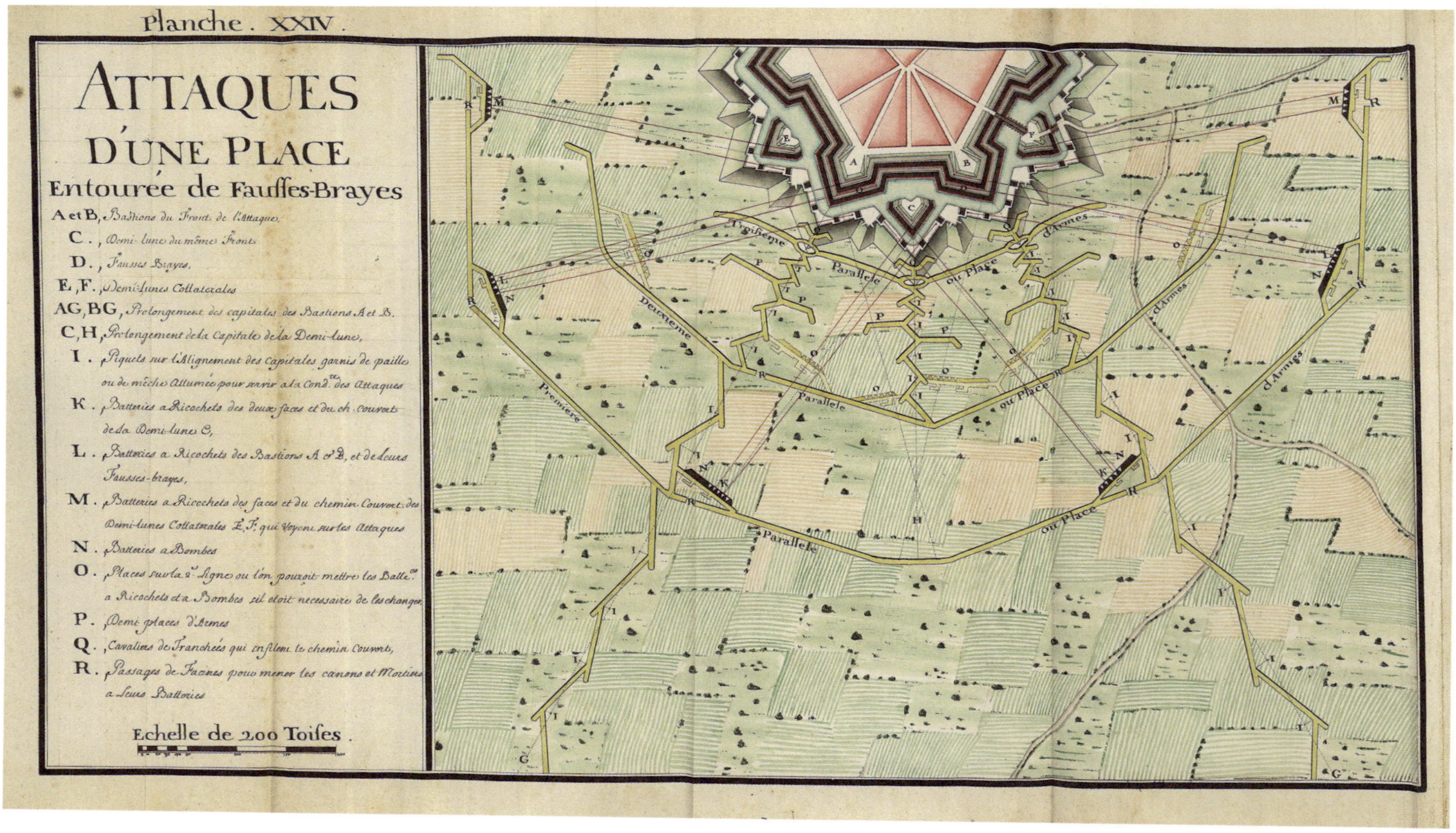

Abb. 16–18: Leonhard Christoph Sturm, Abbildungen der Manieren von Vauban, Rimpler und Coehoorn, Sturm 1718, Tab. I, V, IX

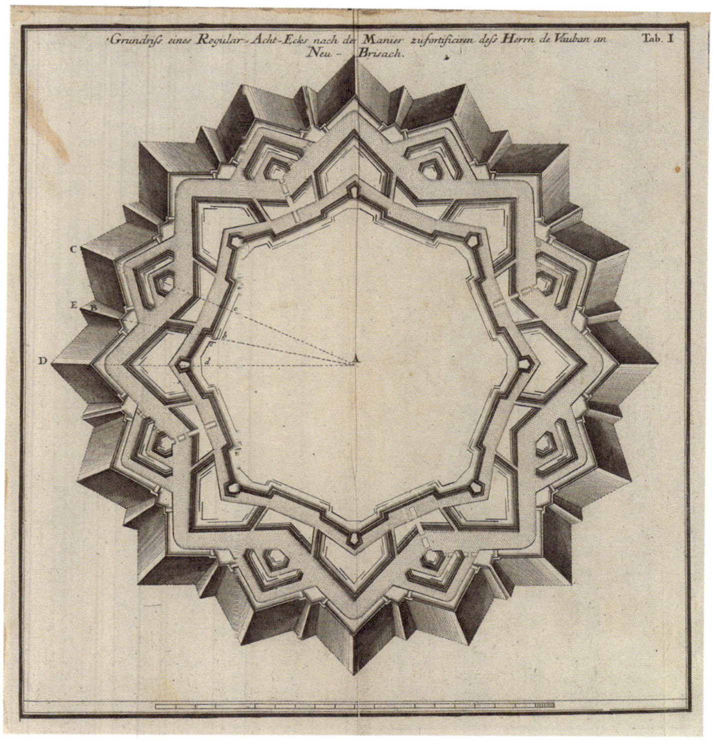

Anwendungen – wie die modernen Computer. Es gab sie mit Applikationen – mit ‹Apps› – nicht nur für mathematische Grundoperationen wie Multiplikation und Division, sondern auch zur Berechnung von Festungslinien, Säulenordnungen, Kanonenkalibern und für die Ballistik. Und schliesslich waren diese Geräte mobil, so wie es unsere Computer seit ein paar Jahren auch wieder sind.

Es wird immer wieder behauptet, dass solche mechanischen Rechenmaschinen lediglich repräsentativen, didaktischen oder symbolischen Wert gehabt hätten. Die Instrumente dürften jedoch ähnlich unverzichtbar gewesen sein wie die aktuellen digitalen Geräte.

Bis zum 18. Jahrhundert bedeutete Krieg oft Festungskrieg. Hier eine Darstellung der zweiten Wiener Türkenbelagerung von 1683 (Abb. 14).[16] Der politische und militärisch-strategische Zweck von Festungen, der Schutz gegen innere und äussere Feinde des Staates, war den Ingenieuren vorgegeben, weshalb sie sich in der Theorie selten und relativ spät mit ihm auseinandersetzten. Der unmittelbare taktische Zweck von Festungen im Kampf hingegen stellte den Ausgangspunkt der meisten Überlegungen dar. Als Soldat war der Militäringenieur nicht bloss für die Errichtung von Festungen zuständig, sondern er hatte auch Aufgaben im immer systematischer durchgeführten Angriff und in der Verteidigung zu übernehmen. Der französische Marschall Sébastien Le Prestre de Vauban normierte dann auch den Angriff auf Festungen bis ins letzte Detail (Abb. 15).[17] Die damit realisierte Planbarkeit der Eroberung einer Festung machte einen guten Teil seiner überaus erfolgreichen Karriere aus – genau wie die entsprechende grossräumige Planbarkeit der Landesverteidigung Frankreichs mit nahezu 200 Festungen, welche ohne die normierende Theorie der vorausgehenden rund 150 Jahre undenkbar gewesen wäre.

Der Aspekt der Ökonomie wurde ein so wichtiger Faktor im Festungsbau, dass auch die Effizienz zur Verfügung stehender Systeme in der Theorie geprüft wurde. So widmete beispielsweise Leonhard Christoph Sturm (1669–1719) einen bedeutenden Teil seines Lebenswerks der Ökonomie von Festungssystemen. Die Entwicklung einer Methode, die es erlauben sollte, die militärische Effizienz in Relation zur ökonomischen Effizienz abzuschätzen, fand in Sturms Publikation *Freundlicher Wettstreit der französischen, holländischen und deutschen Kriegsbaukunst* von 1718 ihren Abschluss, in der er die Manieren aller damals berühmten Festungsexperten, des Franzosen Sébastien Le Prestre de Vauban (1633–1707), des Niederländers Menno van Coehoorn (1641–1704) und des Deutschen Georg Rimpler (ca. 1635–1683), miteinander verglich (Abb. 16–18).[18]

16 «Türchische Belagerung der Kayserlichen Haubt und Residentz Statt Wien in Oesterreich. 1683». Stich von Daniel Suttinger (BrünnMZK, Kartensammlung von Bernhard Paul Moll).

17 Vauban, *Traité de l'attaque et de la déffence des places*, Taf. XXIV (ParisCNAM, Fol. Qe 2 Res). Deutsche Übersetzungen des in mehreren Versionen kursierenden Werks: Sébastien Le Prestre de Vauban: *Angriff und Vertheidigung der Vestungen*. 2 Teile. Berlin: Christian Sigismund Bergmann, 1744–1745 und Sébastien Le Prestre de Vauban: *Abhandlung von der Vertheidigung der Festungen, ein Original-Werk des Herrn Marschalls von Vauban. Auf höchsten Befehl aus dem Französischen übersetzt durch G. A. von Clair Königlichen Preussischen Ingenieur-Capitaine*. Berlin und Potsdam 1770.

18 Sturm 1718, Tab. I (Vauban, Neuf-Brisach), V (Rimpler) und IX (Coehoorn) (ZürichTH, Alte Drucke).

Abb. 19: Gianbatista Caporali, Radial organisiertes Stadtschema, Caporali 1536, Fol. 41r

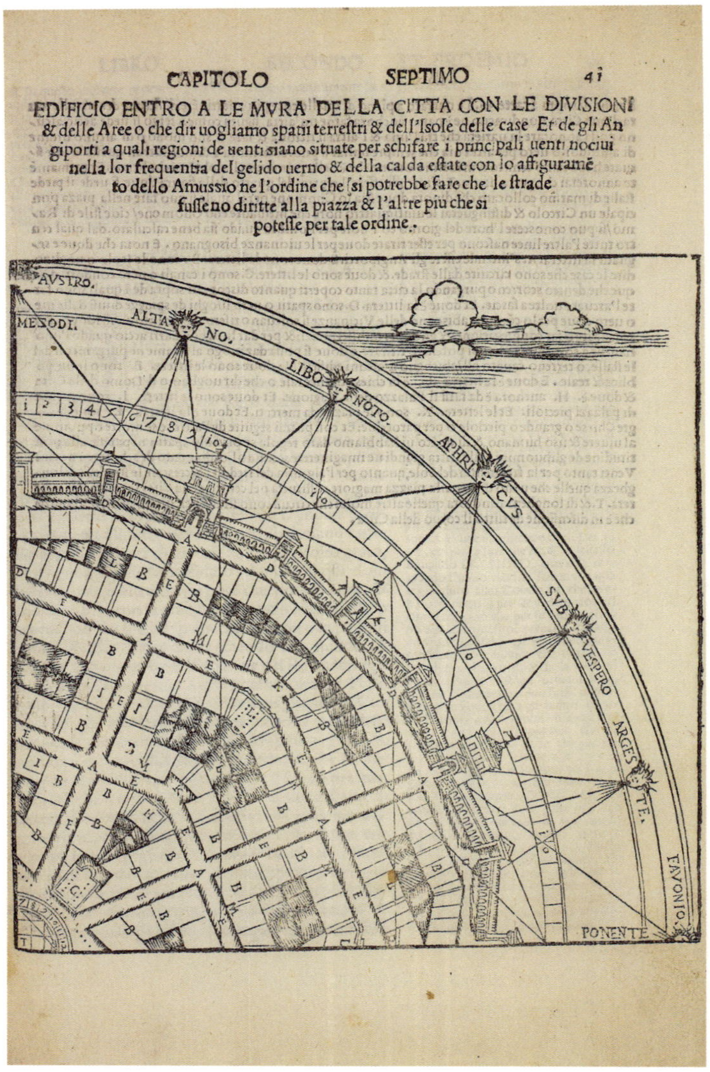
CAPITOLO SEPTIMO 41

EDIFICIO ENTRO A LE MVRA DELLA CITTA CON LE DIVISIONI & delle Aree o che dir uogliamo spatii terrestri & dell'Isole delle case Et de gli Angiporti a quali regioni de uenti siano situate per schifare i principali uenti nociui nella lor frequentia del gelido uerno & della calda estate con lo affiguramẽto dello Amussio ne l'ordine che si potrebbe fare che le strade fusseno diritte alla piazza & l'altre piu che si potesse per tale ordine.

Abb. 20: Daniel Specklin, Radialer Stadtgrundriss, Specklin 1599, [P2b]

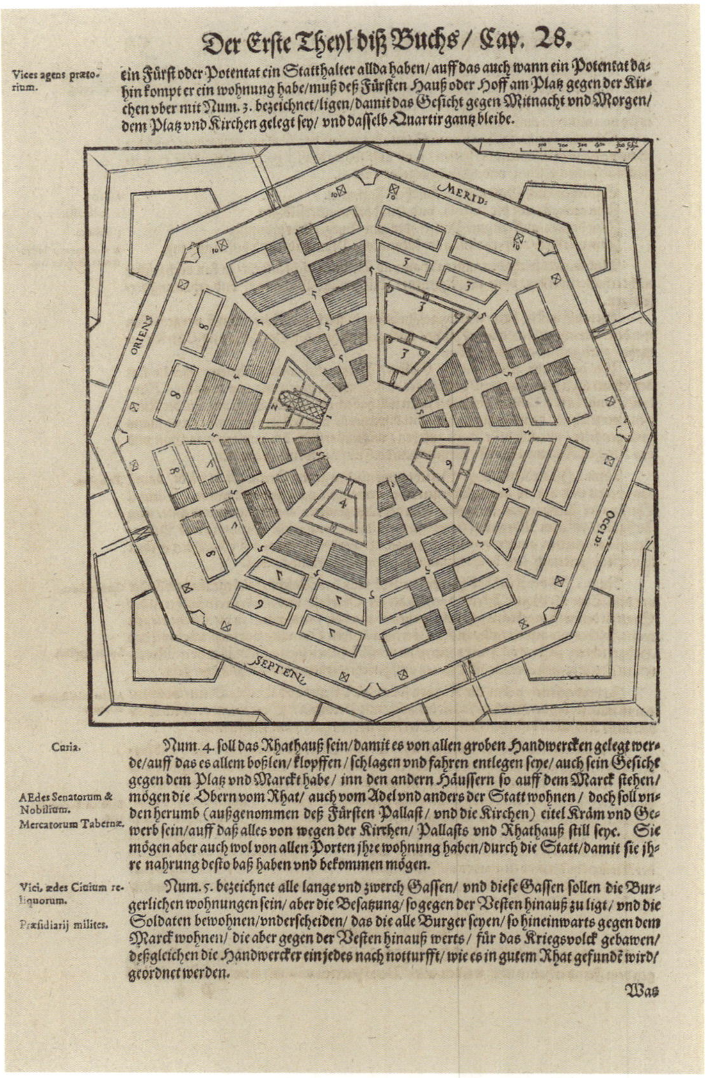
Der Erste Theyl diß Buchs / Cap. 28.

Vices agens prætorium.

ein Fürst oder Potentat ein Statthalter allda haben/ auff das auch wann ein Potentat dahin kompt er ein wohnung habe/ muß deß Fürsten Hauß oder Hoff am Platz gegen der Kirchen vber mit Num. 3. bezeichnet/ ligen/ damit das Gesicht gegen Mitnacht vnd Morgen/ dem Platz vnd Kirchen gelegt sey/ vnd dasselb Quartir gantz bleibe.

Curia.

Num. 4. soll das Rhathauß sein/ damit es von allen groben Handwercken gelegt werde/ auff das es allem boßlen/ klopffen/ schlagen vnd fahren entlegen seye/ auch sein Gesicht gegen dem Platz vnd Marckt habe/ inn den andern Häussern so auff dem Marck stehen/ mögen die Obern vom Rhat/ auch vom Adel vnd anders der Statt wohnen/ doch soll vnden herumb (außgenommen deß Fürsten Pallast/ vnd die Kirchen) eitel Kräm vnd Gewerb sein/ auff daß alles von wegen der Kirchen/ Pallasts vnd Rhathauß still seye. Sie mögen aber auch wol von allen Porten jhre wohnung haben/ durch die Statt/ damit sie jhre nahrung desto baß haben vnd bekommen mögen.

AEdes Senatorum & Nobilium.

Mercatorum Tabernæ.

Num. 5. bezeichnet alle lange vnd zwerch Gassen/ vnd diese Gassen sollen die Burgerlichen wohnungen sein/ aber die Besatzung/ so gegen der Vesten hinauß zu ligt/ vnd die Soldaten bewohnen/ vnderscheiden/ das die alle Burger seyen/ so hineinwarts gegen dem Marck wohnen/ die aber gegen der Vesten hinauß werts/ für das Kriegsvolck gebawen/ deßgleichen die Handwercker ein jedes nach notturfft/ wie es in gutem Rhat gefundẽ wird/ geordnet werden.

Vici, ædes Civium reliquorum.

Præsidiarij milites.

Was

Die Entwicklung der Festungsbaukunst beförderte die Umstrukturierung Europas von relativ kleinen politischen Einheiten hin zu grösseren, ökonomisch potenteren Territorialstaaten. Genügte im Mittelalter eine relativ preiswerte Burg, um sich längere Zeit gegen ein grösseres Heer zu verteidigen, war die Befestigung gegen Kanonen verhältnismässig teuer und nach der Entwicklung effizienter Angriffsmethoden selbst für reichste Städte unerschwinglich.

Am Anfang der Entwicklung wurden einzelne Städte von ihren Bürgern selbst verteidigt, am Schluss wurden grössere Gebiete mithilfe von Söldnern durch Systeme aus mehreren befestigten Plätzen gesichert. Festungen wurden immer mehr zu Spielsteinen in weiträumigen strategischen Zusammenhängen. Gut ausgebaute Verkehrswege wie Kanäle, Strassen und Brücken spielten eine immer wichtigere Rolle in der Landesverteidigung. Diese Teile auch ökonomisch immer wichtiger werdender Infrastruktur wurden aber nach und nach an das entstehende Zivilingenieurbauwesen abgetreten.

Der Ingenieur griff zunehmend in die planmässige Schaffung sozialer Räume ein. In diesen Zusammenhang gehört eine in der Fortifikationstheorie entwickelte Methode der räumlichen Organisation sozialer Gebilde, der radial organisierte Stadtgrundriss: Im Gegensatz zum Zivilarchitekten konnte der Militärarchitekt nicht auf antike Vorbilder zurückgreifen. Vitruv, der als Militäringenieur unter Julius Caesar diente, hatte im einzigen aus der Antike erhaltenen Architekturtraktat *De architectura libri decem* ein nicht mehr anwendbares Befestigungssystem beschrieben. Die verlorenen wenigen Illustrationen zu Vitruvs Traktat wurden indessen mit viel Erfindungsgabe rekonstruiert. Es lässt sich zeigen, wie der radial organisierte Stadtgrundriss im Zuge dieser Rekonstruktion erfunden und in die Praxis transformiert wurde: Für seine Vitruvedition schuf Gianbatista Caporali den ersten im Druck veröffentlichten radialen Stadtgrundriss (Abb. 19),[19] der dann von Daniel Specklin weiterentwickelt wurde (Abb. 20).[20] Ein Jahr nach der Publikation von Specklins Grundriss begann man mit der Planung der venezianischen Festung Palmanova mit radial organisiertem Stadtgrundriss. Das Gegenmodell zu dieser in der Antike unbekannten Form war der seit Urzeiten verwendete Rastergrundriss (Abb. 21),[21] den man in der Theorie mit Bezug auf das römische Militärlager weiterentwickelte.[22]

Beide Möglichkeiten der Organisation eines Stadtgrundrisses hatten Vor- und Nachteile. Der radiale Grundriss entspricht dem Festungsbauwerk relativ gut, führt aber zu Problemen beispielsweise in der Parzellierung. Der Rastergrundriss macht optimale rechteckige Bauplätze möglich, passt aber weniger gut zur möglichst in Kreisform aufzubauenden Festung.

Der Kartograph, Zeichner und Militärtheoretiker Wilhelm Dilich erarbeitete nun Mitte des 17. Jahrhunderts eine Systematik, die es ermöglichen sollte, das Raster mit dem radialen Grundriss zu kombinieren und in jedem erdenklichen Fall der Festungsform anzupassen (Abb. 22).[23] In der Praxis setzte sich eine zwar ähnliche, aber

19 Caporali 1536, Fol. 41r (EinsiedelnBWOe).

20 Specklin 1599, [P2b] (ZürichTH, Alte Drucke). Genaue Analyse der Zusammenhänge in Büchi 2015, S. 110–113.

21 «LA NVOVA CITTA É FORTEZZA DI MALTA CHIAMATA VALLETTA.», Perez 1582, Fol. 14 (BaselUB, Kartensammlung).

22 Vergleiche zum Beispiel Büchi 2015, S. 248–251 mit weiterführender Literatur.

23 Dilich 1689, S. 352–353 (DresdenSLUB).

Abb. 21: Matteo Perez, Stadt und Festung Valletta, Perez 1582, Fol. 14

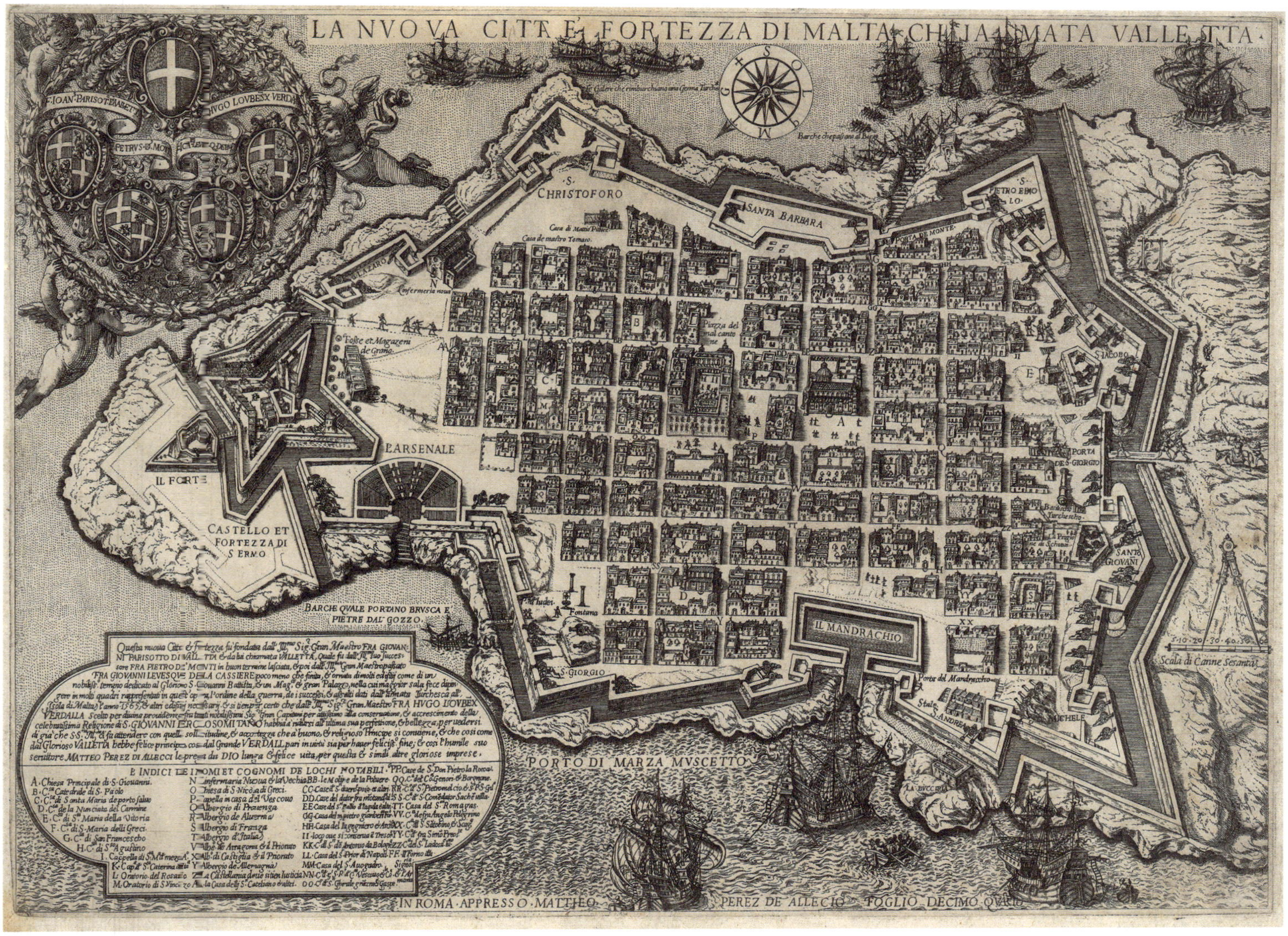

pragmatischere Lösung durch, wie das Modell der französischen Festung Neuf-Brisach zeigt: ein Rastergrundriss mit parallel zu den Wällen erbauten Kasernen (Abb. 23).

Im Verlauf des 17. Jahrhunderts wurden traditionelle Herrschaftsfunktionen zunehmend von Konzepten politischen Handelns abgelöst, welche die Konsolidierung und Steigerung der Macht herrschender Schichten betrafen. Das politische System erschien nicht mehr wie noch im ausgehenden Mittelalter als etwas, das eine ursprüngliche Ordnung konservieren oder wiederherstellen sollte, sondern als etwas, das dazu diente, einen Ordnungszustand überhaupt erst zu erreichen und durchzusetzen.

Machtsteigerung bedeutete auch Vergrösserung und Arrondierung des Territoriums. Sichern liess sich ein Territorium vermehrt nur noch durch ein stehendes Heer von professionellen Söldnern. Diese Heere wiederum waren aus Versorgungsgründen und zur Deckung eines Rückzugs auf Festungen angewiesen. Der erhöhte finanzielle Bedarf für die moderne Kriegsführung trug dazu bei, dass der Staat von den Machthabern zunehmend als eine Quelle von Einkünften betrachtet werden musste, die es durch Besteuerung zu erschliessen galt. Um sicherzustellen, dass diese Einkünfte mithilfe eines Verwaltungsapparates abgeschöpft werden konnten, war es notwendig, das Herrschaftsgebiet gegen aussen zu schützen und gegen innen zu befrieden. Und dies wiederum war die Aufgabe von Festung und Armee, die so viel kosteten.[24]

Weil immer höhere Ausgaben für Söldner und die immer teurer werdenden Festungen die ökonomische Durchorganisierung eines Gebietes notwendig machten, wurde schliesslich auch der Territorialstaat selbst als etwas Plan- und Herstellbares aufgefasst.[25]

Damit verbunden waren die Zentralisierung des Staates und die Schaffung von Institutionen mit entsprechenden Verwaltungs- und Überwachungsmöglichkeiten. Mit der Strategie der Landesverteidigung und den grossen Festungsbauprojekten hängt die Notwendigkeit der Schaffung von Verkehrswegen (Kanälen und Strassen) zusammen, die auch einen wirtschaftlichen Nutzen hatten und die verwaltungstechnische Zentralisierung stützten. Voraussetzung dafür waren Kenntnisse im Nivellement, im Vermessungswesen und in der Kartografie. Der Ausbau der Infrastruktur durch Ingenieure umfasste zudem auch die Gewinnung von Bodenschätzen durch staatlich reglementiertes Berg- und Hüttenwesen sowie die Einrichtung staatlicher Manufakturen.

Spätestens seit Ende des Dreissigjährigen Kriegs und dem damit zusammenhängenden ‹Wiederaufbau› (sichtbar schon in den Traktaten von Joseph Furttenbach d. Ä.)[26] fand im Bereich des militärischen und zivilen Bauwesens also eine zunehmende Spezialisierung statt: Der Architekt wurde vom Ingenieur und dann der Zivil- vom Militäringenieur unterschieden. Zudem erfolgte auf staatlicher Ebene die Schaffung von Positionen in der Bauverwaltung für Funktionen wie die Kostenkontrolle, die traditionell von den regierenden Bauherren persönlich erfüllt worden waren.

24 Howard 1981, S. 32–55; Parker 1996, S. 25–26 und 163–172; Simon 2004, S. 307–316 und 563–566.

25 Beschreibung des Prozesses in Büchi 2015, S. 267–268 mit Angabe weiterführender Literatur.

26 Vergleiche dazu die Beiträge von Werner Oechslin und den Katalog von Tobias Büchi in Oechslin 2018, S. 629–648.

Abb. 22: Wilhelm Dilich, Schematische Stadtgrundrisse, Dilich 1689, S. 352–353

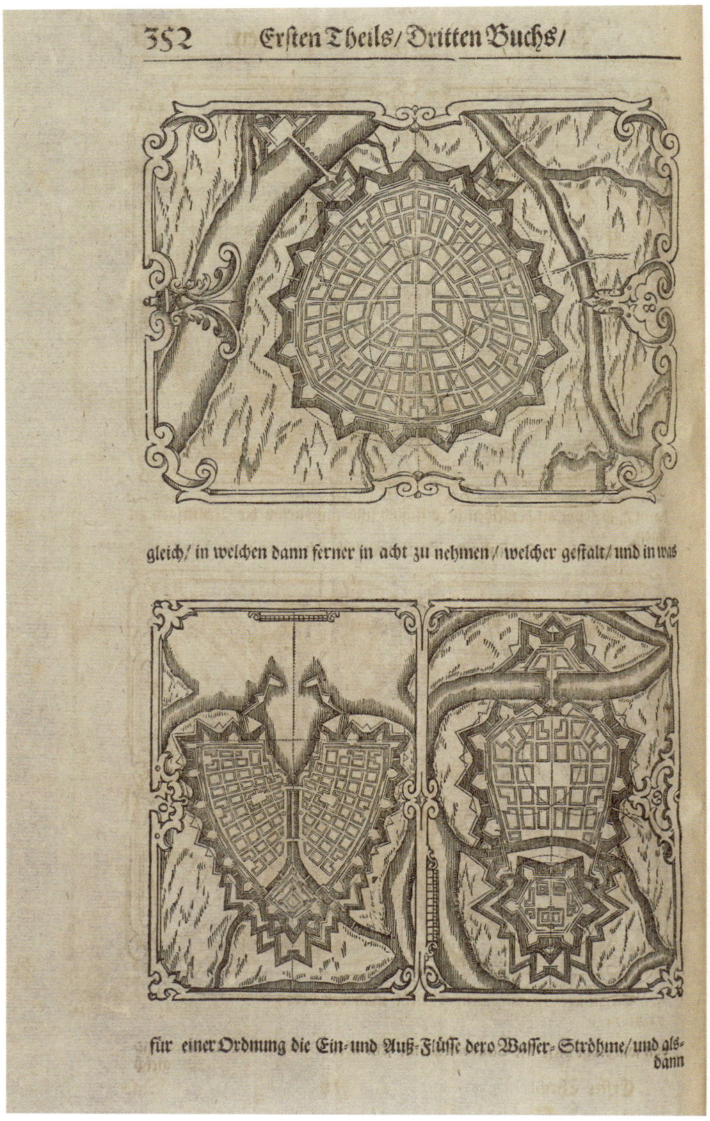

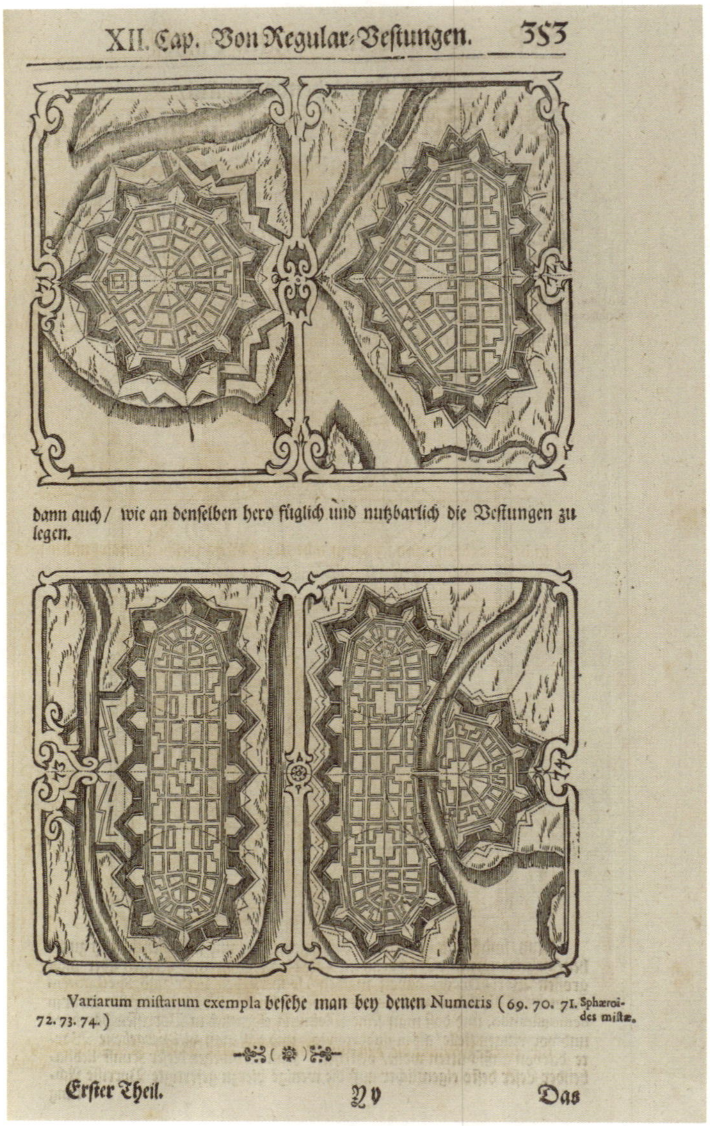

Oftmals wurden diese Aufgaben zuerst von Militärs übernommen und gingen erst nach und nach an Zivilisten über. Die Spezialisierung und die damit verbundene Notwendigkeit der Kontrolle und Überwachung führte zu einer Normierung, Institutionalisierung und Zentralisierung des Bauwesens und damit des Bauwissens. Die Normierung des Wissens machte das Bauwesen von einzelnen Personen und deren persönlichen Fähigkeiten immer unabhängiger, was zunehmend auch durch Baugesetze gestützt wurde. In diesem Prozess, der sich Ende des 18. Jahrhunderts weitgehend in festen Institutionen und Strukturen wie Bauämtern niederschlug, ist eine enge Verknüpfung politischer, wirtschaftlicher und militärischer Ziele festzustellen.

Diese Prozesse führten gleichermassen zum Aufbau von Forschungs- und Bildungseinrichtungen. Seit Ende des 17. Jahrhunderts standen dem Staat vermehrt ausgebildete Ingenieure zur Verfügung, die an Kadettenanstalten und Ingenieur-Akademien in Mathematik, Militär- und Zivilbaukunst unterrichtet wurden. Vorbild war die Entwicklung in Frankreich. Architektur- und Ingenieurbauwesen wurde aber auch an Universitäten und Ritterakademien gelehrt, um den Nachwuchs der herrschenden Klasse auf eine Karriere als Gutsbesitzer, Beamter oder Offizier vorzubereiten.[27]

Die mit dem Militärbauwesen verknüpfte Literatur spielte eine herausragende Rolle in der technischen und organisatorischen Umsetzung der ökonomischen Lenkung des Staates. Sie diente der Kanonisierung, Normierung und Verfügbarmachung des Wissens und beförderte die Institutionalisierung des Ingenieurwesens. Die in Lehrbüchern behandelten Themen sind vielfältig: Zivil-, Land-, und Kriegsbaukunst, Angriff und Verteidigung von Festungen, Strassen-, Brücken-, Wasser-, Maschinenbau (inklusive Baumaschinen), Mechanik, Holzbau (vorwiegend Dachstühle und Brücken), Vermessungswesen, Instrumentenbau und Nivellement, das Erstellen von Kostenvoranschlägen und nicht zuletzt technisches Zeichnen.

Dass dieses Wissens auch auf Universitäten verbreitet war, zeigt sich exemplarisch in den Schriften des Philosophen Christian Wolff, dessen *Anfangsgründe aller Mathematischen Wissenschaften* von 1710 bis 1800 inklusive eines verkürzten Kompendiums mehr als dreissig Auflagen erreichte.[28] Zudem wurde – zum Teil auch von offizieller Stelle – für die Aufnahme spezialisierteren Fachwissens beispielsweise durch die Übersetzung der Werke des Franzosen Bernhard Forest de Bélidor gesorgt.[29]

27 Lehrbücher aus diesem Bereich sind zum Beispiel: Johann Georg Stigler: *Anleitung zu den mathematischen Wissenschaften, worin die Theorie mit der Praxis verbunden.* München 1757 sowie Karl August Struensee: *Anfangsgründe der Kriegsbaukunst.* 3 Bde. Liegnitz und Leipzig, 1771–1774 (weitere Auflage 1778–1786).

28 Christian Wolff: *Anfangsgründe aller Mathematischen Wissenschaften.* 5 Bde. Halle 1710 (11 Ausgaben bis 1800) sowie die verkürzte Version Christian Wolff: *Auszug aus den Anfangsgründen aller Mathematischen Wissenschaften.* Halle 1717 (mindestens 17 Neuauflagen bis 1800).

29 Bernhard Forest de Bélidor: *Architectura hydraulica.* 1. Teil. Augsburg 1740–1750; 2. Teil. Augsburg 1766–1771; Bernhard Forest de Bélidor: *Neuer Cursus Mathematicus.* Leipzig und Wien 1745; Bernhard Forest de Bélidor: *Ingenieur-Wissenschaft.* Nürnberg 1757–1758; Bernhard Forest de Bélidor: *Vermischte Werke über die Befestigungskunst und Artillerie. Worinnen insonderheit eine ganz neue Theorie von den Minen.* Braunschweig 1769.

Abb. 23: Unter der Leitung von Jean-François de Montaigu, Planrelief von Neuf-Brisach, ca. 1703–1706

Alle diese Schriften leisteten einen Beitrag zur Vereinheitlichung und Formalisierung von Erfahrungs- und Handlungswissen mithilfe der Mathematik und mathematischen Methoden. Die Mathematisierung, Systematisierung, Vereinheitlichung, Verbesserung und Verfügbarmachung dieses entpersonalisierten Wissens wiederum unterstützte die Regulierung staatlicher Organisation wie Polizei-, Kameral- und Bauwesen.

Der politischen Dimension der Festungsbaukunst widmete sich die Theorie der Ingenieursbaukunst bis Ende des Dreissigjährigen Krieges nur sehr selten. In seinem Traktat *Politischer Diskurs von Festungen* (1620)[30] etwa geht Konrad Dieterich davon aus, dass der Krieg aus dem Streben jedes einzelnen Menschen nach Glück entstehe. Der Mensch könne jedoch nur in Gemeinschaft mit anderen bequem und glücklich leben. Das Glück der einen fordere nun aber das Begehren und den Neid der anderen heraus. Darum müsse sich ein Gemeinwesen stabilisieren und mit Festungen gegen innere und äussere Feinde absichern. Dieterich scheint den Krieg somit für ein unvermeidbares, die ganze Gesellschaftsordnung durchdringendes Faktum zu halten. Die Ingenieurstechnik aber bietet die Möglichkeit, Herrschaftsstrukturen zu schaffen, die das labile Gesellschaftsgebilde stabilisieren.

Bemerkenswert ist, dass die seit dem 17. Jahrhundert aus dem Militärbauwesen entstandene Ingenieurstechnik einerseits ein immer geordneteres, sichereres, bequemeres und längeres Leben ermöglicht, andererseits aber dieses Leben mit der totalen – bis hin zur nuklearen – Vernichtung bedroht.

Es sind über Jahrhunderte entwickelte Techniken, auch die Ökonomie zählt dazu, mit denen wir möglicherweise die letzten Ressourcen von Natur und Mensch mobilisieren. Insofern ist die Auseinandersetzung mit der Geschichte und der eng mit dem Militär und dem Krieg verknüpften Mentalität des Technokraten und Ingenieurs auch Teil einer – wenn man so will – Analyse des kollektiven Unterbewussten, eine Analyse dessen also, was wir heute in unseren expliziten Handlungen – ohne es zu merken – implizit voraussetzen. Oder eben eine Analyse dessen, was uns von unseren Vorfahren vorausgesetzt wurde.

30 Oechslin 2018, Nr. 253.

Daniel Specklins Gutachten für die Stadt Basel – theoretischer Teil

«Daß es der mächtigsten Vöstungen eine ist, so mag gefunden werden, auch wüder den Türckhenn genugsam.»

Specklin unterteilte seine *Architektur- und Bauordnung der Stadt Basel* von 1588 in einen theoretischen und einen praktischen Teil: Im theoretischen Teil stellte er als Norm das wichtigste der von ihm entwickelten Festungsmodelle mit allen notwendigen technischen Details vor. Seit dem späten 19. Jahrhundert bezeichnet man dieses Modell als Specklins Normalsystem. Ein Jahr später machte er es in seiner *Architectura von Vestungen* (Abb. 7) öffentlich.[1] Um den Ratschlag für Basel möglichst kurz zu halten, verzichtete Specklin darin im Unterschied zur *Architectura von Vestungen* jedoch auf die Beschreibung etlicher Details und Varianten sowie auf den über viele Seiten geführten Nachweis, dass sein Normalsystem besser sei als die von anderen Baumeistern erfundenen Modelle. Der praktische Teil des Ratschlags für Basel enthält die detaillierte Besprechung von vier mit grossen Plänen präsentierten Verbesserungsvorschlägen für die Befestigung der Stadt. Die in den Visierungen N°: 1 bis 3 (Abb. 26–28) vorgestellten Manieren sind so weit von den mit dem Normalsystem gesetzten neuen Standards entfernt, dass sie Specklin in der *Architectura von Vestungen* nicht einmal erwähnt. Schon die in der dritten Visierung dargestellte Verstärkung der Stadtbefestigung hätte allerdings, wie Specklin ausführt, dem Angriff eines so mächtigen Gegners wie den Osmanen widerstehen können. Die vierte Visierung (Abb. 29) zeigt dagegen die Anwendung von Specklins Normalsystems auf Basel. Hier stehen finanzieller Aufwand und wehrtechnischer Ertrag jedoch in keinem zu jener Zeit sinnvollen Verhältnis mehr. Obwohl der vierte Entwurf also ein für Basel unerreichbares Ideal darstellt, ist er die Grundlage und Norm der anderen Entwürfe und damit praktisch notwendig.

Im 16. Jahrhundert war die Praxis der Festungsbaukunst der in gedruckten Traktaten niedergelegten Theorie meist um Jahre voraus. Specklins *Architectura von Vestungen* von 1589 jedoch ist eines jener seltenen Bücher, in denen die Theorie die Praxis vorwegnahm, um dieser über mehr als ein Jahrhundert lang entscheidende Impulse zu verleihen. Das Traktat wirkte nachweislich noch in der ersten Hälfte des 18. Jahrhunderts. Specklin wusste durchaus, dass seine Ideen im damaligen Festungsbau meist an den beschränkten finanziellen Möglichkeiten scheitern mussten. Im Kampf gegen die Osmanen jedoch – und dafür hatte er seine Systeme entwickelt und veröffentlicht – hätte man die notwendigen Gelder sicherlich schon damals aufbringen können.

Specklins Normalsystem und seine Elemente

Specklin war Baumeister und kein Didaktiker. Schon seine Sprache macht es den Lesern nicht leicht, den komplexen Ausführungen zu folgen. Selbst Festungsexperten Ende des 17. Jahrhunderts hielten ihn für einen nahezu unlesbaren Schriftsteller. Auch stimmen Zeichnungen und Text oft nicht miteinander überein.[2] Hinzu kommt, dass es sich dabei um Fachtexte über einen Gegenstand handelt, den man als Spitzentechnologie jener Zeit bezeichnen muss. Aber gerade wenn man einen Einblick in die Praxis des Festungsbaus gewinnen will, ist es unumgänglich, sich auch auf das technische Detail einzulassen, das in der Summe eine ungefähre Vorstellung davon vermittelt, was ein Baumeister im 16. Jahrhundert wissen und können musste, um als einer der Besten seines Faches zu gelten.

Die Schwierigkeiten liegen nun aber nicht nur im Detailreichtum von Specklins Darstellung, sondern auch darin, dass diese Details in seinen Festungssystemen so eng miteinander zusammenhängen, dass sie sich gegenseitig bestimmen. Specklin selbst weist gegen Ende des theoretischen Teils darauf hin: «Also muß Anfang, Mittel vnndt End, mit einander bedacht werden, sonnst würdt nühmer kein rechte Ordnung in solchen Werckhen volbracht. Der aber

Abb. 24: Daniel Specklin, *Architektur- und Bauordnung der Stadt Basel*, 1588, Fol. 42r

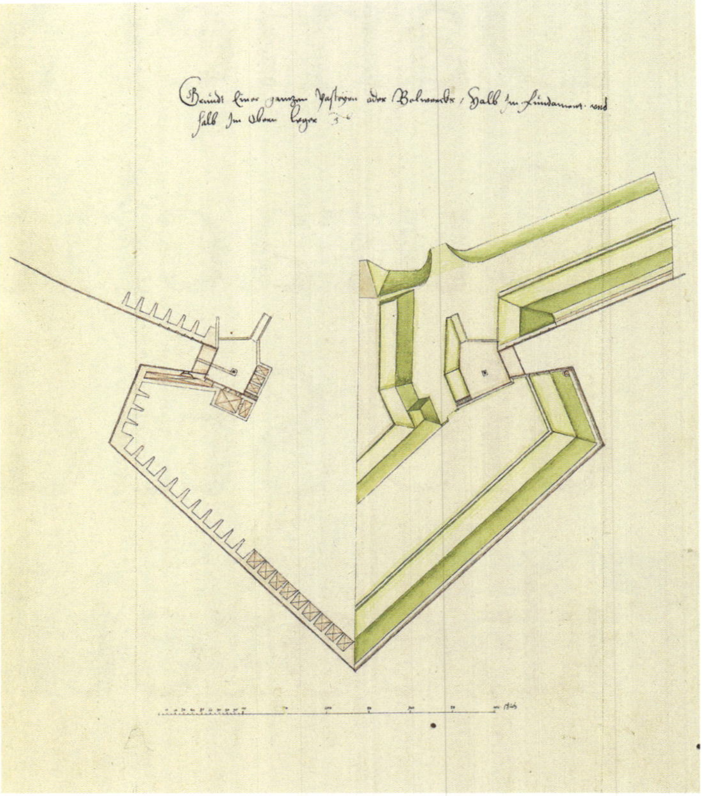

diß mein Bedenckhen anhördt, möchte vermeinnen, er hab alle Ding gantz just. Es betriege sich nuhr keiner selbß, dann manchmal ein klein Ding verfelt, darauff mancher nit Achtung gibt, dardurch, daß ein gantzer Bauw in ein Vnordnung kompt, vnndt nit wol zu helffen ist. Darumb trauw im selber keinner nit zuueil, sonder hab gantz großen Fleÿß dahin, wie ichs anzeige vnndt meinn.»[3]

Specklin war einer der Ersten, der bemerkte, dass ein Festungsbauwerk ein System ist, in dem alle Teile so miteinander zusammenhängen, dass sich ihre Masse gegenseitig bestimmen. Alle diese voneinander abhängigen Masse einzelner Werke müssen sich aber gerade in der praktischen Anwendung eines Systems rational aus dem Werkganzen begründen lassen: «Mann muß hierinnen nach allen Gelegenheÿttenn groß Achtung thun, dann man offt im Bauw, allmallen ein Ding ettwann erstreckht, erkürtzt, oder erweÿttert, nach Gelegenheÿtt. Derhalben ein Bauwmeÿster hierinn nicht gefangen sein soll, sonder soll alleß zum Höchsten betrachten, also daß er Vrsachen kahnn anzeigen, auch vmb jeden Stein denn man legt.»[4]

Für alle getroffenen Entscheidungen sollen Ursachen und Gründe angegeben werden können. Specklins Anspruch an die Rationalität seiner Modelle und an deren Anwendungen bei konkreten Bauvorhaben ist also sehr hoch.

Im theoretischen Teil der *Architektur- und Bauordnung der Stadt Basel* zeigt Specklin exemplarisch, wie man Festungen bauen könnte, wenn man keine Rücksicht auf bestehende Anlagen oder die topografische Situation nehmen müsste. Dieses Modell – es entspricht dem in der *Architectura von Vestungen* Tafel Nr. 10 dargestellten Normalsystem (Abb. 7) – ist dann Vorbild für den Umbau der bestehenden Ringmauer Basels (Abb. 29). Leider sei es meist unmöglich, eine bestehende Wehranlage so ordentlich aufzubauen wie eine neue, meint Specklin.[5] Es sei aber eine «schlechte Kunst»,

Eingangszitat: Specklin 1588, Fol. 88r.

1 Büchi 2015, S. 75–106.

2 Abweichungen sind im Folgenden jeweils in den Fussnoten vermerkt.

3 Specklin 1588, Fol. [38v].

4 Specklin 1588, Fol. 19v.

5 «Ich zeige nuhr hie an wie in neüwen Gebeüwen mechte ein Proceß fürgenohmmen werden. Doch wann es jn altt[en] auch zuwegen bracht mecht werden, were es sehr nutz vnndt gutt. Doch kahnn es nihmmer mehr alleß so ordentlichen auffgebauwen werden, alß wann man neüwe Vestungen bauwet» (Specklin 1588, Fol. 20v).

Abb. 25: Daniel Specklin, Angriff auf das Normalsystem, Specklin 1589, Taf. [9], Lit. 24

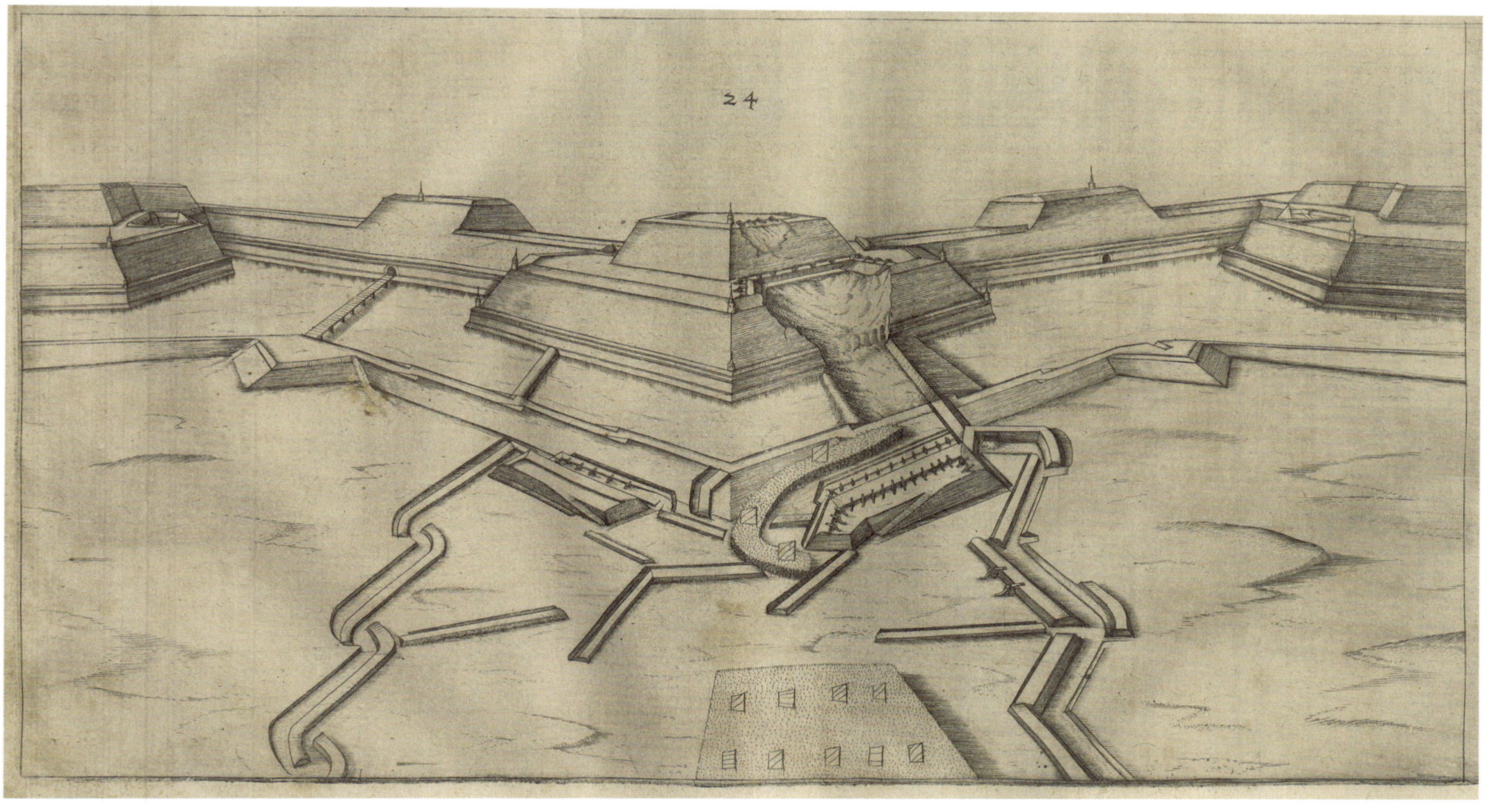

wenn man, wie es bei «welschen Baumeistern» Brauch sei, was im Weg stehe – Häuser und selbst Kirchen – abbräche.[6] Darum zeigt Specklin schon im theoretischen Teil, wie sich das optimale Modell bestehenden Umständen anpassen lässt.

Der Aufbau der Bauordnung richtet sich nach den didaktischen Vorstellungen der Zeit. Theorie bedeutet eben, dass zuerst das Allgemeine abgehandelt und dann zum Spezielleren beziehungsweise zur Anwendung fortgeschritten wird. Allgemein aber sind jene Elemente, aus welchen sich verschiedene konkrete Festungen zusammensetzen lassen. Darum geht Specklin im theoretischen Teil zuerst auf die einzelnen Bauteile wie Fundamente, Mauern, Flanken, Bastionsgesichter, Bastionswinkel, Wälle, Kavaliere, Brustwehren, Festungsgräben, Zwinger, Schiessscharten, die Kontereskarpe, den Gedeckten Weg und die Tore ein. Erst am Schluss des theoretischen Teils folgt als Synthese der Grundriss und die Aufsicht einer Bastion für den «vollkommenen Bau» (Abb. 24) der in der vierten Visierung (Abb. 29) vorgestellten Befestigung Basels mit dem Normalsystem.[7]

Bastion

Das wichtigste Prinzip, das Specklin in der Festungsbaukunst einführte, war die gegenseitige Verteidigung benachbarter Bastionen.[8] Er konzipierte sein Normalsystem so, dass der Gegner seinen Angriff zwingend auf ein Bastionsgesicht führen musste[9] (Abb. 7, Bastion Lit. G.; Abb. 25, rechtes Bastionsgesicht).[10] Darum determinieren die richtige Lage und Entfernung der Flanken von den zu verteidigenden Bastionsgesichtern alle anderen wichtigen Masse: «Daß Principall an einer Vesten, ist daß alle Streiche recht geordnet werden, dann alle Gebeuw nach deren gerust werden», hält Specklin fest.[11] Im 1589 publizierten Modell (Abb. 7) macht er die Kurtine ungefähr 500 Schuh (144.5 Meter) und die Bastionsgesichter je 400 Schuh (115.6 Meter) lang, so dass die Bollwerke – von Mitte zu Mitte – einen Abstand von genau 1000 Schuh (289 Meter) haben.[12] An bestehenden Stadtmauern, die man zwecks Kostenersparnis nicht abbrechen und neu bauen könne, sei man jedoch eingeschränkt und gezwungen, die Flanken nach Gelegenheit und Notdurft anzulegen.[13] Auch in verbesserten bestehenden Wehrbauten dürfen die Flanken jedoch nicht über 600 Schuh (173.5 Meter) auseinander liegen. Je näher sie sich sind, desto besser, meint Specklin, doch im «rechten Mass», nicht viel unter 400 Schuh (115.6 Meter).[14]

Wie man vielerorts sehen könne, hätten Specklins Vorgänger die Bastionsgesichter zu kurz und die Kurtine zu lang gemacht. Damit man auf den Bastionsgesichtern einen rechten Geschützstand hat, macht Specklin diese länger als andere Baumeister seiner Zeit. Damit sich die Bastionsgesichter auch im breschierten Zustand besser von den Flanken verteidigen lassen, rückt er die Flanken näher zusammen. Je länger man aber die Bastionsgesichter macht, desto kürzer wird die Kurtine.[15] Die Verkürzung der Kurtine führt also dazu, dass die Bastionen in der Verteidigung der Festung aktiviert werden. Rechneten die meisten Kollegen Specklins noch damit, dass die Bastion die Kurtine und die Kurtine die Bastion verteidigt, ging Specklin davon aus, dass sich die Bastionen gegenseitig verteidigen und die Kurtine an Bedeutung verliert. Damit setzte Specklin das Grundprinzip des Bastionärsystems, die gegenseitige Verteidigung der Bastionen, systematisch um.

Die Bastionen sollten weder zu spitz- noch zu stumpfwinklig sein.[16] Rechtwinklige Bastionen sind laut Specklin die besten und geräumigsten. Der rechte Winkel der Bastionsgesichter hat zur Folge, dass die Kurtine kurz und dem Gegner entzogen wird. Die langen, weit vorspringenden Bastionsgesichter wiederum ermöglichten ein starkes Kreuzfeuer im Raum vor der Kurtine, das den Gegner zum

6 Specklin 1588, Fol. 20v.
7 Specklin 1588, Fol. 41r und Grundriss Fol. 42r.
8 «DEmnach kein Bollwerck oder Pastey sich selbst verthädigen, beschützen, beschirmen noch bestreichen kan, allein was sein gegenwehr stracks für sich hinauß gegen dem Feind helffen mag. Sondern all ihr sterck, hilff vnd Trost, an ihren Nachbauren ligt, wie dann ihrer Hilff, ihre Nachbauren ebenmässig bedürffen, vnd je ein die ander entsetzen, vnd zuhilff kom[m]en muß» (Specklin 1589, H3b).
9 Specklin 1588, Fol. 18v.
10 Specklin 1589, Taf. [9], Nr. 24 entspricht dem Gutachten über drei Bollwerke AMSt, F VI, 3 (abgebildet bei Fischer 1996, S. 122), das, weil es mit Lazarus von Schwendi zusammen ausgearbeitet wurde, vor dessen Tod im Jahr 1583 zu datieren ist.
11 Specklin 1588, Fol. 11r.
12 Specklin 1588, Fol. 19v–20r.
13 Specklin 1588, Fol. 11v–12r.
14 Specklin 1588, Fol. 12r; vergleiche auch Fol. 20r.
15 Specklin 1588, Fol. 19r.
16 Specklin 1588, Fol. 23v.

Abb. 26: Daniel Specklin, Festung Basel, Visierung N°: 1, 1588 (↑Details S. 149–165)

Abb. 27: Daniel Specklin, Festung Basel, Visierung N°: 2, 1588 (↑Details S. 167–183)

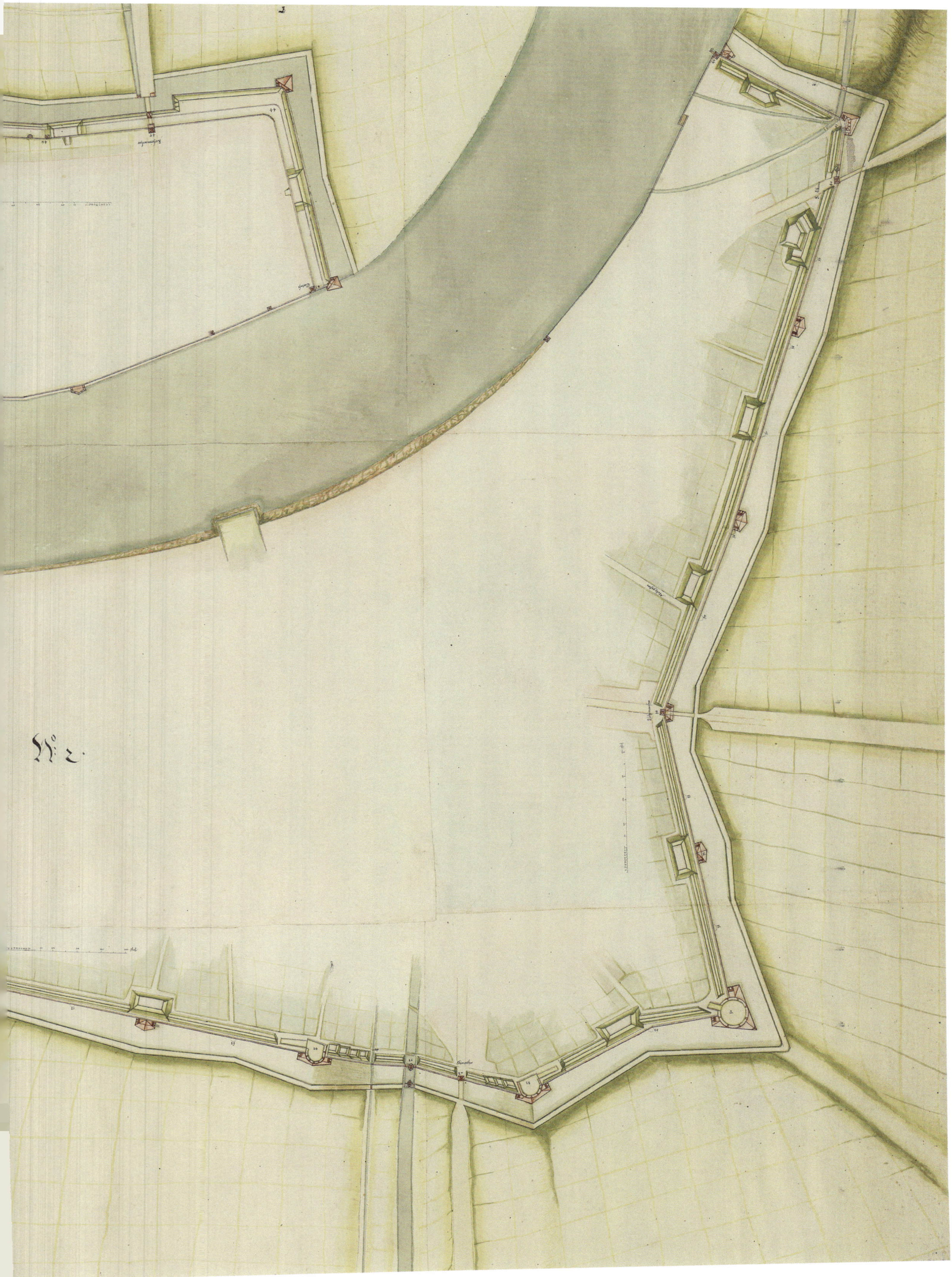

Abb. 28: Daniel Specklin, Festung Basel, Visierung N°: 3, 1588 (↑Details S. 185–201)

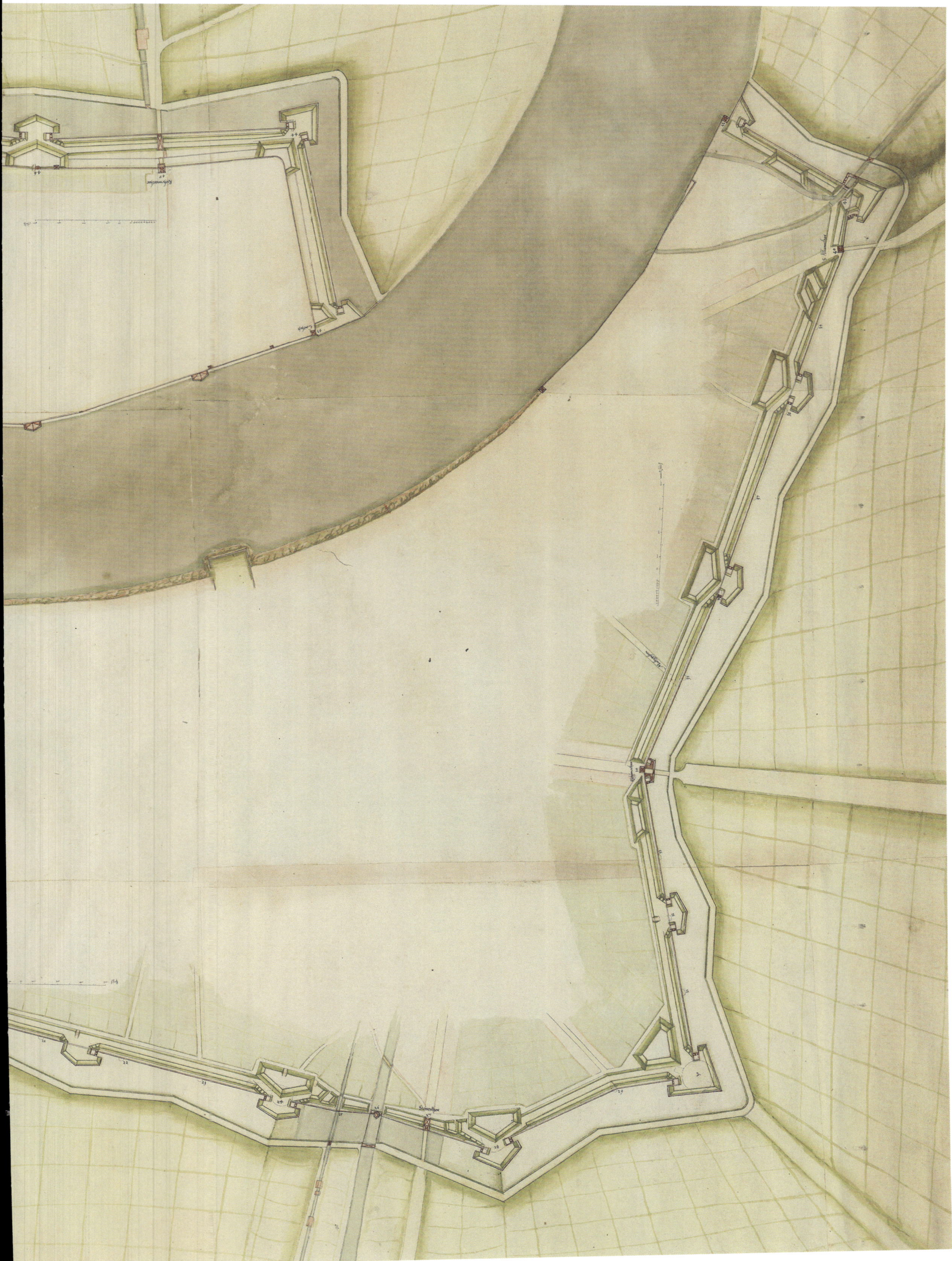

Abb. 29: Daniel Specklin, Festung Basel, Visierung N°: 4, 1588 (↑Details S. 203–219)

Abb. 30: Daniel Specklin, *Architektur- und Bauordnung der Stadt Basel*, 1588, Fol. 16v

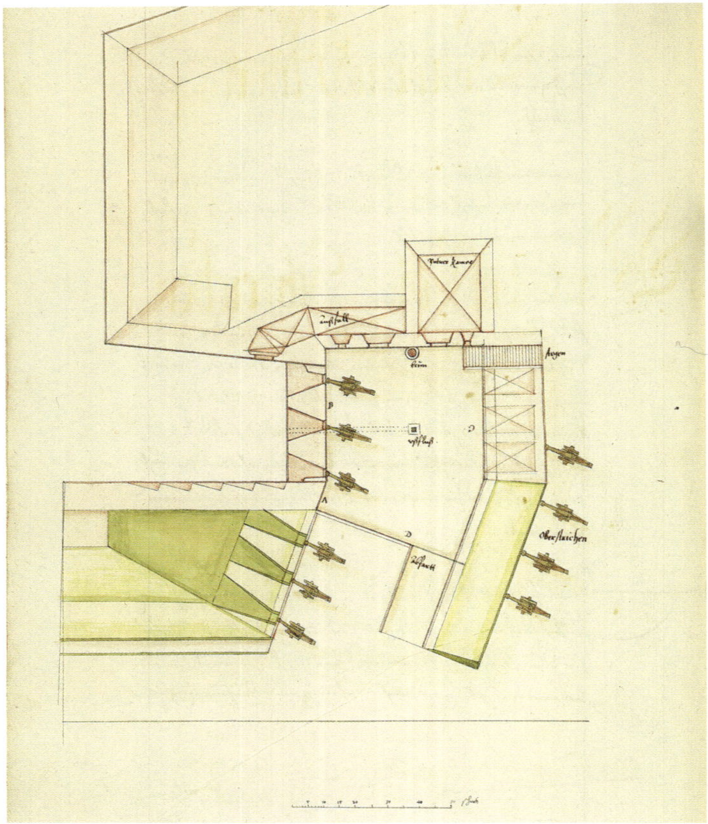

Angriff auf eine Bastion zwingt. Die Baukosten seien jedoch trotz der Errichtung grösserer und besserer Bastionen nicht wesentlich höher. Die Begründung dieser Erkenntnisse nimmt in der *Architectura von Vestungen* (1589) sehr viel Raum ein. In der *Architektur- und Bauordnung der Stadt Basel* werden sie nur an einigen Beispielen illustriert, die zugleich zeigen, wie das vorbildliche Festungsmodell einem bestehenden Mauerverlauf angepasst werden kann.[17]

Flanken

Überwölbte Flankierungskasematten für das grosse Geschütz sind laut Specklin deswegen unbrauchbar, weil die in ihnen abgefeuerten Kanonen Seh- und Hörsinn der Bedienungsmannschaft schädigt.[18] Pulverdampf, Mündungsblitz und Geschützlärm waren in geschlossenen Räumen damals gewiss unerträglich. Darum zieht Specklin offene Flankenhöfe den Kasematten vor (Abb. 30). Die Geschütze in den Flanken, die das gegenüberliegende Bastionsgesicht verteidigen, werden ins Zentrum der Bastionen zurückgezogen und von den sogenannten Flügeln der Bastion gedeckt. Flügel und Flanken müssen aber eine «rechte Proportion» haben.[19] Sind die Flanken im Verhältnis zum Einzug zu lang, kann der Gegner die Geschütze in den Flanken treffen. Sind die Flanken zu kurz, kann der Verteidiger zu wenig grosses Geschütz aufstellen.[20] Je länger die Flanken sind, desto weiter müssen sie ins Zentrum der Bastion zurückgezogen werden.[21] Die niederen Flanken, die Specklin auch im Profil genauestens dimensioniert,[22] sollen 40 bis 50 Schuh lang sein,[23] damit sich zwei oder drei Schiessscharten anordnen lassen, für die auch im Detail alle Masse angegeben werden. Der Flankenhof soll 45 bis 50 Schuh (ca. 15 Meter) im Quadrat messen und unter freiem Himmel liegen, damit der Rauch abziehen kann.[24] Auf diesem Platz könne man sich regen und das Geschütz habe ausreichend Raum für den Rücklauf. Specklin geht ausführlich auf das Ausfalltor, die Pulverkammer, Unterstände, einen Brunnen und die Entwässerung ein.[25] Besonders wichtig ist ihm, dass die niederen Flanken über eine grosszügig dimensionierte Rampe erreichbar sind.

Wenn Flügel und Flanke recht proportioniert sind, werden die Geschütze in den niederen Flanken so gut gedeckt, dass der Feind jene Batterie, welche die Geschütze in den Flanken demontieren soll, sehr nahe am gegenüberliegenden Bollwerk errichten muss,[26] wo er aber gut bekämpft werden kann (Abb. 25, linke Angriffsbatterie, die sich von der linken Nachbarbastion beschiessen lässt). Das äusserste Geschütz in der niederen Flanke lässt sich überhaupt nur treffen, stellt Specklin fest, wenn der Gegner die Spitze der verteidigten Bastion auf einer Länge von 200 Schuh wegschiesst.[27]

Festungsgraben

Je nach hydrologischer Situation müssen trockene oder mit Wasser gefüllte Festungsgräben ausgeführt werden: Die Wassergräben wiederum lassen sich in solche unterscheiden, in denen fliessendes Wasser von Flüssen oder Bächen aufgestaut wird, und in solche, die stehendes Grundwasser oder Quellwasser halten.[28] Ein Wassergraben macht es nahezu unmöglich, dass der Feind die Fundamente der Eskarpenmauer untergraben und die Wälle mit der Mine sprengen kann. Gräben mit Grundwasser hält Specklin für die besten, denn der Belagernde kann dieses Wasser nicht wegführen.[29] Wassergräben jedoch, die ihr Wasser von gestauten Gewässern beziehen, seien schlechter als die trockenen Gräben,[30] denn der Feind kann den Zufluss abgraben oder das Wasser wegführen.[31] Zudem behindern die Schwellen und Wuhren die Verteidigung solcher Wassergräben.[32] Aus diesen Gründen zieht Specklin

17 Zuerst zeigt Specklin exemplarisch, welche Probleme an den Ecken einer bestehenden Festung auftreten: Beim Umbau einer Festung müsse man in erster Linie darauf achten, dass die Flanken richtig angeordnet sind (Specklin 1588, Fol. 20r). In der Skizze Fol. 21v ist zu sehen, dass der Feind in den mit dem Buchstaben D bezeichneten Räumen nicht von den Flanken der Nachbarbastionen bekämpft werden kann, obwohl die Bastion spitzwinklig ist. Es genügt also nicht, dass die Bastionsgesichter spitz zulaufen, sondern die Bastionsgesichter müssen sich auch aus den Flanken bestreichen lassen. Um dies zu erreichen, könnte man nun dieselbe Eckbastion spitzwinkliger machen. Man solle jedoch darauf achten, dass der Winkel der Bastionsgesichter nicht zu spitzwinklig wird und möglichst nahe am rechten Winkel bleibt. Deswegen muss in diesem Fall die Kurtine so weit verlängert werden, dass die Schüsse aus den Flanken der Nachbarbastionen die Bastionsgesichter bestreichen können (Zeichnung Fol. 22r, oben). Ist die Eckbastion immer noch zu spitzwinklig, kann auch die Dicke der Flügel verringert werden, denn dies macht die Bastione stumpfwinkliger (Zeichnung Fol. 22r, unten Lit. G). Anschliessend zeigt Specklin exemplarisch, was die Probleme an längeren geraden Abschnitten einer Festung sind: Werden Bastione an einer geraden Linie so angeordnet, dass sie aus den Flanken bestrichen werden können, dann werden sie zu stumpfwinklig und zu eng (vergleiche Zeichnung Fol. 22v unten). Damit sie geräumiger werden, muss man sie näher zusammen rücken und den Winkel der Bastionsgesichter vergrössern. So wird – und darauf geht Specklin hier der Einfachheit halber nicht ein – das Kreuzfeuer im Vorfeld vor der Kurtine viel stärker. Nun kann das Bastionsgesicht zwar nicht mehr aus der Flanke bestrichen werden, aber dies kann auch von der Kurtine mit Doppelhaken und Musketen geschehen (vergleiche Zeichnung Fol. 23r, Schuss Lit. A).

18 Specklin 1588, Fol. 14r.

19 Specklin 1588, Fol. 17r. Das Verhältnis von Länge der Flanke und Dicke des Flügels betrage normalerweise 25 auf 75 Schuh (Fol. 18r), was zusammen eine Länge von 100 Schuh ergibt. Specklin jedoch nimmt dieses Mass auf 150 Schuh (Fol. 18r), was mit Specklin 1589, Taf. [9], Lit. K, aber nicht mit der Zeichnung Specklin 1588, Fol. 16v übereinstimmt. Das Mass gilt für das Normalsystem Specklin 1589, Taf. [10] (Abb. 7).

20 Specklin 1588, Fol. 13v.

21 Specklin 1588, Fol. 17r. Etliche nehmen die Proportion 1:1 an, womit die Flanken laut Specklin zu weit geöffnet sind (Fol. 17v). Auch im Kastell von Antwerpen sei das Verhältnis falsch gewählt (Fol. 17r). Specklin macht bei einer Länge der niederen Flanke von 32 Schuh die Flügel 70 Schuh lang (Fol. 17v, so auch in der Zeichnung Fol. 16v). Die entsprechende Illustration Specklin 1589, Taf. [8] rechts Lit. K bringt noch vorteilhaftere Proportionen.

22 Vergleiche den Schnitt durch die Flanken Specklin 1588, Fol. 13r. Der Stand der niederen Flanken soll in einer Höhe von 6 Schuh über dem Wasserspiegel liegen und durch einen 8 Schuh hohen Wall gedeckt sein (Fol. 12r–12v). Eine Höhe von 8 Schuh (2.3 m) deckt einen Mann vollständig (Fol. 13r). Bei trockenen Gräben solle der Stand der niederen Flanken 8 Schuh über der Grabensohle liegen (Fol. 12v).

23 Specklin 1588, Fol. 13v.

24 Specklin 1588, Fol. 14r–14v.

25 Specklin 1588, Fol. 15v–16r.

26 Specklin 1588, Fol. 17v.

27 Specklin 1588, Fol. 17v.

28 Specklin 1588, Fol. 31v.

29 Specklin 1588, Fol. 33r.

30 Specklin 1588, Fol. 32v. Specklin sieht solche Gräben in der Visierung N°: 4 auf der Seite Kleinbasels vor.

31 Specklin 1588, Fol. 34v.

32 Schwellen und Wuhren müssen an den Bastionsspitzen angeordnet werden (Fol. 33v), da sie sonst die Bestreichung des Grabens verunmöglichen (Fol. 34r).

Abb. 31: Daniel Specklin, Hebepumpe zur Entwässerung der Baugrube, *Architektur- und Bauordnung der Stadt Basel*, 1588, Fol. 4r

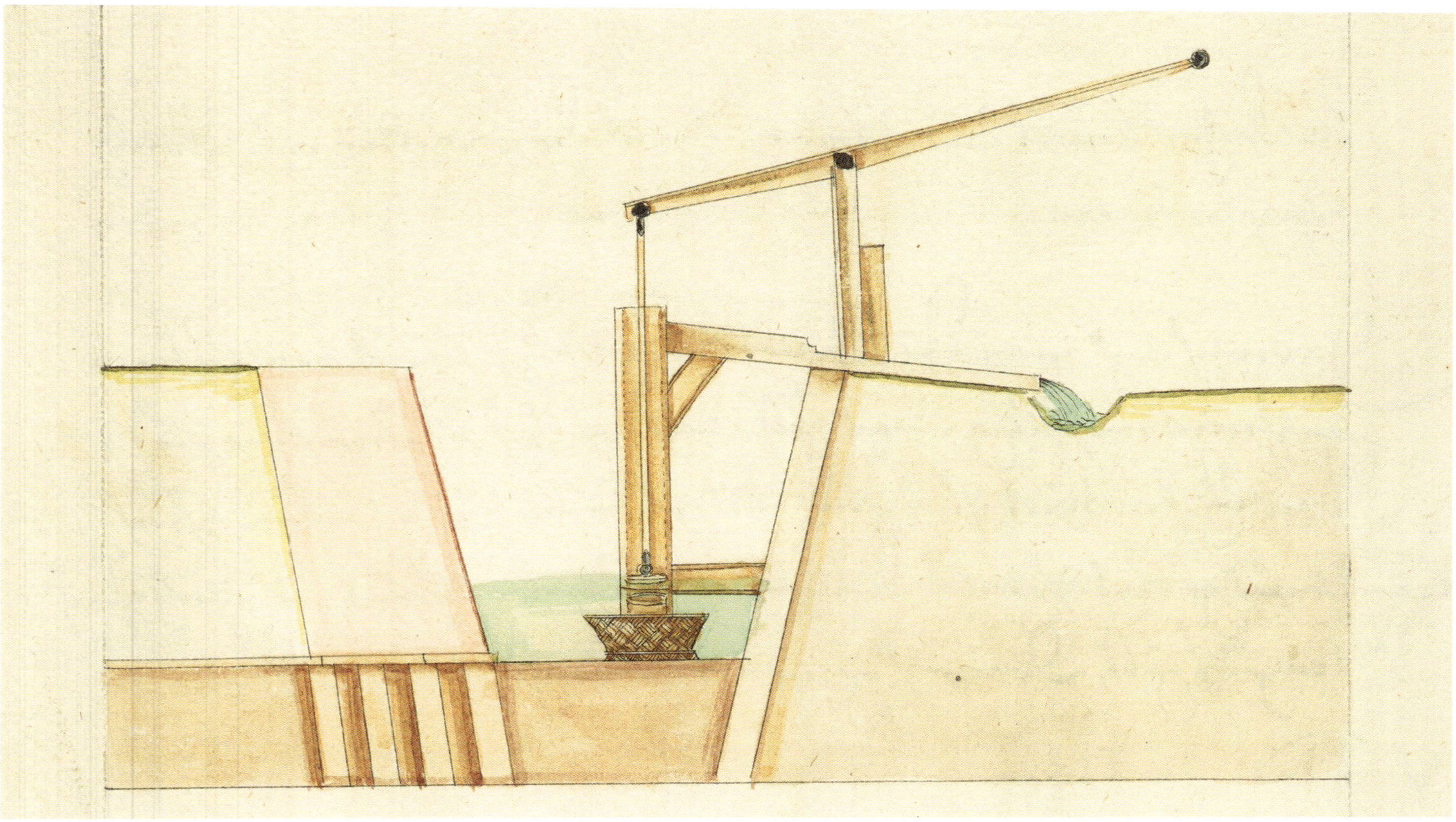

die trockenen Gräben jenen mit aufgestautem Wasser vor.[33] Wie er weiter ausführt, kann man den trockenen Graben so tief machen, dass eine Leiterbesteigung der Eskarpe unmöglich wird.[34] Vertieft man ihn direkt vor der Eskarpenmauer,[35] wird es für den Angreifer schwierig, die Fundamente der Eskarpenmauer zu untergraben und zu sprengen. Zudem kann der Verteidiger den im Graben schanzenden Gegner mit Ausfällen und Gegenminen bekämpfen, was in Wassergräben unmöglich ist.[36] Die Sohle trockener Gräben beschütte man am besten zwei Schuh hoch mit Kies oder Schotter. Schiesst man mit dem grossen Geschütz in diesen Kies, sei das verheerender als ein Schrotschuss.[37]

Konstruktion von Mauern

Einer der häufigsten Unfälle im Festungsbau war, dass eben erst errichtete Erdstützmauern einstürzten, was zu Streit zwischen den Unternehmern, Festungsbaumeistern und Auftraggebern führte. Der theoretische Teil der *Architektur- und Bauordnung der Stadt Basel* enthält mit Specklins Empfehlungen für den Bau von Fundamenten und Mauern viel praxisnahes Detail: Weil die Fundamente der Mauern oft unter dem Grundwasserspiegel liegen, muss die Baugrube mit gut abgedichteten Bohlenwänden verschalt werden.[38] Das Grundwasser kann mit speziellen Schaufeln, Wannen oder Pumpen weggeführt werden. Specklin stellt eine Hebepumpe mit Ventilen im Kolben dar,[39] die Wasser bis zu einer Höhe von 10 oder 12 Schuh (2.9 bis 3.5 Meter) wegführen kann (Abb. 31).[40] Das Ansaugloch dieser Pumpe lässt sich mit einem geflochtenen Korb gegen Schmutz schützen.[41]

Auf das gewachsene Erdreich zu bauen sei schlecht.[42] Der Gründung der Mauer auf einer Einlage von Kreide, Steinen oder Holz sind Holzroste vorzuziehen. Etliche Baumeister bringen laut Specklin vorgefertigte Roste am Stück in die Baugrube ein.[43] Ausführlichst beschreibt der Strassburger die Konstruktion eines gepfählten Fundamentrostes, den er für besser hält.[44]

Die Erfahrung lehre, so Specklin, dass Erdstützmauern schon in unbeschossenem Zustand einzustürzen drohen.[45] «Macht vnndt Sterckhe» – also Druck und Festigkeit – des Baugrundes könne der Baumeister aber nur mithilfe seiner persönlichen Erfahrung erkennen.[46] Es gab damals weder schriftlich festgehaltene Erfahrungswerte noch Berechnungsmethoden für die Dimensionierung von Erdstützmauern. Gerade weil das Verhältnis von Macht und Stärke des Erdreichs nicht genau zu bestimmen sei, müsse man die Ursachen des Erddrucks zu verhindern suchen und das Möglichste tun, was dem Bestand und der Festigkeit der Eskarpenmauer förderlich sei.[47] Deswegen dürfe man das Mauerwerk nicht senkrecht

33 Specklin 1588, Fol. 32v.
34 Specklin 1588, Fol. 31v. Laut Specklin 1588, Fol. 33r sind für Grossbasel nur solche trockenen Gräben vorgesehen.
35 Vergleiche die Skizze Specklin 1588, Fol. 32v oben.
36 Specklin 1588, Fol. 32r.
37 Specklin 1588, Fol. 31v–32r.
38 Specklin 1588, Fol. 3r.
39 Specklin 1588, Fol. 4r.
40 Die Pumpanlage ist Specklin 1583, Fol. 23v auch perspektivisch dargestellt. Vergleiche Fischer 1996, S. 127.
41 Specklin 1588, Fol. 4v.

42 Specklin 1588, Fol. 3r.
43 Specklin 1588, Fol. 4v.
44 Der Beschaffenheit des Baugrundes entsprechend, die nur durch die Erfahrung des Baumeisters eingeschätzt werden kann, sollen 5 bis 8 Schuh (1.45 bis 2.3 Meter) lange Eichenpfähle mit quadratischem Querschnitt von 8 bis 10 Zoll (19 bis 24 cm) im Abstand von etwa 15 Zoll (ca. 36 cm) in der im Grundriss Specklin 1588, Fol. 5r dargestellten Ordnung mit einem Katzenbaum eingerammt werden, der von 16 Mann bedient wird (Fol. 4r). (Diese Ramme wird schon Specklin 1583, Fol. 29r dargestellt, vergleiche Fischer 1996, S. 126.) Statt frisch geschlagenem Eichenholz könne auch Erle oder Föhre verwendet werden (Fol. 3r). Am äusseren Rand des Rostes solle eine weitere Reihe Pfähle eingeschlagen werden (Illustration Specklin 1588, Fol. 5r, Nr. 3). Die Erde zwischen diesen Pfählen muss mit der Säule – einem dem modernen Vibrationsstampfer entsprechenden Werkzeug – festgestampft werden (Fol. 4r). Nachdem die Pfähle so ausgeglichen worden sind, dass sie die Last der geneigten Erdstützmauer gleichmässig tragen (Fol. 4r–4v), werden eichene Schwellen von 3 Zoll (7.2 cm) Dicke und ungefähr 20 Schuh (5.8 Meter) Länge auf die Pfähle gelegt (Fol. 4v), deren Enden von einem zusätzlichen Pfahl unterstützt werden sollen (Fol. 4r). Diese Schwellen sollen in die Pfähle verzapft werden (Fol. 4v). Auf diesen Bohlen kann dann die Mauer aufgerichtet werden.
45 Specklin 1588, Fol. 5v. Täglich müsse man feststellen, mit wie viel Unverstand Erdstützmauern errichtet würden (Fol. 5v). Deswegen dürfe sich keiner für einen so erfahrenen Meister halten, dass er in seinen Ausführungen zum Mauerbau nicht noch etwas Entscheidendes lernen könne (Fol. 5v).
46 Specklin 1588, Fol. 5v.
47 Specklin 1588, Fol. 5v.

aufrichten, sondern solle es mit einem Anlauf versehen und anböschen.[48] Auf fünf Werkschuh Höhe lässt Specklin die Mauer einen Schuh gegen das Festungsinnere zurücklaufen.[49] So trage die Erde die Mauer und nicht die Mauer die Erde.[50] Specklin scheint durchaus gewisse Vorstellungen vom statischen Verhalten von Mauern zu haben: Je grösser die Höhendimension eines Körper sei, desto eher kippe er. Je aufrechter etwas an eine senkrechte Wand gelehnt werde, desto eher falle es um. Je höher eine Mauer senkrecht aufgeführt werde, desto grösser sei – dies werde nur zu oft durch ihren Einsturz erfahren – das Gewicht des gestützten Erdreichs.[51] Je höher eine Erdstützmauer ist, desto dicker muss sie also werden. Aus der letzten Erfahrung folgt auch, dass eine Erdstützmauer zwecks Materialersparnis gegen oben immer dünner werden kann.[52]

Specklin empfiehlt, Mauern an trockenen Gräben am besten ganz aus Ziegelsteinen zu errichten. In Wassergräben können Eis und Wasser dem Ziegelstein jedoch schaden. Darum sollen hier die Mauern mit einem Sockel aus Quadersteinen vom Fundamentrost über den Wasserspiegel geführt werden. Auf diesem Sockel, der mit einem Gesims abgeschlossen wird, lässt sich die Mauer aus Ziegelstein errichten. Auf das Kranzgesims aus Werkstein, das die Mauer krönt, kommt dann die Brustwehr aus Erde.[53] Ziegelstein ist für die Eskarpenmauer deswegen besonders geeignet, weil er im Gegensatz zu Zementguss, Bruch- oder Werkstein unter Beschuss nicht splittert und die Wucht der Geschosse absorbiert. In der *Architectura von Vestungen* rechnet Specklin damit, dass eine mit Erde hinterfüllte Eskarpenmauer aus Ziegelstein von sechs Schuh (1.8 Meter) Dicke gerade noch von einem Geschoss durchschlagen werden kann und die Kanonenkugel in der Erde stecken bleibt.[54]

Eskarpe

Die Eskarpenmauer sichert die Hauptwerke vor Leiterbesteigung. An den Bastionsgesichtern, wo sie der Feind breschieren will, unterstützt sie Specklin mit Pfeilern, die im Abstand von 12 bis 14 Schuh (3.5 bis 4.3 Meter) rund 16 Schuh (4.6 Meter) in das Innere des Walles geführt werden (siehe Grundriss Abb. 24).[55] Der Raum zwischen den Pfeilern solle überwölbt werden. Wenn die Eskarpenmauer unter Beschuss einfällt, kann die von den noch unversehrten Pfeilern und Gewölben getragene Erdbrustwehr nicht in den Graben nachrutschen.[56] In der *Architectura von Vestungen* sieht Specklin vor, dass die Gewölbe an den Bastionsgesichtern einen Gang bilden, aus dem sich der durch die Mauer brechende Angreifer zum Beispiel mit Arsengas bekämpfen lässt.[57] In Basel verzichtet er aus Kostengründen auf solche Hohlbauten und geht davon aus, dass der Raum zwischen den Pfeilern mit Erde ausgestampft wird.[58]

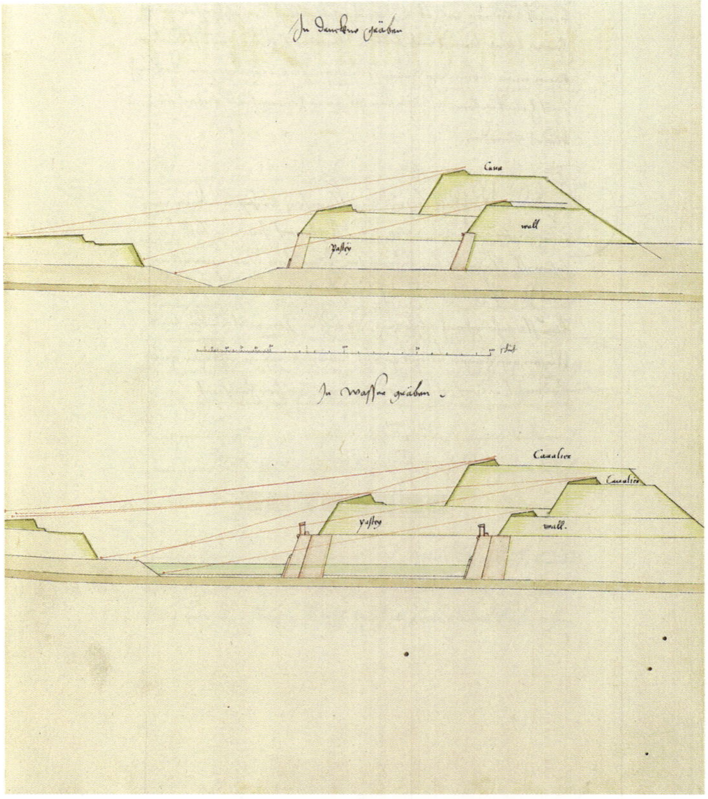

Abb. 32: Daniel Specklin, *Architektur- und Bauordnung der Stadt Basel*, 1588, Fol. 28r

Wenn die Festung einen Wassergraben hat, soll auf diesen Schwibbögen und Kontraforti eine Mauer mit Schusslöchern aufgeführt werden (Abb. 32, unten).[59] Von dem so entstehenden Zwinger lässt sich der Graben und der Gedeckte Weg mit Doppelhaken und Handrohren verteidigen. Das Brustmäuerchen des Zwingers hält zudem jene Erde auf, die vom beschossenen Wall herunterfällt.[60] Diese kann so den Graben nicht verschütten und lässt sich in der Nacht wieder am zerschossenen Wall anschlagen.[61]

Wie hoch die Eskarpenmauern und Wälle gemacht werden müssen, ist abhängig von der Höhe des Grundwasserspiegels, der Topografie sowie der Art, Tiefe und Breite des Grabens.[62] Bei Wassergräben wird die Eskarpenmauer ungefähr 24 Schuh (7.2 Meter) hoch.[63] Auf der Bastion muss der Wall 20 Schuh und die Brustwehr 5 Schuh hoch aufgeschüttet werden, so dass die Krone der Brustwehr 28 Schuh (8 Meter) über der Krone des Gedeckten Wegs liegt.[64] Die Kurtinenwälle sollen 5 Schuh niedriger als jene der Bastionen sein.[65]

Der trockene Graben wird nach Specklin im Profil (Abb. 32, oben) vor der Kurtine etwa 200 Schuh (58 Meter) breit. Die Eskarpenmauer der Kurtine wird bei trockenen Gräben 24 Schuh (7.2 Meter) hoch, darauf kommt ein Wall, dessen Höhe bis zum Stand 16 Schuh

48 Specklin 1588, Fol. 5v. Auf Folio 6v zeigt Specklin mit zwei Zeichnungen Beispiele dafür, wie Stützmauern üblicherweise aufgeführt würden. Specklin findet es nicht richtig, wenn die Mauern an der vom Wall abgewandten Seite senkrecht und auf der Seite der angeschütteten Erde gegen die Krone immer dünner gemacht werden (Fol. 6v).

49 Specklin 1588, Fol. 5v. Skizze auf Fol. 6r.

50 Specklin 1588, Fol. 6r.

51 Specklin 1588, Fol. 7r.

52 Die innere Abstufung einer geböschten Mauer zeigt eine Skizze Specklin 1588, Fol. 7v, die jedoch nicht zum entsprechenden Text Fol. 8r passt. Der Baumeister dürfe die Dicke einer Mauer nicht im Fundament bestimmen. Die Dicke müsse an der Mauerkrone festgelegt werden; dann ergebe sich die Dicke im Fundament quasi von selbst (Fol. 8v). Die Beispiele auf Fol. 8r zeigen, dass Specklin auf 4 Schuh Höhe mit einer Verminderung der Mauerdicke um ½ Schuh rechnet, wobei eine 8 Schuh hohe Mauer die minimale Dicke von 4 Schuh haben muss.

53 Specklin 1588, Fol. 9v und Zeichnung Fol. 10r unten.

54 Specklin 1589, C2b und C3a.

55 Specklin 1588, Fol. 8v (vergleiche auch den Grundriss Fol. 8v). Solche Rippen finden sich in der Literatur schon bei Castriotto 1583, Fol. 31v–32r. Die Konstruktion ist laut Specklin 1588, Fol. 28v im Kastell von Antwerpen angewandt worden.

56 Specklin 1588, Fol. 9r. Die Pfeiler wiederum sind deswegen nicht leicht zum Einsturz zu bringen, weil nur ihre Stirnseite vom Gegner getroffen werden kann (Fol. 9r). Auch die Gewölbe entziehen sich dem Beschuss des Angreifers quasi von selbst: Weil die Pfeiler gegen das Stadtinnere schmaler als an der Eskarpenmauer sind, muss ein immer weiterer Raum überspannt werden, und aus diesem Grund muss der Segmentbogen immer höher gemauert werden, was Specklin mit der Zeichnung Fol. 9r illustriert. Pfeiler dieser Art wurden unseres Wissens nie angewandt. Sie sind aber ein gutes Beispiel dafür, wie Specklin auch im Detail durch die geschickte Kombination einzelner Elemente möglichst vielfältigen Nutzen aus jedem einzelnen Bauteil ziehen will. – Wenn die Erde schlecht sei, könnten die Pfeiler auch bis auf die Brustwehr hochgezogen werden, was Specklin mit den beiden oberen Zeichnungen Fol. 10r illustriert. Das Kastell von Antwerpen, das Specklin aus eigener Anschauung kannte, war so erbaut. Vergleiche auch Zeichnung und Text Specklin 1588, Fol. 28v–29r und Specklin 1589, Taf. [4] links.

57 Specklin 1589, N2b und Specklin 1589, Taf. [9] Lit. K.

58 Die überwölbten Pfeiler sieht Specklin nur an den Bastionen vor, wobei die Pfeiler in den Ecken ausgemauert werden (vergleiche den Grundriss Specklin 1588, Fol. 18v). Weil die Pfeiler gegen das Festungsinnere von einer Dicke von 4 Schuh (1.2 m) auf die Dicke von 2 Schuh (0.6 m) keilförmig zusammenlaufen, halten sie die zwischen ihnen festgestampfte Erde unter Beschuss davon ab, in den Graben zu fallen (Fol. 8v).

59 Specklin 1588, Fol. 29r. Höhe: 5 bis 6 Schuh; Dicke: 3½ Schuh. Dahinter ein Wehrgang (auch Zwinger oder Rondenweg genannt).

60 Specklin 1588, Fol. 29r.

61 Specklin 1588, Fol. 29v.

62 Specklin 1588, Fol. 24r.

63 Specklin 1588, Fol. 24r. Im Text wird das falsche Mass von 12 Schuh angegeben. Das falsche Mass wurde sogar noch von einem Rezipienten am Rand notiert. Nach Fol. 27r beträgt das Mass 24 Schuh. In der Zeichnung kann es nicht genau bestimmt werden.

64 Specklin 1588, Fol. 24v.

65 Specklin 1588, Fol. 24r.

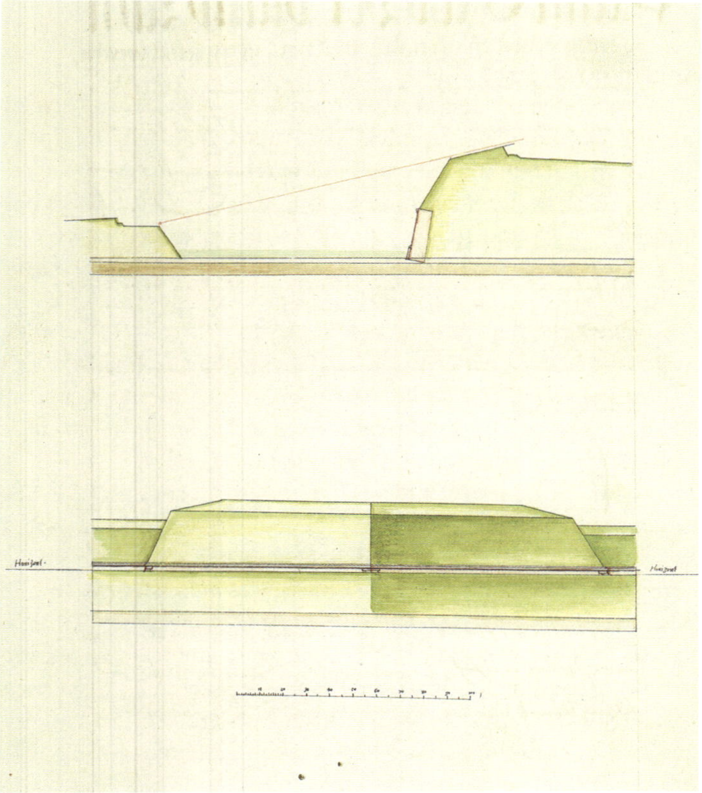

Abb. 33: Daniel Specklin, *Architektur- und Bauordnung der Stadt Basel*, 1588, Fol. 24v

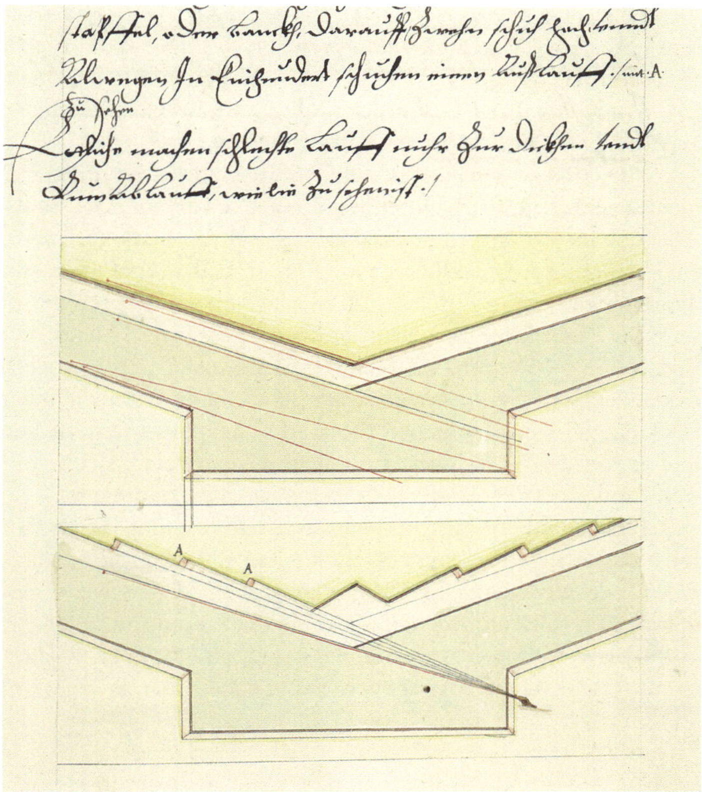

Abb. 34: Daniel Specklin, *Architektur- und Bauordnung der Stadt Basel*, 1588, Fol. 37r

(4.8 Meter) beträgt. Die Höhe der Brustwehr misst 6 Schuh, was eine Gesamthöhe der Eskarpe von 46 Schuh (13.3 Meter) ergibt.[66]

Mit einer Zeichnung (Abb. 33) zeigt Specklin, dass die Eskarpenmauer in seinem Konzept fast vollständig von der Kontereskarpe gedeckt wird. Die Krone der Eskarpenmauer soll höchstens drei Schuh über der Krone der Brustwehr des Gedeckten Wegs liegen.[67] So ist es schwierig, sie mit Kanonen aus dem Vorfeld der Festung zu treffen. Specklin führte als einer der Ersten das Prinzip, alle Mauern dem Auge und damit dem Geschütz des Offendenten zu entziehen, systematisch durch.[68] Das Mauerwerk ist somit von der äusseren Abdachung gedeckt, und der Gegner hat lediglich Erdwerke vor sich, in die, solange er mit seinen Batterien nicht nahe genug an die Festung herangekommen ist, keine gangbare Bresche zu legen ist. Damit der Angreifer überhaupt eine Bresche schiessen kann, muss er mit seiner Batterie sehr nahe an den äusseren Grabenrand herankommen und dort – unter massivem Beschuss des Verteidigers – eine möglichst hohe Batterie errichten (Abb. 25, rechte Batterie des Angreifers).

Brustwehren

Brustwehren aus Werk- oder Ziegelstein kosten sehr viel und können während einer Belagerung weder verändert noch repariert werden. Weil sie unter Beschuss splittern, bieten sie eine schlechte Deckung. Aus diesen Gründen und Erfahrungen hält Specklin Brustwehren aus Erde für die besten.[69]

Erdbrustwehren sollen etwa 20 bis 24 Schuh (6 bis 7.2 Meter) dick gemacht werden.[70] Je niedriger ein Stand liegt, desto höher und dicker müsse man die Brustwehr ausführen.[71] Das zu Wällen aufgeschüttete Erdreich müsse mit Wasser gesetzt und festgeschlagen werden.[72] Am besten eigne sich hierzu Ton (Letten) oder Lehm (Leimen). Damit die Wälle dicke Grasnarben (Wasen) ansetzen, bepflanzt man sie mit Heublumen.[73] Etliche Baumeister liessen auch Holz einlegen oder Büsche wie Weissdorn, Schlehdorn, Hagebutte oder Wacholder pflanzen.[74] Auch «lebendige Zeün» (Hecken) würden als Blendung gesetzt, durch die man mit Handrohren schiesst.[75] Der Feind kann die so maskierten Büchsenschützen nicht genau orten und verschwendet viel Munition, um sie zu treffen. Büchsenschützen benötigten eine mindestens 4 Schuh (1.2 Meter) hohe Erddeckung. Mit dem groben Geschütz schiesse man besser über die Bank als durch Schiessscharten, weil sich das Geschütz so flexibler einsetzen lässt. Specklin ist der Meinung, dass die Wangen der Scharten die Schüsse ablenken und schlecht machen. Schiessscharten für das grobe Geschütz müsse man sowieso nur in den hohen Ständen einschneiden, damit sich auch von dort Ziele im Graben treffen lassen.[76]

Kontereskarpe

Die Futtermauer der Kontereskarpe darf man laut Specklin nicht parallel zur Eskarpe führen.[77] Eine Skizze (Abb. 34, oben) zeigt, dass der Gedeckte Weg und die Kontereskarpe so angeordnet werden müssen, dass sie sich von den Flügeln der Bastion bestreichen lassen.[78] So wird der Graben vor der Kurtine etwa 150 Schuh breit und – darauf geht Specklin hier im Gegensatz zur *Architectura von Vestungen* nicht ein – vor der Bastionsspitze am schmalsten.[79] Die Bestreichbarkeit des Gedeckten Weges lässt sich verwirklichen, weil Specklin die Bastionswinkel möglichst rechtwinklig macht und die Bastionsgesichter weit ins Vorfeld vorspringen lässt. Der das Bastionsgesicht

66 Specklin 1588, Fol. 27r. Aus unerfindlichen Gründen ist die Kurtine hier höher als die Bastion, was auch den Ausführungen auf Fol. 24r widerspricht, wo Specklin davon ausgeht, dass der Stand der Kurtine 5 Schuh niedriger als jener der Bastion ist.

67 Specklin 1588, Fol. 24r.

68 «Alle Brustwehren, Caualier oder Katzen auch alles was von aussen gesehen wird, sollen alles von Erden, mit eingelegtem Holtz, wie ich dauorn gemeldt, sein» (Specklin 1589, H3a).

69 Specklin 1588, Fol. 27r–27v.

70 Specklin 1588, Fol. 27v.

71 Specklin 1588, Fol. 30r. Am besten sei: unterste Brustwehr 24 Schuh dick, 6 Schuh hoch (mit einer 2 Schuh hohen Bank für Büchsenschützen), mittlere 20 Schuh dick, 5 Schuh hoch (mit Bank, 1 Schuh hoch), die höchste 16 Schuh dick, 4 Schuh hoch, ohne Bank.

72 Specklin 1588, Fol. 28v.

73 Specklin 1588, Fol. 30r.

74 Specklin 1588, Fol. 28v.

75 Vergleiche die Zeichnung Specklin 1588, Fol. 29v.

76 Specklin 1588, Fol. 30r–30v.

77 Specklin 1588, Fol. 34v. Die Skizze Fol. 36r, Nr. 3 zeigt, dass die Kontereskarpe schlecht angeordnet ist, wenn sie sich nicht bestreichen lässt.

78 Vergleiche auch Specklin 1588, Fol. 35v und Schema Fol. 36r, Nr. 1.

79 Manchmal müsse man sogar dafür sorgen, dass sich die Kontereskarpe von den niederen Flanken bestreichen lasse (vergleiche Specklin 1588, Fol. 35v und das Schema Fol. 36r, Nr. 2). Dann könne der Graben nur 100 Schuh breit werden (Fol. 36r).

bestreichende Schuss muss von der Kurtine erfolgen, damit sich die Bresche mit fichierenden Schüssen aus der Flanke der Nachbarbastion verteidigen lässt.[80] Auf die von etlichen Nachfolgern kritisierte fächerförmige Anordnung des Gedeckten Weges,[81] die in der *Architectura von Vestungen* ausführlich besprochen, in Basel aber nicht angewandt wird, geht Specklin nicht weiter ein.

Die Dicke der Futtermauer der Kontereskarpe dimensioniert Specklin wie die Eskarpenmauer von oben herab.[82] Die Mauer lässt sich im Verhältnis eins zu vier anböschen. Wenn gute Erde zur Verfügung steht, solle man die Kontereskarpe aber nicht ausmauern, sondern in Erde ausführen, was besser und preiswerter sei.[83] Der Gedeckte Weg solle in der Regel 25 Schuh (7.5 Meter), bei Bedarf bis zu 40 Schuh (11.6 Meter) breit werden.[84] Die Brustwehr des Gedeckten Weges, die man äussere Abdachung nennt, dient der Deckung der Eskarpenmauer.[85] Sie darf sich nicht zu weit ins Vorfeld erstrecken,[86] denn dies ermögliche es dem Feind, sich schon weit vor der Festung relativ gut in Schanzgräben zu decken.

Der Gedeckte Weg und die äussere Abdachung bieten also folgende Vorteile: Erstens deckt die äussere Abdachung die gemauerten Teile der Eskarpe; zweitens erlaubt der Gedeckte Weg einen geordneten Rückzug von in das Vorfeld der Festung ausfallenden Truppen, was in Festungen mit Wassergräben besonders wichtig ist; drittens ermöglicht er ein dem Feind nahes Infanteriefeuer.

Kavaliere

Das Vorfeld der Festung lässt sich von zwei hintereinander liegenden Linien – dem Gedeckten Weg und den Hauptwerken – verteidigen. In Kanonenschussweite des Verteidigers kann sich der Angreifer der Festung nur nähern, wenn er sich mit unter dem Feuer des Verteidigers auszuhebenden Gräben und aufzuwerfenden Brustwehren deckt. Damit sich die äussere Abdachung möglichst effizient verteidigen lässt, benötigt der Verteidiger aber auch verschieden hohe Geschützplattformen.[87] Aus diesem Grund kombiniert Specklin die doppelte Verteidigung des Vorfeldes mit der Verteidigung von den niederen Hauptwällen und den hohen Kavalieren. Kavaliere können auf der Bastion, hinter der Bastion, hinter den Flügeln oder auf der Mitte der Kurtine platziert werden.[88] Im Gegensatz zur *Architectura von Vestungen* geht Specklin auf die zahlreichen Funktionen der Kavaliere im Befestigungsvorschlag für Basel jedoch so gut wie nicht ein.[89] Die hoch über der äusseren Abdachung stehenden Geschütze auf den Bastionskavalieren bewirken, dass sich der Feind mit den Annäherungsgräben tief in die äussere Abdachung einschneiden muss.

Die Kavaliere lassen sich aber nicht nur in der äusseren, sondern auch in der inneren Verteidigung aktiv einsetzen. Die Masse des Bastionskavaliers schafft mit den Flanken, die einen Graben bilden, einen permanenten inneren Abschnitt, der vom Mittelkavalier bestrichen werden kann.[90] Darüber hinaus können auch die Mittelkavaliere – sie «regieren daß Feltt»[91] – an der Verteidigung des Vorfeldes teilnehmen.[92]

Angriff und Verteidigung

Weil sich der Raum zwischen den Bastionen vom Verteidiger gut ins Kreuzfeuer nehmen lässt, kann der Angriff auf Specklins Normalsystem nur auf eine Bastion erfolgen (Abb. 25, rechtes Bastionsgesicht der mittleren Bastion; Abb. 7, Lit. G, rechtes Bastionsgesicht). Wenn sich der Feind der Festung mit seinen Gräben nähert, werden ihn die Festungswerke immer mehr überragen. Daher muss er sich mit seinen Schanzgräben immer tiefer in die äussere Abdachung einschneiden. Es ist dem Angreifer aber nicht möglich, sich tief in die äussere Abdachung einzuschneiden, weil er dort meist bald auf Grundwasser stösst. Darum muss er seine Näherungsgräben mit Brustwehren schützen. Die Erde für diese Brustwehren muss er von aussen herbeiführen.

Bei einem Angriff auf ein Bastionsgesicht kommen drei Bastionen, eine sekundierte und zwei sekundierende, ins Spiel (Abb. 7, Angriff des rechten Bastionsgesichts Lit. G, sekundierende Bastionen: Lit. F und H). Der Angreifer muss, wie man sagt, gegen drei Bastionen Front machen. Um eine Bresche schiessen zu können, hat der Offendent eine Breschbatterie gegenüber dem angegriffenen Bastionsgesicht möglichst nahe am Gedeckten Weg zu errichten, da nur von dort die Eskarpenmauer sichtbar ist. Der Verteidiger kann aber die äussere Abdachung von den hohen und mittleren Flanken sowie von den Geschützen auf dem Flügel der sekundierenden Nachbarbastion (Abb. 7, Lit. H) bestreichen.

Die Breschbatterie lässt sich also frontal vom angegriffenen Bastionsgesicht und von der Seite mit zahlreichen Geschützen beschiessen. Damit der Angreifer seine Breschbatterie unter diesem Feuer des Verteidigers überhaupt errichten kann, muss er zuerst versuchen, die Geschütze in der Flanke der einen sekundierenden Bastion (Abb. 7, Lit. H) zu demontieren. Dazu muss er der Flanke eine Demontierbatterie entgegenstellen (Abb. 25, linke Batterie des Angreifers), deren Länge – und damit die Anzahl der einsetzbaren Geschütze – aber dadurch beschränkt ist, dass der Graben vor der Spitze der Bastion am schmalsten ist.[93] Der Offendent muss mit den Geschützen in seiner Demontierbatterie nämlich zwischen der Spitze der angegriffenen und dem Flügel der sekundierenden Bastion hindurchschiessen, wenn er die Geschütze in der Flanke treffen will. Der Verteidiger hingegen kann diese Demontierbatterie von der sekundierenden Flanke der dritten Bastion (Abb. 7, Lit. F) von der Seite beschiessen. Es ergeben sich für den Verteidiger Schussweiten von über 1000 Schuh, was mit Schrot ein zwar sehr weiter, aber doch praktikabler Schuss sei.[94] Damit die Demontierbatterie der Verteidigung nicht schutzlos ausgeliefert ist, muss der Angreifer auch der Flanke der einen sekundierenden Bastion (Abb. 7, Lit. F) eine Demontierbatterie entgegenstellen, die aber wiederum von den Flanken der anderen sekundierenden Bastion (Abb. 7, Lit. H) bestrichen werden kann.

Kommt der Offendent also vor die angegriffene Bastion, so «zertrennt es dem feindt sein schantz»,[95] das heisst, er muss sich gegen beide der angegriffenen Bastion sekundierenden Flanken der Nachbarbastionen decken und sie beide ausser Gefecht zu setzen versuchen, weil er sonst der Verteidigung aus einer Richtung schutz-

80 Skizze Specklin 1588, Fol. 37r.
81 Skizze Specklin 1588, Fol. 37r unten.
82 Ihre Krone muss mindestens 1½ Schuh dick sein. Gegen unten muss sie alle 4 Schuh ½ Schuh dicker werden (Specklin 1588, Fol. 36v).
83 Specklin 1588, Fol. 36v (vergleiche auch die Skizze Fol. 36v).
84 Specklin 1588, Fol. 37r. Brustwehr 6 Schuh hoch mit einer 2 Schuh hohen Bank für die Büchsenschützen.
85 Specklin 1588, Fol. 38r und Skizze Fol. 38r, Nr. 7.
86 Specklin 1588, Fol. 38r und Illustration Fol. 38r, Nr. 6.
87 Mit den Profilen Fol. 37v zeigt Specklin, dass die inneren Wälle die äussere Abdachung nicht bloss bestreichen dürfen (Skizze Lit. A mit Schuss Nr. 4), sondern dass die inneren Wälle die Abdachung derart überhöhen müssen, dass der Angreifer zu seinem Schutz möglichst hohe Wälle aufwerfen muss (Skizze Lit. B mit Schuss Nr. 5).
88 Specklin 1588, Fol. 25r, Zeichnungen Nrn. 1–4.
89 Kavaliere sollen etwa 70 Schuh (20 m) hinter den Wällen liegen und diese um etwa 30 Schuh (8.7 m) überhöhen (Fol. 26r). Die Mittelkavaliere können höher als die Bastionskavaliere sein (Fol. 26v). Man muss aber über die fordere Brustwehr hinweg den Gedeckten Weg beschiessen können (Fol. 26r). Die Brustwehren sollen nur 3 bis 4 Schuh hoch sein, damit man über die Bank schiessen kann (26v).
90 «Die neben Seiten [des Kurtinenkavaliers] müssen schreg vom nächsten Bollwerck in das Winckelmäß gezogen werden, damit sich das neben Gesicht auff dem Standt des nächsten Bollwercks wende, vnnd auff den gantzen stand könne wie von einer Streichwehren gestrichen werden» (Specklin 1589, J4b). Die Nahverteidigung des Bastionskavaliers durch einen v-förmigen Graben mit Seitenbestreichung wird in der zweiten Ausgabe der *Architectura von Vestungen* von 1599, Fol. 36v erläutert und mit einem zusätzlichen Holzschnitt illustriert. Die Anwendung der Mittelkavaliere in der inneren Verteidigung führt auch dazu, dass von den seitlichen Linien des Kavaliers besser in das Feld geschossen werden kann.
91 Specklin 1588, Fol. 26v.
92 Specklins Vorliebe für hohe Kavaliere lässt sich nach Müller 1880, S. 12 und 14 auch damit erklären, dass die Türken, oft unter schweren Verlusten, die Festungswerke überragende Angriffskavaliere errichteten. Da die Benutzung kleiner Ladungen für den seit etwa 1530 angewendeten Enfilierschuss nicht bekannt war, mussten die Geschütze auf einen Kavalier gestellt werden.
93 Im neunten Kapitel Specklin 1588, Fol. 34v–37r wird die Anordnung von Graben und Gedecktem Weg ausführlich anhand von Skizzen erläutert und hergeleitet.
94 Specklin 1588, Fol. 20r mit Illustration Fol. 20v.
95 Specklin 1589, M1b.

Abb. 35: Daniel Specklin, Festungsprojekt für Strassburg, 1585

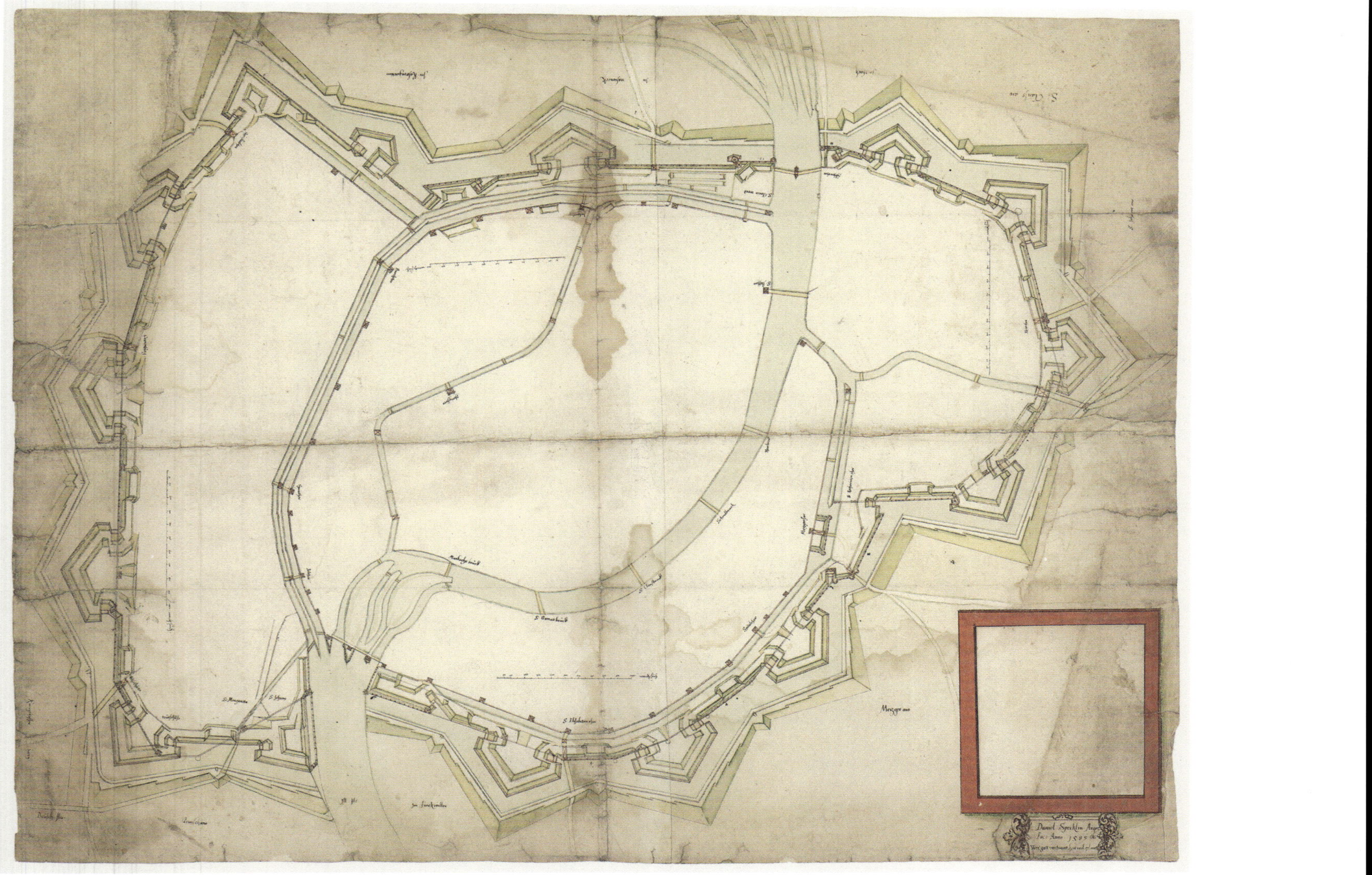

los ausgeliefert wäre. Die Flügel der sekundierenden und die Spitze der angegriffenen Bastion, die äussere Abdachung und die Führung der Kontereskarpe lassen dem Angreifer aber keine Wahl, wo er seine Batterien errichten kann und wie gross diese zu dimensionieren sind. Seine Batterien werden zwangsläufig relativ klein und sind den drei übereinander gestaffelten Flanken der beiden sekundierenden Bastionen an Feuerkraft unterlegen. Die passive Resistenz der äusseren Abdachung, der Bastionsspitze und der Flügel haben also eine Überlegenheit der Flanke an aktiver Feuerkraft zur Folge.

Um in den Graben hinuntersteigen zu können, muss der Angreifer zunächst den Gedeckten Weg erobern. Dieser kann aber mit dem grossen Geschütz von den Hauptwerken und mit der Infanterie verteidigt werden. Ist der Gedeckte Weg erobert, so muss der Angreifer den Graben überqueren. Dies kann aber von den auch zu diesem Zeitpunkt immer noch unbeschädigten gut gedeckten Geschützen der niedrigen Flanke verhindert werden.[96] Das äusserste Geschütz in den niederen Flanken könnte vom Angreifer nämlich nur getroffen werden, wenn er die ganze Spitze der angegriffenen Bastion wegschösse. Auch die Bresche kann im Moment des Sturms von den intakten Geschützen der niederen Flanken mit Schrot beschossen werden. Gelingt es dem Angreifer, einen Teil der beiden sekundierenden Flanken zu ruinieren, eine Bresche zu schiessen (Abb. 7, Lit. G, rechtes Bastionsgesicht), den Graben zu überqueren und die Bresche trotz des noch unversehrt gebliebenen Geschützes in der niederen Flanke der Bastion Lit. H zu stürmen, so begegnen ihm noch von den Kavalieren gebildete und verteidigte innere Abschnitte.

Das hiermit in den Grundzügen beschriebene Zusammenspiel aller Elemente in Specklins Normalsystem, das es dem Verteidiger erlaubt, einen Platz mit relativ wenig Geschütz und Mannschaft gegen einen viel stärkeren Angreifer zu halten, mag zwar etwas zu sehr ausgeklügelt erscheinen, doch Specklins detaillierte rationale Begründung aller Verhältnisse legte die Grundlagen für die Weiterentwicklung und Anwendung des Bastionärsystems, das die Praxis der Festungsbaukunst bis weit ins 19. Jahrhundert hinein prägen sollte.

Specklins Anwendung des Normalsystems auf Basel (Visierung N°: 4)

Gesamtentwürfe von Daniel Specklin für Stadtbefestigungen im Bastionärsystem sind – soweit wir wissen – nur für Strassburg von 1585 (Abb. 35) und für Basel von 1588 (Abb. 29) erhalten.[97] Diese Gesamtplanungen – beide Anlagen wurden nicht ausgeführt – sind deswegen interessant, weil erst sie es erlauben, die praktische Anwendungsfähigkeit von Specklins Normalsystem abzuschätzen.

Obwohl die vollkommene Befestigung Basels im theoretischen Teil detailliert beschrieben worden ist, glaubt Specklin seinen vierten Entwurf (Abb. 29, ↑Details S. 203–219) genauestens erläutern zu müssen. Gerade weil er immer versuche, die Baukosten

96 Specklin 1589, Taf. 10.

97 Der Entwurf für Strassburg zeigt noch Bastionen mit sehr grossen Kavalieren. Der Plan wurde laut Peter 1978, S. 205 von Jean Rott in der Königlichen Bibliothek Kopenhagen entdeckt und wird dort Taf. III–VII abgebildet. Signatur laut Fischer 1996, S. 13: Ms. Gl. Tillaeg N° 10. Eine Nachfrage ergab die heutige Signatur: Royal Danish Library, GKS 350 folio, tillæg n. 10. Vergleiche auch Fischer 1996, S. 113. Zu den in Strassburg geplanten und ausgeführten Werken Specklins vergleiche Apell 1902, S. 186–219.

Abb. 36: Daniel Specklin, Darstellung einiger Tenaillensysteme, Specklin 1583, Fol. 102v–103r

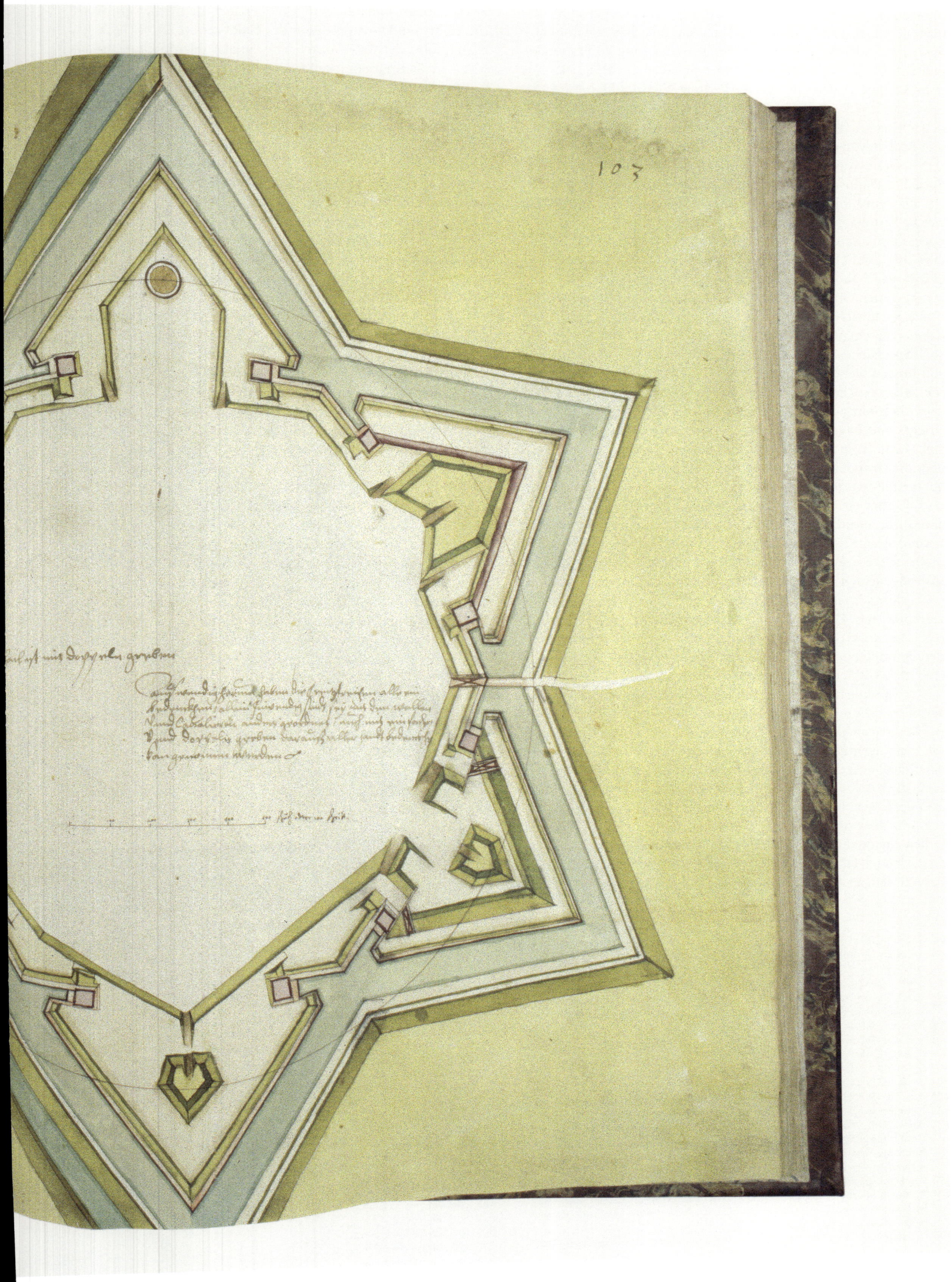

möglichst zu reduzieren, würden nämlich selbst Kriegs- und Bauverständige seine Visierungen und Bedenken (Gutachten) oft nicht begreifen, meint er.[98] Um seine Kompetenz zu belegen, betont er, dass er auf mehr als dreissig Jahre Berufserfahrung im Festungsbau zurückblicke und unter Hermes Schallautzer (1503–1561), dem Bausuperintendenten für die Festung Wien, und Lazarus von Schwendi (1522–1583), dem Generalkapitän der deutschen Truppen in Ungarn, die grössten Basteien in Wien, Komorn (Komárno) und Raab (Győr) gegen die Osmanen habe erbauen helfen.[99]

Der etwas chaotisch aufgebaute folgende Abschnitt ist Specklins Plädoyer für eine echte Praxis. Im Gegensatz zu hunderten aus dem 16. Jahrhundert erhaltenen schönen Idealprojekten, welche Festungen in weiten Kreisbogen um eine Stadt zeigen, folgt Specklin mit seinem Entwurf nämlich dem Perimeter der Stadt. Dies aber macht die Festung ungleichmässig und führt dazu, dass er seine ganze Kunst aufwenden muss, um besonders den Abschnitt zwischen dem St. Johannstor (↑N°: 4.1, S. 204, Lit. B) und der Bastion Wagdenhals (↑N°: 4.3, S. 209, Lit. M) zu befestigen.[100] Die Stadt habe in diesem Abschnitt nämlich keinen rechten Bogen auswärts, stellt Specklin fest.[101] Um den Umfang der Stadt zwecks Einsparung von Kosten nicht zu sehr zu erweitern, habe er diesen Abschnitt mit Kreuzstreichen (Tenaillen) befestigen müssen.[102] Weil er in diesem Abschnitt auf Bastionen verzichtet, fürchtet Specklin, dass Kriegs- und Bauverständige ihn auslachten und dächten, er verstehe nichts vom modernen Festungsbau mit Bastionen.[103] Er habe aber die Grundlagen der modernen Bastionärbefestigung durchaus verstanden und den Perimeter der Stadt sorgfältig ausgemessen und alles bestens durchdacht. Kein Baumeister könnte dies anders anordnen, er würde denn mit einem weiten Kreisbogen um die Stadt herumfahren.[104] Für ein so langwieriges und kostspieliges Vorhaben, das noch die kommenden Generationen belasten würde, bräuchte man aber keinen Meister der Kunst, denn solches könne jeder.[105]

Specklin macht sogar Vorschläge, den Perimeter der Stadt zu reduzieren: Um der schwierigen Situation beim St. Albantor (↑N°: 4.6, S. 215, Lit. S und T) aus dem Weg zu gehen, empfiehlt er, den Perimeter zu verkürzen und die Wälle entlang der Malzgasse (↑N°: 4.5, S. 213, bei Lit. Q) an den Rhein zu führen.[106]

Specklin hatte sich zeitlebens auch mit Kreuzstreichen oder Tenaillen – wie man sie später nannte – auseinandergesetzt.[107] Diese Befestigungsmethode findet sich schon in Specklins *Architectur* von 1583 auf Regeln gebracht (Abb. 36). Der dort dargestellte Angriff auf eine Tenaille (Abb. 37) zeigt ihren grössten Nachteil, nämlich dass es unmöglich ist, aus der Flanke in die Bresche hinein zu schiessen. Da aber die langen Linien der Tenaillen viel Geschütz enthalten konnten, war dieser Nachteil nicht entscheidend, solange sich diese Linien einander gut zuwandten. Zur Verlängerung der Linien bei Lit. C, E und H (↑N°: 4.1, S. 204, N°: 4.2, S. 207) benutzt Specklin in Basel zudem auch Flanken, die er «geschobene Streiche» nennt.[108]

Die Landstrasse und das Tor bei St. Johann umfasst Specklin mit zwei Halbbastionen Lit. A und B.[109] Später nannte man ein Werk dieser Art ein Hornwerk. Von der Halbbastion Lit. B (↑N°: 4.1, S. 204) führt der Wall – durch eine einfache Flanke Lit. C verlängert – in die Kreuzstreiche Lit. D zurück.[110] Auf der anderen Seite werden die Linien von Lit. D bis Lit. F ähnlich angeordnet.[111] Der Luginslandturm (↑N°: 4.2, S. 207, Nr. 10) solle abgebrochen und der ganze Bereich vor dem Wasenbollwerk (zwischen Nr. 9 und Nr. 10) aufgeschüttet werden, damit eine gerade Linie entstehe und die Linie in die Kreuzstreiche Lit. G ausreichend lang würde.[112] Mehrere Kavaliere beherrschen das Vorfeld der Festung.[113] Diese Kreuzstreiche greife kein Gegner an, so Specklin, weil er sich dann in eine Klammer begebe, wo er von beiden Seiten ins Kreuzfeuer genommen und auch dank der Kavaliere gut bekämpft werden könne.[114] Im Bereich vor dem Petersplatz (↑N°: 4.2, S. 207, Nrn. 11–15) könnte man zwar der bestehenden Stadtmauer folgen, nur würden dann die Wälle 500 Schuh länger. Um diese unnötigen Ausgaben zu sparen, fährt Specklin in gerader Linie vom Bollwerk Lit. G zu Lit. H.[115] Der ganze Bereich beim Fröschenbollwerk (↑N°: 4.3, S. 208, Nr. 17) wird mit langen Wällen begradigt. Die weit in das Vorfeld vorspringende Ecke der Befestigung ist hier (Lit. I) mit einem grossen Kavalier versehen. Im einspringenden Bereich bei Turm Nr. 20 ordnet Specklin aufgrund der Platzverhältnisse keine Bastion an. Er bezeichnet die Werke Lit. K und Lit. L als halbe Bastionen.[116] Durch diese kunstreiche Anordnung besteht zwischen dem Werk Lit. L und der Bastion Lit. M das für das Bastionärsystem normale Verhältnis.[117] Von der Halbbastion Lit. L über das Aeschenbollwerk (↑N°: 4.4, S. 211, Lit. O) und dann zur Halbbastion beim Aeschentor (↑N°: 4.5, S. 212, Lit. P) wird das Normalsystem verwendet, obwohl das Tal beim Einfluss des Birsigs zwischen den Bastionen Lit. M und Lit. N mit Abtreppungen des Walles überwunden werden muss. Damit das Eckbollwerk (Lit. O) nicht zu spitzwinklig wird, müsse man mit dem Wall (bei Turm Nr. 29) in den Perimeter der Stadt hineinfahren.[118] Beim Aeschentor (Nr. 34) könnte eine Kreuzstreiche errichtet werden, dann würde aber die Entfernung zum Aeschenbollwerk (Lit. O) zu gross.[119] Eine Bastion würde dagegen das Tor verbauen.[120] Aus diesen Gründen rückt Specklin die beiden Hälften der Bastion (Lit. P und Q) etwas vom Tor ab und verbindet sie durch eine Tenaille.[121] Die lange Linie bis zum St. Albantor lasse sich mit einer relativ grossen Bastion (↑N°: 4.6, S. 214, Lit. R) befestigen.[122]

Ginge es um die Verteidigung gegen die Türken, so würde Specklin raten, den Bereich jenseits der Malzgasse (↑N°: 4.5, S. 213, etwa bei Lit. Q), wo es bis an den Rhein fast nur Rebgärten gebe, durch die Befestigung abzuschneiden. Dadurch würde die Gesamtanlage in wehrtechnischer Hinsicht deutlich besser und auch weniger kosten.[123] Wahrscheinlich geht Specklin davon aus, dass damit auch das ehemalige Kloster St. Alban ausserhalb der Stadt zu liegen käme. Doch weil es nicht gegen die Türken geht, sucht Specklin als Alternative zu diesem radikalen Vorschlag nach Wegen, die

98 Specklin 1588, Fol. 79r.

99 Specklin 1588, Fol. 79v. Mit «Johann Schalutzer Obrister Bauwmeÿster» ist wohl Hermes Schallautzer gemeint, der als Bausuperintendent für die Festung Wien verantwortlich zeichnete. Vergleiche Opll 2017, S. 160–163, 177–179 und Büchi 2015, S. 36 (Anm. 74). Zu Lazarus von Schwendi, seit 1567 Generalkapitän der deutschen Truppen in Ungarn, dem Specklin zeitlebens verbunden war, vergleiche Fischer 1996, S. 27–28.

100 Specklin 1588, Fol. 79v.

101 Specklin 1588, Fol. 79v.

102 Specklin 1588, Fol. 79v.

103 Specklin 1588, Fol. 79v.

104 Specklin 1588, Fol. 80r.

105 Specklin 1588, Fol. 80r–80v. «Solchs kahnn ich (vndt ein Jeder) gantz wohl, darff hierinnen keinen Meÿster, vnndt wie wol alles vmb die gantze Stadt, fast einn neüwer Bauw würdt, vnndt ein mächtiger Vnkosten solchs erfordern würdt, darneben ein solch langwührig Werkh, dann sich ein solcher großer Bauw, nicht also leicht löst fürnehmmen vnndt vollenden, man wölle dann solchen auch auff die Nachkohmmenten gereichen lassen, die thuon dann waß sie mögen.»

106 Specklin 1588, Fol. 84v.

107 Vergleiche hierzu Büchi 2015, S. 94–103. Aus seinen Auseinandersetzung mit Tenaillen entwickelte Specklin das in Specklin 1589, Taf. Æ dargestellte System (vergleiche hierzu Büchi 2015, S. 103–106).

108 Die Beschreibung eines Angriffs auf eine geschobene Wehre Specklin 1588, Fol. 81r–81v ist leider unverständlich.

109 Specklin 1588, Fol. 80v.

110 Specklin 1588, Fol. 80v.

111 Die Linie von der Kreuzstreiche Lit. D bis zu Lit. E habe Specklin vor den ursprünglichen Stadtgraben gelegt, denn sonst habe man zu wenig Platz für die Wälle (Fol. 80v–81r). Der Rat könne sich hier aber auch dafür entscheiden, die Wälle diesseits der bestehenden Mauer aufzurichten (Fol. 80v).

112 Specklin 1588, Fol. 81r.

113 Specklin 1588, Fol. 80v.

114 Specklin 1588, Fol. 81r.

115 Specklin 1588, Fol. 81v. Folge man der Stadtmauer, müsste man vor dem Spalentor (Nr. 15) eine weit ins Vorfeld ausgreifende halbe Bastion und bei Lit. I eine ganze Bastion errichten, was eine um 500 Schuh längere Umfassung erfordere.

116 Specklin 1588, Fol. 82r.

117 Specklin 1588, Fol. 82r.

118 Specklin 1588, Fol. 82v.

119 Specklin 1588, Fol. 82v.

120 Specklin 1588, Fol. 82v.

121 Specklin 1588, Fol. 83r.

122 Specklin 1588, Fol. 83r.

123 Specklin 1588, Fol. 84v.

Abb. 37: Daniel Specklin, Angriff auf eine Tenaille, Specklin 1583, Fol. 97r

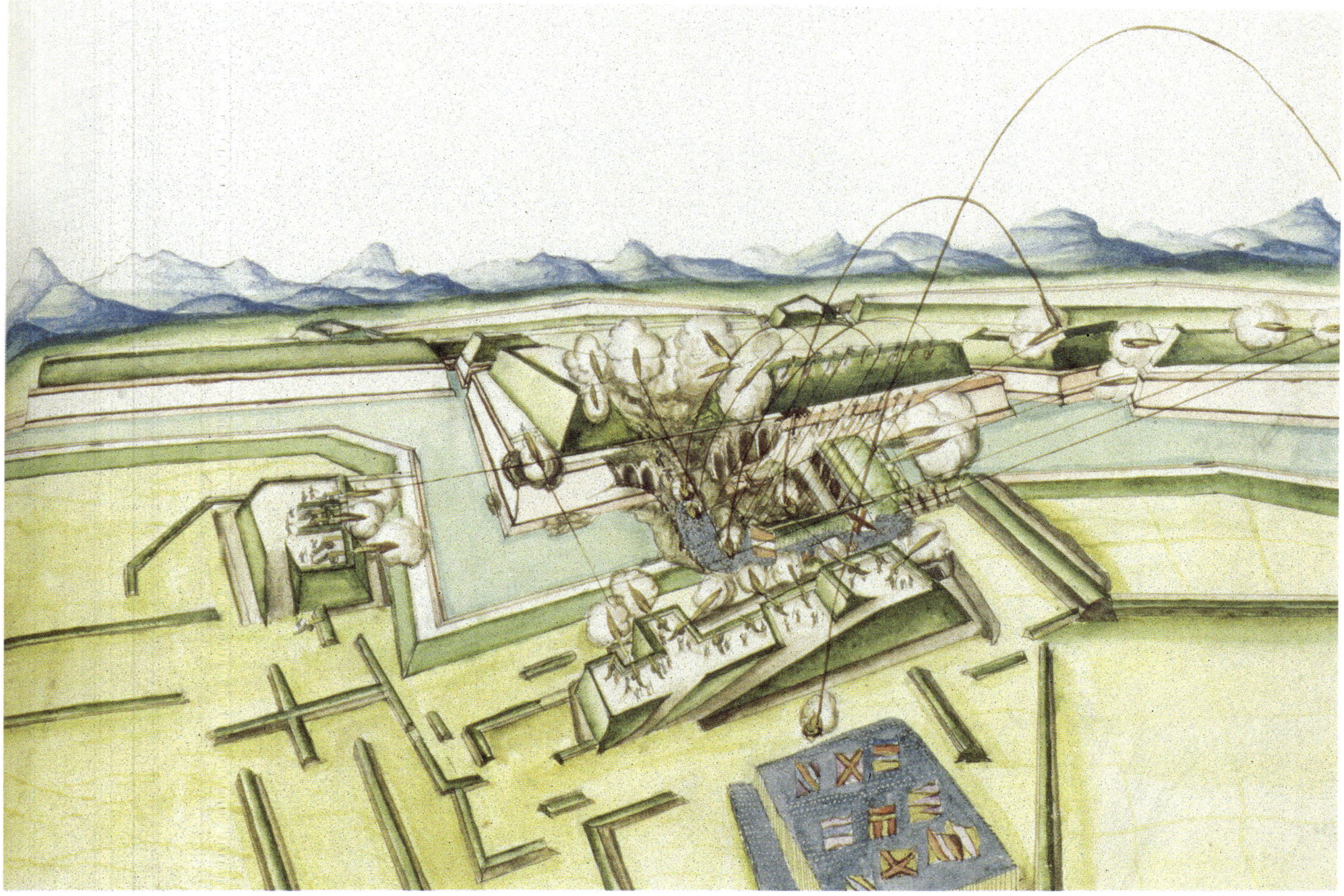

sehr komplexe Situation beim St. Albantor zu verbessern. Dabei musste er berücksichtigen, dass sich der Festungsperimeter hier fast in einem Winkel von neunzig Grad gegen aussen bricht, dass das St. Albantor (↑N°: 4.6, S. 215, Nr. 40) nicht verbaut wird, dass der ganze Bereich von einem für den Verteidiger unzugänglichen Hügel überhöht wird, dass es einen Durchfluss für den St. Alban-Teich geben muss und dass das Gelände stark gegen den Rhein abfällt.[124]

Angegriffen werden können in Grossbasel nur stark vorspringende Ecken wie die Halbbastion bei St. Johann (Lit. B), die Spitze der Tenaillen bei Lit. F und Lit. I, das Aeschenbollwerk (Lit. O) oder die Bastion beim St. Albantor (Lit. T). So weit möglich benutzt Specklin die alte Stadtmauer stadtseitig als Erdstützmauer oder als Eskarpenmauer. Aus bautechnischen Gründen wäre dies wohl kaum von Vorteil gewesen, da die neuen Werke meist im alten Graben zu stehen kommen sollten, was den Aufwand sicherlich vergrössert und auch bautechnische Probleme verursacht hätte. Interessant ist der Vorschlag, den Bereich jenseits der Malzgasse abzuschneiden.

Kleinbasel kann mit Ausnahme des Gebiets vor dem Bläsitor (↑N°: 4.8, S. 219, zwischen Lit. Dd und Lit. Ee) gleichmässig mit dem Normalsystem und einem Wassergraben befestigt werden: Die halbe Bastion bei der Kartause (↑N°: 4.7, S. 216, Lit. Aa) wird vom bestehenden Perimeter abgerückt, damit die Eckbastion Lit. Bb nicht zu spitzwinklig wird. Auch das Bollwerk Lit. Cc muss etwas vom bestehenden Mauerverlauf abgesetzt werden, damit die Nachbarbastionen nicht zu spitzwinklig werden und besser bestrichen werden können.[125] Die Bastionen Lit. Dd und Lit. Ee bilden eine Kreuzstreiche.[126] Beim Kloster Klingental schliesst die Festung wieder mit einer Halbbastion (Lit. Ff) an den Rhein an.

Der Rhein soll auch zum Schutz gegen Spionage und Verräterei mit fünf gemauerten Streichwehren und einer über den Rhein gespannten Kette gesichert werden, die ausführlichst beschrieben wird.[127]

Es war Specklin klar, dass Basel den vierten Entwurf wegen der zu erwartenden langen Bauzeit und der hohen Kosten nicht hätte ausführen können.[128] Vergleiche man diese Visierung aber mit den drei anderen Entwürfen, so könne man sehen und spüren, «daß es der mächtigsten Vöstungen eine ist, so mag gefunden werden, auch wüder den Türckhenn genugsam».[129] Wie die anderen drei Visierungen zeigten, liessen sich etliche Verteidigungsmassnahmen auch mit Werken verwirklichen, die weniger «groß vnndt gewalttig» sind.[130] Der vierte Entwurf zeigt also, was ohne Berücksichtigung der Baukosten auf dem neuesten Stand der Festungsbaukunst technisch realisierbar gewesen wäre, und hilft dabei abzuschätzen, wie gut andere Entwürfe sind.

124 Die Bastion Lit. S wird wegen des Tors (Nr. 40) kleiner als üblich (Fol. 83v). Der Anhöhe stellt Specklin das Bollwerk Lit. T entgegen, das symmetrisch zum Bollwerk Lit. W am Rhein zu stehen kommt und sehr hoch sein muss (Fol. 84r). Von der Anhöhe vor dem Bollwerk Lit. S könne der Gegner in die Flanke der Bastion Lit. S hineinschiessen. Deswegen wird diese Flanke enger gemacht (Fol. 83v, bezeichnet mit Lit. W). In die Kreuzstreiche zwischen Lit. S und Lit. T könne der Angreifer nicht einbrechen (Fol. 83v). Der St. Alban-Teich muss durch das Bollwerk Lit. T geführt werden (Fol. 84r). Die Flanke vom Bollwerk Lit. V (mit einem Kreuz bezeichnet) muss ebenfalls enger gemacht werden, damit von der Anhöhe nicht in sie hineingeschossen werden kann. Vom Einfluss des St. Alban-Teichs bis zum Rhein könne im Graben vielleicht Wasser gehalten werden (Fol. 84r).

125 Specklin 1588, Fol. 85r.
126 Specklin 1588, Fol. 85r.
127 Specklin 1588, Fol. 85v–87v.
128 Specklin 1588, Fol. 88r.
129 Specklin 1588, Fol. 88r.
130 Specklin 1588, Fol. 88r.

Daniel Specklins Gutachten für die Stadt Basel – praktischer Teil

«Mann muß hierinnen nach
allen Gelegenheÿttenn
groß Achtung thun, dann man
offt im Bauw, allmallen ein
Ding ettwann erstreckht,
erkürtzt, oder erweÿttert, nach
Gelegenheÿtt. Derhalben
ein Bauwmeÿster hierinn nicht
gefangen sein soll, sonder soll
alleß zum Höchsten betrachten,
also daß er Vrsachen kahnn
anzeigen, auch vmb jeden Stein
denn man legt.»

Beschrieben ist nun, was der von Specklin erreichte höchste Stand der Festungbaukunst gegen Ende des 16. Jahrhunderts war. Specklin hatte das Normalsystem für den Kampf gegen die Osmanen entwickelt. Basel hatte jedoch sicherlich nicht mit einem so gefährlichen Gegner zu rechnen. Um die von Specklin mit den Visierungen N°: 1 bis 3 (Abb. 26–28) im praktischen Teil seines Ratschlags vorgestellten realistischeren Befestigungsvorschläge für Basel beurteilen zu können, müssen wir zuerst genauer wissen, wie die Ringmauer Basels zur Zeit Specklins tatsächlich aussah.

Errichtung und Ausbau der Stadtmauer Basels für den Einsatz von Feuerwaffen

Die dritte und äusserste Ringmauer der Stadt Basel wurde in der zweiten Hälfte des 14. Jahrhundert errichtet. Die 15 bis 19 Meter hohen Türme waren je nach Situation 80 bis 120 Meter (durchschnittlich etwa 100 Meter) voneinander entfernt und überragten die Krone der rund zehn Meter hohen Mauer um ein bis zwei gedeckte Stockwerke. Der mit einer ausgemauerten Kontereskarpe versehene Stadtgraben hatte eine Breite von ungefähr 17 bis 20 und eine Tiefe von vier bis fünf Metern.[1] Als man noch keine «Wissenschaft des Geschützes»[2] hatte, so Specklin, richtete sich der Angriff in der Regel auf die Stadtmauer, die man mit der Armbrust von Türmen verteidigte, die jene möglichst überhöhten. Der Graben hielt Rammböcke und andere Kriegsrüstungen von den Mauern fern.[3] Wehrgänge waren in Basel wohl deswegen nur an besonders gefährdeten Stellen der Stadtmauer vorhanden, weil diese mit mehr als vier Kilometer Frontlänge von den Bürgern der Stadt ohnehin nicht effizient zu verteidigen gewesen wäre. Die Baukosten von 1361 bis 1401 betrugen in der Regel weniger als ein Fünftel, höchstens aber ein Drittel der jährlichen Ausgaben der Stadt.[4]

Stadtmauer und Graben konnten in Basel in der Regel also nur von den Türmen aktiv verteidigt werden, und die Mauer diente mit dem Graben zusammen lediglich als passives Annäherungshindernis. Bei einer wirkungsvollen Kampfentfernung der Armbrust von bis zu 100 Metern[5] und der grösseren Wallarmbrust von circa 400 Metern[6] war eine Nah- und Fernverteidigung der Stadtmauer gewährleistet.[7] In einem Dokument aus dem Jahr 1387 wird mit der Stationierung von zehn Springolfen eine schwere Bewaffnung mit einer effektiven Kampfentfernung von bis zu 500 Metern erwähnt.[8] Stationiert waren diese Geschütze auf den Tortürmen und auf der Mehrzahl jener Türme, die im 16. Jahrhundert durch Rondellen zum Einsatz schwerer Feuerwaffen ersetzt werden sollten.[9]

Zwischen 1439 und 1444 legte man provisorische Vorwerke vor dem Spalen- und Steinentor an,[10] welche in den Jahren 1472 bis 1473 wie bei allen sieben Stadttoren ausgebaut wurden.[11] Schon im 15. Jahrhundert scheint die Anlage auch zum Einsatz von Feuerwaffen ausgerüstet worden zu sein. Zu diesen Arbeiten gehörte, dass neue Schusslöcher – wohl für Tarras- und Streichbüchsen – in die Ringmauer und die Türme gebrochen wurden.[12] Die Stadt besass Mitte des 15. Jahrhunderts zur Verteidigung der Mauern neben Handfeuerwaffen schon mindestens acht Tarrasbüchsen, 37 kurze eiserne Grabenbüchsen und neun Nürnberger Streichbüchsen.[13]

Das seit 1392 mit Grossbasel durch einen Kaufvertrag vereinigte Kleinbasel war ebenfalls durch eine Ringmauer mit Türmen und zwei Toren geschützt. Während der Bedrohung durch die Armagnaken im Sommer 1444 wurde vor der Mauer in aller Eile ein von Palisaden geschützter Erdwall aufgeworfen, so dass die innere Mauer und der Stadtgraben von einem Wall mit äusserem Graben gedeckt wurden. Die Basler wagten es aber trotz diesen Kriegsvorbereitungen nicht auszufallen und ihren Verbündeten in der Schlacht bei Sankt Jakob an der Birs zur Hilfe zu eilen, da bei der Länge der Ringmauer die Stadt zu sehr entblösst gewesen wäre.[14]

In der ersten Hälfte des 16. Jahrhunderts wurden bestehende Wehranlagen meist nur mit einzelnen Bollwerken verstärkt, die den Einsatz von Geschützen ermöglichen sollten. Noch von 1563 bis 1585 investierte beispielsweise Schaffhausen mindestens 70 983 Pfund in den Munot.[15] Die Errichtung eines Werks, das die Überhöhung der Stadt durch feindliche Batterien verhindern sollte, stand schon vor 1550 zur Diskussion.

Vollständig neu errichtete Anlagen grösseren Ausmasses hingegen waren eher selten. Ausnahmen in der Schweiz sind zum Beispiel die Städte Zug und Solothurn:

In Zug wurden von 1522 bis 1526 der Pulver-, Huwiler-, Chnopfli- und Kapuzinerturm in gleichmässigen Abständen von circa 110, 130 und 125 Metern errichtet. Die relativ hohen Türme von 12 bis 14 Meter Durchmesser waren zum Einsatz von Doppelhaken und Wallbüchsen zur Bestreichung des Grabens und Beherrschung des Vorfeldes eingerichtet, denn auf der Stadtmauer konnte kein Geschütz eingesetzt werden.

In Solothurn (Abb. 38) verstärkte man rund zehn Jahre später die Eckpunkte der Stadt mit Rondellen von circa 21 Metern Aussendurchmesser und Mauerdicken von bis zu fünf Metern. Der Abstand vom Katzenstegturm (Bauzeit 1539–1542) zum Buristurm (1535–1538) betrug 280 Meter. Der anschliessende Abschnitt bis zum Riedholzturm (1546–1550) war 320 Meter lang. Die Front zum viereckigen Bollwerk St. Peter an der Aare (1536–1539) mass ungefähr 290 Meter. Etwa in der Mitte dieses Abschnittes lag das von 1535 bis 1537 ausgebaute Baseltor mit zwei kleineren Rondellen.[16] Es ist architekturhistorisch überaus interessant, dass die Solothurner 1532 das 1524 in Zürich vollendete Rennwegtor besichtigten.[17] Für das Rennwegtor wiederum sollen sich die Zürcher am Castello Sforzesco in Mailand orientiert haben.[18] Dass dieses Kastell tatsächlich als Vorbild für das Rennwegtor und folglich das Baseltor und die Solothurner Rondellen in Frage kommen könnte, zeigt die

Eingangszitat: Specklin 1588, Fol. 19v.
1 Vergleiche Kaufmann 1949, S. 43–44.
2 Specklin 1588, Fol. 45r.
3 Specklin 1588, Fol. 45v.
4 Kaufmann 1949, S. 40.
5 Schmidtchen 1984, S. 176.
6 Schmidtchen 1984, S. 179.
7 Bei der zweiten Stadtmauer, die mit dem Bogen verteidigt wurde, betrug der Abstand der Türme noch 55 Meter. Vergleiche Müller 1955, S. 40.
8 Gessler 1922, S. 196 nach StABS, Militär A 1, 1387. Vergleiche auch Helmig/Matt 1989, S. 117, 119, 132 und 136. Der Springolf ist ein armbrustförmiges Torsionsgeschütz, das meist grosse Bolzen im Direktschuss (flache Flugbahn) verschoss. Zu Technik und Herkunft der Springolfe vergleiche Schmidtchen 1990, S. 152–155.
9 So auf dem St. Johannstor (Specklin 1588, Visierung N°: 1, Nr. 2), dem Sürlinenturm (Nr. 5) in der Nähe des späteren Bollwerks St. Johann, dem Luginslandturm (Nr. 10), Spalentor (Nr. 15), Fröschenbollwerk (Nr. 17, ehemals Steinenkreuztor), Steinentor (Nr. 27, ehemals Hertor), Dornimaug (Nr. 28), dem ehemaligen Spitalschürentor (Nr. 29), dem späteren Aeschenbollwerk (Nr. 30, ehemals «spiczen thurne») und dem St. Albantor (Nr. 40). Um 1418/19 wurde noch ein weiterer Springolf vielleicht für den Vorgängerturm des späteren Wagdenhalsbollwerks (Nr. 24) angeschafft. Vergleiche Harms 1910, S. 138.
10 Helmig/Matt 1989, S. 92 und 95 und Kaufmann 1949, S. 44.
11 Helmig/Matt 1989, S. 94 und 96.
12 Tarras, von Wall (Terrasse), also auf den Wällen eingesetzte Geschütze. 1441/42 musste ein Meister Peter Seyler über fünfzig neue Schusslöcher in die Ringmauer und Türme brechen (Müller 1955, S. 42 nach Harms 1910, S. 221). 1438/39 war Peter Seyler dafür bezahlt worden, Kugeln für Streich- und Tarrasbüchsen herzustellen (Harms 1910, S. 207). Derselbe Peter Seyler stellte 1441/42 weitere 100 Büchsensteine her (Harms 1910, S. 222).
13 Bernoulli 1918, S. 150–151.
14 Müller 1955, S. 43. Die Angaben sind relativ unsicher, da wir aufgrund fehlender Dokumente über den Ausbau der Befestigung Kleinbasels noch schlechter als über jene Grossbasels unterrichtet sind.
15 Schmuki 1989, S. 149.
16 Schubiger 1994, S. 143–229. Trotz eines Projektes des Festungsingenieurs Michael Gross aus dem Jahr 1626, das auf 100 000 Kronen veranschlagt wurde, hat man den Ausbau Solothurns im Dreissigjährigen Krieg unterlassen (Schubiger 1994, S. 192–193 mit Abbildung des Projekts).
17 Schubiger 1994, S. 160.
18 Mantel 1919, S. 14. Das Rennwegbollwerk wurde von 1521 bis 1524 errichtet und kostete immerhin 16 407 lb 5 ß 3 d. Für diesen Betrag sollte Basel fast drei Rondellen bekommen. Zum weiteren Ausbau der Wehrmauern Zürichs im 16. Jahrhundert mit Rondellen zum Einsatz von Feuerwaffen vergleiche Barraud/Jezler 1999, S. 123–124. Dort wird S. 139 die Vorbildfunktion Mailands für das Rennwegbollwerk bezweifelt.

Abb. 38: Matthäus Merian d Ä., Solothurn

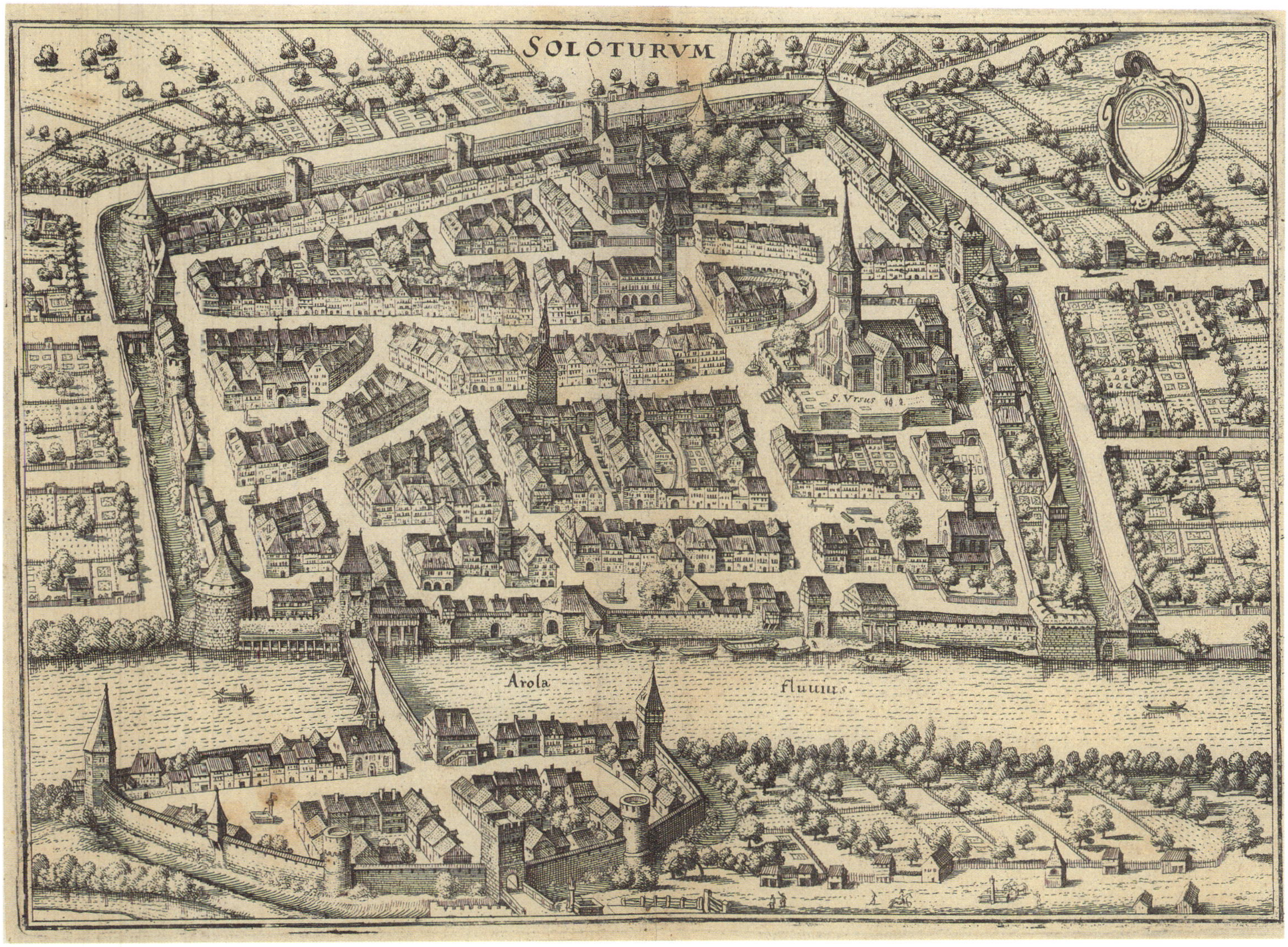

1547 von Walter Ryff veröffentlichte «eygentliche Contrafactur» des Schlosses von Mailand,[19] welche die Sehgewohnheiten nördlich der Alpen illustriert (Abb. 39).

Weil eine stabile Geschützplattform für grosse Geschütze auf den Rondellen in Solothurn erst um 1716 geschaffen wurde,[20] erfolgte die Verteidigung des circa 12 Meter breiten Grabens und die Beherrschung des Vorfeldes wahrscheinlich vorwiegend mit lafettierten Wallbüchsen.[21] Die Rondellen dienten dazu, einen Angriff in der Mitte der Ringmauer zu verhindern, und liessen sich nicht gut gegenseitig verteidigen.

Basel trat am 13. Juli 1501 der Eidgenossenschaft bei und wurde nach einer Zeit der Toleranz im Februar 1529 definitiv protestantisch. Specklin stellte 1588 fest, dass der Krieg unter Christen seit der Reformation ein wesentlich härteres Gesicht bekommen hatte, auch weil schwere Feuerwaffen in Gebrauch kamen. Darum sei die Obrigkeit eher als früher verpflichtet, sich und ihre Untertanen zu beschützen. Gott habe den Tieren Zähne und Klauen gegeben, damit sie sich verteidigen könnten; den Menschen hingegen schenkte er die Vernunft, damit sie sich mit Waffen und Festungen gegen unbillige Gewalt schützen könnten.[22]

Massnahmen zum Einsatz von Feuerwaffen, welche die spätmittelalterliche Wehranlage Basels verstärken sollten, können gut anhand Specklins Visierung N°: 1 (Abb. 26) beschrieben werden, was es zudem erlaubt, die Angaben des Baumeisters zu überprüfen:

Im Vorfeld des zweiten Kappelerkriegs wurde laut der Chronik von Fridolin Ryff im Februar 1531 damit begonnen, das Wasen- (↑N°: 1.2, S. 153, Nr. 10) und das Clarabollwerk (↑N°: 1.8, S. 164, Nr. 47) zu errichten, an welchen täglich viele arme Leute arbeiteten, die sonst hätten Hunger leiden müssen.[23] Als Berater wurde ein Hauptmann Hans Kaltschmidlin († um 1538) zugezogen, der die Bollwerke zusammen mit Strassburger Werkleuten und dem Basler Lohnherrn besichtigte.[24] Die Pläne oder Modelle («muster der bolwercken») machte der Maurermeister Hans Mentzinger.[25] Für das innerhalb der Ringmauer in reinem Erdbau errichtete Wasenbollwerk wurde am 23. Januar 1531 ein Grundstück abgetauscht.[26] Noch 1540 baute man am Bollwerk.[27] Womöglich gehörten auch die durch die Jahresrechnungen dokumentierten Maurerarbeiten am Zwinger vor der Ringmauer Kleinbasels zu den Massnahmen, welche die Platzierung von mehr Geschützen ermöglichen sollten.[28]

19 Ryff 1547, AA2b.
20 Schubiger 1994, S. 150 und 160.
21 In Zürich zum Beispiel war noch 1575 auf den Rondellen vorwiegend leichtes Geschütz mit einem Geschossgewicht von ¾ bis 1¼ Pfund platziert. Wo genau der erwähnte 6½-Pfünder beim Rennweg aufgestellt war, ist unklar (Mantel 1919, S. 19).
22 Specklin 1588, Fol. 45v–46r.

23 Ryff 1872, S. 117.
24 Müller 1955, S. 45 und Helmig/Matt 1989, S. 132–133 nach Harms 1913, S. 406, Z. 46–51 und S. 407, Z. 42–44.
25 Harms 1913, S. 405, Z. 20–22.
26 Kaufmann 1949, S. 45.
27 Burghartz 2015, Jahrrechnung Stadt Basel 1539/40, Fol. 21v. Vergleiche auch Helmig/Matt 1989, S. 147.
28 Dafür wurde beispielsweise dem welschen Maurermeister Hans in den Jahren 1545 bis 1547 ein Gesamtbetrag von 103 lb 9 ß ausbezahlt. Vergleiche Burghartz 2015, Jahrrechnung Stadt Basel 1546/47, Fol. 20v.

Abb. 39: Walter Ryff, Castello Sforzesco, Mailand, Ryff 1547, AA2b

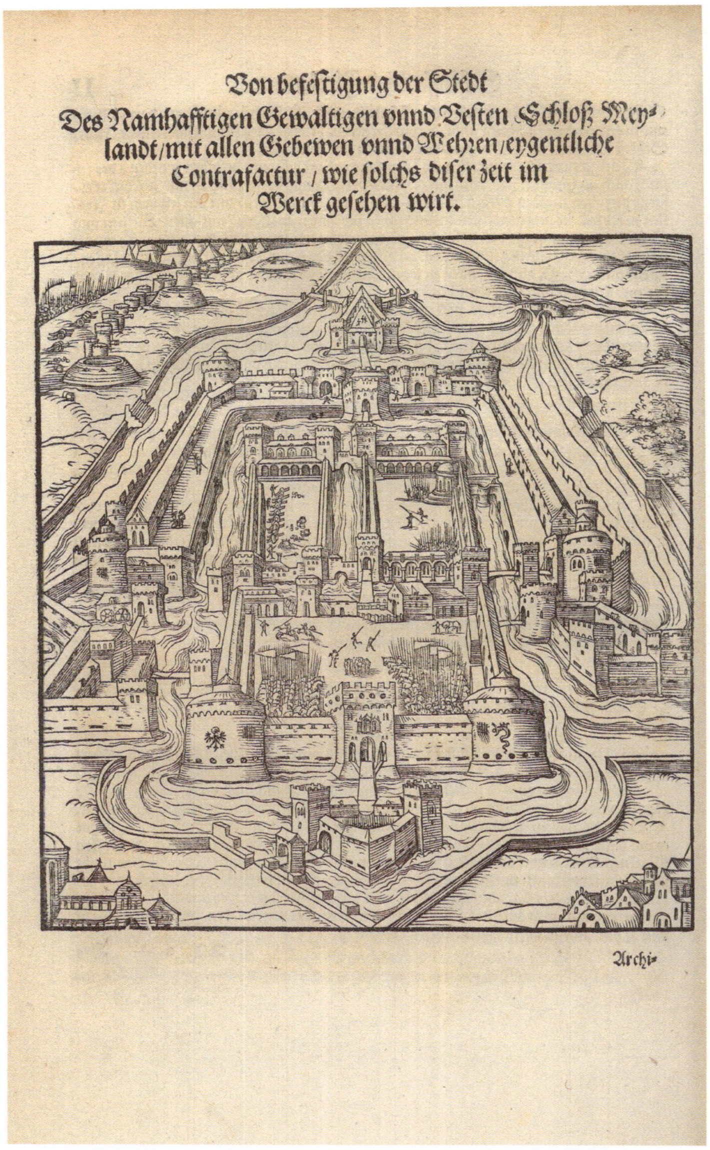

Der nach der Schlacht bei Mühlberg (24. April 1547) zugunsten des Kaisers entschiedene Schmalkaldische Krieg liess in reformierten eidgenössischen Orten Befürchtungen aufkeimen, die zum Wunsch nach besserem militärischem Schutz führten. In einem Dokument vom 16. Mai 1549,[29] das die Resultate einer Inspektion der Türme Grossbasels durch die von Werkleuten begleiteten Stadt- und Lohnherren festhält, wird vermerkt, dass weitaus die meisten Türme viel zu hoch und zu eng sind und den modernen Anforderungen nicht mehr entsprechen. Man müsse sie deswegen abtragen, mit Streichwehren zur Grabenverteidigung versehen, gegen das Stadtinnere öffnen und besser ausrüsten.[30] Grössere Geschütze konnten nur auf dem Wasenbollwerk aufgestellt werden, das mit mehr Schanzkörben ausgerüstet werden sollte. Selbst der laut Kommission gut ausgeführte neue Turm in der Nähe des Aeschentors (↑N°: 1.5, S. 159, Nr. 35)[31] konnte nur mit Hakenschützen besetzt werden, was aber noch Rauchabzüge nötig machte. Dieser Turm war relativ neu, weil das als Pulverturm benutzte Vorgängerbauwerk am 19. September 1526 vermutlich nach einem Blitzeinschlag explodiert und unverzüglich neu errichtet worden war.[32] Ein zusätzliches Falkonett sollte auf dem Thomasturm (↑N°: 1.1, S. 150, Nr. 1) stationiert werden. Der Luginslandturm (Nr. 10) sei zwar zu hoch, aber sonst dick und gut und solle daher mit mehr Schützen besetzt werden. Alle Tore müssten von Einbauten befreit und wehrhaft gemacht werden. Im Übrigen betrifft das Dokument nicht so sehr bauliche als vielmehr organisatorische und die Bewaffnung und Ausrüstung betreffende Ratschläge, obwohl Werkleute in der Kommission vertreten waren: Der Zeugknecht solle mehr Steinkugeln und Pulver sowie Wasserzuber auf die Türme schaffen, damit man die Büchsenläufe kühlen könne. Gerechnet wird mit einer Verteidigung durch Handfeuerwaffen von Turm zu Turm. Die zur Verteidigung verordneten Bürger sollten angehalten werden, sich im Falle eines gegnerischen Sturms aufeinander zu verlassen und mit ihren Büchsen nicht den eigenen Turm, sondern die beiden Nachbartürme verteidigen. Die Kommission ging also davon aus, dass ein Angriff am ehesten auf die exponierten Türme erfolgen würde und dass nur eine gegenseitige Verteidigung der Türme deren Eroberung verhindern oder verzögern könnte. Ebenfalls im Mai 1549 wurde festgelegt, wie sich die zunftweise zur Verteidigung von festgelegten Abschnitten der Stadt verordneten Bürger bei einem Handstreich oder einer Belagerung zu verhalten hätten.[33]

Es fehlten in Basel also Plattformen, auf denen sich grössere Geschütze zur Verhinderung von Angriffswerken im Vorfeld der Festung und zur Bestreichung des Grabens hätten einsetzen lassen. Zwischen 1547 und 1554 wurden fünf Bollwerke, das Dornimaug (↑N°: 1.4, S. 156, Nr. 28), das Wagdenhals (Nr. 24), das Aeschenbollwerk (Nr. 30), das Fröschenbollwerk (↑N°: 1.3, S. 154, Nr. 17) und das Bollwerk bei St. Johann (↑N°: 1.1, S. 150, Nr. 3) in der Form von mit Erde gefüllten Rondellen errichtet.

Das u-förmige Dornimaug (↑N°: 1.4, S. 156, Nr. 28) mit einer Breite von rund 23 und einer Tiefe von 20 Metern erstellte man gemäss den erhaltenen Baurechnungen zwischen 1547 und 1551.[34] Laut dem Arbeitsvertrag mit dem welschen Maurer Hans Bunder vom 29. Juli 1547 sollte die Mauer 12 Werkschuh (366 cm) dick aufgeführt und mit einem Wasserwurf verputzt werden. Die gemauerte Brüstung solle nach den Angaben der Lohnherren ausgeführt und zwischen 6 und 8 Werkschuh (183 bis 244 cm) dick werden.[35]

Die Wagdenhals-Rondelle (Nr. 24) wurde von 1549 bis 1551 in der gleichen Gestalt wie das Dornimaug erbaut. Abweichend vom erhaltenen Arbeitsvertrag mit den Meistern Hans und Ulrich vom 2. März 1549[36] ist der Wagdenhalsturm beim Bau des Bollwerkes nur zum Teil abgebrochen und in die Fundamente eingemauert worden.[37] Laut Vertrag sollte der Turm ganz abgebrochen und das Mauerwerk wie beim Dornimaug acht Werkschuh dick werden.

Aus der Chronik von Peter Ryff lässt sich schliessen, dass Sebastian Schertlin von Burtenbach (1496–1577), der Landknechtführer und ehemalige Stadthauptmann von Augsburg, der vom 24. November 1547 bis 1551 auf der Flucht in Basel weilte,[38] Gutachten oder mündlich kommunizierte Entwürfe für die beiden Bollwerke links und rechts des Birsig lieferte.[39]

29 «Anno 1549 samstag den 16. maÿ sind min gnedige herren der heupter, mit ettlichen der rathen lonherren vnnd werkluten, der gross stat Basel, von sant thomans thurn zu sant johans da man angefangen bitz harumb zu sant alban, von thurn zu thurn vmbgangen vnnd die sachen wie nachuolget, befunden» (StABS, Bau Z 1, 1535–1806, unnummeriert).

30 «Jtem es sind merentheyls, alle thurm vmb die stat vil zu hoch vnnd zu eng, muß man furderlich abheben, gegen der stat vffthun, besseren, vnnd allenthalben mit Strichwerinen jn Graben, zugericht, vnnd wol versorgt werden» (StABS, Bau Z 1, 1535–1806, unnummeriert).

31 Helmig/Matt 1989, S. 86, Nr. 9.

32 Helmig/Matt 1989, S. 114.

33 Zur zünftischen Organisation der Mannschaft zur Stadtverteidigung vergleiche Gessler 1938, S. 13–17, wo das erwähnte Dokument S. 15–16 abgedruckt ist.

34 Bauabrechnungen: StABS, Bau Z 1, 1547–1551. Das Bollwerk ist Specklin 1588, Plan N°: 1 nicht richtig dargestellt. Die Frontseite war nicht kreisförmig, sondern es handelte sich eher um ein 23 m breites und 20 m tiefes rechteckiges Bauwerk, dessen Ecken auf der Feldseite in einem Radius von ca. 7.5 m abgerundet wurden.

35 Thommen 1908, S. 341–342.

36 Thommen 1908, S. 365–366.

37 Helmig/Matt 1989, S. 123.

38 Lebensdaten: 12. 2. 1496 bis 18. 11. 1577. Das Datum der Ankunft in Basel geht aus seiner Autobiografie hervor. Er lag in Basel zunächst acht Monate mit Fieber krank (Schönhuth 1858, S. 70). Aufgrund seiner Rolle im Schmalkaldischen Krieg belegte der Kaiser Schertlin mit der Acht und zog seine Güter ein. 1551 wies man ihn aus Basel aus. Vergleiche auch den Abschied StABS, Ratsbücher D 2, Fol. 153v–154r vom 7. 1. 1551, wo zu Schertlins Tätigkeit allerdings nichts vermerkt wird.

39 «[…] usz sinem [Schertlins] anschlagen und angäben die grossen bolwerck neben dem Steinenthor beidersits uff dem berg gelegen machen und erbuwen lossenn» (Ryff 1872, S. 165).

Das Aeschenbollwerk (Nr. 30), das man damals Schwerturm nannte,[40] wurde wahrscheinlich von 1549 bis 1551 in leicht elliptischer Form mit einem Aussendurchmesser von 34 bis 38 Metern errichtet. Die Mauerdicke der mit Erde gefüllten Rondelle mass im Fundament rund sechs Meter.[41] Die Wehrplatte, die das Feld schätzungsweise um rund vier Meter überhöhte, war mit abgerundeten Zinnen versehen.

Das Fröschenbollwerk (↑N°: 1.3, S. 154, Nr. 17) erstellte man von 1550 bis 1551 anstelle des Brunnmeisterturms. Dem Tischler Cosman gab man zwei Pfund für ein hölzernes Modell des Bollwerks.[42] Der Arbeitsvertrag mit dem Maurermeister Ulrich vom 18. Juli 1550 ist nahezu identisch mit jenem für den Wagdenhals.[43] Trotzdem erhielt das Bollwerk mit einem Durchmesser von rund 29 Metern nun keine u-förmige, sondern eine hufeisenförmige Gestalt.

Das Bollwerk St. Johann (↑N°: 1.1, S. 150, Nr. 3), dessen Durchmesser etwa 26 Meter betrug, erbaute man von ungefähr 1552 bis 1555. Die Wehrplattform, die das Feld schätzungsweise rund sieben Meter überhöhte, war mit abgerundeten Zinnen versehen.

Die Baukosten für diese Rondellen sind relativ gut in den Jahresrechnungen dokumentiert.[44] Von 1548 bis 1555 wurden – neben wahrscheinlich geleisteter Fronarbeit – ein Betrag von total mindestens 23 086 Pfund 7 Schilling 9 Pfennig in die fünf neuen Rondelle investiert. Dies macht immerhin rund zehn Prozent der städtischen Gesamteinnahmen dieser Jahre von 233 943 Pfund 15 Schilling 5 Pfennig aus.[45] Diese Ausgaben für die Wehrbauten Basels sind als schwere Belastung des Staatshaushalts zu werten.[46] Dazu kam, dass zur Zeit der Errichtung dieser Bollwerke das Waffenarsenal der Stadt bedeutend erweitert wurde. Der besseren Verteidigung der Mauern dienten in erster Linie wohl mindestens 19 in Breisach gegossene kleinere Geschütze, die man 1551 erwarb.[47] Nach dem Augsburger Reichs- und Religionsfrieden von 1555 fielen meist nur noch Unterhaltsarbeiten an. Beispielsweise erweiterte man 1565 den Graben vor dem Fröschenbollwerk für 1741 Pfund 14 Schilling 9 Pfennig.[48] Zudem war die Stadtmauer der Belastung durch das Wasenbollwerk nach vierzig Jahren nicht mehr gewachsen, so dass sie 1570 zwischen dem Luginsland- und dem Wasenbollwerkturm (↑N°: 1.2, S. 153, Nr. 10 und 9) einstürzte und neu erstellt werden musste.[49]

Neben der Verteidigung von den Türmen und Rondellen mit lafettierten Feuerwaffen scheint man inzwischen auch eine Verteidigung direkt von den Zwischenmauern eingeführt zu haben. Specklin erwähnt, dass die Stadtherren nicht lange vor 1588 Schusslöcher in die Stadtmauern brechen liessen, damit sich der Graben mit Handfeuerwaffen bestreichen und verteidigen liess.[50] Diese Schusslöcher verbesserten wohl auch die frontale Verteidigung des Vorfeldes und der Kontereskarpe.

Ansonsten scheint man die Anlage aber eher vernachlässigt zu haben. In einem Gutachten vom 12. März 1582,[51] das Klein- und Grossbasel umfasst, mussten die Dreizehnerherren feststellen, dass sich auf der Aeschenrondelle ein Kraut- und Rebgarten befand. Die Herren ordneten an, dass Unkraut, Sträucher und sogar Bäume von allen Bollwerken, besonders dem St. Clara- und dem St. Johannbollwerk, entfernt werden sollten. Der Graben von St. Johann bis zum Fröschenbollwerk müsse gesäubert werden. Hecken und Dornensträucher, die aus den Mauerfugen wuchsen, sollten überall entfernt werden. Zahlreiche Schusslöcher in der Ringmauer und den Streichwehren in den Türmen seien zu verbessern, und es müssten zusätzliche Streichwehren unten in die Türme gebrochen werden. Die Einfahrt zum Wagdenhals sei zu verbessern, desgleichen die Organisation der Verteidigung der Deiche und Wasserläufe in der minderen Stadt.

Im Jahr 1586 schlossen die katholischen Eidgenossen den sogenannten Goldenen Bund und gingen 1587 ein Bündnis mit Spanien ein. In Basel erfolgte am 3. Januar 1588 wegen Truppen im Raum Montbéliard eine Mobilmachung mit der Anordnung der Platzierung von Geschützen auf den Bollwerken.[52] Daniel Specklin wurde 1588 anlässlich einer weiteren Aufschüttung des Wasenbollwerks mit 18 700 Fuhren Grund nach Basel gerufen, welche die Stadt inklusive der Bepflanzung mit Heublumen 3517 Pfund kostete.[53] Verwendet wurde dazu Schutt von abgebrochenen Häusern und Aushub vom Teuchelweiher beim Büchsenschützenhaus.[54]

40 Schon Helmig/Matt 1989, S. 117 liefern Argumente, dass das Aeschenbollwerk bereits 1549 im Bau war. In den Jahresrechnungen wird ein Bollwerk namens «schwerthurn by des spitals schuren» 1549/50, Fol. 22r und 1550/51, Fol. 24v erwähnt. Da nach 1554 keine Bauarbeiten verrechnet werden, die den Ausmassen des Aeschenbollwerks entsprechen würden, ist anzunehmen, dass es mit den anderen Rondellen zusammen errichtet wurde.

41 Vergleiche Helmig/Matt 1989, S. 117.

42 Burghartz 2015, Jahrrechnung Stadt Basel 1551/1552, Fol. 22v.

43 Thommen 1908, S. 366.

44 Als Lohn inklusive Trinkgeld erhielten die Maurer unter Meister Hans laut den Jahresrechnungen 1136 lb 10 ß für die Arbeiten am Dornimaug (Burghartz 2015, Jahrrechnung Stadt Basel 1548/49, Fol. 20v und 25v). Für die Erdarbeiten und Steinfuhren am Dornimaug und Aescher bollwerk wurden 4117 lb 6 ß 10 d ausbezahlt (Jahrrechnung Stadt Basel 1549/50, Fol. 22r). Für die neue Futtermauer der Kontereskarpe bei der Rondelle Dornimaug wurden etlichen Bürgern und – nach einem teilweisen Einsturz dieser Mauer – Maurermeister Ulrich 472 lb 14 ß bezahlt (Jahrrechnung Stadt Basel 1550/1551, Fol. 24v). Für das Wagdenhals- und das Fröschenbollwerk gab man für die Steinfuhren und das Graben der Fundamente 5219 lb 15 ß 9 d sowie 683 lb 2 ß für nicht genauer spezifizierte Erdarbeiten aus (Jahrrechnung Stadt Basel 1550/51, Fol. 24v und 23r). Maurer Ulrich und sein Schwager erhielten 757 lb für das Wagdenhals- und Aeschenbollwerk und 791 lb 15 ß für das Fröschenbollwerk (Jahrrechnung Stadt Basel 1550/51, Fol. 24v). Quader, Mauersteine und Sand für das Fröschenbollwerk und die Rondelle bei St. Johann kosteten 9724 lb 4 ß 257 d (Jahrrechnung Stadt Basel 1552/53, Fol. 26v und 1554/55, Fol. 28r). Für mehrere in Mitleidenschaft gezogenen Güter – meist Rebberge – entrichtete die Stadt Entschädigungen in der Höhe von 184 lb (Jahrrechnung Stadt Basel 1546/47, Fol. 21v; 1548/49, Fol. 21v und 22r; 1550/51, Fol. 21r; 1551/52, Fol. 23r; 1553/54, Fol. 28r).

45 Dazu kommen zum Beispiel nicht genau anzugebende Kosten für eine grössere Lieferung von Kalk (Burghartz 2015, Jahrrechnung Stadt Basel 1549/50, Fol. 22r).

46 Fouquet 1999, S. 322–321 kommt auf einem anderen Weg zur gleichen Einschätzung.

47 Vergleiche Burghartz 2015, Jahrrechnung Stadt Basel 1548/49, Fol. 21v; 1549/50, Fol. 20r und besonders 1550/51, Fol. 22v. Schon 1545 waren für über 2221 lb Eisenkugeln für grosses und kleines Geschütz von Mauritz Altenbach geliefert worden (Burghartz 2015, Jahrrechnung 1543/44, Fol. 21r). Spätestens 1549 wurden zwei von Jörg von Guntheim zu Strassburg gegossene Schlangen geliefert. Für die beiden Schlangen wurden 1157 lb bezahlt (Burghartz 2015, Jahrrechnung Stadt Basel 1548/49, Fol. 20v). Zu den von Meister Jörg um 1544 gegossenen Geschützen im Zeughaus gehörten die Sechspfünder (Viertelschlangen) mit dem Namen ‹Willkomm› und ‹Weckauf› sowie die wahrscheinlich schon 1514 gegossenen Zwölfpfünder ‹Drach› und ‹Lindwurm› (vergleiche Gessler 1915, S. 99). 1570 schaffte man dann weitere 26 schwere von Marx Spörlin und Franz Sermond gegossene Stücke an. Bezahlt wurden 1919 lb 10 ß 3 d (vergleiche Burghartz 2015, Jahrrechnung Stadt Basel 1569/70, Fol. 30r). Zu diesen Geschützen gehörten zwei Viertelschlangen mit dem Namen ‹Todt› (vergleiche Gessler 1915, S. 98).

48 Burghartz 2015, Jahrrechnung Stadt Basel 1564/1565, Fol. 30r.

49 Laut dem Vertrag vom 22. März 1570 musste der Steinmetz und Maurer Ohnophrion Gürtler die schadhafte Mauer ganz abbrechen und das Fundament suchen. Letzteres sollte er neun Schuh (275 cm) dick ausmauern. Darauf sollte er eine 4½ Klafter (825 cm, das Klafter zu sechs Schuh) hohe und acht Schuh (244 cm) dicke Erdstützmauer aufmauern, die oben mit einem vom städtischen Werkmeister gelieferten Gesims abgeschlossen werden sollte. Auf diesem Gesims war eine 1½ Klafter (275 cm) hohe und zwei Schuh (61 cm) dicke Mauer zu errichten, in der etliche Schiessscharten zur Bestreichung des Grabens vorgesehen waren, die nach den mündlichen Angaben der Bauherrschaft ausgeführt werden sollten. Die Mauer wollte man oben glatt und ohne Zinnen eingedeckt und mit einem rauen Wasserwurf verputzt haben. Die Steine mussten die Maurer satt ausmauern und gut ineinander und in die beiden seitlichen Türme einbinden. (Thommen 1908, S. 515–516, Nr. 493; vergleiche auch Helmig/Matt 1989, S. 147.) Für diese Arbeiten wurden Ohnophrion Gürtler 384 lb 10 ß ausbezahlt: «Item iijc lxix lb x ß den murern von wegen der nüwen muren by dem grundt bollwerckh in der nuwen vorstatt uff das verding gebenn» (Burghartz 2015, Jahrrechnung Stadt Basel 1570/71, Fol. 37v).

50 Specklin 1588, Fol. 47v–48r.

51 StABS, Bau Z 1, 1535–1806, «12. Martij Anno 1582. Miner Herren der .13. Guttbedenckhen, der Bollwerckhen vnd Türnen halb[en]». Das Dokument nimmt Bezug auf ein wahrscheinlich nicht erhaltenes Gutachten eines Zug- und eines Wallmeisters aus Strassburg. Dass die Strassburger die Bollwerke tatsächlich besichtigten, wird von den Jahrrechnungen bestätigt: «Item lvj lb v ß sind den beden zug und walmeistern von Straszburg, so die bollwerckh alhie besichtiget, verehrt worden» (Burghartz 2015, Jahrrechnung Stadt Basel 1568/69, Fol. 26v).

52 StABS, Protokoll Kleiner Rat (1), Fol. 3.

53 Burghartz 2015, Jahrrechnung Stadt Basel 1587/88, Fol. 36r. Die Sache wurde im Januar beschlossen und dem verordneten Wolfgang Sattler anvertraut (StABS, Protokoll Kleiner Rat, 15. 1. 1588). Später fielen für den «neüw erbauwten wahlen zwüschen Spalen unnd Sant Johans thoren» nochmals 1856 lb an (Burghartz 2015, Jahrrechnung Stadt Basel 1588/89, Fol. 35v).

54 Helmig/Matt 1989, S. 132.

Am 1. Februar 1588 erbat der Rat schriftlich einen Wallmeister aus Strassburg.[55] Specklin traf am 7. Februar ein, befand den Grund vom Teuchelweiher als geeignet zum Wall, verlangte einen genauen Plan der Stadtmauern und versprach ausführliche Gutachten zu den Bollwerken zu liefern.[56] Am 22. Mai 1588 wurde Wolfgang Sattler damit beauftragt, die Schiessscharten auf dem Wasenbollwerk wohl nach den Angaben Specklins ausführen zu lassen, und der Kleine Rat beschloss, den Luginslandturm bis auf die Höhe der Stadtmauer zu kappen.[57] Am 1. April 1588 erhielt der Maler Hans Bock d. Ä. (1550–1624) von Wolfgang Sattler 40 Gulden für den von Specklin verlangten, aber leider nicht erhaltenen Plan der Stadt, der sehr präzise gewesen sein muss.[58] Es war wohl Sattler, der den Plan nach Strassburg brachte. Specklin war von Bocks Arbeit derart beeindruckt, dass er sich von diesem zwei Zirkel und zwei Vermessungsinstrumente liefern liess.[59]

Am 4. September 1588 verehrte der Kleine Rat Specklin 500 Pfund für dessen ausführliches Gutachten.[60] Dieser bedankte sich mit einem Brief vom 13. März 1589 und der Übersendung eines heute unauffindbaren illuminierten Exemplars seiner *Architectura von Vestungen*. Schon in diesem Brief meldet Specklin, der am 18. Oktober 1589 in Strassburg verstarb, dass er «diser Zeit Leibes Kranckheit halben nit woll vff» sei.[61]

Aus dieser Zeit stammt ein zwar undatiertes, aber mit grosser Sicherheit von Specklin beeinflusstes «Verzeichnis der Mängel vnnd Fähler, so an: vnnd auf den Pollwerckhen, auch sonsten der Statt mauren nach befunden».[62] Dort wird vermerkt, dass man die Geschützplattform des Aeschenbollwerks zwei Schuh aufschütten müsse, um mit den Handrohren in den Graben schiessen zu können. Die glatten Scharten seien mit Absätzen zu versehen, damit die Kugeln des Feindes, welche die Schartenlaibung treffen, nicht in die Rondelle prallen. Bei den kleineren Bollwerken Wagdenhals und Dornimaug empfahl man allem Anschein nach, die Scharten zuzumauern, damit die Schützen über die Bank schiessen können. Beim Fröschenbollwerk und beim Bollwerk zu St. Johann solle die Plattform wie beim Aeschenbollwerk zwei Schuh erhöht und die Schiessscharten mit Absätzen aus Holz oder Stein belegt werden. Bei beiden Bollwerken sei die Zufahrt so zu verbessern, dass auch schwerere Geschütze auf sie geführt werden könnten.

Insgesamt befanden die Verfasser also die Bollwerke ungenügend zur Grabenverteidigung eingerichtet und hatten Bedenken wegen der steinernen Brustwehren, die sie durch eine Belegung der Scharten mit Bohlen oder durch Mauerabsätze zu verbessern suchten. Das aus Erde errichtete Wasenbollwerk hingegen sei Richtung Feld etwas zu steil, und in der Mitte des Walls müsse als Muster eine Scharte eingeschnitten werden.

Des Weiteren empfahl man – wie schon 1582 –, Scharten für die tiefe Grabenverteidigung in mehrere Türme zu brechen. Man wollte auch die Verteidigung einspringender Winkel der Stadt verbessern, besonders an der Lyss (↑N°: 1.3, S. 155, Nr. 20). Man empfahl jeweils fünf oder mehr Scharten für Musketenschützen sowie Löcher für die angeschafften Schrotstücke in die Mauer zu brechen. Besonders bemerkenswert ist die Feststellung, dass es von Vorteil wäre, bei St. Alban an der Letzi (↑N°: 1.6, S. 161, ungefähr bei Nr. 42) ein weiteres Bollwerk mit einer Brustwehr aus Erde zu haben. Der St. Thomasturm (↑N°: 1.1, S. 150, Nr. 1) solle mit Scharten zur Verteidigung des Rheins ausgerüstet werden. Es ist wahrscheinlich, dass die empfohlenen Veränderungen wie bei früheren Ratschlägen höchstens teilweise ausgeführt wurden. Ein anderes Gutachten zeigt zudem, dass man auf eine Verbesserung der alten Schutzgatter und Fallbrücken der Stadttore verzichtete.[63]

Die Bewaffnung Basels Ende des 16. Jahrhunderts

Anfang der 1590er-Jahre testete und dokumentierte man die Bewaffnung der Stadtbefestigung. Schützenmeister und Lohnherren besichtigten die Werke und feuerten zur Probe sogar Geschütze ab.[64]

Die Bewaffnung jener Zeit war bezüglich Kaliber und Geschützart keineswegs einheitlich, was im Kriegsfall zu immensen logistischen Problemen geführt hätte. Für fast jedes Geschütz hätte nämlich eigens Munition bereitgestellt werden müssen. Für die Verteidigung von Festungen eigneten sich Musketen, Doppelhaken und kleinere Geschütze wie Serpentinellen und Falkonette gut, denn mit diesen Waffen liess sich ein kontinuierliches Feuer unterhalten. Grosse Geschütze wurden mit Vorteil gegen die Batterien des Gegners eingesetzt und – mit Schrot geladen – im entscheidenden Moment des gegnerischen Sturms zur Verteidigung der Bresche abgebrannt.

1591 erstellte man mehrere Inventare des Geschützparks: Die Bewaffnung der Türme und Tore ist in einem Dokument festgehalten, das die für die Rondellen vorgesehene Bestückung jedoch nicht verzeichnet.[65] Zu den Geschützen rechnete man hier Feuerwaffen, die entweder eine Lafette benötigten oder auf eine Mauer aufgelegt werden mussten. Verzeichnet sind in Grossbasel 124 Doppelhaken,[66] 42 Serpentinellen (kleine Schlangen)[67] und 10 Falkonette.[68] Kleinbasel war mit etwa 58 Doppelhaken, 12 Serpentinellen und fünf Falkonetten bestückt. Das Falkonett konnte auch zum Verschiessen von Schrot eingesetzt werden. Meist scheint es sich um ältere Geschütze gehandelt zu haben, denn der Zustand besonders der Lafetten wurde oft bemängelt.

Die einzelnen Positionen des Dokuments lassen sich problemlos den in Specklins Visierung N°: 1 verzeichneten Türmen zuordnen. Die einzelnen Türme waren meist mit drei bis vier Doppelhaken und Serpentinellen bestückt. Die Stadttore waren etwa doppelt so stark bestückt wie die Türme und enthielten manchmal Falkonette, so das Steinen- und das St. Johannstor. Besonders stark bewaffnet waren zudem zwei Schnabeltürme.[69] Einer (↑N°: 1.5, S. 159, Nr. 36) enthielt zwei Falkonette. Der Schatzturm (↑N°: 1.3,

55 Müller 1955, S. 50. Beschlossen im Rat am 29. 1. 1588.

56 StABS, Bau Z 1, 1535–1806, unnummerierte Nachricht Specklins. StABS, Protokoll Kleiner Rat, 10. 2. 1588.

57 StABS, Protokoll Kleiner Rat, 22. 5. 1588. Vergleiche auch Helmig/Matt 1989, S. 147.

58 StABS, Protokoll Kleiner Rat, 1. 4. 1588. Kontrolliert wurde die erstaunliche Genauigkeit des Plans mit dem Dreieck St. Alban-Tor (Nr. 40) – Rondelle Dornimaug (Nr. 28) – Spalentor (Nr. 15). Das Dreieck hat Seitenlängen von 997 bis 1750 Meter. Legt man einen Masstab von 1:1840 zugrunde, ergeben sich auf diese Distanzen Abweichungen von weniger als 10 Meter. Bei den Winkeln beträgt die maximale Abweichung 27 Minuten (Winkel beim St. Albantor). Wenn sich die vier Skalen von 500 Schuh auf den Basler Werkschuh von 0.3054387 Meter beziehen, ergibt sich ein Masstab von 1:1890, was vermuten lässt, dass die Normlänge etwas zu lang war.

59 Vergleiche Specklins Brief an Wolfgang Sattler vom 13. 3. 1589 (Schadow 1885, S. 59–60).

60 StABS, Protokoll Kleiner Rat, 4. 9. 1588 und Burghartz 2015, Jahrrechnung Stadt Basel 1588/89, Fol. 31r.

61 StABS, Bau Z 1, 1535–1806, Brief Specklins vom 13. 3. 1589.

62 StABS, Bau Z 1, 1535–1806, unnummeriert und undatiert. Für eine Abfassung nach 1584 spricht auch die Erwähnung von neu gegossenen Streichbüchsen, denn ein «muster zu den streichbüchsen» wurde 1583/84 geliefert (Burghartz 2015, Jahrrechnung Stadt Basel 1583/84, Fol. 31r). Vier Schrotbüchsen, eine weitere Büchse (der ‹Bauer›) und zwei Falkonette wurden 1588/89 gegossen (Burghartz 2015, Jahrrechnung Stadt Basel 1588/89, Fol. 33v und 34r).

63 StABS, Bau Z 1, 1535–1806, «Bedenken der Verordneten Herren Über vnserer […] Raht presentierte visierung, falbrucken schutzgattern vnd grendel belang[end]» vom 20. 5. 1588.

64 Burghartz 2015, Jahrrechnung Stadt Basel 1589/90, Fol. 34r und 1591/92, Fol. 33r.

65 StABS, Militär H 3, 3 «Laus Deo semp[er]. adij 18ten Aprill. A°. 91. Hab ich die Besetzung wehrenen besichtigett[.] Vnd befunden als hernoch folgett.» Die am Schluss dieses Dokumentes angegebenen Geschützzahlen von total 89 für die grosse und 77 für die kleine Stadt stimmen nicht mit den detaillierten Angaben überein. Ein weiteres Dokument StABS, Bau Z 1, 1535–1806, Fol. 120–123 mit dem Titel «Verzeichnus deßjenigen so vmb beide Stätt Basel presthafft, vnd ehist zuerbessern hochnothwendig» stammt vermutlich aus den späten 1620er-Jahren. Dort wird mit einer Verteidigung der Türme mit Böcken gerechnet, die Schrot verschossen.

66 Kaliber 2.2 bis 2.8 cm; Kugelgewicht bis zu ¼ Pfund Blei. Der Doppelhaken musste zur Verminderung des Rückstosses mit einem an das Rohr geschweissten Haken an einer Mauer eingehängt werden.

67 Kugeldurchmesser um 3 bis 4 cm; Kugelgewicht Eisen oder Blei ca. ¼ bis ¾ Pfund.

68 Kugeldurchmesser um 5 cm; Kugelgewicht Eisen von ¾ bis 1¾ Pfund.

69 Specklin 1588, Visierung N°: 1, Nr. 36 und 16.

S. 155, Nr. 20) war vermutlich deswegen doppelt so stark bewaffnet wie die anderen Türme, weil die einspringende Ecke zur Verteidigung in zwei Richtungen günstig war. Nicht bewaffnet waren der Pulverturm (↑N°: 1.2, S. 153, Nr. 13), der Turm Nr. 38 (↑N°: 1.6, S. 160) und seltsamerweise der Luginslandturm (↑N°: 1.2, S. 152, Nr. 10), der aber als nützlich zur Grabenverteidigung befunden wurde.

Zur Verteidigung des Rheins standen zwei Falkonette auf der Terrasse hinter dem Münster (Pfalz). Zwei weitere Falkonette waren auf der Terrasse bei der alten Universität platziert. Vier Serpentinellen waren beim Richthaus zur Verteidigung der Rheinbrücke auf der Seite Grossbasels stationiert. Auf der Seite Kleinbasels ergänzten drei im Richthaus aufgestellte Falkonette und sechs Doppelhaken die Verteidigung der Rheinbrücke.

Auf den Türmen und zur Verteidigung des Rheins und der Rheinbrücke waren also total 182 Doppelhaken, 44 Serpentinellen und 15 Falkonette vorhanden. Die Frage ist nun, wie viele Geschütze auf die Rondellen gehörten. Eduard Achilles Gessler schloss aus der Differenz zwischen dem Zeughausinventar von 1591, das 113 Geschütze verzeichnet,[70] und einem von Walter Lützelmann[71] erstellten Dokument, in dem sämtliche Kaliber der 208 Geschütze Basels festgehalten sind,[72] dass 95 Geschütze verschiedensten Kalibers auf der Stadtbefestigung standen.[73] Vergleicht man die drei erwähnten Dokumente von 1591, so ist der genaue Aufbewahrungsort von 36 Geschützen – wohl Serpentinellen und Falkonette mit Ladungen von ¾ bis 1¾ Pfund Eisen – unbekannt. Es ist wahrscheinlich, dass diese für den Einsatz auf den fünf Rondellen und auf dem Wasen- und Clarabollwerk vorgesehen waren. Die Rondellen, die keine vor der Witterung geschützte Unterbringung von Waffen erlaubten, wären im Ernstfall – sofern die Rampen dies zuliessen – wohl auch mit schwereren Geschützen aus dem Zeughaus ausgerüstet worden, die zur Bekämpfung von Angriffsstellungen tauglich waren. Handgranaten und eigens zum Verschiessen von Schrot gegossene Stücke zur Verteidigung der Bollwerke wurden erst im Laufe des Dreissigjährigen Krieges angeschafft.[74]

Specklins Kritik der mit Rondellen ausgebauten Stadtmauer

Kleinbasel war also Ende des 16. Jahrhunderts mit einer Stadtmauer geschützt, die von umgebauten Türmen mit Feuerwaffen bestrichen werden konnte. Diese Anlage wurde von einem Zwinger gegen direkten Beschuss aus dem Vorfeld gedeckt, auf dem man notfalls auch Kanonen einsetzen konnte. Über den Ausbau des aus dem 15. Jahrhundert stammenden Zwingers in den 1540er-Jahren sind wir durch die Pläne Specklins und die Ansicht von Matthäus Merian d. Ä. (1593–1650) aus dem Jahr 1615 (Abb. 40) unterrichtet. Das Clarabollwerk (Abb. 41) diente der Fernverteidigung mit schweren Geschützen.

Grossbasel war mit einem Graben und einer Mauer, die mit Scharten für Handrohre versehen worden war, geschützt.[75] Mauer und Graben konnten jeweils in zwei Richtungen aus umgebauten Türmen mit Doppelhaken und Serpentinellen bestrichen werden. Die durchschnittlich 100 Meter voneinander entfernten Türme liessen sich mit diesen Waffen gegenseitig verteidigen. Zur Verhinderung eines Handstreiches waren die Tore und einzelne Türme – Nr. 16, Nr. 20 (↑N°: 1.3, S. 154–155) und Nr. 36 (↑N°: 1.5, S. 159)– besonders gut bewaffnet. Für die Verteidigung des Vorfeldes der Stadt hatte man in gleichmässigen Abständen Rondellen errichtet. Auf diesen konnte man auch grössere Geschütze in Stellung bringen, mit denen sich ein Festsetzen des Angreifers im Vorfeld unterbinden liess.

Specklin zeigt die Mängel der verstärkten Ringmauer Basels anhand seiner Visierung N°: 1 detailliert auf. Zunächst beschreibt er den Angriff auf die St. Johanns-Vorstadt: Dort könne der Feind zwischen dem Rhein und dem St. Johannstor (↑N°: 1.1, S. 150, Nr. 2) die Mauer mit einer fünf oder sechs Kartaunen starken Batterie (Lit. B) in zwei Stunden auf einer Länge von 30 Metern[76] dem Erdboden gleich abrasieren und diese Bresche ohne weiteres Hindernis stürmen. Die Stelle ist für den Verteidiger deshalb problematisch, weil sich diese Breschbatterie Lit. B nicht effektiv genug mit grossem Geschütz bekämpfen lässt. Im angegriffenen Mauerabschnitt selbst lassen sich nämlich keine Geschütze zur frontalen Verteidigung aufstellen, und die Geschütze auf der Rondelle St. Johann (Nr. 3) vermögen es laut Specklin nicht zu verhindern, dass der Gegner Batterien an den mit den Buchstaben C und B bezeichneten Stellen errichtet. Zudem lasse sich die Bresche schlecht frontal verteidigen, weil der Raum hinter der Bresche aus der gegnerischen Stellung Lit. C von der Seite bestrichen werden kann.[77] Ist die Bresche zwischen Rhein und St. Johannstor gangbar, dann lässt sie sich auch von keinem vorspringenden Werk verteidigen. Aus diesem Grund würde der Feind seinen Angriff auch nicht auf den Abschnitt zwischen den Bollwerken Nr. 2 und 3 führen, denn hier liesse sich die Bresche von der Rondelle St. Johann (Nr. 3) verteidigen.

Das Bollwerk bei St. Johann könnte aus den Stellungen Lit. C, D und E vom Stadtkörper abgeschnitten werden.[78] Dies lässt sich laut Specklin nicht verhindern, weil der Feind sehr viel Raum zur Verfügung hat, Batterien zu errichten, die ihr Feuer auf die Rondelle konzentrieren können. Da diese Stellungen sich weder von den Mauern noch vom Wasenbollwerk (Nr. 10) mit grossen Geschützen bekämpfen lassen, muss die Rondelle die ganze Last ihrer Verteidigung selbst tragen. Die frontale Verteidigung der Rondelle, die sich höchstens durch den Einsatz von Serpentinellen von Turm Nr. 5 ergänzen lasse, kann den Bau der Batterien des Gegners jedoch nicht verhindern.

Im einspringenden Abschnitt zwischen den Bollwerken Nr. 3 und 10 rechnet Specklin mit keinem Angriff. Der Luginslandturm (Nr. 10) könne eigentlich auch vom Festungskörper abgeschnitten werden; weil hier aber das Wasenbollwerk errichtet worden ist, würde der Feind dies laut Specklin nicht wagen.[79] Im einspringenden Bereich zwischen dem Luginsland (↑N°: 1.2, S. 153, Nr. 10) und dem Fröschenbollwerk (↑N°: 1.3, S. 154, Nr. 17) lässt sich der Gegner – so Specklin – ebenfalls nicht blicken, weil er dort seine Flanken kaum gegen jenes Feuer zu decken vermag, das der Verteidiger auf ihn konzentrieren kann.[80]

70 StABS, Militär H 5, 1 «Laus Deo semper. Jnventarium des Zeughauses in der mehreren Statt Basel angefangen den 18ten Apprilis Ao. 91.» Vergleiche Gessler 1912, S. 246–253. Im Zeughaus wurden zusätzlich zu den erwähnten 113 Geschützen auch 61 Musketen mit Radschlössern, 286 Musketen mit Lunten, 154 Viertelhaken, 575 Halbhaken, 155 Doppelhaken mit Radschlössern sowie 40 ältere Haken aus Messing aufbewahrt (Gessler 1912, S. 248).

71 Zu Walter Lützelmann und seinem Feuerwerksbuch vergleiche Schneewind 1953. Das von Schneewind beschriebene Feuerwerksbuch Lützelmanns existiert in zwei Exemplaren: BaselUB, Mscr. L. II. 20 und MünchenBSB, Cod. germ. 909. Letzteres ist unterdessen digitalisiert.

72 StABS, Militär K 8, «Kugel Ring undt Kern Moß. A° 91sten den 14ten May, Colligiert durch mich Walter Litzelman.» Vergleiche Gessler 1938, S. 33 und Gessler 1912, S. 253–257. Das Waffenarsenal enthielt laut diesem Dokument – soweit sich dies ermitteln lässt – einen grossen Mörser; drei kleine Mörser; vier alte Steinbüchsen aus der Burgunderbeute; zwei Scharfmetzen, die 100 Pfund Eisen verschossen; zwei Kartaunen, die 50 Pfund Eisen verschossen; zwei schwere Feldgeschütze (Notschlangen) für 15 Pfund Eisen; sieben Schlangen mit Namen, die 6½ Pfund Eisen verschossen (zu den Namen der Geschütze vergleiche Gessler 1915); 20 Feldschlangen mit Tierfiguren, die Eisenkugeln von 3½ Pfund verschossen; drei Quartierschlangen, die 3¼ Pfund Eisen verschossen; sechs Falkone, die 1¾ Pfund Eisen verschossen; 66 Falkonette mit einer Ladung von 1 bis 1½ Pfund Eisen; 15 halbe Falkonette für Geschosse von ¾ Pfund Eisen; neun Serpentinellen für eine Ladung von ½ bis ¾ Pfund Eisen; 68 Serpentinellen für vielleicht Bleiladungen von ¼ Pfund.

73 Vergleiche zusammenfassend Gessler 1938, S. 34, der falsch subtrahierte und auf die Differenz von 85 Geschützen kam.

74 Schon 1588 waren einige Schrotstücke angeschafft worden. Diese werden aber in den Inventaren von 1591 nicht explizit erwähnt. Das Inventar von 1634 verzeichnet Handgranaten (Gessler 1912a und Gessler 1913), jenes von 1648 Handgranaten und Schrot-Stücke (Gessler 1913a und Gessler 1913b).

75 Vergleiche die sicher nicht exakte Andeutung dieser Löcher bei Merian und die Erwähnung Specklin 1588, Fol. 48r.

76 Gerechnet wird mit dem Basler Werkschuh.

77 Specklin 1588, Fol. 46v.

78 Specklin 1588, Fol. 46v.

79 Specklin 1588, Fol. 46v.

80 Specklin 1588, Fol. 47r.

Abb. 40: Matthäus Merian d. Ä., Vogelschauplan von Basel, 1615

MERIAN FIDELITER DEPICTA ET SCVLPTA ANNO DOMINI MDCXV.

Abb. 41: Matthäus Merian d. Ä.: Clarabollwerk, Kleinbasel

Obwohl sich das Fröschenbollwerk (Nr. 17) ebenfalls vom Festungskörper abschneiden liesse, hält Specklin einen Angriff auf dieses und die besser in die Anlage integrierten Bollwerke Wagdenhals (↑N°: 1.4, S. 156, Nr. 24) und Dornimaug (Nr. 28) für unwahrscheinlich.

Der Angreifer wählt jene Stellen aus, argumentiert der Strassburger, die sich am schlechtesten verteidigen lassen: Weil sich das Aeschenbollwerk (Nr. 30) an einer stark vorspringenden Ecke der Stadt befindet, hält Specklin ausgerechnet die grösste Rondelle der Stadt für einen der am schlechtesten geschützten Orte. Mit zwei vom Verteidiger nicht zu verhindernden Batterien von je vier Kartaunen könne der Feind die Mauern zu beiden Seiten der Rondelle in zwei bis drei Stunden vollständig abrasieren und das ganze Bollwerk vom Stadtkörper abschneiden. Es kommt also nicht in erster Linie auf die Grösse einzelner Bollwerke, sondern auf deren relative Lage und die gegenseitigen Verteidigungsmöglichkeiten an.

Der sich leicht Richtung Stadt zurückziehende Mauerverlauf vom Aeschenbollwerk bis zum St. Albantor (↑N°: 1.6, S. 161, Nr. 40) mit acht Türmen und dem Aeschentor (↑N°: 1.5, S. 159, Nr. 34) hält Specklin nicht für den am schwächsten befestigten Ort der Stadt. Der Abschnitt vom St. Albantor (Nr. 40) bis an den Rhein hingegen lasse sich wegen dem stark abfallenden Terrain und der mit keinem Bollwerk versehenen vorspringenden Ecke nur schlecht verteidigen.[81]

Specklin kommt zu folgendem Fazit: Auch wenn die Mauer überall leicht eingeschossen werden könnte, sind St. Johann, das Aeschenbollwerk und St. Alban die gefährdetsten Abschnitte der Ringmauer Grossbasels.[82] Die Befestigung Kleinbasels – auf dessen Verteidigung Specklin nicht wirklich eingeht – habe mehrere rechtwinklige Ecken, die sich nicht leicht verstärken liessen.

Specklins Ausführungen belegen, dass die zur Zeit ihrer Errichtung gut angeordneten Rondellen gegen Ende des 16. Jahrhunderts deswegen keine effiziente Verteidigung mehr leisten konnten, weil sich inzwischen die Angriffsmethoden verändert hatten: Rondellen halte man für keine nützlichen Wehren mehr,[83] stellt Specklin fest. Früher hatte man die Bollwerke rund gemacht, damit man ringsherum ins Feld schiessen konnte.[84] Dies habe jedoch zur Folge, dass die Schüsse aus dem Zentrum gehen und sich zerstreuen, was deswegen falsch sei, weil die vorspringenden Bollwerke inzwischen so angeordnet werden müssten, dass sich das Feuer zur gegenseitigen Verteidigung auf bestimmte Punkte konzentrieren liesse.[85] Kein Bollwerk könne ohne Unterstützung eines anderen verteidigt und gehalten werden.[86] Früher hingegen dachte man, dass man sich nur gerade gegen vorne hinaus wehren müsse, und man habe nicht gesehen, dass die Wehren einander die Hand bieten und sich gegenseitig verteidigen müssten.[87]

Als man die Rondellen errichtete, rechnete man also bei einer Belagerung in der Regel mit einem Angriff auf die Stadtmauer. Die Rondellen sollten das Vorfeld beherrschen und den Bau von Stellungen zwischen je zwei Bollwerken verhindern, die der Angreifer dazu errichtete, die Stadtmauer zu breschieren. Inzwischen hatte man aber bemerkt, dass es aufgrund ihrer mangelhaften gegenseitigen Verteidigung vorteilhafter war, die Rondellen direkt anzugreifen. Dadurch verdoppelten sich aber die Distanzen von den Feuerstellungen des Verteidigers zum Ziel.

81 Specklin 1588, Fol. 47r.
82 Specklin 1588, Fol. 47r.

83 Specklin 1588, Fol. 27v.
84 Specklin 1588, Fol. 50r–50v.
85 Specklin 1588, Fol. 27r.
86 Specklin 1588, Fol. 35v.
87 Specklin 1588, Fol. 35v.

Das Fröschen-, Wasen- und St. Johanns-Bollwerk waren je etwa 440 Meter voneinander entfernt. Bei einer maximalen effektiven Reichweite der Handrohre im massenhaften Einsatz von rund 75 bis 100 Metern, der Serpentinellen (Wall- oder Streichbüchsen) von etwa 200 bis maximal 244 Metern[88] und der Kanonen (Kartaune) von höchstens 430 bis 460 Metern[89] ergibt sich, dass vom Rhein bis zum Fröschenbollwerk (Visierung N°: 1, Nrn. 1, 10 und 17) das ganze Vorfeld der Stadt frontal mit grösseren Geschützen beschossen werden konnte. Die drei Bollwerke liessen sich aber auch mit Kanonen nicht gut gegenseitig verteidigen. Im Bereich des Grabens war eine gegenseitige Verteidigung sogar gänzlich unmöglich.

Das Wagdenhals-, Dornimaug- und Aeschen-Bollwerk (Nrn. 24, 28 und 30) hatte man in Abständen von jeweils etwa 240 Metern errichtet. Stellungen direkt vor dem Nachbarbollwerk liessen sich in diesem Abschnitt mit grossen Geschützen gerade noch bekämpfen. Obwohl sich auf den Rondellen mindestens ein Geschütz in jede Richtung zur Grabenbestreichung aufstellen liess, war es aber – wegen der parallelen Führung von Eskarpe und Kontereskarpe – auch hier unmöglich, dass sich die Bollwerke im Bereich des Grabens gegenseitig verteidigten. Im Graben liessen sich die Rondellen höchstens mit leichten Geschützen von den beiden benachbarten Türmen erreichen.

Man verwendete Rondellen in der ersten Hälfte des 16. Jahrhunderts auch, weil nur das senkrecht in die Mauer einschlagende Geschoss seine volle Wirkung entfaltet und alle anderen mehr oder weniger abgleiten. Zudem hielt man runde Mauern für strukturell stärker als gerade, eine Auffassung, die Specklin mit einer aufwendigen Argumentation widerlegte.[90] Zur Zeit Specklins hingegen galten Rondellen als schlechte Wehren, weil sie sich nicht bestreichen liessen.[91] Kein Schuss kann einer runden Mauer entlang geschossen werden, stellt Specklin fest.[92] Dies führe dazu, dass sich der Feind am Fuss der Rondelle festsetzen und Minen zur Sprengung graben könne (Abb. 42, die Räume Lit. B).[93] Zudem sei die äussere Futtermauer (Kontereskarpe) oft mit grossem Unverstand parallel zur Eskarpe geführt worden.[94] Dies habe nicht nur mehr als nötig gekostet, sondern bedeute auch, dass grosse Räume im Graben unbestrichen blieben (Abb. 42, Lit. B). Würde man die Kontereskarpe der punktierten Linie entlang begradigen, wäre es etwas besser, meint Specklin.[95]

Specklins Entwürfe für den Ausbau der Festung von Basel

Auf der Grundlage dieser Analyse verfasste Specklin drei Verbesserungsvorschläge für die Wehrmauer Basels, die realistischer als die bereits besprochene Befestigung der Stadt mit dem Normalsystem (Visierung N°: 4, Abb. 29) waren.

Specklins Verbesserungsvorschlag Visierung N°: 1

Das auf Visierung N°: 1 (Abb. 26, ↑Details S. 149–165) dargestellte Modell für die Befestigung Basels sollte die Mängel der bestehenden Anlage mit möglichst wenig Aufwand beheben. Zwecks Verhinderung hoher Kosten beabsichtigte Specklin, Vorhandenes so weit möglich stehen zu lassen.[96]

Zunächst empfiehlt er, einen relativ bescheiden dimensionierten Erdwall für Büchsenschützen von 15 Schuh (4.5 m) Dicke und 8 Schuh (2.4 m) Höhe im Abstand von 5 Schuh (1.5 m) hinter der bestehenden Ringmauer um die Stadt zu führen.[97] Die Erde für diesen Wall lasse sich durch die Vertiefung des Grabens gewinnen.[98] Wenn die Ringmauer, die im Kampf für nichts zu achten sei, vom Gegner zu Fall gebracht werde, böte dieser Wall den Schützen eine Deckung. Zudem liesse sich hinter ihm bei Bedarf auch grosses Geschütz gedeckt aufstellen.[99]

Specklin rückt den Wall von der bestehenden Mauer ab, um die Kräfte im Erdinneren abzuleiten und die bestehende Stützmauer nicht zusätzlich zu belasten.[100] Vorfälle wie der Einsturz der Mauer beim Wasenbollwerk im Jahr 1570 sollten verhindert werden. Zudem hätte sich der Graben weiterhin aus den bestehenden Scharten verteidigen lassen, wenigstens solange der Angreifer die Mauer nicht mit grossen Geschützen beschoss.

Eine weitere Vorrichtung verbessert in diesem Entwurf die Bestreichung der Zwischenmauern: Im Bereich der Bollwerke kann der hinter der Mauer aufgeschüttete Erdwall in einem rechten Winkel an die Mauer vorspringen, meint Specklin, und im Wall eine Scharte für eine Streichbüchse eingeschnitten werden.[101] (Vergleiche besonders den Abschnitt zwischen den Bollwerken Nrn. 1 und 3, ↑N°: 1.1, S. 150.)[102] Diese Vorrichtung mache es möglich, die breschierte Eskarpe mit gut gedeckten mittelschweren Geschützen oder mit Schrot zu bestreichen, was deswegen notwendig sei, weil der Stadtgraben aus den bestehenden Türmen nicht ausreichend verteidigt werden könne.[103]

An einspringenden Ecken der Ringmauer könne die Bestreichung des Stadtgrabens mittels Kreuzstreichen verbessert werden.[104] Specklin beschreibt diese exemplarisch anhand der Wehren Nrn. 4 und 6: Der hinter der Mauer aufgeschüttete Wall soll im rechten Winkel an die Stadtmauer vorspringen, so dass sich die Mauer und Grabensole mit zwei Geschützen durch Scharten vor der Mauer und mit einem Geschütz hinter der Mauer bestreichen lässt. Kreuzstreiche sollen – so Specklin – auch bei den Bollwerken Nrn. 12, 14 und 20 (wo sie in der Visierung nicht eingezeichnet sind) sowie beim Aeschentor (Nr. 34) errichtet werden.[105]

Rondellen lassen sich schlecht bestreichen. Während an einer geraden Mauer ein Streichschuss 10 bis 20 Sturmleitern treffen könne, sei dies an einer Rundung unmöglich.[106] Runde Mauern widersprächen allen Regeln der Festungsbaukunst, stellt Specklin fest.[107] Damit sich alle Linien einer Festung bestreichen

88 Vergleiche Büchi 2015, S. 66. Specklin 1588, Fol. 58r rechnet mit einer effektiven Reichweite der Streichbüchse von maximal 231 Metern.

89 Specklin 1589, E1b ist für das Jahr 1577 von einer maximalen effektiven Reichweite von 1500 bis 1600 Schuh die Rede. In der Verteidigung einer Bresche und der Bekämpfung gegnerischer Stellungen rechnet Specklin allerdings mit einer effektiven Schussweite von etwa 275 bis 350 Metern. Vergleiche Specklin 1589, Taf. 10 (Distanz von den Flanken bis in die Bresche bzw. Distanz von der Flanke bis zu den Stellungen des Gegners an der Kontereskarpe).

90 Specklin 1588, Fol. 50v.

91 Specklin 1588, Fol. 27r.

92 Specklin 1588, Fol. 50v.

93 Die Skizze Specklin 1588, Fol. 51r stellt Lit. B denselben Sachverhalt dar.

94 Specklin 1588, Fol. 34v.

95 Specklin 1588, Fol. 35r.

96 Specklin 1588, Fol. 45r.

97 Specklin 1588, Fol. 48v und 49r. Vergleiche auch die Zeichnung Fol. 49v. Beim Petersplatz wird auf diesen Wall verzichtet.

98 Specklin 1588, Fol. 49r.

99 Specklin 1588, Fol. 49r.

100 Specklin 1588, Fol. 74v erwähnt Specklin explizit, dass Aufschüttungen – Wälle und Kavaliere – im Allgemeinen mindestens 12 bis 15 Schuh von der Mauer abstehen müssen, damit der verursachte Drang (Erddruck) diese nicht zum einstürzen bringt.

101 Specklin 1588, Fol. 49v. Die Idee wird Specklin 1588, Fol. 50r mit einer nicht massstabsgerechten Zeichnung dargestellt, die den Abschnitt zwischen dem Tor und der Rondelle bei St. Johann (Nrn. 2 und 3) zeigt. Eine ähnliche Idee findet sich schon im Jahr 1554 bei Niccolò Tartaglia. Vergleiche Büchi 2015, S. 99.

102 Die Vorrichtung wurde im Bereich der Bollwerke Nrn. 29, 31, 34, 36, 49, 40–42 in verschiedenster Weise der jeweiligen Situation angepasst.

103 Specklin 1588, Fol. 49v–50r.

104 Specklin 1588, Fol. 52r. Die Illustration in grösserem Massstab Fol. 52r stimmt nicht mit der Visierung N°: 1 überein, die wohl die massgebende Variante zeigt. Die Fol. 52r dargestellten Kreuzstreiche verwendet Specklin in seinem zweiten Entwurf.

105 Specklin 1588, Fol. 53r. Beim Aeschentor ist in der Visierung N°: 1 eine andere Lösung verzeichnet und im Text Fol. 54r von Specklin wohl eigenhändig vermerkt worden, dass die Kreuzstreiche in den Graben hinaus gebaut werden muss.

106 Specklin 1588, Fol. 50v.

107 Specklin 1588, Fol. 51r.

Abb. 42: Daniel Specklin, *Architektur- und Bauordnung der Stadt Basel*, 1588, Fol. 35r

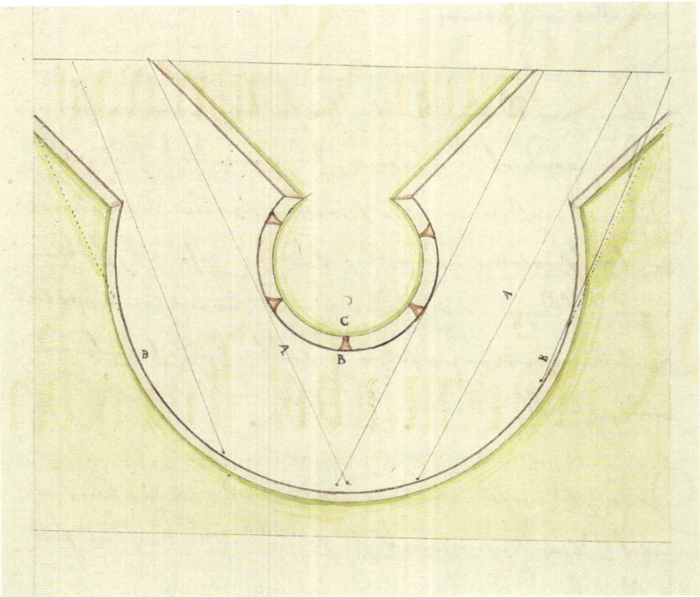

Abb. 43: Daniel Specklin, *Architektur- und Bauordnung der Stadt Basel*, 1588, Fol. 51v

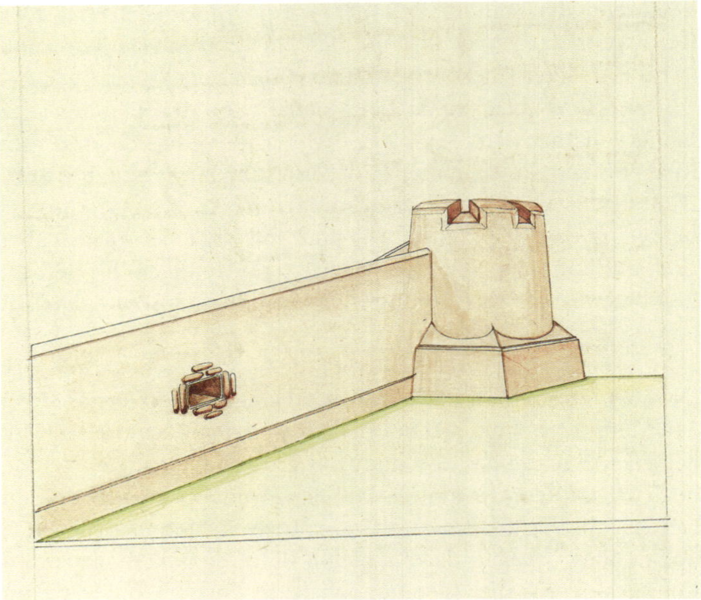

lassen, müsse diese möglichst aus geraden Mauern bestehen. Aus diesen Gründen schlägt Specklin vor, die Rondellen im Graben mit geradlinigen Füssen zu ummanteln (Abb. 43), die verhindern, dass sich der Feind in der Nacht am Fuss der Rondelle festsetzen, die Fundamente untergraben und sprengen kann. Diese Füsse sollen 12 bis 15 Schuh (3.5 bis 4.5 Meter) hoch sein.[108] Um sie bestreichen zu können, müssen zusätzliche, möglichst tief liegende Schiessscharten in die Mauer gebrochen werden.[109] Diese Verbesserungen sieht Specklin an allen Rondellen (Visierung N°: 1, Nrn. 17, 24, 28 und 30) vor,[110] wobei beim Aeschenbollwerk (Nr. 30) auch die Kontereskarpe angepasst werden muss.[111] Damit auch die Futtermauer der Kontereskarpe bestrichen werden kann, müsse diese hier parallel zu den Linien des Fusses gezogen werden.[112] Bei den anderen Rondellen verzichtet Specklin aus Kostengründen auf diese Massnahme.

Von den ausspringenden Ecken der Grossen Stadt muss einzig jene beim Wasenbollwerk (Nr. 10), das Specklin für eine relativ starke Wehre hält, nicht verändert werden.[113]

Die bisher beschriebenen Massnahmen hätten die Verteidigung der Eskarpe, des Grabens und der Kontereskarpe verbessert. Die Fernverteidigung, die in der bestehenden Anlage ausschliesslich von den Rondellen geleistet wurde, verstärkte Specklin, indem er an längeren geraden Abschnitten zusätzliche Bollwerke in Form von aus Erde zu errichtenden Kavalieren vorsah.[114] (Visierung N°: 1 zwischen den Türmen Nrn. 7 und 8, 18 und 19, 22 und 23, bei 39 und 32, 35 und 36 sowie 37 und 38.) Diese dem bestehenden Wasenbollwerk (Nr. 10) gleichenden Kavaliere, die Specklin kaum erwähnt und nicht genauer beschreibt, überragen die Stadtmauer und schaffen eine permanente frontale Verteidigung des Vorfeldes mit mindestens der Wallbüchse. Vom Kavalier zwischen den Türmen Nrn. 7 und 8 zum Beispiel (↑N°: 1.1, S. 151) können die Schanzen des Angreifers bei Lit. D und E besser bekämpft werden als vom weiter entfernten Wasenbollwerk (Nr. 10). Ähnlich funktioniert der Kavalier zwischen den Türmen Nrn. 18 und 19 (↑N°: 1.3, S. 154), der die Errichtung der Stellungen des Angreifers vor Turm Nr. 18 verhindern oder mindestens erschweren dürfte.

Besonders wirkungsvoll wird das Aeschenbollwerk (↑N°: 1.4, S. 157, Nr. 30) mit Kavalieren verstärkt: Auch hier lassen sich jene Batterien des Angreifers, die das Aeschenbollwerk vom Festungskörper abschneiden sollen, besser bekämpfen. Zudem unterstützen die Kavaliere auch – wie die hier abgeknickten Flanken zeigen – die beiden niedrigen Streichwehren bei den Türmen Nrn. 29 und 31 in der Bestreichung des Bollwerkfusses, des Grabens und der Kontereskarpe.[115]

Der lange und gerade Abschnitt zwischen dem Aeschenbollwerk (Nr. 30) und dem St. Albantor (Nr. 40) werde, so Specklins Rat, durch Kavaliere in gleichmässigen Abständen von circa 160 Metern bedeutend verstärkt.

Der Abschnitt vom St. Albantor bis an den Rhein (↑N°: 1.6, S. 161) ist aufgrund der Topografie schwierig zu verteidigen. Darum empfiehlt Specklin zwischen Turm Nr. 39 und dem Tor (Nr. 40) einen hohen, zweistöckigen Kavalier zu errichten, von dem sich die Stellungen des Angreifers auf dem gegenüberliegenden Hügel wirkungsvoll bekämpfen lassen.[116] Die Grabenverteidigung könne an der Ecke Nr. 41 durch Streichwehren im Graben verbessert werden.

Die Verbesserung der Wehranlage Kleinbasels bespricht Specklin nicht sehr ausführlich.[117] An sich war dieser Teil der Befestigung dank dem Zwinger, der die Stadtmauer gegen direkten Beschuss schützte und die Aufstellung von Geschützen ermöglichte, besser für die Verteidigung mit Kanonen ausgerüstet. Auf den bestehenden Zwinger könne man sich jedoch nicht verlassen, so Specklin.[118] Die Brustwehr des Zwingers müsse neu aus Erde errichtet werden,[119] was zwischen dem Riehentor (↑N°: 1.7, S. 163, Nr. 45) und der Hammermühle (↑N°: 1.8, S. 165, bei Nr. 48) aus Platzgründen unmöglich sei. Bei der Kartause (Nr. 43) sieht Specklin eine Streichwehr im inneren Graben vor. Auch beim Riehentor (Nr. 45) und beim Einfluss der Wiese (bei Nr. 48) und dem Kloster Klingental (Nr. 54) könne die Verteidigung des inneren Grabens mit Streichwehren verbessert werden.[120] Es sei ein Versuch wert, den Graben vom Einfluss der Wiese bis an den Rhein beim Kloster Klingental mit dem Wasser der Wiese zu füllen. Vor dem Bläsitor (Nr. 50) könne eine Kreuzstreiche errichtet werden, mit der sich der äussere Graben verteidigen lässt.

108 Specklin 1588, Fol. 51r.
109 Vergleiche den Text und die Zeichnung in grösserem Massstab Specklin 1588, Fol. 52v sowie die perspektivische Ansicht Fol. 51v.
110 Specklin 1588, Fol. 53r–53v.
111 Specklin 1588, Fol. 53v–54r.
112 Specklin 1588, Fol. 54r.
113 Specklin 1588, Fol. 53r.
114 Specklin 1588, Fol. 53v und 54r.
115 Schussweiten von ca. 225 Meter für die Wallbüchse bis zur Kontereskarpe vor der Spitze des Bollwerks.
116 Sehr knappe Beschreibung Specklin 1588, Fol. 54r.
117 Specklin 1588, Fol. 54v–55r.
118 Specklin 1588, Fol. 54v.
119 Wall nach Visierung N°: 1 vermutlich ohne Abstand zur bestehenden Mauer, was Specklin im Text nicht erwähnt.
120 Specklin 1588, Fol. 54v und 54r.

Abb. 44: Daniel Specklin, *Architektur- und Bauordnung der Stadt Basel*, 1588, Fol. 56v

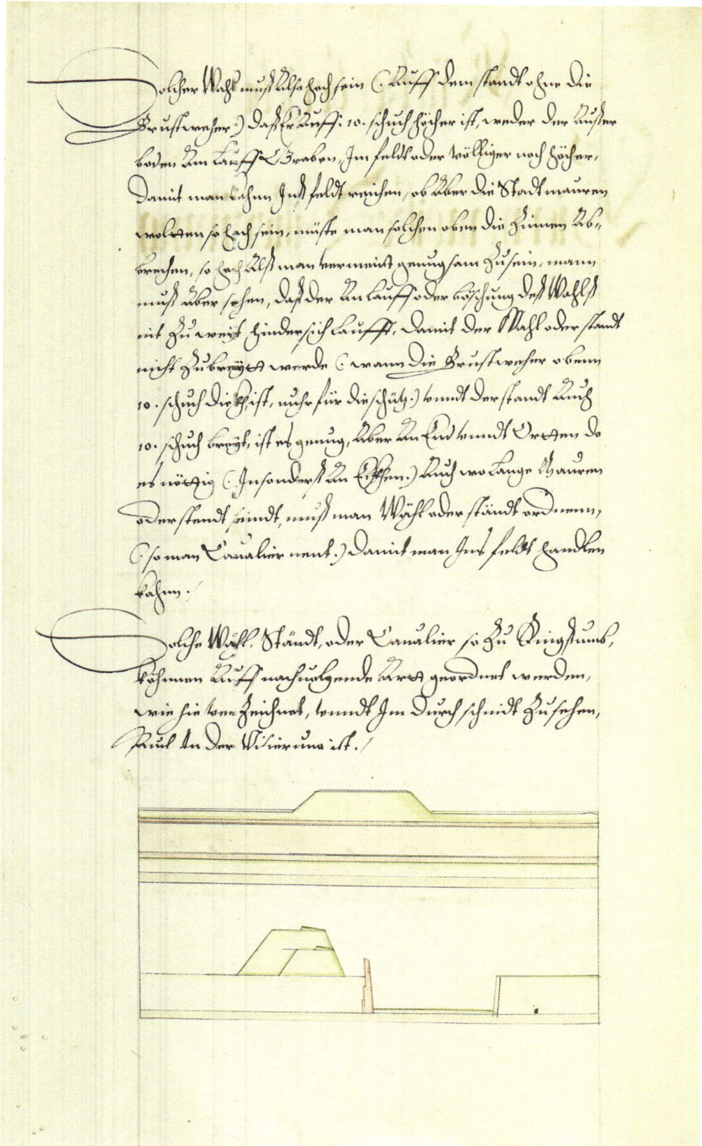

Abb. 45: Daniel Specklin, *Architektur- und Bauordnung der Stadt Basel*, 1588, Fol. 57r

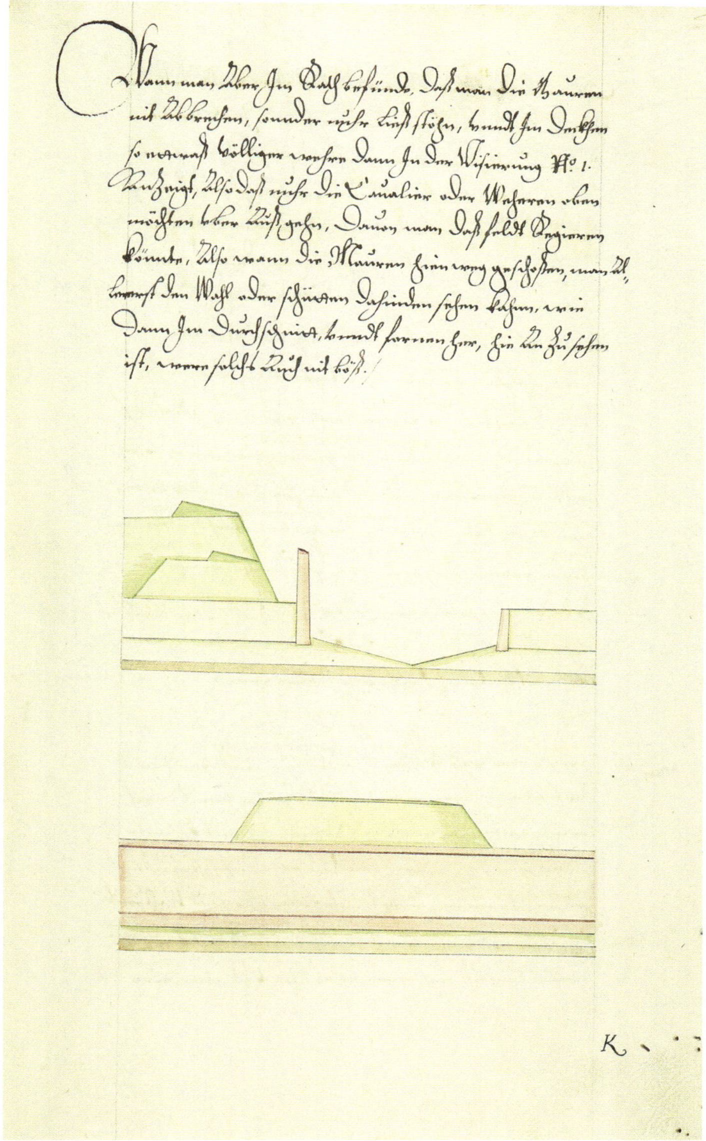

Specklins Verbesserungsvorschlag Visierung N°: 2

Auch in der zweiten Visierung (Abb. 27, ↑Details S. 167–183) beabsichtigte Specklin zwecks Verminderung übermässig hoher Baukosten Bestehendes so weit möglich zu erhalten.[121] Deswegen korrigierte er auch in diesem Entwurf den Verlauf von Mauer und Graben nicht. An der Eskarpe und der Kontereskarpe nahm er aber doch umfangreiche Veränderungen vor, die hohe Kosten verursacht und die Bauzeit so bedeutend verlängert hätten, dass sich diese «herrliche» und «feinne Vestung» vom Stadtbaumeister auch mithilfe von Kriegs- und Bauverständigen kaum in nur einem Jahr hätte ganz ausbauen lassen.[122]

Specklin bespricht zuerst die einzelnen Elemente – Wall, Kavalier, Graben- und Kreuzstreiche –, durch die er die bestehende Anlage verstärken wollte: Wie im ersten Entwurf will er hinter der bestehenden Mauer einen Wall für Büchsenschützen aufschütten, der nun aber 10 bis 12 Schuh hinter der Mauer zu liegen kommt, was ungefähr der Breite des bestehenden Rondenweges entspricht. Damit man in das Vorfeld der Festung schiessen kann, muss der zehn Schuh breite Wehrgang dieses Walles das gewachsene Terrain um mindestens zehn Schuh (3 Meter) überhöhen.[123] Bei einer Dicke der Brustwehr von ebenfalls zehn Schuh[124] ergibt sich an der Basis eine Stärke von rund 12 Metern. Dieser Wall soll – wo notwendig – wiederum durch Kavaliere ergänzt werden,[125] deren Errichtung meist an denselben Stellen vorgesehen ist wie in der ersten Visierung. Zusätzlich wird die Verteidigung durch je einen Kavalier bei St. Johann (↑N°: 2.1, S. 168, zwischen Nr. 2 und Nr. 3) und beim Spalentor (↑N°: 2.3, S. 172, beim abzubrechenden Turm Nr. 16) ergänzt. Die Kavaliere unterstützen die vom Wall geleistete frontale Verteidigung des Vorfeldes und – in noch zu beschreibenden Fällen – die Bestreichung stark vorspringender und exponierter Teile der Mauerumfassung.

Specklin gibt zwei Varianten an, wie sich die Ringmauer umgestalten lässt: In der präferierten Variante sieht er vor, die Mauer bis auf etwa die Höhe von zwei Metern über dem gewachsenen Erdreich abzutragen, so dass man sowohl von den Wällen als auch von den Kavalieren in das Feld schiessen kann (Abb. 44).[126] Das Profil zeigt, dass sich Graben und Kontereskarpe von den Wällen nicht frontal verteidigen lassen, denn es bleibt unmöglich, die Grabensohle oder die Futtermauer zu treffen. Die frontale Grabenverteidigung – Specklin geht darauf mit keinem Wort ein – kann aber aus den bestehenden Scharten in der erniedrigten Stadtmauer mit Handrohren erfolgen. Die Mauer deckt einen stehenden Mann solange gegen Handfeuerwaffen, bis der Feind die Mauer mit Kanonen beschiesst.

121 Specklin 1588, Fol. 56r.
122 Specklin 1588, Fol. 67v.
123 Specklin 1588, Fol. 56v.
124 Specklin 1588, Fol. 56v.
125 Specklin 1588, Fol. 56v.
126 Specklin 1588, Fol. 56v.

Abb. 46: Daniel Specklin, Grabenstreichwehr zur Befestigung Basels, *Architektur- und Bauordnung der Stadt Basel*, 1588, Fol. 59v

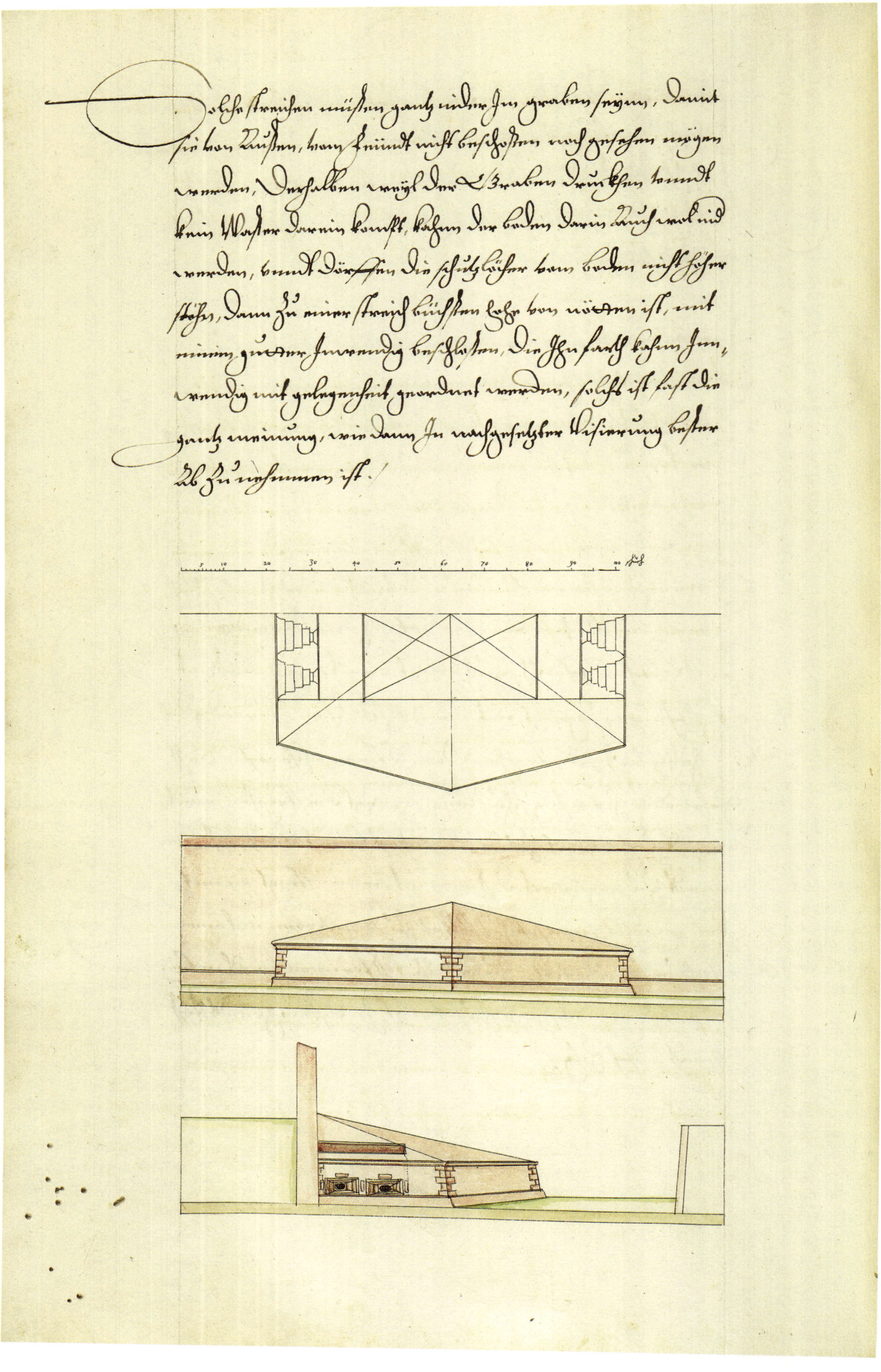

Solche streichen müssen gantz under den graben seyen, damit sie von aussen, vom feindt nicht beschossen noch gesehen mögen werden, derhalben weyl der Graben drucken wandt kein Wasser darein kompt, stehen der boden darin auch wol [illegible] werden, wandt dörffen die schutzlöcher vom boden nicht höher stehen, dann zu einer streich büchsen hohe von nöten ist, mit einem guten Inwendig beschlüssen, die [illegible] [illegible] wendig mit gelegenheit geordnet werden, solche ist fast die gantz meinung, wie dann In nachgesetzter Visierung besser ab zu nehmen ist.

In der zweiten Variante wird die Ringmauer zwecks Verminderung der Kosten in der bestehenden Höhe stehen gelassen (Abb. 45). Dann ist es jedoch unmöglich, von den Wällen in das Feld zu schiessen, bevor die Stadtmauer durch feindliches Kanonenfeuer in den Graben gefallen ist.[127]

Der Plan Specklins sieht vor, die Bestreichung der Stadtmauer und des Grabens zur Hauptsache durch relativ kleine, aus Stein errichtete Streichwehren zu verwirklichen.[128] Diese liegen so tief im Graben, dass sie aus dem Vorfeld weder gesehen noch beschossen werden können. Solche Grabenstreichwehren müssen dort angeordnet werden, wo die Eskarpenmauer einen Knick macht, und dort, wo sie sehr lang ist.[129] Damit sich die Streichwehren gerade noch gegenseitig mit der Streichbüchse verteidigen lassen, dürfen sie maximal 800 Schuh (244 Meter) auseinander liegen.[130] Die Rondellen (Visierung N°: 2, Nrn. 3, 17, 24, 28, 30) werden – wie in der ersten Visierung – mit spitz zulaufenden Füssen ummantelt, die nun aber ebenfalls mit Grabenstreichwehren versehen sind.[131] Die Verteidigung einspringender Abschnitte der Ringmauer wird – wie im erstem Entwurf – von Kreuzstreichen (bei Nrn. 4, 6, 12, 14, 20 und 52) übernommen.[132]

Die Grabenstreichwehre stellt Specklin modellhaft mit je einem Grund-, Auf- und Seitenriss auf Folio 59 verso (Abb. 46) an einer geraden Mauer dar. Das in reinem Steinbau zu errichtende Werk besteht aus zwei Flanken und zwei sich im stumpfen Winkel treffenden Gesichtern. Es hat in etwa eine Länge von 80 Schuh (24 Meter) und eine Breite von 40 Schuh (12 Meter). Die für den Einsatz der Streichbüchse konzipierten Flanken sind 30 Schuh (9 Meter) lang und haben eine 10 Schuh (3 Meter) dicke Mauer mit je zwei Schiessscharten. Die Höhe dieser Mauer bis an das Gesims beträgt 10 Schuh. Das ganze Werk ist mit einer steinernen Abdachung eingedeckt. Hinter den Schiessscharten befindet sich ein Gewölbe mit gegen den Himmel vergitterten Öffnungen, die dem Abzug des Pulverdampfes dienen.[133] Damit die Streiche möglichst tief im Graben liegen, kann das Bodenniveau der Flanken in Gräben mit niedrigem Grundwasserspiegel tiefer als die Grabensole gewählt werden.[134] Über den Zugang zur Kasematte, die über einen unterirdischen Gang mit einer Rampe erfolgen müsste, macht Specklin wohl deshalb keine Angaben, weil diese Erschliessung die Baukosten ganz erheblich in die Höhe getrieben hätte.

Damit die beschriebenen Streichwehren überhaupt etwas zu einer wirkungsvollen Verteidigung beitragen können, werden nun doch bedeutende Veränderungen an der Eskarpe und der Kontereskarpe notwendig: Die neuen Streichwehren übernehmen die bisher von den Türmen geleistete Graben- und Mauerbestreichung. Die Türme Grossbasels sollen darum bis auf wenige Ausnahmen (Visierung N°: 2, Nrn. 1, 5, 7, 9, 20, 26) abgebrochen werden, was von einem Rezipienten des Ratschlags – wohl mit Entsetzen – am Rand des Textes vermerkt worden ist.[135] Dies gilt selbst für den Luginslandturm (Nr. 10)[136] und den Eckturm bei St. Alban (Nr. 41), die durch Grabenstreichwehren ersetzt werden. Die repräsentativeren Tortürme dürfen stehen bleiben, werden aber manchmal durch Grabenstreichwehren verstärkt. Die Türme will Specklin deswegen abbrechen, weil sie die Bestreichung der Mauer aus den neuen Wehren behindern würden.[137] Zudem könne der Angreifer

Abb. 47: Daniel Specklin, *Architektur- und Bauordnung der Stadt Basel*, 1588, Fol. 66r

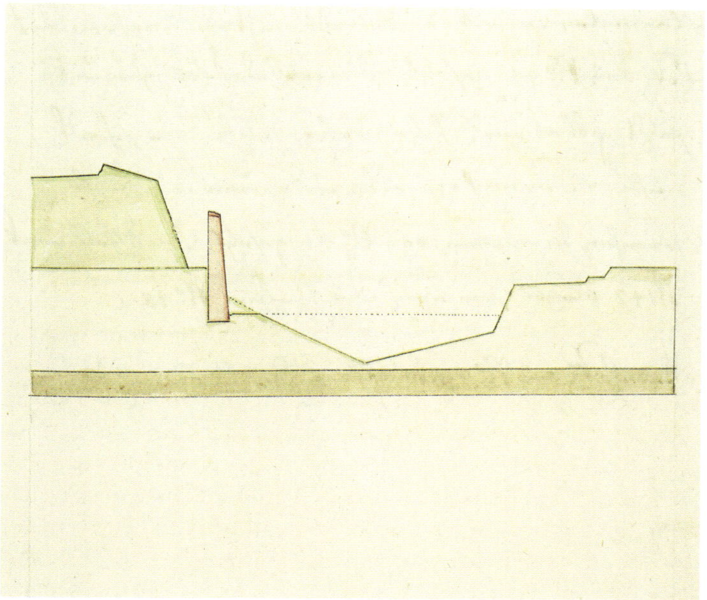

die Türme mit seinen Kanonen leicht zum Einsturz bringen, und der Schuttkegel böte ihm dann eine Rampe für den Sturm oder eine Deckung im Graben.[138] Die Steine der abgebrochenen Türme liessen sich – so Specklin – gut für die neuen Streichwehren verwenden.[139]

Noch kostspieliger als die Veränderungen der Eskarpe sind jene der Kontereskarpe: Damit sich diese aus den Grabenstreichwehren bestreichen lässt, muss sie in möglichst langen, geraden Linien verlaufen. Dies hat zur Folge, dass in diesem Entwurf fast die ganze Kontereskarpe begradigt werden müsste. Die Steine der bestehenden Futtermauer könne man für die Streichwehren verwenden, vermerkt Specklin.[140] Wenn die Erde gut sei, sei eine geböschte Kontereskarpe ohne Futtermauer ohnehin die beste Wahl, gerade auch, weil dies die Baukosten vermindere.[141]

Der Graben muss vor den Spitzen der Streichwehren 80 bis 90 Schuh breit sein. Inklusive der Böschung der Kontereskarpe ergibt sich dort laut Specklin eine Grabenbreite von mindestens 100 Schuh oder rund 31 Metern.[142] Um zu verhindern, dass der Angreifer die Fundamente der Ringmauer mit der Mine untergräbt, muss der Graben in der Mitte am tiefsten sein,[143] was eine v-förmige Grabensohle ergibt (Abb. 47). Auf der Kontereskarpe ist gegen das Feld ein 30 Schuh oder 9.2 Meter breiter Laufgraben 7 Schuh (214 cm) unter dem gewachsenen Terrain mit einer Bank von 2 Schuh (61 cm) Höhe für Büchsenschützen um die Stadt zu führen.[144] Dieser Gedeckte Weg, der sich vom hinter der Stadtmauer errichteten Wall frontal durch Büchsenschützen verteidigen lässt, muss laut Specklin so breit sein, dass er mit Karren und Wagen befahren werden kann.[145] Dank dieser vorgerückten Kampflinie kann der Angreifer noch weiter von der Festung ferngehalten werden – notfalls auch mit grossem Geschütz. Leider geht Specklin darauf ebenso wenig ein wie auf den Umstand, dass sich nun der ganze Umfang Grossbasels von zwei hintereinander liegenden Linien verteidigen lässt.

127 Specklin 1588, Fol. 57r.
128 Specklin 1588, Fol. 57v.
129 Specklin 1588, Fol. 58r.
130 Specklin 1588, Fol. 58r.
131 Vergleiche auch den Grundriss Specklin 1588, Fol. 61r.
132 Die Kreuzstreiche für den zweiten Entwurf werden von Specklin 1588, Fol. 52r schon im ersten Entwurf mit einer genaueren Zeichnung illustriert und beschrieben.
133 Specklin 1588, Fol. 59r.
134 Specklin 1588, Fol. 59v.
135 Specklin 1588, Fol. 58r.
136 Vergleiche Specklin 1588, Fol. 60r.
137 Specklin 1588, Fol. 58r.
138 Specklin 1588, Fol. 58v.
139 Specklin 1588, Fol. 58r. Es kostete Specklin viel Mühe, die gegenseitige Bestreichung der Grabenwehren zu realisieren. Weil die Mauer zum Beispiel bei den Nrn. 16 und 18 je einen Knick hat, kann das Fröschenbollwerk trotz des Mauerfusses und des Abbruchs der Türme Nrn. 16 und 18 nur aus der äusseren Scharte der beiden benachbarten Grabenstreichwehren bestrichen werden (Specklin 1588, Fol. 61v).
140 Specklin 1588, Fol. 57v und 58r.
141 Specklin 1588, Fol. 66r.
142 Specklin 1588, Fol. 65v.
143 Specklin 1588, Fol. 65v.
144 Specklin 1588, Fol. 65v.
145 Specklin 1588, Fol. 65v.

Erde, Kies und Wasen (die vom Gras dicht durchwachsene ablösbare oberste Schicht des Bodens), die beim Aushub des Grabens und des Gedeckten Weges anfallen, lassen sich für die Wälle hinter der Stadtmauer verwenden.[146] Weil der neue Graben breiter als der bestehende wird, sind die Güter von etlichen Bürgern betroffen. Mit diesen würden sich die Stadtherren aber schon zu einigen wissen, meint Specklin.[147]

Damit sind die einzelnen Elemente beschrieben, mit welchen Specklin die Ringmauer Basels in seinem zweiten Entwurf verstärken wollte. Das Zusammenspiel der Elemente wird am Aeschenbollwerk besonders gut sichtbar.[148] Die lange Linie vom Aeschentor (↑N°: 2.5, S. 177, Nr. 34) bis zur Aeschenrondelle (Nr. 30) verkürzt Specklin mit einer Grabenstreichwehre (Nr. 32) und einem rückwärtigen Kavalier, von denen sich der Fuss des Aeschenrondells (Nr. 30) und die Kontereskarpe vor diesem Bollwerk aus der Höhe und Tiefe bestreichen lassen. Von der Flanke der Streichwehre im Fuss des Aeschenbollwerks und von der Plattform der Rondelle (Nr. 30) wiederum kann die Grabenwehre Nr. 32 auf dieselbe Art und Weise verteidigt werden. Auf der rechten Seite des Aeschenbollwerks ist diese gegenseitige Verteidigung jedoch nicht zu realisieren. Weder der spitz zulaufende Fuss des Aeschenbollwerks noch die Kontereskarpe vor dieser Rondelle lassen sich aus der Flanke beim Dornimaug (↑N°: 2.4, S. 174, Nr. 28) bestreichen. Die Kontereskarpe kann hier nicht in Richtung der Flanke gezogen werden, weil der Graben sonst zu breit würde.[149] Die Bestreichung des Fusses des Aeschenbollwerks (Nr. 30) muss deswegen vom Kavalier zwischen den beiden Bollwerken (beim abgebrochenen Turm Nr. 29) übernommen werden. Diese Verteidigung entspricht jener im geraden Abschnitt vom Aeschentor (Nr. 34) bis zum Bereich des St. Albantors (↑N°: 2.6, S. 179, Nr. 40), wo sich die Gesichter der Grabenstreichwehren und die Kontereskarpe jeweils von den Kavalieren bestreichen lassen.[150]

Der Abschnitt vom St. Albantor (Nr. 40) bis an den Rhein bleibt aufgrund der Topografie einer der gefährdetsten Bereiche der Stadtbefestigung.[151] Weil sich vor dem St. Albantor ein rund 40 Schuh oder rund 12 Meter hoher Hügel befindet und weil das Gelände stark gegen den St. Alban-Teich und den Rhein abfällt, kann der Feind eine alle diese Werke überragende Stellung einnehmen.[152] Der Anhöhe bei St. Alban stellt Specklin eine Eckbastei (Nr. 41) mit einer hohen Eskarpenmauer und Brustwehren aus Erde entgegen, die auch über kasemattierte Flanken zur Grabenbestreichung verfügt.[153] Die Stellungen des Angreifers sollen aber in erster Linie mithilfe von Kavalieren bekämpft werden. Dank dem doppelten Kavalier beim abzubrechenden Turm Nr. 39, der die Stellungen des Angreifers überhöht, kann dieser nicht auf dem kleinen Hügel vor der Eckbastei Nr. 41 in Stellung gehen. Weil nun von der Grabenstreiche bei Nr. 38 aufgrund des Knicks beim St. Albantor und einer Entfernung von mehr als 250 Meter nicht der ganze Graben bis vor das Eckbollwerk Nr. 41 bestrichen werden kann, muss links vom St. Albantor eine zusätzliche Streichwehre vorgesehen werden,[154] die man auf dem Plan fast nicht sieht. Auf der anderen Seite übernimmt die Streichwehre am Rhein (Nr. 42) die Grabenverteidigung, deren Flanke sich zusätzlich mit einem runden Bollwerksohr gegen feindlichen Beschuss aus der Höhe schützen lässt. Vom Kavalier zwischen dem Rhein und der Eckbastei Nr. 41 aus lässt sich verhindern, dass sich der Feind in diesem Abschnitt aufhält.

In Kleinbasel (↑N°: 2.7, N°: 2.8, S. 180–183) können, wie Specklin in einem kurzen Abschnitt zeigt,[155] die Ecken des möglichst mit Wasser anzufüllenden äusseren Grabens mit Grabenstreichen verstärkt werden, die aufgrund der um rund 90 Grad ausspringenden Ecken sehr spitzwinklig werden. Die einspringenden Winkel beim Bläsi- und beim Riehentor lassen sich mit Kreuzstreichen verstärken. Der Zwinger erhält eine Brustwehr aus Erde. Der Graben zwischen dem Zwinger und der Ringmauer soll von Mittelkavalieren (zwischen den Nrn. 43 und 44, bei Nr. 46 und Nr. 53) beidseitig bestrichen werden. Einige bestehende Türme können diese Verteidigung unterstützen.[156] Mit dem auch hier vorgesehenen Gedeckten Weg hat die Kleine Stadt also neu drei hintereinander liegende Verteidigungslinien.

Im beschriebenen Entwurf lässt sich der Gedeckte Weg weder in Klein- noch Grossbasel richtig bestreichen. Die Verteidigung dieser vorgeschobenen Kampflinie muss frontal von den Wällen und Bollwerken geleistet werden. Diesen erheblichen Mangel versucht Specklin in seinem dritten Entwurf zu beheben, genauso wie die immer noch mangelhafte gegenseitige Verteidigung der vorspringenden Bollwerke.

Specklins Verbesserungsvorschlag Visierung N°: 3

Specklin hält schon die in seiner zweiten Visierung dargestellte Wehranlage für ein herrliches und feines Werk.[157] Erst im dritten Entwurf (Visierung N°: 3, Abb. 28, ↑Details S. 185–201) aber wird die den modernen Anforderungen entsprechende gegenseitige Verteidigung aller Werke – auch jene des Gedeckten Weges – verwirklicht.

Es sei leicht, die dritte Visierung zu verstehen, denn Wälle, Wehren, Kavaliere und der Graben habe er im Prinzip so angeordnet wie in der zweiten Visierung, lediglich die Grabenstreiche würden durch bessere Bollwerke ersetzt. Diese Werke sind jedoch noch immer so klein, dass Specklin sie für keine rechten Bastionen hält.[158] Er bezeichnet diese Wehren mit dem italienischen Wort ‹Plattaforma›.[159] Mit dieser Benennung bezieht er sich auf den Mitte des 16. Jahrhunderts von vorwiegend italienischen Baumeistern erreichten Stand der Festungsbaukunst, der im Prinzip von ihm mit dem Normalsystem überwunden wurde.

Das Modell dieser Bollwerke wird Folio 71 recto (Abb. 48) dargestellt. Im Text beschreibt Specklin zwei Varianten, die beide nicht in allen Details mit dieser Zeichnung übereinstimmen.[160] Wir halten uns an die Zeichnung und erwähnen die Varianten in den Fussnoten:

Die neuen Bollwerke sollen einerseits – wie die Kasematten des zweiten Entwurfs – die Grabenbestreichung verbessern, andererseits aber auch das Vorfeld überhöhen und beherrschen.[161] Die Breite einer Piattaforma beträgt 160 Schuh oder rund 49 Meter. Die beiden sich in einem stumpfen Winkel treffenden Gesichter sind je 90 Schuh oder 28 Meter lang.[162] Von der Mauer bis an

146 Specklin 1588, Fol. 57v–58r, 65v und 66r.
147 Specklin 1588, Fol. 66v.
148 Vergleiche die knappen Erläuterungen Specklin 1588, Fol. 62r–62v.
149 Würde die Kontereskarpe auf der rechten Seite des Aeschenbollwerks bestreichbar gemacht, dann würde der Graben viel zu breit, was die Eskarpenmauer entblössen würde. Zudem müsste der Fuss des Aeschenbollwerks asymmetrisch gemacht werden.
150 Specklin 1588, Fol. 62v.
151 Specklin erläutert die Verteidigung dieses Abschnitts ausführlich in einem langen, kaum verständlichen Text Specklin 1588, Fol. 63r–64v und mit einer nicht gerade hilfreichen perspektivischen Illustration Fol. 64v.
152 Specklin 1588, Fol. 63r.
153 Visierung N°: 2, Text Specklin 1588, Fol. 63v und die perspektivische Zeichnung Fol. 64v entsprechen einander nicht, was die Interpretation erschwert.
154 Specklin 1588, Fol. 63v.
155 Specklin 1588, Fol. 66v–67v.
156 Turm Nr. 53 soll abgebrochen werden. Turm Nr. 44 wird durch eine Grabenstreichwehre ersetzt.
157 Specklin 1588, Fol. 67v.
158 Specklin 1588, Fol. 68r.
159 Specklin 1588, Fol. 68r; vergleiche auch Fol. 69r, 1. Absatz.
160 Vergleiche Specklin 1588, Fol. 69v mit Illustration Fol. 71r. Vielleicht hat Specklin aber auch in der Zeichnung – besonders im Profil – Fehler gemacht, denn zum Beispiel die Eskarpenmauer scheint mit mehr als 9 Metern doch sehr hoch zu sein. Trotzdem soll die gezeichnete Variante beschrieben werden. Abweichungen im Text werden in den Fussnoten erwähnt und erläutert.
161 Specklin 1588, Fol. 68r.
162 Specklin 1588, Fol. 68v. Die im Text erwähnten Buchstaben A und B sind in der Zeichnung Fol. 71r nicht vorhanden.

Abb. 48: Daniel Specklin, Kleine Bollwerke zur Befestigung Basels, *Architektur- und Bauordnung der Stadt Basel*, 1588, Fol. 71r

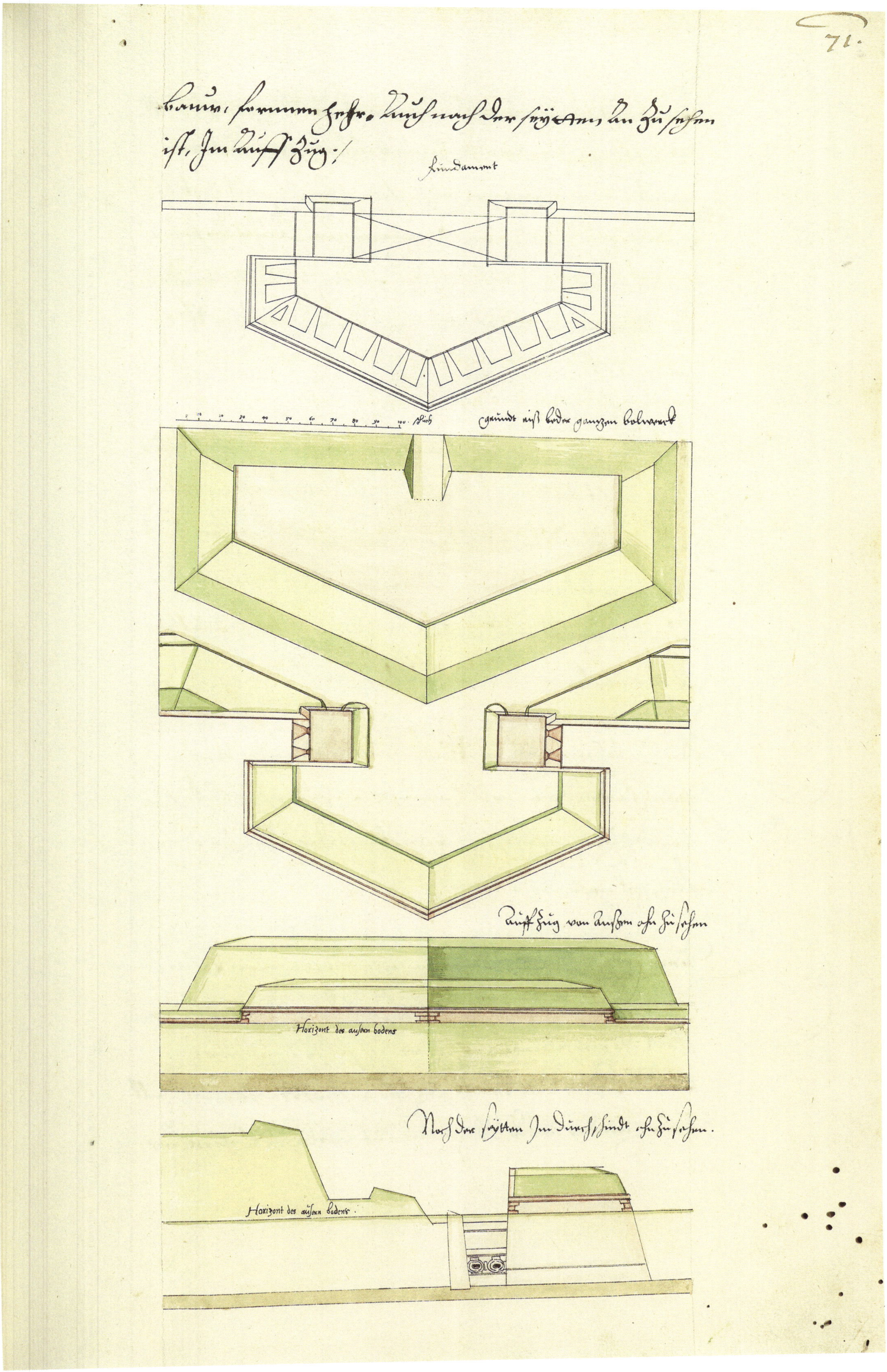

Abb. 49: Augustin Hirschvogel, Plan der Stadt Wien, 1552

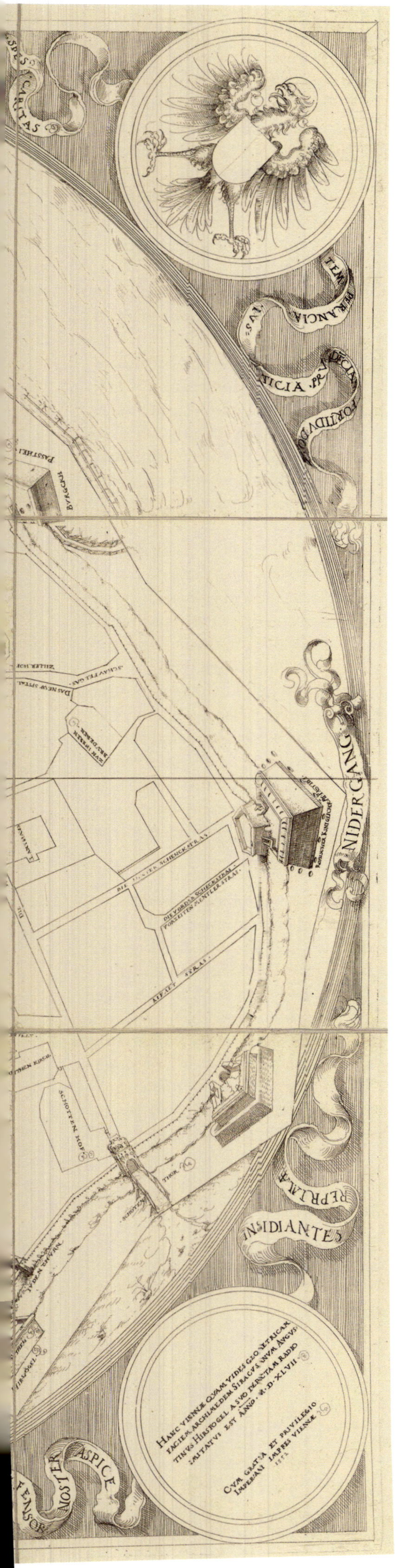

die Spitze soll die Bastei 85 Schuh oder 26 Meter in den Graben vorspringen. Die niederen Flanken sind 20 Schuh breit und werden von einem 30 Schuh dicken Flügel so gedeckt, dass der Feind die Flanken nur aus Geschützstellungen treffen könnte, die sehr nahe an der Stadtmauer liegen.[163] Die steinerne Brustwehr dieser niederen Flanken ist acht Schuh dick und mit zwei Schusslöchern versehen. Die engen Flankenhöfe würden etwas geräumiger, meint Specklin, wenn man sie mit einem 20 Schuh breiten Gewölbe verbände.[164] Die Erschliessung der Flanken sei – so Specklin – kein grosses Problem.[165] In Tat und Wahrheit liessen sie sich aber wohl nur mit einer kostspieligen unterirdischen Rampe erreichen. Von den mit Erdbrustwehren sehr gut gedeckten hohen Flanken auf dem Gewölbe lassen sich die Kontereskarpe, der Gedeckte Weg und ein Gesicht der Nachbarbastei bestreichen.[166]

Die Piattaforma soll ein sogenanntes halbes Revêtement haben. Dies bedeutet, dass der von aussen sichtbare Teil der Bastei in Erde errichtet und die Eskarpenmauer nur bis auf eine Höhe von rund zweieinhalb Metern über den Bauhorizont geführt wird.[167] Die Geschützplattform der Bastei überhöht den Horizont um etwa vier Meter und wird durch eine Brustwehr aus Erde gedeckt, die fast sieben Meter dick ist.[168] Im Text wird eine Variante mit Scharten in den Wällen beschrieben.[169] In der mit der Zeichnung dargestellten Variante kann mit der Kanone über die Bank geschossen werden. Die Geschütze sind ohne Schiessscharten zwar schlechter gedeckt, lassen sich dafür aber auf beliebige Ziele richten. Obwohl die Piattaforma relativ klein ist, können auf jedem Gesicht bis zu drei Geschütze und auf den Flügeln jeweils eines in Stellung gebracht werden.[170]

Hinter der Piattaforma ragt ein fünfeckiger Kavalier so hoch auf, dass die Kontereskarpe vor dem Bollwerk gerade noch frontal beschossen werden kann.[171] Auf dem Kavalier lassen sich bis zu acht Geschütze einsetzen, mit denen das Vorfeld der Festung ins Kreuzfeuer genommen werden kann.[172]

Der Wall zwischen den beschriebenen Bollwerken wird mit einem 25 Schuh breiten Wehrgang an der Basis rund 17 Meter dick.[173] Der Graben und der Gedeckte Weg sollen laut Specklin wie im zweiten Entwurf ausgeführt werden.[174] Der etwa 9 Meter tiefe Graben wird vor der Spitze der Bollwerke mit rund 52 Meter allerdings etwa 20 Meter breiter als im zweiten Entwurf. Weil der äussere Grabenrand nun aber weiter ins Feld vorspringt, wird die Bestreichbarkeit der Kontereskarpe und des Gedeckten Wegs deutlich verbessert.[175] Die abgeböschte Kontereskarpe kann mit Hecken bepflanzt werden.[176] Die Grabensohle lässt sich mit Kies beschütten, so dass die Geschosse auch dann Schaden anrichten, wenn sie den Gegner nicht direkt treffen.[177] Um den Feind zu Fuss und zu Ross im Graben bekämpfen zu können, müssen Ausfalltore vorgesehen werden.[178]

163 Specklin 1588, Fol. 68v.
164 Specklin 1588, Fol. 69r und Illustration Fol. 71r, oben.
165 Specklin 1588, Fol. 69v.
166 Specklin 1588, Fol. 70r–70v.
167 Nach dem Text Specklin 1588, Fol. 69v beträgt dieses Mass nur drei Schuh (91 cm). Folgt man dem Text, so müsste in der Zeichnung Fol. 71r sowohl der sichtbare Teil der Eskarpenmauer wie auch die Brustwehr der Bastei jeweils ungefähr halb so hoch sein, wie sie dargestellt sind.
168 Specklin 1588, Fol. 69v ist allerdings von drei Schuh (91 cm) Überhöhung des Horizonts die Rede.
169 Specklin 1588, Fol. 69v.
170 Specklin 1588, Fol. 70r.
171 Specklin 1588, Fol. 70v; nach der Zeichnung Fol. 71r überhöht die Plattform des Kavaliers den Horizont um etwa 12 Meter.
172 Specklin 1588, Fol. 70v.
173 Keine Erwähnung im Text. Aus Visierung N°: 3 gemessen.
174 Specklin 1588, Fol. 70v.
175 Specklin 1588, Fol. 75v.
176 Specklin 1588, Fol. 76r.
177 Specklin 1588, Fol. 76v.
178 Specklin 1588, Fol. 76v.

Bezüglich der Gesamtanlage zeichnet sich die dritte Visierung gegenüber den beiden ersten dadurch aus, dass die gegenseitige Verteidigung der Bollwerke verwirklicht ist und der Raum zwischen den Bollwerken in das Kreuzfeuer genommen werden kann: Kein Feind erstürmt die Mauer zwischen zwei solchen Bollwerken, denn dort kann er aus zwei Richtungen bekämpft werden, hält Specklin fest. Weil der Angreifer vor der Bastei nur die durchschnittlich etwa 230 Meter entfernte Flanke und den Kavalier der Nachbarbastei zu fürchten hat, wird er sich vor einem Gesicht der Bastei in Stellung bringen und versuchen, dieses sturmreif zu schiessen.[179] Die in der Visierung N°: 3 eingezeichneten Scharten links und rechts hinter der Bastei, die im Text nicht erwähnt werden, verstärken jenes Kreuzfeuer zwischen den Wehren, das den Feind zum Angriff auf die Piattaforma zwingt. Sollte der Gegner eine Bastei stürmen, so kann er von der etwa 230 Meter entfernten Flanke der Nachbarbastei bekämpft werden.[180] Weil diese Flanke durch einen Flügel – auf den man bei so kleinen Bollwerken gewöhnlich verzichte – gedeckt ist, kann der Feind die Flanken nur ruinieren, wenn er sich ganz nahe an der Stadtmauer verschanzt, wo er aber leicht zu bekämpfen ist.[181]

Weil die bestehende Ringmauer Basels in unregelmässigen Abständen vor- und zurückspringt, muss der optimale Abstand der Basteien von etwa 200 Metern meist unterschritten werden, was die Gesamtanlage kostspieliger macht: Bei St. Johann liegen die Wehren so nahe beieinander, dass sich keine Kavaliere hinter die Basteien legen lassen.[182] Die Rondellen (Visierung N°: 3, Nrn. 3, 17, 24, 28 und 30, punktiert eingezeichnet) müssten überschüttet werden,[183] damit keine Kosten für ihren Abbruch anfallen.[184] Der Luginslandturm (Nr. 10) beim Wasenbollwerk hingegen sei abzubrechen und durch ein Bollwerk zu ersetzen.[185] Einspringende Winkel (Nrn. 4, 6, 12, 14 und 20) werden wiederum mit Kreuzstreichen versehen. Neue Wehren bei den Nrn. 8, 32, 36 und 38 verkürzen zu lange gerade Linien.

Specklin diskutiert Möglichkeiten der Begradigung der Umfassung im Bereich des Petersplatzes:[186] Im einspringenden Winkel zwischen dem Fröschenbollwerk (↑N°: 3.3, S. 190, Nr. 17) und dem Wagdenhals (Nr. 24), der kein besonders gefährdeter Abschnitt der Stadt sei, wird mit zwei halben Bollwerken die maximale Kampfentfernung zur Grabenbestreichung auf 235 Meter beschränkt.[187] Links und rechts des Birsigs muss der Wall abgetreppt werden.[188] Das relativ grosse Aeschenbollwerk (↑N°: 3.4, S. 193, Nr. 30) lässt sich in diesem Entwurf weit besser als im zweiten verteidigen: Vom Dornimaug (Nr. 28) kann dank der hohen und niedrigen Flanken der ganze Graben und die Kontereskarpe bestrichen werden. Selbst die Bestreichung des Gesichtes des Aeschenbollwerks vom Kavalier hinter der Bastei Nr. 28 ist gut durchzuführen.[189] Die Schussweite von 900 Schuh (275 Meter) findet Specklin hier praktikabel.[190] Darüber hinaus lässt sich das Gesicht der Aeschenbastei von fast der Hälfte der nach innen gebrochenen Kurtine beschiessen. Vom Flügel und von der Plattform des Dornimaugs kann auch der Gedeckte Weg und die Kontereskarpe vollständig bestrichen werden. Die Bastei Nr. 32 übernimmt die Verteidigung von der anderen Seite. Laut Text soll sie ebenfalls einen Kavalier haben, der aber nicht eingezeichnet ist.[191] Auch aus dieser Richtung ist die Bestreichung des Grabens und der Kontereskarpe vor dem Aeschenbollwerk mit den Geschützen in der Flanke und auf dem Flügel der Bastei gesichert.

Das Aeschentor wird mit einer Grabenstreichwehre ergänzt. Die bestehenden Vorwerke vor den Toren hingegen seien schädlich und sollten abgebrochen werden.[192]

Obwohl die Verteidigung des gefährdetsten Abschnittes vom St. Albantor bis zum Rhein mit der Vergrösserung des Eckbollwerks (↑N°: 3.6, S. 197, Nr. 41) verbessert wird, tragen zusätzliche Kavaliere – wie im zweiten Entwurf – die Hauptlast der Verteidigung. Zu den ohnehin umfangreichen Erdarbeiten für Bastei und Graben kommt nach Specklins Vorschlag noch hinzu, dass die gefährliche Höhe vor diesem Bollwerk abgetragen werden muss.[193]

In Kleinbasel (↑N°: 3.7, S. 199, N°: 3.8, S. 201) will Specklin den bestehenden Zwinger ausbauen, vergrössern und begradigen. Damit der äussere Graben mit dem Wasser der Wiese geflutet werden kann, fallen umfangreiche Erdarbeiten an.[194] Der Fuss der Kontereskarpe muss bei diesem Wassergraben eine Futtermauer haben.[195] Am Rhein sind jeweils halbe Bollwerke vorgesehen (Nrn. 43 und 54). Die Ecke beim Bläsitor (Nr. 50) kann mit einer Kreuzstreiche und zwei halben Basteien verstärkt werden. Die Ecke beim Riehentor (Nr. 44) erhält eine normale Eckbastei. Der lange, begradigte Abschnitt zwischen den Bollwerken Nrn. 44 und 49 wird trotz Kampfentfernungen von über 330 Meter nur mit einer etwas grösseren Bastei (Nr. 46) verstärkt.[196] Der Graben zwischen Zwinger und Stadtmauer lasse sich von den eingezeichneten Kavalieren sehr effektiv bestreichen.

Specklin hält die beschriebene Festung für eine der besten seiner Zeit,[197] die sogar einem so mächtigen Feind wie den Türken widerstehen könnte.[198] Dass dies nicht nur Rhetorik ist, zeigt der von Augustin Hirschvogel (1503–1553) im Jahr 1552 veröffentlichte Plan der Stadt Wien (Abb. 49),[199] der den nach der Türkenbelagerung von 1529 um das Jahr 1547 erreichten Projektierungsstand festhält. Unter der Leitung von Hermes Schallautzer (1503–1561) sollten diese Planungen in der Folge zu einem guten Teil ausgeführt werden.[200] Die Predigerbastei (in annähernd der dargestellten Form vollendet ca. 1546), Paradiesbastei (1556), Heynersbastei, Kärntnerbastei (1552), Löblbastei (1550), Elendbastei (1561)[201] und

179 «Kein Feündt stürmet zwischen zwohen Weherenn, dann er sich in keinn Klammer gibt, sonder beschiest die Bollwerckh vnndt Pasteÿen, damit hatt er nuhr einn Streichen zu forchten, da kahnn er sich deckhen, aber da kahnn man zu allen Seÿtten zu im kohmmen» (Specklin 1588, Fol. 76v).

180 Der Abschnitt zwischen Aeschen- und St. Albantor dürfte wohl die optimale Ausführung des Systems an einer geraden Linie zeigen. Es sei nicht über 900 Schuh (275 m) zu streichen, meint Specklin andernorts (Specklin 1588, Fol. 74v).

181 Specklin 1588, Fol. 68v.

182 Specklin 1588, Fol. 71v.

183 Specklin 1588, Fol. 72r, 73r, 73v, 74r und 74v.

184 Specklin 1588, Fol. 72r.

185 Specklin 1588, Fol. 72r.

186 Specklin 1588, Fol. 73r.

187 Die beiden Wehren beim Luginslandturm und beim Spalentor liessen sich in einer geraden Linie miteinander verbinden. Damit würde nicht nur die Umwallung 500 Schuh kürzer, sondern die Anlage würde auch gleichmässiger, weil die Basteien bei Nr. 10 und Nr. 15 fast in ihrer optimalen Form ausgeführt werden könnten. Um aber entscheiden zu können, ob sich die Begradigung lohne, müsse der Platz erst ausgemessen und Kosten und Nutzen gegeneinander abgewogen werden, meint Specklin. Schliesslich müsse man sich auch mit den Besitzern der betroffenen Grundstücke über eine Entschädigung einigen. Specklin bevorzugt die in der Visierung dargestellte Variante, da sich kein Feind in diesen einspringenden Teil der Befestigung wagen würde und weil im Bereich des Petersplatzes ohnehin auf einen Wall verzichtet werden könne. Vergleiche Specklin 1588, Fol. 73r–73v. Im Text erwähnt Specklin auch hier Kavaliere hinter den Basteien, die in der Visierung jedoch nicht eingezeichnet sind.

188 Specklin 1588, Fol. 73v. Vergleiche auch die zusätzliche perspektivische Skizze Fol. 74r.

189 Specklin 1588, Fol. 74v.

190 Specklin 1588, Fol. 74v.

191 Specklin 1588, Fol. 74v.

192 Specklin 1588, Fol. 75r. Den Abbruch der Torvorwerke fordert Specklin mit einer wohl eigenhändig in den Text eingefügten Bemerkung Fol. 75r auch beim St. Alban-Tor.

193 Specklin 1588, Fol. 75v.

194 Specklin 1588, Fol. 77r.

195 Specklin 1588, Fol. 77r.

196 Specklin 1588, Fol. 77v.

197 Specklin 1588, Fol. 76v.

198 Specklin 1588, Fol. 77v–78r, vergleiche auch Fol. 88r.

199 WStLA: 3.2.1.1.P1.1/1. Ex. Der Stich des Plans auf sechs Kupferplatten und der Druck kamen erst 1552 zustande: «HANC VIENNÆ QVAM VIDES GEOMETRICAM FACIEM ARCHIMEDEM SIRACVSANVM AVGVSTINVS HIRSFOGEL A SVO DEPICTAM RADIO IMITATVS EST ANNO M.D.XLVII. CVM GRATIA ET PRIVILEGIO IMPERIALI IMPRES VIENNÆ 1552».

200 Zur Baugeschichte der Befestigung Wiens vergleiche zuletzt Opll 2017, S. 147–196.

201 «BERATSCHLAGTE PASTHEI DVRCH AGVSTIN HIRSFOGEL» (WStLA: 3.2.1.1.P1.1/1. Ex.).

die Biberbastei sind auf Hirschvogels Plan in reinem Mauerbau mit rückwärtigen Kavalieren dargestellt und gleichen den von Specklin für Basel entworfenen Basteien. Specklin kannte die Befestigung Wiens gut und hatte schon anlässlich einer vor 1575 zu datierenden Auseinandersetzung mit den von Hirschvogel dargestellten Werken in reinem Steinbau auszuführende Basteien entworfen, die den Basteien für Basel ebenfalls ähneln.[202]

Die Übertragung der Wiener Basteien nach Basel würde man zu Recht als ein massloses Unternehmen bezeichnen. Es ist jedoch zu berücksichtigen, dass in Wien die Schussweiten zur Grabenbestreichung im Mittel etwa 360 Meter betrugen und die von Hirschvogel dargestellten Basteien mindestens doppelt so gross und für eine schwerere Bewaffnung konzipiert waren als Specklins Basteien für Basel.[203] Vergleichbare Dimensionen werden von Specklin erst in der vierten Visierung (Abb. 29) erreicht. Im dritten Entwurf verkleinerte Specklin das dem neuesten Stand der Festungsbaukunst nicht mehr entsprechende Modell der Basteien Wiens und modernisierte sie für Basel mit möglichst viel Erdbau.

Wie realistisch waren nun diese drei Entwürfe? Specklins ersten Entwurf (Abb. 26) hätte sich Basel sicherlich leisten können. Schon der zweite Entwurf (Abb. 27) hätte allerdings umfangreiche Erd- und Maurerarbeiten erfordert, um die Bestreichung der Eskarpe zu verwirklichen und eine zusätzliche Verteidigungslinie an der Kontereskarpe einzuführen. Noch grösser wäre der Aufwand gewesen, um gemäss dem dritten Entwurf (Abb. 28) auch die Bestreichung des Gedeckten Weges, die gegenseitige Verteidigung vorspringender Bollwerke und somit ein effektives Kreuzfeuer zwischen diesen Bollwerken zu realisieren. Dass die Basler zögerten, eine dieser beiden Anlagen auszuführen, ist angesichts der hohen Kosten verständlich, zumal es keine akute Bedrohung gab. Dreissig Jahre, nachdem Specklin seine Vorschläge dem Rat unterbreitet hatte, war mit dem Ausbruch des Dreissigjährigen Kriegs eine solche Bedrohungslage aber gegeben.

202 Manuskript Specklin 1575, Fol. 20r (unten rechts), Fol. 22r (Grundriss und Ansicht des Kärntner Tores), Fol. 23r (Burgbastei), Fol. 23v (Biberbastei).

203 Ein Gesicht der kleinen Predigerbastei misst um 55 Meter, die Flanke inklusive Flügel rund 30 Meter. Der Kavalier der Kärntnerbastei zum Beispiel war 1547 mit einer Scharfmetze und zwei Kartaunen bewaffnet. Vergleiche Eberle 1911, S. 236.

Die Festung Basel im Dreissigjährigen Krieg – Praxis

«Deßgleichen auch werden die Waffen getragen, nicht allein zu kriegen, sondern zuverhüetten daß kein Krieg werde, vnd verursachen daß Friede bleibe.»

Im Dreissigjährigen Krieg konzentrierte sich in Basel die politische Macht im Kleinen Rat mit 64 Mitgliedern und immer mehr im ursprünglich als Kriegsrat gedachten Dreizehnerrat.[1] Kleine Gremien sind im Krieg handlungsfähiger als grosse. Als Dreierrat und Bürgermeister waren Sebastian Spörlin (1560–1644, Bürgermeister ab 1621) und Johann Rudolf Wettstein (1594–1666, Bürgermeister ab 1645) auch Mitglieder der Dreizehner. Der Grosse Rat durfte sich im Zeitraum von 1618 bis 1648 nur zu 13 Angelegenheiten äussern, zum Beispiel zum Festungsbau oder anlässlich der Erhebung von Kriegssteuern.[2]

Ob die Räte Specklins Projekte diskutierten, wissen wir nicht. Doch vergessen wurde der Baumeister in Basel sicherlich nicht: Noch das 1619 von Ludwig König verlegte Traktat von Johann Heinrich Sattler (Abb. 50) zum Beispiel popularisierte hauptsächlich Specklins Methoden im Festungsbau.[3] Johann Heinrich ist der Sohn von Wolfgang Sattler, der 1588 im Auftrag des Rates mit Specklin verhandelt hatte.

Am Anfang des Krieges – Basel zählte schätzungsweise 11 000 Einwohner[4] – verfolgte man zum Schutz der Stadt zwei sich ergänzende Strategien: Verstärkung der Garnison und Ausbau der Festung. Die anfängliche Energie, mit der die Regierung sich der Sache annahm und die bei akuter Bedrohung durch die Annäherung feindlicher Heere immer wieder angefeuert wurde, erlahmte aufgrund der exorbitanten Kosten für Heer und Festung in nur wenigen Jahren. Aufgrund der Kosten wurden die Massnahmen für diese Strategie nur partiell und in reduzierter Form durchgeführt und durch eine wirkungsvolle Diplomatie ergänzt.

Um diese Tatsachen in den historischen Kontext einzuordnen, wenden wir uns in diesem Kapitel nach einer durch die schlechte Quellenlage erschwerten Analyse der während des Dreissigjährigen Krieges ausgeführten Festungsbauten den Rahmenbedingungen, der Politik, den Finanzen und der Strategie der Landesverteidigung zu.

Der Ausbau der Festung Basel

Über den Zustand der Wehranlage unmittelbar vor dem Dreissigjährigen Krieg sind wir durch den sicherlich idealisierten Merianplan von 1615 unterrichtet (Abb. 40). Nach dem Ausbau gibt der Merianplan von nach 1638 eine ungefähre Übersicht (Abb. 51). Der Vergleich zeigt, dass man in Grossbasel zwischen Rhein und Petersplatz einen Wall hinter der Mauer aufschüttete und vielleicht die Türme umbaute. Man warf vier Schanzen bei St. Johann, beiderseits des Birsigs und bei St. Alban auf. In Kleinbasel sind zwei neue Wehren zu sehen. Die folgenden Ausführungen werden jedoch zeigen, dass die Werke zum Teil nicht in der dargestellten Form und zum Teil überhaupt nicht ausgeführt wurden. Merian stellte eher Projekte als Ausgeführtes dar. Der vermutlich genaueste erhaltene Plan aus dem 17. Jahrhundert, der die tatsächlich ausgeführten Umbauten zeigt, stammt nicht aus der Bauzeit, sondern findet sich auf einem Festungsentwurf von wahrscheinlich Georg Friedrich Meyer (1645–1693) aus den 1680er-Jahren (Abb. 52).[5] Hier ist unter anderem zu sehen, dass man die Schanzen bei St. Johann und St. Alban nicht an die bestehende Mauer anhängte, sondern als Ravelins vor dem Graben errichtete.

In einem auf den 18. Januar 1603 datierten Bedenken von Andreas Ryff,[6] das als Reaktion auf die Genfer Escalade im Dezember 1602 zu werten ist, werden jene Stellen aufgezählt, an denen man leicht in die Stadt eindringen konnte. Diskutiert wurde damals auch die Einführung einer Vermögenssteuer zur Finanzierung eines professionellen Wachdienstes und überhaupt die Polizeiordnung.[7] Am 15. und 25. März 1611 verhandelte der Kleine Rat über die Ausbesserungen von Toren und Bollwerken.[8] Am 23. Oktober 1611 wurde ein eher schlecht als recht funktionierender besoldeter Wachdienst eingeführt.[9]

Anfang des Dreissigjährigen Krieges intensivierte man diese Bemühungen: In mehreren Sitzungen in den Jahren 1619 und 1620 wurde das Zumauern von Fenster und Türen in der St. Johanns-Vorstadt und in Kleinbasel sowie die Säuberung der Bollwerke von Gewächsen, welche die Quader auseinandertrieben, und die Instandstellung der Tore angeregt und beschlossen.[10] In einem Bedenken vom 23. Oktober 1619 wurde die Schliessung der Tore gefordert, die Nacht-, Tor- und Hochwacht organisiert sowie die Stationierung von Spähern und heimlichen Wachen im Umland angeordnet.[11] Noch vor der Schlacht am Weissen Berg (8. November 1620), am 13. September 1620, beauftragte der Kleine Rat Johann Lucas Iselin d. Ä. bei St. Peter (1553–1632),[12] mit den Hauptleuten ein Bedenken auszuarbeiten, wie die Stadt vor Feinden zu bewahren sei, und am 18. September 1620 delegierte man ein solches Bedenken dann an die Bauherren.[13] Der unbefriedigende Zustand der Befestigung wurde erkannt, und am 7. Oktober 1620 fasste der Kleine Rat den Beschluss: «Soll nach einem Ingenieur getrachtet werden.»[14]

Die Wahl fiel auf Claude Flamand (1570–1626), einen kriegserfahrenen Ingenieur und Autor eines in Basel sicherlich bekannten Fortifikationstraktates, dessen Erscheinen zwei Tage später mit einem Schreiben an seinen damaligen Herrn, Herzog Ludwig Friedrich von Württemberg (1582–1628, Herzog ab 1608) erbeten wurde.[15] (Zu den Biografien der Flamands vergleiche S. 80.)

Ende November 1620 referierte der Bürgermeister vor dem Kleinen Rat, was Claude Flamand, der mit seinem noch jungen Sohn Jean Flamand (1597–1634) zusammenarbeitete, in einem nicht erhaltenen Gutachten schrieb.[16] Lux Iselin d. Ä. und Leonhard Lützelmann (1564–1634)[17] handelten darauf für Claude eine Verehrung von 200 Pfund, für Jean eine von 50 Pfund aus und dankten dem Herzog von Montbéliard.[18]

Im Februar 1621 befahl dann der kleine Rat Lux Iselin d. Ä., Leonhard Lützelmann und dem Stadtschreiber, Claude Flamand dauerhaft zu bestallen, was jedoch noch der Ratifikation des Grossen Rates bedürfe.[19] Die feste Anstellung von Claude scheint trotz Verhandlungen mit dem Herzog von Montbéliard weder zu

Eingangszitat: Peter Holzappel im Gutachten StABS, Politisches P 2, Fol. 46v.

1 Der Dreizehnerrat bestand aus den beiden Bürgermeistern, den zwei Oberzunftherren und neun Mitgliedern des Kleinen Rates.

2 Stritmatter 1977, S. 3. Die Berufungen des Grossen Rates werden bei Heusler 1866, S. 229–232 aufgeführt.

3 Zu Sattler 1619 vergleiche den Beitrag von Büchi in Oechslin 2018, S. 577–582.

4 Stritmatter 1977, S. 61.

5 Für Meyer als Planverfasser und für die Datierung sprechen die formale Ähnlichkeit sowie die Handschrift der von Meyer signierten und datierten Pläne StABL, KP 5003, 0131 (von 1681), 0349a und 0349b (Sissacher Bann von 1689–1692), KP 5001, 0019 (von 1685), 0050a (1681), 0071 (Schloss Wildenstein von 1681).

6 StABS, Politisches P 2, Anfang. Die Zuschreibung erfolgt Heusler 1866, S. 190, der nach der alten Signatur Bd. N°. 9, St. 91/135 zitiert.

7 Heusler 1866, S. 191–192.

8 StABS, Protokoll Kleiner Rat (16), 15. und 25. 3. 1611.

9 Heusler 1866, S. 194–195.

10 StABS, Protokoll Kleiner Rat (16), 19. und 22. 5. 1619, 6. 9. und 8. 10. 1620. Vergleiche auch Heusler 1866, S. 197 und Stritmatter 1977, S. 169.

11 StABS, Politisches P 2, Fol. 74–79. Vergleiche dazu auch Heusler 1866, S. 197–198.

12 Der Kaufmann Johann Lucas Iselin wurde 1676 als Tuchhändler zu Safran zünftig und verheiratete sich im selben Jahr mit Helena d'Annone. Der Politiker, dem man in politischen Dingen ‹Kaltsinnigkeit› attestierte, wurde 1591 Mitglied des Grossen Rates, 1605 Ratsherr, 1609 Dreizehnerherr und 1611 Dreierherr. Zur Biografie vergleiche Wanner 1964, S. 22–26 (Beitrag von Andreas Staehelin).

13 StABS, Protokoll Kleiner Rat (16), 13. 9. 1620 und 18. 9. 1620.

14 StABS, Protokoll Kleiner Rat (16), 7. 10. 1620.

15 Basel an Württemberg, 9. 10. 1620 (Stritmatter 1977, S. 169 nach StABS, Missiven A 82a, Fol. 237). Antwort am 15. 10. 1629 (StABS, Bau Z 1).

16 StABS, Protokoll Kleiner Rat, 25. 11. 1620.

17 Zur Biografie vergleiche Zwinger 1634. Lebensdaten: geboren am 27. 10. 1564, begraben am 3. 2. 1634; Vater Leonhard Lützelmann (gest. 1587); Mutter Christina Hagenbach; 1. Frau Dorothea Vogel aus Colmar (gest. 1588); 2. Frau Margaretha Wohnlich (gest. 1626); 1624 wurde er in den Dreizehnerrat berufen, ab 1631 war er Oberster Zunftmeister.

18 StABS, Protokoll Kleiner Rat, 27. 11. 1620.

19 StABS, Protokoll Kleiner Rat, 28. 2. 1621.

Abb. 50: Johann Heinrich Sattler, *Von Festungen, Schanzen und Gegenschanzen*, 1619, Titelblatt

Abb. 51: Matthäus Merian d. Ä., Vogelschauplan von Basel, nach 1638

diesem Zeitpunkt noch später zustande gekommen zu sein.[20] Der Kleine Rat erteilte den Dreizehnerherren dennoch den Auftrag, sich über die Befestigung zu beraten; die Bauherren wurden angewiesen, Vorräte notwendiger Materialien anzulegen und zu bedenken, wie der Weg um die Ringmauern, besonders beim St. Johanns- und Aeschentor, verbessert werden könne.[21]

Es bedurfte einer konkreteren Bedrohung, damit sich der Rat genötigt fühlte, die Sache ernsthafter anzugehen: Im Winter 1621/22 rückten im Elsass überwinternde Soldaten von Peter Ernst von Mansfeld (1580–1626) plündernd Richtung Süden vor. Eine Flüchtlingswelle erreichte Basel.[22] In dieser Situation sicherte sich der Kleine Rat politisch ab und liess sich am 17. Januar 1622 vom Grossen Rat «volle Gewalt und Macht» zur «Stadtdeffension» erteilen.[23] Dies betraf zunächst die Stadtgarnison: Ein paar Tage zuvor hatte der Kleine Rat beschlossen, 300 Mann aus der Landschaft einzuziehen.[24] Weil es aber unmöglich schien, die Miliz dauerhaft zu halten, sollten ein Platzkommandant und Söldner geworben werden. Ende Januar beschloss der Kleine Rat, Peter Melander von Holzappel (8. 2. 1589–17. 5. 1648) zwecks Anwerbung eines erfahrenen Kommandanten und von zwei Büchsenmeistern nach Den Haag zu Moritz von Oranien zu schicken. Dieser konnte oder wollte diesem Anliegen aber nicht entsprechen, da er selbst unter Personalmangel litt.[25]

In der Folge verhandelte der Rat direkt mit Melander. Dieser trotz streng protestantischer Erziehung überkonfessionell agierende Kriegsunternehmer, der eine zwar nicht einmalige, aber doch beeindruckende Karriere bis zum Kaiserlichen Feldmarschall und ein beträchtliches Vermögen machen sollte, stand damals noch in Diensten Venedigs.[26] Nach seiner Rückkehr aus Den Haag am 1. Juli wurde Melander für ein Jahr mit einem Gehalt von 1200 Gulden monatlich und einer jährlichen Zulage von 1200 Gulden für Wohnung und Pferdefutter bestallt.[27]

Am 10. Juli 1622 fasste der Rat den Entschluss, 300 Söldner zu werben. Bis im Herbst 1622 stockte man dieses Kontingent auf 750 Mann auf. Erst nach und nach scheint man sich der Kosten dieser Aufrüstung bewusst geworden zu sein. Als Melander auch noch 100 Reiter werben wollte, wurde im Rat die Beurlaubung der

20 StABS, Protokoll Kleiner Rat, 21. 3. 1621 (Antwortschreiben Herzog Ludwigs betreffend Claude Flamand); 10. 10. 1621 («Schriben von Herzogen zu Montbellgard bedreffend den Ingenieur Claude Flammend.»); 26. 11. 1621 («Soll der Jngenieur von Montbelgard allhero beschriben werden.»); 31. 8. 1622 (Schaffhausen bittet um Übersendung von Claude Flamand; dieser befindet sich jedoch nicht in Basel).

21 StABS, Protokoll Kleiner Rat, 21. 3. 1621 (Bauherren sollen Provision für notwendige Materialien machen); 12. 11. 1621 (die Dreizehn werden beauftragt, sich über die Befestigung der Stadt zu beraten); 26. 11. 1621 (den Bau- und Lohnherren wird befohlen, zu bedenken, wie der Weg um die Ringmauern verbessert werden könnte).

22 Vergleiche Stritmatter 1977, S. 19–21.

23 StABS, Protokoll Kleiner Rat (17), 17. 1. 1622.

24 StABS, Protokoll Kleiner Rat (17), 12. 1. 1622; vergleiche Heusler 1866, S. 202.

25 Die Anfrage wurde nach Heusler 1866, S. 203 am 30. 1. 1622 beschlossen. Antwortbrief von Moritz von Oranien vom 12. 3. 1622 (StABS, Politisches P 2, Fol. 127), aus dem hervorgeht, dass Melander Moritz ein Schreiben des Rates vom 2. 2. 1622 (StABS, Missiven B 32, Fol. 220v–221v, Entwurf StABS, Politisches P 1, 1619–1631) überreicht hatte.

26 Zur Karriere vergleiche zuletzt Leins 2012.

27 Verhandlungen mit Melander wurden nach Stritmatter 1977, S. 168 am 2. 7. 1622 eingeleitet. Gehalt bei Stritmatter 1977, S. 168 nach StABS, Politisches P 8, Fol. 98.

Abb. 52: Georg Friedrich Meyer (?), Festungsentwurf für Basel und Darstellung der im Dreissigjährigen Krieg ausgeführten Werke

Hälfte der Soldaten beantragt und – trotz Melanders Abraten – am 19. März 1623 beschlossen.[28]

In einer vor dem Rat am 22. Februar 1623 vorgetragenen ausführlichen Analyse der politischen und militärischen Lage stellte Melander fest, dass der eigentliche Sinn der Rüstung die Erhaltung des Friedens mittels militärischer Abschreckung sei: Waffen würden nicht nur getragen, um zu kämpfen, sondern auch um den Krieg zu verhindern und den Frieden zu erhalten.[29] «Vnd weill die Hülff der Eÿdgenossen, förcht ich, etwas langsam kommen würdt, ist gutt dass ein ieder sich selbsten versorge, vnd arbeite Tag vnd Nacht, damit die anderen dessgleichen thun, vnd also ihre Freyheit nicht allein erhaltten, sonder sie auch von allen vmbliegenden Potentaten entheben werden.»[30]

Die Freiheit des Gewissens und der Regierung sei seit je nur mit dem Einsatz von Gut und Blut zu verteidigen. Der Zeitpunkt, die inzwischen an die Kriegszucht und die Stadt gewöhnten Soldaten zu entlassen, sei denkbar schlecht gewählt, auch weil die Befestigung der Stadt noch im Bau sei.[31]

Es half nichts. Am 23. Juni 1623 wurde die Garnison auf 80 Mann und 14 Offiziere reduziert. Das ganze Unternehmen kostete die beträchtliche Summe von 131 303 Gulden und 10 Schilling.[32]

Die im Januar 1622 vom Grossen Rat Basels erteilte «volle Gewalt und Macht» zur «Stadtdefension» betraf auch die Festungsbauwerke.[33] Am 5. Januar 1622 befahl man Leonhard Lützelmann, nach Genf zu reiten und das Erscheinen von Théodore Agrippa d'Aubigné (1550–1630) zu veranlassen, der damals die Stadt Bern beriet.[34] Am 27. April sollte Lützelmann dann d'Aubigné in Bern abholen. Claude Flamand wurde angeschrieben.[35]

Da man Bern im 16. Jahrhundert nicht mit Rondellen verstärkt hatte, war die Befestigung dieser Stadt zu Anfang des Dreissigjährigen Krieges weit weniger modern als jene Basels oder Solothurns. Am 30. März 1622 beschloss man «die Form der Fortification

28 Heusler 1866, S. 203–209.

29 StABS, Protokoll Kleiner Rat vom 22. 2. 1623 und Politisches P 2, Fol. 46–47. «Deßgleichen auch werden die Waffen getragen, nicht allein zu kriegen, sondern zuuerhüetten daß kein Krieg werde, vnd verursachen daß Friede bleibe» (StABS, Politisches P 2, Fol. 46v).

30 StABS, Politisches P 2, Fol. 46v.

31 «Auch find ich nicht guet das Abdancken, weill die Statt ietzund am bauen vnd offen ist, vnd weil dieselbige Statt so gross, vnd so viel Pfortten vnd Wachten zuuersehen hatt, were meine Meinung, vnd hochnöthig, daß zum wenigsten noch ein Fähnlein angenommen würde, wie auch ein Hahnen Reütter» (StABS, Politisches P 2, Fol. 46v).

32 Heusler 1866, S. 207.

33 StABS, Protokoll Kleiner Rat (17), 17. 1. 1622. Schon Heusler 1866, S. 229 vermutet zu Recht, dass die Zustimmung des Grossen Rates auch zur Fortifikation gegeben wurde.

34 StABS, Protokoll Kleiner Rat (17), 5. 1. 1622. Es scheint schwierig gewesen zu sein, den Aufenthaltsort der Herren zu ermitteln. Flamand wurde in Bern vermutet (Brief vom Rat der Stadt Bern betreffend Flamand StABE, AV 412 (Baselbuch O), S. 233–235). Betreffend d'Aubigné kommunizierte man auch mit Genf (Brief vom Rat von Genf betreffend d'Aubigné, StABS, Politisches P 2, Fol. 106).

35 StABS, Protokoll Kleiner Rat (17), 27. 4. 1622 («H. Leonhart Lützellman ist befohlen den Heren von Aubigny von Bern abzuholen. Claude Flammend soll anbeschriben werden.») Die Korrespondenz von Théodore Agrippa d'Aubigné mit Leonhard Lützelmann ist erhalten GenèveBGE, Arch. Tronchin 152, Fol. 50v–51v, 54v–55v.

Claude und Jean Flamand

Der Soldat, Ingenieur, Mathematiker und Architekturtheoretiker Claude Flamand (1570–1626) arbeitete schon von 1592 bis 1598 als Ingenieur für Friedrich I. von Württemberg (1557–1608).[1] Um 1595 kämpfte er gegen die Osmanen in Ungarn.[2] Zwischen 1598 und 1610 führte er Aufträge im Burgund, in der Lorraine und in Savoyen aus.[3] Es werden ihm Brückenbauten in Dole (1602), Besançon (1602), Gray (1603–1605) und Conflandey (1603) zugeschrieben.[4] Seit 1609 stand er als Nachfolger des berühmteren Heinrich Schickhardt (1558–1635) als Ingenieur, Baumeister und Bauverwalter in Diensten von Ludwig Friedrich von Württemberg. Zugeschrieben werden ihm die Mitarbeit an den Befestigungen der Neustadt von Montbéliard, Genf (1610 und 1625) und Verdun (1625).[5] Für Basel arbeitete er in den Jahren 1620 bis 1623, liess sich aber meist durch seinen Sohn Jean vertreten. Im Oktober 1622 verfasste er auch ein Gutachten für Schaffhausen. Darin erteilte er Ratschläge, wie Schiessscharten in die bestehende Mauer zu brechen seien und wie man sich gegen einen Handstreich mit Wällen, Kavalieren und inneren Abschnitten sowie Schanzen im Umfeld der Stadt schützen könnte.[6] Auch schlug er vor, die Stadttore durch Ravelins, Barrieren und Fallbrücken zu sichern.
Es kann gut sein, dass Flamand in Basel durch die von ihm veröffentlichte Fachliteratur bekannt war. Schon in das Jahr 1597 fällt die Publikation seines Buches *La guide des fortifications et conduite militaire*, das als erstes in französischer Sprache gedrucktes Fortifikationstraktat gilt.[7] Rezipiert wurde dieses Traktat beispielsweise vom Theosophen Robert Fludd (1574–1637), der in seinem Hauptwerk Flamands Holzschnitte in Kupferstich übersetzen liess.[8] Flamand ergänzte das Festungsbuch noch 1597 mit einer Publikation zur praktisch angewandten Mathematik im Militärwesen, in der besonders das Vermessungswesen und einige Probleme der Mechanik behandelt werden.[9] 1611 erschien eine umgearbeitete Fassung des Festungsbuchs,[10] die dann von Hans Conrad Wieland (1592–1656) aus Basel ins Deutsche übersetzt wurde: *Gründlicher Unterricht von Aufrichtung und Erbauung der Festungen* (Montbéliard: Jaques Foillet, 1612).[11] Solche Übersetzungen konnten – neben dem militärischen und politischen Nutzen – auch Bildungsbedürfnisse wie beispielsweise das Erlernen einer Fremdsprache unterstützen. Dies zeigt ein erhaltenes Exemplar der deutschen Version aus dem Besitz von Andreas Ryff, das einen Brief Wielands vom 28. April 1612 an den Basler Ratsherrn Beat Hagenbach, seinen Paten, enthält. Darin meint Wieland, dass er seinem «Götti» das für das «gemeine Vatterland theutscher Nation» übersetzte Traktat zuschicke, um zu belegen, wie gut er inzwischen das Französische beherrsche.[12] Hans Conrad Wieland, der 1623 Kanzlist in Montbéliard war,[13] publizierte übrigens – wiederum zugunsten deutscher Nation und als Liebhaber der französischen Sprache – auch eine Übersetzung der *Kriegskunst* von Niccolò Machiavelli aus dem Französischen, die zwar in Montbéliard gedruckt, aber von Ludwig König (1572–1641) aus Basel – einem der wohlhabendsten Bürger – finanziert und verlegt wurde.[14]

Claude Flamand arbeitete mit seinem Sohn Jean (getauft am 29. April 1597 – 14. September 1634) zusammen. Zwischen 1620 und 1621 bewarb sich Jean als Ingenieur von Moritz von Nassau und nahm an mehreren Belagerungen in den Niederlanden teil.[15] Er verfasste ein fünfzig Seiten starkes Manuskript *La manière de camper selon l'ordre et pratique de feu l'illustre Maurice de Nassau* mit einer Widmung an Herzog Ludwig Friedrich vom 21. November 1625, um nach dem Tod seines Vaters als dessen Nachfolger angestellt zu werden.[16] Nach einem Prozess im Jahr 1631 – er soll einen Kavalier mit der Pistole erschossen haben – verstarb er am 14. September 1634 unter dubiosen Umständen. Sein Nachlassverzeichnis enthält eine Beschreibung der wohl von seinem Vater ererbten Fachbibliothek, deren Umfang zwar von der berühmten Bibliothek von Heinrich Schickhardt übertroffen wurde, die aber im Bereich der Militärarchitektur mit den Traktaten von Girolamo Cataneo, Carlo Theti, Buonaiuto Lorini, Daniel Specklin, Jean Errard de Bar-le-Duc, Simon Stevin und Hendrik Hondius die wichtigsten Werke enthielt.[17]

Abb. 53: Portrait Claude Flamand mit Zirkel, Flamand 1597, Titelseite

LA
GVIDE DES
FORTIFICATIONS ET
CONDVITTE MILITAIRE; OV
sont contenus sept liures de Mathematic-
que,& Geometrie, contenant ce qu'est
le plus necessaire, pour l'vtilité de
la vie humaine.
AV ROY,
Tres-chrestien Roy de France,& de Nauarre.
par
CLAVDE FLAMAND Ingenieux du
Duc de Vvirtemberg.
15 97
DIEV faict ses secrets paroistre
à ceux qui l'ont en honneur.
& leur monstre & faict cognoistre
de son contract la teneur. Psal. xxv.
A MONTBELIARD,
Par IAQVES FOILLET. 1597.

1 Yenny 2008, S. 53–54, 68.
2 Erfahrungen vor Esztergom (Flamand 1612, S. 57), Győr (Flamand 1612, S. 154) und Komárno werden in seinem Traktat mitgeteilt.
3 Yenny 2008, S. 72.
4 Yenny 2008, S. 73; vergleiche auch Flamand 1612, S. 127.
5 Jouffroy 1992, S. 50–51; Yenny 2008, S. 73.
6 Vergleiche Zimmermann 1967, S. 61–62 und 69–70 und StASH, Militaria F1, Nr. 5 (Beschreibung der Schanzen und Gutachten für die Tore und Ringmauern); Militaria F1, Nr. 7 («Memorial der werken so zu machen wären, zur verbeßerung vnd bevestigung dißer Statt»). Die Pläne der Schanzen sind Militaria F2, Nrn. 5, 6 und 8 erhalten. Weitere Pläne sind im Geheimen Kriegbuch von Bürgermeister Heinrich Schwarz enthalten (vergleiche Zimmermann 1967, S. 73).
7 Die erste Ausgabe des Traktats wurde in zwei nicht autorisierten Ausgaben ohne Nennung des Autors in deutscher Sprache veröffentlicht (vergleiche Beitrag Büchi in Oechslin 2018, Nrn. 224 und 225).
8 Fludd 1617, Bd. 1, Teil 2, «TRACTATUS SECVNDI PARS VI. DE ARTE MILITARI.», «LIBER PRIMUS De munimentis & propugnaculis», S. 345–394.
9 Flamand 1597a wurde übersetzt als Flamand 1616.
10 Flamand 1611.
11 Ein Exemplar StABS, D 202 stammt aus dem Besitz von «Maria Weÿerin A° 1627 ./. Ad 11 Januarj./.» und kam erst 1914 ins Staatsarchiv.
12 BaselUB, Magazin. Sign. Kg IX 11.
13 StABS, Bau Z 1, 1535–1806, Brief vom 20. April 1623.
14 Das Vorwort ist auf den 24.6.1619 datiert.
15 Jouffroy 1992, S. 53.
16 Bibliothèque Municipale de Montbéliard, Manuscrit 79; vergleiche Jouffroy 1992, S. 55.
17 Inventar publiziert bei Jouffroy 1992. Analyse in Yenny 2008a. Zu den Traktaten vergleiche die Beiträge von Büchi in Oechslin 2018.

Abb. 54: Valentin Friedrich (zugeschrieben), Planung Festung Bern mit ausgeführtem Westwerk

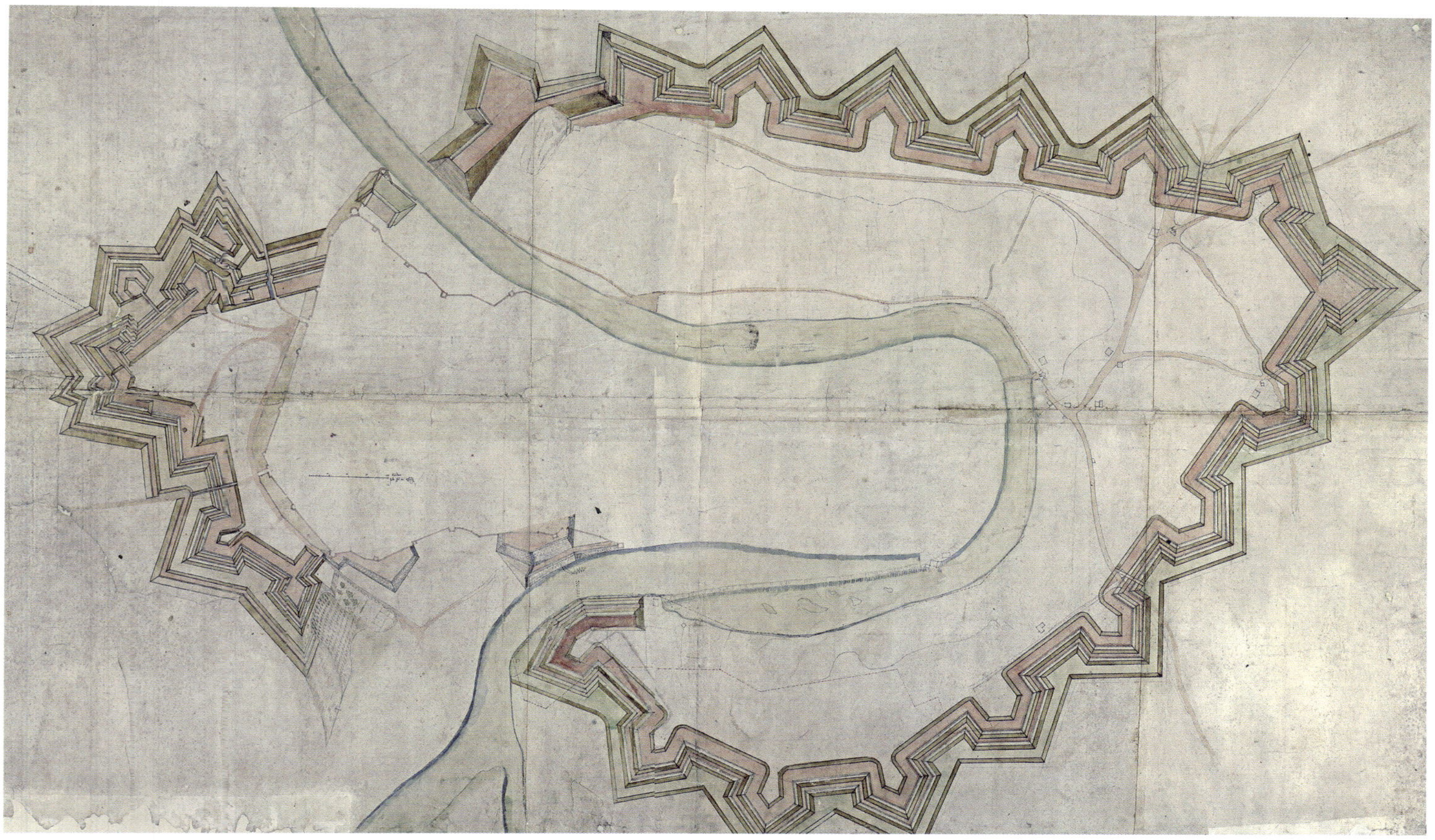

nach des H. von Aubigné Project und Entwurff an die Handt zu nemen».[36] Bereits im März 1623 waren die zu Pfeifen- und Trommelspiel von Männern, Frauen und Kindern in Fron durchgeführten Erdarbeiten im Wesentlichen abgeschlossen.[37] Vollendet wurde der Ausbau allerdings erst im Jahr 1633 (Abb. 54). Die relativ kurze Bauzeit war nur möglich, weil die Berner dank der vorteilhaften topografischen Situation lediglich das Westwerk ausführen mussten. Ausbauten jenseits der Aare unterblieben, trotz Projekten von Valentin Friedrich,[38] François de Treytorrens (1624)[39] und – noch im 18. Jahrhundert – von Johann Anton d'Herbort[40]. Das stadtseitige Ufer der Aare wurde von Ende 1639 bis Anfang 1641 nur mit der sogenannten Längmauer geschützt.[41] Trotzdem meint Agrippa d'Aubigné in seinen Memoiren mit dem üblichen Selbstlob, dass Bern eine Stadt sei, «qui passe aujourd'hui pour une des plus belles & des plus réguliéres fortifications qu'il y ait en Europe».[42]

Théodore Agrippa d'Aubigné weilte vom 1. bis zum 25. Mai 1622 in Basel.[43] Sein Auftritt mit zwei Begleitern liess sich die Stadt immerhin 1994 Pfund und 2 Schilling kosten.[44] Claude und Jean Flamand dürften ebenfalls präsent gewesen sein.[45] Am 22. Mai lag dem Rat das Bedenken Agrippas mit einem leider nicht erhaltenen Grundriss von Nathan d'Aubigné (Seigneur de la Fosse; 1601–1669) vor. Vater und Sohn d'Aubigné empfahlen eine Befestigung der Stadt mit 22 Bastionen.[46]

Ein nicht ganz leicht zu interpretierendes Gutachten für Basel hat sich in den Papieren d'Aubignés erhalten.[47] Im dialektisch aufgebauten «petit discours»[48] führt dieser aus, dass die Verteidigung von Konfession und Freiheit auf zweierlei Art geschehen könne: Entweder verteidige man sich gegen den Antichristen im modernen Festungskrieg oder – wie die Vorfahren – in blutigen Feldschlachten. Es gebe nun Städte – gemeint ist Bern –, die dank vorteilhafter Situation in kurzer Zeit verteidigungsfähig gemacht werden könnten. «Vostre excellente ville n'est pas de ce rang.»[49] Im Falle Basels würde eine Befestigung ausserhalb der ohnehin schon zu ausgedehnten bestehenden Stadtmauern viele Weingüter und Gärten betreffen. Basels Untertanen – die Herren nimmt d'Aubigné nicht direkt in die Pflicht – würden jedoch besser einen Teil

36 Zitiert nach Hofer 1953, S. 97. Der Entwurf ist nicht erhalten.
37 Hofer 1953, S. 56. Es schanzten bis zu 224 Männer, 82 Frauen und 100 Kinder.
38 Valentin Friedrich († 1640) war ursprünglich Schreiner und stammte aus Basel, wo er, wie mir Dr. Bruno Meyer (Zug) kurz vor Drucklegung dieses Buches mitteilte, um 1606 möglicherweise an der Wehranlage arbeitete. Seit 1609 war er im Dienst Berns. Zeitweise war ihm die Ausbildung der Berner Fusstruppen im niederländischen Exerzitium aufgetragen und er verfasste 1619 eine *Kriegs Kunst zu Fuss*, die er den vier evangelischen Städten Zürich, Bern, Basel und Schaffhausen widmete. Zudem war er als Spion für Bern und Zürich aktiv: «Weitläufiges bedenken und Abriss Valentin Friedrichs der Statt Bern Ingenieurs, wie man beid Stett Luzern und Zug uff ein zyth verschantzen und belegeren möcht» (ZürchZB, Ms. H. 38 zitiert nach Peter 1907, S. 16). Vergleiche auch das «Bedenken Herren Valentin Friedrichs wegen conjunction beider Stetten Zürich und Bern.» (StAZH, B III. 213, S. 725–731 zitiert nach Peter 1907, S. 133–136, Beilage I mit wohl nicht erhaltenem Plan von Zug). Im September 1628 erteilte Friedrich Ratschläge für die Befestigung von Schaffhausen (StASH, Militär F1, Nr. 22 mit Ratschlag und Brief).
39 Februar bis April 1624 wurde der waadtländische Ingenieur François de Treytorrens von Genf nach Bern berufen (Hofer 1953, S. 56 und 97).
40 Zu Herbort, der mit der konsequenten Entwicklung des Tenaillensystems zu den wichtigeren Ingenieuren des 18. Jahrhunderts zählt, vergleiche StABE, Planarchiv Schauenburg-Sammlung Nr. 39 (Proposition de 18 emplacements fortifiés à monter en terre en cas de menace; estimation du coût de leur construction; référence à un mémorandum séparé et détaillé remis au Conseil de guerre) und StABE, Planarchiv Atlanten 9 (Befestigungsprojekt der Stadt Bern von Herbort; Grundriss und Nebenpläne mit Kommentar) und dessen Traktat *Nouvelle manière suisse de fortifier les places*. Augsburg: Johann Andreas Pfeffel; Frankfurt: Johann Benjamin Andreae I. und Paul Heinrich Hort Erben; Leipzig: Jakob Schuster, 1734.
41 Vergleiche Hofer 1953, S. 61–63.
42 Aubigné 1731, Bd. I, S. 199.
43 Heusler 1866, S. 219.
44 Heusler 1866, S. 219.
45 Schreiben vom 4. 5. 1622 an Claude Flamand, StABS, Missiven B 32, Fol. 260v–261r sowie StABS, Protokoll Kleiner Rat, 22. 5. 1622. Dies wird auch durch die Finanzakten bestätigt: «144 lb 1 ß 8 d. haben beede Herren Flamandt von Mümpelgart zum Wildman verzehrt» (StABS, Finanz G 32, 6. 7. 1622).
46 «A l'exemple de Berne, ceux de Basle voulurent me consulter aussi sur leurs fortification, & me dépêchérent pour ce sujet le Sieur de Lutkelman [Leonhard Lützelmann]. Mais de vingt deux bastions que je leur fis tracer par le Sieur de la Fosse [Nathan d'Aubigné], ils se contentérent d'en faire seulement quatre; desorte que cette fortification est restée dans l'imperfection où elle se trouve jusqu'à présent» (Aubigné 1731, Bd. I, S. 200).
47 Plan 1945, S. 101–106.
48 Plan 1945, S. 101.
49 Plan 1945, S. 102.

Abb. 55: Johannes Ardüser, Schaffhausen mit den Entwürfen von Des Serres (gelb mit Gegenminen), Löscher (rot gestrichelt) und Ardüser (schwarz ausgezogen), vor 1654

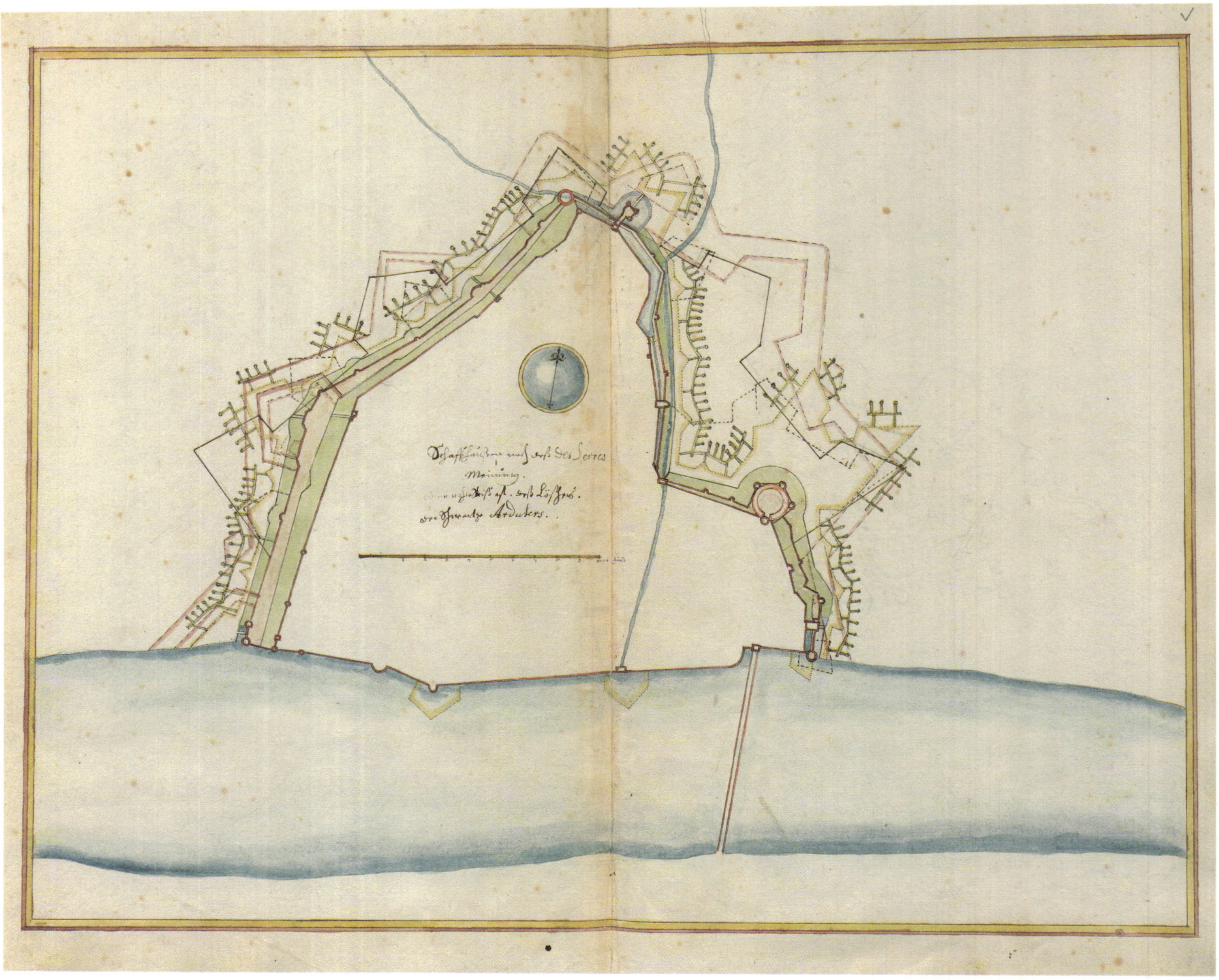

opfern, als alles zu riskieren. Aber: «Basle est malade de sa grandeur, de ses délicieuses possessions et de ses hommes nourris en grand tranquilité.»[50] Zur Verteidigung müsse die Miliz instruiert, eine noch zu bestimmende Zahl von Söldnern geworben und eine Festung von 22 Bastionen mit durchgehendem Wall errichtet werden.[51] Besonders beidseits des Steinentors sei es unbedingt notwendig, den dominierenden Höhen Bollwerke entgegenzustellen. Eine so weitläufige Anlage sei jedoch nicht wie jene Berns in nur sechs Monaten zu vollenden, sondern benötige eine Bauzeit von mindestens drei Jahren. Bauzeit und Baukosten wurden – wie so oft – unterschätzt, denn selbst Bern sollte fast zehn Jahre am Westwerk arbeiten. Da die Feinde Basels danach trachten könnten, die Befestigung der Stadt zu verhindern, sei – so d'Aubigné – während der langen Bauzeit zudem ein feindlicher Überfall zu befürchten, der weitere kostspielige Massnahmen erfordere.[52]

Diese Problematik führt Agrippa d'Aubigné zum dritten Weg zwischen den Extremen der blutigen Feldschlacht und der kostspieligen Befestigung.[53] Man müsse sich mit dem Degen in einer und der Schaufel in der anderen Hand verteidigen: Er schlägt – in Analogie zu Genf und Bern – eine Territorialverteidigung mit einer Armee mittlerer Grösse vor, deren Abteilungen an strategisch günstigen Stellen in Militärcamps stationiert werden sollten. Diese mit Feldbefestigungen geschützten Heerlager sollten dem Gegner Mittel und Hoffnung nehmen, die Herrschaft der Stadt zu bedrohen. Es müsse aber darauf geachtet werden, dass der Gegner nicht zwischen die im Zentrum des Territoriums liegende Stadt und eines der peripheren Lager eindringen könne. Die Versorgung und der Entsatz aller Camps – also die Sicherheit der Verkehrswege – müsse jederzeit gewährleistet bleiben.

Die vorgeschlagenen Massnahmen schienen dem Rat undurchführbar.[54] Jedenfalls ernannte man eine aus acht Räten bestehende Kommission, die ein realistischeres Gutachten ausarbeiten sollte. Nachdem diese Kommission zweimal gemahnt worden

50 Plan 1945, S. 102.
51 Plan 1945, S. 103.
52 Vor Einbruch des Winters 1622 könnten – so Agrippa d'Aubigné – noch die sechs Bastione auf der rechten Seite des Birsigs fertiggestellt werden. Diese Seite könne dann von den Bürgern der Stadt verteidigt werden. Die Verteidigung des Abschnitts links des Birsigs bis an den Rhein müsse von einer grossen Zahl geworbener Söldnern übernommen werden. Gefordert wird der bedingungslose Kampf: Das unbefestigte Kleinbasel könne im Notfall mit geworbenen Eliteeinheiten «pied à pied» verteidigt und bei Verlust gesprengt werden.
53 Plan 1945, S. 103.
54 StABS, Protokoll Kleiner Rat, 22. 5. 1622 («Des Heren von Aubigné bedenken, wie die statt möchte bevestiget werden[,] ist abgelesen vnd dabei notwendiger bricht gescheh[en]. Soll man vn[der]sehen [!] dises ins werk zurichten. Wie es ab[er] bescheh[en] könne, sollen bedenkens haben H. Bürg[er]meister Ringler, H. Hans Jacob Burckart, H. Hans Rudolff Fesch. H. Hans Heinrich Oberriedt. H. B. Brand. H. Lux Jselin d. Ä. H. L. Lüzelman, H. [Hans Heinrich] Hoffman. Stattschriber.»). Die Kommission bestand aus den Dreizehnerherren Johann Wernhard Ringler, Bernhard Brand, Hans Heinrich Oberried, Lux Iselin d. Ä., Leonhard Lützelmann, Hans Rudolf Faesch und Hans Jakob Burckhardt.

Abb. 56: Johannes Ardüser, «Schaffhausen nach der meinung H. G. Werdmüllers.», 1654

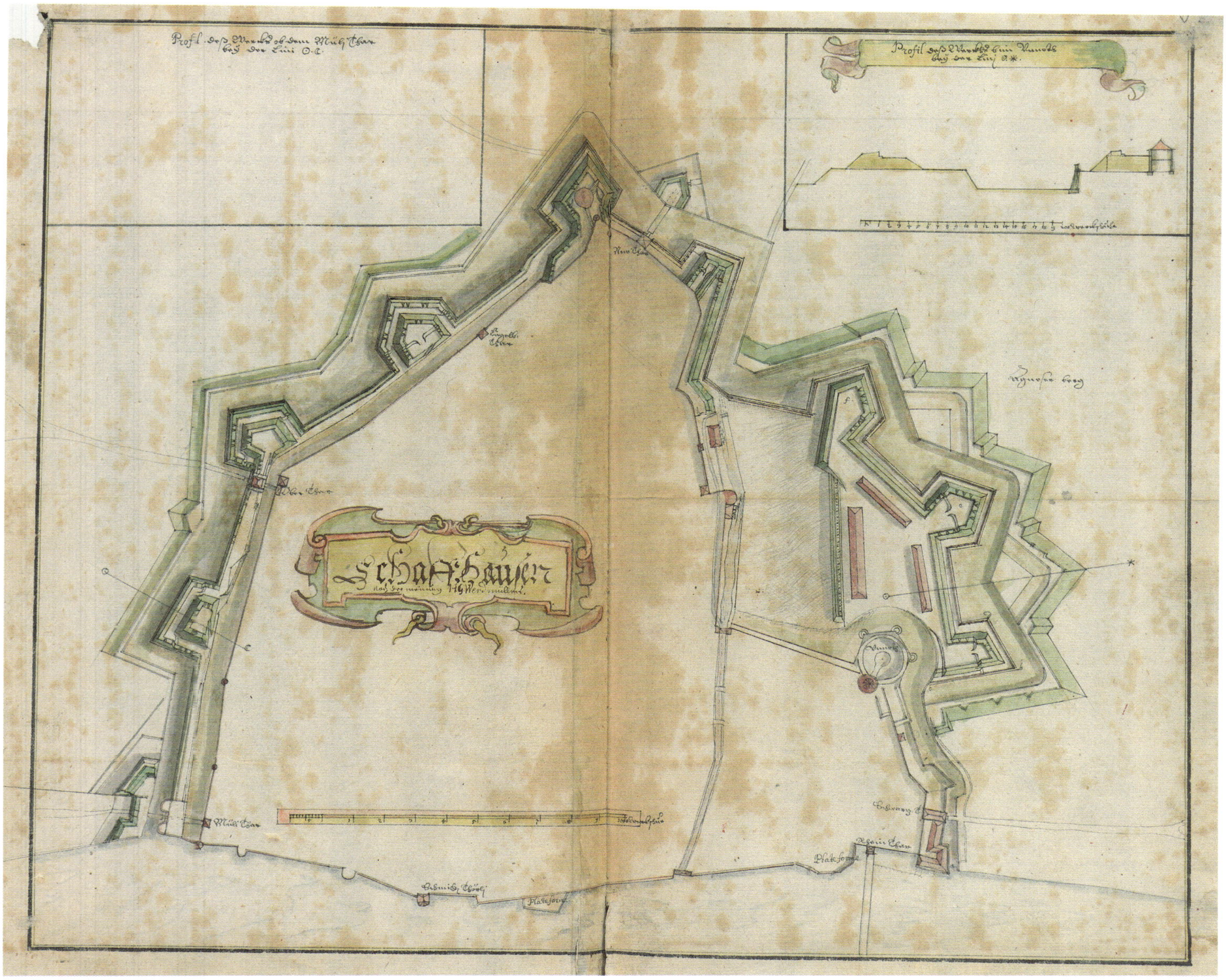

war,[55] wurde das wohl nicht erhaltene «Bedenken» – zu dem auch ein Kostenvoranschlag des Waffenhändlers und Dreizehnerherrn Johann Lucas (Lux) Iselin d. J. zu St. Martin (1567–1626)[56] gehört haben könnte – am 26. Juni 1622 vor dem Rat verlesen und eine Unterkommission bestimmt, die sich um die Finanzierung und die Enteignung der notwendigen Grundstücke kümmern sollte.[57] Jean Flamand und Nathan d'Aubigné, die ihre bereits früher abgereisten Väter vertraten, wurden mit einer «Verehrung» entlassen, sollten sich aber weiterhin zur Verfügung halten.[58] Man glaubte also, gut ohne diese jungen und eher unerfahrenen Ingenieure auszukommen.

Doch der Rat wurde wieder unsicher und zögerte. Im Juli schlug man ihm vor, Prinz Moritz von Oranien oder dessen Ingenieur Johan van Valckenburgh um Rat zu bitten – wenn man die Sache überhaupt weiterverfolgen wolle.[59] Melander – der den Vorschlag eingebracht haben dürfte – beriet sich zwar mit Bürgermeister Spörlin,[60] aber bis August geschah nichts.

Ähnlich wie in Zürich die Aktivitäten von Antistes Johann Jakob Breitinger (1575–1645) seit 1624 wesentlich zum Bauentscheid von 1642 beitrugen,[61] scheint in Basel die Initiative der Prediger ausschlaggebend dafür gewesen zu sein, dass man mit dem Ausbau der Festung überhaupt erst anfing. Im Gegensatz übrigens zu Schaffhausen, wo sich die Geistlichkeit stets ruhig verhalten haben soll, wo aber wohl auch deshalb wenig von jenen Ausbauvorschlägen realisiert wurde, die Claude Flamand (im Jahr 1622), Johannes Ardüser (1623 und 1638), Johann Jacob Zörnlin (1623 und 1638), Nathan d'Aubigné (1628), Valentin Friedrich (1628), Johannes Faulhaber (1628), Wolf Friedrich Löscher (1629 und 1634/35),[62] Jean-Jacques de Serres du Pradel (1638) und Johann Georg Werdmüller (1646) vorlegten[63] (Abb. 55 und 56).

Noch am 17. Juni 1622 verbot der Kleine Rat Basels Predigern, dass sie von der Kanzel Propaganda für die Befestigung der Stadt betrieben.[64] Die Pfarrherren liessen sich in der Folge aber bestätigen, dass die weltliche Obrigkeit die Stadt befestigen

55 StABS, Protokoll Kleiner Rat, 15. 6. 1622 und 22. 6. 1622.

56 Der Waffenhändler Hans Lux Iselin heiratete am 12. Mai 1589 Anna d'Annone. 1607 wurde er Mitglied des Kleinen Rates und 1617 Dreizehnerrat. Bekannt wurde der reichste Basler Bürger seiner Zeit durch seine Finanzgeschäfte mit Erzherzog Maximilian von Österreich und den Herzögen von Württemberg (sogenannte Iselin'sche und Gontier'sche Masse). Zur Biografie vergleiche Wanner 1964, S. 30–37 (Beitrag von Andreas Staehelin).

57 StABS, Protokoll Kleiner Rat, 26. 6. 1622.

58 Jean Flamand wurden 125 lb und Nathan d'Aubigné 25 lb bezahlt (StABS, Finanz G 32, 29. 6. 1622).

59 StABS, Protokoll Kleiner Rat, 24. 7. 1622 («So man die Fortification vornemmen wolte, soll nach dem H. von Falckenburg getrachtet, oder jhren H. H. Prinz Moritz Rhat gepflegen werden»).

60 StABS, Protokoll Kleiner Rat, 31. 7. 1622.

61 Grunder 2005, S. 21–22.

62 Wolf Friedrich Löscher (Vereidigung am 1. 2. 1637) und Jean-Jacques de Serres waren auch an der Landesdeffension Berns beteiligt (Rodt 1831, S. 134–141).

63 Zimmermann 1967, 3. Teil, S. 68. Vergleiche StASH, Militär F1 (Gutachten) und F2 (Pläne).

64 StABS, Protokoll Kleiner Rat, 17. 6. 1622. Vergleiche jetzt auch Grütter 2021.

werde.[65] Als im Herbst das Vorhaben immer noch ruhte, richteten die Prediger ein von Antistes Johannes Wolleb entworfenes, auf den 30. August 1622 datiertes Schreiben an den Rat, in dem sie – unter Androhung ewiger Strafen – den Bau der Festung forderten.[66]

In einem längeren Abschnitt rechtfertigen die Prediger ihr Eingreifen in den weltlichen Bereich.[67] Dann folgt eine Begründung, warum trotz des fünften Gebots militärische Rüstung erlaubt sei: In jenem Gebot, in dem Gott das Töten verbiete, werde erwiesen, dass Töten nicht nur bedeute, jemandem mit Gewalt das Leben zu nehmen, sondern auch, ihm das zu entziehen, was er zum Schutz seines Lebens benötige.[68] Untermauert wird das Recht zur Rüstung mit einer Reihe von Beispielen aus der Bibel.

Anschliessend werden die Prediger konkret: Seit Juni hätten sie sich zurückgehalten, doch den ganzen Sommer über habe der Rat nichts zur Verteidigung der Stadt unternommen. Die Obrigkeit solle, so ihre Bitte, die gewiss schwierigen Vorbereitungen nun um Gottes Willen endlich abschliessen und das Versäumte nachholen. Freilich könne dies nicht ohne hohe Kosten und grosse Schwierigkeiten geschehen. Aber verglichen mit dem Nutzen, der drohenden Gefahr und dem zu befürchtenden Schaden seien diese Kosten keineswegs zu hoch: «Dan was solte vns alles gelt vnd gutt helffen, wan auß mangell solcher defensions mittlen, auch die sonst hertzhafften erschreckt, das volck zu grossem vnwillen erweckt, die statt von feinden eingenom[m]en, alles nidergehauet, die weiber vnd kinder geschendet, die heüser geplünderet, die kirchen mit abgötterej beflecket, vnd was v̈berig vnder die tyranney deß päbstischen jochs gezwungen würde?»

Schlimmstenfalls sei sogar zu befürchten, dass die Katholiken die Stadt einnehmen und die Bürger dazu zwingen würden, sie mit ihren eigenen Händen zum Vorteil des Feindes zu befestigen.

Auch das in Sachen Festungsbau oft bemühte Argument der Sozialfürsorge fiel: In Zeiten gegenwärtiger Teuerung könne mit so einem Bauwerk den Armen in ihrer Hungersnot geholfen, die Starken zu ehrlicher Arbeit angehalten, die unnützen Bettler aber «abgetrieben» werden.

Würde Gott Basel trotzdem heimsuchen, hätte man immerhin ein reines Gewissen und die Gewissheit, dass die Sterblichen das Ihrige getan hätten. Es liege nun an der weltlichen Obrigkeit, das Werk, auf das die ganze Bürgerschaft mit Seufzen warte, ohne weiteren Verzug zu beginnen. Die Nachkommen würden ihr dafür danken.

Die Initiative der Prediger zeigte erstaunlich rasch Wirkung. Es ist wahrscheinlich, dass sie mit mindestens einer Fraktion des Rates abgesprochen war. Jedenfalls beschloss der Kleine Rat am 31. August 1622 mit dem Aufwerfen eines Walls um die Stadt und dem Abbruch etlicher Türme zu beginnen.[69] Am 9. September bestimmte der Rat jene Herren, die täglich zu zweit die Baustelle überwachen sollten, was der Stadtschreiber mit den Worten «Gott geb Gnad» quittierte.[70] Am 18. September 1622 legten die zur Fortifikation deputierten Lux Iselin d. J., Hans Heinrich Oberried (1568–1629), Leonhard Lützelmann und Bernhard Brand II. (1588–1650) schriftlich und mündlich dar, was wegen der Abtretung der Güter zwecks Fortifikation erreicht worden war.[71] Immerhin 72 Bürger waren angefragt worden, ob sie ihre Gärten unentgeltlich abtreten würden. Fast die Hälfte hatte eingewilligt.[72]

Neben Angaben zum Baugrund und zum Fuhrwesen wurde dem Rat mitgeteilt, dass der Abbruch von 22 Türmen zu je 35 Pfund in Auftrag gegeben worden sei. Die Fortifikationsdeputierten handelten offensichtlich im Sinne des Rates, der ihre Kompetenzen nachdrücklich bestätigte: «Jst ihnen allen gewalt gegeben mit dem werkh fortzuschriten vndt alles so die nothturfft eruordern wirdt anzustellen.»[73]

Am 29. September 1622 veröffentlichte der Rat dann ein am 12. des Monats aufgesetztes gedrucktes Mandat, das die Untertanen dahingehend informierte, dass unverzüglich mit dem Abbruch der Türme bis auf die Höhe der Stadtmauer und dem Aufwerfen eines bis zu 12 Meter[74] dicken Walles hinter der erniedrigten Stadtmauer begonnen werde. Bastionen werden keine erwähnt, sie waren zu diesem Zeitpunkt noch nicht vorgesehen. Die Kosten des Unternehmens würden durch eine freiwillige Steuer und Frondienste gedeckt. Schliesslich hätte sich bereits die Mehrheit der betroffenen Guts- und Hausbesitzer dazu entschlossen, das Ihrige freiwillig für den Wall herzugeben.[75]

Aus einem Brief von Agrippa d'Aubigné an Leonhard Lützelmann von 1622 geht hervor, dass man den Graben um zwei Ellen (ca. 1.2 Meter) vertiefen und den Wall mit den erwähnten Dimensionen in einem Abstand hinter der Mauer errichten wollte. Die Türme plante man auf die Höhe der Mauer zu reduzieren und mit Erde zu füllen, was Agrippa kritisierte: «Tout cela est mieux que rien, mais ce n'est que cracher sur une plaie qui s'en va en gangrène.»[76] Mit Erde gefüllte Türme würden schon seit fünfzig Jahren nur noch Dienste gegen einen Überraschungsangriff (surprise) leisten, denn die Erde falle unter Beschuss in den Graben und mache die Bresche gangbar. Statt die Türme mit Erde zu füllen, sei es besser, Geschützplattformen aus Holz zu errichten.

65 Am 21. Juni 1622 liessen sich die Pfarrherren betätigen, dass «die hoche Oberkeit die statt werde bevestigen» (Müller 1955, S. 53).

66 StABS, Bau Z 1, 1535–1806, 30. 8. 1622. Das Konzept ist erhalten BaselUB, Mscr. Ki. Ar. 22 c, Nr. 106. Die Autorenschaft von Johann Wolleb ist aufgrund der Schrift des Konzepts erschlossen. (Vergleiche das Inhaltsverzeichnis des Bandes.) Die Pfarrherren waren Johann Wolleb (Münster), Johannes Geruler (St. Peter), Johannes Gross (St. Leonhard), Sigmund Kühn (St. Theodor).

67 Sie hätten sich bisher an das Verbot des Rates, öffentlich von der Fortifikation zu sprechen, gehalten, doch sie hätten gehofft, dass die Sache – die selbstverständlich den weltlichen Stand betreffe – nicht verabsäumt werde. Obwohl es die Aufgabe der Geistlichen sei, das Vertrauen auf Gott – die himmlische Festung – zu stärken, seien sie nun – auf Gottes Befehl – dazu gezwungen, die Schranken ihres Berufs zu durchbrechen. Zur Verbesserung des Lebens bedürfe es nämlich nicht nur geistiger, sondern auch weltlicher Mittel wie der militärischen Verteidigung, welche die Erhaltung des leiblichen und materiellen Wohlstandes betreffe. Als von Gott bestellte Wächter verpflichte sie ihr Gewissen nun dazu, das gebotene Stillschweigen zu brechen. Schliesslich seien auch die weltlichen Herren ihre Schäflein, und sie, die Prediger, wären verfluchte Hirten, wenn sie nicht zugleich auf weltlichem Wohlstand, der Freiheit des Gewissens und reinem Gottesdienst bestünden. Im gegenwärtigen Krieg und bei der Verfolgung der evangelischen Kirche gehe es nicht nur um Leib, Habe und Gut, sondern auch um das Gewissen, die reine Lehre und die ewige Seligkeit. Wenn die zur Erhaltung dieser wertvollen Gaben Gottes notwendigen Massnahmen unterlassen würden und sie, die Prediger, weiterhin stillschwiegen, könne dies – besonders wenn viele tausend Seelen dafür büssen müssten – in alle Ewigkeit weder entschuldigt noch verantwortet werden.

68 Man soll Gott nicht versuchen. Wenn sich aber ein Soldat ungewappnet in Feindes Gefahr begebe, hiesse dies, Gott zu versuchen und Leib, Leben und Religion in Gefahr zu setzen.

69 StABS, Protokoll Kleiner Rat, 31. 8. 1622.

70 StABS, Protokoll Kleiner Rat, 9. 9. 1622.

71 StABS, Protokoll Kleiner Rat, 18. 9. 1622.

72 StABS, Politisches P 8, Fol. 91–97; vergleiche auch Stritmatter 1977, S. 170. Ein Bürger verlangte explizit eine Bezahlung; von dreien war keine Antwort zu bekommen; 33 erklärten sich gegen billigen Willen (wohl ohne Entschädigung oder offizielle Enteignung) zur Abtretung bereit, und 32 erklärten sich gutwillig, ihre Güter zu geben. Entschädigungen wurden womöglich nie bezahlt. Vergleiche dazu Heusler 1866, S. 227–229.

73 StABS, Protokoll Kleiner Rat, 18. 9. 1622; vergleiche auch Heusler 1866, S. 223.

74 Der Wall, dessen Höhe nicht angegeben wird, soll unten 36 bis 40 Schuh (ca. 11 bis 12 Meter), oben 24 Schuh (7 Meter) Dicke haben. Die Dimensionen entsprechen etwa jenen, die Daniel Specklin in seinem zweiten Entwurf vorgeschlagen hatte.

75 «Erstlich daß man mit angefängter Fortification, so wohl mit allen dieser Statt Thoren, alß mit abbrechung der Thürnen, der Stattmawren allerdingen eben, auch mit außfüllung derselben: Jnsonderheit aber, mit berahtschlagtem Wahl innwenidg der Statt, von guten Wasen vnd Lettgrund, zu vnderst von 36. biß in 40. Schu[o]hen zu oberst bey 24. Schu[o]hen, fortfahren vnd vnverzogenlich ins werckh richten sol: Am andern, dieweil der vncosten so vber diß werckh ergehn möchte, dem Gemeinen Gu[o]t hochbeschwerlich, ohne gemeiner Ehren Burgerschafft Freywillige Contribution vnd steür, auch erforderlichen Frontawen fallen wurde: Daß aff allen Ehren Zünfften vnd Gesellschafften haltenden gemeinen Potten: Ein jeder Burger, Hinderseß vnd die so auffenthalt haben, sich erklären sollen, was er bey diesem allgemeinen wäsen so wohl mit Geltsteür als mit Frontawen, die ein jder so offt die kehre jhne vnd die seinen (die er benansen solle) betreffen würdt, zu thun vnd zu leisten bedacht seye. Vnd dieweil allbereit der Mehrertheil Ehren Burger Geist: vnd Weltlichen Stands, wegen jhrer Heuser vnd Güttern so weith es jeden gedachten Wahls halben betreffen möchte, gantz freywillig erzeigt, das auch die vbrigen sich gleichermassen alle gebür nach verhoffentlich werden zu entschliessen wissen» (StABS, STA Bf 1 A 3-72, abgelesen am 29. 9. 1622).

76 Aubigné 1873, S. 145–146.

Johannes Faulhaber

Der Rechenmeister, Schreiblehrer und Festungsbauingenieur Johannes Faulhaber (Ulm, 5. Mai 1580 – Ulm, 10. September 1635) betrieb ab 1600 eine Rechenschule in Ulm, an der beispielsweise der spätere Kriegs- und Zivilbaumeister von Nürnberg Johann Carl (1583–1665) ausgebildet wurde.[1] Zu Werbezwecken für seine Schule publizierte er eine ganze Reihe von Traktaten über analoge Recheninstrumente wie die Proportionalzirkel von Jost Bürgi (1552–1632) und Galileo Galilei (1564–1642), Vermessungs- und Zeicheninstrumente, mit denen sich perspektivische Zeichnungen mechanisch ausführen liessen.[2]
Anfang 1623 bestallte Basel den in der Praxis noch relativ unerfahrenen Ingenieur wohl auf Vermittlung von Peter Holzappel für ein jährliches Gehalt von 600 Gulden.[3] Im März 1623 wurde er Richtung Niederlanden entlassen, wo er Johan van Valckenburgh als Ingenieur für Basel gewinnen sollte. Nachdem er mit drei Entwürfen van Valckenburghs nach Basel zurückgekehrt war, hatte Basel aber bereits den erfahreneren Ingenieur Adam Stapf angestellt, der Faulhaber nicht auf der Baustelle duldete. Daraufhin entschloss sich der Kleine Rat, den Ulmer «freündtlich» zu verabschieden.[4] Am 4. Januar 1624 wurde er definitiv entlassen.[5]
Faulhaber musste nun andernorts sein Auskommen suchen: Schon am 2. April 1624 beschloss der Rat seiner Heimatstadt Ulm, ihn für drei Jahre zum Ingenieur zu bestallen.[6] Wie es dazu kam, geht aus einem Brief Faulhabers vom 30. April 1624 an den Nürnberger Rechenmeister Sebastian Kurtz (1576–1659) hervor: Faulhaber hatte die von der Stadt Basel finanzierte Reise in die Niederlanden zu seinem Vorteil genutzt. Moritz von Oranien, der ihn offensichtlich sehr schätzte, habe ihn für 1800 Gulden jährlich – Faulhaber pflegt zu übertreiben – zu «ewiger Bestallung» nehmen wollen. Der Ulmer entschied sich jedoch, das Angebot auszuschlagen und lieber seinem Vaterland zu dienen. Nach einem «Examen» wurde er zum Ingenieur ernannt, und Moritz verehrte ihm sein Brustbild in Form eines Medaillons, das Faulhaber auf dem von Sebastian Furck gestochenen und Eberhardt Kieser verlegten Portrait von 1630 stolz um den Hals trägt (Abb. 57).[7] Wie schon in Basel scheint es Peter Holzappel gewesen zu sein, der Faulhaber zu einer neuen Position verhalf. Beziehungen und Referenzen waren in Sachen Karriere schon immer wichtig. Als nämlich Oberst Melander in Ulm berichtete, wie sehr Prinz Moritz Faulhabers «newe Invention in der Fortification aprobirt» habe, sei er dort als Ingenieur zu mehr als 400 Reichstaler jährlich – wiederum übertreibt Faulhaber[8] – angestellt worden. «Hab aber jetzt vil zu thun», jammert er.[9]
Ein Plan der Befestigung Ulms von der Hand Faulhabers (Abb. 59)[10] zeigt, wie der Entwurf Valckenburghs (Abb. 64) unter seiner Leitung vervollständigt wurde. Oben rechts ist in etwa das ausgeführte Profil mit Eskarpen- und Kontereskarpenmauer zu sehen.[11] Das Hornwerk zwischen der Donau und der Glöckler-Bastion wurde von Faulhaber in Konkurrenz mit Joseph Furttenbach d. Ä. – ebenfalls ein wichtiger Architekturtheoretiker – ausgeführt. Darüber hinaus sollten im ursprünglichen Entwurf nicht vorgesehene Ravelins mit Flanken verwirklicht werden, von denen aber nur jene vor den vier Toren errichtet wurden.[12] Die Bastione rechtsseitig der Donau führte man trotz Valckenburghs Empfehlung und Faulhabers diesbezüglichem Engagement nie aus. Als der Rat den Festungsbau nach vier Jahren einstellte, wurde Faulhaber beurlaubt. Trotz jährlich 100 Taler Wartegelt durfte er sich nun nicht länger «Ulmischer Ingenieur» nennen und musste alle Modelle, Pläne und Zeichnungen abliefern.[13]
In dieser Situation kam es Faulhaber gewiss gelegen, dass ihm die Basler vorwarfen, er verrate in einem gedruckten Buch Geheimnisse über die Befestigung ihrer Stadt.[14] Die Vorwürfe beziehen sich auf Faulhabers *Geheime Kunstkammer* (Ulm: Jonas Saur, 1628).[15] Diese zur Werbung in eigener Sache publizierte Schrift enthält einen ganzen Katalog von – allerdings häufig aus gedruckten Schriften anderer Autoren kompilierten – Kriegsgeheimnissen bis hin zum Rezept für unsichtbare Tinte, die Faulhabers Fachwissen potentiellen Auftraggebern und Schülern anpreisen sollten. Im fünften Abschnitt figuriert Basel als Beispiel für eine misslungene Modernisierung einer veralteten Wehranlage: «Widerlegung etlicher Jrrthumb (in Modellen vnd Abrissen fürgestellt) welche offtermals begangen werden, wann man ein alte Statt von newem

Abb. 57: Lucas Kilian, Portrait Johannes Faulhaber, 1630

fortificiren will, mit dem Exempel der Statt Basel erklärt, auß allerhand Bedencken, der Obristen vnd Ingenieurs, so erstgemelter Statt ihren Rathschlag gegeben, Jtem auß dem Discurs der Niderländischen Ingenieur, vnd Kriegs-Obristen im Haag, sowol auch jhrer Excel Printz Moritzen, hochlöblicher Gedächtnuß Resolution, dem gemeinen Nutzen zu gutem, auch der Warheit zu stewr in geheim verfasst, vnd zu Werck gerichtet.»[16]
Als Basel Faulhaber mit Hilfe des Rates von Ulm zur Verantwortung zog,[17] rechtfertigte sich Faulhaber in zwei Briefen: Der eine Brief war an den Rat gerichtet und sollte die Öffentlichkeit beruhigen. Es sei wahr, schreibt Faulhaber, er habe auf Kosten der Stadt in die Niederlande reisen können, um dort viele Militärgeheimnisse in Erfahrung zu bringen, die dem Vaterland und der Allgemeinheit nützlich sein könnten. Es sei auch wahr, dass er Basel in einer gedruckten Schrift erwähnt habe, aber von den «Heimblichkeiten der Stadt» habe er nichts veröffentlicht, denn um Gutes mit Bösem zu vergelten sei er zu gewissenhaft und zu ehrlich.[18] Den anderen Brief sandte Faulhaber an Bürgermeister Sebastian Spörlin: Diesem bietet er an, den in der *Geheimen Kunstkammer* enthaltenen Artikel über die Stadt Basel gegen eine Gebühr geheim zu halten. Für ein Wartegelt von 100 oder mehr Reichstaler und jährlich zwei bis drei Saum guten Basler Wein werde er zudem den Gegnern der Stadt in keiner Belagerung assistieren, sondern im Gegenteil – wenn man dies begehre – den Baslern beispringen. Wenn er grossen Potentaten seine «new erfunden[e] geheime stratagemata» offenbare, wie grosse und feste Städte ohne grosses Blutvergiessen ganz leicht erobert werden könnten, werde er die Stadt Basel davon ausnehmen.[19]
Als Rechtfertigung für seine Forderungen schob Faulhaber vor, dass ihm Lux Iselin d. J. damals eine Bezahlung in gutem Geld angeboten habe; er aber sei in bösem Geld (der Reichstaler zu vier Gulden) bezahlt worden. Geld und Wein jedenfalls sind kaum geflossen. Basel scheint dafür gesorgt zu haben, dass der Rat der Stadt Ulm Faulhaber verbot, geheime Sachen zum Nachteil Basels zu verbreiten.[20] Aber nur schon der Umstand, dass Basel wegen Faulhabers Publikation mit ihm Kontakt aufnahm, zeigt, dass dessen Werbestrategie funktionierte.
Am 29. Dezember 1628 besichtigte Faulhaber mit Wolf Friedrich Löscher die Befestigung Schaffhausens.[21] Ein wohl nicht gerade hilfreiches an den Rat von Schaffhausen gerichtetes Bedenken Faulhabers vom 31. Dezember 1628 ist erhalten.[22]
Faulhaber galt inzwischen als so kompetent, dass er selbst zur Beurteilung bautechnischer Fragen beigezogen wurde: Am 5. Januar 1630 beispielsweise reiste er von Ulm nach Frankfurt am Main, um ein von Johann Wilhelm Dilich geplantes Bollwerk zu begutachten, dessen Mauer eingestürzt war, und um einen Ratschlag zur Wiederherstellung zu geben, wofür er 187 Gulden erhielt.[23]
Neben solchen Aufträgen bestritt Faulhaber seinen Lebensunterhalt nun als Lehrer und mit Publikationen: Um 1630 arbeitete er unter dem Titel *Academia Fortificatoria* einen als Manuskript erhaltenen Lehrkurs aus,[24] mit dem er anhand von Tafeln in synoptischer Darstellungsform und mit Illustrationen Anfänger – beispielsweise künftige Bauherren – in die Festungsbaukunst einführen konnte. Im Jahr 1630 erschien der erste Band von Faulhabers *Ingenieurs-Schul*, dem 1633 drei weitere folgten. Im zweiten, dritten und vierten Teil stellt Faulhaber mehrere Instrumente zur «mechanischen», das heisst ohne Berechnungen praktizierbaren Konstruktion von

Festungsanlagen vor.[25] Für geometrische Grundaufgaben präsentiert er ein Universalinstrument,[26] zum Zeichnen gleichmässiger Festungen ein spezialisiertes Instrument[27] und zum Entwerfen ungleichmässiger Anlagen ein Fortifikationslineal in Form einer Gliederkette.[28] Ein Vermessungsinstrument zur Aufnahme und zum Abstecken von Festungen zeigt Tafel M (Abb. 58). Neben diesen Rechenmaschinen, die zeitsparend regelrechte Festungsentwürfe automatisch generieren sollten, wird im dritten Teil auch die Organisation von Grossbaustellen und das Verdingen von Erdarbeiten erläutert,[29] wobei Faulhaber betont, dass er in diesen Dingen praktische Erfahrung habe. Obwohl er Erfahrungen aus der Praxis verwertete, respektierte er das Kriegsgeheimnis bezüglich Basel, Ulm, Schaffhausen und Frankfurt am Main. Er verzichtete nämlich darauf, kommunizierte Erfahrungen diesen Orten explizit zuzuordnen. Die Gründe dafür bespricht er im «Beschluß an den Günstigen Leser»,[30] wo er festhält, dass er deswegen auf konkrete Beispiele verzichte, weil dies von ehemaligen Auftraggebern als Verrat aufgefasst werden könne. Er behauptet in der Publikation des Werkes ohnehin eher auf den allgemeinen Nutzen als auf seinen Privatnutzen gesehen zu haben. Wenn er nämlich alle in seinen Büchern enthaltenen kriegswichtigen Informationen geheim gehalten und ausschliesslich vornehmen Kavalieren mitgeteilt hätte, liesse sich mit seinem Wissen einen weit «grössern Profit» erwirtschaften. Es ging in öffentlichen Publikationen jener Zeit immer auch darum, sich möglichst vorteilhaft zu präsentieren ohne – echtes oder eingebildetes – Wissen, das zu Aufträgen oder Gelderwerb führen konnte, wirklich preiszugeben.[31]

Abb. 58: Vermessungsgerät, Faulhaber 1633–1637, Tafel M

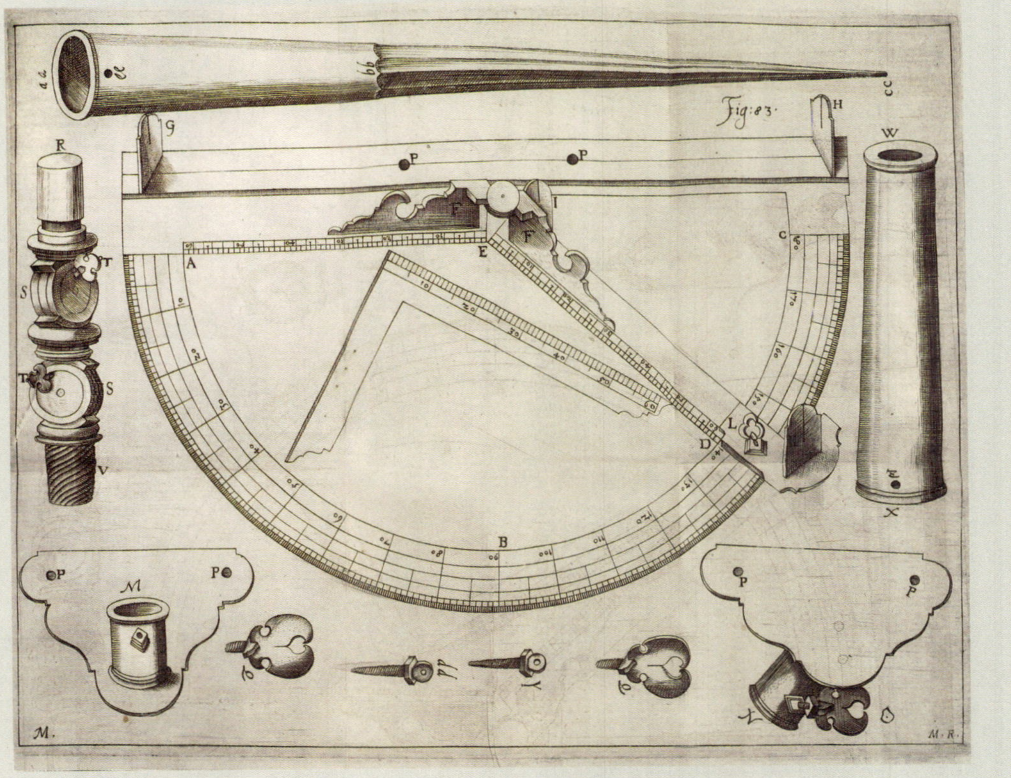

Abb. 59: Johannes Faulhaber, Entwurf für Ulm, 1632

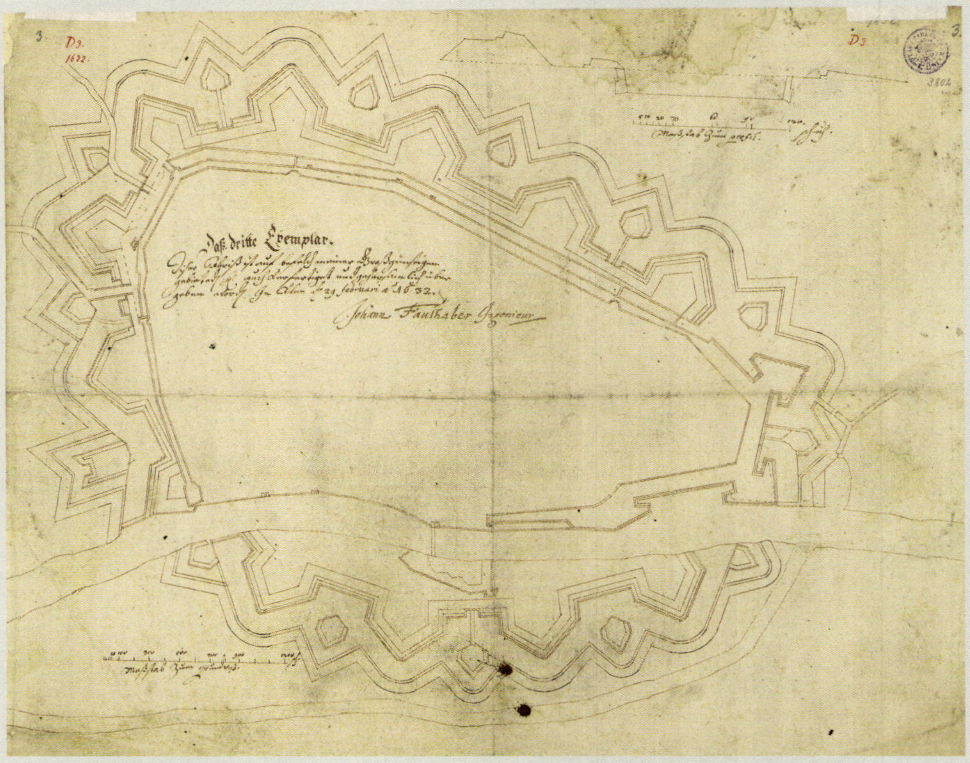

1 Zu den Schriften Faulhabers vergleiche immer noch Kästner 1799, 3. Bd., S. 111–152.
2 Vergleiche Oechslin 2018, Nrn. 270–276.
3 StABS, Protokoll Kleiner Rat, 18. 1. 1623 (Besoldung für Faulhaber für das Jahr 1623: 600 fl; 20 Vierzell Korn, 8 Saum Wein, 6 Klafter Holz und 40 fl Hauszins plus 200 fl Umzugskosten für die Familie).
4 StABS, Protokoll Kleiner Rat, 3. 9. 1623 und 24. 9. 1623 («Johan Faullhaberens schrift vmb ein fernere besoldung abgelesen. Jst den Herren dreien, vnd deputierten über die fortification beuohlen fründtlich abzuhandlen.»).
5 Stritmatter 1977, S. 171 nach Ratsprotokoll.
6 Hawlitschek 1995, S. 94 nach Ratsprotokoll vom 29. 4. 1624.
7 «Deß Ehrnvesten, Hochachtbaren vnd Kunstreichen Herrn Johann Faulhabers, weitberühmbten Ingenieurs zu Vlm omnigenæ Matheseos peritissimi» (1630).
8 Im ersten Jahr sollte er neben Naturalien 400, in den beiden folgenden Jahren je 500 fl erhalten (Hawlitschek 1995, S. 94 nach Ratsprotokoll vom 29. 4. 1624). Der Reichstaler war zu jener Zeit aber etwa vier Gulden wert.
9 Hawlitschek 1995, S. 316–317.
10 UlmStA, F1, 17 «Daß dritte Exemplar. Dieser Abriß ist auf befelch meiner Großgünstigem gebieted[en] [Herren] auch verfertiget und gehorsamlich übergeben word[en]. Jm Vlm d[en] 29. februari a[nno] 1632. Johann Faulhaber Jngenieur» (40,5 × 50,5 cm).
11 Vergleiche das Profil mit Loeffler 1881, S. 129.
12 Vergleiche Loeffler 1881, Plan II (Ulm's Befestigung im dreissigjährigen Krieg).
13 Hawlitschek 1995, S. 96 nach Ratsprotokoll vom 25. 4. 1628.
14 Vergleiche zur folgenden Episode auch schon Müller 1955, S. 59–61 und Schneider 1993, S. 48–49.
15 *Geheime Kunstkammer: Darinen hundert allerhand Kriegs Strategemata, auch andere vnerhörte Secreta, vnd Machinæ mirabiles zusehen, dergleiche in Europa (respectivè) wenig zu finden*, Ulm: Jonas Saur, 1628.
16 Ebd., S. 12.
17 StABS, Missiven B 35, Fol. 119r–120r vom 13. August 1628.
18 StABS, Bau Z 1, 1535–1806, datiert 19. 8. 1628.
19 StABS, Baukten Z1, 1535–1806, datiert 19. 8. 1628.
20 Müller 1955, S. 61 und StABS, Missiven B 35, Fol. 128v (Brief an Ulm vom 3. 9. 1628).
21 Schneider 1993, S. 41 und Hawlitschek 1995, S. 97.
22 StASH, Militaria F1, 23. Vergleiche auch Schneider 1993, S. 245.
23 Hawlitschek 1995, S. 98 und Padjera 1920, S. 246–247.
24 MünchenBSB, Cod. icon. 224.
25 Faulhaber 1633–1637, Taf. E (Proportionalzirkel), Taf. M (Vermessungsinstrument).
26 Faulhaber 1633–1637, 3. Teil, S. 45–47 und Taf. N.
27 Faulhaber 1633–1637, 2. Teil, S. 116–118, Taf. G, Fig. 45 A.
28 Faulhaber 1633–1637, 3. Teil, S. 76–80 und Taf. R.
29 Faulhaber 1633–1637, 3. Teil, S. 181–196.
30 Faulhaber 1633–1637, 4. Teil, S. 155–156.
31 Wie wichtig Faulhaber sich mit seinen Geheimnissen machte, sieht man zum Beispiel in der *Ingenieurs-Schul*, in der ein Abschnitt mit einer Geheimschrift maskiert wird: «MAn laß lange spitzige Lsysn von erpon machen, solche mit einem schweren opust, so hart in das izlxnhwo. szlyse wonpysl, so eatzlysl sie nächst am izlxnhwo. qp. oder qpmuhsn in ein izlxnhwo eines ermwfoe gegossen oder geschütt, ist viel schädlicher als ein ermwfo.mstlpyns.» (4. Bd., S. 126). Den Code zur Auflösung der Geheimschrift gab Faulhaber wohl nur gegen Bezahlung heraus.

Zu den Vorbereitungen gehörte auch die Organisation der Bauverwaltung, die aus Finanzverantwortlichen, Ingenieuren und Bauschreibern bestehen sollte:

Der Finanzverantwortliche (‹Ausbezahler›) war für das Ausmessen ausgeführter Arbeiten und deren Bezahlung zuständig. Er hatte die zur Arbeit erscheinenden Taglöhner zu zählen und zu bezahlen. Über diese Ausgaben und das anzuschaffende Baumaterial hatte er wöchentlich je ein Register zu führen und aus diesen Registern monatlich eine Bauabrechnung zu erstellen. Des Weiteren musste er ein Bauprotokoll führen, das die Beschlüsse der Deputierten und des Ingenieurs sowie die den Handwerkern in Auftrag gegebenen Arbeiten festhielt.

Der Ingenieur war für technische Belange zuständig, sollte die Quittungen gegenzeichnen und die Arbeiten an die Handwerker vergeben, worüber er ebenfalls ein Protokoll zu führen hatte.

Die Aufgabe des Bauschreibers war das Beschaffen, Lagern und Ausgeben von Werkzeug und Bauholz. Wie der Ausbezahler und der Ingenieur hatte er auf der Baustelle präsent zu sein. Seine Gehilfen waren der Bau- und der Geschirrknecht, welche die Materialien lagern und das Werkzeug reparieren mussten.[77]

Nur rund einen Monat nach der Ermahnung der Prediger – am 5. Oktober 1622 – begannen die Bauarbeiten. Die erste Bauphase bis zum 1. Februar 1623 ist durch die von Woche zu Woche abwechselnd von Theodor Falkeisen (1594–1654)[78] und Hans-Martin Eckenstein (1593–1660) geführten Bauabrechnungen[79] dokumentiert, die von den zur Fortifikation deputierten Ratsherren Bernhard Brand, Leonhard Lützelmann, Hans Heinrich Oberried und Lux Iselin d.J. supervisiert und gegengezeichnet wurden.[80]

Ausgeführt wurden Erdarbeiten beim St. Johannstor über den Abschnitt beim Wasenbollwerk bis zur Schützenmatte. Ausser Reparaturen an der bestehenden Wehrmauer sind keine Mauerarbeiten dokumentiert. Es lässt sich letztlich nicht belegen, dass die Türme tatsächlich in der von Merian (Abb. 51) dargestellten Form umgebaut und auf der Mauerhöhe gekappt wurden. Womöglich stellt Merians Stich hier das Projekt und nicht die ausgeführten Arbeiten dar.[81] Arbeiten am «Cauallier beÿ St. Johannis» – wohl die Rheinschanze – sind dokumentiert. Man bezahlte mehrere abgetretene Güter. Die Erdarbeiten scheinen sukzessive intensiviert worden zu sein. Arbeiteten anfangs neben ungefähr 200 Taglöhnern etwa 40 Frauen und 30 Männer aus Graubünden auch 60 Ulmer und 10 Knaben, so waren Ende Januar 1623 bis zu 925 bezahlte Personen beiderlei Geschlechts im Einsatz. Der Anteil der Arbeiterinnen betrug oft mehr als die Hälfte. Antreiber erhielten 15 Schilling, Männer 10 Schilling, Frauen 8 Schilling und Kinder und arme Fronarbeiter 5 Schilling am Tag. Ein paar friesische Rasenstecher[82] werden erwähnt, die – wie andere Arbeiter – im Steinenkloster einquartiert wurden.[83] Die Gesamtausgaben bis zum 17. Juni 1623 betrugen 64 420 Pfund 9 Schilling und 10 Pfennig.[84]

Welche Ingenieure waren nun am Bau beteiligt? In den Bauabrechnungen werden die Ingenieure Jean Flamand und Johannes Faulhaber erwähnt:

Die Anstellung von Jean Flamand scheint sich recht schwierig gestaltet zu haben. Gemäss einem im März 1623 ausgestellten Arbeitszeugnis war er seit August 1622 bestallt.[85] Die Ingenieure sollten sich ausschliesslich der Ausführung des gefassten Planes, einen Wall aufzuwerfen und die alten Türme zu kleinen Rondellen umzubauen, widmen, der von ihnen sicher nicht präferiert wurde. Daher hielt der Rat fest, dass er über die bisherigen Gutachten hinaus keine neuen Entwürfe mehr wünsche.[86] Jean Flamand scheint sich diesbezüglich trotzdem engagiert zu haben. Erhaltene skizzenhafte Grundrisse mit zugehörigem Profil zeigen, wie die Wehranlage sich mit Ravelins vor dem Steinen-, Spalen- und St. Johannstor hätte verstärken lassen.[87] Das Ravelin vor dem St. Johannstor ist zudem in einer Ausarbeitung aus dem Januar 1623 erhalten, die auch zeigt, wie zwischen dem Ravelin und dem Rhein ein Hornwerk hätte errichtet werden können.[88]

Flamands Kollege und Konkurrent war der Rechenmeister, Schreiblehrer und Festungsbauingenieur Johannes Faulhaber (1580–1635) aus Ulm. (Zur Biografie von Johannes Faulhaber vergleiche S. 85–86.) Dieser in der Praxis noch eher unerfahrene Ingenieur scheint man auf Vermittlung von Peter Holzappel nach Basel geholt zu haben. Faulhaber selbst behauptet in einem Brief, zunächst der Universität Basels angegliedert gewesen zu sein.[89] Am 13. September 1622 wandte sich der Rat Basels dann an den Ulmer Magistrat.[90] In einem Brief vom 4. November 1622 bestätigen Bürgermeister und Rat der Stadt Ulm, dass die Basler Faulhaber «zu Jrer Stadt Fortificationsgebew gebrauchen mögen».[91] Anfang 1623 bestallte ihn Basel für ein jährliches Gehalt von 600 Gulden.[92] Faulhaber wurde in der Bauleitung eingesetzt,[93] erhoffte sich aber mit Melanders Hilfe bis zum planenden Ingenieur aufzusteigen und sogar Bürger Basels zu werden, weswegen er seine Familie nachkommen liess, was der Rat mit weiteren 200 Gulden unterstützte.[94] Dies hatte zur Folge, dass auch

77 StABS, Bau Z 1, 1535–1806, «Was vor officierer beÿ dem fortifications werckh zubestellen vnd was eines jeden verrichtung sein soll».

78 Geboren am 20. November 1594. Seit 1617 verheiratet mit Ursula Ryff (1594–1668). Ab 1622 als Bauherr zur Fortifikation verordnet. Ab 1627 Lohnherr. Ab 1638 Ratsmitglied. Stirbt nach zwei Jahren schwerer Erkrankung am 8. März 1654. Vergleiche Zwinger 1654.

79 Ratsherr, Landvogt von Münchenstein; 1630 Vogt der Witwe von Lux Iselin d. J. bei St. Martin.

80 StABS, Bau Z 1, 1535–1806, 5. 10. 1622 bis 1. 2. 1623, «Neün wochenrechnungen mein Hannß Martin Eckhensteins betreffent angefangener Fortificationswesen einer löblichen Stadt Basel, denn 5. Octobris A° 1622» sowie StABS, Bau Z 1, 1535–1806, 28. 10. 1622 bis 25. 1. 1623, «Sieben Wuchen Rechnungen mein Theodor Falckeysens betreffendt angefengtes fortification wesen einer loblichen Statt Basell den 28 Octob. An[n]o 1622».

81 Bei Helmig/Matt 1989 sind der Plan von Meyer (Abb. 52) und die Darstellung von Merian (Abb. 51) die einzigen Quellen für einen möglichen Abbruch und Umbau der Türme in den 1620er-Jahren. (Vergleiche die Bemerkungen von Helmig/Matt 1989 zu den Türmen Nrn. 20, 22, 24, 29–30, 33–35.) Erhaltene Zeichnungen aus der Sammlung Falkeisen (besonders StABS, BILD Falk. A 155b) und ein Aquarell von J. J. Schneider um 1860 (Müller 1956, Abb. 10) geben keine eindeutigen Hinweise auf vorgenommene Veränderungen.

82 Rasenstecher, Wasenstecher oder Wallschläger sind Arbeiter, die Rasenstücke vom Untergrund lösen und an den aufgeschütteten Festungswall anschlagen.

83 StABS, Protokoll Kleiner Rat, 9. 10. 1622.

84 Das Total von 64 420 lb 9 ß 10 d für 34 Wochen (24. 10. 1622 bis 17. 6. 1623) wird von Heusler 1866, S. 224 mitgeteilt. Es ist die Summe der StABS, Bau Z 1, 1535–1806 erhaltenen Rechnungen: 12 933 lb 11 ß 6 d vom 5. 10. 1622 bis 1. 2. 1623, abgerechnet von Eckenstein; 12 551 lb 2 ß 4 d vom 28. 10. 1622 bis 25. 1. 1623, abgerechnet von Falkeisen; 19 934 lb 5 ß 6 d am 15. 6. 1623, abgerechnet von Eckenstein; 19 001 lb 10 ß 6 d am 17. 6. 1623, abgerechnet von Falkeisen.

85 Zeugnis für Jean Flamand StABS, Ratsbücher C 9, Fol. 147, datiert 19. 3. 1623. Jean sei acht Monate beschäftigt gewesen. Die Anstellungsverhandlungen beschäftigten den Rat am 7. 8. 1622 und am 21. 8. 1622 (vergleiche StABS, Protokoll Kleiner Rat).

86 StABS, Protokoll Kleiner Rat, 7. 8. 1622 und 21. 8. 1622 («Mit dem Jungen Flamand sich bestallung halben zuergeichen beden herren Jselin vnndt Lützelmann anbefohlen.»).

87 StABS, Planarchiv A 1 113, Fol. [14]r; von Jean Flamand signiert.

88 StABS, Planarchiv A 1 113, Fol. [19]r; signiert von Jean Flamand. Der Plan wurde mithilfe von Nadeleinstichen kopiert, zeigt aber nicht die ausgeführte, beispielsweise im Plan von Samuel Ryhiner von 1786 (BaselUB, Kartenslg Schw MI 10e) dargestellte Form.

89 «Ich halte mich jetzund etlich Monat zu Basel auff, demnach der Herr Obriste [Melander] mich alhero beschriben, und uff der Post von der Uniuersitet Tübingen holen lassen, und aber der löbliche Senat bey meiner Obrikhait zu Ulm ausgebracht, daß ich mich bey ihrer Fortification für einen Ingenieur ein Zeitlang dörffe gebrauchen lassen, als bin ich durch H. Rectorn alhie für einen Uniuersitets Verwandten aufgenommen worden. Möchte also villeicht geschehen, daß ich zu Ulm mein Bürgerrecht mittler Zeit gar auffgeben möchte.» (Hawlitschek 1995, S. 91 aus einem Brief Faulhabers ohne nähere Angaben).

90 Hawlitschek 1995, S. 91. Faulhaber war damals schon in Basel aktiv. So schlug er dem Rat am 30. 10. 1622 (Ratsprotokolle) vor, Johan van Valckenburgh anzufragen.

91 StABS, Politisches P 8, Fol. 10.

92 StABS, Protokoll Kleiner Rat, 18. 1. 1623 (Besoldung für Faulhaber für das Jahr 1623: 600 fl; 20 Vierzell Korn, 8 Saum Wein, 6 Klafter Holz und 40 fl Hauszins plus 200 fl Umzugskosten für die Familie).

93 Faulhaber war vielleicht für die Landvermessung und das Auszahlen der Güter zuständig.

94 «Es gibt zwar vil zu schaffen, dann täglich bey 700 Persohnen arbaiten, und seind die Werckh schon weitleuffig, also daß ich von einem zum andern täglich raiten muoß». (Brief Faulhabers vom 20. 2. 1623, Hawlitschek 1995, S. 91).

Abb. 60: Profile für die Befestigung von Basel von Johannes Faulhaber (oben) und Jean Flamand (unten)

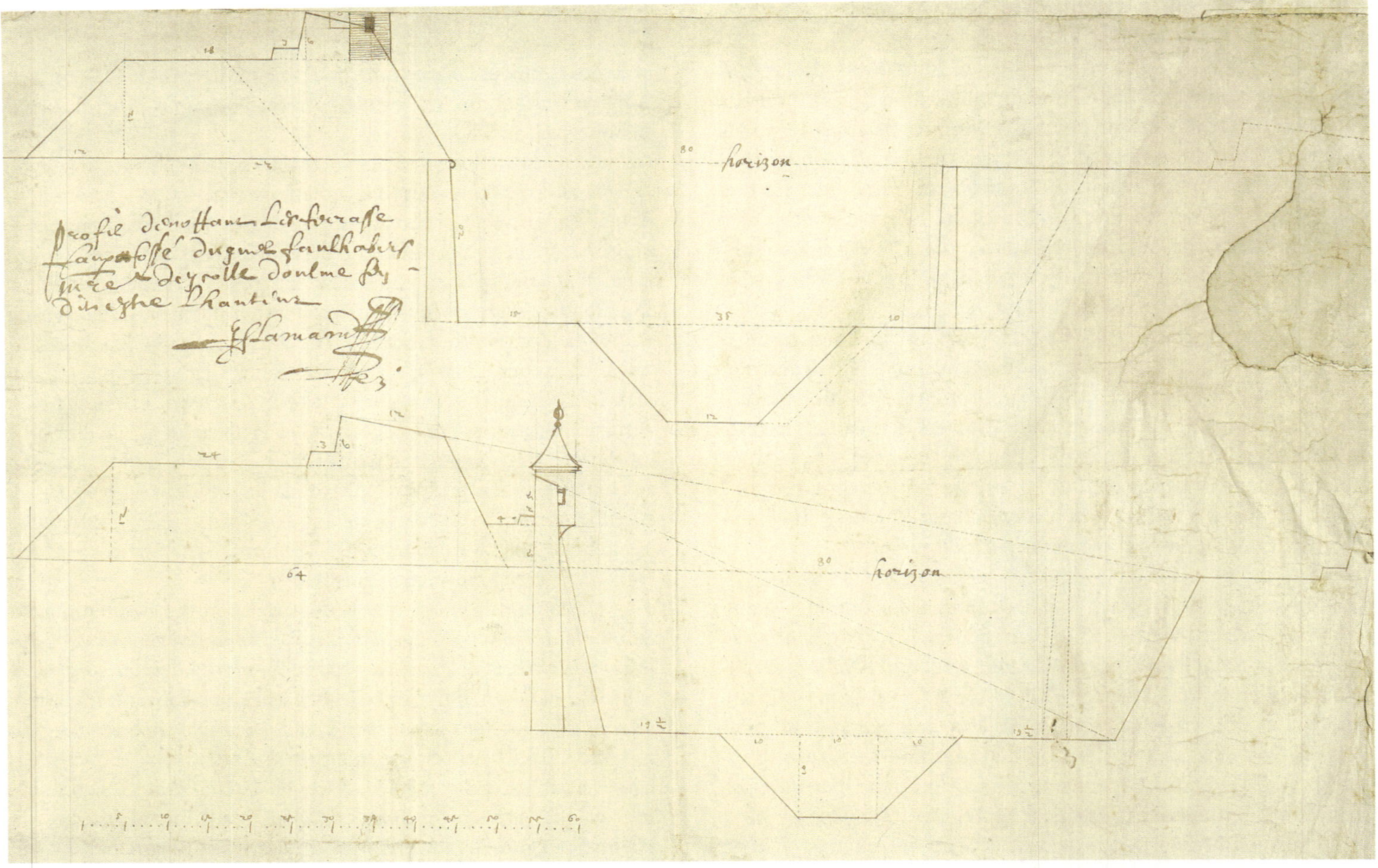

Faulhaber einen – allerdings ebenfalls nicht erhaltenen – Gesamtentwurf zeichnete.[95]

Wegen der ungeklärten Hierarchie und der Konkurrenz kam es zu Auseinandersetzungen zwischen diesen beiden Ingenieuren, welche sicherlich auch zu Friktionen in der Bauausführung führten. Ein Streitpunkt zwischen Flamand und Faulhaber scheint beispielsweise das Profil des hinter der Stadtmauer aufgeworfenen Walles gewesen zu sein: In einer Zeichnung konfrontierte Flamand seine Lösung (Abb. 60, unten)[96] mit einer, die von Faulhaber verfochten worden sein soll (oben). In beiden Entwürfen sollte im bestehenden Graben (6 Meter tief; 24 Meter breit) ein Abzugsgraben (3 Meter tief; 9 Meter breit) ausgehoben werden. Die bestehende Kontereskarpenmauer hätte in beiden Varianten nachträglich abgebrochen und durch eine Abdachung aus Erde ersetzt werden können. Die Kritik Flamands betrifft in erster Linie das Profil des Walles: Während Faulhaber den Wall direkt an der Innenkante des Grabens errichten wollte, was einerseits statische Probleme verursacht und andererseits eine frontale Verteidigung der Kontereskarpe verunmöglicht hätte, rückte Flamand seinen grosszügiger dimensionierten Wall (Geschützplattform mit Bankett ca. 8 Meter tief; Dicke der Brustwehr ca. 4.5 Meter) etwas von der Mauer ab. Damit wäre ein 180 Zentimeter breiter Gang für Büchsenschützen entstanden, welche aus dieser Stellung – von der Mauer gedeckt – die Kontereskarpe hätten frontal beschiessen können. Zudem wäre die zusätzlich mit Rippen verstärkte Mauer durch diese Anordnung vom Erddruck entlastet worden.

Etliche Zeichnungen aus der Sammlung Falkeisen weisen darauf hin, dass man Flamands Variante bevorzugte.[97] Trotzdem stand seit Dezember 1622 dessen Entlassung zur Diskussion.[98] Als er dann noch Spesen einforderte, obwohl er ein Gehalt von 60 Gulden monatlich bezog und sein Lebensunterhalt mindestens teilweise auch aus dem Staatshaushalt gedeckt wurde,[99] eskalierte die Situation, und Claude Flamand sah sich gezwungen, sich in einem französisch verfassten Brief vom 3. März 1623 für seinen Sohn einzusetzen: Obwohl er – Claude Flamand – die Erlaubnis seines Herren gehabt habe, der Stadt Basel zu dienen, habe sich der Rat nie ernsthaft genug um seine Bestallung bemüht. Als er Basel im vergangenen Frühjahr verlassen habe, wäre der richtige Zeitpunkt gewesen, Baustoffe bereitzustellen und mit der Sicherung der Stadt zu beginnen. Es sei jedoch nichts dergleichen geschehen.

Claude riet inzwischen davon ab, die Stadt ausserhalb der mittelalterlichen Mauer zu befestigen. Er wandte sich damit gegen die Vorschläge d'Aubignés und Fauhlhabers. Die Anlage sei schon im gegenwärtigen Zustand zu weitläufig, und eine reguläre Festung würde so gross, dass sie sich kaum finanzieren lasse. Es genüge aber auch nicht, bloss einen Wall hinter der bestehenden Mauer aufzuwerfen. Dort, wo sich die Mauer nicht von den bestehenden Rondellen flankieren lasse, oder dort, wo die Abstände zwischen diesen zu gross sind, müsse man laut Flamand nicht genauer beschriebene Bollwerke errichten, die es ermöglichen, die Wälle im Festungsinneren

95 Brief von Faulhaber an Sebastian Kurz in Nürnberg. Er habe es «dem Senat alhier gantz frey gestellt, was sie mir verordnen» (Hawlitschek 1995, S. 315). «Endtlich schickhts Gott, daß ich durch den H. Obristen [Melander] alhero beschriben wurde, die Statt in Grund zulegen und mein Bedenckhen über die fortification zu geben.» (Hawlitschek 1995, S. 315).

96 StABS, Planarchiv A 1 113, Fol. [16a]r.

97 Vergleiche StABS, BILD Falk. A 129, linke Seite (von 1647) und auch BILD Falk. A 182, aber auch den Merianplan (Abb. 51) und spätere Zeichnungen von Emanuel Büchel StABS, BILD Falk. Fa 3, 4 bis 3, 7 (Abb. 76–79).

98 StABS, Protokoll Kleiner Rat, 16. 12. 1622 («4. des jüngeren Flamande abzudanken ist ihren deputierten übergeben.») und 22. 2. 1623.

99 Zum Gehalt vergleiche StABS, Missiven B 32, Fol. 350r–351r. Zu den Spesen vergleiche StABS, Finanz G 32, 28. 10. 1622 («136 Pfund 10 ß hat der Junge Flamand von 3. Aug bis 16. Oktober zum Wildeman verzert»). Zur Rückforderung vergleiche StABS, Protokoll Kleiner Rat, 1. 3. 1623 («H. Bernhart Brand hatt referirt, dem H. Hans Flam[m]and der Jngenieur 219 Gulden 12 ß fordere für vnkost. Weill dieses in seiner bestallung einbegriffen also er solches darumb bezahlen solle, so ist denen H. Dreien bevohlen mit jhme abzurechnen, vnd noch dazu 40 Gulden zu verehren»).

zu bestreichen. Durch diese Methode benötige man im Vergleich zu einer regulären Festung weniger Mannschaft zur Wache und Verteidigung; zudem würden die Kosten gesenkt und die Bauzeit verkürzt.[100]

Claude beteuert abermals, dass er bereit gewesen wäre, Basel nach bestem Wissen und Gewissen zu dienen. Nun sei aber seinem Sohn Jean das versprochene Gehalt nicht voll ausbezahlt worden. Wenn die gnädigen Herren geleistete Dienste nicht angemessen honorierten, sei er seinerseits nicht länger bereit, ihnen zu dienen. Es gehe nicht an, dass sein Sohn die in bautechnischer Hinsicht ungenügenden Werke Faulhabers – dieser wollte auf die das Erdreich stabilisierenden Holzeinlagen verzichten – auszuführen habe. Faulhaber habe öffentlich behauptet, dass Claude sich nur in der veralteten Kriegsführung in Ungarn auskenne. Er habe sich aber – entgegnet Claude – seit seinem Einsatz in Ungarn an vielen Festungsbauten, Belagerungen und Schlachten in den Niederlanden und Frankreich beteiligt, und es sei wohl eher Faulhaber, der weder von der alten noch von der neuen Kriegsführung das Geringste verstehe. Wenn die Herren den Vorschlägen Faulhabers folgten, trügen sie selber schuld daran, wenn die Stadt ungenügend gesichert werde.[101]

Diesen Ton liess sich der Kleine Rat nicht gefallen, und noch im März 1623 wurde Jean Flamand definitiv entlassen.[102] Claude Flamand versuchte nun, Basel zu erpressen. Aus einem Brief Basels vom 17. März 1623 an Wilhelm Gelderich von Sigmarshofen, den Vizestatthalter von Montbéliard, geht hervor, dass Claude Flamand androhte, den noch in seinem Besitze befindlichen Plan der Befestigung Basels sowie einen Entwurf dem Hause Österreich auszuliefern und Basel auch sonst genug schaffen zu machen.[103]

Die Stadt bemühte sich noch am 20. April 1623 erfolglos darum, die Pläne zu bekommen.[104] Diese blieben im Besitz der Flamands.[105]

Im Staatsarchiv Basel-Stadt ist ein unvollständig erhaltener Plansatz mit sechs von Claude Flamand approbierten und eigenhändig signierten Grundrissen erhalten, die von Jean gezeichnet und beschriftet worden sein dürften.[106] Es ist unklar, wann genau diese Pläne verfasst wurden. Vier Pläne zeigen die Befestigung von zwei Abschnitten Kleinbasels in je zwei Varianten.[107] Ein Plan stellt die Verstärkung vom Rhein bis zum St. Albantor dar und einer jene von St. Johann (Abb. 61–63).[108]

Wie Plan B (Abb. 62) zeigt, hätte sich in Kleinbasel leicht eine doppelte Verteidigung realisieren lassen. Im Bereich zwischen Bläsitor und Rhein zum Beispiel war der bestehenden Stadtmauer zwischen den Türmen (Lit. S und Lit. T) schon eine durch den Graben (Lit. F) abgetrennte Kontergarde oder Braye (Lit. T) vorgelagert, die ausgebaut und den aktuellen Bedürfnissen hätte angepasst werden können. Auf dieser Kontergarde liessen sich Geschütze zur Verteidigung des Vorfeldes platzieren, und sie deckte die Stadtmauer so, dass diese vom Feind aus dem Vorfeld der Festung nicht effektiv hätte beschossen werden können. Würde der Gegner die Kurtine beispielsweise im Punkt Lit. T erobern, hätte er die Stadt noch nicht eingenommen, denn er müsste immer noch den Graben Lit. F und die Stadtmauer überwinden. Damit sich die Kontergarde besser hätte bestreichen und verteidigen lassen, wollten die Flamands relativ kleine, in den äusseren Graben vorspringende Bollwerke errichten (Lit. BC, B und A), was eine Verbreiterung des äusseren Grabens (FO) notwendig gemacht hätte. Die Kontereskarpe des äusseren, erweiterten Grabens wollten sie so anordnen, dass sie von den Basteien bestrichen werden konnte, was mit feinen roten Linien angedeutet ist. Dabei rechneten die Flamands mit Schussweiten von 150 bis 200 Metern.

In der Grossen Stadt (vgl. Abb. 61 und 63), wo sich diese doppelte Verteidigung nicht hätte realisieren lassen, achteten die Flamands besonders darauf, die stark exponierten Flanken neuer Bollwerke gut zu decken.[109] Zudem rechneten sie mit der Bestreichung der Gesichter der Basteien von den bestehenden Türmen (Abb. 62, Lit. T). Wiederum ergeben sich Schussweiten von maximal ungefähr 180 Meter. Der Graben sollte nur vor den relativ kleinen Basteien angepasst werden. Die Bestreichbarkeit bestehender Rondellen (Abb. 63, Bollwerk Lit. BO) hätte nicht – wie ehemals von Specklin vorgeschlagen – verbessert werden sollen. Dafür wollten die Flamands Kavaliere (Abb. 63, Lit. CA) so anordnen, dass die Kontereskarpe bestrichen und das Vorfeld beherrscht werden konnte.

Die beiden Flamands sahen in Grossbasel keinen Wall hinter der Stadtmauer vor, sondern sie wollten die Beherrschung des Vorfeldes mit punktuell errichteten Kavalieren und den hohen Plattformen auf den neuen Basteien realisieren. Der Entwurf widerspricht also der vom Rat getroffenen Entscheidung, einen durchgehenden Wall hinter der Stadtmauer aufzuwerfen. Auch aufgrund der sehr kleinen, gemauerten asymmetrischen Basteien muss der Entwurf auf die Verantwortlichen veraltet gewirkt haben. Wahrscheinlich wäre die Anlage aber relativ effizient und preiswert gewesen. Alle bekannten Entwürfe von Claude Flamand, der – im Gegensatz zu den meisten anderen beteiligten Ingenieuren – ein im Festungskrieg erfahrener Soldat war, erscheinen, besonders was den Vorschlag einer eher behelfsmässigen Verstärkung der Befestigung betrifft, durchaus legitim. Er und sein Sohn hatten sich, wie die besprochenen Zeichnungen zeigen, immer darum bemüht, möglichst effiziente und kostengünstige Lösungen zu finden, selbst als sich der Rat für andere Konzepte entschieden hatte.

Johannes Faulhaber konnte sich gegen die Flamands durchsetzen, weil er von Melander unterstützt wurde und den berühmten Ingenieur Johan van Valckenburgh persönlich kannte. Schon seit Juli 1622 – also noch bevor man mit dem Aufschütten des Walles begonnen hatte – diskutierte der Rat wiederholt darüber, ob man nicht besser Moritz von Oranien und dessen Ingenieur

100 Flamand empfiehlt, an nicht genauer bezeichneten Orten hinter dem aufgeworfenen Wall eine 15 bis 18 Fuss (4.5 bis 5.5 Meter) hohe Palisadenwand als eine Art Retranchement zu errichten, das mit in Holz-Erdbauweise ausgeführten Werken zur Bestreichung und mit Konterminen hätte ergänzt werden können. Die damit sich ergebende doppelte und abschnittsweise Verteidigung ist in Flamands gedrucktem Traktat genauso Thema wie die Anwendung von Holzbauten, deren Effizienz er in Ungarn im Kampf gegen die Türken erkannt zu haben scheint. Vergleiche Büchi in Oechslin 2018, S. 417–420.

101 StABS, Politisches P 8, Fol. 131–133.

102 StABS, Protokoll Kleiner Rat, 12. 3. 1623 («Mit Flammanden abzuhandlen ist denen über die fortification deputierten gewalt geben.») und Zeugnis für Jean Flamand vom 19. 3. 1623 (StABS, Ratsbücher C 9, Fol. 147).

103 StABS, Missiven B 32, Fol. 350r–351r.

104 Brief StABS, Bau Z 1, 1535–1806; alte Signatur St. 91, Nr. 1.

105 Im Nachlassverzeichnis von Jean Flamand werden zwei Pläne zur Befestigung der Stadt Basel (Jouffroy 1992, S. 94, Nr. 365 und Nr. 409) aufgeführt. Leider liess sich besonders der Nr. 365 aufgeführte Bestand nicht auffinden: «Un plan des fortifications de la ville de Basle avec d'autres dessins que ledict deffunct avoit dessiné pour la fortifier».

106 Die Pläne sind jeweils verso mit grossen Buchstaben beschriftet. Mindestens ein Plan (F) ist nicht erhalten.
- StABS, Planarchiv A 1 113, Fol. [2]r [B] «Le plan pour fortifier le costé d'enbas de la petitte basle des le Rhin jusques a la porte saint blaise» [signiert Claude Flamand].
- StABS, Planarchiv A 1 113, Fol. [3]r [A] «Le plan pour fortifier la costé d'embas de la grande basle des le rhin le long des angles et courtines signifiez et demonstre par plan» [Bereich St. Johannstor und St. Johannsbollwerk] [signiert Claude Flamand]
- StABS, Planarchiv A 1 113, Fol. [4]r [C] «Le plan pour fortifier la costé d'enhaut de la petitte basle des le Rhin jusques a la porte de Riemerthor» [signiert Claude Flamand] (Dazu: StABS, Planarchiv A1 113, Fol. [18]r [Planskizze mit Berechungen einer Variante der Befestigung von Kleinbasel. Vermutlich von Jean Flamand])
- StABS, Planarchiv A 1 113, Fol. [5]r [D] «Le Plan pour fortifier simplement le costé den haut de la petitte basle des le Rhin jusques a la porte de Riementhor» [Variante zu 4] [signiert Claude Flamand]
- StABS, Planarchiv A 1 113, Fol. [6]r [E] «Le plan pour fortifier le costé d'embas de la petitte basle des le Rhin jusques outre la porte seint blaise» [Variante zu 2] [signiert Claude Flamand]
- StABS, Planarchiv A 1 113, Fol. [7]r [G] «Le plan pour fortifier le costé denhaut de la grande Ville des le Rhin jusques a la porte saint albe» [signiert Claude Flamand]

107 StABS, Planarchiv A 1 113, B und E; C und D.

108 StABS, Planarchiv A 1 113, A und G.

109 Vergleiche Plan G und Plan A die mit dem Buchstaben C bezeichneten Flanken, deren Plattform jeweils vier bis fünf Fuss niedriger als jene der Bastei sein sollte.

Abb. 61: Claude Flamand, «Le plan pour fortifier le costé denhaut de la grande Ville des le Rhin jusques a la porte saint albe»

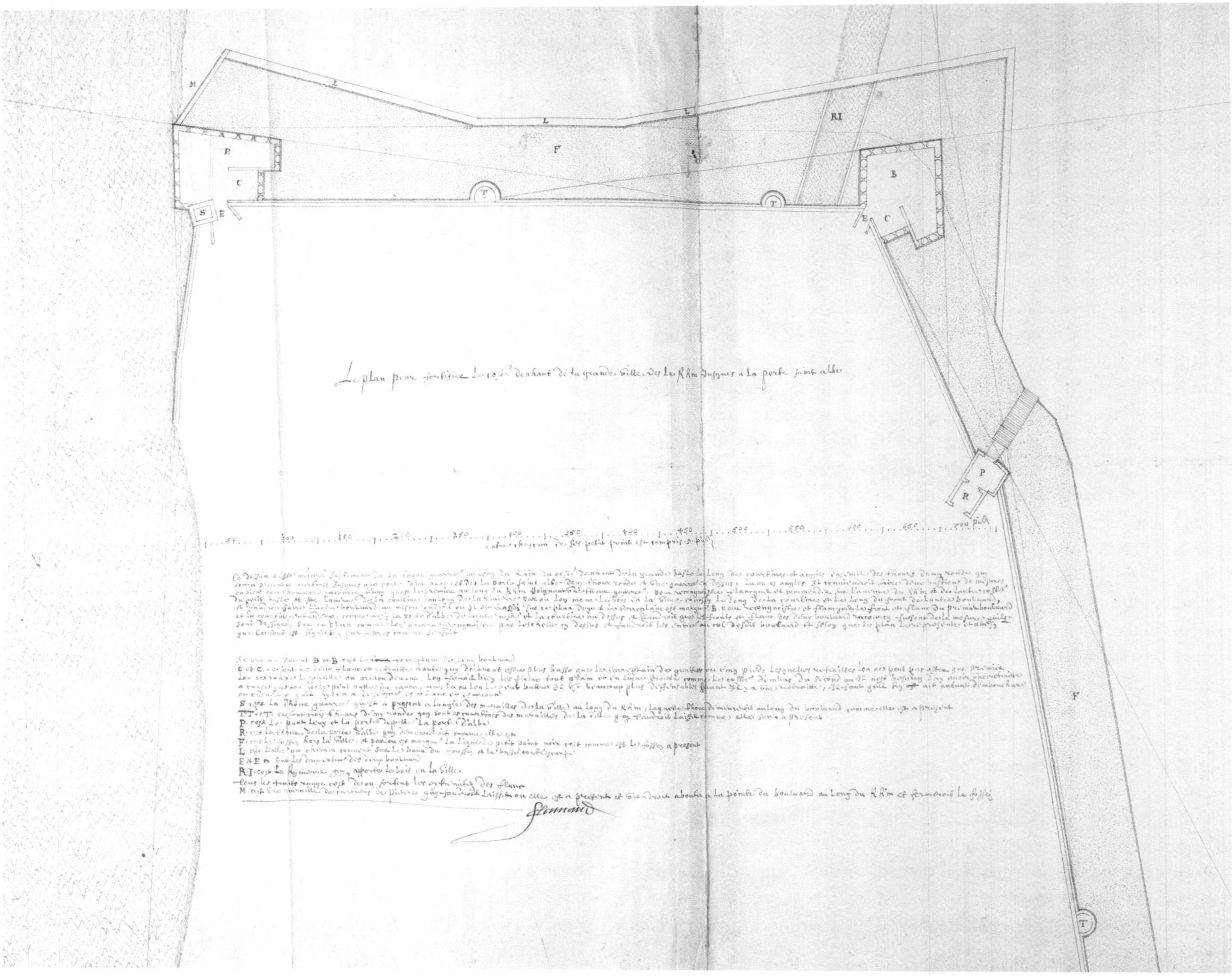

Abb. 62: Claude Flamand, «Le plan pour fortifier le costé d'enbas de la petitte basle des le Rhin jusques a la porte saint blaise»

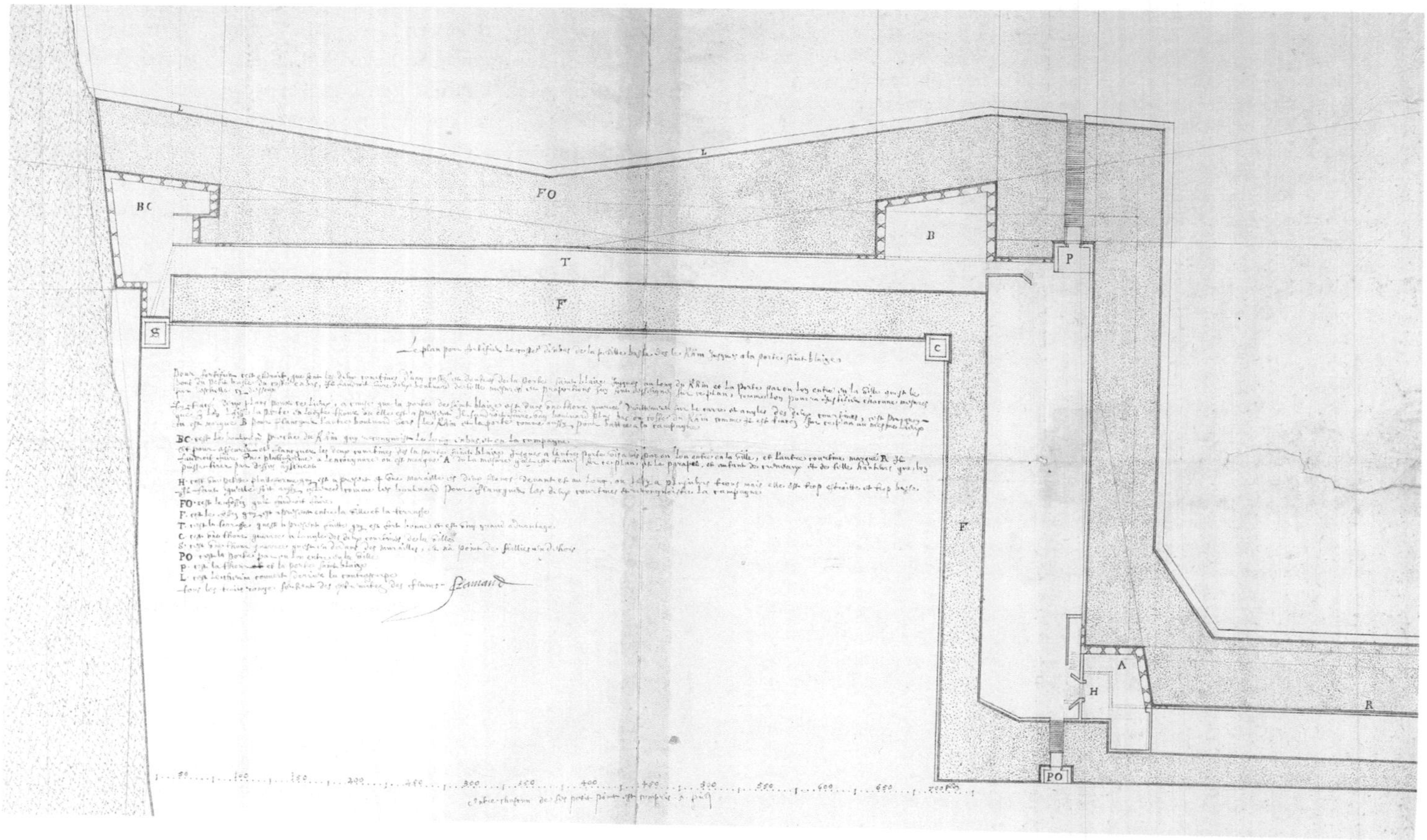

Abb. 63: Claude Flamand, «Le plan pour fortifier la costé d'embas de la grande basle des le rhin le long des angles et courtines signifiez et demonstre par plan»

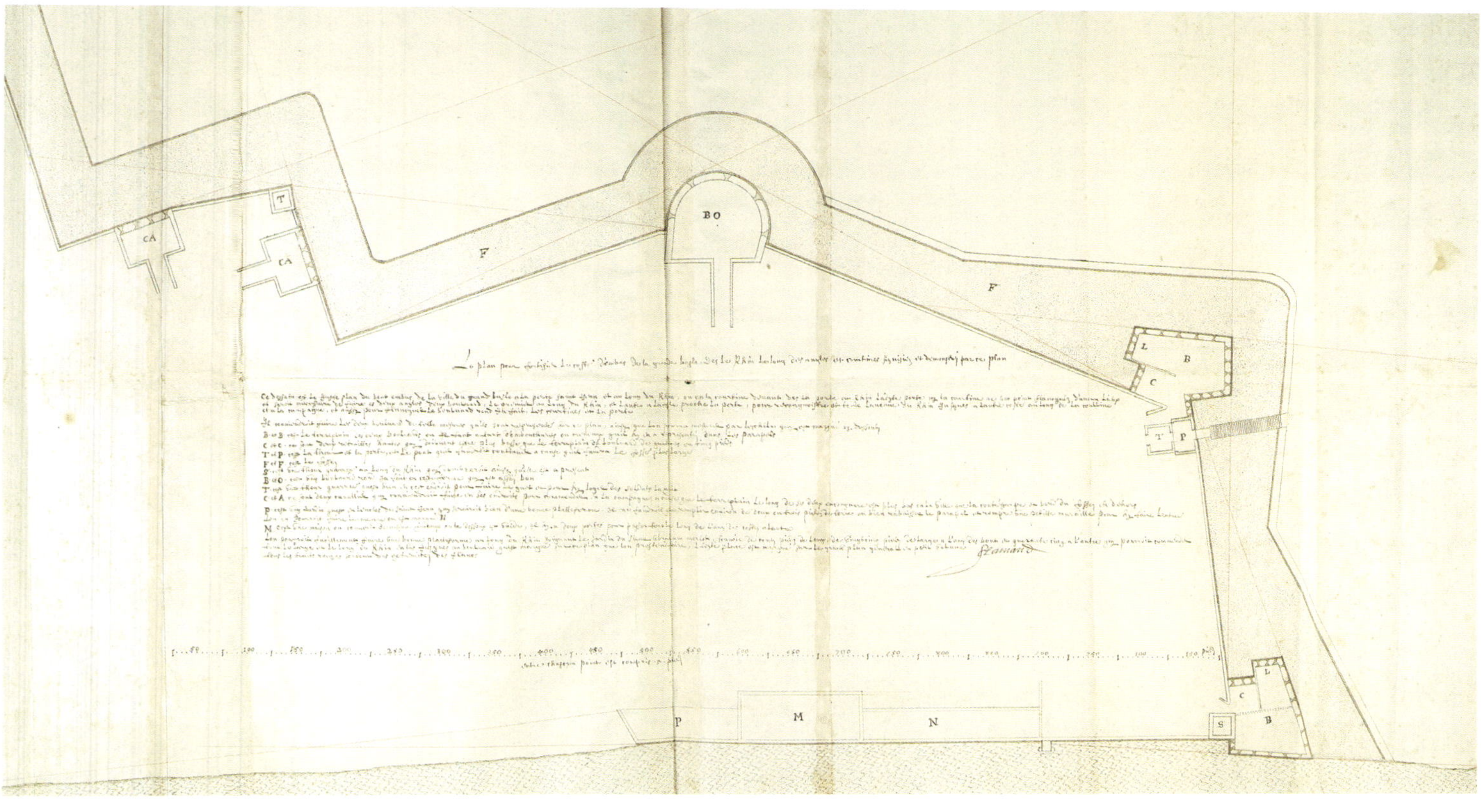

Johan van Valckenburgh um Rat bitten solle. Melander und Faulhaber begrüssten dieses Vorhaben und boten sich als Vermittler an.[110] (Zur Biografie Valckenburghs vergleiche Seite 92.)

Es wurde nun zur Aufgabe Faulhabers, diesen erfahrenen Mann für die Befestigung Basels zu gewinnen: Am 19. März 1623 entliess man ihn Richtung Niederlande, wo er aber erst am 29. April eintraf.[111] Peter Holzappel, der schon seit Ende März in Den Haag weilte, hatte inzwischen die Initiative ergriffen und berichtete in einem Brief an den Bürgermeister und den Rat Basels vom 2. April 1623, dass er Moritz von Oranien persönlich jene Pläne ausgehändigt habe, die bisher unter den geheimen Sachen der Stadt verwahrt worden seien.[112] In einer dreistündigen Sitzung diskutierte man darüber, ob sich Basel überhaupt zu einer regelrechten Festung mit Wassergraben hätte ausbauen lassen, wie es in den flachen Niederlanden mit hohem Grundwasserspiegel üblich war. Ohne einen Baumeister liess sich dies jedoch nicht abschliessend entscheiden: «in Summa es ist nur allerhand Reden gewest», meint Melander. Bereits jetzt könne er aber sagen, dass der Entwurf von Nathan d'Aubigné deswegen schlecht sei, weil die Bollwerke im bestehenden Graben errichtet werden müssten, was bautechnische Probleme zur Folge hätte, und dass Flamands Entwurf die Stadt zu sehr einenge. Der Riss Faulhabers – den wir nicht kennen – habe Moritz von Oranien am besten gefallen.[113]

An Ostern 1623 befahl Moritz von Oranien Johan van Valckenburgh einen Plan für Basel zu zeichnen.[114] Einen Monat später – am 15. Mai 1623 – berichtete Melander aus Den Haag, dass sich Moritz von Oranien des Unternehmens annehme, «alß wenn es sein eigen were». Daher habe er den ersten Entwurf Valckenburghs verworfen «und ganz ein andere meinung ufs Papier zuebrinngen befohlen». Bei so einem wichtigen und kostbaren Werk «seye es besser, daß mann es 100 mal ufs Papier übel lege, alß einmal übel baue».[115] Deswegen daure der Abschluss der Sache auch so übermässig lange. Johan van Valckenburgh werde wegen seiner Gichterkrankung und den Bündnissen mit den Hansestädten nicht persönlich nach Basel kommen können. Moritz von Oranien befinde aber Faulhaber für kompetent genug, die Anlage im Gelände abzustecken und mithilfe guter Werkmeister auszuführen.[116]

Die Kommunikationswege waren lang, und es brauchte Zeit, bis van Valckenburghs Pläne in Basel eintrafen. Doch Zeit war genau das, was man in Basel nicht hatte. Den laufenden Bau konnte oder wollte man nicht unterbrechen. Aus diesem Grund befahl der Kleine Rat den Fortifikationsherren am 19. Mai 1623 mit Ingenieur Adam Stapf aus Neustadt an der Hardt (Rheinpfalz) zu verhandeln. (Zur Biografie vergleiche Seite 95–96.) Stapf war von Johan van Valckenburgh gerühmt worden.[117] Nachdem Stapf Bollwerke

110 StABS, Protokoll Kleiner Rat, 24. 7. 1622 («So man die Fortification vornemmen wolte, soll nach dem H. von Falckenburg getrachtet, oder jhren H. H. prinz Moritz Rhat gepflogen werden.»); 30. 10 1622 (Iselin und Faulhaber schlagen dem Rat vor, Valckenburgh um Rat zu fragen); 2. 11. 1622 («H. Faulhaber soll zum H. Falkenburg nach rat weg[en] vorhabenden fortification geschickt werden.»); 5. 2. 1623 (erneuter Antrag, Valckenburgh und Moritz von Oranien um Rat anzufragen); 22. 2. 1623 (ein Bericht Melanders zwecks Anfrage von Moritz von Oranien und Valckenburgh wird abgelesen). Vergleiche StABS, Politisches P 2, Fol. 46–47: Faulhaber soll ein verständiger und erfahrener Mann mitgegeben werden, damit er bei Moritz von Oranien auch bald empfangen werde. Melander bietet sich persönlich an.

111 Brief von Melander, Den Haag, 1. 5. 1623: Faulhaber sei vor zwei Tagen in Den Haag eingetroffen. In acht Tagen soll Faulhaber mit dem Plan Valckenburghs abreisen (Heusler 1866, S. 335 nach StABS, Politisches P 8, Fol. 138–139).

112 Leider liessen sich diese Pläne, wohl die unten erwähnten Entwürfe von Nathan d'Aubigné, Claude Flamand und Johannes Faulhaber, die vielleicht in Den Haag verblieben, nicht auffinden.

113 «Daß herrn Obenjis [Aubignés] vnd Flammans sachen gantz nit guth seindt, aus vrsachen weil sie in den graben kommen mit ihren wercken, vndt der eine [Flamand] die Statt abschneidt, deßwegen er mir dan viele exempel hisiger im lant gelegener stätt erzehlete[;] hat derhalben Faulhabers seinen Abrieß am besten befund[en,] allein strafft ihn[,] daß er kein bolwerck in den rhein gelegt hat, [...]» (Heusler 1866, S. 333 korrigiert nach StABS, Politisches P 8, Fol. 140–143).

114 Brief von Peter Holzappel, Den Haag, Ostermontag, 17. 4. 1623. Heusler 1866, S. 334–335 nach StABS, Politisches P 8, S. 144–146.

115 Diese Floskel wird in einem Brief Faulhabers (StABS, Bau Z 1, Fol. 48) wiederholt.

116 Brief von Melander an Basel: Heusler 1866, S. 339 nach StABS, Politisches P 8, Fol. 135–137. Dass Moritz von Oranien Faulhaber für kompetent hielt, wird auch in einem Brief vom 14. 6. 1623 bestätigt: «Waß aber einen Architecten oder Ingenieur zue Abstechung vnndt Befürderung obbemelter Wercken belangt, haltenns darfür, dass der H. Faulhaber bequäm vnndt erfahren gnug ist[,] alles waß darzue erfordert wirdt, erheyschter Notturfft nach zue verrichtenn vnndt praestiren.» (Brief von Moritz von Oranien an Basel, Den Haag, 14. 6. 1623, Heusler 1866, S. 339 korrigiert nach StABS, Politisches P 8, Fol. 134).

117 StABS, Protokoll Kleiner Rat, 19. 5. 1623. «Da fern aber bei Faulhabernn einiger Mangel [an praktischer Erfahrung] befunden würde[,] solte Herr Adam Stapp sehr guth seinn, in maßen er mir dan von herrn Falckenburg gerühmt worden» (Brief von Peter Holzappel, Den Haag, 17. 4. 1623 nach Heusler 1866, S. 334–335). Vergleiche auch Heusler 1866, S. 339 nach Politisches P8, Fol. 135–137.

Johan van Valckenburgh

Johan van Valckenburgh (um 1575 bis 1625) war in seiner Jugend von Johan van Rijswijck († 1612) in die Grundlagen der Festungsbaukunst eingeführt worden.[1] Am 6. Januar 1606 wurde er zum Ingenieur der Generalstaaten bestallt.[2] Von 1609 bis zu seinem Tod 1625 war er überwiegend in Deutschland als Berater reformierter Städte tätig. Zwischen diesen Mandaten kehrte er stets nach Den Haag zurück, von wo aus er zu Planung und Baudurchführung im Bereich der niederländischen Provinzen abkommandiert wurde.[3] Städte, die Valckenburghs Dienste in Anspruch nehmen wollten, mussten bei Moritz von Oranien um dessen Freistellung bitten. Der Ingenieur war also stets den Generalstaaten verpflichtet, womit Moritz von Oranien Entscheidungen in seinem Sinne beeinflussen und den politischen, strategischen und ökonomischen Interessen der Generalstaaten Rechnung tragen konnte.
Gutachtertätigkeit und Überwachung einheimischer Baumeister, die seine Entwürfe und Ratschläge verwirklichten, sind nachweisbar in Lüneburg (1609–1612), Lübeck (1609–1622), Hamburg (1609–1625), Düren (1610), Bremen (1611–1625), Braunschweig (1611–1616), Rostock (1613 und 1624), Ulm (1617–1619), Dillenburg (1619) und Stralsund (1624). Zwischen 1614 und 1617 wurde Valckenburgh auch in Gebieten eingesetzt, die unter Einfluss der Generalstaaten standen, so in Jülich, Rheydt, Emmerich, Rees, Ravenstein, Emden und Leerort. Im Januar 1617 beispielsweise vermass Valckenburgh den Festungsrayon der freien Reichsstadt Ulm – Faulhabers Heimatstadt – und wurde am 17. Februar 1617 auf drei Jahre verpflichtet.[4] Von drei Entwürfen ist der teilweise ausgeführte vom November 1619 erhalten, der von Friedrich von Solms und Moritz von Oranien approbiert wurde (Abb. 64).[5]
Wie später in Basel lehnte es Valckenburgh ab, die bestehende Stadtmauer in die Planung einzubeziehen, obwohl diese schon früher mit einem Wall verstärkt worden war. Die Bruchsteinmauer würde unter dem Beschuss schwerer Geschütze splittern, was zu immensen Verlusten bei den Verteidigern führe.[6] Gegen den Entwurf mit einer den bestehenden Wehrbauten vorgelagerten Wallanlage erhoben die Bürger Ulms aus Kostengründen erfolglos Einspruch. Valckenburgh argumentierte, dass das Herausrücken der Wälle vor die alte Stadtmauer innerhalb der Umwallung Weiden und Krautgärten schaffe, was gerade in Zeiten einer Belagerung von unschätzbarem Wert sei. Offenbar ging er davon aus, dass die betroffenen Bürger für ihre Grundstücke entschädigt würden, denn er war der Meinung, dass der Erlös, den sie für das Bastionsgelände erhielten, sich innerhalb der Wälle wieder gewinnbringend anlegen liesse. Ausserdem erhalte man eine doppelte Wehre, und die bestehenden wertvollen Wasserwerke, Brücken und Tore blieben erhalten.[7]
Am 26. November 1619 beschloss der Rat von Ulm, Valckenburgh vor Vertragsende von seinen Verpflichtungen zu entbinden, da die ihm aufgetragenen Arbeiten erledigt waren.[8] Die acht Bollwerke mit Unterwall (Faussebraye) links der Donau wurden bis 1622 vollendet.[9] Die Ravelins vor den Toren wurden erst 1623 – wohl unter der Leitung Faulhabers – erbaut. Rechtsseitig der Donau führte man im Dreissigjährigen Krieg ausser einem behelfsmässigen Wall nichts aus. Die Hauptlast der von Loeffler auf zwei Millionen Gulden geschätzten Baukosten wurde durch Steuererhöhungen und Fronarbeiten getragen.[10] Nur schon die im ersten Jahrzehnt des 17. Jahrhunderts errichteten drei Bastionen im Bereich des Gensetors – die unter der Bauleitung von Gideon Bacher mehrfach einstürzten – sollen je rund 100 000 Gulden gekostet haben.[11]

1 Weber 1995, S. 24. Zu Rijswijck vergleiche die Zusammenstellung weiterführender Literatur bei Büchi 2015, S. 169, Fussnote 103.
2 Weber 1995, S. 22.
3 Weber 1995, S. 22–23.
4 Weber 1995, S. 89 und 90.
5 UlmStA, F1, 14 «Plan vndt Abriß des heilligen Reÿchs Stadt Vlm» (41 × 59 cm). Seltsamerweise sind die Masse der Schnitte im Vergleich mit dem Grundriss um die Hälfte zu gering angegeben. Laut Loeffler waren die Kurtinen durchschnittlich etwa 180 Meter lang. Die Grabenbreite betrug etwa 40 Meter. Die Bastionsgesichter waren maximal etwa 90 Meter lang; die Flanken ca. 40 Meter. Die Stände des Hauptwalles erhoben sich etwa 5 Meter über den Bauhorizont. Gedeckter Weg, Nieder- und Hauptwall waren jeweils etwa 7 Meter breit. Eskarpe und Kontereskarpe wurden – im Gegensatz zum vorliegenden Entwurf – gemauert. Die Eskarpenmauer war ca. 6.5 Meter hoch. Alle Abdachungen der Brustwehren waren so eingerichtet, dass die Konterskarpe frontal beschossen werden konnte (vergleiche die genaue Beschreibung Loeffler 1881, S. 127–141). 1619 hatte man laut Loeffler 1881, S. 143 ca. 70 kleine und grosse Geschütze zur Bewaffnung der Festung. Der Architekturtheoretiker Joseph Furttenbach d. Ä. war im Januar 1628 dafür verantwortlich, diese in Stellung zu bringen (Loeffler 1881, S. 146).
6 Weber 1995, S. 91 nach Loeffler 1881, S. 122.
7 Weber 1995, S. 91–92.
8 Weber 1995, S. 94.
9 Loeffler 1881, S. 126.
10 Weber 1995, S. 95 nach Loeffler 1881, S. 127. Ulm hatte um 1600 ca. 21 000 und um 1620 ca. 19 000 Einwohner, etwa doppelt so viele wie Basel.
11 Loeffler 1881, S. 116.

Abb. 64: Johan van Valckenburgh, Entwurf für Ulm, 1619

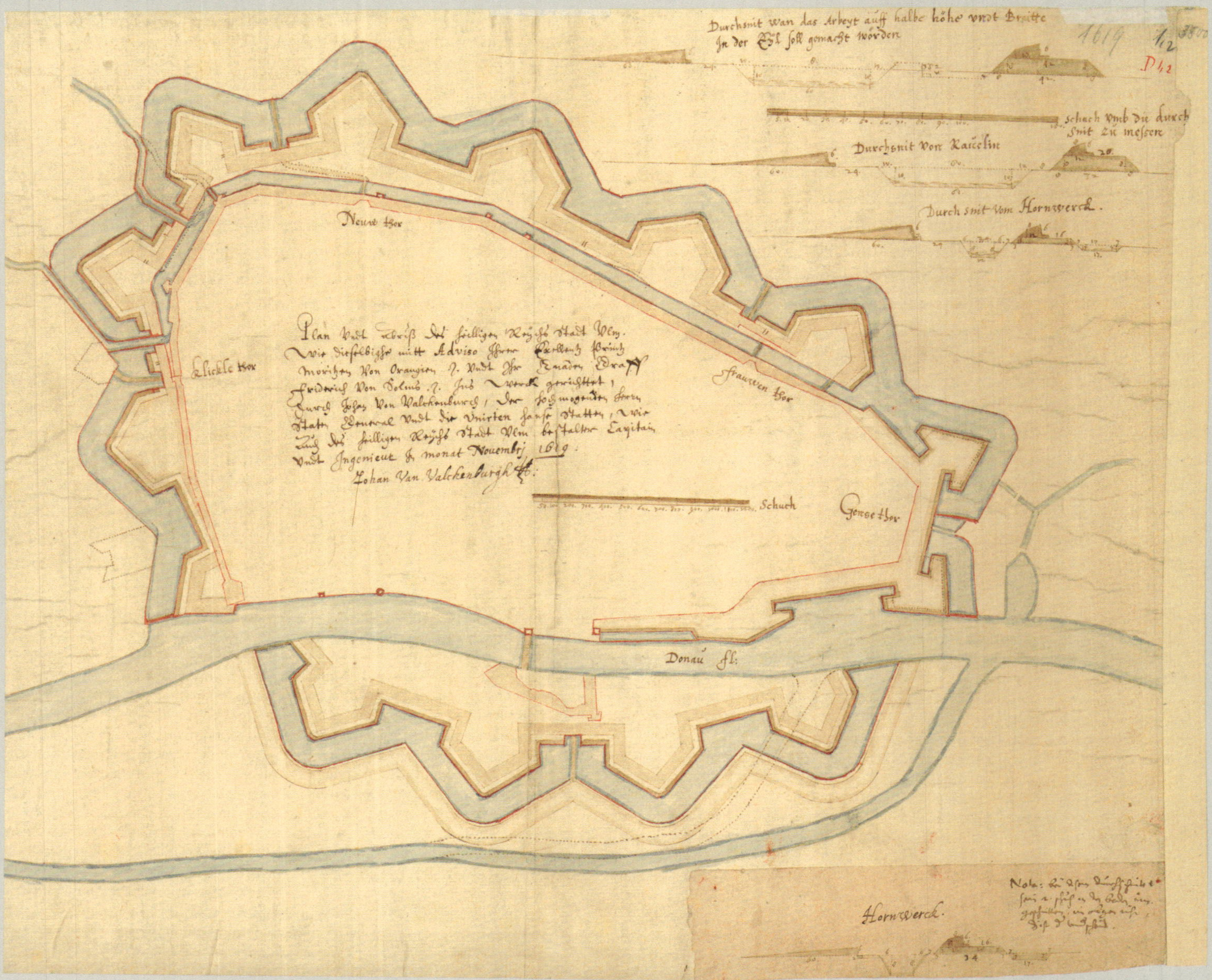

Abb. 65: Johan van Valckenburgh, Entwurf einer Royalfestung für Basel, datiert auf den 30. Mai 1623

bei St. Johann ausgesteckt und einen entsprechenden Kostenvoranschlag geliefert hatte, wurde er am 28. Mai 1623 bestallt.[118] Aus dem Gutachten der Dreizehnerherren,[119] das die Anstellung Stapfs empfahl, geht hervor, dass man inzwischen daran zweifelte, ob das Unternehmen Faulhabers und Melanders in den Niederlanden zu einem Ergebnis führen würde. Überhaupt hatte der Rat das Vertrauen in seine bisherigen Ingenieure verloren: Trotz immensen Ausgaben habe man das vor Monaten begonnene Fortifikationswerk bisher «ohne einen rechten o[der] approbirten Meister» durchgeführt. Es sei nun an der Zeit, einen erfahrenen Mann einzustellen und die von Stapf ausgesteckten Bollwerke anzufangen und zu vollenden.

Irgendwann im Sommer traf dann Faulhaber mit den Plänen van Valckenburghs in Basel ein. Er brachte zwei in den Niederlanden aufgetriebene Handwerker – Petrus Cornelis und Jacundt de Ruckh – mit, mit welchen die Deputierten verhandelten.[120] Am 5. August 1623 legten Faulhaber und Stapf auf Gutheissen beider Räte den Dreizehnerherren nicht näher beschriebene, sich konkurrenzierende Pläne vor.[121] Stapf ging als Sieger aus diesem Wettbewerb hervor. Man befahl ihm, das städtische Fortifikationswerk zu besichtigen und seine Meinung zu den Entwürfen van Valckenburghs in einem Gutachten zu äussern.[122]

Stapf disqualifizierte das bisher Geleistete: Vom St. Johannstor bis zum Spalentor sei eine dreieckige Vertiefung im Graben ausgehoben und der Kies hinter die Stadtmauer geschüttet worden. Wegen den vielen schlecht zu verteidigenden ein- und ausspringenden Winkeln konnte Stapf die Absicht dieses Unternehmens nicht gleich erkennen. Man hätte den Abschnitt begradigen müssen, und es wäre besser, man hätte nie damit begonnen, so seine Einschätzung. Weil sich Melander und Faulhaber damals noch in den Niederlanden aufhielten, riet Stapf die Arbeit zu unterbrechen und beim St. Johannstor ein Stück des Walles samt Brustwehr als Modell vollständig auszufertigen, damit man wenigstens sehe, welche Dimensionen der Wall bekommen müsse. Mit der Aufsetzung eines mit der Stadtmauer gleichlaufenden Walles ohne vorspringende Bollwerke – stellt Stapf wie schon Flamand fest – könne der Graben sehr schlecht und an vielen Orten gar nicht bestrichen werden. Daher habe er untertänigst vorgeschlagen, zur besseren Verteidigung der Mauern und Gräben etliche spitze Bollwerke vor die Stadt zu legen, die mit ihren Flanken den bestehenden Wällen angehängt würden. Darauf habe der Rat beschlossen, mit dem Bau dreier dieser Werke – einem vor dem St. Johannstor und zwei vor dem Steinentor beiderseits des Birsigs – anzufangen. Das Bollwerk bei St. Johann, das als Ravelin mit einem wohl

118 StABS, Protokoll Kleiner Rat, 28. 5. 1623.

119 StABS, Bau Z 1, 1535–1806, Fol. 136. Das Dokument kann mit dem Ratsprotokoll datiert werden: StABS, Protokoll Kleiner Rat, 26. 5. 1623 (Schreiben von Hannibal von Venningen betreffend der Festung wird den xiii übergeben. «Schriben von H. Faulhaber ist abgelesen vnd neben disem hatt her Adam Stapff eingeben einen überschlag was über beede Bollwerk bei St. Johansthor für vnkosten ergehen würde. Für die H. xiii.»).

120 StABS, Protokoll Kleiner Rat, 23. 7. 1623 (Den zur Fortifikation Deputierten wird Gewalt gegeben, mit dem Baumeister und Zimmermann aus Den Haag zu verhandeln). Ob die Verhandlungen zu einer Anstellung führten, ist unklar. Vergleiche Müller 1955, S. 55 nach Ratsbücher C.

121 StABS, Protokoll Kleiner Rat, 6. 8. 1623.

122 StABS, Bau Z 1, 1535–1806, datiert auf den 22. 8. 1623. Abgelesen und mit Melander besprochen wurde das Gutachten vermutlich erst am 24. 9. 1623 (StABS, Protokoll Kleiner Rat). Bericht über eine «Conferentz mit H. Milander wegen der Fortificationen.» und «H. Adam Stappfen schrift seiner defension ist abgelesen. Soll mit den dreien werken so fleissig müglich fortschreitten».

Abb. 66: Verstärkung der Ringmauer Basels gemäss dem Entwurf von Adam Stapf

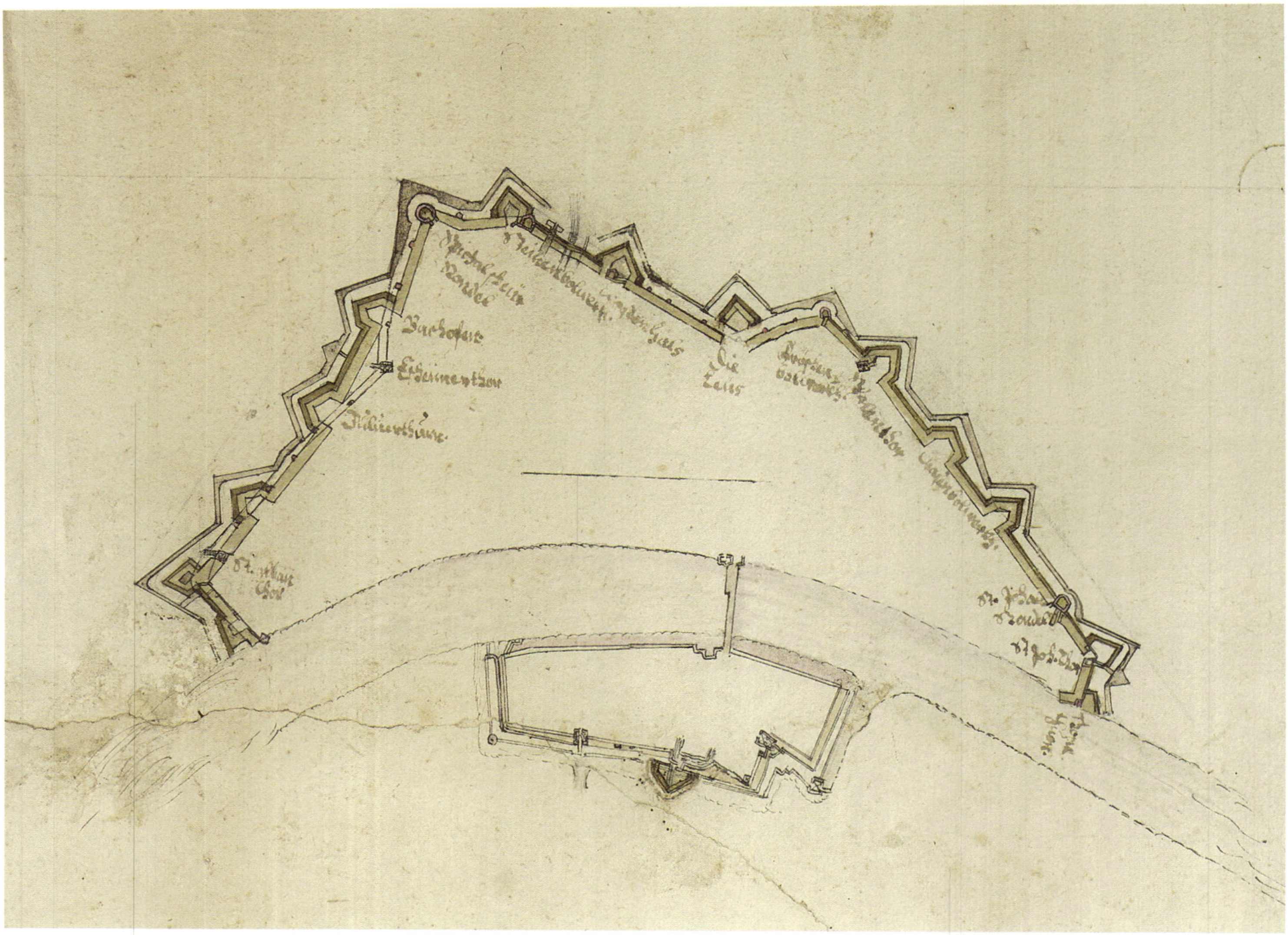

einfachen Wall ausgeführt wurde (vergleiche Abb. 52),[123] sollte also ursprünglich genau so an die Wälle angehängt werden wie die Elisabethen- und die Steinenschanze. Womöglich zeigt also Merian (Abb. 51) die sonst nicht erhaltenen Stapf'schen Entwürfe für diese drei Werke (neben einem vierten vor dem St. Albantor).

Inzwischen habe nun Faulhaber, fährt Stapf in seinem Gutachten fort, drei Pläne von der Hand Johan van Valckenburghs abgeliefert. An und für sich gute Entwürfe – die Frage sei nur, ob sie auch zur Situation der Stadt passten. Berücksichtige man nämlich die Grösse und Weitläufigkeit dieser Werke, die Baukosten, die Bauzeit, die notwendige Besatzung sowie die Unterhaltskosten, so müsse man alle drei ablehnen.

Durch ein «einfaltiges Bedenken» der drei Vorschläge will Stapf nun belegen, dass Basel «von Natur zu keiner Haubtvestung qualificirt» sei:

1. Zuerst bespricht Stapf jenen Entwurf van Valckenburghs, der als einziger auf einem stark beschädigten Blatt erhalten ist (Abb. 65).[124] Der einfach gehaltene Plan zeigt eine in grossem Abstand um die Stadt gezogene Bastionärfestung ohne Vorwerke.[125] Ein grösseres und ein kleineres Profil mit Faussebraye sind auf demselben Blatt verzeichnet. Stapf hätte nichts lieber bauen helfen als diesen Entwurf. Da aber das Royalwerk bis zu 600 Schuh (180 Meter) vor die bestehende Stadtmauer zu liegen käme, würde die ohnehin schon zu grosse Grundfläche der Stadt ungefähr verdoppelt. Folge davon wären eine zu lange Bauzeit und zu hohe Kosten. Doch sei die Ausführung des Entwurfs schon allein deswegen abzulehnen, weil die Verteidigung eine viel zu grosse Besatzung erfordern würde.
2. Einen (nicht erhaltenen) Plan mit Ravelins vor dem bestehenden Stadtgraben lehnt Stapf in erster Linie aus taktischen Gründen ab. Die Anlage würde nämlich so gross, dass die militärisch unerfahrene Miliz der Stadt zu ihrer Verteidigung beigezogen werden müsste. Die Ravelins hätten aber keine direkte und sichere Verbindung zum Stadtinneren und liessen sich daher eigentlich nur mit teuren kriegserfahrenen Soldaten gut verteidigen.
3. Auch einen Entwurf mit acht der Stadt vorgelagerten Hornwerken befand Stapf an sich für gut. Aber auch hier müsse zuerst ein Wall um die Stadt geführt werden, und die Hornwerke bräuchten sehr viel Raum (16 684 Quadratruten), was dazu führe, dass man alle Weingärten vor der Stadt einebnen und zu Äckern machen müsse. Die Baukosten wären nicht niedriger als jene für den ersten Entwurf. Da auch die Hornwerke von der Hauptfestung abgeschnitten würden, seien zur Verteidigung ebenso viele teure Söldner notwendig wie beim zweiten Entwurf.

Aus den genannten Gründen war Stapf der berechtigten Ansicht, dass keiner der drei Vorschläge van Valckenburghs verwirklicht werden sollte. Unter Berücksichtigung der Entwürfe van Valckenburghs und Flamands stellte er daher den Räten einen realistischeren

123 Das tatsächlich ausgeführte Werk ist wohl am besten auf den Darstellungen StABS, BILD Falk. A 182 und BaselKM, Kupferstichkabinett, Inv. Dep. Krayer 1 (Emanuel Büchel, 1774) erkennbar. Der StABS, BILD Falk. A 129 (von 1647) dargestellte Kavalier wurde womöglich nie ausgeführt.

124 StABS, Planarchiv A 1, 113, Fol. 15r. Mit Unterschrift Valckenburghs und datiert auf den 30. 5. 1623 mit zwei Profilen Royal und halbes Royal, wobei die Brustwehren in beiden Varianten gleich dick sind und nur die Höhe der Plattformen und die Breite und Tiefe des Grabens variiert werden.

125 Kurtinen ca. 45 Ruten, Flanken 15 Ruten, Bastionsgesichter 25 Ruten. (Nimmt man die Rheinländische Rute à 3. 76735 Meter als Mass, werden die Kurtinen 170 Meter, die Flanken 57 Meter und die Bastionsgesichter 95 Meter lang.)

Adam Stapf kam um 1580 vermutlich als Sohn eines Schreiners zur Welt. Über seine Ausbildung lässt sich nichts in Erfahrung bringen. Am 18. Juli 1611 wurde er in Mannheim, wo er auch zwei Häuser links und rechts der geplanten Kirche besass, für den Festungsbau angestellt.[1] Über seine damalige Tätigkeit lässt sich nichts Näheres sagen.[2] Der offenbar fähige Praktiker stieg jedoch in nur wenigen Jahren vom Administrator zum Fortifikationsbaumeister auf. Laut Bestallungsbrief vom 15. März 1615 war er für das Abstecken und Bezahlen der Werke zuständig.[3] Am gleichen Tag wurde David Wormbser – der Übersetzer des Festungsbuches von Buonaiuto Lorini[4] – zum Kontrolleur ernannt.[5] Über Stapfs Aktivitäten zwischen 1618 und 1621 gibt ein informatives Manuskript seines noch jungen Gehilfen Laurentius Engelhard Auskunft: Stapf besichtigte die Städte Frankfurt am Main, Udenheim, Alzey, Oppenheim, Ingelheim, Frankenthal, Zweibrücken, Kaiserslautern, Selz, Billigheim, Germersheim, Burg Stein, Umbstadt und Heidelberg, analysierte deren Befestigungsanlagen und stellte Gutachten und Pläne über vorzunehmende Verbesserungen aus.[6]
1619 zum Beispiel setzte sich der Rat von Frankfurt mit Stapf in Verbindung, der damals noch in Mannheim tätig war. Ende August 1619 reichte Stapf dort dann einen Entwurf mit 18 an die alte Mauer gehängten Bastionen mit Unterwall ein (Abb. 67).[7] Die Bastionsgesichter waren etwa 300 und die Flanken 130 Schuh lang.[8] Die Bastione (Abb. 69) hätten aus einem etwa fünf Meter über den Bauhorizont erhobenen Hauptwall und einem auf Höhe des Horizonts liegenden Niederwall (Faussebraye) bestehen sollen. Der etwa 45 Meter breite Graben wäre von einem Gedeckten Weg und einer etwas weniger als zwei Meter hohen äusseren Abdachung umgeben worden, die – wie der Niederwall – um die ganze Festung gezogen werden sollte. Weil ein Feind nicht eine Kurtine, sondern ein Bastionsgesicht angreifen würde,[9] waren die Flanken der sehr nahe beieinander liegenden Bastionen so eingerichtet, dass sich diese gegenseitig verteidigen liessen. Dank der geringen Abstände der Bollwerke könne auf einen vollständigen Ausbau der Kurtine verzichtet werden, stattdessen sei, wie Stapf vorschlägt, die bestehende Zwingermauer auszubauen (Abb. 70): Sie hätte bis auf vier Schuh über dem Horizont erniedrigt und durch eine Erdbrustwehr ergänzt werden sollen. Die Stadtmauer hingegen hätte man stehen lassen können.
Der Rat von Frankfurt lehnte die Ausführung dieses auf 149 000 Gulden veranschlagten Projekts in seiner Sitzung vom 26. August 1619 ab und verehrte Stapf 100 Taler.[10] 1621 wandte sich Frankfurt aber abermals an den Ingenieur, der inzwischen in Heidelberg tätig war. Stapf traf im April 1621 in Frankfurt ein und fertigte einen Sachsenhausen nicht einbeziehenden Entwurf mit 13 Bastionen und Faussebraye an, die mit richtigen Zwischenwällen verbunden waren. Die bestehende Stadtmauer hätte wiederum stehen gelassen werden sollen. Man steckte die Bollwerke mit einem Markierungsgraben ab und stellte das Holzmodell einer Bastion her. Am 10. Mai 1621 verzichtete der Rat auf die Durchführung auch dieses Projekts, das auf 159 600 Gulden veranschlagt worden war. Stapf erhielt ein Gehalt von 60 Talern.[11]
Nachdem die Ingenieure Wilhelm und Johann Wilhelm Dilich mehrmals als Gutachter für Frankfurt tätig waren,[12] wurde Johann Wilhelm Dilich am 8. Januar 1628 auf drei Jahre mit 300 Reichstalern jährlicher Besoldung als Ingenieur der Stadt verpflichtet.[13] Dilich, der mit seinem Vater die 1640 in Frankfurt bei Anton Humm verlegte *Peribologia* veröffentlichen sollte[14] – eines der wichtigsten Fortifikationstraktate des 17. Jahrhunderts –, arbeitete bis zu seinem Tod 1657 an der Festung, die im Jahr 1667 im Wesentlichen ohne Verwendung der bestehenden Stadtmauer in der von Matthäus Merian d. J. überlieferten Form (Abb. 68) fertiggestellt war.

Abb. 67: Adam Stapf, Entwurf für Frankfurt am Main, 1619

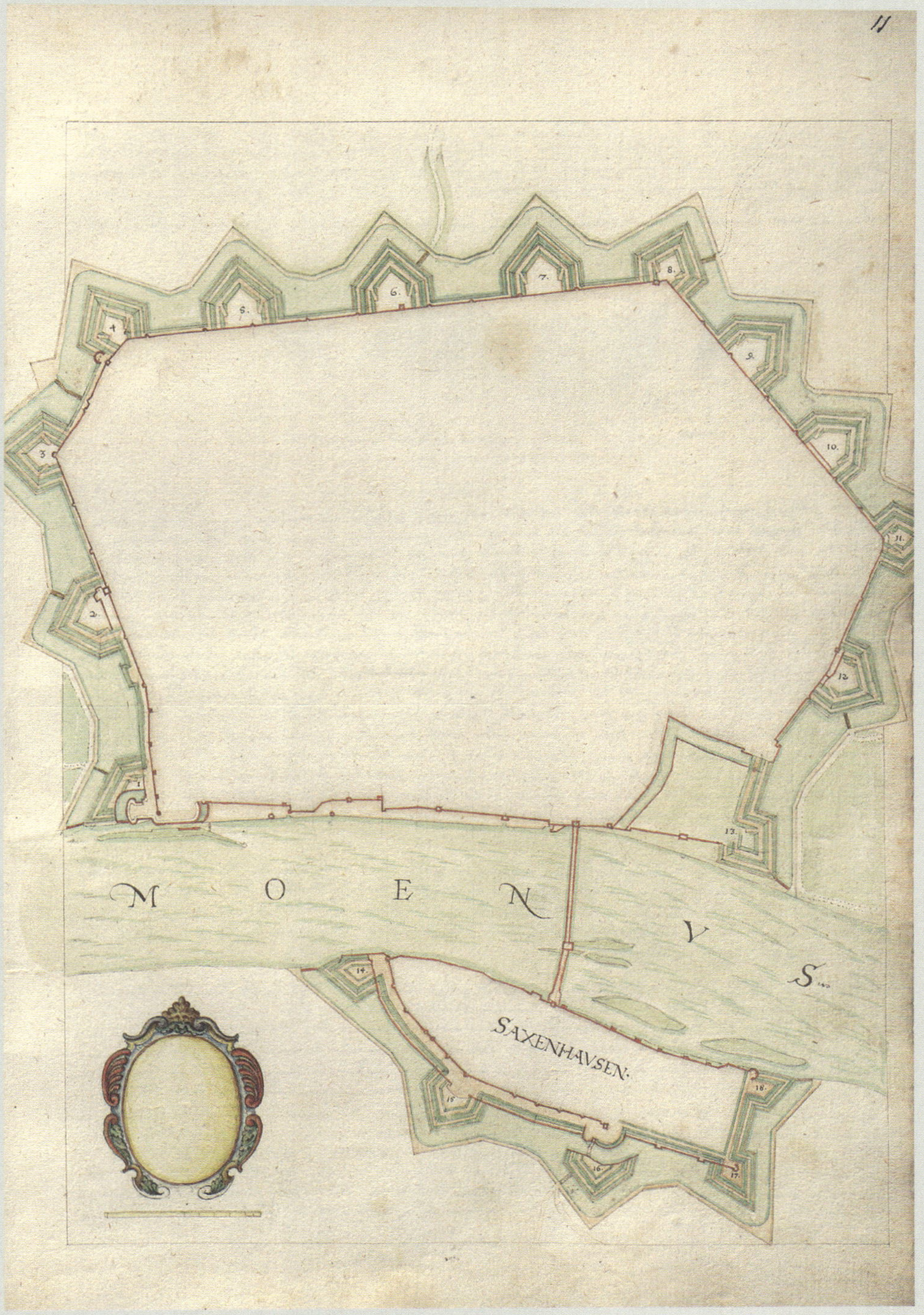

1 Walter 1906, S. 82 und «Delineation der Chur-Pfaltzischen Statt Mannheim wie selbige vor dem Krieg bewohnt gewesen» (Stich in *Warhafftige vnd gewisse Privilegien Der Stadt Manneheim in Pfaltz gelegen 1652,* Heidelberg: Gotthard Vögelin Erben, 1652).
2 Walter 1906, S. 82.
3 Steinebrei 1986, S. 8 nach einem Dokument im Generallandesarchiv Karsruhe.
4 Buonaiuto Lorini: Fünf Bücher vom Festungsbauen, Frankfurt a. M.: Theodor de Bry d. Ä. Erben, 1607. Zu Wormbsers Übersetzung vergleiche den Beitrag von Büchi in Oechslin 2018, S. 440.
5 Walter 1906, S. 82.
6 Engelhard 1621, Vorrede von Engelhard, datiert 12. 3. 1621. Das Manuskript enthält genaue Beschreibungen und Pläne des Zustandes der Befestigung der genannten Orte und Erläuterungen der vorgeschlagenen abgebildeten Entwürfe bis hin zu den Baukosten. Frankfurt wird Fol. 7r–12r abgehandelt.
7 Engelhard 1621, Fol. 11r.
8 Engelhard 1621, Fol. 10r.
9 Dieser Sachverhalt wird Engelhard 1621, Fol. 10r ausführlich beschrieben.
10 Padjera 1920, S. 234. Nach Engelhard 1621, Fol. 11v hätte das Projekt inklusive der Befestigung von Sachsenhausen 122 000 fl gekostet. Es handelt sich um dasselbe Projekt.
11 Padjera 1920, S. 234.
12 Am 16. Dezember 1624 bewarb sich Johann Wilhelm Dilich als Festungsbaumeister und sandte einen Entwurf mit zwölf Bollwerken ein, in dem die Verwendung der bestehenden Stadtmauer explizit abgelehnt wurde (Padjera 1920, S. 237). Im Januar 1627 verhandelte der Rat mit Vater und Sohn Dilich (Padjera 1920, S. 238). Vier Entwürfe, welche die Verwendung der bestehenden Stadtmauer ausschlossen, wurden vorgelegt, doch der Rat beschloss aufgrund der hohen Kosten im März 1627 keines der Projekte auszuführen (Padjera 1920, S. 239).
13 Padjera 1920, S. 240.
14 Weiterführende Literatur zur *Peribologia* und zu den beiden Dilichs in Büchi 2015, S. 234–245.

Abb. 68: Matthäus Merian d. J., Frankfurt am Main

Abb. 69: Adam Stapf, Profil für die Bastione von Frankfurt am Main

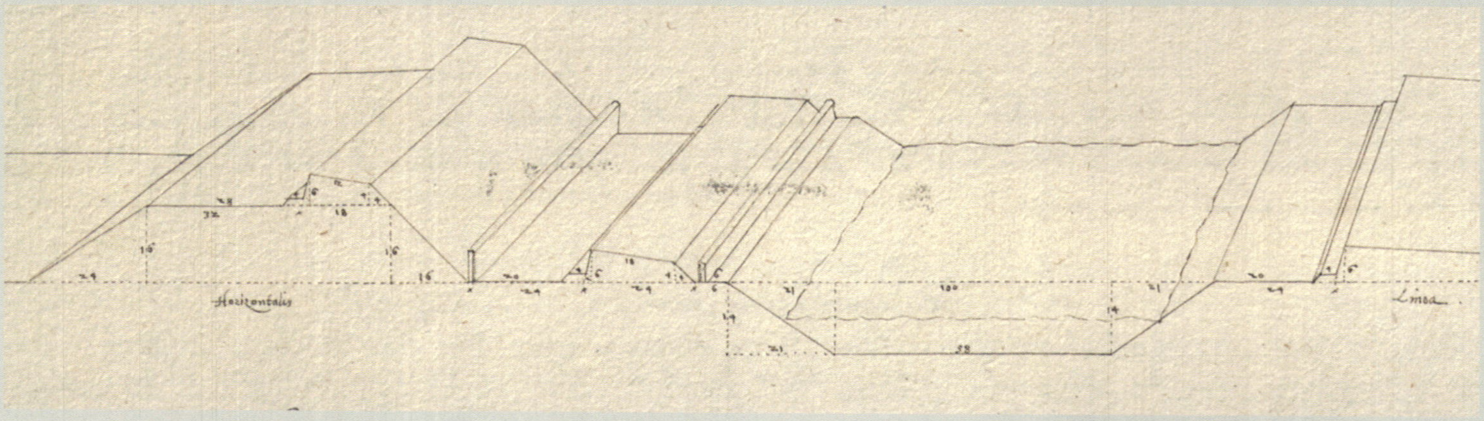

Abb. 70: Adam Stapf, Profil für die Kurtinen von Frankfurt am Main

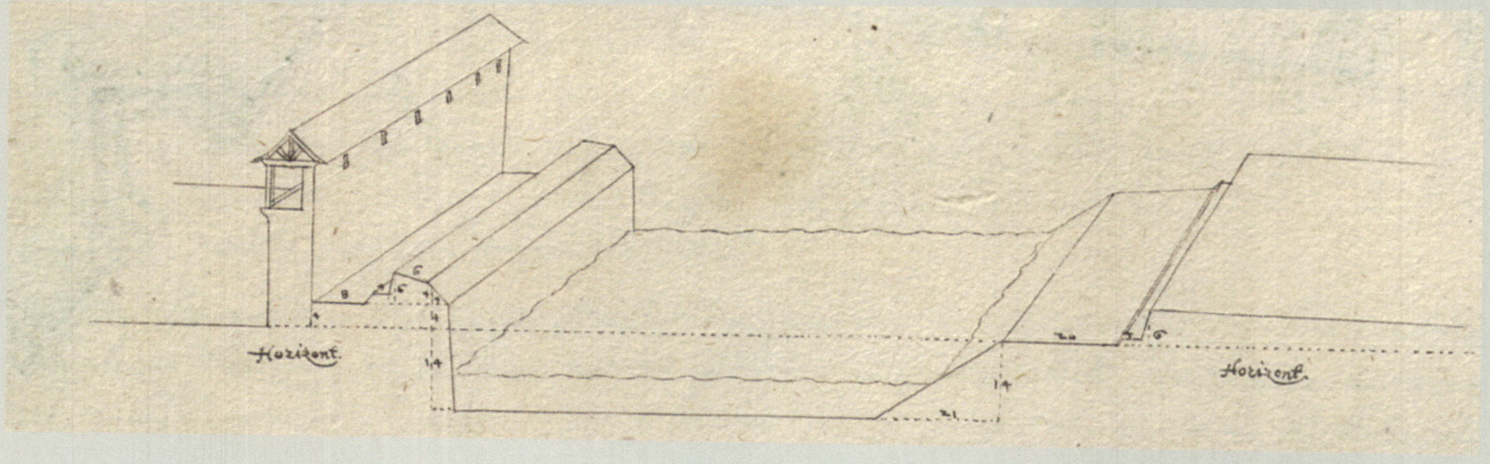

Entwurf auf je einem dem Gutachten beiliegenden Grund- und Standriss vor. Im Planarchiv des Basler Staatsarchivs ist vermutlich nur eine flüchtige Kopie oder ein Entwurf des Grundrisses erhalten (Abb. 66).[126]

Unter den gegebenen Bedingungen empfahl Stapf, die Stadt mit Kurtinen und Bollwerken mittlerer Grösse zu befestigen, so wie es sich in- und ausserhalb des bestehenden Mauerverlaufs am besten schicke. Die Rondellen aus dem 16. Jahrhundert integrierte er in die Anlage. Lediglich deren steinerne Brustwehren hätten durch aufgesetzte Erdwälle ersetzt werden sollen. Vor drei dieser Rondellen hätten später bei Bedarf Halbmonde und vor das Bollwerk bei der Spitalscheuer – gemeint ist das Aeschenbollwerk – ein Hornwerk gelegt werden können. Am Rhein hätten vier bis fünf Geschützplattformen errichtet werden sollen.

Es folgt ein ausführlicher Kostenvoranschlag ohne Berücksichtigung bereits geleisteter Arbeit: Zusätzlich zu den drei bereits angefangenen Bollwerken erfordere dieser Entwurf eine Fläche von 6280 Quadratruten, doch ermögliche er es, dass sich innerhalb der Stadt viele schöne Güter erhalten liessen. Der bisher vorgesehene Wall hinter der bestehenden Mauer würde 730 Ruten lang, nach Stapfs Entwurf mit Bollwerken würde der Wall 340 Ruten länger. Der nicht erhaltene Standriss zeigte eine Faussebraye, welche an den Bollwerken und an einigen Abschnitten der Kurtine vorgesehen war. Der hinter und vor der Stadtmauer Grossbasels aufgeführte Wall mit zehn Bastionen und zwei Halbbastionen am Rhein wäre nach Stapfs Berechnung 1070 Ruten lang geworden und hätte 192 000 Gulden gekostet.[127] Zudem veranschlagt er 84 429 Gulden in separaten Positionen,[128] was nur für Grossbasel Baukosten in der Höhe von 276 429 Gulden ergibt. Ein Vorschlag für die Kleine Stadt könne jederzeit nachgereicht werden, verspricht Stapf. Diese sei regulär zu befestigen.[129]

Dieser einigermassen realistische Kostenvoranschlag schreckte den Rat von der Ausführung des Stapf'schen Planes ab. Er bestätigte in der Folge nur, dass die drei von Stapf angefangenen Werke zu Ende geführt werden sollten.[130] An Silvester 1623 hielt er zudem feierlich fest, dass vor Vollendung dieser drei Bollwerke kein neues Werk angefangen werden solle.[131] Da Stapf Faulhaber nicht auf der Baustelle duldete, trug der Kleine Rat den Dreier- und den Fortifikationsherren auf, den Ulmer «freündtlich» zu verabschieden.[132] Auf sein schriftliches Ersuchen hin wurde Faulhaber am 4. Januar 1624 entlassen.[133] Bürgermeister Sebastian Spörlin attestierte, dass der «berüembt, kunstreich vnd erfahrne Johan Faulhaber von Vlm» der Stadt Basel als «Ingenieur vnd Bevestigungsbawmeister» über das Jahr 1623 nach bestem Vermögen mit «Fleis, Ernst und Kunst» gedient habe.[134] Schon am 2. April 1624 beschloss der Rat seiner Heimatstadt Ulm, ihn für drei Jahre als Ingenieur anzustellen.[135]

In Basel kam zu Inkompetenz und Unentschlossenheit bezüglich der Festungsbauten nun auch noch Pech. Kaum hatte Faulhaber Basel verlassen, erkrankte Adam Stapf und musste geschont werden, da man ihn für die Fertigstellung der angefangenen drei Bastionen und die Planung einer vierten vor St. Alban nicht entbehren zu können glaubte.[136] Am 9. März 1624 verstarb Stapf aber an der Cholera.[137] Schon tags darauf lieferte der schon mehrfach konsultierte Georg Hannibal von Venningen ein Gutachten zu den Mauern der Fortifikation.[138] Für seine Abrisse und Modelle sollte ihm eine «Verehrung» zuteil werden.[139] Venningens Bericht dürfte für die Vergabe der Maurerarbeiten verbindlich gewesen sein. Darin wurde genau festgelegt, wie der Unternehmer bezüglich Fundament, Aufmauerung und Hinterfüllung der Mauer vorzugehen hatte.[140] Bezüglich der Mauerdicken hatte sich der Verfasser an Daniel Specklins Gutachten zur Festung Basels informiert.

Auf der Suche nach einem Ersatz für Stapf gelangte der Rat an François de Treytorrens (1590–1660), Ingenieur von Prinz Moritz von Oranien, der gerade in Yverdon und Bern arbeitete (Abb. 71).[141] Am 3. April 1624 liess man Treytorrens ein Geschenk von 100 Gulden zukommen,[142] und im Juni dankte man Moritz von Oranien, dass sein Ingenieur die Festung besichtigt und Ratschläge erteilt hatte.[143] Zu einer Anstellung kam es aber nicht. Der Waadtländer machte andernorts Karriere: 1626 fertigte er als Generalfestungsbaumeister des dänischen Königs ein Gutachten für die Stadt Bremen aus.[144] Von 1630 bis mindestens 1632 war er als Nachfolger von Georg Günter Kröl als General der Fortifikation in schwedischen Diensten tätig. In diese Zeit fallen beispielsweise Projekte für

126 Beide Originalzeichnungen liessen sich nicht auffinden. StABS, Planarchiv A 1, 113, Fol. 16a recto oben zeigt den Grundriss wahrscheinlich als Skizze mit späteren Ergänzungen. Das erst nach Stapfs Tod errichtete Bollwerk in Kleinbasel ist eingezeichnet. In DresdenSLUB, Geogr. A. 230–3, Fol. 129 findet sich eine Kopie des mutmasslich Stapf'schen Planes aus dem Besitz von Johann Georg Starcke (1630–1695), die so viele Unstimmigkeiten aufweist, dass er von jemandem angefertigt worden sein muss, der die Situation in Basel nicht kannte. Die Wehre beim Drahtzug findet sich auf dem Plan in Dresden nicht. Wie weitere Skizzen wahrscheinlich von der Hand Stapfs StAES, Planarchiv A 1, 113, Fol. 17r und 17v belegen, wurden für den Entwurf auch die Pläne Flamancs berücksichtigt.

127 In Ulm beispielsweise soll um 1620 eine Rute Wall mit Faussebraye für 360 fl an niederländische Baumeister verdingt worden sein (Loeffler 1881, S. 124). Dies würde für den Stapf'schen Plan Basels realistischere Baukosten in der Höhe von etwas weniger als 385 200 fl nur für die Erdarbeiten ergeben. In Basel sah Stapf jedoch nicht überall eine Faussebraye vor.

128 Werkzeug wie 1200 Schubkarren, 1200 Schaufeln und 500 Spitzhacken; Brustwehren auf den fünf steinernen Rondellen; Eskarpen- und Kontereskarpenmauer; 1900 Schiffsladungen Mauersteine; 450 Eckquader für die Bollwerke; zwei neue Stadttore; fünf hölzerne Brücken über den Stadtgraben; Abbruch der alten Mauer. Nicht gerechnet sind 8000 Palisaden, die in die Brustwehr eingeschlagen worden wären, solange die Eskarpenmauer noch nicht fertig gewesen wäre, sowie alle Fuhren, die wohl in Fronarbeit durchgeführt werden sollten.

129 Leonhard Lützelmann scheint Agrippa d'Aubigné über die Aktivitäten Stapfs im September 1623 unterrichtet zu haben. Mit Freude sieht Agrippa «la bonne resolution des trez honorez Seigneurs de vostre ville»: «Encore ne vous puis je celer que ce m'est honneur & joye de ce que mon project a esté choisy aprés ceux que de si grands personnages ont presentez, ausquels je ne me veux pas estimer pareil en science» (Aubigné 1873, S. 229). Agrippa konnte also die Stapf'schen Pläne für die seinigen halten, was bedeutet, dass er ebenfalls an die alte Mauer angehängte Bastione vorgesehen hatte, was auch mit der Beurteilung von Moritz von Oranien übereinstimmen würde (die Bastione kämen in den alten Graben). (Vergleiche StABS, Politisches P 8, Fol. 140–143.)

130 StABS, Protokoll Kleiner Rat, 24. 9. 1623 («Soll mit den dreien werken so fleissig müglich fortschreitten.»), 16. 10. 1623 (Wenn man mit den drei Werken anfange, soll ein Kostenvoranschlag gemacht werden. Ohne den grossen Rat soll nichts Weiteres unternommen werden.).

131 StABS, Protokoll Kleiner Rat, 31. 12. 1623.

132 StABS, Protokoll Kleiner Rat, 3. 9. 1623 und 24. 9. 1623 («Johan Faullhaberens schrifft vmb ein fernere besoldung abgelesen. Jst den Herren dreien, vnd deputierten über die fortification beuohlen fründtlich abzuhandlen.»).

133 Stritmatter 1977, S. 171 nach Ratsprotokoll.

134 StABS, Ratsbücher C 9, Fol. 162, datiert 10. 1. 1624.

135 Hawlitschek 1995, S. 94 nach Ratsprotokoll vom 29. 4. 1624.

136 StABS, Politisches P 8, Fol. 264–266.

137 Pronay 2019, S. 176–177. Den Hinweis auf Pronay verdanke ich Dr. Bruno Meyer, Zug (vgl. auch https://www.erste-ingenieure.ch).

138 StABS, Protokoll Kleiner Rat, 10. 3. 1624 («J. Hanniball von Venningen überschickt sein schrifftlich bedenken wie die mauer bei der fortification aufzurichten. H. xiii bevohln.»). Venningen wird schon in Eckensteins Rechnungen im Januar 1622 (StABS, Bau Z 1, 1535–1806) bezüglich eines Grundstücks erwähnt. Er wurde anlässlich der Anstellung von Adam Stapf wohl als Gutachter beigezogen (StABS, Bau Z 1, 1535–1806, Fol. 136 und Protokoll Kleiner Rat, 26. 5. 1623).

139 StABS, Politisches P 8, Fol. 254–255, 2. Punkt.

140 Wahrscheinlich handelt es sich um jenes Dokument, in dem festgelegt wurde, dass die Mauern bei 13 Schuh Höhe (ca. 4 Meter) unten 5, oben 3 Schuh dick und bei 20 Schuh Höhe (ca. 6 Meter) unten 6 und oben 3 Schuh dick sein und 1½ Schuh ins Festungsinnere überhängen sollen (StABS, Politisches P 8, Fol. 43–45; vergleiche auch Heusler 1866, S. 223).

141 StABS, Politisches P 8, Fol. 254–255.

142 Heusler 1866, S. 225. Darüber hinaus wurde er natürlich fürstlich bewirtet (StABS, Finanz G 32, 10. 4. 1624: «100 Pfund ist mit H: Jngenieur Traitorran vnd H: D: Starkhen sambt jhren dieneren vnd von meinigen Herren mit gselschafft haltung verzehrt vnd außgeben worden.»).

143 StABS, Politisches P 1, Briefentwurf vom 2. 6. 1624. Vergleiche auch den Brief an Moritz von Oranien vom 7. 6. 1624 in StABS, Missiven B 33, in dem die Basler die Hoffnung äussern, dass ihre Festung ein «zimlich feines defensionalwerkh» werden wird.

144 Weber 1995, S. 66.

die schwedische Befestigung von Augsburg, die aufgrund ihrer Ausdehnung nie fertig ausgeführt wurde.[145] Später beriet Treytorrens die Stadt Zürich (1638).[146]

Die Personalprobleme in Basel waren immens, denn eben zu dieser Zeit trat der in Sachen Festungsbau sehr aktive Lux Iselin d. J. von seinen Ämtern zurück und musste ersetzt werden.[147] Unter diesen Umständen scheint die Forderung der Dreizehnerherren, dass die Dreierherren alle die Festung betreffenden Dokumente in einem «Trog im oberen Gewölbe» des Rathauses aufzubewahren hätten, verständlich.[148] Vielleicht führte diese Geheimhaltung dazu, dass die meisten relevanten Pläne heute unauffindbar sind.[149]

Technischer Leiter des Festungsbaus wurde Lohnherr Theodor Falkeisen. Doch noch bevor dieser die angefangenen Bollwerke fertigstellen konnte, erfolgte eine hastige Mobilmachung im Herbst 1624. Als Johann T'Serclaes, Graf von Tilly (1559–1632) seine Truppen unmittelbar an der Grenze zu Basel einquartierte, fürchtete man einen Überfall nicht bloss auf Basel, sondern auf die Eidgenossenschaft.[150] Gemäss einem Ratschlag der Hauptleute vom 25. August 1624 bewaffnete man die Bollwerke und Tore.[151] Die Garnison der Grossen Stadt, die sich auf zehn Mann belief, sollte um 200 Mann aufgestockt werden, jene der Kleinen Stadt mit ihren vier Mann um 100.[152] Im September warb man zusätzlich zu diesen wohl aus der Landschaft aufgebotenen Männern 600 Soldaten an.[153] Kommandant dieser Streitmacht war zunächst Louis II de Champagne, Comte de la Suze (1572–1636)[154], dann

Abb. 71: Lucas Kilian, Portrait François de Treytorrens, 1632

Bertrand de Mondésir[155]. Die Mobilmachung führte zur grotesken Situation, dass die Kaiserlichen einen Überfall auf ihr Lager befürchteten.[156]

Beide von Bern vermittelten Heerführer beteiligten sich mit Rat und Tat an der hastig vorgenommenen Erstellung der Wehrbereitschaft der Festung. Zwei neue Bollwerke wurden angefangen: Nach einer Besichtigung des Abschnittes bei St. Alban veranlasste der Rat gemäss der Empfehlung der Hauptleute und dem mündlichen Bericht Falkeisens, dass die Fortifikationsdeputierten sofort eine Notwehr vor dem St. Albantor errichten liessen.[157] Das Projekt war wohl schon von Stapf angedacht worden. Am 18. September berichtete Ratsherr Lux Iselin d. J., wie viel und welches Geschütz an welchen Orten um die beiden Stadtteile aufgestellt worden war –

145 Zwei Plansammlungen im Krigsarkivet Stockholm werden Treytorrens zugeschrieben: Handritade Kartverk 22 und 27. (Vergleiche Ahlberg 2011, S. 120, der ohne Angabe Eimer 1961, S. 204 folgt.) Zu Treytorrens Aufgaben in schwedischem Dienst vergleiche Duffy 1979, S. 183. Um 1632/33 scheint Treytorrens an der Planung der neuen schwedischen Befestigung Augsburgs beteiligt gewesen zu sein, wie zwei von Wolfgang Kilian 1632 und 1633 gestochene und von Treytorrens gezeichnete Entwürfe belegen («AVGVSTA VINDELICORVM», datiert 1633, Vogelschauplan mit dem geplanten schwedischen Befestigungsgürtel). Zu Kröl vergleiche den Beitrag von Büchi in Oechslin 2018, S. 573–576.

146 Ein Plan von Treytorrens zu Lippstadt ist überliefert (Schäfer 2001, S. 601). Faulhaber soll Treytorrens anlässlich der Befestigung von Lauingen kennengelernt haben, wo Faulhaber ebenfalls drei Entwürfe abgegeben hatte (Faulhaber 1633–1637, 3. Bd., S. 68).

147 StABS, Politisches P 8, Fol. 254–255. Wahrscheinlich hängt der Rücktritt damit zusammen, dass der Gatte seiner Tochter verstarb (StABS, Protokoll Kleiner Rat, 23. 2. 1624: Iselin bittet abermals um Entlassung, weil der Mann seiner Tochter verstorben ist). Später wurde Iselin des Verrats an die Kaiserlichen verdächtigt (StABS, Protokoll Kleiner Rat, 11. 9. 1624). Obwohl er bezüglich des mutmasslichen Verrats für unschuldig erklärt wurde, beendete diese Affäre seine politische Karriere, und Iselin verstarb am 10. 1. 1626. Vergleiche Wanner 1964, S. 35, Beitrag von Andreas Staehelin, leider ohne Angabe der Quellen.

148 StABS, Politisches P 2, Fol. 40–42: Die Abrisse, Bedenken und Ratschläge betreffend die Festung sollen verschlossen aufbewahrt werden. Dies wurde 1626 bestätigt (StABS, Bau Z 1, 1535–1806, Fol. 8–9 (alte Signatur St. 91, Nr. 1)). In diesem Dokument wird auch festgehalten, dass die Schlüssel für die Kasematten in den Türmen im sogenannten Niederen Gewölbe des Rathauses verwahrt werden sollten.

149 Im Bereich des Möglichen liegt aber auch eine nachträglich durchgeführte Verschleierungsmassnahme, die zur Vernichtung jener Dokumente führte, die Entscheidungsträger hätten belasten können. Die Pläne – auch die StABS, Planarchiv A 1, 113 erhaltenen – sind – im Gegensatz zu den Plänen Specklins – schon in den StABS, Räte und Beamte U 22.29 erhaltenen Verzeichnissen von vor 1801 und von 1815 nicht mehr verzeichnet.

150 StABS, Protokoll Kleiner Rat, 12. 9. 1624: Einquartierung der Truppen Tillys in Weil, Binzen, Tannenkirch, Auggen und Lörrach. Vergleiche Stritmatter 1977, S. 22ff.

151 StABS, Protokoll Kleiner Rat, 4. 9. 1624.

152 StABS, Politisches P 8, Fol. 179, datiert 25. 8. 1624.

153 Heusler 1866, S. 209. Quellen: StABS, Protokoll Kleiner Rat, 8. 9. 1624 ist von 500 Mann, am 27. 9. 1624 von 100 Mann mehr die Rede. Am 12. 3. 1625 sollten alle bis auf 200 Mann wieder entlassen werden. Am 13. 4. 1625 entliess man alle bis auf 42 Mann (vergleiche Heusler 1866, S. 210; Stritmatter 1977, S. 25 gibt leicht differente Zahlen an).

154 Leonhard Lützelmann wurde am 13. 9. 1624 befohlen, Comte de la Suze von Bern abzuholen. Am 14. 10. 1624 orderte Bern den Grafen wieder zurück (StABE, AV 412 (Baselbuch O), S. 357–359). – Comte de la Suze war von 1622 bis 1626 General-Oberstleutnant der Bernischen Kriegsmacht. Seine Hauptaufgabe war der Festungsbau der Hauptstadt und die Instandstellung der übrigen festen Plätze. Dazu unternahm er im Frühling und Herbst 1624 zwei Inspektionsreisen, auf denen er das eine Mal von François de Treytorrens, das andere Mal von Valentin Friedrich begleitet wurde (vergleiche besonders Grosjean 1953, S. 61–69).

155 StABS, Protokoll Kleiner Rat, 20. 10. 1624 wird eine Kommission zur Bestellung von Bertrand de Mondésir beauftragt. Am 22. 10. 1624 empfiehlt Comte de la Suze Mondésir per Brief (StABS, Politisches P 7, [Fol. 89]). StABS, Protokoll Kleiner Rat, 27. 10. 1624 wird die Gehaltsforderung von 2000 Reichstalern per Jahr im Rat verlesen. Bestallung vom 6. 11. 1624 liegt vor in StABS, Politisches P 7, Fol. 19, wo von der Bestallung als Obrist für ein Jahr zur Verteidigung von Stadt und Landschaft für 2000 Reichstaler (3000 Gulden) die Rede ist. Hauptleute der sechs Kompanien waren Burkard Graf, Coelius Curio, Sebastian Ramspeck, Hans Balthasar Burckhardt, Hieronimus Beck und Aurelius Froben (StABS, Ratsbücher C 9, Fol. 269).

156 Stritmatter 1977, S. 23/24 nach Gauss/Stoecklin 1953, S. 75.

157 StABS, Protokoll Kleiner Rat, 8. 9. 1624 (Besichtigung von St. Alban und andere Massnahmen werden befohlen), 13. 9. 1624 («H. Hauptleütten bedenken wie eine Notwehr vor St. Alban Thor auffzubauwen, neben H. Falkeisens mündtlicher bricht ist vernomen. Vnd den Deputierten bevohlen solches vnerlengt ins werk zurichten»). Eine Ansicht von 1647 hat sich StABS, BILD Falk. A 129 erhalten. Man warf auch einen Wall links vom St. Albantor auf, kappte die Zinnen und richtete Schiessscharten ein. Hundert Jahre später ist der nahezu unveränderte Zustand durch die Zeichnung «St. Alban Thor zu Basel del. 18. April 1758» (BaselKM, Kupferstichkabinett, Signatur A 48, Blatt 77 (Inventar von 1886, Nr. 7.1)) von Emanuel Büchel dokumentiert.

und dies, obwohl er in derselben Sitzung mit einer schriftlichen Eingabe des Verrats an die Katholischen bezichtigt wurde.[158]

In einem Gutachten zur Situation in Kleinbasel wiesen die Hauptleute darauf hin, dass die vor den Wällen liegende Hammermühle eine Gefahr darstelle. Zudem forderten sie, zusätzlich sechs Geschütze in den Türmen zu stationieren sowie grosses Geschütz in den Bollwerken und Toren.[159] Daraufhin fasste man ins Auge, die exponierte Hammermühle abzubrechen,[160] um dort einen Ravelin zu errichten. Graf de la Suze wurde zu Rat gezogen. Vielleicht hatte Stapf auch schon an dieses Werk gedacht. Es ist aber wahrscheinlich, dass es nie auf dem Papier entworfen, sondern direkt im Feld abgesteckt wurde. Am 4. Oktober 1624 baten die Verantwortlichen Kleinbasels den Rat schriftlich darum, endlich einen definitiven Beschluss wegen der Hammermühle zu fassen.[161] Der Rat fürchtete jedoch, dass das ausgesteckte Werk vielleicht zu klein werde, und befahl den Deputierten einen Augenschein zu nehmen.[162] Die Deputierten wiederum empfahlen Hamman von Offenburg, den Landvogt zu Röteln um Rat zu bitten.[163] Dieser befand das nach den Angaben des Grafen de la Suze ausgesteckte Werk für gut und empfahl zur besseren Verteidigung des Ravelins ein weiteres Werk beim Ketzerturm zu errichten, das aber nie ausgeführt wurde.[164] Schon 1629 fiel ein Teil der Mauer des hastig errichteten Werks bei der Hammermühle ein, das auch in der Wasserführung Probleme verursachte. Deswegen baten die Verantwortlichen Kleinbasels 1636 nach sich über Seiten hinziehenden endlosen Abwägungen aller Vor- und Nachteile untertänigst um den Abbruch des Werks.[165] Doch Jahrzehnte lang blieb es stehen, noch von 1685 ist ein Gutachten erhalten, in dem Georg Friedrich Meyer darlegt, wie das Bollwerk repariert werden könnte.[166]

Ob die beiden anderen von Merian (Abb. 51) verzeichneten Schanzen – die Kartäuserschanze am Rhein und die Riehentorschanze – jemals angefangen wurden, lässt sich aus den schriftlichen Quellen nicht entscheiden.[167]

Theodor Falkeisen und Oberst Bertrand de Mondésir gaben am 22. November 1624 je ein Gutachten ab, wie der Besteigung («escalade») der Stadtmauern zu begegnen sei.[168] Die uns unbekannten Massnahmen wurden zur Ausführung befohlen. Was zu dieser Zeit vor dem St. Albantor gemacht wurde, ist unbekannt. Wahrscheinlich wurden lediglich die Erdarbeiten ausgeführt, denn erst am 1. Oktober 1625 erfolgte der Befehl, das Rheintörlein bei St. Alban zu öffnen, damit Mauersteine herbeigebracht werden konnten.[159] Anfang 1626 waren die Erdarbeiten so weit fortgeschritten, dass die Fortifikationsherren den Rat schriftlich darüber informieren konnten, welche Kosten für die Fertigstellung der drei angefangenen Werke bei St. Alban und vor dem Steinentor noch zu erwarten waren, worauf ihnen befohlen wurde, Werkleute anzustellen.[170] Der höchstwahrscheinlich von Falkeisen verfasste sehr detaillierte Kostenvoranschlag für die Fertigstellung der St. Alban-, Elisabethen- und Steinenschanze belief sich auf 9197 Gulden.[171] Baupläne sind keine überliefert. Im Kostenvoranschlag werden vorwiegend Maurerarbeiten aufgeführt. Interessant ist, dass die Eskarpenmauer der Steinenschanze, wie heute noch sichtbar, mit Entlastungsbögen gemauert war.[172] Kalk könnte in der Winterhalde bei Muttenz gebrannt worden sein. Die Münchensteiner mussten für die Fuhr fronen, soweit es die Feldarbeit zuliess. Mauersteine konnten in der Weihermatte beim Muttenzer Berg gebrochen werden. Kies für die Wälle liess sich zur Genüge aus Birs und Rhein beschaffen.[173] Im April wurden die Müller und andere Pferdehalter zum Fronen angehalten.[174] Im Mai wurden die Mauersteine knapp.[175] Im Juli stürzte ein Teil wohl der neuen Eskarpenmauer bei St. Alban ein. Lohnherr Falkeisen schob die Schuld auf den Unternehmer.[176]

Im Jahr 1626 scheint man also die angefangenen Werke fertiggestellt zu haben. In welcher Form dies genau erfolgte, ist aufgrund fehlender Plandokumente aus der Bauzeit unbekannt. Den besten Überblick über die Gestalt der Bollwerke geben der Grundriss mit dem Projekt von wahrscheinlich Georg Friedrich Meyer aus den 1680er-Jahren (Abb. 52) und die Zeichnungen von Emanuel Büchel, welche jedoch erst mehr als ein Jahrhundert später entstanden sind (Abb. 76–79).[177] Was genau von den auf den Zeichnungen Büchels dargestellten Werken erst nach dem Krieg vollendet wurde, müsste durch eine äusserst aufwendige Untersuchung der Akten erschlossen werden. Jedenfalls setzte sich Anfang 1627 in Basel definitiv die Erkenntnis durch, dass man sich weder ein grösseres stehendes Heer noch eine voll ausgebaute Festung leisten konnte oder wollte. So lieferte der vom Markgrafen Georg Friedrich von Baden empfohlene Ingenieur Johann Ludwig Hof ein Verzeichnis über die Materialien und Werkzeuge, die in der Stadt vorhanden sein mussten, wenn sie im Notfall in der Eile hätte befestigt werden müssen: 2000 Schubkarren, 2500 Schaufeln, 1000 Spaten, 1000 Hauen, 1200 Pickel, 100 Brecheisen, 400 Setzkolben sowie 100 Stösser zur

158 StABS, Protokoll Kleiner Rat, 18. 9. 1624.
159 StABS, Politisches P 8, Fol. 176–178.
160 StABS, Protokoll Kleiner Rat, 18. 9. 1624.
161 StABS, Protokoll Kleiner Rat, 4. 10. 1624.
162 StABS, Protokoll Kleiner Rat, 23. 10. 1624.
163 StABS, Protokoll Kleiner Rat, 25. 10. 1624.
164 StABS, Protokoll Kleiner Rat, 27. 10. 1624.
165 StABS, Bau Z 22, 16. 4. 1636 («Supplicationsschrift die Schanz bey der Hammermühlin betreffend»).
166 StABS, Planarchiv, «Grundris[s] eines Bastions, zwischen Riehemer und St. Bläsithor, ausserhalb dem Stadtgraben an dem Zwinger gelegen, sambt einem unvorgreifflichen bedenkhen, wie ein solches wider repariert und in Defension gebracht werden könte».
167 Zum selben Schluss kommt Christoph Philipp Matt, der mir freundlicherweise seine Notizen zum unpublizierten Inventar der Kleinbasler Stadtbefestigung zur Verfügung stellte.
168 StABS, Protokoll Kleiner Rat, 22. 11. 1624.
169 StABS, Protokoll Kleiner Rat, 1. 10. 1625.
170 StABS, Protokoll Kleiner Rat, 29. 3. 1626.
171 StABS, Politisches P 8, Fol. 78–80, «Ueberschlag was ungefähr zu Ausführung des St. Alban-, Steinen- und Wagdenhals-Werkes nothwendig»: Rund 460 fl waren noch notwendig, um am Wagdenhalswerk (Steinenschanze) die äussere Mauer – wahrscheinlich die Kontereskarpe – von 60 Ruten Länge um vier Schuh zu erhöhen und mit Erde zu hinterfüllen. Das Erdloch ausserhalb der Stadt, aus dem man die gute Erde für die Wälle genommen hatte, sollte mit dem Aushub des neuen Grabens aufgefüllt und eingeebnet werden. Vermutlich die Künette im Graben hätte mit 14 Schuh langen eichenen Pfosten und Dielen beschlagen werden sollen. – Etwa 1130 fl waren für das Burgerwerk (Elisabethenschanze) nötig: Dort sollte die äussere Mauer von 17 Schuh Höhe und durchschnittlich drei Schuh Dicke auf 36 Ruten gemäss den Angaben der gnädigen Herren aufgemauert, der Graben auf die geplante Weite angehoben und die Mauer hinterfüllt werden. Der Graben bis vor das Aeschenbollwerk sollte gesäubert werden. – 3700 fl waren für St. Alban vorgesehen: zwei äussere Mauern (Kontereskarpe) von je ca. 50 Ruten, eine Rute hoch und 3 Schuh dick. Die Fundamente für beide Linien. Die Mauern mit Erde zu hinterfüllen. – Für alle Werke brauchte es zudem unter anderem ein neues Seil zum Kran (40 fl), 150 Schiffsladungen Mauersteine (450 fl), Kalk (1200 fl), Bruchsteinquader (1000 fl), Ziegel zur Deckung der erniedrigten Mauer und das Gehalt der Beamten, total noch rund 3900 fl.
172 Sichtbar schon auf den Zeichnungen von Emanuel Büchel: BaselKM, Kupferstichkabinett, Inv. Dep. Krayer 5 und StABS, BILD Falk. Fa 3, 7 (Abb. 77).
173 StABS, Politisches P 2, Fol. 40–42. Zur Weihermatte vergleiche auch StABS, Protokoll Kleiner Rat, 6. 12. 1626.
174 StABS, Protokoll Kleiner Rat, 17. 4. 1626. Vergleiche auch Heusler 1866, S. 235.
175 StABS, Protokoll Kleiner Rat, 1. 5. 1626.
176 StABS, Protokoll Kleiner Rat, 24. 7. 1626. Vergleiche dazu Falkeisens Bericht StABS, Politisches P 8, Fol. 46–54: Eine 24 Schuh hohe Mauer hätte im Fundament sechs und an der Krone vier Schuh dick sein sollen. Eine 20 Schuh hohe Mauer hätte oben drei und unten 5½ Schuh dick sein sollen. Bei 16 Schuh Höhe sollte sie unten fünf und oben drei Schuh dick sein. Zusätzlich waren Pfeiler ins Erdinnere vorgesehen (StABS, Politisches P 8, Fol. 46–54).
177 Der Abschnitt vom St. Alban-Tor bis zur Steinenschanze ist durch die Serie StABS, BILD Falk. Fa 3, 4 bis Fa 3, 7 (alle datiert auf 1745) dokumentiert. Der Abschnitt zwischen dem Steinentor und der Steinenschanze ist dargestellt auf einer Federzeichnung von 1774 (BaselKM, Kupferstichkabinett, Inv. Dep. Krayer 5). Der Bereich beim St. Alban-Tor ist durch zwei Zeichnungen in den Skizzenbüchern Büchels (BaselKM, Kupferstichkabinett, Signatur A 48, Blatt 77 und Signatur A48a, S. 33 (ebenfalls von 1758)) dokumentiert. Das Ravelin vor dem St. Johannstor ist teilweise durch BaselKM, Kupferstichkabinett, Signatur A 48a, Blatt 67 und eine Federzeichnung von 1774 (BaselKM, Kupferstichkabinett, Inv. Dep. Krayer 1) dargestellt. Zudem hat sich ein Ausblick von der Petersschanze Richtung Spalentor BaselKM, Kupferstichkabinett, Signatur A 48, Blatt 84 und der Bereich beim Riehentor A 48, Blatt 75 erhalten.

Verdichtung des Bodens, 20 000 Bohlen, 24 000 eichene Stangen für Sturmpfähle und Palisaden; 2250 eichene Dielen sowie 1100 Balken und 3000 Schanzkörbe für die Batterien.[178] Viele der aufgeführten Werkzeuge waren wohl schon vorhanden.[179]

Der Basler Lohnherr Theodor Falkeisen als Berater von Zürich

Basels Regierung koordinierte den Ausbau der spätmittelalterlichen Stadtmauer zur Festung während des Dreissigjährigen Kriegs also erstaunlich schlecht. Die Anlage blieb Stückwerk, obwohl man über Ratschläge von so ausgezeichneten Ingenieuren wie Daniel Specklin verfügte. Der Dreizehnerrat hatte es versäumt, einen fähigen Ingenieur dauerhaft an die Stadt zu binden, der die Planung und Ausführung eines so grossen Bauwerks hätte leiten können. Zudem fühlte sich der Dreizehnerrat kompetent genug, dies selbst zu tun. Neben den genannten Inkompetenzen und Friktionen scheinen die hohen Kosten dazu geführt zu haben, dass man das Unternehmen nur in einem reduzierten Massstab durchführte. Doch nicht nur die Festung kostete Geld. Man konnte nicht die Stadt befestigen und das Territorium unverteidigt lassen. Zur Sicherung der Landschaft war man auf Söldner angewiesen, die sehr viel mehr als die Festung kosteten.

Nach einem Exkurs, der anhand des Ratschlags von Theodor Falkeisen für Zürich in die Problematik der Landesverteidigung einführt, versuchen wir uns über die politischen Gründe des unvollständigen Ausbaus der Festung klar zu werden und wenden uns dazu den Rahmenbedingungen, der Eidgenössischen Defensionalpolitik, dem Verhältnis von Stadt und Landschaft und den Kosten für Festung und Soldaten zu.

Die Erfahrungen mit dem Festungsbau in Basel führten dazu, dass Zürich im Jahr 1628 auf Anraten des Basler Lohnherrn Theodor Falkeisen vorläufig noch auf den Ausbau der städtischen Wehranlage mit der modernen Bastionärbefestigung verzichtete. Dieser erfolgte erst von 1642 bis 1678. Interessant ist Falkeisens Ratschlag für Zürich aber deswegen, weil er exemplarisch jene Positionen aufzeigt, die damals bezüglich der militärischen Landesverteidigung eingenommen werden konnten.

Schon 1620 hatte Hans Haller – auch zur Sicherung Zürichs gegen die katholischen Stände – ein auf dem Milizsystem aufbauendes Defensional mit einer Militärkarte von Hans Conrad Gyger entworfen, das den Schutz der Kantonsgrenzen mit Befestigungen vorsah.[180] Am 1. September 1620 bestallten Stadt und Landschaft Zürich mit Johannes Ardüser (1585–1665) einen fähigen Ingenieur, der der Stadt über Jahrzehnte verbunden blieb.[181] Zunächst verstärkte man – ähnlich wie in Basel – bloss die bestehende Wehranlage: Weil «by der jetzigen Kriegsart fürnemblich den Houptstetten zugesetzt werde», errichtete man von 1621 bis 1623 eine Schanze am Spitz des Fröschengrabens.[182] Die Ausführung eines ersten Festungsprojekts von Ardüser hingegen lehnte der Rat 1624 aufgrund der geschätzten Kosten von 300 000 Gulden ab.[183] Am 24. Dezember 1624 entschied er, dass das Projekt einer umfassenden Neubefestigung nicht weiter zu verfolgen sei, und beauftragte Bürgermeister und Kriegsräte damit zu untersuchen, wie sich die schwächsten Punkte der bestehenden Anlage verbessern liessen.[184]

Im Jahr 1628 zog man dann Nathan d'Aubigné und Theodor Falkeisen bei, um die jüngsten Projekte Ardüsers zu begutachten.[185] Falkeisen riet von der Befestigung der Stadt mit Bastionen ab und empfahl eine Landesverteidigung mit Feldschanzen vor der Stadt und an den Grenzen des Territoriums.

Die Basler hatten die Erfahrung gemacht, dass topografische, finanzielle und politische Gegebenheiten zu unüberwindlichen Friktionen in der Ausführung an sich guter Projekte führten. Ardüsers Entwurf zur Befestigung der Hauptstadt sei zwar «schön», meint Falkeisen, aber die Situation (Überhöhung der Anlage durch stadtnahe Hügel) und der felsige Baugrund liessen befürchten, dass das Projekt nur mit «schrecklichen kosten» umzusetzen sei: «Dann zwischen dem papeÿr vnd effect, ein großer vnderscheid.» Weil eine Bastionärbefestigung erst wirklich verteidigungsfähig sei, wenn man sämtliche Bollwerke vollendet habe, fehle die Zeit, das Werk aufzuführen. Es sei nämlich – gerade hier scheinen die in Basel gemachten Erfahrungen nachzuwirken – mit einer «grewelichen confusion» auf der Baustelle zu rechnen, wenn man zugleich mehrere tausend Arbeiter beschäftige, um das Bauwerk möglichst rasch zu vollenden. Bei der Ausführung der von Adam Stapf für Basel geplanten Werke habe es sich gezeigt, dass nach einem Entschluss zur Befestigung der Stadt zunächst Einigkeit im Gemeinwesen bestehe, es aber zu Uneinigkeit komme, sobald Steuern anfallen, Güter betroffen sind oder Fronarbeit geleistet werden muss. Sobald die Bürger in die Pflicht genommen würden, komme es zu Uneinigkeit, weil sich jeder benachteiligt fühle.

Trotzdem könne man in Zürich nicht einfach nichts tun, meint Falkeisen, der den Zürchern rät, den Feind «vff den grentzen» ihres Territoriums zu begegnen und mit Gottes Hilfe in einer Feldschlacht zu schlagen, ehe er sich der Stadt nähern könne. Der Ausgang einer Feldschlacht sei allerdings immer ungewiss. Darum müsse man sich schlimmstenfalls in die Stadt zurückziehen und auf Entsatz der Eidgenossen warten können. Zürichs Wehrbauten liessen sich nun aber gut zur «retraite» ausbauen, weil sich die Tore und die Bestreichung der Mauern mit Kasematten verbessern und vor der Stadt «eilwerck von geringen costen» (Feldbefestigungen) errichten liessen, um ausfallende Truppen zu decken und zu unterstützen. Falkeisen rät den Zürchern also, die Stadt zu einem befestigten Heerlager auszubauen, das einen Kleinkrieg vor der Stadt ermöglicht. So könne man die Macht des Feindes etwas brechen und – selbst wenn von den Eidgenossen kein Entsatz käme – einen besseren Accord aushandeln, als dies bei gegenwärtiger Beschaffenheit der Ringmauer möglich sei.[186]

178 StABS, Protokoll Kleiner Rat, 16. 11. 1626: Empfehlungsschreiben für Johan Ludwig Hof von Georg Friedrich, Markgraf zu Baden. Vergleiche StABS, Politisches P 2, Fol. 55. Gutachten des Johann Ludwig Hof vom 4. 1. 1627: StABS, Politisches P 7, Fol. 50–51. StABS, Politisches P 7, Fol. 49 auch weitere Briefe von Georg Friedrich.

179 Einige wenige Unterhaltsarbeiten an Mauern, Bastionen und Tortürmen sind in den Einnahmen und Ausgaben des Lohnamts 1634–1637 und 1644–1648 dokumentiert (StABS, Bau C 2).

180 Defensional StAZH, B III 301; Plan G 19; beide am 11. 10. 1620 dem Rat von Zürich übergeben. Vergleiche auch Peter 1907, S. 19–23. Zu den geplanten Befestigungen vergleiche Bachmann 1929, S. 48–49.

181 Mantel 1919, S. 24.

182 Mantel 1919, S. 25.

183 Grunder 2005, S. 34. Die Ablehnung dürfte Auslöser für das Eingreifen Breitingers gewesen sein (Grunder 2005, S. 34 nach ZürichZB, Ms J 318, Nr. 1 vom 5. 10. 1624).

184 Mantel 1919, S. 29.

185 Grunder 2005, S. 35. Nathan d'Aubignés Gutachten StAZH, A 38. 1. 16 (7. 6. 1628) ist transkribiert in Banderier 1997, S. 293–298: Die bestehende Ringmauer genüge modernen Anforderungen nicht. Die Stadt könne höchstens drei Tage verteidigt werden. Zürich habe eine topografisch schwierige Situation zur Befestigung. Trotzdem liesse sich die Stadt mit mittleren Kosten befestigen. Es sei jedoch sinnlos, zwei oder drei Bollwerke vollständig auszuführen, weil dann der Rest des Umfangs und damit das Ganze nicht zu verteidigen wäre. Obwohl Zürich nie ein sehr starker Platz werden kann, wäre es möglich, einem Gegner zwei oder drei Monate zu widerstehen, bis Entsatz eintrifft. Nathan d'Aubigné empfiehlt dazu die auf einem Plan dargestellte Errichtung eines Walles, der dem Beschuss durch Kanonen widerstehen kann, in drei Ausbaustufen um die ganze Stadt. Ausführung 1. Phase mit 240 Mann in 7–8 Monaten möglich. Kosten 1. Phase 12 000 Taler, 2. Phase 72 000 Taler, 3. Phase 216 000 Taler, total 300 000 Taler.

186 Gutachten Falkeisens StAZH, A 38.1.11–12 (26. 3. 1628). Zusammenfassung bei Mantel 1919, S. 31–32. In einem Brief des Bürgermeisters von Basel an die Herren von Zürich vom 21. 3. 1628 wird betont, dass Falkeisen in erster Linie darin erfahren sei, das auszuführen, was «gewester Jngenieur, Adam Stapff seliger aufgerissen vnd angegeben» habe (StAZH, A 38.1.10).

Falkeisens Gutachten schreckte jenen Ausschuss, der am 26. März 1628 in Anwesenheit Ardüsers den Bericht entgegennahm, davon ab, den Bau einer Bastionärbefestigung anzufangen.[187] Der Rat war geneigt, den Ratschlägen Falkeisens zu folgen.[188] Wohl auch aufgrund eines Entwurfs der Landesverteidigung von Oberst Georg Hans Peblis (1577/78–1650), der auf eine Neubefestigung der Stadt nicht einmal einging: Wenn man sich in den gegenwärtigen Kriegszeiten nicht «zum Sclaven» seiner Gegner machen lassen wolle, müsse die Landesverteidigung neben einem Volksauszug (einer Milizarmee) auch die Bestallung professioneller Söldner vorsehen. Ersteres könne jeder eidgenössische Ort für sich tun, Letzteres übersteige jedoch die finanzielle Potenz der einzelnen Orte. Zur Verteidigung mit der Milizarmee, die Fussvolk, Kavallerie und Artillerie umfassen muss, gehöre die Befestigung der Pässe, Wege, Gewässer und Sammelplätze durch möglichst preiswerte Schanzen, Blockhäuser und Wachttürme, die durch einen Ingenieur nach der Besichtigung der Grenzen zu planen seien. Der Schutz der Grenzen diene jedoch nur dazu, die eigene Herrschaft so lange zu sichern, bis die verbündeten Orte mit Entsatz einträfen, oder als Basis, wenn man einen Angriffskrieg plant. Schlachten solle man ausschliesslich mit Söldnerheeren führen und den Krieg – wenn immer möglich – als Angriffskrieg auf das Gebiet des Gegners tragen. Um überhaupt Söldner dingen zu können, müsse man allerdings sehr viel Geld zur Verfügung haben. Es sei schliesslich «meniglichen bekannt, quod pecunia sit nervus belli».[189]

Diese für Zürich ausgearbeitete Strategie übertrug Peblis unter dem Titel «Vnforgrifflicher Discurs eines Defensionwerkhs, welches beÿ der Loblichen Statt Zürich an zu stellen, vndt dann von den anderen Euangelischen Eÿdtgnossen, auch könte geuolget werden»[190] auf die reformierten Stände insgesamt: Die Eidgenossen sollen nicht bei jeder Bedrohung Söldner werben müssen. Ein stehendes, professionelles eidgenössisches Heer sei ein Abschreckungsmittel, das den Krieg verhindere. Das Söldnerheer, das die Miliz der einzelnen Orte ergänzt, müsse aber deswegen ein evangelisch-gesamteidgenössisches sein, weil es für die einzelnen Orte auf Dauer zu kostspielig wäre, Söldner zu unterhalten. Auch die gesamteidgenössischen Grenzen liessen sich mit Schanzen sperren. Diese Grenzbefestigung solle in erster Linie einen Überraschungsangriff verhindern und es ermöglichen, dass man den angegriffen Ort mit dem gemeinsamen Heer entsetzen könne.

Doch einig war man sich weder in der Eidgenossenschaft noch in Zürich. Die Vorschläge von Oberst Peblis zur Strategie der Landesverteidigung provozierten Antistes Johann Jakob Breitinger (1757–1645) am 9. Juni 1629 zu einer vor dem Rat gehaltenen Rede über die Notwendigkeit der Befestigung der Stadt.[191]

Breitinger sah in der Feste Zürich stets ein neues Jerusalem als Gegenpol zu Rom.[192] Zürich sei Haupt und Herz des eidgenössischen Standes; solange Zürich aufrecht stehe, stünden auch die übrigen Orte. Da die anderen evangelischen Orte inzwischen gut befestigt seien,[193] würden die Gegner nun womöglich ihren Angriff zuerst auf Zürich konzentrieren. So aber liesse sich letztlich die ganze Eidgenossenschaft überwinden. Sei nämlich Zürich erst einmal genommen, sei es gut möglich, die anderen Orte einzeln zu überwinden.

Obwohl Berner Ingenieure – gemeint ist wohl Nathan d'Aubigné – den Rat gewarnt hätten, dass Zürich einem Gegner keine drei Tage Widerstand leisten könne, sei man nicht Willens, etwas zu tun, damit sich die Stadt erhalten liesse, bis die Hilfe der evangelischen Stände einträfe. Lieber habe man einen Mann aus Basel – eben Falkeisen – um Rat gefragt, der von der Fortifikation abrate und stattdessen eine ungenügende Verteidigung der Stadt und die Errichtung von Feldschanzen an den Grenzen empfehle.

In der modernen Kriegsführung gehe mit der Hauptstadt – so Breitinger – aber auch die Landschaft verloren. Landschaft und Stadt müssten sich im Krieg gegenseitig stützen. In einer Feldschlacht sei dem Gegner nur mit einer Festung im Rücken zu begegnen, die als Retraite diene. Selbst wenn man mit verzinstem Geld eine Söldnerarmee dinge, erfordere die moderne Kriegsführung mindestens einen gut befestigten Ort. Daran hätten sich schon die Vorfahren gehalten, denn bevor die Kanone aufgekommen sei, sei Zürich eine feste Stadt gewesen.

Weiter war Breitinger der Meinung, dass sich die Landschaft allein durch die Grenzsicherung deswegen nicht genügend verteidigen liesse, weil man nicht im Besitz aller natürlichen Pässe war und so kaum verhindern könne, dass der Feind die Hauptstadt in nur einem Tag erreicht. Wenn man nun einwende, dann sollten die Grenzen der Eidgenossenschaft gesichert werden, bedenke man nicht, dass Zürich diese natürlichen Grenzen (Rhein, Bodensee) letztlich auch nicht in der Hand habe.

Je mehr Zeit die Bundesgenossen hätten, die gegenseitige Hilfe zu organisieren, desto besser. Erst mit dem Verlust des Hauptorts gehe die Freiheit verloren.[194] Eine gute Festung müsse nicht sofort entsetzt werden, breche die Energie des Angriffs und binde feindliche Kräfte, bis Entsatz organisiert sei.

Man fürchte nun die hohen Kosten der Befestigung. Doch was bedeute dieses Geld im Vergleich zum Verlust von «Hab und Gut, Weib und Kind, Leib und Leben, Freiheit und Religion»? Breitinger geht davon aus, dass sich die Festung mit einer Einkommenssteuer von zehn Prozent in zwei bis drei Jahren finanzieren liesse. In einem Nachtrag zur Rede notierte der Stadtschreiber tatsächlich, dass sich die Verantwortlichen einig waren, dass es nicht an den Mitteln, sondern am politischen Willen zur Befestigung fehlte: Wäre der Wille vorhanden, liessen sich auch die Mittel finden.[195]

Breitingers Interventionen zeigten erst 1642 Wirkung. Zunächst verbesserte man die bestehende Anlage gemäss Falkeisens Ratschlag.[196] Der zum Fortifikationswesen verordnete Geheime Rat empfahl die Ausführung von Falkeisens Vorschlägen deswegen, weil es unmöglich schien, die Stadt genügend schnell verteidigungsfähig zu machen. Zudem wollte man aber die Wehranlagen von Stein am Rhein, Bülach, Winterthur und Eglisau verbessern, damit ausserhalb Zürichs (dem «hertzen» des Territoriums) in Form eines Festungsgürtels sowie an den Grenzen feste Plätze vorhanden seien; aus diesen sei der eingedrungene Feind besser anzugreifen, und die Landsleute hätten Orte, wohin sie ihre Habe retten könnten.[197]

Ganz im Sinne Falkeisens traf der zürcherische Rat Massnahmen, die nördliche Kantonsgrenze gegen einen feindlichen Einbruch zu sichern. Oberst Peblis, Hauptmann Ardüser und Landvogt Stapfer rekognoszierten vom 27. Januar bis 7. Februar 1630 die

187 Mantel 1919, S. 32.
188 Entscheid über das Gutachten Falkeisens vom 26. 3. 1628, StAZH, A 38.1.13.
189 ZürichZB, Ms. L 459: «Unvorgrifflicher Discurs wie bey der Stadt Zürich ein Defensionswerk komlich anzustellen durch Herrn Obrist von Peblitz» (Abschrift in einem Sammelband von Johann Jacob Leu).
190 BernBB, Mss. Hist. Helv. VI, 34 (3).
191 Die Rede von Breitinger vor dem Zürcher Rat wurde ohne Angabe der Quelle erstmals besprochen von Mörikofer 1874, S. 243–249. Usteri 1957 bringt eine Nacherzählung nach ZürichZB, Ms. A 3 in modernem Deutsch. ZürichZB, Ms. A 3, S. 870–910 ist heute wegen fortgeschrittenem Tintenfrass für die Benutzung gesperrt. Die Rede ist erhalten in ZürichZB, Ms. B 229, Fol. 265v–279r. Breitinger präzisierte zudem etliche Punkte seiner Argumentation in einer Rede von 1642. Diese ist erhalten in ZürichZB, Ms. B 229, Fol. 357r–368r; Abschriften in Ms. A 3, S. 1317–1356 (für die Benutzung gesperrt) und Ms. J 318.
192 Grunder 2005, S. 30.
193 «Bern, Basel, Schaffhausen, die haben sich selbst mit Fortificationen, nach Gestalt jedes Ortes Gelegenheit, versorget.»
194 Grunder 2005, S. 29.
195 ZürichZB, Ms. B 229: «[...] wan man die Sachen aber bim Liecht besehe, so seige der mangel eigentlich nit an den midtlen, sonder allein an dem willen[.] wan man den willen hadte, so weren die midtel schon auch zur Hand. So lang aber kein willen vorhanden, so lang sey es auch vergebens, das man vil rede von midtlen».
196 Mantel 1919, S. 35–36; Barraud/Jezler 1999, S. 132–142. Am 4. 11. 1641 wurde dieses Flickwerk im Rat heftig gerügt (Mantel 1919, S. 48).
197 StAZH, A 38.1.19 (17. 7. 1629).

Abb. 72: Johannes Ardüser, «Zürich wie Jch [Johannes Ardüser] es hab beuestigen wollen. Daß ist mit maaß.», Ardüser 1654

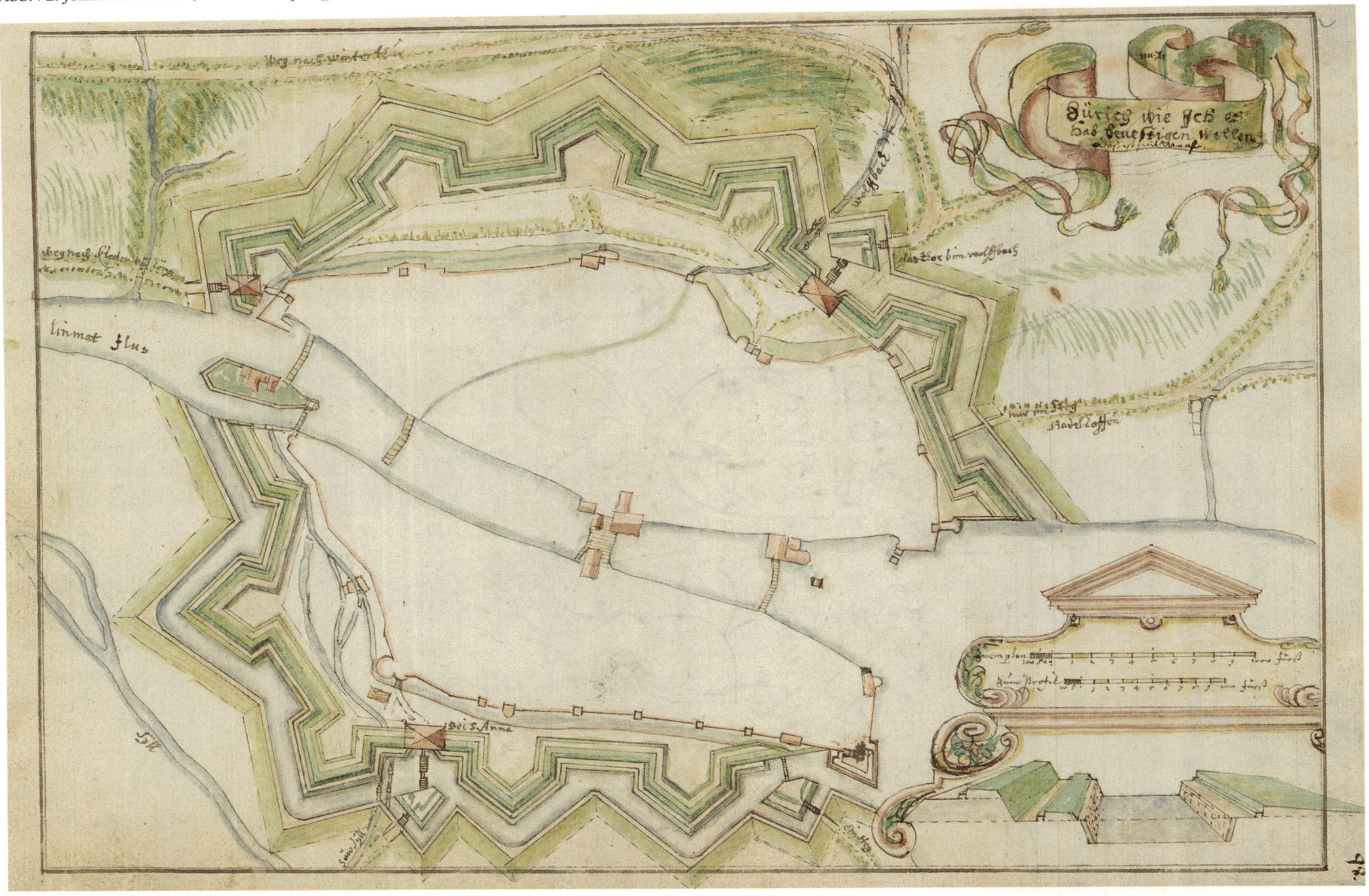

nördliche Kantonsgrenze. Um eine wirkungsvolle Territorialverteidigung aufbauen zu können, besuchten sie Eglisau, Andelfingen, Rheinau, Schaffhausen, Diessenhofen, Stein am Rhein (Abb. 74),[198] Frauenfeld, Winterthur, Breitenlandenberg und Grüningen. Ihre Beobachtungen und Vorschläge legten sie in einem ausführlichen Gutachten nieder.[199] Parallel dazu wurde die zürcherische Infanterie unter Anleitung von Oberst Peblis reorganisiert.[200]

Mit dem Bau der Festung Zürichs hingegen begann man erst am 30. April 1642 nach einer langen Planungsphase, in der Johannes Ardüser, Jean Jacques de Serres du Pradel, Philipp Mörschhauser,[201] Wolf Friedrich Löscher und Johann Georg Werdmüller Projekte und Gegenprojekte ausarbeiteten.[202] Der Gegensatz des Tenaillen- und Bastionärsystems sowie städtebauliche Aspekte spielten dabei eine Rolle (vergleiche zum Beispiel die Projekte von Ardüser und Werdmüller, Abb. 72 und 73). Ausgeführt wurde Werdmüllers Projekt. Zum Bauentscheid kam es möglicherweise, weil man sich inzwischen vor Bauernaufständen fürchtete.[203] Er kann aber auch als Zeichen für den Anspruch auf eine Führungsrolle in der Eidgenossenschaft und der Gemeinen Herrschaft, besonders gegen die katholischen Stände, interpretiert werden. Bis etwa 1646 waren die Wälle der Grossen Stadt im unausgebauten Zustand verteidigungsfähig.[204] Am 31. Dezember 1646 beschloss der Grosse Rat, die Kleine Stadt zu befestigen.[205] Erst um 1650 war die ganze Stadt verteidigungsfähig.[206] Die Gesamtkosten beliefen sich bis 1798 auf 1807105 Gulden. Auf die Bauzeit von 1642 bis 1678 entfallen davon 941060 Gulden 33 Schilling 4 Heller.[207]

Politik, Territorialverteidigung und Finanzen: Die Festung Basel und die Eidgenossenschaft

Die beschriebene Auseinandersetzung um die Verteidigungsstrategie Zürichs zeigt, dass insbesondere Fachleute bereits 1628 neben einer Festung im Zentrum eines Gebiets, die als Rückzugs-, Reorganisations- und Versorgungsort einer Söldnerarmee diente, auch die Sperrung der Grenzen mit mindestens Feldbefestigungen für eine effiziente Territorialverteidigung als militärisch notwendig erachteten. Die Miliz diente höchstens noch als Ergänzung dieser strategischen Mittel. Dies gilt für die einzelnen evangelischen Städteorte und ihre Territorien wie auch für die Eidgenossenschaft als Ganze.

198 Am 14. 3. 1643 wurde beschlossen, Stein am Rhein zu befestigen (Stiefel 1937/38, S. 30). Vergleiche den Plan von Johann Heinrich Albertin (Abb. 74). Ausgeführt wurde die Anlage unter der Leitung von Johann Georg Werdmüller und Ulrich Bachofner. Eine Kostenschätzung gibt Baukosten von 27102 fl ohne Fronarbeit an (Stiefel 1937/38, S. 34).

199 Mantel 1919, S. 36 nach StAZH, 38.1. Vergleiche auch Bachmann 1919, S. 52–58.

200 Mantel 1919, S. 37 und Peter 1907, S. 82–105.

201 Philipp Mörschhauser, Generalquartiermeister der herzoglich-weimarischen Armee und Ingenieur, Direktor der Fortifikationswerke zu Breisach, Rheinfelden und Laufenburg, Leiter der Befestigung der Stadt Strassburg, wurde zu einer Beurteilung nach Zürich gerufen.

202 Mantel 1919, S. 60.

203 Mantel 1919, S. 52, Fussnote 73.

204 Mantel 1920, S. 20.

205 Mantel 1920, S. 21.

206 Mantel 1920, S. 27.

207 Grunder 2005, S. 46 nach ZürichZB, Ms. J 72. Vergleiche zu den Baukosten auch Mantel 1920, S. 13–14. Der Kauf von Häusern und Liegenschaften (165000 fl) und Taglöhne, Schiffe, Geschirr und allerhand Materialien (ca. 523000 fl bis 1652) machen die Hauptposten bis Ende des Dreissigjährigen Krieges aus. Am Anfang waren 700 bis 1800 Arbeiter im Einsatz (Grunder 2005, S. 43). Die ganze Bevölkerung musste einen Tag die Woche Fronarbeit leisten (Grunder 2005, S. 41 und 42), auch das Landvolk (Grunder 2005, S. 42). Am 31. 5. 1673 wurde eine Vermögenssteuer von 1‰ in Stadt und Landschaft erhoben (Grunder 2005, S. 45). «Zur Hauptsache wurden die Ausgaben für die Fortifikation [aber] aus den ordentlichen Staatseinkünften bestritten» (Grunder 2005, S. 45).

Abb. 73: Johannes Ardüser, «Beuestigung der Statt Zurich durch angeben Herren Hans Georg Werdmüller […]», Ardüser 1654

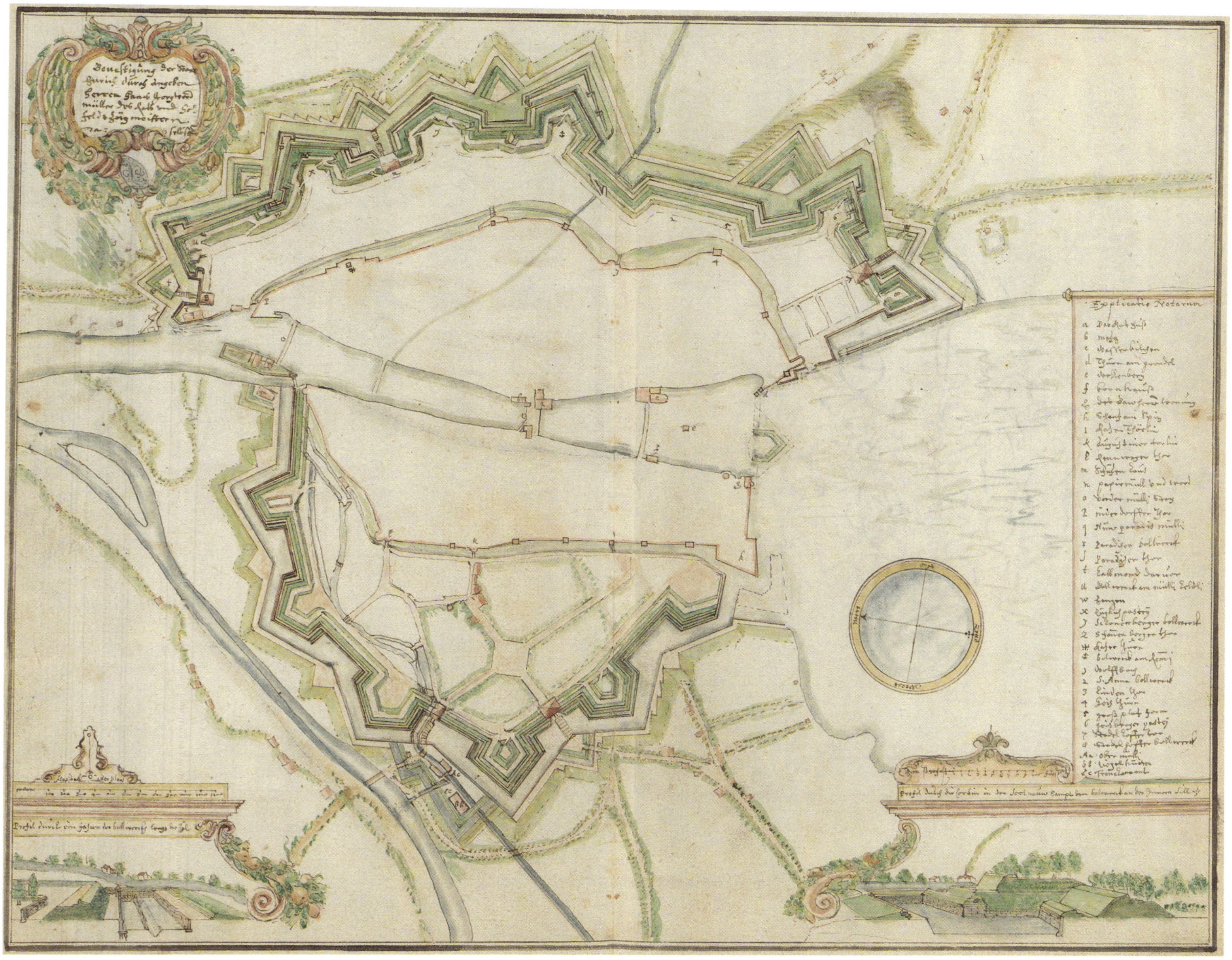

Basel war geografisch exponierter und dem Kriegsgeschehen direkter ausgesetzt als Zürich. Vorgelagert war ihm nur noch das isolierte Mülhausen, das von den Eidgenossen regelmässig mit Soldaten unterstützt wurde.[208] Im Westen bildete das Birstal, im Norden die Sundgauer Ebene, im Osten das Fricktal Anmarschwege für feindliche Armeen. Der Jura im Süden hätte die verbündeten Eidgenossen an einer raschen Hilfe gehindert. Zudem verlagerten sich nach dem Kriegseintritt der Schweden und Franzosen in den 1630er-Jahren wichtige Kriegsoperationen an den Oberrhein, so dass Basel strategischen Wert erhielt. Das Baselbiet wurde als Verbindung zwischen Birs- und Rheintal zum Durchmarschgebiet für beide Kriegsparteien.[209]

Schon relativ früh bemühte sich die Regierung darum, eine geografische Übersicht über das Herrschaftsgebiet und die Stadt zu erhalten. Am 12. Juni 1620 beauftragte man den Waffenhändler und Dreizehnerherr Johann Lucas Iselin d. J. zu St. Martin, mit dem Maler Hans Bock d. Ä. zwecks eines Grundrisses der Landschaft zu verhandeln.[210] Das Unternehmen entspricht den präzisen Militärkarten von etwa Hans Conrad Gyger (1599–1674) aus den Jahren 1620, 1643, 1644 und 1660 für Zürich[211] oder auch den Arbeiten von Joseph Plepp (1595–1642) für Bern im Jahr 1638. Das von Bock verwendete Vermessungsinstrument war so berühmt, dass es in gedruckten Publikationen von Johann Heinrich Sattler, Johann Lörer und Johannes Faulhaber ausführlich beschrieben wurde.[212]

Die Landschaft mit der Gotthardroute bis zum Hauenstein bildete sicherlich eine militärische Pufferzone zum Schutze der Stadt. Im Gegensatz zu Zürich erschien eine Verteidigung von Basels Territorium mit mehreren befestigten Plätzen militärisch jedoch wenig sinnvoll, obwohl die Berater der Stadt – beispielsweise Théodore Agrippa d'Aubigné – durchaus erkannten, dass eine dezentralisierte Kernfestung auch Aufgaben der

208 Die Korrespondenz betreffend Mülhausen füllt drei Bände StABS, Politisches P 16, 1–3.

209 Vergleiche Stritmatter 1977, S. 12.

210 StABS, Protokoll Kleiner Rat (16), 12. 6. 1620. Vergleiche auch das Protokoll vom 14. 6. 1620, in dem die Zusage Bocks, der zur Arbeit seine zwei Söhne brauchte, rapportiert wird. Erhalten sind: StABS, Planarchiv G 1, 23 eine Karte, die den Bann von Riehen und von Bettingen um 1620 mit Einzeichnung der Grenzsteine zeigt. Erhalten sind im Staatsarchiv Basel-Landschaft unter den Signaturen StABL, KP 5001 0021, 0023, 0026, 0030, 0036, 0038, 0040, 0042a, 0046, 0047, 0049, 0051, 0056, 0066c, 2011 Grenzpläne und StABL, KP 5003 0130, 0136 Strassen- und Katasterpläne. Vergleiche auch Burckhardt 1906, S. 292–306. Für einen nicht auffindbaren Grundriss der Stadt erhielt Hans Bock laut Heusler 1866, S. 221 im Februar 1623 50 fl.

211 Zur Karte von Hans Conrad Gyger von 1620 (StAZH, Plan G 19) gehörte der Bericht von Hans Haller: «Kurtzer und doch grundtlicher Bericht über die Landttafel, welliche da zeiget die Landtschafften einer löblichen Statt Zürich, zu sampt dero Pundtsgnossen und Anghörigen […], verzeichnet durch Johannem Haller, der Statt Zürich geordneten Ingenier, Anno 1620» (StAZH, B III 301).

212 Faulhaber 1626, S. 11–12 berichtet: «Nun hab ich zu Basel bey dem kunsterfahrnen Mahler Hans Bock seeligen, dergleichen Jnstrument vor 3. Jahren auch gesehen, dessen 80. Geometrische Kunstliche Figuren mir von vnderschiedlichen Künstler communicirt, vnd verehrt worden seyn, vnd darumben seines Nahmens hiebey ehrliche zugedencken vrsach habe, es hat auch dergleichen Jnstrument Johann Lörer Vhrmacher zu Basel Anno 1616 im Truck lassen außgehen, aber die Form wie es Herr Johann Heinrich [Sattler][,] Mathematicus, [&]c. zu Basel Anno 1619. hat Publiciert, gefellt mir zu meinem Vorhaben am besten.» Vergleiche Lörer 1616 mit Darstellungen des Instruments S. 8 und 9. Sattler 1619, Taf. 2 zeigt ein praktisch identisches Instrument, das allerdings schon bei Ryff 1547, 2L1b vorkommt.

Abb. 74: Johann Heinrich Albertin, Befestigung von Stein am Rhein, 1789

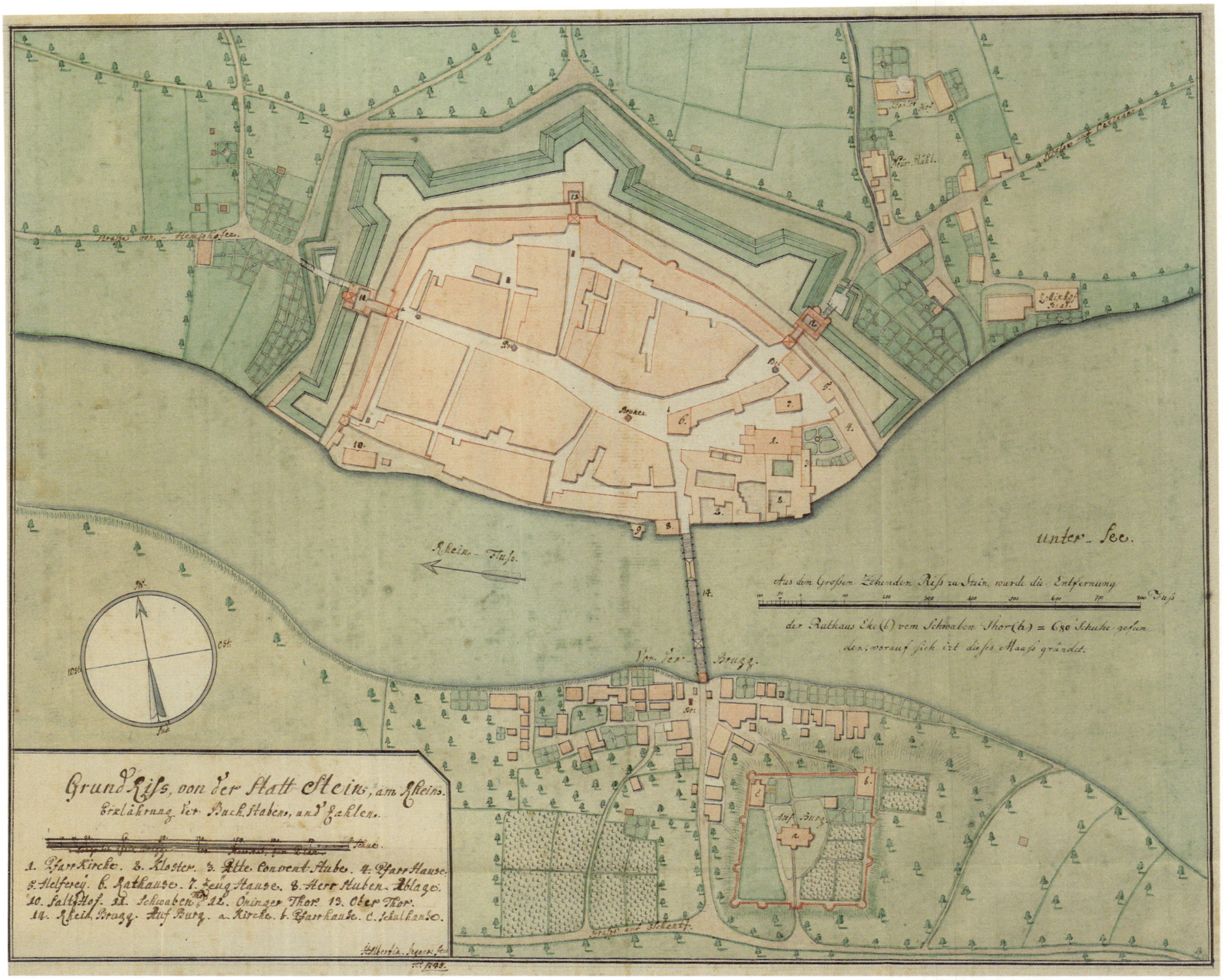

Grenzbefestigung hätte übernehmen können, wenn man sie durch strategisch geschickt platzierte Armeelager ergänzte.[213]

Allerdings fiel das Herrschaftsgebiet der neutralen Grenzstadt nicht mit ihrem Wirtschaftsgebiet zusammen. Anhand des sogenannten Pfundzolls, einer Steuer auf den Umsatz fremder Händler, lässt sich jedenfalls eine ausgesprochene Kriegskonjunktur nachweisen – trotz Pestepidemien und oft kaum mehr zu bewältigenden Flüchtlingswellen.[214] Man handelte zwar nicht mit Waffen oder Munition,[215] liess diese kriegswichtigen Güter aber passieren.[216]

Von 1618 bis 1647 wurden die Grenzen des Basler Territoriums mindestens 38 Mal durch Soldaten fremder Mächte verletzt, was sich weder mithilfe der Diplomatie noch militärisch verhindern liess.[217] Solche Grenzverletzungen waren deswegen gefährlich, weil sie Basels Neutralität in Frage stellten. Um ihre wirtschaftlichen Vorteile als neutraler Handelsort nicht zu verlieren, durfte sich die Stadt aber unter keinen Umständen in die Kämpfe auswärtiger Mächte hineinziehen lassen oder Anlass zu einem innereidgenössischen Krieg geben.[218] Der Begriff der Neutralität bedeutete zunächst, dass man gegnerische Parteien gleich behandelte. Es war den eidgenössischen Orten durchaus gestattet, eine Armee passieren zu lassen, wenn diese nicht direkt zu einem Angriff geführt wurde.[219] Erst nach und nach erkannte man auf eidgenössischer Ebene, dass die Neutralität zur Vermeidung diplomatischer Schwierigkeiten auch eine militärisch zu garantierende Unverletzlichkeit des Territoriums, also ein Durchmarschverbot für fremde Armeen, erfordert hätte. Die Durchsetzung dieses Verbots hätte zumindest eine ernst zu nehmende Androhung von Waffengewalt erfordert, was aus Kostengründen nur ein gemeinsames eidgenössisches Heer hätte leisten können. Zu einer bewaffneten Neutralität rangen sich die Eidgenossen jedoch nie durch. Wo dies ansatzweise gelang – 1647 im Defensional von Wil – war lediglich

213 Vergleiche zum Beispiel Théodore d'Aubigné: «Il ne fault pas imaginer vostre territoire comme un rond, ou un quarreé, au centre duquel la capitale soit posee; mais elle est tellement au coeur, qu'elle est prez de vos çosteés gauches, & de ses remparts estend la veuë sur le pays ennemi; j'adjousteray à cela, outre la bienseance & la reputation, necessaire garde de vostre arsenal & de ce qui le faict mouvoir» (Aubigné 1873, Bd. 1, S. 137).

214 Stritmatter 1977, S. 162–164. Die Pest herrschte September 1628 (Stritmatter 1977, S. 160) und 1634 (Stritmatter 1977, S. 161).

215 Heusler 1866, S. 253–254.

216 Heusler 1866, S. 253.

217 Heusler 1866, S. 237–252. Zusammenfassend: «Das Resultat ist folgendes: 1. Der Pass über die Brücke wurde mehrmals begehrt, aber nie weder bewilligt noch genommen. 2. Der Pass unter der Brücke durch wurde an Oesterreich kraft der Erbeinigung bewilligt, von Schweden und Franzosen ohne Weiteres genommen. 3. Der Pass um die Stadt herum wurde mit und ohne Einwilligung genommen. Ernstlich es zu verhindern, wird nicht versucht, Basel glaubt genug zu thun, wenn es beide Theile gleich behandelt, und gelegentlich erkennen auch die Kriegsführenden diesen Grundsatz an, obschon sie andere Male sich darüber ungehalten zeigen. Die Eidgenossen beurtheilen den einzelnen Fall nach ihren Sympathien, ein Entschluss, sich zu Befolgung eines allgemeinen Grundsatzes zu erheben, ist nicht nachhaltig, erst gegen Ende des Krieges gedeiht er durch die Vorgänge im Osten der Schweiz zu voller Reife» (Heusler 1866, S. 252).

218 Gallati 1918/19, 1. Teil, S. 15.

219 Sutter 1957, S. 44.

eine Milizarmee vorgesehen, die den Anforderungen der modernen Kriegsführung nicht mehr entsprach.[220] Die Einführung eines modernen eidgenössischen Söldnerheeres scheiterte stets an der Finanzierung, die nicht ohne eine zusätzliche dauerhafte Besteuerung aller Untertanen möglich gewesen wäre. Wenn schon zusätzliche Mittel flüssig gemacht werden sollten, wollten die Obrigkeiten der einzelnen Orte jedoch lieber selbst über deren Verwendung bestimmen können.

So geschlossen wie eine Festung, wie dies der Basler Johann Heinrich Sattler in einem dem Rat Zürichs gewidmeten Manuskript darstellt (Abb. 75),[221] war die konfessionell gespaltene Eidgenossenschaft also nicht. Sie bestand aus acht alten und fünf neuen Orten, die nicht an der Gemeinen Herrschaft beteiligt waren. Die neuen Orte Basel, Schaffhausen und Appenzell waren zudem verpflichtet, bei Zwistigkeiten der übrigen Orte keine Partei zu ergreifen, also «stillezusitzen», und zu vermitteln.[222]

Von einer vollen Souveränität der Eidgenossenschaft kann bis Mitte des 18. Jahrhunderts keine Rede sein.[223] Das System der Verträge einzelner Stände mit den Nachbarmächten – die Erbeinigung mit Österreich von 1511 und der Allianzvertrag mit Frankreich von 1602 – bildete einen wesentlichen Teil der Verfassung der Eidgenossenschaft.[224] Beide genannten Verträge waren bestimmend für die Neutralitätspolitik Basels.[225]

Die innereidgenössischen Bündnisse wiederum dienten selbstverständlich auch dem Schutz der verbündeten Obrigkeiten gegen unzufriedene Untertanen. Im Dreissigjährigen Krieg bauten die einzelnen Obrigkeiten ihre Souveränität eher aus. Die Selbständigkeit der Orte wurde eher grösser. Damit fiel die Last der Grenzverteidigung natürlich auf Grenzorte wie Basel und Schaffhausen.

Die alten Bündnisse sahen zwar gegenseitige militärische Hilfe im Ernstfall vor, für den Präventivfall, zum Beispiel eine Besetzung der gemeinsamen Grenzen, war jedoch nicht gesorgt. Mit Ausnahme der führenden evangelischen Städte Zürich und Bern waren die Orte zudem von den neuen militärischen Anforderungen des Krieges überfordert. An der Nord- und Westgrenze befanden sich fast ausschliesslich evangelische Städteorte. Anregungen zu einem gemeinsamen Defensional gingen jedoch nicht von den Grenzorten aus. Zu Anfang des Krieges war es ein von Zürich und Bern angestrebtes Verteidigungsbündnis gegen die katholischen Stände. In Basel erkannte man durchaus die Gefahr, dass ein Gegner die Eidgenossen unter dem Vorwand der Religion voneinander trennen und dann einzeln überwältigen könnte. Bis die Basler Elite in finanzielle Bedrängnis geriet, sperrte sie sich als einer der zum Stillesitzen verpflichteten neuen Orte gegen ein evangelisches Sonderbündnis. Man wies stets auf den Bundesbrief von 1501 hin: Ohne Einwilligung aller Orte darf Basel keine neuen Bündnisse eingehen.[226] Anfangs dachte man wohl auch, sich selbst militärisch ausreichend schützen zu können. Erst als in den 1630er-Jahren die wirtschaftliche und militärische Lage wegen der Kämpfe im Elsass schlechter wurde, wollte sich Basel in der Verteidigung der gemeinsamen Grenze entlasten und brachte den Vorschlag einer stehenden eidgenössischen Grenzschutztruppe von 1200 bis 1800 Mann inklusive einer Kavallerie auf, die von Bern und Zürich hätten mitfinanziert werden sollen; diese gingen darauf aber nicht mehr ein.

Wie aber sicherten die Basler ihr eigenes Territorium, wie viel kosteten die ergriffenen Massnahmen und wie liessen sie sich finanzieren? Warum engagierte man sich erst gegen Ende des Krieges ernsthaft für ein eidgenössisches Defensional? Die Auseinandersetzung mit diesen Fragen erhellt die Gründe, warum die Stadtbefestigung – abgesehen von den beschriebenen Friktionen und Inkompetenzen – nicht vollständig ausgebaut wurde.

Wehrausgaben fielen in Basel für die Festung und die Feldarmee an. Finanziert wurde die Festung durch ausserordentliche Steuern (Kontributionen) und die Armee durch das jährlich erhobene Soldatengeld und Staatsanleihen. Eine Überprüfung der Finanzakten und der Wochenausgabenbücher von 1622 bis 1630 ergab,[227] dass die extraordinären Kosten für Festungsbau und Soldaten nicht in den normalen Stadtrechnungen geführt wurden. Jahresrechnungen sind für diesen Zeitraum nicht erhalten. Die Kosten und die Finanzierung müssen also mühsam aus verstreuten Dokumenten zusammengesucht werden. Eine Übersicht findet sich in der Tabelle Seite 109.

Viel Geld beschaffte man sich gleich in den Jahren 1620 bis 1622 durch den Verkauf von zu fünf Prozent verzinsten Staatsobligationen. 1620 wurden per 1. September fünfzehn, 1621 zwei weitere Obligationen im Wert von total 32 000 Gulden ausgegeben.[228] 1622 erreichte der Verkauf dann riesige Dimensionen bis zum Gesamtwert von 585 030 Gulden.[229] Man gab total 188 Anleihen an wohlhabende Stadtbürger und deren 15 an Klöster ab. Auswärtige konnten die Anleihen nicht erwerben.[230] Die für die Elite Basels profitable Finanzierungsform bestimmte – wie im Folgenden detailliert gezeigt wird – die innere und äussere Politik der Stadt während des Kriegs und danach. Die Kapitalkosten stellten nämlich einen wesentlichen Teil der Kriegskosten dar: Anfangs betrug die jährliche Zinsbelastung 28 790 Gulden. Von 1620 bis 1635 hätte die Stadt Zinsen von rund 276 600 Gulden bezahlen müssen,[231] ab 1629 konnte sie ihren Verpflichtungen jedoch nicht mehr vollumfänglich nachkommen.[232] Im Jahr 1635 liessen sich sogar keine Zinsen mehr bezahlen.[233] Allerdings hatte man die Schuld bis 1635 schon wieder um ungefähr 210 000 Gulden reduziert. Dies ist besonders bemerkenswert, da von 1617 bis Ende 1622 eine Inflation herrschte. Als man die Gelder aufnahm, war der Reichstaler 4 und mehr Gulden wert. Im Juni 1623 wurde der Kurs des Reichstalers wieder auf 1½ Gulden festgesetzt.[234] Die Herren liessen sich also schlechtes Geld, das sich wegen des Krieges sonst nirgends sicher anlegen liess, von der Stadt in harter Währung verzinsen und zurückzahlen. Schuld und Zinsen wurden zwar im März 1636 um ein Viertel gekürzt,[235] was aber nicht einmal der Hälfte der Kursschwankung entsprach. Von 1636 bis 1644 konnten die um ein Viertel reduzierten geschuldeten Zinsen abgestottert werden.[236] Die restlichen Zinsen für das um ein Viertel gekürzte Kapital übernahm man in die normale Staatsrechnung und bezahlte sie – allem Anschein nach – regelmässig.[237] Erst in den späten 1650er-Jahren liess sich die Zinslast durch Rückzahlungen von Kapital vermindern.

220 Ein «Extract Abscheidts zu Weÿl im Thurgöw» ist StABS, Militär O 1 erhalten. Das Defensionale von Wil von 1647, das zustande kam, weil es um die Verteidigung der Gemeinen Herrschaft, also eines gemeinsam verwalteten Gebiets ging, war eigentlich eher ein Ausführungsreglement der alten Bünde. Es sah vor, dass die einzelnen Orte zusammen eine Miliz von 40 200 Mann in drei Auszügen aufgeboten hätten (vergleiche Sutter 1957, S. 66).

221 Sattler 1641, Falttafel.

222 Peyer 1978, S. 85.

223 Peyer 1978, S. 143.

224 Peyer 1978, S. 84.

225 Zum Allianzvertrag vgl. Grosjean 1953, S. 50. Zur Erbeinigung vgl. Heusler 1866, S. 188.

226 Sutter 1957, S. 9.

227 Überprüft wurden StABS, Finanz H 178–181 und Finanz G 32–33.

228 StABS, Finanz AA 5, Fol. 117–119, «Hernach volgt der aufbruch so vnsere gn. Herren auf Verenæ anno 1620 gethon haben».

229 Stritmatter 1977, S. 175–180 nach StABS, Finanz AA 3, Bde. 4–5. Diese Form der Finanzierung wurde z. B. auch in Hamburg gewählt, das man 1615–1625 für mehr als 1 562 640 Mark befestigte; mindestens 90 % der Mittel wurden durch Anleihen beschafft (Weber 1995, S. 53–54).

230 Stritmatter 1977, S. 175.

231 Nach Stritmatter 1977, S. 177.

232 Stritmatter 1977, S. 177.

233 Stritmatter 1977, S. 178.

234 Vergleiche die Kurse bei Hallauer 1904, S. 118.

235 Stritmatter 1977, S. 178. Der Antrag der Dreizehnerherren wurde von Johann Rudolf Wettstein eingegeben: Vergleiche «Anno 1622 aufgenommene hohe Gelder und aufgelaufene Zinsen» bzw. «Reductio der Ehrenzünften alten Capitalien» (StABS, Protokoll Kleiner Rat (27), Fol. 263v vom 16. 3. 1636). «Bis zum Jahre 1643 waren mit Ausnahme von vier Obligationen im Gesamtwert von 8900 Gulden sämtliche Schuldverschreibungen auf drei Viertel ihres ursprünglichen Wertes reduziert» (Stritmatter 1977, S. 179).

236 Stritmatter 1977, S. 179, Tabelle 38.

237 Stritmatter 1977, S. 180, Tabelle 39.

Abb. 75: Johann Heinrich Sattler, die Eidgenossenschaft als Festung, 1641

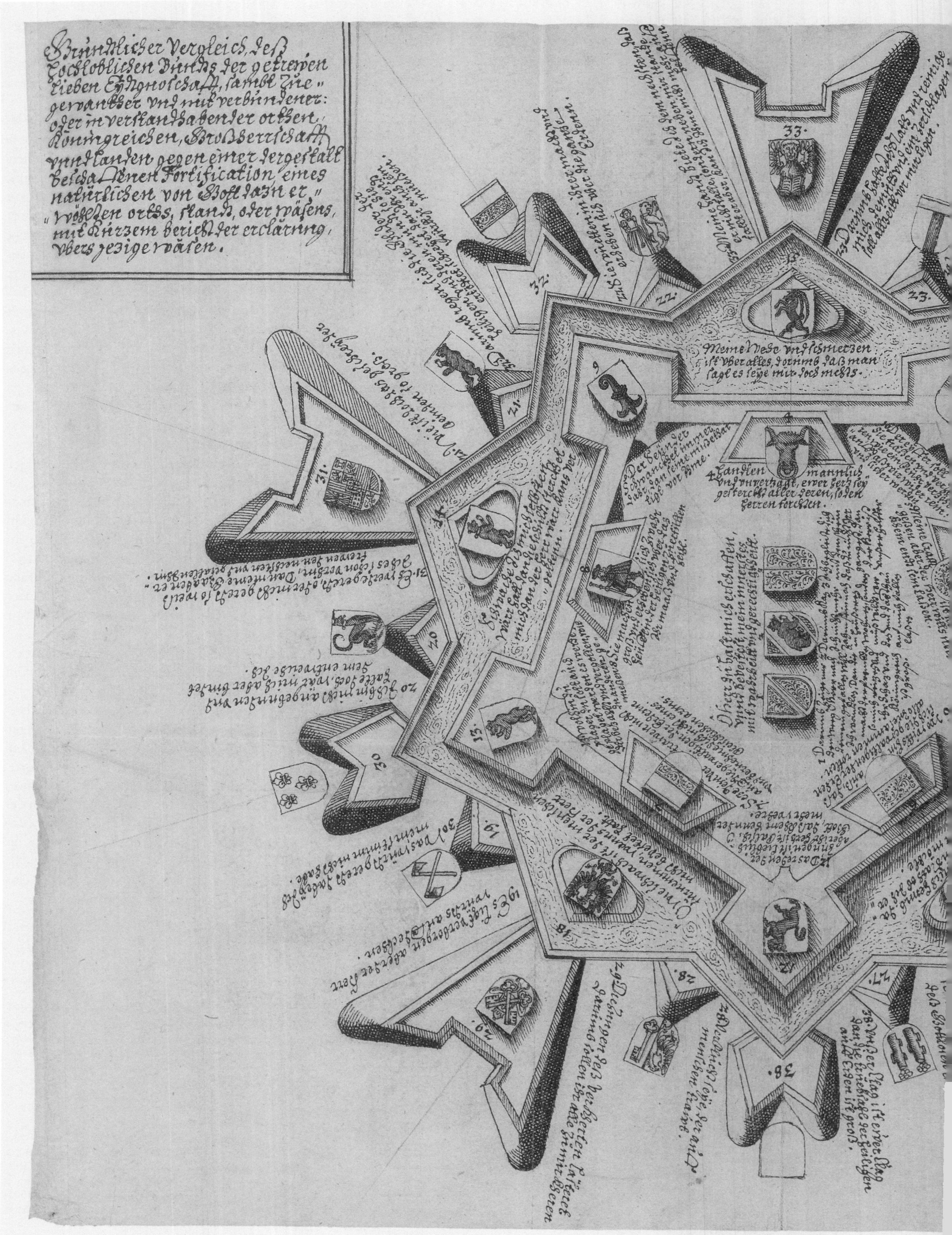

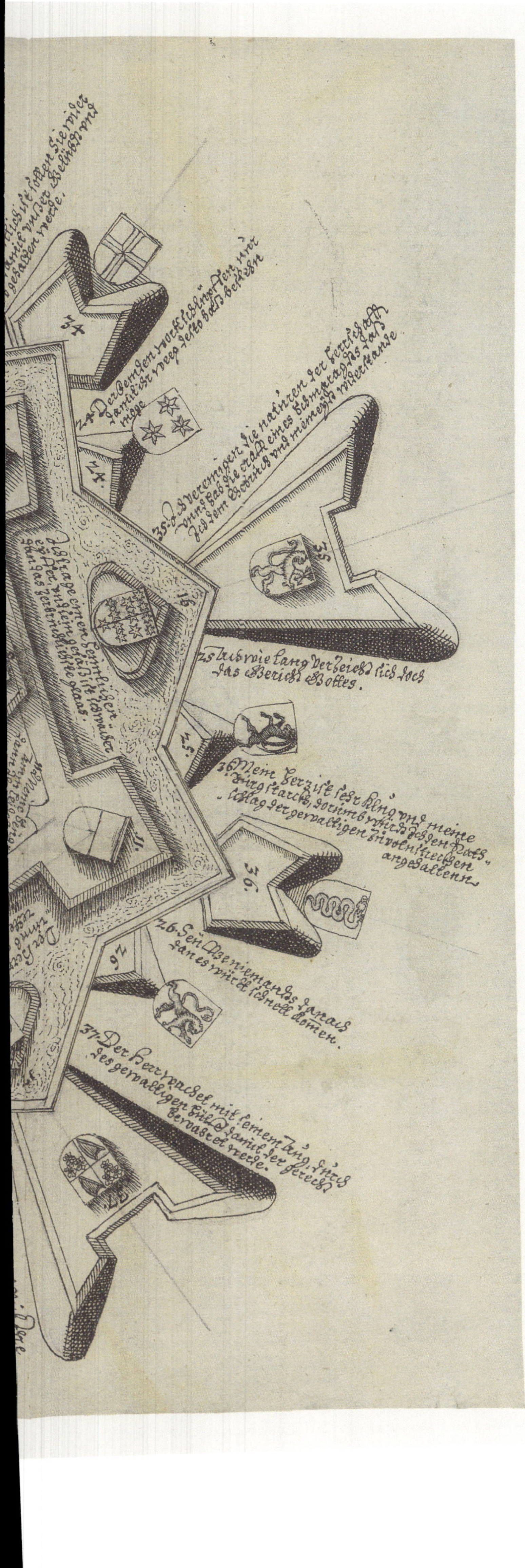

Im Vergleich zu den Kapitalkosten erscheinen die für die Fortifikation ausgegebenen Gelder eher bescheiden. Nach einer Mitteilung von Heusler, die sich leider nicht überprüfen liess, gab man für die Festungswerke bis Januar 1630 total 171729 Pfund aus.[238] Die Kosten senkte man mittels Fronarbeit, indem man alle Bürger mit den Ehefrauen, erwachsenen Söhnen und Töchtern, Knechten und Mägden alle drei Wochen zu einem Tag Frondienst oder zu einer entsprechenden finanziellen Entschädigung zwang.[239] Die Klöster und Bäcker waren gehalten, mit Fuhren an der Festung zu fronen.[240] Für wie lange und wie strikt die Fronleistungen durchgesetzt wurden, ist jedoch unklar.[241] Die Eigentümer abgetretener Güter wurden meist mit Schuldbriefen abgespeist.[242] Die Sache beschäftige den Rat jedoch oft.[243]

Trotz Fronarbeit wurden die Ausgaben aber so hoch, dass man sich dazu durchrang, die Stadtbürger zu besteuern. Ein erstes Mandat zu Fronarbeit und freiwilliger Vermögenssteuer vom 12. September 1622 blieb jedoch noch erfolglos.[244] Mit einem gedruckten Mandat vom 7. Dezember 1622 hielt die Regierung dann besonders die «wollvermöglichen» zu «freywilliger Geltsteuer» von einem Prozent ihres Vermögens zur Finanzierung des Festungsbaus an.[245] Mehrmals musste der Rat sich um das Eintreiben der Gelder bemühen.[246] Die Einnahmen beliefen sich auf 40762 Gulden 23 Schilling 10 Pfennig, welche die Ausgaben für die Festung im gleichen Zeitraum jedoch nicht deckten.[247] Die Untertanen in der Landschaft leisteten direkt keinen Beitrag an die Festungswerke.[248]

Weit mehr Geld als für die Befestigung der Stadt gab man für Söldner aus. Dies, obwohl die quartierweise organisierten Stadtbürger zur Bewachung und Verteidigung der Stadtbefestigung verpflichtet waren und die Stadt bei Bedarf das Recht hatte, 600 Mann aus der Landschaft aufzubieten, ein Recht, von dem sie – wie schon erwähnt – wiederholt Gebrauch machte.[249] Obwohl in Stadt und

238 Heusler 1866, S. 224. Vom 5. 10. 1622 bis zum 21. 2. 1624 verzeichnet Heusler 1866, S. 224 101430 lb; vom 20. 11. 1624 bis zum 27. 9. 1627 52333 lb mehr.

239 Gedruckte Mandate vom 12. 9. 1622 (StABS, STA Bf 1 A 3-72), 7. 12. 1622 (STA Bf 1 A 3-74) und 21. 6. 1623 (STA Bf 1 A 3-86). In der Verordnung vom 21. 6. 1623 wird festgehalten, dass alle Bürger und Einwohner, Geistliche und Weltliche, Weiber und Kinder, Knechte und Mägde, an den Schanzwerken zu fronen oder für jeden Tag neun Batzen zu zahlen verpflichtet sind.

240 StABS, Protokoll Kleiner Rat, 11. 2. 1624.

241 StABS, Bau Z 1a («Specification der Frohn Gelder zur Fortification der Stadt 1620–1624») sind Rodel vom 17. 8. 1620, 20. 8. 1620, 29. 8. 1620, 29. 8. 1622, 12. 1622, 13. 3. 1624 und 27. 5. 1624 von den verschiedenen Quartieren erhalten – durchmischt mit Listen, welche zur Speisung Armer geführt wurden.

242 Stritmatter 1977, S. 171 nach Heusler 1866, S. 58–59.

243 StABS, Protokoll Kleiner Rat, 8. 11. 1623 (Beratung wegen Güterenteignung beim Steinentor); 20. 12. 1623 (Drei Bürger bitten um Ersatz für ihre Güter); 26. 2. 1625; 31. 12. 1625 (Forderung wegen eines Guts bei St. Alban. Hier werden die zur Festung Deputierten vom Rat aufgefordert, ein Bedenken zu machen, wie solche Forderungen in Zukunft zu verhindern seien); 6. 2. 1626 (Forderung für einen Rebacker); 1. 4. 1626 (Güter sollen geschätzt werden). Im März 1630 wurde gemäss den Ratserkenntnissen vom 6. 9. 1628, 12. 4. 1629, 5. 11. 1629 und 19. 3. 1630 die von der Stadt zwecks Fortifikation genommenen Gütter vermessen und von den zur Fortifikation verordneten Herren in Augenschein genommen. Dokumente wurden begutachtet. Total schätzte man die noch nicht abgegoltenen Güter auf ca. 3100 lb (StABS, Politisches P 7, Fol. 195–198).

244 StABS, STA Bf 1 A 3-72.

245 StABS, STA Bf 1 A 3-74.

246 StABS, Protokoll Kleiner Rat, 16. 10. 1623 (Die Dreizehnerherren sollen bedenken, was gegen jene zu unternehmen ist, die ihre Kontribution noch nicht gezahlt haben.); 13. 3. 1624 («3. daß die steür zum bevestigungsbaw in quartiren […] auffgehoben»).

247 Das Verzeichnis der Kontributionen StABS, Politisches P 8, Fol. 122 ergibt total 36938 fl 23 ß 6 d. Eine Abrechnung der noch nicht eingezogenen Beiträge ist StABS, Politisches P 8, Fol. 123 erhalten. Das Verzeichnis der nachträglich eingezogenen 1630 lb 10 ß 4 d findet sich StABS, Politisches P 8, Fol. 124. Die Beiträge Universitätsangehöriger, Pfarrer und Schulmeister von 2470 fl 10 ß werden StABS, Politisches P 8, Fol. 64ff. aufgelistet. Ertrag nach Stritmatter 1977, S. 172–174 total 40762 fl 23 ß 10 d.

248 Heusler 1866, S. 235.

249 Die Alarmorganisation war per Ordnung vom 26. 4. 1620 (StABS, STA Bf 1 A 3-43) noch zunftweise organisiert, wurde durch die Ordnungen vom 25. 11. 1620 (StABS, STA Bf 1 A 3-51), 30. 5. 1621 (StABS, STA Bf 1 A 3-58) und 12. 5. 1627 (StABS, STA Bf 1 A 4-16) aber an die Quartiere übergeben. – Von der Landschaft forderte man an folgenden Daten Soldaten ein: StABS, Protokoll Kleiner Rat, 12. 1. 1622: 300 Mann; 24. 3. 1627: 100 Mann; 6. 5. 1629: 300 Mann; 12. 1. 1633: 50 Mann; 30. 1. 1633: 100 Mann; 16. 10. 1633: 600 Mann; 17. 6. 1637: 300 Mann; 22. 1. 1638: 50 Mann (vergleiche Heusler 1854, S. 37).

Landschaft also eine allgemeine Wehrpflicht bestand, zwangen die exponierte Lage der Stadt und der Umstand, dass sich die Miliz nicht dauerhaft halten liess, Basels Obrigkeit dazu, Söldner zu werben. Am 25. Juni 1623 einigten sich die vier Städte Zürich, Bern, Basel und Schaffhausen in Baden darauf, dass jede Stadt ihr eigenes Gebiet an den Grenzen vor einem plötzlichen Überfall schützen und die Untertanen gerüstet halten solle.[250] Es war aber bald auch Basels evangelischen Verbündeten klar, dass man die Bauern, die ihre Felder zu bestellen hatten, nicht für längere Zeit unbesoldet im Feld behalten konnte.[251] Schon die Erfahrungen mit der unter Melander vom 1. Juli 1622 bis 23. Juni 1623 angeworbenen Truppe von bis zu 750 Männern, die total 131 303 Gulden und 10 Schilling kosteten,[252] zeigten, dass auch eine dauerhafte Besatzung mit Söldnern aus städtischen Mitteln nicht zu bestreiten war.

In Basel warb man in der Folge Söldner nur noch bei akuter Bedrohung. Im Jahr 1624 zum Beispiel rückte Johann T'Serclaes von Tilly rheinaufwärts, und Teile seines Heeres logierten in unmittelbarer Nähe Basels. Am 25. August 1624 bot man 200 Mann für Grossbasel und 100 Mann für Kleinbasel aus der Landschaft auf.[253] Basel erliess einen Hilferuf an den französischen Ambassador und die Eidgenossen. Bern und Zürich zeigten sich jedoch ungehalten darüber, dass sich die Basler aus Sparsamkeit an sie wandten, bevor sie Wehrbereitschaft aus eigenen Mitteln erstellt hatten.[254] Bern, das den Generalkommissär der welschen Lande (Waadt) Dr. Johannes Steck (1582–1628) als Beobachter nach Basel entsandte,[255] mahnte, dass die 300 Mann gegen den Feind nicht ausreichen würden.[256] Darauf stockte man das Kontingent von September 1624 bis April 1625 auf bis zu 900 Söldner auf.[257] Zusätzlich zur Erstellung der bereits beschriebenen Wehrbereitschaft der Stadtbefestigung organisierte der Kleine Rat die Verteidigung der Landschaft.[258] Hans Heinrich Oberried und Johann Rudolf Wettstein entwarfen ein Defensional für das Baselbiet.[259] Man rüstete Schlösser aus und exerzierte die Truppen.[260] Signalketten zur gegenseitigen Warnung waren schon vor dem Krieg eingerichtet worden.[261]

An einer Konferenz in Zürich vom 14. bis 15. November 1624 erkannte man dann die Gefahr, dass jeder eidgenössische Ort bloss «zu seiner eignen Schantz sehen» und bei einem Angriff auf einen der anderen Orte «stillesitzen» könnte; ein Gegner bekäme so die Möglichkeit, die Orte voneinander zu trennen und einzeln zu überwinden.[262] Gegenstand der Beratungen war eine gemeinsame Armee von 10 000 bis 12 000 geworbenen Söldnern und die Bildung eines gemeinsamen Oberbefehls. Basel lehnte den Vorschlag ab, weil die katholischen Orte nicht eingebunden waren und daher innereidgenössische Spannungen zu erwarten seien. Eine dauerhaft bestallte Armee dieser Grössenordnung sei nicht zu unterhalten.[263] Auf einer Konferenz der evangelischen Orte in Zürich am 3. und 4. Februar 1625 beharrte Basel auf seinem Standpunkt und wies Zürich in einem Brief vom 15. März 1625 darauf hin, dass es schon hohe Ausgaben für Befestigung und Bewachung der eigenen Stadt habe, und versprach höchstens jene 600 Mann, die es aus der Landschaft aufzubieten berechtigt war, wenn es nicht selbst in Gefahr stand.[264]

Somit scheiterten Kontingente, einheitlicher Oberbefehl und Finanzierung dieses Defensionals am Widerstand der Basler, die sehr wohl wussten, wie viel geworbene Söldner kosteten. Statt sich zur Finanzierung eines gewiss sehr teuren eidgenössischen Heeres zu verpflichten, liessen sich die Basler Herren im Rechnungsjahr 1624/25 lieber Kapitalien der Staatsobligationen im Wert von 81 000 Gulden zurückzahlen.[265]

Bern und Zürich legten am 4. und 5. August 1626 in Aarau ihr Defensionalprojekt, das eine Armee von 9000 Mann und 600 Reitern vorsah, in einem Partikularabschied nieder.[266] Da aber zur Bestreitung der monatlichen Auslagen von geschätzten total 110 000 Gulden eine Besteuerung des Landvolkes unumgänglich gewesen wäre, verschoben sie die Durchführung ihres Planes.[267]

Im Jahr 1627 erfolgte die Einquartierung katholischer Truppen unter Johann T'Serclaes von Tilly und Gottfried Heinrich zu Pappenheim in unmittelbarer Nähe Basels. Wiederum gelangte die Stadt an die Eidgenossen, worauf Zürich und Bern sofort ihre Unterstützung zusicherten.[268] Man verstärkte die Wachen und bot schliesslich im März 250 Mann aus der Landschaft in die Stadt auf.[269] Mit einem gedruckten Mandat vom 12. Mai 1627, das eine ältere Anordnung erneuerte, organisierte man die Wache und Stadtverteidigung durch die Bürger quartierweise.[270]

Am 24. April 1627 dehnte man das bisher ausschliesslich in der Stadt jährlich als Kopfsteuer erhobene Soldatengeld auf alle Untertanen aus.[271] Die Landschaft sollte in Zukunft jährlich rund 6200 Pfund entrichten.[272] Auf eidgenössischer Ebene hingegen gelang die Einführung einer vergleichbaren Steuer nicht: In Aarau verhandelten die vier evangelischen Städteorte am 1. und 2. Oktober 1627 erneut erfolglos über die Einführung einer Vermögenssteuer für Stadtbürger zur Finanzierung des gemeinsamen Defensionals, welche später auf die Landbevölkerung hätte ausgedehnt werden sollen.[273] Die mit dem Soldatengeld eingeführte direkte Besteuerung der Untertanen Basels wurde bis nach dem Krieg weitergeführt. Die Gesamtsumme der aus der Landschaft von 1627 bis 1652 eingezogenen Soldatengelder wird in der Chronik von Rudolf Hotz mit 280 800 Pfund beziffert.[274] Die Untertanen reagierten aber mit Steuerstreik, und die Gelder konnten nur unregelmässig

250 Sutter 1957, S. 7 nach Vogel/Fechter 1875, S. 350 und Heusler 1855, S. 16ff.
251 Vgl. Vogel/Fechter 1875, S. 426.
252 Heusler 1866, S. 207 nach StABS, Politisches P 8, Fol. 115; das detaillierte Verzeichnis ist StABS, Politisches P 8, Fol. 98 erhalten.
253 StABS, Politisches P 8, Fol. 179.
254 Grosjean 1953, S. 45 und 46.
255 StABS, Politisches P 8, [Fol. 273–274] (Brief von Bern vom 8. 9. 1624).
256 StABS, Politisches P 8, [Fol. 275–276] (Brief von Bern vom 7. 9. 1624).
257 Stritmatter 1977, S. 23 und 25 nach dem Ratsprotokoll. Die Gesamtkosten für diese Rüstung sind unbekannt, und es ist auch unklar, wer sie bezahlte.
258 StABS, Protokoll Kleiner Rat (19), Fol. 222v (17. 10. 1624).
259 StABS, Protokoll Kleiner Rat (19), Fol. 202r (8. 9. 1624).
260 Schlösser ausrüsten: StABS, Protokoll Kleiner Rat (19), Fol. 215 und 222v (2. und 17. 10. 1624); Truppen exerzieren: StABS, Protokoll Kleiner Rat (19), Fol. 236v (13. 11. 1624).
261 Zur Alarmierung der Landbevölkerung durch Hochwachten und Signale vergleiche Enzmann 1941, S. 83 nach einer Ordnung vom 6. 8. 1614 in der Mandatensammlung Hoffmann.
262 Zitiert nach Grosjean 1953, S. 52.
263 Grosjean 1953, S. 53.
264 Sutter S. 14 nach StABE, Missiven B33, vergleiche auch Grosjean 1953, S. 56–57 und Enzmann 1941, S. 80.
265 Stritmatter 1977, S. 177, Tabelle 36.
266 Grosjean 1953, S. 55.
267 Sutter 1957, S. 17.
268 Sutter 1957, S. 18–19.
269 Sutter 1957, S. 17–18 nach Ratsprotokoll 3., 7. und 24. 3. 1627; zum Zusatz von 250 Mann vgl. Sutter 1957, S. 21.
270 StABS, Politisches P 7, Fol. 31. Die Stadtbewachung wurde per Dekret vom 21. 2. 1624 nicht mehr durch die Zünfte, sondern quartierweise organisiert (vergleiche Enzmann 1941, S. 86 nach StABS, STA Bf 1 A 3-98).
271 Heusler 1854, S. 38 wohl nach StABS, Protokoll Kleiner Rat (21), Fol. 78r–v (28. 4. 1627). «Jeder Bürger und Aufenthalter musste im Jahr 1½ Pfund, Witwen die Hälfte, entrichten. Diese Kopfsteuer brachten im Jahr zwischen 900 und 1300 Pfund ein (StABS, Militär F 4). Die Untertanen auf dem Land waren zu Beginn des Krieges frei von dieser Abgabe; vom Jahre 1627 an mussten sie aber für den Unterhalt eines bestimmten Mannschaftsbestandes aufkommen. Das geforderte Kontingent betrug in der Regel 50 Mann und verursachte Kosten von 6000 lb. jährlich.» (Stritmatter 1977, S. 171 nach Gauss/Stoecklin 1953, S. 68). Das Soldatengeld von den Zünften ist für zwei Jahre (19. 10. 1631 bis 7. 1633) in StABS, Finanz Y 9 (Klitter-Buch. Deß Stadt-Wechsels.), Fol. 102r–103r dokumentiert: 1478 lb 16 ß 2 d plus 1053 lb 10 ß 6 d. Die jährlichen Einnahmen in der Stadt von 1633 bis 1650 sind in Militär F4 dokumentiert und ergeben die Summe von 18 815 lb 10 ß 8 d.
272 Für die Jahre 1635 bis 1653 vergleiche Heusler 1854, S. 39, mit Kostenaufteilung unter die Ämter Fussnote 57. Nach StABS, Finanz Y 3 bezahlte die Landschaft jährlich meist 6180 lb.
273 Vogel/Fechter 1875, S. 527. Auch Bern führte 1628 eine Steuer von 1‰ bei der Stadtbevölkerung und eine Herdsteuer von zwei Gulden bei den welschen Untertanen ein (Bürki 1937, S. 184).
274 Gauss 1953, S. 191. Nach einer anderen Chronik wurden bis 1653 291 000 lb bezahlt (Heusler 1894, S. 39).

Kriegskosten und Finanzierung

Zusätzlich aufgebrachte Kriegsmittel bis 1648		
1618 bis 1653 Soldatengeld: Stadt ca. 36 000 lb; Landschaft (ab 1627) ca. 161 000 lb[1]	ca.	197 000 lb
7. 12. 1622 Freiwillige Vermögenssteuer 1% (Stadtbürger) 40 762 fl 23 ß 10 d[2]	ca.	51 000 lb
1620 bis 1623 188 Staatsobligationen verzinst zu 5%, total 575 810 fl[3]	ca.	731 000 lb
21. 12. 1633 Vermögenssteuer ½% (Stadtbürger) 26 372 fl 20 ß 6 d[4]	ca.	33 000 lb
Total zusätzliche Mittel	**ca.**	**1 012 000 lb**
Ausgaben für Soldaten		
Werbung von bis zu 750 Mann vom 1. 7. 1622 bis 23. 6. 1623 unter Melander, total 131 303 fl 10 ß[5]	ca.	164 000 lb
Werbung von bis zu 900 Mann von 1624 bis 1625 unter Bertrand de Mondésir[6]	nicht erhalten	
Werbung von 250 Mann vom 18. 3. 1627 bis 8. 1627[7]		7219 lb 7 ß 6 d
Werbung 250 Mann vom 14. 1. bis 18. 6. 1628[8]		10 692 lb
Werbung von 52 Mann vom 12. 6. 1628 bis 12. 2. 1629[9]		2979 lb
Werbung vom 21. bis 25. 5. und 2. bis 10. 6. 1629[10]		1010 lb
1633 bis zu 600 Mann aus der Landschaft in der Stadt einquartiert[11]	nicht erhalten	
Fussvolk und Reiter vom 16. 5. 1634 bis 1. 1. 1635[12]		25 575 lb 7 ß 9 d
1635 bis 1648 von Stadtwechsel an Dreieramt für Soldaten und Reiter[13]	ca.	408 310 lb
Total Ausgaben für Soldaten	> ca.	**619 786 lb**
Ausgaben für die Festung		
5. 10. 1622 bis 1. 1630[14]		171 729 lb
Total Ausgaben Festung	> ca.	**171 729 lb**
Total Ausgaben für Soldaten und Festung	> ca.	**791 515 lb**
Kapitalkosten und Rückzahlungen		
Im Dreissigjährigen Krieg		
Abtragung Schuld Staatsobligationen bis 1635 ohne Kursgewinne (Stritmatter 1977, S. 177)	ca.	211 880 lb
Zinsen für Staatsobligationen von 1622 bis 1648 (berechnet nach Stritmatter 1977, S. 176, 177 und 180)	ca.	553 312 lb
Nach dem Dreissigjährigen Krieg		
Abtragung Schuld der um ¼ reduzierten Kapitalien nach dem Krieg	ca.	389 340 lb
Zinsen für Staatsobligationen von 1648 bis 1660 (geschätzt nach Stritmatter 1977, S. 180)	ca.	207 846 lb
Total Kapitalkosten und Rückzahlungen ohne Profit durch Kurswechsel	**ca.**	**1 362 378 lb**
Total Kriegskosten	> ca.	**2 153 893 lb**
Defizit aus dem normalen Staatshaushalt und mit indirekten Steuern finanziert	> ca.	**1 141 893 lb**

1 Schätzung gemäss StABS, Militär F 4, Finanz Y 3 und Finanz Y 9 (Klitter-Buch. Deß Stadt-Wechsels.), Fol. 102r–103r.

2 Gedrucktes Mandat vom 7. 12. 1622 (STA Bf 1 A 3-74). Ertrag nach Stritmacher 1977, S. 172–174 total 40 762 fl 23 ß 10 d.

3 Stritmatter 1977, S. 175–180 nach StABS, Finanz AA 3, 4-5.

4 Gedrucktes Mandat vom 21. 12. 1633 für ein halbes Prozent Vermögenssteuer (StABS, STA Bf 1 A 4-57). Nach Stritmatter 1977, S. 180–181 wurde die Massnahme sogar vom Grossen Rat bestätigt. Bis 1635 gab dies einen Ertrag von 26 372 fl 20 ß 6 d (Stritmatter 1977, S. 181 nach StABS, Militär F 2).

5 Heusler 1866, S. 207 nach StABS, Politisches P 8, Fol. 115; das detaillierte Verzeichnis ist StABS, Politisches P 8, Fol. 98 erhalten.

6 Heusler 1866, S. 209–210.

7 StABS, Politisches P 8, Fol. 115.

8 StABS, Politisches P 7, Fol. 129.

9 StABS, Politisches P 7, Fol. 131.

10 StABS, Politisches P 7, Fol. 115.

11 Stritmatter 1977, S. 180 nach StABS, Protokoll Kleiner Rat (26), 18. 10. und 30. 11. 1633.

12 StABS, Finanz Y 3 (16. 5. 1634 bis 1. 1. 1635: Für Reiter und Fussvolk nach Abzug der 50 Mann, welche die Landschaft bezahlte, und Abzug der 32 Mann, die aus dem Stadtwechsel bezahlt wurden: 25 575 lb 7 ß 9 d).

13 StABS, Finanz Y 3 (An die Dreierherren vom Stadtwechsel wegen den Soldaten: 1635: Ausgaben total: 44 158 lb 13 ß 1 d, davon von der Landschaft: 9910 lb 15 ß; 1636: Ausgaben total: 34 625 lb 12 ß, davon von der Landschaft: 6180 lb; 1637/38: Ausgaben total: 40 662 lb 8 ß 4 d, davon von der Landschaft: 6180 lb; 1638/39: Ausgaben total: 57 741 lb 10 ß 8 d, davon von der Landschaft: 6180 lb; 1639/40: Ausgaben total: 42 768 lb 18 ß 4 d, davon von der Landschaft: 6180 lb; 1640/41: Ausgaben total: 37 310 lb 1 ß 8 d, davon von der Landschaft: 6180 lb; 1641/42: Ausgaben total: 31 396 lb 1 ß 4 d, davon von der Landschaft: 6180 lb; 1642/43: Ausgaben total: 24 135 lb 18 ß, davon von der Landschaft: 6180 lb; 1643/44: Ausgaben total: 38 647 lb 15 ß 6 d; 1644/45: Ausgaben total: 28 764 lb; 1645/46: Ausgaben total: 13 434 lb 5 ß; 1646/47: Ausgaben total: 7654 lb 15 ß; 1647/48: Ausgaben total: 7009 lb; 1648/49: Ausgaben total: 6119 lb 10 ß; 1649/50: Ausgaben total: 5523 lb; 1650/51: Ausgaben total: 5674 lb; 1651/52: Ausgaben total: 6056 lb.

14 Diese von Heusler 1866, S. 224 mitgeteilten Ausgaben erscheinen sehr niedrig. Mit Ausnahme der Beträge für die 34 Wochen konnten sie nicht überprüft werden, da sich die von Heusler erwähnten Notizen trotz intensiver Suche nicht mehr auffinden liessen: «Vom 14. Oct. bis 7. Juni, also in 34 Wochen belief sich die Ausgabe auf Pfd. 64 420. 18. 10, wozu dann noch diejenige für Land, Beamte, Werkzeuge, Pferde u.s.w. kam. Nach einer Notiz, deren Richtigkeit ich jedoch nicht controlieren kann, betrugen die gesamten Ausgaben vom 24. Oct. 1622 bis 21. Febr. 1624 Pfd. 101 430 und vom 20. Nov. 1624 bis 27. Sept. 1627 Pfd. 52 333. 15. Eine andere Notiz gibt als Gesammtausgabe bis zum Januar 1630 Pfd. 171 729 an. [Fussnote:] Diese letztere Notiz scheint jedoch keine Ausgaben seit 1627 zu enthalten, sondern nur eine Vervollständigung der frühern für Häuser und Güter, Pferde, für Besoldung von Flamand, Faulhaber und fremder Baumeister und für Materialien zu sein.» Die von Heusler ermittelten niedrigen Gesamtkosten bewegen sich allerdings durchaus in der Grössenordnung, die Adam Stapf in seinem Kostenvoranschlag errechnete (StABS, Bau Z 1, 1535–1806, datiert auf den 22. 8. 1623).

Abb. 76: Emanuel Büchel, Blick vom Aeschenrondel Richtung Aeschentor, 1745

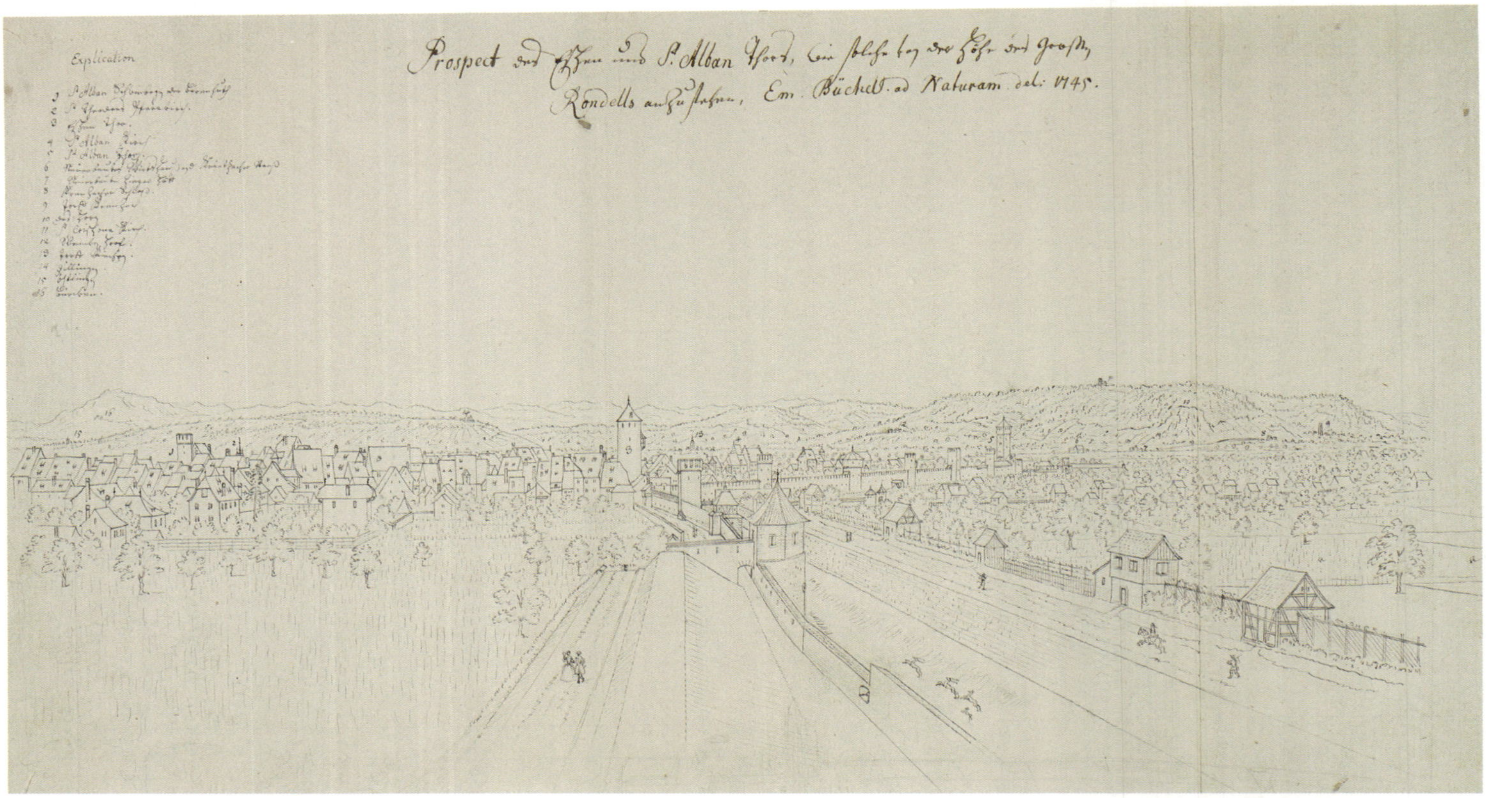

eingezogen werden. Am 17. Januar 1649 erfolgte eine Weisung, die Rückstände einzutreiben. Diese Aufforderung war eine Ursache der Bauernaufstände von 1653.[275]

Trotz der Finanznot der Stadt, die zur Einführung neuer Steuern bei den Untertanen zwang, erfolgten zum Abbau der Zinslast in den Rechnungsjahren 1628 bis 1629 Rückzahlungen von Kapitalien der Kriegsanleihen von rund 110 000 Gulden.[276]

Das am 6. März 1629 erlassene kaiserliche Restitutionsedikt für Kirchengüter verstärkte die Befürchtungen, die Kaiserlichen würden über die Schweizer Grenze vorrücken. Schon am 2. und 3. März 1629 war das ambitionierte eidgenössische Defensional von Hans Ludwig von Erlach-Castelen nach einer Prüfung durch die Zürcher den drei anderen evangelischen Städten vorgelegt worden.[277] Geplant waren ein Söldnerheer von 10 000 bis 12 000 Mann und zur Verteidigung der weiten und offenen Grenzen 1500 Reiter. Im Krieg hätte das Defensional jährlich schätzungsweise 1 143 972 Reichstaler, im Frieden 138 636 Reichstaler gekostet. Zur Finanzierung waren eine Feuerstättensteuer von jährlich einem Gulden, eine Vermögenssteuer von einem Prozent sowie indirekte Steuern auf Salz und Wein sowie Zölle für Luxuswaren vorgesehen. Basels Anteil wurde mit 180 000 Reichstalern jährlich beziffert. Eine gewaltige Summe! Die Stadt lehnte den Vorschlag aufgrund der hohen Kosten und der im Vergleich zu den Heeren anderer Mächte zu klein erscheinenden Streitmacht ab, auch weil die katholischen Stände nicht eingebunden waren.[278] Die Basler zeigten sich besorgt, Österreich könne die Eidgenossenschaft unter dem Vorwand der Religion entzweien, um dann beide Teile umso leichter zu überwältigen: «dum singuli pugnant, universi vincuntur».[279] Darum drängte Basel am 27. Mai 1629 auf der Badener Tagsatzung dazu, die katholischen Orte zum Defensional einzuladen. Alle dreizehn Orte versprachen, sich daran zu beteiligen.[280] Diese Zustimmung wurde schon als «Geburtstag des eidgenössischen Defensionals» gewertet.[281] Am 28. Juni 1629 sprachen sich die katholischen Orte allerdings dann doch gegen das eidgenössische Defensional aus.[282] Das konfessionelle Misstrauen überwog offenbar.

Im April 1629 näherten sich kaiserliche Truppen Basel, sofort erfolgte eine hastige Mobilmachung.[283] Wiederum bestallte die Stadt kostspielige Söldner.[284] Die schlecht koordinierten Massnahmen zeigen aber, dass es an einem fähigen militärischen Befehlshaber mangelte. Am 23. Mai 1629 erfolgte dann die Bestallung von Hans Jakob Zörnlin (1589–1659) zum obersten Lieutenant von Stadt und Landschaft Basel für zunächst jährlich 1200 Reichstaler (1800 fl).[285] Zörnlin oblag es, bis Ende des Krieges Stadttore, Bollwerke, Türme und Mauern zu verteidigen sowie alle in der Landschaft notwendigen Massnahmen unter der Leitung der Dreizehnerherren zu planen und durchzuführen.[286] Sofort inspizierte er mit Johann Rudolf Wettstein die Landschaft. Mängel der Schlösser wurden rapportiert, Wachtmannschaften installiert und über einen allfälligen Artillerieschutz der Landschaft beraten.[287]

Aber schon in einem am 28. Oktober 1629 vor dem Rat abgelesenen Schreiben beklagte sich Zörnlin, der um seine Reputation

275 Gauss 1932, S. 768.
276 Stritmatter 1977, S. 177, Tabelle 36.
277 Grosjean 1953, S. 74–77. Der Entwurf Erlachs ist StABS, Militär O 1 als Beilage zum Abschied von Zürich vom 2. und 3. März 1629 erhalten; vergleiche auch Heusler 1855, S. 23–25.
278 Vergleiche auch Sutter 1957, S. 26 und 28.
279 Sutter 1957, S. 31; Zitat nach Stritmatter 1977, S. 28–29 gemäss Eidg. E 71.

280 Grosjean 1953, S. 79.
281 Grosjean 1953, S. 80.
282 Grosjean 1953, S. 85.
283 Gauss/Stoecklin 1953, S. 76.
284 StABS, Politisches P 7, Fol. 115 und 131.
285 «Burgermeister und Rat der Stadt Basel nehmen den Hans Jacob Zörnlin zu einem obristen Lieutenant an», StABS, Politisches P 7, Fol. 134 vom 23. 5. 1629. Zur Berufung vgl. auch StABS, Protokoll Kleiner Rat (22), Fol. 139v und 142 (16. und 23. 5. 1629) und StABS, Missiven A 89. Erhalten ist StABS, Politisches P 7, Fol. 140–141 auch die Lohnforderung und Fol. 148 die Zusage vom 9. 5. 1629. Nach einem Jahr wurde Zörnlins Gehalt auf 200 Reichstaler jährlich reduziert; 1634 wieder auf 600 fl festgesetzt (Heusler 1866, S. 212). – Hans Jakob Zörnlin aus Basel, geboren am 22. 10. 1588, diente 1616 als Hauptmann der Republik Venedig, 1623 wurde er Stadthauptmann von St. Gallen, kehrte dann in seine Heimat zurück und bekleidete 1629 die Stellung des Obrist-Lieutenants der Stadt und Landschaft Basel; 1631 Obervogt von Homburg und 1635 von Waldenburg, amtete er 1654 als Landvogt von Lauis (Lugano). 1656 kam er in den Rat zu Basel und übte das Schultheissenamt in Liestal aus. Sein Tod erfolgte 1659. Zu seiner Rolle im Bauernkrieg von 1653 vgl. Heusler 1854, S. 53–58.
286 StABS, Politisches P 7, Fol. 134 vom 23. 5. 1629.
287 Gauss/Stoecklin 1953, S. 77.

Abb. 77: Emanuel Büchel, Blick von der Elisabethenschanze auf die Steinenschanze, 1745

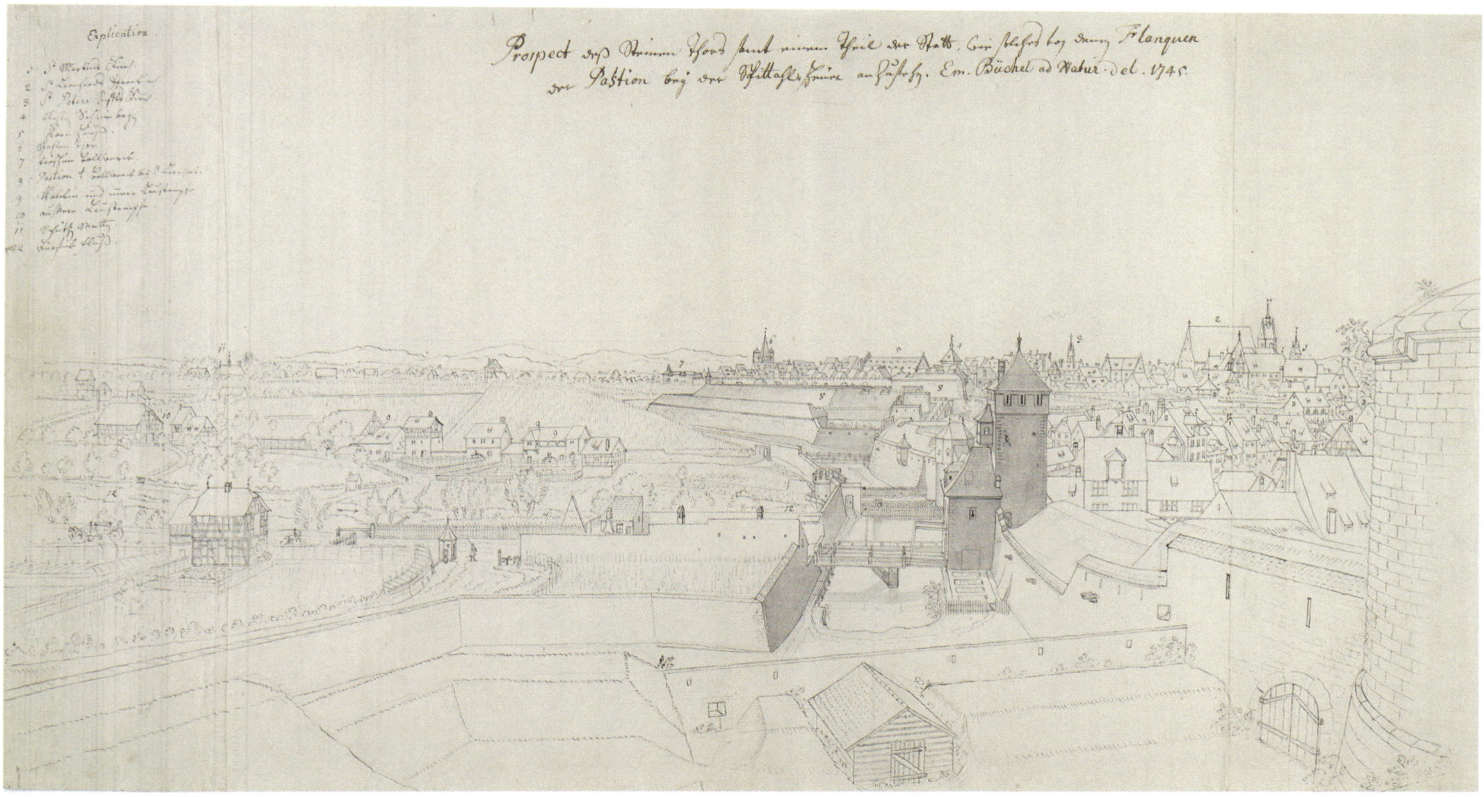

fürchtete, darüber, dass die Stadtherren nicht auf seine Vorschläge eingingen.[288] Nachdrücklich bat er sie, die Wichtigkeit der von ihm zur Wohlfahrt der Stadt angeordneten Massnahmen zu bedenken. Es sei seine Aufgabe, für Vorrichtungen zu sorgen, die es ermöglichten, Geschütze auf die Wälle der Stadt zu schaffen. Deswegen sei er mit dem Lohnherrn Falkeisen und einem Zimmermann um die Stadt gegangen und habe die Ausführung von Brücken, Poternen – gemeint sind Geschützkasematten – und Schildwachthäusern angeordnet; auch habe er empfohlen, 150 Schanzkörbe und mehrere hundert Palisaden zu beschaffen. Ein einziges Schildhaus habe man zwar gebaut, sonst sei jedoch nichts von diesen Vorschlägen befolgt worden. Zudem sei das im Vorrat gehaltene Pulver in schlechtem Zustand, und es müssten dringend Handgranaten erworben werden. Letzteres wurde dann wohl doch noch getan, denn das Zeughausinventar von 1648 verzeichnet immerhin 793 neue Handgranaten.[289] Des Weiteren beklagte sich Zörnlin, es seien zu wenig Soldaten angeworben worden, und ein Teil von ihnen sei krank. Die ihm anvertraute Aufgabe der Verteidigung von Stadt und Land erfordere seitens der Regierung weit mehr Geschwindigkeit und Eifer.

Die Stadt steckte trotz Erhebung des Soldatengeldes in der Landschaft in Finanznöten. Ab dem Rechnungsjahr 1630/31 konnten die Zinsen für die Staatsanleihen nicht mehr ganz bezahlt werden, obwohl man das aufgenommene Kapital bis zu diesem Zeitpunkt schon um rund 210 000 Gulden reduziert hatte.[290] In einem Memorial vom 12. Januar 1632, in dem Zörnlin die Beschaffung von 15 bis 16 «Schrotstücklein» – kleine Geschütze zum Verschiessen von Schrot – für die Stadtbefestigung und die Ausführung von Schiessscharten empfahl, bemerkte er, die Herren selbst hätten ihn mehrmals vertraulich wissen lassen, dass die über die Jahre angefallenen «grossen vncosten mit der vnzeitigen fortification vnnd vnderschiedlichen gehabten Garnisonen» den «Statt Sekhel» definitiv erschöpft hätten.[291] Die den Staatshaushalt belastenden, für die Herren profitablen Kriegsanleihen erwähnte man gegenüber Zörnlin offensichtlich nicht. Die neuen «Schrotstücke» wurden wahrscheinlich trotzdem besorgt. Ende des Krieges waren auf den Wehren Grossbasels und zur Verteidigung des Rheins immerhin 76 zumeist aber ältere Geschütze verschiedensten Kalibers stationiert.[292]

Der Druck auf das Territorium Basel erhöhte sich noch. Mit dem Kriegseintritt Schwedens wurden benachbarte befestigte Plätze wie Rheinfelden und Breisach zu umkämpften Orten. Immer wieder hielten sich grössere Truppenverbände in der Nähe Basels auf. Mülhausen war äusserst bedroht.

Anfang 1633 besetzten die Schweden Hüningen und stellten auf Basler Boden Wachen auf.[293] Die Kaiserlichen wiederum sogen von den ihnen noch verbliebenen festen Plätzen das Landvolk auch im Basler Territorium aus.[294] Zum Ausbau der vom Rhein her gefährdeten Flanke wurden erhöhte Wachtposten eingesetzt. Bei Augst, Giebenach, Wintersingen und Maisprach verrammelte man die Pässe mit Pfostenreihen oder verschliessbaren Gattern. Das Schloss zu Farnsburg wurde besichtigt. Zugleich versprach Jonas Grasser – Zörnlins Lieutenant – sich um eine Ergänzung der 600 Mann starken Truppe zu kümmern.[295]

Die Landschaft litt weit mehr als die Stadt unter Durchmärschen grösserer Armeen im Zusammenhang mit den Kämpfen um Breisach. Der Durchmarsch von 25 000 Mann unter Johann von Aldringen und Gómez Suárez de Figueroa y Córdoba, 3. Herzog von Feria, am 18. und 19. Oktober 1633 mit dem ganzen Geschützpark unmittelbar an der Stadt vorbei zum Beispiel verursachte im Amt Farnsburg einen auf 6730 Pfund geschätzten Schaden, zu dessen Deckung man eine Steuer in den anderen Ämtern erhob.[296]

288 StABS, Politisches P 7, Fol. 137–139.
289 Gessler 1913a, S. 158.
290 Stritmatter 1977, S. 177, Tabellen 36 und 37.
291 StABS, Politisches P 7 S. 244–246. Vergleiche auch Heusler 1866, S. 213 und 226.
292 Zeughausinventar von 1648 nach Gessler 1913a und 1913b.
293 Stritmatter 1977, S. 34 nach StABS, Protokoll Kleiner Rat (24), Fol. 107v vom 16. 1. 1633.
294 Stritmatter 1977, S. 37.
295 Jonas Grasser an Basel, StABS, Politisches P 10, Fol. 44–45 vom 8. 3. 1633; vergleiche auch Gauss/Stoecklin 1953, S. 79. – Zu Jonas Grasser, geboren 1595, gestorben 1638, Gehalt 1635 auf 200 fl jährlich angesetzt, vergleiche Heusler 1866, S. 213–214 und 216. Grasser hatte am 2. 11. 1631 von Rat und Bürgermeister den Auftrag erhalten, die Mannschaft auf dem Land zu instruieren (StABS, Ratsbücher C 9, Nr. 376).
296 Stritmatter 1977, S. 40 nach StABS, Politisches P 1 und Ratsprotokoll.

Abb. 78: Emanuel Büchel, Blick von der Elisabethenschanze Richtung Aeschenrondel, 1745

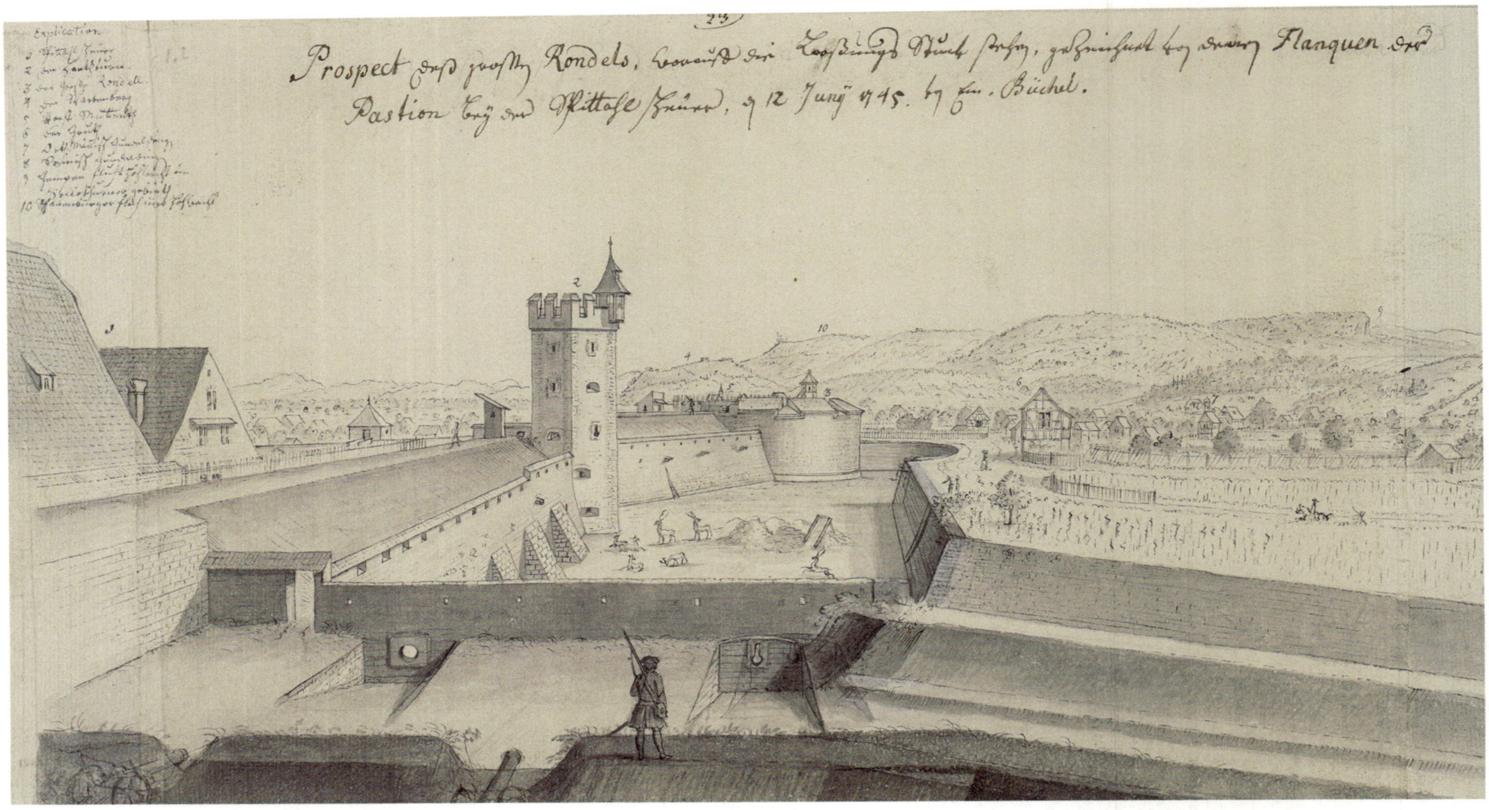

Besonders gefährlich für Basel war, dass der Stadt in der Folge dieses Durchmarsches, den man natürlich mit den wenigen Söldnern nicht verhindern konnte, Neutralitätsbruch vorgeworfen wurde. So warnte Oberst Georg Hans Peblis im Namen von Graf Gustaf Horn in einem Brief vom 3. November 1633, es sei ungeschickt, dass die Stadt die Armeen von Feria und Aldringen mit Nahrungsmitteln versorgt habe und den Verkauf von Lebensmitteln nach Breisach gestatte, denn nun hätten auch die Schweden Anrecht auf Viktualien: «dan der noitral sein wil, mus einen theil halten wie den anderen». So verkaufe man aber jene Reserven, die man im späteren Kriegsverlauf womöglich selber nötig habe. Peblis äusserte die Befürchtung, dass der Krieg wegen Basels Verhalten die Eidgenossenschaft erfassen könne. Dies ohne eigentliche Not, denn Basel habe zurzeit keinen Angriff zu fürchten, da die Eroberung einer so gut befestigten Stadt «wider alle kriegsreguln» sei, wenn sich grosse Armeen der Gegenpartei in der Nähe aufhielten. Aber gerade deswegen sollten die Basler der Eidgenossenschaft und den evangelischen Ständen nicht weiter mit der Speisung des Feindes schaden.[297] Basels Obrigkeit versuchte sich gegen die Vorwürfe mit einem Hinweis auf die Erbeinigung zu entlasten. Darauf erwiderte Peblis, dass die Erbeinigung ein schlechtes Argument sei, den freien Verkauf von Lebensmitteln nach Breisach zu gestatten. Die Speisung der katholischen Garnison Breisachs schade Basel, denn solange diese den Platz halten könne, bleibe der Krieg an den Grenzen der Stadt, und daran seien die Basler selbst schuld: «dan der einer garnison mit prouiant aushilftt, der stärcket sie, wider den, der sie attacquiren mus».[298]

Die Kosten der für die Verteidigung von Stadt und Landschaft geworbenen Soldaten liessen die Stadtherren um ihren Profit aus den Kriegsanleihen fürchten, deren Zinsen die Stadt schon seit Jahren nicht mehr regelmässig entrichten konnte. Die Basler Obrigkeit nutzte nun das Gefühl der allgemeinen Unsicherheit und erhob bei den Stadtbürgern per Mandat vom 21. Dezember 1633 eine Vermögenssteuer von einem halben Prozent.[299] In der öffentlichen Begründung erwähnte man die tatsächlichen Ursachen für die Steuer natürlich nicht: Wegen etlicher Durchzüge und der Bedrohung durch in der Nähe lagernde Armeen sei das Gemeinwesen durch den Unterhalt «gantz kostbarlicher Guarnisonen» finanziell schon so ausgeblutet und ausgemergelt, dass man nach dem Vorbild anderer «Republiquen» danach trachten müsse, «Extraordinari Mittel vnd Weg» zu finden, wie dem «Statt-Gut» wieder «aufzuhelfen» sei; daher verpflichte man jeden Stadtbürger, «von seinem Gut ein halben per Cento willig harzugeben». Die Kontribution warf 26 372 Gulden 20 Schilling 6 Pfennig ab.[300] Aus den Unterlagen lassen sich Rückschlüsse auf die ungleichmässige Vermögensverteilung ziehen: Die reichsten zehn Prozent der Bürgerschaft waren im Besitz von mehr als siebzig Prozent des Privatvermögens von total ungefähr 6.6 Millionen Pfund.[301]

Während der langwierigen Belagerung und Aushungerung Rheinfeldens durch schwedische Truppen unter Rheingraf Otto Ludwig von Solms im Jahr 1634 litt die Landschaft wieder schwer unter der Soldateska aller Kriegsparteien. Die Landbevölkerung und die Händler wurden durch Marodeure und Räuberbanden bedroht.[302] In einem Bericht spricht Jonas Grasser von einer abscheulichen Landverderbung durch das stehlende und raubende barbarische Kriegsvolk und befürchtet sogar einen Überraschungsangriff auf die Stadt.[303] Beispielsweise versuchten die Kaiserlichen in den

297 StABS, Politisches P 10, [Fol. 115]. Vgl. dazu Stritmatter 1977, S. 41 mit weiteren Quellen.

298 «Jch sage zu der herren schaden, dan der krieg in der herren nachbarschaftt lang erhaltten, kann ihnen kein nutz bringen. es wirdt aber auf ihrer grentzen erhalten so lang Brisach in des feindts gewalt bleibtt, vndt es wirdt darin bleiben, so lang sie prouiant haben, welche ihnen sonst nirgendts als von der herren feilen kauf zukommen kan.» StABS, Politisches P 10, [Fol. 125] Antwort auf das Schreiben von Basel vom 22. 11. 1633.

299 StABS, STA Bf 1 A 4-57.

300 Gedrucktes Mandat vom 21. 12. 1633 für ein halbes Prozent Vermögenssteuer (StABS, STA Bf 1 A 4-57). Nach Stritmatter 1977, S. 180–181 wurde die Massnahme vom Grossen Rat bestätigt. Bis 1635 gab dies einen Ertrag von 26 372fl 20ß 6d (Stritmatter 1977, S. 181 nach StABS, Militär F 2).

301 «Es ergibt sich, dass die ärmsten 70% der Bevölkerung ganze 8,7% des Gesamtvermögens versteuern, während dem die wohlhabendsten 10% der Bürgerschaft im Besitze von 71,5 % des Gesamtvermögens sind» (Stritmatter 1977, S. 183). Die reichsten können namentlich bezeichnet werden (vergleiche Stritmatter 1977, S. 187–188).

302 Die Ereignisse der Jahre 1634 und 1635 sind in der Chronik von Notarius Rudolf Hotz anschaulich und lebensnah beschrieben. Vergleiche Hess 1862, S. 75–134.

303 StABS, Militär R 1, Fol. 153.

Abb. 79: Emanuel Büchel, Blick vom Aeschenrondel Richtung Elisabethenschanze, 1745

Schanzen von Hüningen am 30. Januar 1634 das vor dem Spalen- und St. Johannstor weidende Vieh zu rauben, was Zörnlin gerade noch verhindern konnte.[304] Es kam zu Entführungen mit Lösegeldforderungen.[305] Pferde wurden geraubt, ganze Dörfer ausgeplündert und niedergebrannt.[306] Am 29. September 1634 zum Beispiel überfielen kaiserliche Reiter das Dorf Biel-Benken und richteten einen auf 6754 Pfund geschätzten Schaden an.[307] Basler Kaufleute und Soldaten wurden gefangen genommen und nach Rheinfelden entführt. Jonas Grasser befreite diese ohne Auftrag des Rates mit einem militärischen Handstreich und machte seinerseits Gefangene,[308] was die Obrigkeit aus diplomatischen Gründen geheim hielt.

Die Landbevölkerung litt also extrem; die Stadtbürger waren – selbst durch die nur unvollständig ausgebaute Festung – einigermassen geschützt. Um die Sicherheit von Handel und Wandel in der Landschaft zu erhöhen, empfahlen Johann Rudolf Wettstein, Zörnlin und Grasser die Entlassung von 100 Mann Fussvolk und die Bestallung von mindestens 45 Reitern.[309] Der entsprechende Antrag wurde am 1. Februar 1634 gestellt, die Reiter nahm man aber erst nach langem Zögern im Mai 1635 in den Dienst.[310] Die gegen Strassenraub relativ wirksame Massnahme hatte dann – oft in kleineren Kontingenten – bis Ende des Krieges Bestand.[311] Überhaupt scheinen ab etwa 1634 dauerhaft Söldnerkontingente bestallt gewesen zu sein; entlohnt wurden sie direkt über den Stadtwechsel, Basels Staatsbank.[312] In der Regel dürften bis zu total 300 Mann bestallt gewesen sein, wovon man gegen 80 auf dem Land, in Muttenz, Riehen, Benken, Augst, Binningen, St. Jakob, Kleinhüningen, St. Margarethen, Münchenstein usw., in geringer Anzahl (zu zweit bis zu einem Dutzend) als Wachen stationierte. Ungefähr 200 Mann setzte man jeweils in Abteilungen von 14 bis 50 Mann vor den Stadttoren zur Sicherung der Strassen und zur Eskorte von Händlern ein.[313] Liestal wurde gegen einen Überfall gesichert und bewaffnet.[314]

Das alles kostete viel Geld. Noch mehr Geld allerdings gab man für die Kriegsanleihen aus. 1635 beliefen sich die geschuldeten Zinsen für die Staatsanleihen trotz der 1633 erhobenen Steuer schon auf 96 639 Gulden. Als die Gelder aus der Kontribution von 1633 endlich eingezogen waren, liess sich 1636 die Zinsschuld um 63 261 und 1637 um 12 271 Gulden reduzieren.[315] Damit die Stadt die Zinsen überhaupt zahlen konnte, wurden diese im März 1636 um ein Viertel gekürzt, was sich sicherlich durch den in Relation zum Reichstaler seit 1623 stärkeren Gulden rechtfertigen liess. Die restlichen Zinsen für das ebenfalls um ein Viertel gekürzte Kapital übernahm man in die normale Staatsrechnung und bezahlte sie – allem Anschein nach – regelmässig.[316]

Der als krasse Neutralitätsverletzung zu wertende Durchmarsch von 6000 Mann unter Bernhard von Weimar am 28. Januar 1638 vom Bistum Basel über die Birsbrücke direkt auf feindliches Gebiet, dem die erneute Belagerung Rheinfeldens folgte, brachte Basel in arge Bedrängnis. Die auf die Schlacht bei Rheinfelden folgende Belagerung von Breisach durch Herzog Bernhard, die am 17. Dezember 1638 mit der Kapitulation endete, führte zu einer diplomatisch äusserst bedrohlichen Situation nicht nur für Basel, sondern auch für die Eidgenossenschaft. Wegen der Neutralitätsverletzung im Januar fürchtete man eine Vergeltung der Kaiserlichen;[317] die Gefahr bestand, dass eine Rückeroberung Breisachs über Basels Gebiet durchgeführt werden könnte.[318]

304 Hess 1862, S. 92.
305 Hess 1862, S. 94.
306 Sutter 1957, S. 47.
307 Stritmatter 1977, S. 45 nach StABS, Politisches P 11, Fol. 91–98.
308 Bericht Grassers StABS, Politisches P 11, [Fol. 99–102].
309 «Bedenckhen der Reuterey betreffendt», StABS, Politisches P 11, Fol. 13 vom 31. 1. 1634.
310 Gauss/Stoecklin 1953, S. 83–84.
311 Vgl. Wieland 1886, S. 99 und Heusler 1866, S. 217.
312 Erstmals StABS, Finanz Y 3, 16. 5. 1634 bis 1. 1. 1635: Für Reiter und Fussvolk nach Abzug der 50 Mann, welche die Landschaft bezahlte, und Abzug der 32 Mann, die aus dem Stadtwechsel bezahlt wurden: 25 575 lb 7 ß 9 d. Zwischen 1643 und 1653 musste Basels Staatsbank (Stadtwechsel) dann nach jahrelanger Misswirtschaft in einem höchst undurchsichtigen Prozess saniert werden (vergleiche Gauss/Stoecklin 1953, S. 64–65).
313 Heusler 1866, S. 216 wohl nach StABS, Militär R 1 vom 4. 10. 1643.
314 Heusler 1854, S. 34 nach Ratsprotokoll vom 23. 8. 1634 und 10. bzw. 21. 2. 1638.
315 Stritmatter 1977, S. 179, Tabelle 38.
316 Stritmatter 1977, S. 180, Tabelle 39.
317 StABS, Politisches P 13, Fol. 216; Stritmatter 1977, S. 57.
318 Sutter 1957, S. 54.

Wiederum litt besonders die Landschaft: Die Schäden auf Basler Territorium ab 1638 werden in einer Abrechnung aus dem Jahr 1641, die sich nicht überprüfen liess, auf 390 000 Pfund geschätzt.[319] Im März 1638 hielten sich zudem – Bettler ausgenommen – mindestens 7600 Fremde, meist Flüchtlinge (davon 50 adlige Haushalte) in der Stadt auf – bei einer Stadtbevölkerung von etwa 9800 Seelen.[320] Die Not mittelloser Flüchtlinge, die vor die Stadttore verbannt wurden, war unbeschreiblich.

Ab 1638 beklagte sich Basel bei den Eidgenossen wiederholt über seine finanzielle Situation.[321] Um ein rein evangelisches Defensional zu umgehen, hatte sich die Stadt bisher stets für ein gemeineidgenössisches Defensional eingesetzt. Die Haltung von Basels Obrigkeit änderte sich erst, als die Kosten zur Sicherung der Herrschaft über das eigene Territoriums zu hoch wurden und die Verschuldung durch Kriegsanleihen den Staatshaushalt gefährlich belastete. Als auch noch die Verständigung mit den katholischen Ständen wegen der Kriegserfolge der Gegenseite unmöglich schien, näherte sich Basel den evangelischen Glaubensgenossen an, von denen allein es noch Hilfe erwarten konnte. Auf einer Konferenz der evangelischen Orte, die auf Begehren Basels vom 13. bis 14. März 1638 stattfand, schilderten Basels Abgeordnete die Belastungen, die Stadt und Landschaft seit vielen Jahren zu tragen hatten. Die Garnison der Stadt koste enorme Summen. Diese Söldner brauche die Obrigkeit allein für den Schutz der Stadt und der Rheinbrücken, während sie die Untertanen auf der Landschaft mehr oder weniger sich selbst überlassen müsse.[322]

Basels Obrigkeit schlug nun selbst ein (evangelisches) Defensional vor. Im Gegensatz zu den früheren Berner Projekten, welche die Schaffung einer gemeinsam finanzierten «mobilen Einsatzarmee» vorsahen, empfahlen die Basler die Aufstellung einer kleineren «stehenden Grenzbewachungstruppe».[323] Vorgesehen war ein sehr bescheidenes gemeinsames Söldnerkontingent von 1200 Musketieren und 150 Reitern.[324] Basel wollte aber über die Hälfte der Truppen zur Verteidigung seines eigenen Territoriums verfügen.[325] Obwohl sich die Eidgenossen im April 1638 geeinigt hatten, fremden Truppen zur Erhaltung der Neutralität keinen Durchzug mehr zu gestatten, nahmen Zürich und Bern Basels Vorschlag skeptisch auf.[326] Sicherlich hätte eine strikte und bewaffnete Neutralität nur durch eine gemeinsame eidgenössische Söldnerarmee garantiert werden können, denn die Ereignisse hatten klar gezeigt, dass die Grenzstädte nicht imstande waren, ihr Gebiet und damit die Grenze der Eidgenossenschaft mit eigenen Mitteln wirksam zu schützen.[327] Basel aber ging es offensichtlich nicht so sehr um die Verteidigung aller gemeineidgenössischen Grenzen, sondern es wollte in erster Linie in der Sicherung seines eigenen Territoriums entlastet werden.[328] Es erhoffte sich auf Kosten der anderen evangelischen Städte eine Erleichterung.[329] Dabei hätte Basels Obrigkeit natürlich Geldleistungen bevorzugt,[330] da sie dann die Mittel souverän beispielsweise auch für die Bezahlung der Zinsen der Kriegsanleihen hätte einsetzen können.

Im Verlauf der Verhandlungen um Basels Defensional verschoben sich die Gewichtungen: Das Festungsbauwesen und der befestigte Grenzschutz wurden tendenziell vermehrt unter dem übergeordneten Gesichtspunkt einer eidgenössischen Territorialverteidigung diskutiert. Zürich regte bei den Verhandlungen nämlich an, gemeinsam den Ingenieur Jean Jacques de Serre du Pradel zu verpflichten.[331] Da man sich «mit gutten wehrinen nit gnugsam versehen befindet […], gestalten man ursachen genug, sich diser zyth in rechtes postur und versicherung der plätze und pässe mit nothwendigen vestungen zu stellen»; daher könne die Anstellung eines Ingenieurs von grossem Nutzen sein.[332] De Serre du Pradel hatte ein neuartiges Tenaillensystem entwickelt, das sich an Feldbefestigungen orientierte und somit zu preiswerteren Anlagen führte als die sonst üblichen Befestigungsvorschläge in der sogenannten altniederländischen Manier. Der Hugenotte wurde von Zürich und Bern – Basel zeigte sich reserviert[333] – angestellt und war vom 1. Mai 1638 bis ins Frühjahr 1639 «Generaldirektor über der evangelischen Orte löblicher Eidgenossenschaft Fortificationswesen» für 2000 Gulden Jahresgehalt.[334] Er verfertigte Ratschläge für Zürich, Eglisau, Stein am Rhein und Schaffhausen.[335] In Basel war er allem Anschein nach nie.

Auch wenn man die gemeinsame Anstellung eines Ingenieurs ablehnte, brachte Basel am 5. März 1639 sein Defensionalprojekt erneut erfolglos vor: Da das zum Militärdienst eingezogene Landvolk nicht dauerhaft unter Waffen gehalten werden konnte, wurde wiederum die Anwerbung von Söldnern angeregt.[336] Das Landvolk könne höchsten die Reserve bilden. Zur Finanzierung wurde eine Besteuerung der evangelischen Städte und ihrer Untertanen in der Landschaft vorgeschlagen.[337]

Im Herbst 1640 verbesserte Basel seine eigene Verteidigungsstellung dadurch, dass es für 3500 Reichstaler das Dorf Kleinhüningen vom bei der Stadt verschuldeten Markgrafen von Baden erwarb. Die in den dortigen Schanzen seit 1636 aufgestellten Geschütze hatten oft den Handel auf dem Rhein behindert.[338]

In den 1640er-Jahren setzte sich Basel immer wieder erfolglos dafür ein, dass die Garnisonen von Basel und Schaffhausen von den Eidgenossen bezahlt wurden.[339] Johann Rudolf Wettstein sprach in Zürich und am 25. Juli 1640 vor dem Rat Berns von der Erschöpfung des Staatshaushaltes durch die Kriegslasten und ausbleibende Zinsen und äusserte den Wunsch nach 400 Mann, die von Zürich und Bern finanziert werden sollten.[340] Doch die evangelischen Verbündeten Basels gingen darauf nicht ein. Die Zürcher zumindest sahen ihr Heil nicht mehr im Defensional, sondern in der abschreckenden Wirkung der Befestigung ihrer Stadt.[341]

In den letzten Kriegsjahren sah Basels Regierung trotz Finanznöten von weiterer direkter Besteuerung der Stadtbürger ab. Weil auch die Untertanen auf dem Land eine direkte Besteuerung wie das Soldatengeld als Eingriff in herkömmliche Rechte betrachteten, musste die Regierung vorsichtig vorgehen und erhob lieber diskretere indirekte Steuern, zum Beispiel über das Salz- oder das Getreidemonopol.[342] Der Salzhandel über das Innere und Äussere Salzamt zum Beispiel brachte von 1638/39 bis 1648/49 total rund 29 000 Gulden ein.[343] Das Weinumgeld und das Wirte-Weinumgeld

319 Rosen 1989, S. 386.
320 Stritmatter 1977, S. 75.
321 Sutter 1957, S. 53–54.
322 Sutter 1957, S. 47 nach Eidg. E 79.
323 Zitierte Begriffe nach Grosjean 1953, S. 97.
324 Vogel/Fechter 1875, S. 1074 (13./14. 3. 1638).
325 Sutter 1957, S. 50.
326 Sutter 1957, S. 50–51.
327 Grosjean 1953, S. 97 und Sutter 1957, S. 51.
328 Sutter 1957, S. 52.
329 Sutter 1957, S. 60 nach Eidg. E 38.
330 Sutter 1957, S. 61.
331 Zürich an Basel StABS, Politisches P 1 vom 13. 9. 1637.
332 Sutter 1957, S. 50 nach Eidg. E 79 Aarau 13. bis 14. 3. 1638.
333 Basel stellte Zürich frei, den Ingenieur privatim zu engagieren, ihm dagegen sei es unmöglich, weitere Lasten auf sich zu nehmen. Sutter 1957, S. 50 nach Ratsprotokoll vom 20. 9. 1638.
334 Grunder 2005, S. 36; Mantel 1919, S. 39–40 (nach StAZH, A32).
335 Stiefel 1937/38, S. 279.
336 Vogel/Fechter 1875, S. 1122.
337 Vogel/Fechter 1875, S. 1123.
338 Stritmatter 1977, S. 48 und 58.
339 Sutter 1957, S. 62 (für das Jahr 1640) und S. 63 (für das Jahr 1642).
340 Heusler 1855, S. 29 (zu Zürich) und Grosjean 1953, S. 100 (zu Bern). Vergleiche auch Rats-Manual der Stadt Bern Nr. 80, S. 324–325.
341 These von Sutter 1957, S. 60.
342 Der Salzhandel über das Innere und Äussere Salzamt zum Beispiel brachte von 1638/39 bis 1648/49 total rund 29 000 fl Gewinn ein (Stritmatter 1977, S. 136, Tabelle 19). Das Weinumgeld und das Wirte-Weinumgeld brachten von 1618 bis 1648 total 557 629 lb (Stritmatter 1977, S. 155 und 156).
343 Stritmatter 1977, S. 136, Tabelle 19.

brachten von 1618 bis 1648 total sogar 557 629 Pfund,[344] während die Einnahmen aus dem Transitzoll, Pfundzoll und Hausgeld in diesem Zeitraum 143 000 Pfund betrugen.

Die Ungleichheit der militärischen Sicherung von Stadt und Land, der Steuerkonflikt zwischen Herren und Untertanen sowie die Landwirtschaftskrise zu Kriegsende führten zum Bauernaufstand von 1653: Während die Stadt Basel im Schutz ihrer Neutralität zu einem europäisch führenden Handels- und Industrieplatz emporgestiegen war,[345] hatten die exponierten grenznahen Gegenden der Landschaft stark unter dem Krieg gelitten. Nach einem Preissturz beim Getreide von bis zu 80 Prozent von 1641 bis 1647[346] führten die nach dem Krieg in Form des Soldatengelds weitergeführte direkte Besteuerung, die hohen indirekten Steuern über das Salzregal sowie die Überschuldung vieler Bauerngüter dazu, dass sich die Landschaft gegen die Stadt erhob.

Johann Rudolf Wettstein rechtfertigte das nach wie vor erhobene Soldatengeld in einer Rede vor den Basler Zünften am 21. April 1653. Er erwähnt dabei die hohen «extraordinari Ussgaben» für den Unterhalt von Soldaten und für die Fortifikation, die man in väterlicher Fürsorge zum Schutze der Landschaft getätigt habe. Dafür habe man mehrere 100 000 Gulden in Form von Staatsobligationen aufnehmen müssen, die nun das Gemeinwesen «harth truckehen». Selbstverständlich erwähnte Wettstein mit keinem Wort, dass die Gläubiger die gut gestellten Basler Haushalte waren. Er tat so, als ob man sich anderswo verschuldet hätte, und beklagte sich zugleich darüber, dass die Schuldner im «Elsass und bey Anderen benachbarten Ständen, Fürsten und Herren» ihre Zinsen auch nach dem Krieg nicht zahlen können, was der Stadt – und natürlich auch den nicht erwähnten privaten Rentnern – schwer zu schaffen mache. Darum sei die Soldatensteuer als angemessene Verteilung der Kriegskosten auf Stadt und Land mehr als gerechtfertigt.[347]

Doch auch diese die tatsächlichen Fakten maskierende Rede half nichts. Der Bauernaufstand musste blutig niedergeschlagen werden. Die Kosten dafür wälzte die Stadt auf die Landbevölkerung ab. In den Akten mischen sich die Eingänge rückständiger Soldatengelder mit den Raten für diese Reparationszahlungen.[348]

344 Stritmatter 1977, S. 155, 156 und 165.
345 Gauss 1954, S. 164
346 Gauss/Stoecklin 1953, S. 467.
347 «Substanzlicher Vortrag vor den Basler Zünften» vom 21. 4. 1653, gedruckt bei Heusler 1854, S. 177–179. Konzept erhalten StABS, Politisches Q9 (Thesaurus Wettsteinianus).
348 Gauss/Stoecklin 1953, S. 488.

Epilog

«Basle est malade de sa grandeur, de ses délicieuses possessions et de ses hommes nourris en grand tranquilité.»

Die Bedingungen der modernen Kriegsführung des 17. und 18. Jahrhunderts beförderten in Europa eine Entwicklung hin zur Aristokratie und zum absolutistischen Territorialstaat. Stehende Heere mit gut gedrillten Söldnern und Festungsbauten erforderten eine Finanzkraft, die sich nur mit einer dauerhaften Besteuerung möglichst zahlreicher Untertanen erreichen liess.[1]

In der kleinräumigen Schweiz war die Entwicklung zum absolutistischen Territorialstaat deutlich schwächer als anderswo. Seit Mitte des 16. Jahrhunderts konnten die einzelnen eidgenössischen Orte ihre Gebiete nämlich kaum mehr wesentlich erweitern. Die Zahl der Untertanen, bei denen man Steuern hätte erheben können, liess sich somit nicht mehr durch einen Gebietszuwachs vergrössern. Kompensiert wurde diese gegenseitige Begrenzung teilweise durch eine Expansion gegen innen. Zürich, Bern und Basel strebten seit dem späten Mittelalter die wirtschaftliche und politische Beherrschung der Landschaft an. Dieser Ausbau der Herrschaft entsprach jedoch nicht dem Merkantilismus der Fürsten, die Stadt und Land unter ihre Herrschaft brachten.

Als Ganze war die Eidgenossenschaft zur Zeit des Dreissigjährigen Krieges aufgrund der Verträge einzelner Bundesgenossen mit den Grossmächten wie der Erbeinigung, die das Bundesgefüge wesentlich mitbestimmten, nicht souverän. Trotz dem konfessionellen Gegensatz bewiesen die eidgenössischen Orte aber über Jahrzehnte den sicherlich auch wirtschaftlich bedingten Willen, ausserhalb des Kriegsgetümmels zu bleiben.[2] Um der Auflösung der Eidgenossenschaft und damit dem Krieg zu entgehen, neutralisierte man sich innerhalb des Bundes und gegen aussen. Die einzelnen eidgenössischen Orte wurden während des Dreissigjährigen Krieges also selbständiger und näherten sich einzeln und partiell dem modernen Staat mit unbegrenzter Staatsgewalt an.

Ein militärisches Defensionalwerk, das den Interessen aller Orte entsprach und zugleich der Gesamteidgenossenschaft diente, liess sich im Dreissigjährigen Krieg nicht verwirklichen. Nicht einmal die vier evangelischen Städteorte konnten sich einigen. Die Bedürfnisse von Zürich und Bern, die eine Vorreiterrolle innerhalb der Eidgenossenschaft anstrebten, waren andere als jene der von den Kriegsgeschehnissen direkter bedrohten Grenzorte Basel und Schaffhausen.

An einem eidgenössischen Defensional zeigte sich die Basler Obrigkeit erst ernsthaft interessiert, als um 1635 die Lasten der Sicherung des eigenen Territoriums im Verlauf der Kämpfe um Breisach so gross wurden, dass die Herren um ihren Gewinn an den Kriegsanleihen fürchteten. Die Regierung war in erster Linie an einer finanziellen Entlastung in der Sicherung ihrer Herrschaft interessiert. Zwar beschloss die Tagsatzung 1638, dass zur Neutralität der Eidgenossenschaft auch die Unverletzlichkeit des Territoriums gehören müsse. Durchsetzen liess sich dieser Entscheid aus finanziellen Gründen jedoch nicht, denn ein gemeinsames Heer hätte sich nur durch eine zusätzlich Besteuerung aller Untertanen finanzieren lassen. Wenn schon zusätzliche Steuern erhoben werden sollten, dann wollten die einzelnen Orte diese Mittel lieber nicht dem Bund abtreten, sondern selbst über deren Verwendung bestimmen.

Eine wichtige Einnahmequelle der evangelischen Städteorte waren die Zehnten, welche die Bauern vor der Reformation an Kirchen, Stifte und Klöster geleistet hatten.[3] Die reformierten Städte erhielten im 16. Jahrhundert einen Einkommenszuwachs, der es ihnen lange erlaubte, auf die Erhebung direkter Steuern zu verzichten.[4]

Während des Dreissigjährigen Krieges erforderten die Modernisierung der Kriegsrüstung, die Sicherung der Lebensmittelversorgung, die Armen- und Flüchtlingsunterstützung und andere Infrastrukturmassnahmen aber immer grössere Mittel.[5] Stehende Heere hätten sich nur mit der Einführung von dauernden direkten Steuern bei allen Bewohnern von Stadt und Land finanzieren lassen.[6]

Weil dies althergebrachten Freiheiten widersprach, mussten die Städteorte bei der Einführung direkter Steuern für Bürger und Untertanen vorsichtig vorgehen.[7] Selbst Vermögenssteuern von einem halben bis einem Promille stiessen – so beispielsweise schon 1641 in Bern – auf die Opposition und den Steuerwiderstand der Bauern.[8] Auch deswegen wurden indirekte Einkünfte beispielsweise über das Salzmonopol und Zölle, die fremde Händler betrafen, eingeführt; aber auch hier durften die Obrigkeiten den Bogen nicht überspannen. Die grossen Städteorte versuchten also während des Dreissigjährigen Krieges über die angestammten Naturaleinkünfte, Zinsen und Zehnten hinaus möglichst regelmässig Steuern von Bürgern und Untertanen zu erheben. Man deklarierte solche Steuern – wie das Soldatengeld in Basel – zwar als kriegsbedingte Notmassnahmen, wollte sie aber zweifellos zu einer Dauereinrichtung werden lassen.[9]

Von Anfang an diente die Eidgenossenschaft auch dem Schutz verbündeter Obrigkeiten gegen unzufriedene Untertanen. Seit dem Stanser Verkommnis von 1481 waren alle Orte zur Bundeshilfe verpflichtet, wenn die Untertanen eines Ortes sich ihrer Obrigkeit widersetzten.[10] Der Souveränitätsanspruch der einzelörtischen Obrigkeiten über ihre Untertanen wurde ausgebaut und stützte die Obrigkeit der anderen Orte.[11] Doch dies führte nirgends zur vollen inneren Souveränität im Sinne der unbeschränkten Herrschaftsgewalt eines absolutistischen Fürsten über seine Untertanen.[12]

Die direkten und indirekten Kriegssteuern und die Nachkriegskrise mit einem Absatzrückgang bei den Agrarprodukten seit den 1640er-Jahren sowie die hohe Verschuldung der Bauerngüter bei städtischen Financiers bewirkten schon im Krieg gefährliche lokale Steuerunruhen und führten schliesslich zum Bauernaufstand von 1653, der die Obrigkeit zwang, auf die Einführung weiterer Steuern möglichst zu verzichten.

Dadurch wurde auch den grössten eidgenössischen Orten und dem Bund die Schaffung der Hauptattribute des modernen Staates – ein stehendes Heer und das Berufsbeamtentum – verwehrt und die Beibehaltung des Milizsystems in Militär und Verwaltung erzwungen.[13] Die Eidgenossenschaft und die einzelnen eidgenössischen Orte mussten damit auf die wichtigsten Kennzeichen des modernen absolutistischen Staates verzichten.[14]

Trotzdem kam es zu einer zunehmenden Zentralisation der Macht. In der Stadt Basel ging die eigentliche Regierungsgewalt, welche die Territorialherrschaft über die Landschaft umfasste, immer mehr vom Kleinen Rat zum Kriegsrat der Dreizehnerherren über. Diese Machtkonzentration war auch dem Umstand geschuldet, dass im Krieg Entscheidungen möglichst schnell gefasst werden mussten, was in kleineren Gremien eher möglich war.

Zudem verdrängten seit dem 16. Jahrhundert reiche Grosskaufleute und eine neue Schicht von als Glaubensflüchtlinge in die Stadt aufgenommenen Verlegern die Zunfthandwerker. Die von Refugianten eingeführte Seidenindustrie und der Grosshandel

Eingangszitat: Agrippa d'Aubigné in seinem Gutachten für die Befestigung Basels von 1622 (Plan 1945, S. 102).
1 Für die sich gegenseitig stützenden Vorgänge vergleiche Büchi 2015, S. 267–268.
2 Gallati 1918/19, 2. Teil, S. 207.
3 Peyer 1978, S. 118.
4 Peyer 1978, S. 118.
5 Peyer 1978, S. 118–119.
6 Peyer 1978, S. 129.
7 Peyer 1978, S. 119.
8 Peyer 1978, S. 95; Bürki 1937, S. 184ff.
9 Peyer 1978, S. 119.
10 Peyer 1978, S. 101.
11 Peyer 1978, S. 103–104.
12 Peyer 1978, S. 145.
13 Peyer 1978, S. 119.
14 Peyer 1978, S. 97.

orientierten sich nicht am städtischen, sondern am auswärtigen Markt. Diese weiträumige Verflechtung politischer und wirtschaftlicher Macht kam der Stadt – unterstützt durch die Neutralität der Eidgenossenschaft – gewiss zugute.

Für eine vollständige militärische Sicherung des Herrschaftsgebietes wäre es in Basel wohl notwendig gewesen, neben einer einigermassen gut befestigten Hauptstadt auch über eine gut gedrillte Söldnerarmee mit Kavallerie und eine Grenzverteidigung mit Feldbefestigungen zu verfügen. Durchgeführt wurden diese Massnahmen aber nur in einem reduzierten Massstab, der Handel und Wandel vor allem in der Stadt gerade noch aufrechterhielt.

Dass Basels Stadtbefestigung nicht vollständig ausgebaut oder gründlicher modernisiert wurde, hat mehrere Ursachen: Ein Grund waren sicherlich die hohen Kosten für Söldner, obwohl die angeworbenen Kontingente in den Massstäben der Zeit weniger den Charakter einer Armee hatten, sondern sich eher wie eine Stadtwache mit polizeiartigem Charakter ausnahmen. Es war gewiss ein Nachteil, dass die zu modernisierende äusserste Stadtmauer sehr lang war. Die neu errichteten, schlecht geplanten Festungswerke sind eher als eine Verstärkung der schon von Daniel Specklin 1588 lokalisierten exponiertesten Abschnitte der bestehenden Wehranlage zu werten. Die Stadt Basel galt aber bei ihren Verbündeten seit 1628 als ausreichend gut befestigt. Trotzdem war der Festungsbau weit schlechter organisiert als andernorts. Wie sich zeigen liess, hielten sich die Herren für kompetent genug, Festungsbauten selbst zu planen und mit relativ unerfahrenen Ingenieuren durchzuführen. Es gelang der Obrigkeit zwar, Gutachten von führenden Spezialisten wie Daniel Specklin oder Johan van Valckenburgh einzuholen; einen kompetenten Ingenieur wie Adam Stapf oder wenigstens einen fähigen militärischen Berater länger an sich zu binden, gelang ihr jedoch nicht.

Dazu kam, dass sich die Basler Oligarchie mit der Finanzierung mittels Kriegsanleihen nicht nur möglichst von den Kriegskosten entlastete, sondern auf Kosten der Untertanen privat bereicherte. Sie finanzierte die Sicherung ihrer Herrschaft nicht etwa durch eine Besteuerung der vom Krieg profitierenden Vermögenden, sie wälzte die Kosten auf die schlecht geschützten Untertanen in der Landschaft ab. Nicht mangelnde Mittel, sondern die Tendenz der Machthaber, den Krieg zum lukrativen Finanzgeschäft zu machen, führte dazu, dass Projekte, welche die einfache Bevölkerung in Stadt und Land besser geschützt hätten, nur in reduzierter Form verwirklicht wurden.

Letztendlich konnte die Basler Obrigkeit den Krieg wohl nur relativ unbeschadet aussitzen, weil den kriegführenden Parteien an einer Einnahme sowohl der neutralen Grenzstadt als auch der Eidgenossenschaft, die bei den Kriegsgegnern gleichermassen als Handels- und Versorgungszentrum auch für die begehrten Söldner diente, nicht gelegen sein konnte.[15]

15 Vergleiche z. B. Stritmatter 1977, S. 169.

Architectur-vnndt Bauw Ordnung vber die Stadt Basell – Text und Pläne

[IIr]

Manuskript

Das von der Stadt Basel 1588 bei Specklin in Auftrag gegebene Gutachten umfasst ein illustriertes **Manuskript** und vier grossformatige Pläne oder **Visierungen**, die hier ediert und erstmals vollständig zugänglich gemacht werden. Manuskript und Visierungen werden aufgrund ihrer unterschiedlichen Grösse im Staatsarchiv unter verschiedenen Signaturen im Bauarchiv und im Planarchiv aufbewahrt.

Daniel Specklin, *Architectur- vnndt Bauw Ordnung vber die Stadt Basell,* 1588

Signatur: StABS, Bau Z 1 1588
Kollation: π^4, A–O^6, P^4 [-1]. 91 Bl. Fol. [I–II], Fol. 1–89.
Grösse: 40 × 27.5 cm.
Beschreibung: Der dunkelbraune Ledereinband mit fünf Bünden und sparsam verwendeter ornamentaler Prägung ist mit fünf metallenen Knöpfen je Buchdeckel beschlagen und wurde 1985 von R. Maier restauriert.
Die vordere Einbandinnenseite enthält die aktuelle Signatur, einen kleinen Stempel des Staatsarchiv sowie handschriftliche archivalische Vermerke. Folio [I] recto enthält einen grösseren Stempel des Staatsarchivs mit der älteren Signatur «St. I. n° 30.» sowie den Stempel «Staatsarchiv Basel. | Bauakten.».
Der Band besteht aus 91 Blättern, die zur Entstehungszeit kollationiert und nachträglich recto nummeriert wurden. Der professionelle Schreiber hielt den mit zahlreichen kolorierten Zeichnungen illustrierten Text unter Verwendung verzierter Majuskeln (besonders Titel Folio 1 recto und Zwischentitel Folio 45 recto) in einem mit zwei Bleistiftlinien markierten Spiegel von ca. 148 mm Breite fest.
Der Text besteht aus zwei Teilen. Im ersten beschreibt Specklin in zehn Kapiteln die einzelnen Bauteile von Festungen. Im zweiten Teil werden die vier Visierungen besprochen. Die Erläuterungen zur vierten Visierung schliesst Specklin mit der Beschreibung einer Kette ab, die zum Schutz der Rheinbrücke zwischen der Pfalz und der Kartause über den Rhein gespannt werden könnte. Der Text wurde von Specklin Folio 88 verso eigenhändig signiert.
Transkription: Ziel der vorliegenden Edition ist eine möglichst gute Lesbarkeit des transkribierten Manuskripts. Aus diesem Grund wird die im Original relativ willkürliche Gross- und Kleinschreibung gemäss heutiger Schreibweise ergänzt. Zeilenschlüsse werden nicht angegeben. Seitenumbrüche sind durch die Paginierung, die im Original später eingeführt wurde, zu erschliessen. J und j (an Wortanfängen) wurden zur Verbesserung der Lesbarkeit als I und i transkribiert. Die auch in gedruckten Texten jener Zeit übliche Vertauschung von U und V hingegen wurde beibehalten. Im Original bildet jeder Abschnitt einen durch Virgeln gegliederten Satz. Die Virgeln werden als Kommata wiedergegeben. Zur Verbesserung der Lesbarkeit wurden einzelne Abschnitte manchmal in Sätze gegliedert. Anmerkungen und Ergänzungen sind in eckige Klammern gesetzt.

[4r]

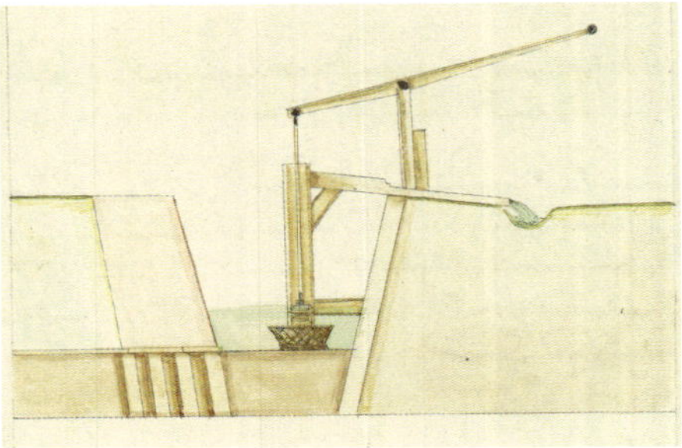

[5r]

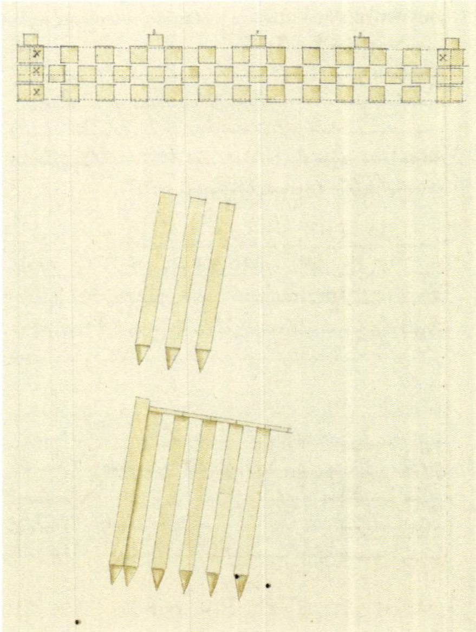

[6r]

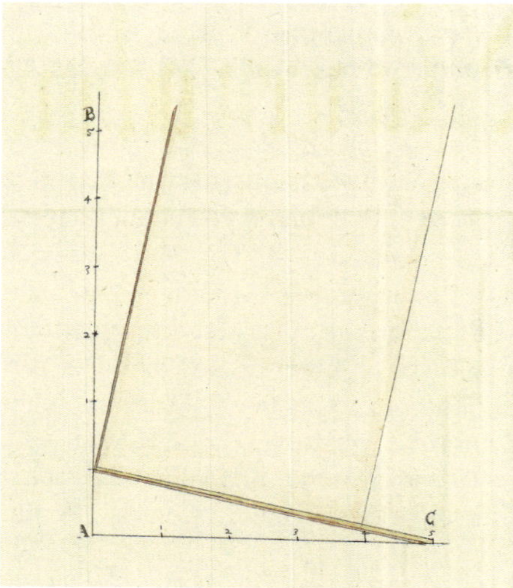

[6v]

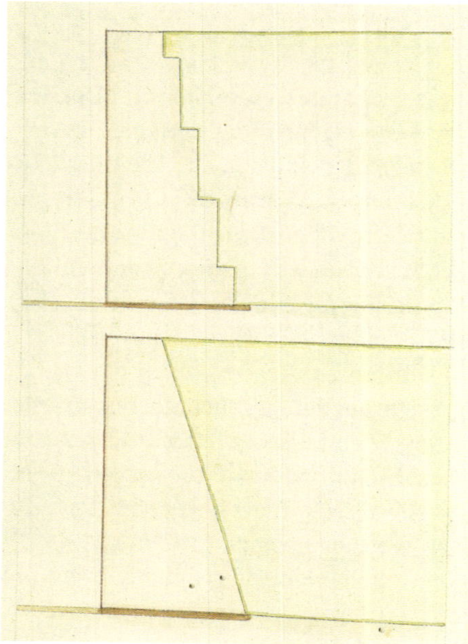

[Ir und Iv: leer]
[IIr]
[Zeichnung: Wappen der Stadt Basel, koloriert]
[IIv: leer]

[1r]

Architectur- vnndt Bauw Ordnung vber die Stadt Basell, wie die möchte auff ettliche Weg verbeßeret, gebauwen vnnd beuöstigt werden.
Zu Ehren den gesthrengen, edlen, ehrenuesth[en] & fürsichtigen, weissen, vnd fromen, Herren Burgermeÿster vnndt Rath einer loblichen Stadt Basell, meinen gnedigen Herrenn.
Gestelt in zweÿ Theÿll, durch Daniel Specklein der Stadt Strassburg bestelten vnndt verordnetenn Bauwmeÿster.
Im Jahr 1.5.88. zahlt.

[1v: leer]

[2r]

Register vber den ersten Theÿll.

[2v: leer]

[3r]

Von den Fundamenten in Waßer vnndt anderen trucknen Orttenn. Daß Erste Cap:
Was die Fundamenta belanget, werden solche auff viel vnndt mancherleÿ Weg gemacht vnndt geordnett. Ettliche bauwen schlecht auff denn Boden, (welches nit gutt ist), die Andern legen kreÿden Stückh oder Stein zu den Fundamenten, nach Gelegenheÿtten der Ortt, deß gleichen auch nach dem ettwan Holtz oder andere Materien zu bekhum[m]en seindt.
Beÿ vnnß aber do man Holtz vnndt anderß bekohmmen kahn, haben mir ein bessere Regel, namblich vnnßere Fundamenten mit ihngeschlagennen Pfelen zu versehen, vnndt werden gewohnlichen grien jung eichen Holtz dazu genohmmen, wo aber solches nit wol zubekohmmen, ist ehrlen oder foren Holtz auch gutt. Doch muß solchs verstanden werdenn innß Waßergraben, an druckhen Landt hatt es seinn Bedenckhen.
Es werden aber solche Pfel in die Vierung gehauenn, inn Grösse nach dem daß Erdrich gutt oder böß ist. Deßgleichen auch also mit der Lenge, nach dem man ein gutten Boden hatt, mir haben zu Straßburg gutte Erden, darunder

[3v]

Kÿß vnndt Waßer, vnndt einerleÿ Waßerhöhe.
Die lobliche Stadt Basell, hatt hierinnen dreÿerleÿ Grundt. Erstlichen Grundt, darnach Kÿß vnndt dieffe Waßer auff ettlichen Seÿtten.
Waß Stein oder Felßen antrifft, ist hieuon nichts zu disputieren[,] dann solchs an im selbs treffentlich vest vnndt gutt ist.
Wo man aber Fundamenten schlagen muß, ist Noth biß vnder daß Waßer zu kohmmen, alß dann soll man (wie der Bauw geordnet würdt) zuuoran ahnn einen Tham schlagen, den mit Läden schlagen vnndt futteren[,] darzwisch[en] mit gutter Erden oder Letten außstoßen, alß hie verzeichnet. Ist auff drÿtthalben Schuch dickh, vnndt würdt ein Pfal gegen dem andern vbergeschlagen. Solche Thämm werden allein von der Hanndt mit dem Bloch geschlagen, doch dieff, daß man solche nit wol kahn abgraben wann man zum Fundament raumpt, vnndt alleß von eichen Holtz, darauff man Schwöllen auff Bortt legt, vnndt wol versehen.
[Zeichnung]

[4r]

[Zeichnung]
Zu den Pasteÿen vnnd Mauren werden die Pfel von eichen Holtz geschlagen nach der Ordnung, vnndt einer von dem anderen fünffzehen Zoll, ehe einer an den andern versetzt, vnnd werden nit mehr dann dreÿ Zeÿlen geschlagen, auf solche Manier wie hie verzeichnet. Aber allwegen so lang die Schwellen seindt, werden breÿtte Zwerchpfel geschlagen, wie mit N.° x. [Andreaskreuz, Abb. 5r]. zu sehen ist, vnndt werden solche Pfel vberhaupt acht oder zehen Zoll dickh, vnndt auff fünff, sechs, oder acht Schuch lang. Der hinder Rost würdt mit Steinn satt belegt den Schwöllen nach.
Solche Pfel werden mit der Seüllen geschlagen zwischen Leüffen, daß aller geschwündest Schlagwerkh daß man haben mag, mit dem Katzenbauwm. Doch muß man sechtzehen Man an dem Zeügen haben, alleß ander Schlagwerck ist zu langsam.
Darnach müßen die Pfel dem hangenten Fundament nach

[4v]

abdachen vnndt justificieren, damit die Schwöllen ein gleich Tragens haben.
Darnach legt man die Schwöllen, welche seindt von Eichenn geschnitten, selbig dreÿ Zoll dickh, gantz just auff die Pfel, wie es puntiert ist, vnnd mit Zapffen (ein halben Schuch dieff gebort) vnndt drauff verspünt, welches ein gantz gleich Tragens gibt, drauff gemaurt hernach.
Ettliche legen vnndt schlagen Röst, alleß von Holtz, vnndt senckens. Ist aber nit also just wie solchs.
Darnach macht man einen Fürschlag außwendig dafür, welches sehr nutz vndt gutt ist, wie mit N.° 3. zeichnett.
Waß daß Schöpffwerckh belangt zu dem Waßer heben, seindt derselben ma[n]cherleÿ. Ettliche seindt mit Kuglen an Ketten, so Menschen künnen ziehen, ettliche darzu man Roß braucht, darnach Druckwerckh. Ettliche habens mit Wannen, ettliche werffens mit angehengten Schaufflen darzu gemacht, wie ettwann solchs an Ortten kahn zu wegen bracht werden.
Inn Summa es seindt deren mancherleÿ, aber die bestenn, die geschwündig, vnnd sänffter zu ziehen, vnnd zum me[i]st[en] Wasser geben, seind die Hebpumpen. Die können ein sehr groß Waßer geben, vnnd seind auff die Artt gemacht, daß sie auff .30. [Zoll] hoch vnd neün Zoll im Diam[e]tter geben, mit doplen Ventilen, die zeücht man mit einer Hebstangen oder Zug. Man stelt sie in ein Korb auff daß kein Vnrath solchs kahn verstopffenn,

---

[5r]

vnndt kahn man zehen oder zwelff Schuch hoch Waßer mit vbersicht heben. Der Canal oder Deüchel kahnn man sech[s] oder acht Zoll weytt nehmmen.
Belanget aber truckhen Gräbenn, do hatt es weniger Bedenckhen, doch ehe dieffer im Fundament gelegt würdt[,] ehe besser es ist.
[Zeichnungen]

[5v]

Von den Mauren vnndt wie dieselbegen sein sollen.
Daß ander Cap:
Wie alle Mauren gebauwenn werden, vnndt ettwann mit waß Vnuerstand, befündt man teglichen, vnndt gibs die Erfahrung, also daß sie selbs begehren zu fallen ohne beschossen, vnndt ist hierin keinn Entschuldigen, also leicht für zu wenden, in sonderheÿt, wo ettwan Leüt, sich nit wöllen lassen berichten, vnndt vermeinen es seÿ innen ein Spott, daß sie alß Meÿster solten erst jetzundt ettwaß lehrnnen.
Dieweil aber die gantz Macht vnndt Sterckhe am Grundt gelegen ist, derhalben solchs wol zu betrachten ist, vnndt alle Vrsachen waß zum Dringen vnndt Truckhen der Mauren zu fliehen, vnndt waß zu Sterckhung vnndt Habung dienstlichen für die Handt zu nehmmen, vnndt wol zu mercken ist.
Derhalben im Grundt daß Fundament, auch alleß Gemaür nit der Bleÿwag geraden stehn soll, sonder nach dem Anlauf vnndt der Beschung, zu gleich wie sie vom Centro zuruckh in lauff also dahünden auch sich sencke. Ich laß alle fünff Werckhschuch, einen Schuch die Maur zu ruckh lauffen,

[6r]

also im Grundt deßgleichen, vom Centro .A. auß dem Fundament biß oben zum .B. seindt sechs Schuch, die Beschung ein Schuch zu ruckh macht im Grundt auch vein Schuch dieffer, wie mit Lit: C. zu sehen ist, also der auffrecht puntiert Wünckelhacken ist just, also muß der innwendig auch just pleiben.
[Zeichnung]
Oben also sollen die Pfeÿler hünden auch einen dieffen Fall haben, wie ich hernach anzeÿgen wüll, wie die sein sollenn.
Derhalben wie sich die Maur außwendig hien fleücht, also ihnwendig gegen dem vesten Landt auch. Also tregt die Maur die Erden nit, sonder die Erden tregt die Maur, vnndt verleürt die Maur auß Noth imwendig nichts in ihrer Proportion vnndt sterckhe, wahnn man nur solche Re

[6v]

gul fleÿßig obseruiert, also waß man außwendig nimpt, ihr imwendig wüderumb zu gibt.
Wann man aber woltte die Mauren außwendig gleich vbersich fiehren in die perpenticular Linien, vnndt ehe höcher ehe dinner, inwendig mit Absetzen (wie ettwann breüchlichen) solchs ist nit recht, derhalben ich solche hieher verzeichne auff beede Artt, doch wüll ichs hernach besser meld[en], allein nuhr her zum Exempell.
[Zeichnung]

[7r]

Wann also beede Mauren beschlossen werden, feltt die dickh Maur veil ehe, dann die dünner, sonderlichen dringt die geschutt Erden vundersich vnndt außwartts, derhalben sich alle Schwehre mit Gewaldt auff die Maurenn setzt, vnndt truckht fortt, also muß die Maur weichen, vndt fahlt ehe.
Wüll man nuhr den Niderfall verhüetten, so muß die Maur sehr dickh sein, welches nit allein großen Vncosten erfordert, sonder daß Werckh an im selbß falsch vnndt kein Nütz, vnndt wüder allen Verstandt ist.
Dann ehe höher ein Corpuß, insonderheÿt daß an im selbs schwehr ist, in die Höhe gefüertt würdt, ehe mehr begertts außwerths, dann ehe geradener oder ettwaß satt an ein Maur gelennet würdt, ehe bälder es fürsich faltt, weder wann es vnden weÿtter von der Maur steht, insonders wann es ettwaß hatt, so im hülfft truckhen.
Also auch ehe höher vnndt dückher ein Maur pleÿrecht auffgefüerth würdt, ehe schwehrer vnnd deß Erdrich Last ist, den sie tragen muß, vnndt solchs täglichen nuhr zuueil erfahren.
Ob aber ettliche disputieren woltten, die Maur senckete sich im Fuß zu weÿtt dieff, vnnd ließen sich der Beschung der Mauren gefallen, die mögen sich herin deß Grundts

[7v]

vnndt Fundaments erkundigen, vnndt herin mit großem Fleÿß thun[,] waß einem verstendigen Bauwmeÿster zu gehört, dann allmalen beßere Gelegenheit fürfallen.
Vnndt ist mein Meinung nit, daß die Mauren eben in einner Dickhen sein sollen, sonder sollen ihre gebeührlich Proportion haben, Oben dünner dann Vnden, nach Außweißung hie nach gesetzten Verzeichnuß. Doch wann ein Maur nit gahr hoch würdt, woltte ichs in einer Dickhen auffiehren, damit sich die Erden gantz satt hiennab setzte. [In anderer Schrift:] Weil ich die Mur 10 Schuh auffür hab ich seÿ nuhr .3. dick verzeichnet soll sunst 6 dick sein.
[Zeichnung]

[8r]

Auß dißem Exempel hiefür auffgerissen, sicht man, wie ein Maur die vier vnndt zwäntzig Schuch hoch ist, sich bescht allwegen in die Höhe in fünff Schuchen einen macht, in vier vnndt zwantzig Schuchen, fünff Schuch, die Dickhe oben nuhr einen Schuch, daß macht ich laß zwehn Schuch imwendig zum Absatz kuhmmen, doch bleibt mir die Beschung gleich.
Dass aber ettliche Bauw vnndt Werckhmeÿster ihre Rathschläg im Grundt angeben wie dickh sie wöllen die Maur anlegen daß ist falsch, sonder die Maur sollen oben berathschlagt werden, wie dickh man sie haben wüll, alß dann kan man im Grundt sehen, wie dickh sie würdt. Hieuorige Maur ist vier vndt zwantzig Schuch hoch. Ich hab mir fürgenohmmen oben vier Schuch dickh zumachen, kompt mir im Grundt sechs Schuch, würdt sie acht vnndt zwantzig hoch, kemm mir im Grundt, sechs vnndt einhalb[en] Schuch, also alwegen würdt mir in acht Schuchen ein Schuch dicker, vnndt bleibt allwegen in gleicher Beschung.
Deßgleichen wann sie nuhr sechtzehen Schuch hoch würdt, kem sie nuhr fünff Schuch dickh, dann soltte man einn Maur dickh anfahen, vnnd kem nit hoch, so wehre es nuhr vergebens also dickh.
Also auch wann man sie soltte vnden zu dünn anlegen, vnndt kehmme dann hoch, so würdt sie oben zu dünn.

[8v]

Derhalben wann man die Dieffe hatt, so soll man obenherab den Rathschlag nehmmen. Vnden im Fundament würdt es sich selbs fünden.
Der Pfeiler mit Lit: A.[1] zeichnet soll also weÿth ins Erdrich gohn, nämblichen sechtzehen Schuch, vnndt sollen oben also ablauffen, wann man sie nit gewelben will.
Inn waß Dickhe sie hühden vnndt fornnen seindt, ist daß sie beÿ der Mauren vier Schuch dickh sein sollen, dahinden zwehen, daß ist zwehn Schuch dünner, daß geschicht derhalben, auff daß wann dauornen die Maur beschossen würdt, kahn daß Erdrich nit hernach fallen, bleibt stahn vnndt truckht nit, wie hie verzeichnet ist, auch wie weÿt sie von einander kohmmen, ist gewohnlichen zwelff oder viertzehen Schuch, doch nit weÿtter, zum meÿsten, wie hie zu messen ist, vnndt die Schuch beÿ jedem zu sehen ist, nach dem der platz, oder daß Papeÿr sich leÿden mag.
[Zeichnung]
Wann die Maur nit hoch, würdt gewohnlichen ein Zwinger darumb gefüertt, ist sehr gutt oder nuhr den Wahl oder Brustwehr darauff gesetzt, von lautter Erden, wie hernach soll vermeldt werden, in nüderen werden sie nit gewölbt.

[9r]

Inn solchen Gebeüwen würdt selten ein steinene Brustwehr gebauwen, sonder allein von Erden. Derhalben man oben auff den Pfeÿlen Bögen schlecht, oder Gewölb Stein dickh, darauff leigt die Brustwehr, wann also die Maur da fornen beschossen würdt, vnndt falt, haben die Pfeÿler daß Erdricht vnndt kahn nit nachfallen. Deßgleichen leigt die Brustwehr auff den Bögen, vnndt kahn auch nit vnder sich fallen, also statt der Bauw zu Notturfft noch gantz vest, vnndt köhnnen die Gewölb nit leichtlich beschossen werden, dann die Schmele sich gegen dem Feld streckht, würdt schon ettwaß beschoßen, so leigt daß ander Werckh noch dargeÿgen vnndt höbt.
Es müßen aber die Gewölb gegen dem Schutz gericht sein, wie auch die Pfeÿler, vnndt es gibt sich selbß im Gewölb, dieweil die Pfeÿler dafornen dickher seindt dann dahünden, dann ehe weitter ein Gewölb goth, ehe höcher der Bogen gespannen ist, vnndt geben sich die Wüderleger selbs, wie hie verzeichnet ist.
[Zeichnung]

[9v]

Die Maur die mit Lit: A.[2] ist derhalben, wann man alle Contraforti oder Strebpfeÿler also aufffüehrt, kann man die Brustwehr von Erden desto baß darzwischen außschlagen, vndt geschicht gewonlich an den Enden do man nit gutten Letten oder Erden haben mag, wie dann solches zu sehen ist.
Auff solche Form vnndt Weÿß weren alle Mauren zum nutzesten angelegt, dann sie weniger kosten, vnndt treflich starckh, vnndt zu allem Fortheÿl gebeauwet seindt, an den Pasteÿen nit alle[i]n, sonder auch darzwischen an den Cortina der Pasteÿen.
Wo aber zwischen den Wehren schonn Stadtmauren stünd[en], die soll man lassen bleiben, sampt den Wällen, vnndt waß man zum Besten haben mag.
Es werden auch die Mauren gewohnlich (wo manß haben mag) von Grundt auff biß auff fünff Schuch hoch von eÿttel Quadrer, Kletzen, vnndt Steinwerckh vber dz Wasser auffgefüehrt. Daranach würdt ein Gesümbs drauff gefüehrt, demnach von Maurwerckh durchauff, biß man kompt, daß man die Brustwehr wüll anheben, do macht man ein Krantz darunder auff eim Schuch lang vnndt dickh, nach Gelegenheÿt, auff diße Art. Wo aber druckhene Graben, da daß Wasser noch daß Eÿß keinen Schaden thun, köhnnen solche wol nuhr von bachen Steinen auffgefüehrt werden.

[10r]

[Zeichnung]

[10v: leer]

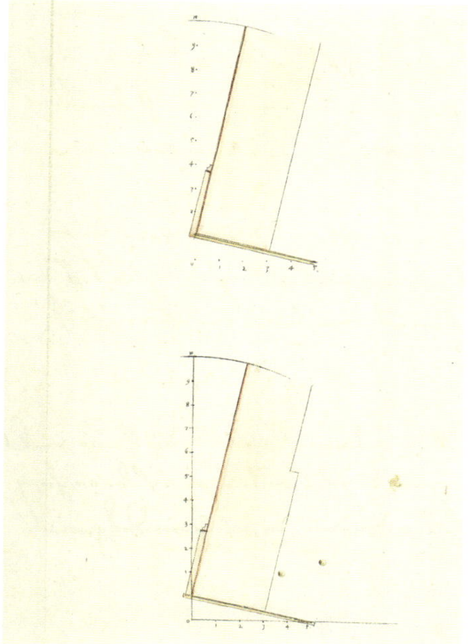
[7v]

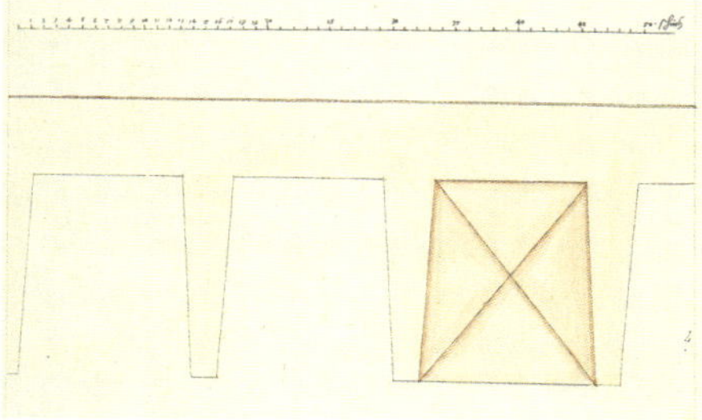
[8v]

[9r]

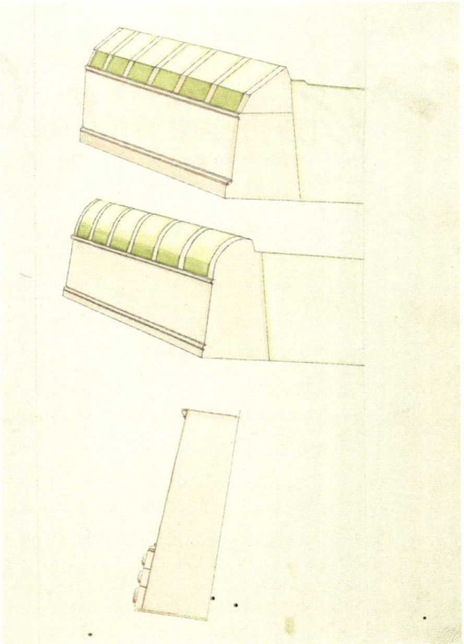
[10r]

1 In Zeichnung Fol. 8v nicht verzeichnet.
2 Zeichnung Fol. 10r oben.

[11v]

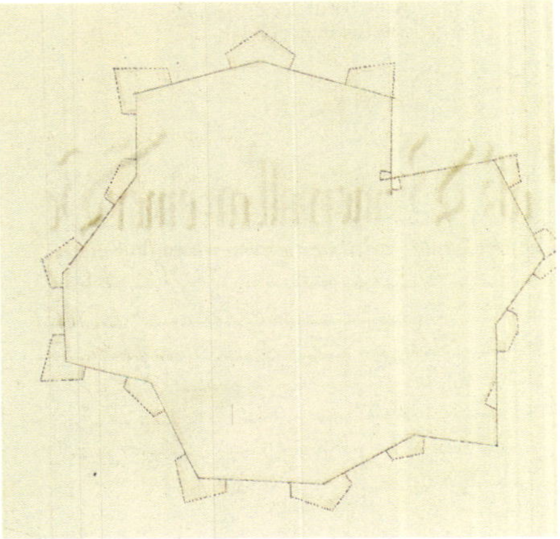

[16r]

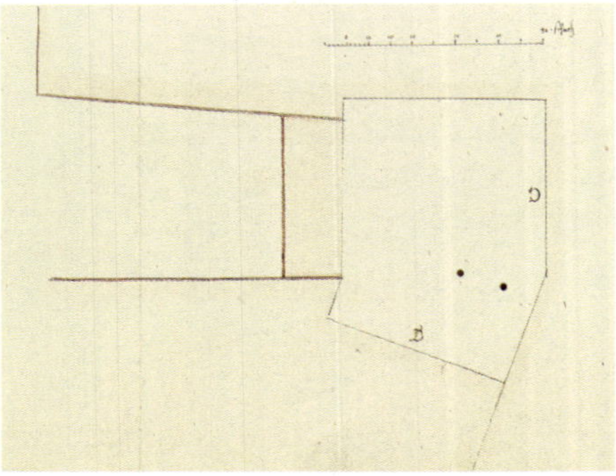

[11r]

Wie die Streichwehren sein sollen, auch alle Weithe vnndt Höhen. Daß dritte Cap:

Daß Principall an einer Vesten, ist daß alle Streiche recht geordnet werden, dann alle Gebeuw nach deren gerust werden. Ehe ich dauon rede, muß ich zuuor anzeÿgen, warumb ich ettwan ein Streichwehr zu der anderen setze, auch ettliche bessere bedeckhe dann die ander. Ich rede hie allein wo man Verbesserung für die Handt nimpt an Stetten, da kahn es nit anderß gesein. An neüwen Gebeüwen weÿß ich mich veÿl anderß zu haltten.

Erstlichen kompt es ettwan daß ein Stadtmaur veÿl Krümme vnndt Eckh haben, soltte man diße alle vergleichen, würdt es zuueil kosten abzubrechen, vnndt wüderumb zu bauwen, vnndt muste man doch Bollwerkh oder Pasteÿ[en] dafür bauwen, welches doppel Kosten ist.

Ich setz ein Exempel. Ein Stadt hatt vngefohrlich alß veil Eckh, alß ich hie vunden verzeichnen. Ein Seit ist zu lang, dz ander zu kurtz, daß drÿt zu spitz, vnndt auff alle Weg. Meine Verbesserung nehmme ich (wie ichs punctiert habe) auff daß so veÿl müglichen stahn bleib vnndt zum

[11v]

besten kehm, alß ich kahn vnnd mag.

[Zeichnung]

Auß solchen kahn man leüchtlich sehen, vnndt vngefahrlich speÿren, waß man kahn zum besten haben, vnndt behaltten, auch waß hienweg muß. Derhalben wann man die Streichen woltte in gleiche Weÿtte setzenn, wehre es vn[m]üglichen, oder man mieste veÿl hienweg brechen.

Derhalben begibt es sich daß ein Streiche ettwan muß dauornen weÿtter, die andere enger sein.

Nach dem ich aber ein löbliche Stadt Basel mit höchstem

[12r]

Fleÿß besichtiget, dieselb nit mit Spitzen, Eckhen, oder groß[en] Krümmen angelegt ist, mußen derhalben die Wehren gesetzt werden, nach Gelegenheÿt vnndt der Notturfft.

Vnndt wie wol kein Wehr vber sechshundert Schuch zum weÿttesten solle von der andern lÿgen, (doch soll es zwisch[en] den Flüglen verstanden werden) vnndt in rechter Maß nit vber vierhundert, so begibt es sich daß offt einn Schuch einhundert mehr oder weniger (nach Gelegenheÿt) nit kahn angesehen werden, dann die Streichen ihr rechte Proportz haben muß, auff dass sie nit mit dem Schutz zu weÿtt kohmmen, dann allwegen beßer zu nahe beÿ einander, dann zu weÿtt, derhalben woltte ich ehe die Wehren ettwaß erlengern, damit vberkehmmen sie mehr Standts oben auff, vnndt würd[en] die Streichen mehr zusammen kohmmen.

Vnndt nach dem ich nit kahn Wüssens haben, wie etwann die Wasser oder Gräben seindt, wüll ich allein vber daß Wasser rechnen, derhalben man drauff fleÿßig Achtung thun soll.

Vnndt würdt gemeinlichen der Boden oder Erdrich in Streich[en], darauff daß Geschoß steht, sechs Schuch vber daß Wasser genohmmen darnach dreÿ ein halben Schuch, biß zum Schutzloch, darüber fünffthalben Schuch, daß ist vom Wasser biß zur Ab

[12v]

dachung der Streichen viertzehen[3] Schuch, daß ist die Höhe, innwendig beÿ den Schartten oder Streichlöcheren. In druckhen Gräben ist genug wann der Boden in den Streichen acht Schuch hoch, vom ausseren Boden deß Graben hoch ist.

Die dickhen aber der vorderen Mauren vor der Streichen, gegen dem Schutz, ist vngleich, dann hierinn veÿlerleÿ Bedenckhen seindt.

Ettliche habenß sechs oder acht Schuch dickh gemacht, darumb daß sie Schutzlöcher darinn haben, vnndt achtens, mann kan sie nit wol beschießen, man hatt es aber veÿl anderß befunden.

Ettliche habens gantz offen gelassen, darzu weÿt oben keine Deckh auch keinn Brustwehr, nit vber zwehn Schuch hoch, vnndt seindt die Mauren auff fünff vnndt zwantzig Schuch dickh, wie zu Anthorff [= Antwerpen] im Castell zu sehen ist.

Ich laß eim jeden sein Bedenkhen, Ich will meins auch anzeigen, wie ich sie bauw, vnndt auß waß Vrsach[en].

Erstlich bauw ich von Grundt auff die Maur sechtzehenn Schuch dickh. Ein Schuch laufft mir vberß Waßer ihn. Also hab ich noch fünfftzehen Schuch, da wornnen Maur ich fünf Schuch dieckh, da hünden oder inwendig dreÿ Schuch, daß acht Schuch, darzwischen sÿben Schuch dickh, gantz satt mit

[13r]

Letten außgeschlagen vnndt gewölbt, wie mit Lit: D. zu sehen. Wüll mans aber gantz auffmauren, darff solche nit vber zwelff Schuch dickh sein, will mans aber von ittel Erden oben auff setzen, mußen solche zwantzig Schuch dickh sein, darauff muß man fleÿßig Achtung thun. [Andere Schrift:] Wie vnden mit .E. zeichnett.

Vom Boden inwendig kohmmen die Schartten der Schutzlöcher dreÿ Schuch, die laß ich obenauff offen, vnndt mache nit mehr dann starckhe Leden innwenndig, die Zünnen oder Deckhen obenauß, mache ich fünfft-halben Schuch noch höher, macht acht Schuch, also hoch ist ein Man gantz wol bedeckht. Wüllß aber einer höher oder nüderer machen, mag er auß fürnehmmer Vrsachen solches thun, doch hab er Achtung auff die ober hünder Streichen, daß dieselbig ihren Gang behaltt zum Schutz, damit man obenherab kahnn vollig vber die vnder kohmmen vnndt streich[en].

Wie aber solches forder Theÿl dauornnen, neben zu, auch inwendig, ist auch noch folgendten Visierungen zu sehen, vnndt ist der jung Schuch darbeÿ.

[Zeichnung]

[13v]

Wann also die Streichen sampt ihrem Grundt, genugsam seindt in Verstandt bracht worden, muß man auch die innere Weytte recht nehmmen, vnndt werden solche auff dreÿerleÿ Weg geordnet. Ettliche gantz weÿtt auff fünfftzig oder sechtzig Schuch, die anderen auf viertzig oder fünff vnnd viertzig Schuch, die drÿtten auff fünff vnndt zwantzig oder dreÿßig Schuch, vndt hatt ein jede ihr Bedenckhen.

Waß die weÿtten Streichen belangt, ist nit ohne. Sie seindt gutt, von wegen deß Standts vnndt Geschütz halbenn. Es muß aber der Schlundt offen sein, also daß der inner Fleügel weÿtt von der Cortinen oder Mauren steht. Dadurch kann man in die Streichen schiessen vnndt fellen, sprichest, du kanst den Schlundt eng genug machen, daß dem Feindt solches genohmmen würdt, wozu ist dann die vberige Weÿtte, allein daß es den Blatz oben verschlecht, vnndt mehr Kosten auff Maurwerckh gohtt, sonnst kann nichts weÿtterß mit außgericht werden. Derhalben ein Standt auff fünff vnndt viertzig oder fünfftzig, zum besten seindt, wo gewalttige Hauptwehren seindt, sonnst kann man auff viertzig nehm[m]en an kleinen Wehren.

Waß dann die engenn Streichen belangt, die seindt gar kein nutz, dann man kann kein grob Geschütz dareinn brauchen, sonder allein Kammerstuckh,

[14r]

vnndt dieweil solche kein nutz, sonder zuuerwerffenn seindt, will ich hieuon nit veil handlen.

Die zugewölbten Streichen, sie seÿen wo sie wöllenn, die seindt in Boden kein Nütz, vnndt veÿl mehr wo sie gebauwen seindt, soll man sie hienweg thun vnndt öffnen, dann solche seindt nit zuueranttwortten, ich will geschweigen daß man sie bauwen soltt, dann man kan in Nötten nit zusammen ruffen, herweg[en] verschlecht es daß Gesicht, vnndt wann man schießt daß Gehör, auch kosten die Gewölb mehr. [Am Rand von anderer Hand:] Gewölbte Casematten seind nit nutz.

Derhalben soll man daß recht Mittel für die Handt nehmmen, vnndt die Streichen in die Vierung bauwenn, vnndt zum wenigsten von einem Eckh zum andern fünff vnndt viertzig Schuch oder fünfftzig nehmmen. Auff dißem Platz kan man sich regen vnndt wendenn, mit dem Geschütz, wann es weÿth zu ruckhlaufft, auff daß man in der Nott mit anderen kan darzwisch[en] kohmmen. Doch seindt sie besser, wann man der obern Streichen ein Bruch macht, wie in der Visierung[4] zu sehen ist.

Ich hab wol dreÿ Schutzlöcher verzeichnet, man kahnn aber nuhr wol zweÿ darzwischen ordnen. Der gantz Platz soll offen vnder freÿem Himel stehen, daß ist der aller best Weg. Dadurch würdt nit allein veil Grundt

[14v]

vnndt Erden, sonder auch veil Maurwerckh erspartt, vnndt kahnn aller Rauch vnndt Dampff bald hinnweg kohmmen.

Wann also solches fürgenohmmen ist, muß man den gantz[en] Platz abtheÿlen, in dreÿ Theÿl, am forderen Theÿl, inwendig vom Wahl, von der Stadt herauß, mueste man zwelff Schuch biß zum Eckh deß ersten Streichlochs, von denen müeste man die gantzen Streichenn darein die Schartten zum Streichen, kohmmen, zwen vnndt dreÿßig Schuch, vnnd dauon biß in den Wünckel sechs Schuch, thutt zusammen fünfftzig Schuch, daß ist

3 Die Addition ergibt richtig 15 Schuh.
4 Visierung Folio 16 verso.
5 Folio 16 verso.
6 Folio 16v nicht so gezeichnet. Vergleiche aber Specklin 1589, Taf. [8], Lit. K, wo eine Wendeltreppe zwischen den Ausfällen und der Pulverkammer angeordnet ist.

ein feiner geraumpter Standt, vnndt daß wehre inwendig die erst Linien, wie mit Lit: A.[5] zu sehe[n].
Von dem anderen Theÿl, gegen dem Landt oder Paßteÿen zu, wie mit Lit: B. zeichnet ist, so mehßte auß dem Eckh mit Lit: A. wüder an, vnndt mehß sÿbentzehen Schuch, do kompt ein Thüer in den Schneckhenn, da man auff vnndt ab kann lauffen.[6] Der muoß im Liecht zehen Schuch weÿtt sein, mit einem auffrechten Münch, die Thüergestell vier Schuch weÿt. Oder ordnet man am Eckh gegenvber ein Stegen oben auff zu gehen. Darnach so mehß von der Thüeren an viertzehen Schuch, biß wüderumb zu einer solchenn Thüeren, auch vier Schuch weÿtt, welche zu der

[13r]

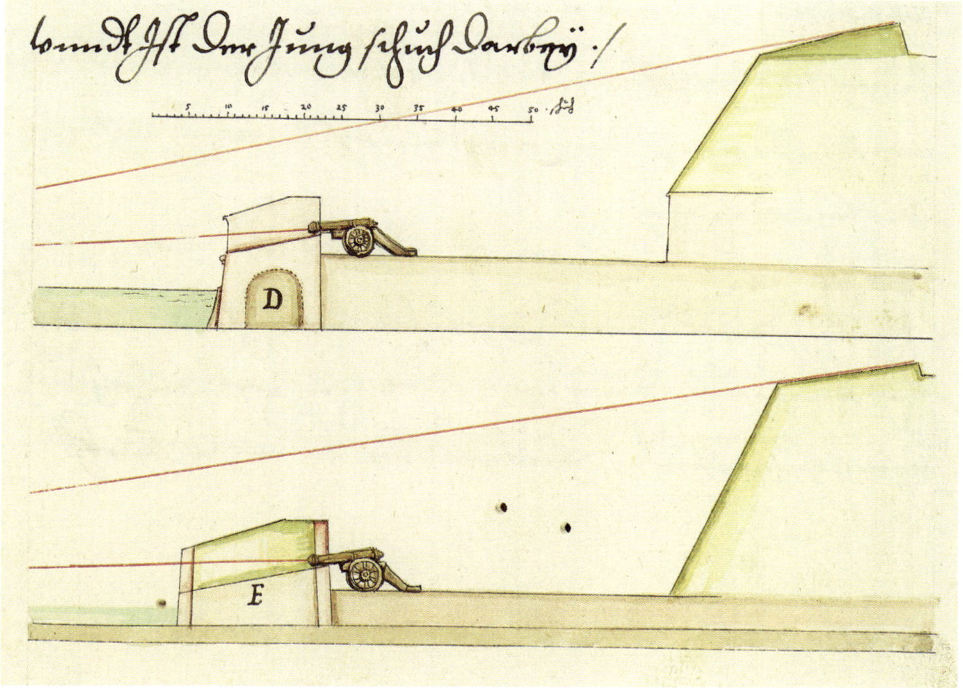

[15r]

Puluerkammer gehörig, vnndt von der Thüer an biß in Winckel zwölff Schuch, thutt zusammen vier vnndt viertzig Schuch. Daß ist die zweÿtt inner Seÿtten.
Waß aber die Thüren antreffen, ist die erst (wie gemeldt in Schneckhen) auff vnndt ab zu lauffen. Oder laß den Schneckhen bleÿben, vnndt nehmme die Steg wie gemeldt. Darneben nach der Streichen zu, soll noch ein Thüeren sein, in den Gang zum Außlauff, der Gang soll sechs Schuch weÿtt im Liechte sein, vnndt soll gohn biß für die Dickhe der Streichen, da soll es ein Thüeren haben auffs Wasser fünff Schuch weÿtt, vnndt sollen alle in zimlicher Höhe sein, damit man zum Außfall keine Hündernuß habe, wie in nachuolgender Visierung zu sehen ist.
Die ander Seÿthen mit Lit: C. vnder der oberen Streichen, soll zümlichen gebescht sein, wan wegen deß Geschütz so obenauffsthet, da sollen Köpffer ihngelegt werden, daß man (wann man wil) ein Dachung daran henckhen kahnn, vnndt darunder am Druckhenen stehen, oder kan der Cost[en] daran gewendt werden, daß man Gewölber ihn füehre, ein Bogen oder dreÿ, damit man auch daß Geschütz vnndt anderß am Druckhnen haltten kahn, doch mit einem Bruch, daß sie sich oben wende.

[15v]

Es soll aber (wie vorgemeldt) vom Schneckhen in einer Mauren wie Pfeÿler geführt seind, ein Gewölb darauff geschlagen werden, da man zur anderen Thüeren ihngath, sechtzehen Schuch weÿtt, vnndt zwantzig oder vier vnndt zwantzig Schuch lang, nach Gelegenheÿt ein Pulfferkammer, damit daß Pulffer vnndt andere Munition, mag am Druckhenen stahn, darneben die Gefohr wann man schießet, vor dem Feür verwahret ist, sampt anderem Vorath, mag auch lenger vnndt weÿtter gemacht werden.
Im Eckh neben der Pulfferkammer, mag man einen Brunnen haben, der vnden vnndt oben zu schepffen ist, dann solcher nicht allein zum Trinckhen, sonder zum Wüschen vnndt Küellen von nötten seindt, gätth inn einem Kasten zu.
Inn Mitte deß Platz, macht man ein Loch, [einen] Schuch weÿtt durch oben, vnden weÿtter biß in Boden, darein sich daß Regenwasser versenckhe, wie ein Cistrein oder kahn mit einem Canal durch die Brustwehr vnden auß geführt werden.
Die lätst Wanndt mit Lit: D. soll wie die anderen inn gleicher Höhe sein, doch soll in mitten ein Portt oder Thor sein zur Ihnfarth, auff zwelff Schuch weÿtt daß Gewölb, vnndt rechter Höhe, daß ein Man auff

[16v]

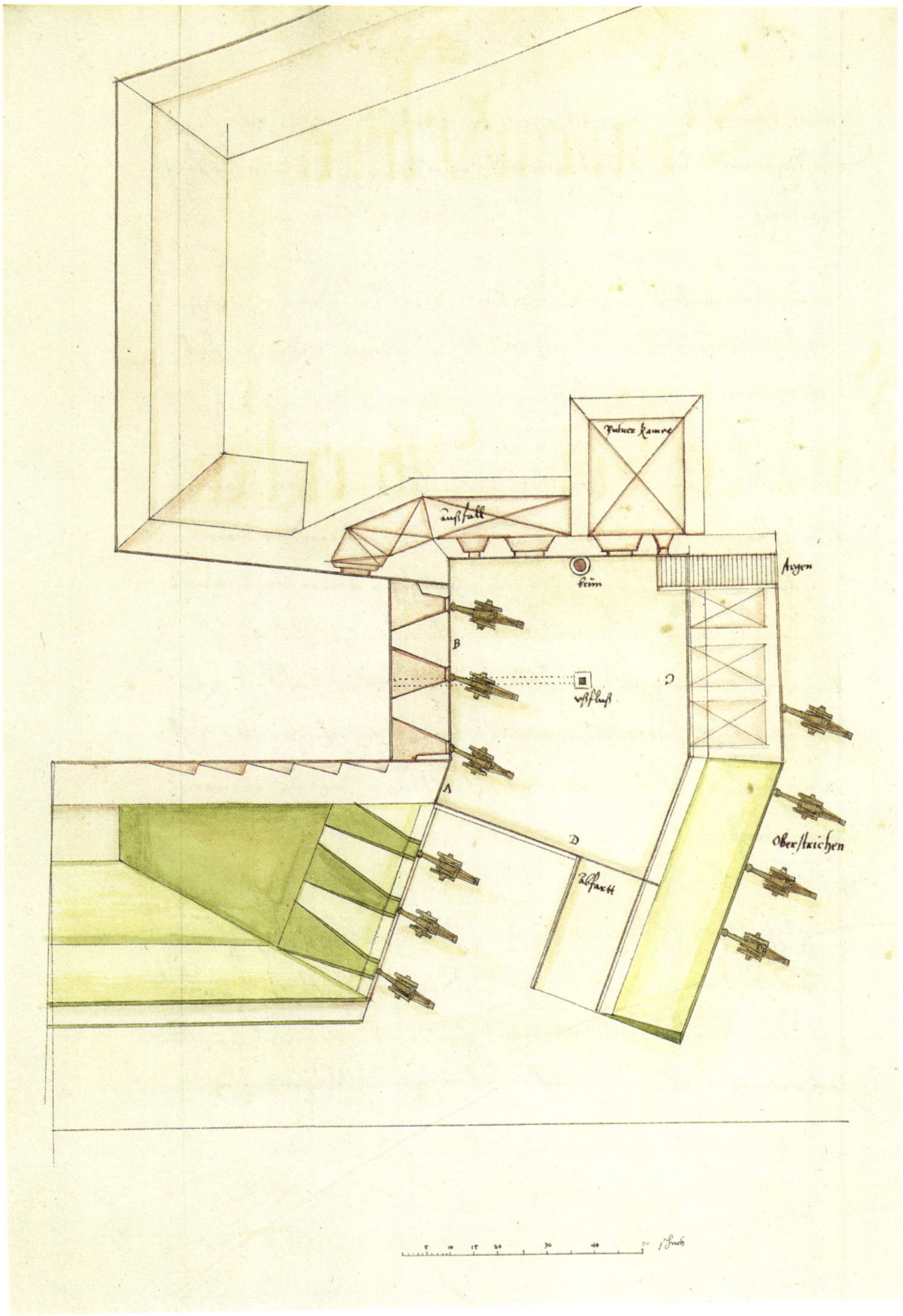

[16r]

eim Pferdt kaum erlangen mag, doch wehre besser daß Gewölb ersparht, vnndt von oben herab die Abfarth gemacht.
Darneben kahnn man Cloacken, vnndt andere Örtter nach Notturfft bauwen vnndt ordnen, wie sich etwann ein Ding schickht.
Der Boden in der Streichen soll nit von gar weichenn flüssigem Grundt oder Erden sein, sonder einn vösten Boden haben, dann weÿl es kein sonderen Außgang hatt, so hatt es sich desto eher gesetzt. Auch kann man den Boden also zurichten, daß sich daß Geschütz nit ihnsenckht, von Kÿß vnndt Griehn vnder legt, oder in Zeÿtt der Nott mit Diellen oder Porttenn vberlegt.
Solchs hab ich von den Streichen wöllen erzählen, auff daß man ein rechte Ordnung haltte, wozu sie dienstlich seindt, würdt hernach erclärt, vnndt hab man Achtung auff nachuolgende Visierung.
[Zeichnung]

[16v]

[Zeichnung Grundriss der Flanken]

[18r]

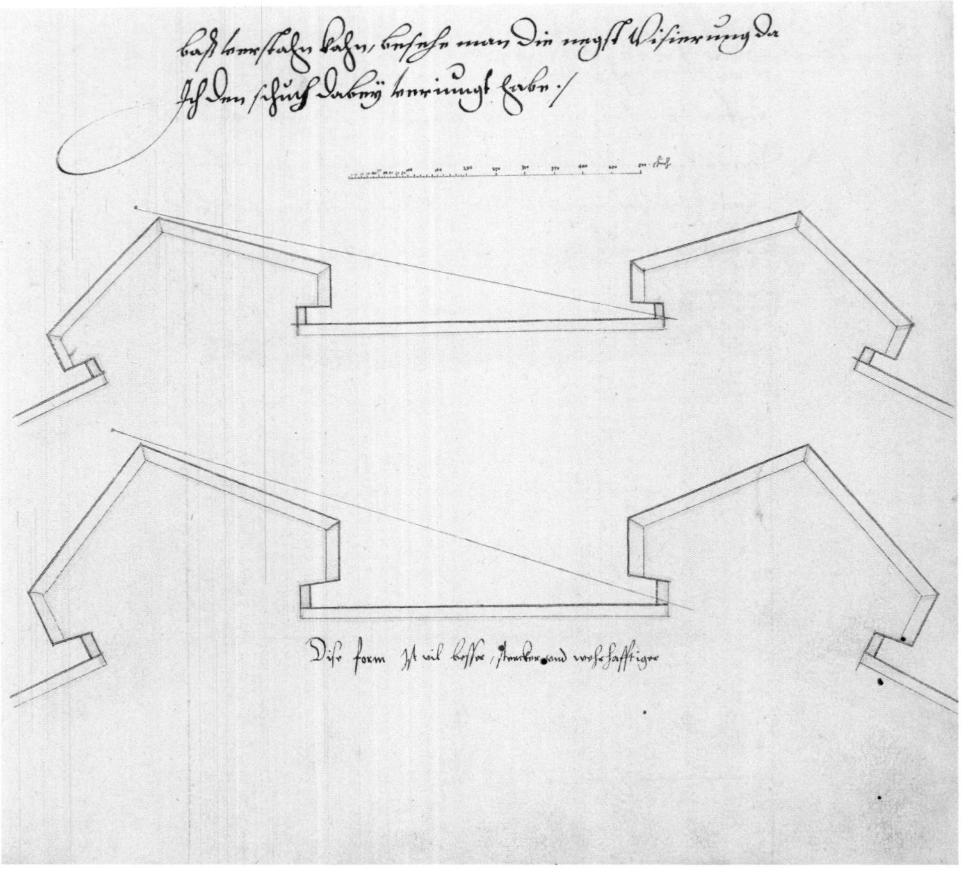

[18v]

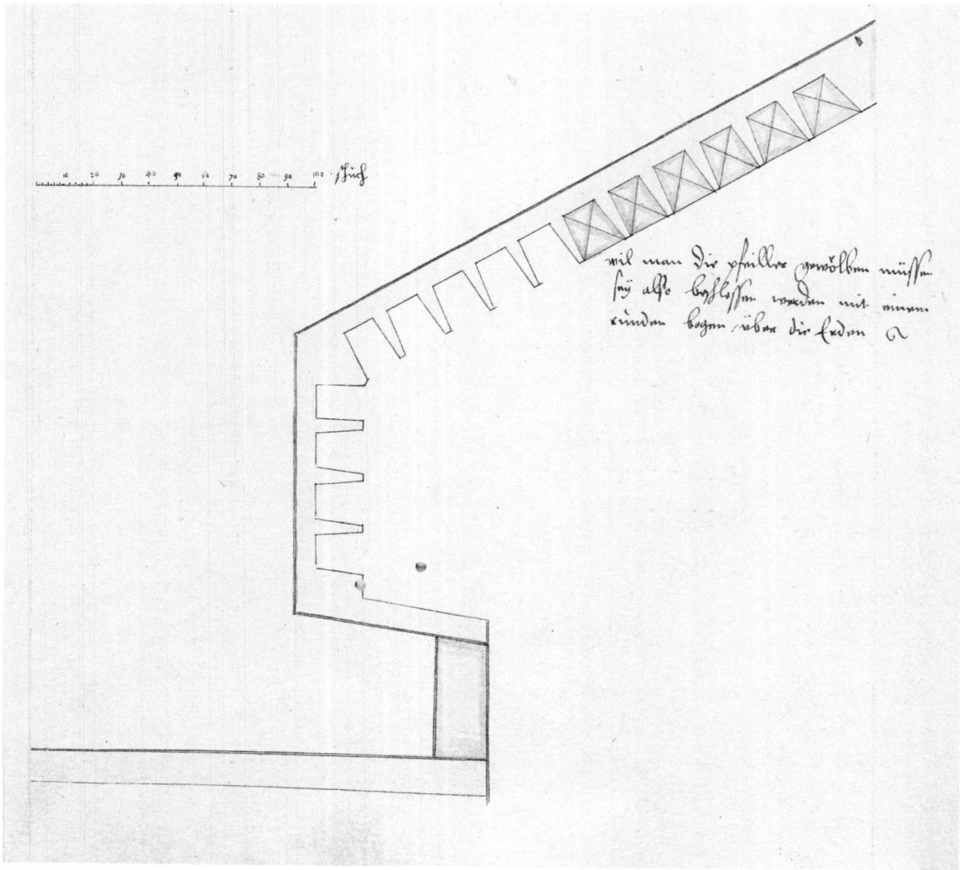

[20v]

[19r]

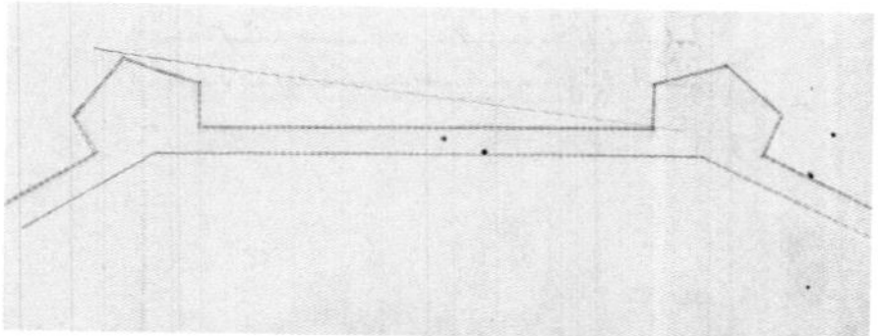

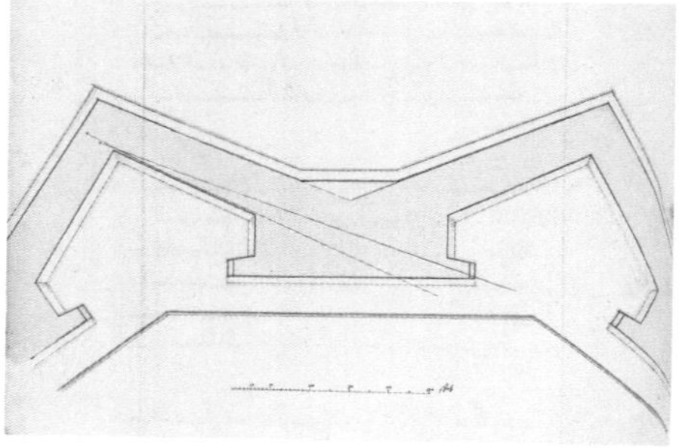

[17r]

Von dem Flügel vnndt vorderenn Gesücht der Wandt, vnndt Speramenn. Daß vierte Cap:
Wann also die Streichen sampt ihrer rechten Proportz angelegt, oder berathschlagt ist worden, muß man auch wüssen, wie lang sich der Flugel von der Streichen erstreckht, vnndt bedenckhen soll, vnndt ist hieran gantz veÿl gelegen, auff daß sich die Streich[en] nit emplöst, sonder in rechter Bedeckhung, so ist hie abermal dreÿ vnderschüdliche Bedencken.
Erstlichen so die Streichen weÿtt offen sthan, so macht man den Fleügel auch lang erstreckhen. Weÿl solches aber nuhr zur Deckhung soll geschehen, ist es gantz falsch, vnndt mag hierinn fleÿßig Achtung geschehen, dann zu Antorff ihm Castell, ist ein Streichen die ein staht allein fünff vnndt zwantzig Schuch offen, aber die gantz Breÿtte ist fünfftzig Schuch weÿtt. So ich nuhr daß halb habe, nemblichen fünff vnndt zwantzig Schuch ohne die Neb[en]stendt, auff die fünfftzig Schuch erstreckht sich der Flügel fünff vnndt sÿbentzig Schuch, daß ist noch halb so lang alß breÿt.

[17v]

Ettliche haben noch ein ergeren Brauch, nehmmen alß breÿtt die Streichen, also lang der Fleügel auch muß seÿn, vnndt seindt beede falsch, dann die Streichen also gar zuweÿtt offenn stahn.
Ich aber hab ein andern vnndt besseren Weg vor der Handt, vnndt erstreckhe meine Fleügel innwendig von der Streichen sÿbentzig Schuch, die Dückhe der Brustwehr ist viertzehen Schuch, vnndt dann biß zum Eckh herfürer sechs vnndt fünfftzig Schuch, macht sÿbentzig Schuch, vndt bleÿbe in der weÿtte zweÿ vnndt dreÿßig Schuch, zwerch hünder dem Fleügel (wie vorgemeldt).
Also bleibt die Streichen fein wol bedeckht, dann wüll der feündt dahien schiessen, so muß er sich mit der Schantz gar gegen der Füetterung zuwenden, vnndt am andern Bolwerckh hart herstreichen, doch ist daß hünder Schutzloch oder Schartten vom Spitz bedeckht, also woltt er mir die Streich nehmmen, muß er den Spitz nach der Leng auff zweÿ hundert Schuch lang hinnweg schießen.
Deßgleichen Schantz er schon in Graben, ist es deßgleichen, vnndt dieweil ich nit genugsam solchs (auß Vhrsachenn) erzehlen kahnn, es seÿ dann die vollkohmmene Visierung fürgestellt, will ichs hernach gnugsam erclären.

[18r]

Wann also der Fleügel sein Lenge soll haben, muß man auch die Dückhe deß Fleügelß anzeigen, darmit kompt alle Ding gantz just, vnndt werden hierinn von der innern Stadtmaur biß anß eüßerste Eckh deß Fleügelß gewohnlichen einhundert Schuch genohmmen, daß ist fünff vnndt zwantzig für die Streichen, vnndt fünff vnndt sÿbentzig zur Dückhe deß Fleügels. Es werden an ettlichen Ortten solche ettwaß dünner genohmmen, aber es muß sein wüchtige Vrsachen haben, dann es an einem scharpfen Eckh sein müeste, aber an rechten Hauptbauwen machs ichs auff einhundertfünffzig Schuch dückh, sampt der Streichen, auff daß man solchs desto baß verstahn kahn, besehe man die negst Visierung da ich den Schuch darbeÿ verjungt habe.
[Zeichnungen mit Beischrift:] Dise Form ist vil besser, stercker vnd wehrhafftiger

[18v]

Waß aber die eüßerste Wandt oder Gesicht der Pasteÿen oder Bollwerckhs belangt, welches dem feündt vnder Augenn leigt, da auch alleß Geschütz vnndt deß Feündeß Macht dahinn gewendt würdt, muß solches gantz wol betracht werden, nit allein am Bauwen, sonder nach Gelegenheÿt der Örtter, es seÿ an Eckhen oder Flechen.
Erstlichen wüll ich kurtz Meldung thun, wie die Contraforti sollen geordnet werden, vnndt dieweÿl ich im zweÿtt[en] Capittel solches gemeldt hab, wüll ich doch hie die Eckh auch anzeigen, vnndt wie die geschlossenn sein müßen.
Dieweil die Maur allenthalben mit Conrafroti oder Pfeilleren angelegt würdt, so müssen doch die Eckh zum aller besten versehen sein, innsonderß daß Eckh vor der Streich[en], dieweil man daselbst gern Öffnung sucht. Derhalbenn die Eckh auff solche Mauwr mit den Pfeilleren beschloß[en] werden, vnndt satt mit Erden außgestossenn seinn müßen.
[Grundriss mit Beischrift:] Wil man die Pfeiller gewölben müssen seÿ also beschlossen werden mit einem runden Bogen über die Enden.

[19r]

Waß aber die eüsserste Wandt oder Gesicht der Pasteÿen belangt, (wie vorgemeldt) werden die auff mancherleÿ Manier gebauwen. Die Altten haben sehr kurtz gemacht, wie noch an ettlichen Enden darauß eruolgt, daß man kein rechte Streichen hatt künnen anlegenn, vnndt den Stanndt obenauff gar verschlagen hatt, derhalben ich veil andere Bedenckhen habe, auß Vrsachen.
Erstlichen woltt ich die forder Wandt an den Pasteÿen lang genug nehmmen, den also bekehm ich obennauff ein rechten Standt.
Zum anderen kohmmen die Streichenn neher zusammen, vnndt kohmmen gewalttiger für die ander Streichen.
Zum drÿtten kost es nit mehr (beuorab in neüwen Gebeüwen) dann waß man da zulang bauwt, würdt die inner Cortina vnndt Stattmaur kürtzer, vnndt wann man die Pasteÿen kurtz macht, muß die Stadtmaur desto lenger sein, wie hie ein Exempel, oder man muß desto mehr Pasteyen bauwen, welchs der Costen abermallen desto veÿller mit bringt.
[Zeichnung]

[19v]

Die Altten haben ihre Streichen nit bedeckht, wie dann solches an veil Enden zu sehen ist, derhalben haben sie oben mehr standts gehapt, dieweil man aber jetzundt gewalttige Fleügel für bauwt, muß notth halben solches auch lenger erbauwet werden.
Dernach hatt man die Gesicht oder Wandt, erstreckht auff einhundert Schuch lang, wie dann deren in Italia, Franckreich vnndt Teütschlanden zu sehen sindt, die anderen auff einhundert fünfftzig, letstlichenn zweÿhundert lang, dar zwischen die Maur oder Wahl, auff sÿben, acht, auch in die neünhundert, auch wol eintaußent lang gefüehrt, welches alles falsch ist.
Mann muß hierinnen nach allen Gelegenheÿttenn groß Achtung thun, dann man offt im Bauw, allmallen ein Ding ettwann erstreckht erkürtzt, oder erweÿttert, nach Gelegenheÿtt. Derhalben ein Bauwmeÿster hierinn nicht gefangen sein soll, sonder soll alleß zum Höchsten betrachten, also daß er Vrsachen kahnn anzeigen, auch vmb ein jeden Stein denn man legt.
Derhalben ich die Gesÿcht der Bollwerckh auff vier hundert Schuch lang erstreckhen, solchs kost nit mehr

[20r]

dann die Mauwren so da zwischen seindt auch, hiemit kompt der Streichschutz kurtz, vnndt kompt die Linien der Maur[en] von einem Centro in mitten deß Bollwerckhs, biß zum anderen Centro eintaußent Schuch vollig, also daß sichs eben also lang erstreckht, aber mit anderem vnndt beserem Nutzen.
Waß aber die Weÿtte belangt von einer Streichen biß zur andern, muß hierinn gutte Achtung thun, vnndt woltt ich wann ich haben möchte, zum aller weÿttesten, nit vber sechshundert Schuch nehmmen, wie wol beßer fünffhundert oder vierhundert, auch noch neher, von einnem Fleügel zum anderen genohmmen werden.
Dann man rechnet also von einem Fleügel zum anderen fünffhundert Schuch, vnndt in die Streichen, dieselbige Le[n]gen sechtzig Schuch, vnndt vierhundert Schuch die Lenge der Wehr zur Fütterung vber den Graben einhundert, macht eintaußent vnndt sechtzig Werckhschuch, welches mit Hagelgeschoß ein weÿtter Schutz genug ist, dann die Schrött fliegen von einander, werden schwach, darzu muß ein Schutz starckh gohnn, daß er im Graben waß anttrifft hienweg nimpt (wan man in lehren Graben schiest hatt es wol sein Meinung) aber wann man darein schantzen, vnndt in brehchenn soll, muß mann auch grobe Stuckh brauchen.

[20v]

[Zeichnung]
Ich zeige nuhr hie an wie in neüwen Gebeüwen mechte ein Proceß fürgenohmmen werden, doch wann es in altt[en] auch zuwegen bracht mecht werden, were es sehr nutz vnndt gutt, doch kahnn es nihmmer mehr alleß so ordentlichen auffgebauwen werden, alß wann man neüwe Vestungen bauwet.
Aber in altten Gebeüwen vnndt Verbesserung kahnn es nit also genohmmen werden, dann es fallen ettwan die Mauwren der Stett also seltzam wann man alle mal

[21r]

soltt solche hienweg nehmmen, würdt es mehr kosten dann das Bauw an im selbst.

Es haben die welschen Bauwmeÿster im Brauch, wann sie ettwaß an Stedten wöllen bauwen, daß sie die Eckh welche verhündern alle hienweg nehmmen, ja nicht allein Mauren vnndt Wähl, sonder auch Heüßer vnndt Kirchen, welches ein schlechte Kunst, aber ein Ding recht bauwen, vnndt alle Wähl vnndt Mauren sthan lassen, kompt sie hardt an.
Es kompt auch daß ettwan die Pasteÿen kahum einhundert oder zweÿhundert Schuch werden, derhalbenn soll man hierin gantz fleissig Sorg haben, daß man die Streichen nit verderbt.
Man muß aber hierin ein juste Regel halten auff daß man nicht meine, man künne ein Wehr schön bauwen, dann an Eckhen vnnd anderst, wo sich seltzam zu tregt, vnndt wüll hieher ein Exempel setzen, da muß man Achtung auff thun, vnndt fleÿßig merckhen.
Erstlichen wann an einem Eckh ein Pasteÿen oder Bollwerckh kompt, so muß man sehen, daß es nit zu spitz kompt, vnndt wo müglichen in einem Wünckelhocken bleibt.

[21v]

Woltt man aber denselben ettwan nach kohmmen vndt kein Achtung auff die neben Streichen geben, vnndt meint es were recht, so habe man Achtung auff den Schutz mit A. auß der Streichen C. so sicht man gantz just, daß alle, die an die Pasteÿ vnndt dem Schutz kohmmen, sicher seind, mit D. zeichnet, derhalben muß man mit Fleÿß merckhen, so kahn man den Feller baldt finden.
[Zeichnung]
Derhalben wann man meinte ein solcher Bauw were recht, so were er in Boden verdörbt, vnndt betrüge einen der Spitz, derhalben hab man Achtung auff nachuolgenten Grundt.

[22r]

Dißer Grundt an einer Eckhen ist juster vnndt beßer, dann der vorig, doch muß man hierin auch Maß haltt[en], vnndt Achtung geben.
[Zeichnung; daneben in anderer Schrift:] St. Johanthor.
Disser Schutz mit Lit: F. kahn gnugsam veranttwort werden, wann also ein Eckh woltte zu scharpff werdenn, doch muß man Sorg haben, wann es sich nit woltte schickh[en], daß die Wehr woltte zu spitz herauffkohmmen, müste man ime mit Fleügel G. zu Hülff kohmmen, denn kahn man nach Gelegenheÿt ettwaß dünner machen, dann ehe dünner man den Fleügel macht, ehe stümpffer vnndt kurtzer die Wehr kompt.
[Zeichnung]

[22v]

Waß aber die andern Wehren betreffent haben dieselbigen auch ein besonder Bedenckhen, (doch mögen dieselben auch also geordnet werden[)]. Aber daß best Bedenckhen ist, wie hernach anzeigt würdt. Es kahn aber schwehrlichen an einnem Eckh gebraucht werden, dann die Wehren kohmmen zu spitz, oder die Fleügel zu dünn, wie vorgemelt, dauon hie ein anderst.
[Zeichnung]
Wo ettwann Wehren an zimbliche flache Mauwren kehmmen, vnndt man den Schutz nach bauwen woltt (wie jetz gemeldt, mit den Eckhwehren[)]), so kehmen sie gahr flach, vnndt würde der Standt obenauff auch gahr verderbt, daß man solchen nach Notturfft auch nit gebrauchenn kündte, die ich hieher zu einem Exempel setzen wüll.
[Zeichnung]

[23r]

Diße verzeichnette Wehren gohn auch wol nach dem Schutz recht, sie seindt wie gemeldt zu stumpff, vnndt wie wol die Wehren die stumpff seindt ettwaß bessers dann die spitz[en], so muß doch ein jedeß sein rechte Maß haben, derhalben soll auff nachuolgente Verzeichnuß fleÿßig Achtung thun.
Derhalben kündte man den Bauw wol also thun, biß an die eüsserste Eckh, die kündte man in rechter Proportz vnnd Gelegenheÿt nach dem Spitz zu fahren, vnndt ob es schon nit dem Schutz nach stünde, kündte man einn andere obenauff der Mauren nehmmen, der eben auch der Linien nach streiche, wie mit Lit: A. zu sehen, vnndt kündte ein Weg wie den andern, die vnder Streichen sampt dem oberen daß ihre thun, zu dem kündte man mit Muscetten vnndt Doppelhackhenn auff dem Wahl durch auff, daß ihr würckhliche arbeÿt versehen.
[Zeichnung]

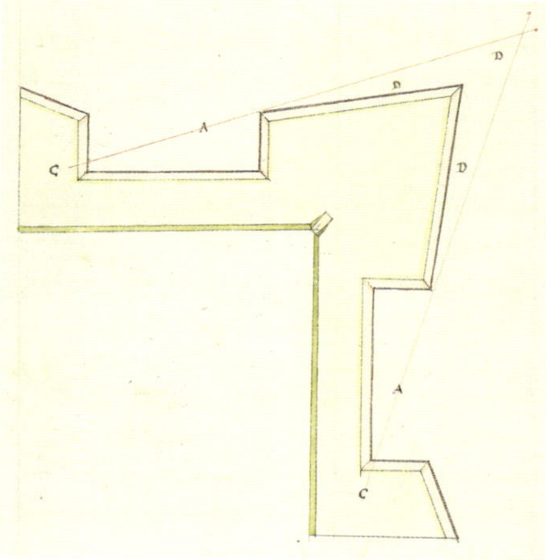
[21v]

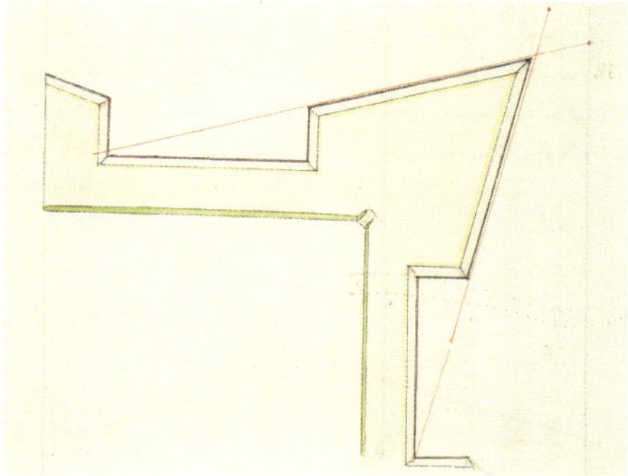
[22r]

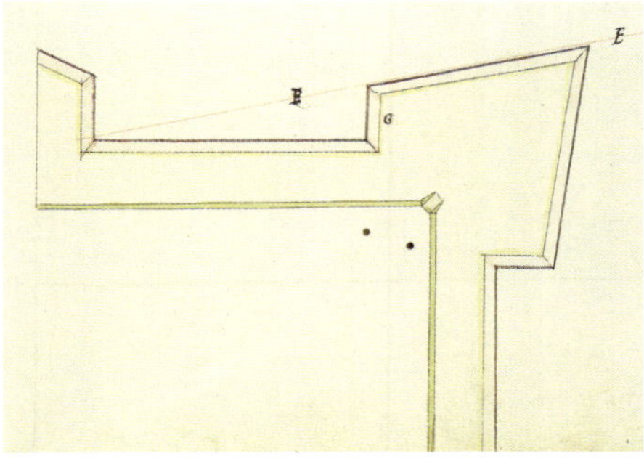

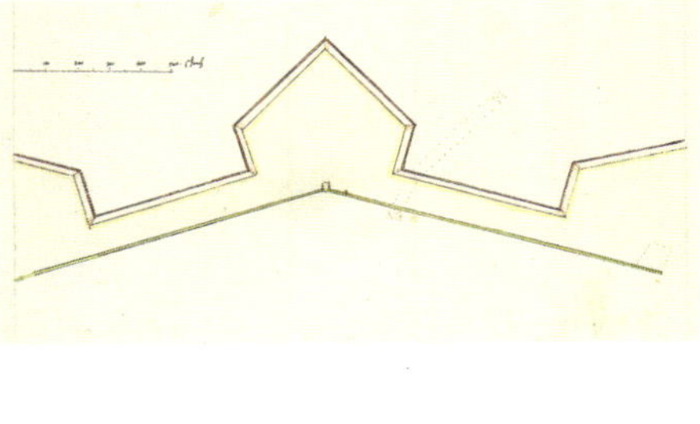
[22v]

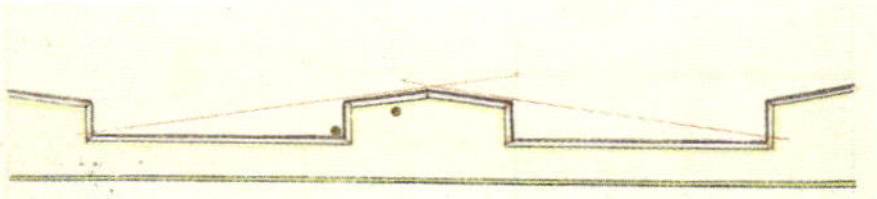

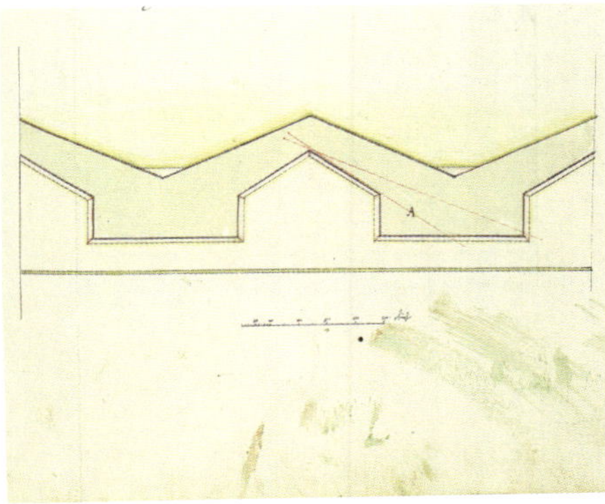
[23r]

[24v]

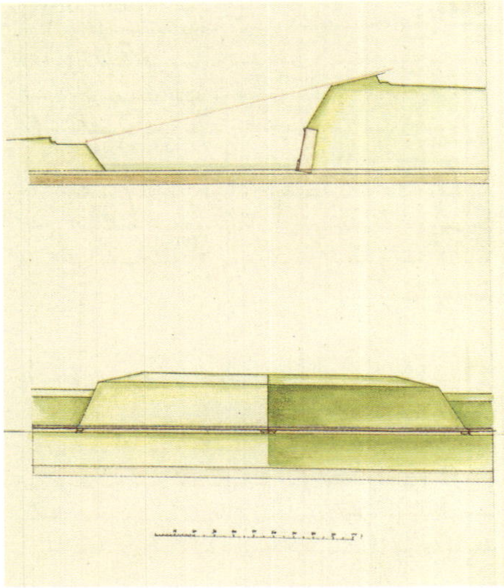

[25r]

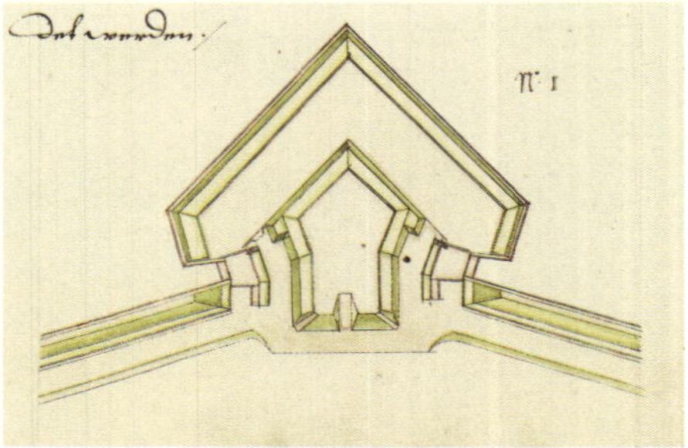

[25v]

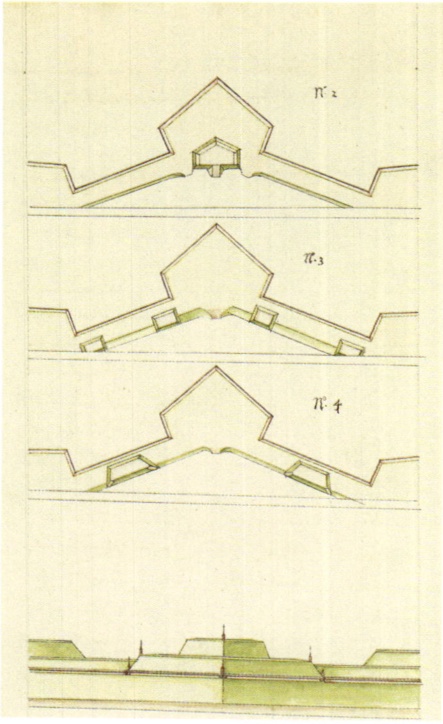

[28r]

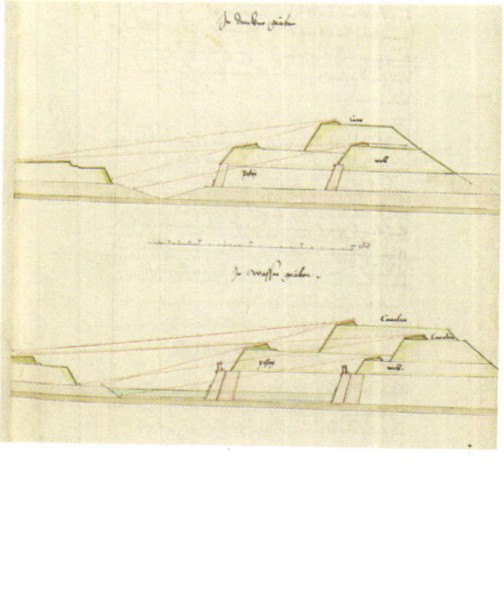

[23v]

Wann man aber solchen Schutz an einer Eckhwehr auch wolte thun, kehme die Wehr noch scherpffer, wie vor gemeldt.
Also haben die Pasteÿen ein bessere Form vnndt obenauff auch ein bessern Standt, dann die negst hieuor verzeichnette, (auff der andern seÿtten) vnndt kahn alles waß zwischen Lit: B. vnndt A. puntiert ist,[7] alleß mit gewaldt für die Pasteÿen oder Bolwerckh, streichen, es künnen auch alle gegen Schütz vom Feindt nit also krefftig sein, vnndt kan in solcher Regel, nach Gelegenheÿt von vndt zu thun, derhalben die Bollwerckh so in daß Wünckelmeß oder Hackhen fallen seindt die besten, haben auch den besten Standt.
Also hatt man gantz just wie die Gebeüw megen in Grundt gelegt werden, vnndt kann man herauß allerleÿ Gedanck[en] fassenn.

[24r]

Wohien die Basteien[,] Bollwerkh vnndt Caualier zu ordnen seinndt. Daß fünfft Cap:
Wann also der Bauw ahn Ortten vnnd Enden (dahien es Noth ist) angelegt werden, muß derhalben volgen, wie hoch die Mauren, Wähl, Caualier sein sollen. Dieweil aber nichts just kahn beschlossen werden, von wegen, weÿl man nicht eigentlich weÿß, wie hoch der Boden, oder wie dieff die Fundamenten, oder Wasser vnndt Gräben seindt. Doch wül ich jetzundt allein Meldung thun, wie hoch sie vber die Lauffgräben gehen sollen, also es gange vnder nüder oder dieff, hatt es seinen weg, in Waßer vnndt truckhnen Gräben.
Wann die Maur an der Pasteÿen dreÿ Schuch vber die eüssersten Lauffgräben gahn, ist es genug, die Stadtmaur, deren gleichen ist auch genug, darauß eruolgt dz die Pasteÿen fünff Schuch höcher seindt dann die Wähl, wo manß aber auff Mauren setzt, ist genug zwölff Schuch vbers Waßer,[8] alß dann daß vberig von Erden. [Am Rand von anderer Hand:] Mauren vmb die Werckh 12 Schue hoch.

[24v]

Von der Mauren muß der Wahl zwantzig Schuch noch hoch auf gefüehrt werden, durch alle Weg, darnach macht man die Brustwehr fünff Schuch hoch, vnndt zwantzig Schuch breÿt oder dückh, solchs bringt fünff vnndt zwantzig Schuch hoch, vber den Horizont, deß eußersten Lauffs, also an zu sehen, ohn der Caualier. Dieweÿl aber der Standt von der Brustwehren fünff Schuch, die ober Streich dreÿ Schuch zuruckh falt, kompt der Wahl neben zu acht Schuch niderer.
[Zeichnung]

[25r]

Wie aber alle Brustwehren seinn sollen, wöllen wir hernach melden, allein muß jetz den Stanndt ahnzeigenn.
Waß aber die hohen Wehren, Wähl, vnndt Caualier belangt muß ich ein wenig Meldung thun, wie, wo vndt weßhalben man die Caualier hienordnen soll.
Vnndt wehr wol von nötten daß man die Caualier auff die Pasteÿen oder hardt dahinder stelte oder ordnette, wo man aber die Stenndt also ihnzogen weren, mueste man solche nebenzu, hinder die Streichen ordnen, oder aber in Mitte deß Wahls, vnndt würdt solchs auff der Pasteÿ mit N.° 1. Daß ander hinder die Pasteÿ N.° 2. Daß dritt hinder die Fleügel mit N.° 3. Daß viertte mit N.° 4. signiert, wie nachuolgender Bericht würdt hernachuolgen. Soll man hierinnen fleÿßige Achtung thun, auff daß wann ich hernach vom gantzen Bauw der Stadt rede, vnndt ich melde, dahinn gehörtt ein Caualier, daß manß solchs baß verstehen kahn, auff daß ein Ding nit zu offt darff vermeldet werden.
[Zeichnung Normalbastion Nr. 1.]

[25v]

[Zeichnung Kavaliere Nr. 2. – Nr. 4. & Ansicht Normalsystem]
[Ergänzung in anderer Schrift:] Also ist N.° 1. im Auffzug im Hor[i]zont von außwendig ahnzusehen. Darauß zu sehen wie die Wäll vnd Caualier ehe eins das ander vbersteigt vnd entsezen kan.

[26r]

Auff solche Manier werden gewohnlichen allerleÿ Caualier geordnet, nach dem sich ettwan Gelegenheÿt begibt, vnndt muß hierin fleÿßig Achtung gethan werden, der Höhe deß Landts, auch der Auffachten[9], daß solche nit verschüt werden, sonder alles seinen Standt vnndt Platz (wozu es geordnet) haben mag.
Sie sollen auch auffs wenigst, inwendig von der Brustwehre sÿbentzig oder achtzig Schuch liegen, deßgleich[en] auch von Standt hoch geführt, werden auff drÿßig Schuch (mehr oder weniger) nach aller Gelegenheÿt. Doch ist beßer höher dann nüderer, aber also daß man vber die ander fordere Brustwehr biß auff den Fuß deß Lauffs, in Graben reichen kahn, wie solche nachuogents mit Lit: A. zu sehen ist.[10]
Die Lenge nach, werden die auff den Pasteÿenn genohmmen, daß die oberen Streichen ihrenn rechten Platz behaltten, sonst würdt ein verstendiger Bauwmeÿster sich wol nach Gelegenheÿt zuuerhaltten, wüßen, daß weder vnden noch oben nichts verschlagen würdt.
Waß aber den belangt, N.° 2. würdt derselbig ge

[26v]

wohnlich genohmmen, nach dem daß Bollwerckh oder Pasteÿ breÿt ist, in derselbigen Lenngen lassen sies gewonlichen verbleiben.
Die anderen N.° 3. vnndt N.° 4. nimpt man gewonlichen einhundert fünfftzig Schuch lang, im Fuß auff dem Stanndt, sechtzig, breÿt, oder noch breÿtter, nach dem die Erden gutt ist, auch Platz vnndt Gelegenheÿt geben mag, vnndt auff zu setzen ist. Die Brustwehrenn werden vber dreÿ oder vier Schuch hoch nit genohmmen, daß man vber Banckh schiessen kahn, wie wol wann es die Notth auff den vnderen Standt erfordert, mag solches auch geordnet werden.
Es muß aber alwegen, die mittlen Caualier höher sein dann die auff der Seÿtten, dann die mittlen regieren daß Felt, vnndt die Nebenseitten, die anderen neben zu regieren die Stendt vor vnndt neben den mittlen Caualieren, derhalben soll man Achtung auff solchs thun.

[27r]

Von den Brustwehren vnndt wohÿn die zu ordnen seindt. Daß sechte Cap:
Waß die Brustwehren belangt werden die auff veil vnndt mancherleÿ Weg gemacht, vnndt geordnet, vnndt seindt ettliche von gehauwenen Steinen, auff zehen, zwelff, auch sechtzehen Schuch, vnndt noch dickher, auffgeführ, wie dann an veil Enden zu sehen ist.
Deßgleichen von gebachenen Steÿnen allenthalben, solche alle kosten sehr veil, vnndt kahn man daß Geschütz nit anderst ordnen, dann wie sie gebauwen seindt, insonders an den runden Wehren, gehn alle Schütz auß dem Centro, welches falsch ist. Sonder die Wehren sollen gebauwen sein, daß sie von einem Centro zu dem anderen schiessen köhnen. Auff den anderen Wehren sollenn keine Streichen gebauwen werden, dieweil sie keinne Fleügel noch Streichen haben, zu dem auch nit wol bestreichen werden. Die Brustwehren ahn inen selbß seindt wol ettwaß gutt aber wie gemelt, dieweÿl aber alleß Geschütz hinden im Centro, im

[27v]

Schießen zusammen lauffen, man haltt solche für keinne nutzliche Wehre. [Am Rand:] Warum rund vnd steinene Werckh nit guet.
Wann auch die steinen Brustwehren beschossen werden, kan man sie nit verbessern, auch weder höher noch dieffer mach[en], vnndt ist gefehrlichen dahünder zustehn, dann Im beschißen schlagen sie hefftig vmbsich, vnndt geschicht mehr von dem ihnwendigen Schießen Schaden dann von dem außwendigen.
Auß solchenn vnndt anderen veÿl mehr Vrsachen vnndt Erfahrungen, werden sie verworffen, vnndt nit für gutt gehaltten.
Hergegen werden die, welche von lautter gutter Erden seindt, für die besten geacht, auch kosten sie weniger, vndt wann sie beschossen werden, kan man allwegen beÿ Nacht dreÿmal so veil wüderumb zu bauwen, vnndt beßern, alß dauon abgeschoßen würdt.
Vnndt werden solche ettwann zwantzig oder vier vnndt zwantzig Schuch dickh genohmmen, nach dem die Erden gut ist, dann man sie nit wol zu dickh machen kahnn, wann man Standt haben mag, vundersich zu kohmmen oder außwendig sein rechte Höhe hatt.
Ich muß zuuor auch anzeigen, wie hoch ein Wahl oder

[28r]

Pasteÿ vngefohrlich sein muß, vnndt wüll setzen die Maur seÿ hoch vier vnndt zwantzig Schuch, darauff setz ich ein Wahl sechtzehen Schuch hoch, oder Standt, oben auff dieselbig, die Brustwehr sechs Schuch, thut in die Höhe viertzig sechs Schuch, deßen hatt man ein

Exempel hie verzeichnet, doch ist die Maur nüderer, muß der Wahl soueil höher sein.
[Andere Schrift:] In druckne Gräben
[Zeichnung]
[Andere Schrift:] In wasser Gräben
[Zeichnung]

[28v]

Solches mag also genohmmen werden, aus Maweren vndt Pasteÿen, es müeßen aber die Schütten dafornnen von gutter Erden, deßgleichen mit Waßer gesötzt, vest geschlagen, vnndt auff einander gesötzt werden. Ettliche werden auch von Holtz ihngelegt, vnndt auff andere Weg gemacht, auff daß sie vest haltten, alß mit Hagdorn, Schleen, Hagbutten, Wackholder, vnndt andern Böschet, damit solchs alleß in beschießen gantz hartt heltt, vnndt nit falt. Obenauff allen Brustwehren kann man lebendige Zeün pflantzen für Blendungen,[11] da durch mit Handtrohren zu schießen ist, wie hernach soll beßer erklehrt werden.
Es werden die Wähl vnndt Brustwehrn auff andere Weg auch auffgefüehrt, wie zu Antorff im Castell zuo sehen ist. Nämblichen fahren sie zwischen den Gewölben mit den Pfeÿlleren durch auff. Oben werden sie der Brustwehr gleich abzogen, darzwischen mit Erden vndt Wasen geschlagen vnndt gesötzt, wo ettwann nit gar gutt Erden ist, auff solche Manier wie hie verzeichnet.
[Zeichnung]

[29r]

Vnndt laß ich mir daß nit vbel gefallen, dann die Mauren geben darnach ein gutte Habung der Erden, deßgleichen kahn man zwischen den Pfeÿlleren baldt satt wüderumb außdämen vnndt schlagen, vnndt verbeßern.
Es werden deren Brustwehren mancherleÿ gemacht, doch zeig ich nuhr die besten ahn, vnndt welche zum nutzesten seindt.
Ich muß noch ein gutt Bedenckhen hin anzeigen, welches mich sehr gutt bedunckht.
Wann erstlichen die Maur mit ihrem Schwibogen Contrafortÿ, an dem Krantz verferttig, soll dann fünff oder sechs Schuch hoch (ob man Schutzlocher darinnen hab[en] wollte) in halber Maurdickhe, ein Brustmeürle auffgefiehrt, drÿtthalben Schuch dickh, darhinder soll ein Lauff auff sechs oder acht Schuch breÿt sein, also daß man vber die Füetterung kohmmen kahn, mit Doppellhackhen vnndt Handtrohren, vnndt wie wol es für kein grob Geschütz gemacht ist, so ist es doch weÿtt daß man den graben damit verdättig[en] kahnn an die gantz Wehr vnndt allenthalben. [Am Rand:] Warum die Lauffgräben [Zwinger] guet
Zum anderen dieweÿl obenauff eittel Wahl ist, vndt kein Maur so haltt es doch die Erden auff, die oben von verschossenem Wahl herab falt. Daß kahnn im

[29v]

Graben nichts verschütten. Obschon daß Brustmeürle möcht an ettlichen Ortten verschossen werden, so haltt es doch die Erden auff, im Gang welches man an der Handt hatt, vnndt kahnn solchs beÿ Nacht genohmmen, vnndt wüderumb an der zerschossenen Wahl angeschlagen werden, vndt ist solchs alles ein bestendig gutt Werckh, auch zwischen den Bollwerckhen deß Wahls eben meßig.
Es mag auch inwendig hür der den Brustwehren ein lebendiger Zaun (oder ein geflochtener) einns Mans hoch vber die Brustwehr auffgefüehrt werden, solches erhältt nit allein die Brustwehr, sonder ist auch einn guette doppelle Deckung, daß der Feindt niemmandts sehen kahnn, darzu kahn man mit Doppelhackhenn vnndt Handtrohren, zuringsumb dardurch handlen, vnndt schießen, vnndt würdt der Feündt nicht auff plünden Wahn solchs wöllen beschießen, dann hiemit veÿl vergebens Pulfer auffgaht, vnndt hab ich zum Vberfluß vff daß mans desto baß verstehen kahn, solchs auffzeichnet, wie hie zusehen ist.
[Zeichnung]

[30r]

Daß hab ich auffs Kürtzest wollen anzeigen wozu solches nutz möchte sein. Waß aber die Brustwehren an in selbs belangt, seindt die besten, welche von Letten oder Leimmen, gantz hardt vnndt vest vber einander geschlagenn seindt, vnndt mit Heuwblumen auffgestossen damit sie dickhe Waßen bekohmmen, vöst haltten, vnndt den der Regen kein Schaden thun kahnn.
Die Höhe muß allwegen ehe nüderer ein Standt ist, ehe höcher ein Brustwehr sein muß, dann man ihr zum harttesten zusetzt, deßgleichenn muß sie auch höcher gedeckht sein.
Inn dem vnderen Standt werden sie vier vnndt zwantzig Schuch dickh genohmmen. In der müttlen zwantzig. Die oberen sechtzehen, daß ist die besthe Regel.
Die Höhe im vnderen Standt würdt genohmmen sechs Schuch hoch, die andere fünff Schuch, die höchst vier Schuch, daß ist in höchsten Stenden.
Inn den vnderen Stenden würdt gewonlichen einn Banckh zwehn Schuch hoch mit zwo Stafflen vnnd dreÿ breÿt gemacht, auff daß man mit Rohren vnndt Doppellhackhen vber die Brustwehr kahnn hinauß ins Feld reichen, deßgleichen kahnn mans im anderenn

[30v]

Stanndt auch also machen, doch nuhr ein Staffel vnndt Bankh. Im drÿtten Stanndt ist es vnuonnötten [= unnötig], dieweil es nüder ist, darff es keinnes Banckhs, ist genug wann die Brustwehr dreÿ oder drittalben Schuch hoch ist.
Wo man die Brustwehr wüll also hoch machen, muß man Schartten in die Brustwehr machen, zum groben Geschütz, in den nüderen bedarff es sein nit dann man kahn gar wol oben hienüber richten, welches auch die bestenn seindt, dann man kahn daß Geschütz wendenn auff welche Seÿt man wüll, aber in den Schartten muß man daß Geschütz stohn lassen, man kahns nicht anderß wohinn würckhen, vnndt muß mehr für sich hiennauß.
Will man nach der Seytten, so gibt es ein schreg[en] Schutz, dieweil der Dunst neben zu anschlecht, treibt es die Kugel auff die ander Seÿtten, vnndt gibt böße Schütz, dieweil solchs nit wol zu wenden ist. Woltte ich allwegen zwischen den Schartten ein höherenn Stanndt machen auff fünfftzehen Schuch breÿt, vnndt zwantzig lang, vnndt zwehn hoch von der Erden, also daß ich mit dem Stuckh kündte hienüber reichen, wie zum beßern Bericht hie verzeichnet.
[Zeichnung]

[31r]

Vnndt kahnn auß solchem allerhandt Bedenckhen genohmmen werdenn, wann solchs mit Fleÿß obseruiert würdt.
Waß aber die oberen Streichen belanngt, vnndt deren Brustwehren, haben dieselbigen zwo Regulen.
Die erste ist, wann die Streichen weÿt offen seindt, daß man zu ihnn kohmmen kahn mit dem Schutz, machen sie neben deckhen, auff daß der Man bedeckht ist, doch müeßens recht gesetzt werden, daß die Streichen ihren rechten Schutz thun köhnnen vnndt werden die Brustwehr nit dickh gemacht.
Die anderen lassens gantz offen, auff daß es kein Hündernuß seÿ, wo die Streichen eng seindt, vnndt daß ist die gemein Regel, von den Brustwehren in rechten Werck[en].

Von den Gräben vnndt wie die zuordnen seindt.
Daß sÿbendte Cap:
Waß die Gräben belangt seint deren mancherleÿ (hie ohne Notth zumelden[)], vnndt will jetz

[31v]

nit mehr dann dreÿerleÿ für mich nehmmen auff daß mans waß Noth ist recht verstande.
1. Die ersten seindt gantz drucken darein man ettwann keinn Waßer haben mag, auch nit darin zu bringen ist.
2. Die anderen seindt mit Wasser flüssen geleit, oder mit Schwellen ingefangen, die daß Waßer nur auffhaltten.
3. Die dritten seindt stillstehente, seindt dieff haben eigen Waßer, von Brunnquellen.
Waß erstlichen die druckhenen Gräben belangt, wollen Ettliche verwerffen, ich laß sie paßieren (dieweil man kein Wasser haben mag, auß Vrsachen[)], hatt ein Grabenn kein Waßer, so kan man in gewalttig dieff machen, wie man in haben wüll, zu dem kahnn man vor den Pasteÿen oder Mauren noch dieffere Gräben machen, daß also der Feindt kein Leütteren [=Leitern] kahnn anwerffen, wüll er sie dann vor dem Graben anwerffen, so leigt die Leütter gantz leg, vnndt tregt nicht, zu dem ist sie gantz kurtz, vnndt würdt ein solchen hohen Wahl nit reichen.
Zum anderen kahnn man mit allen Feürwerckh gewalttig darinn arbeÿtten, vnndt großen Schaden thun, mit allerleÿ Zeüg, auch mit Sprengfeür, vnndt mit Fußeißenn vberwerffen.
Zum dritten wann er zwehn Schuch dickh mit Grabenn

[32r]

Wackhen vnndt Küß erschütt ist, wann man dann in die Wackhen schiest, mit großen Stuckhen, thun sie großen

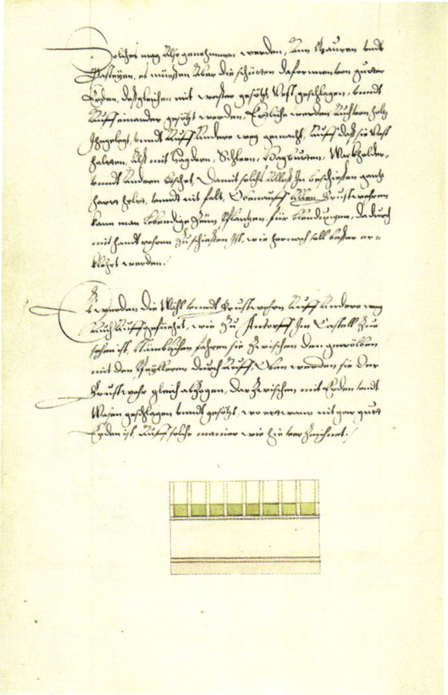
[28v]

[29v]

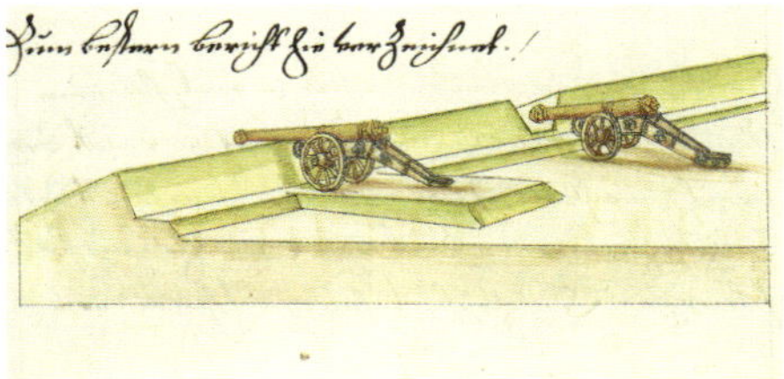
[30v]

7 In der Zeichnung Fol. 23r nicht bezeichneter Schuss aus der Flanke und die Fläche zwischen Schuss A und B.
8 Das Mass von 12 Schuhen ist falsch und stimmt nicht mit der Zeichnung Fol. 24v überein. Gemeint ist wahrscheinlich 24 Schuh wie im Text 27r erwähnt wird.
9 Unleserlich, möglicherweise «Auffahrten».
10 Die erwähnte Zeichnung wurde wohl nicht ausgeführt. Der Sachverhalt ist in den Zeichnungen Fol. 28r sichtbar.
11 Vergleiche Illustration Fol. 29v.

[32v]

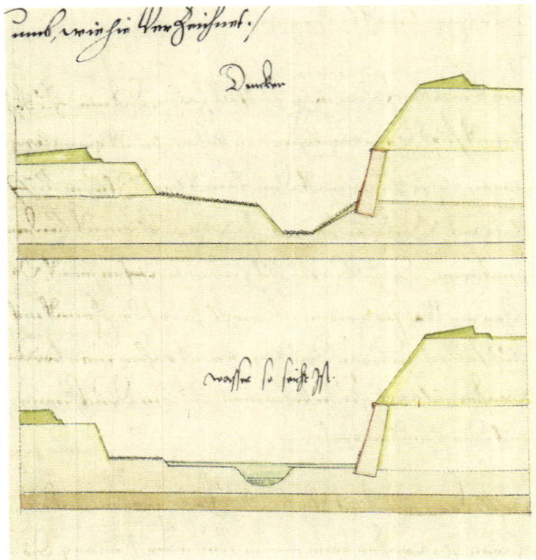

[35r]

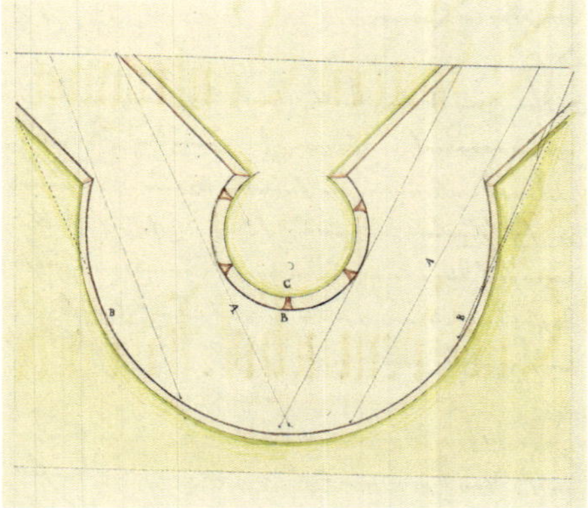

[35v]

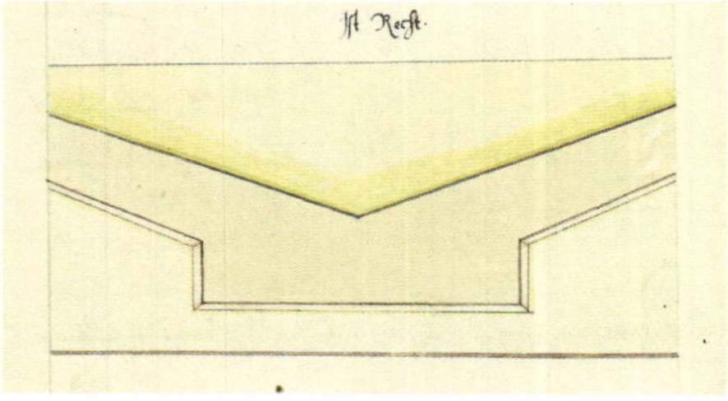

[36r]

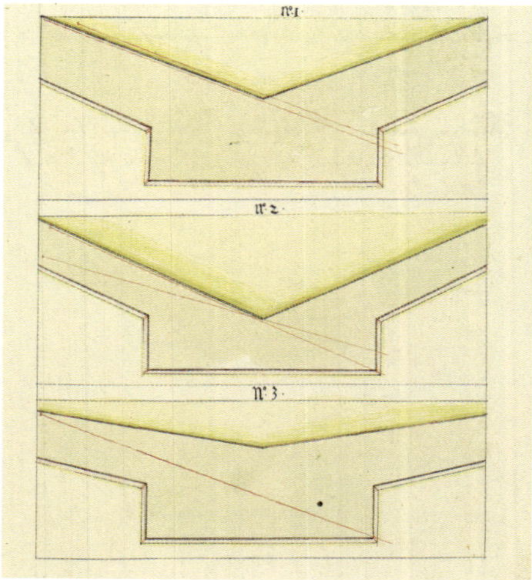

[36v]

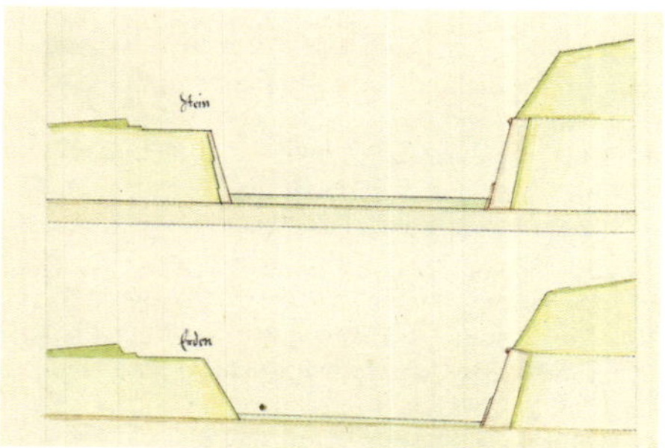

Schad[en], schlecht vmbsich, vnndt ist besser dann daß Hagelgeschoß, dann es, (dieweÿl es vom Boden kompt) sich da uom Centro aufffthut, obschon ein Feindt in Graben kompt, vnndt darinen schantzen vnndt bauwen woltte, so kahn man, von den Außfällen der Wehren zu in kohmmen, zu ruckh schlagen, sein Bauwen alleß verschleÿffen vndt zerleÿsten, vnndt hienweg füehren, welches man in Waßer nit thun kahnn, woltte man aber vndergraben vnndt sprengen, muß er sehr dieff vnder die Erden kohmmen, doman ime mit gegengraben oder anderß, auch zwischen den Pfeÿllern sich ihnsenckhen, vnndt ehe beÿ im sein, mit Sprengen vnndt Vndergraben, dann er.
Zum viertten kahnn man Außfall haben, daß man zu Roß vnndt Fuoß in Gräben kohmmen kahnn, vnndt gewalttig Gegenwer thun, vnndt dem Feindt vom Strum aufhaltten, deßgleichen mit Feürwerckh vnndt andern Materien, derhalben sie nit zuuerwerffen sindt. Obschon ein Wassergraben ist, möcht in doch der Feindt mit Außfällen zuuoran druckhen, vnndt kahnn man vordem Waßer nit wol zu in kohmmen, alß am druckhnenn, mit der Handtarbeÿt.
Die andern seindt nit rechte druckhene Gräben, sonder haben ihr Waßer vonn einem Fluß oder Ihngang, die

[32v]

werdenn ettwann mit Wuhren oder Schwellen gefangen vnndt auffgehaltten, vnndt seindt gezwungene Gräben. Solche seindt veil mehr bedenckhlicher dann die druckennen, Vhrsachen sie haben den Vorttel nit, also wann der Feündt daß Waßer abgräbt, vnndt die Gräben anheben druckenn zuwerden, nehmme ich allwegen ein rechten druckhenen Graben dafür, der nach Forttel gegraben oder gebauwen were, wie ich vormallen gemeldt habe.
Vnndt ob man schon ein Graben inn Mitte schrott, oder anderst bauwt, so kostenn sie gahr veil, vnndt wann daß Waßer fleÿst, so verschwempt es sich in kurtzer Zeÿt wüderumb, wie hie verzeichnet.
Drucken
[Zeichnung]
Wasser so seicht ist
[Zeichnung]

[33r]

Auß vorgesetztem Exempel kahnn mann speüren, welchs möchte zum nutzistenn für die Handt genohmmen werden.
Waß aber Gräben belangt die ihr eigen dieff Brunnwaßer haben, daß seindt die aller besten, man kahnn dz Waßer nit abdelben noch nehmmen, vnndt ist aller Gefahr vberhaben, vnndt haben kein Bedenckhen, daß solche möchten einige Geferligkeÿt leiden.
Dieweil aber ein löbliche Stadt Basel (betreffent die große Stadt) nit wol anders dann druckhene Gräben haben kahnn, hab ich solches auffs kürtzest, zum besseren Bericht erklären wöllen.
Waß aber von großen Flüßen, so durch oder neben der Stetten hienfleüst, hatt es daß Bedenckhen, obschonn der Feindt vbers Wasser solchs woltte beschießen, kahnn er doch nichts außrichten, noch stürmen, vnndt ist vergebens. Solches seÿ von den Gräben auffs kürtzest Meldung gethan.
Die Weitte aber würdt hernach gemeldt, welche ihr Maß auch haben.

[33v]

Von Flüßen, Schwellen vnndt Brunnenwerckh.
Daß acht Cap:
Waß die Flüß belanget, wo dieselbigen möchten inn Mauren ihngefast werden, auff daß sie einen stetten Fluß hetten, sie wehren groß oder klein, so were es ein gutt Ding, doch muß man inn Weÿtte genug laßen, dann so bald man solche im Zwang wüll halttenn, daß sie neben auß müeßen brechen, ist es besser sie behaltt[en] ihren freÿen Lauff, dann es erfordert einnen großen Vnkostenn, wie aber alle Ding sein sollen, muß man den Augenschein zum bestenn ihnnehmmen, der dann alleß besser Anweÿßung thun kahn.
Wo man aber die Gräben müeste mit Schwellen, Wuhren, von wegen Auffenthalttung der Waßer halben, kühnnen solche an kein Ordt besser geordnet werdenn, dann an die Spitzen.

[34r]

Vnndt wie wol die Schwöll (wie gemeldt) nit zum besten seindt, so seindt sie hie also geordnet daß man von den Streich[en] zu beeden Seÿtten biß zum Spitz der Pasteyen kohmmen kahnn, vnndt ist keinn Hündernuß. Dasonnst wo mann sie hinn ordnet hünderlichen seindt, vnndt soll man solches mit Fleÿß merckhen.
Wo aber Müehlwerckh oder Brunnenwerckh an solchen Ortten stahn, die man nicht gehrn hinnweg thutt, so muß man sehen daß man alle Ding ordnet, daß sie im Gräbenn mit Streichen versehen, vnndt kein Hündernuß bringen, auch wo solches im Werckh nicht stünde, kahnn man solches durch Gewölber in ein Stadt leÿtten, vnndt zum anderen End wüder hinnauß fiehren.
Wo sie aber in Gräben stünden, vnndt solche nicht zu wenden seindt, kahnn man solche wohl vmb bauw[en] mit einem Bollwerckh, also daß mans nicht dörffte verenderen, vnndt stehn bleibt, allein müeste man Gewolber vor den Schwellen oder oben an den Wuhr[en] durch machen.
Wann aber im Fluß zwischen Dobell oder Hübel in der Dieffen flüßen, also daß man daß Waßer nit kahnn abgraben, nehmmen, vnndt anderst wohien

[34v]

leütten, solche seindt die besten, vnndt haben Bestandt, welche aber abzugraben vnndt zu nehmmen seindt, darauff soll man sich gar nichts verlassen, alß wenig alß wehren sie gahr nit da.

Von den Contrascarpa vnndt Füetterung, sampt den Lauffgräbenn. Daß neündte Cap:
Nachdem sich offt die Gebew in Eckenn vnndt anderstwo begebenn oder auch inn gleiche, ist man den Eckenn vnndt allen Gebeüwen außwendig (denselben inneren Gebeüw mit der futter Mauwren) mit großen Vnuerstandt nach gefahren, es seÿ rundt oder im Eckh gezogen geweßen, wie mit Lit: C. zusehen ist, welches nicht allein mehr Kost hatt, so ander auch ein große Hündernuß am Fürstreichen ist geweßen, vnndt solches noch beßer zuuerstehn, so hab man Achtung auff den Streichschutz mit Lit: A. daß derselbig nit inn den Wünckhel mit Lit: B. kohmmen kahnn, derohalben alle vnndt waß dahienn kompt ganntz sücher ist, es kahnn der Feündt auch dahienn bau

---

[35r]

wenn waß er wüll, hie ein Exempel.
[Zeichnung]
Vnndt obschon daß Eckh wie es punctiert, auch hienweg kehmme, so kündt der Schutz ettwaß bessers zu kohmmen. Doch wehre es demnach nit recht, derhalben volgt[,] daß man nit Macht hatt, ein Stadtgraben weÿt oder eng zu machen, sonder nach Gelegenheÿt deß Bauws, wie ich dann bald anzeigen wüll.
Es hatt aber auch erstlichen mit den Wehren ein solchenn

[35v]

Verstandt gehabt, darauß volgt alle Vnrichtigkeÿt, vnndt hatt man allwegen verstanden, man muß sich nuhr fürsich hinnauß wehren, vnndt nit gesehen, daß ehe ein Wehr der anderen muß die Hanndt bietten vnndt verthedigen, vnndt kahn ein Wehr oder Bolwerckh sich selbß allein nicht verthedigenn oder beschürmen.
Wann zwo Wehren in rechter Proportz, werden von einander geordnet, so muß man in Mitte deß Fleügelß, daß Maß nehmmen, die Fuottermaur der Leinien nachzufüehren, es wölle sich dann gahr nit schickhen, wie sich dann an ettlichen Verbesserungen begibt, derhalben ettwann solchs in der vnder Streichenn muß gesucht werden.
Darnach komptß ettwann daß manß weder vnden noch oben nehmmen kahn, so muß man doch den Forttell suchen daß es mag bestrichen werden, vnndt wil ich die Exempel hieher setzen.
Ist Recht.
[Zeichnung]

[36r]

Also kahn ein Graben auff einhundert vnndt fünfftzickg Schuch weitt werden, wann man wüll auch nuhr einhundert Schuch, vnndt leigt alleß an einem fleÿßigen Bauwmeÿster, wie mit N.° 1. zusehen.
N.° 2. Ist auch gutt, da geschicht der vnder Streichschutz, der futter Mauren nach, gleich, also kahnn niemans in Graben kohmmen. Es muß der Schutz ferchtenn durch auß. [Andere Schrift:] Ist aber dem Baw kein Nutz.
N.° 3. Ist kein Nutz, ob man also bauwen muß, derhalben ist nichts daruon zureden. [Andere Schrift:] Weder außen noch inwendig.
[Zeichnungen Nr. 1–3]

[36v]
Solcher vnndt noch veÿl mehr Bedenckhen muß man die futter Mauren sampt den Lauffgräben bauwen.
Wie dickh vnndt in waß Höhe, muß man abermalen, von obenherab messen, vnndt eben anderthalben Schuch dickh, vnndt dann die Dieffe in rechter Maß genohmmen werden, nämblichen allwegen in vier Schuchen ein halben dickher, thut in acht Schuchen einenn, also wann ein Füetterung zwantzig Schuch hoch, ist vierthalben Schuch dickh im Fundament, vnndt würdt die Beschung noch mehr genohmmen, dann in der ersten Mauren, nämblich in vier Schuhen einen. Solchs ist die best Form vnndt hept den Grundt gewaltig wol. Ettliche nehmmen die Beschung in fünff Schuch einen, ist zu wenig.
Aber wo gutte Erden ist, wolte ich außwendig kein Stein setz[en], sonder alles von Erden auffüehren, ist ebeßer, kost auch nit also veil.
Stein
[Zeichnung]
Erden
[Zeichnung]

[37r]
Wann man also im Werckh ist, daß man weÿß wie vnndt waß Gestalt die futter Mauren sein müeßen, wie die sollen angelegt werden, ist von nötten anzuzeigen, wie breÿt, hoch, vnndt lang der Lauffgraben außwendig sampt seiner Beschung vnndt Ablauff sein soll.
Wann also die futter Mauren auffgefüehrt ist, es seÿ von Stein oder Erden, wollt ich den Lauff fünffvndtzwantzig Schuch (oder biß in die dreÿßig, wie wol ich ettliche biß in die viertzig schuch ziehe)], breÿtt machen, also daß ich einen zimlichen Standt hette, vnndt müeste mir auffs wenigest sechs Schuch hoch sein, doch mit einer Stapffel, oder Banckh, darauff, zwehn Schuch hoch, vnndt alwegen in einhundert Schuchen einen Außlauff. [andere Schrift:] mit .A. zu sehen
Ettliche machen schlechte Lauff nuhr zur dickhen vndt zum Ablauff, wie hie zu sehen ist.
[Zeichnung]
[37v]
Wann solches alles mit Fleÿß obseruiert würdt, vnndt genugsam verstanden, alß dann muß man erst die recht Höhe suchen, wie hoch der Lauffgraben sein muß, gegenn dem Bauw, vnndt der Bauw gegen dem Lauffgraben, vndt man solchen gantz wol kohmmen im Lauff, vber die Abdachung hienüber schießen, künnen, wo meüglichen vber die Schantz, derhalben ihren die Weÿthe, die den Schutz der der Linien nach der Dachung richten, wie mit N.° 4. zu sehen ist. [Andere Schrift:] Litt. A.
Daß ander mit N.° 5. ist beßer vnndt rechter, dann wo man schon schantzt, kahn man alß noch hienüber oder doch obenauff darein schießen, auch muß der Feindt ein hohe Schantz machen würll er dem vorkohmmen, welches im ersten gantz mit einer nideren Schantz wol zuuerdencken, ist, Exempel. [Andere Schrift:] Litt. B.
[Zeichnungen A und B]

[38r]
Vnndt jhe höcher ein Landt von außen ist, muß man auff dem Centro solchs suchen, vnndt muß gutte Sorg hierinnen gehalthen werden.
Es machen ettliche die Abdachung auff den außeren Lauffgraben, lang hienauß, ettwan auff eintausent Schuch, wie ich an veil Ortten selbß gesehen hab, aber die ir[ren] sich gar weÿtt, dann es kahn der Feindt hinder der Dachung von weÿttem zuschantzen, ehe lenger, vnndt diefer vnndt neher kohmmen. [Andere Schrift:] N.° 6.
Solches kahn er gar nit zuwegen bringen, wann die Abdachung kurtz ist, dann sie für sonst nichten gemacht werden, dann zur Deckhung der Mauren.
Derhalben wollte ich solche Dachung auffs allerlengst achtzig Schuch lang machen, wie wol ich nicht mit dem Lauff vber einhundert Schuch nehmmen wollt. [Andere Schrift:] N° 7
[Zeichnungen]
[38v]
Also muß Anfang, Mittel vnndt End, mit einander bedacht werden, sonnst würdt nühmer kein rechte Ordnung in solchen Werckhen volbracht.
Der aber diß mein Bedenckhen anhördt, möchte vermeinnen, er hab alle Ding gantz just. Es betriege sich nuhr keiner selbß, dann manchmal ein klein Ding verfelt, darauff mancher nit Achtung gibt, dardurch, daß ein gantzer Bauw in ein Vnordnung kompt, vnndt nit wol zu helffen ist. Darumb trauw im selber keinner nit zuueil, sonder hab gantz großen Fleÿß dahin, wie ichs anzeige vnndt meinn.

Von den Portten vnnd wohien auch die zuordnen. Daß zehendte Cap:
Waß die Portten belangt vnd wahienn die zuordnen, seindt alle Bauwmeÿster hierinn einig. Nämblichen zwischen zweÿ Bollwerck oder Pasteÿen, auß Vrsachen, dann man kahnn von allen Streichenn, vnden vnndt oben zu beeden Seÿtten dafür, streichen vnndt schießen, vnndt würdt nühmmer mehr ein Porte

---

[39r]
durch ein Pasteÿen gemacht, es könnte dann an einem altten Bauw nit anderst geordnet werden, doch soll mans durch kein Pasteÿen füehren.
Wo man sie aber hienein ordnen soll zwischen den Pasteÿ[en], haben ettliche ihr Bedenckhen, in die mitten der Mauren, auff daß von einer Weher so wol alß von der and[er]n dahien zu schießen ist.
Ich hab aber ein ander Bedenckhen, auß zweÿerleÿ Vrsachen. Erstlichenn von wegen daß man nit also weÿt zu schießen hatt, hab ich die Portten neben der Pasteÿen geordnet.
Zum anderen so kahnn die Port vom Fleügel der Pasteÿ bedeckht werden, vnndt kahnn daß Gewölb inwendig schlüms nach der Seÿtt hienein gefüehrt werden, also daß man gar nit durch die Portten schießen, welche wann sie in mitten stünde, kahnn der Feündt außwendig auff allen Seÿttenn darzu vnndt durch schießenn.
Wann es sich aber nit anderst schickhen wollte, so were es auch sehr gutt auff die vorige Meinung, dann ich hie allein zum Theÿl von neüwen Gebeüwen rede, vnndt ist solches auß nachuolgenden Visierungenn zu sehen.
[39v]
Durch solche schrege Gewölb, kahnn man nit leichtlichenn der Krümme halben schießen. Insonderheÿt mit Lit: A. Da deckht es sich vom Fleügel der Pasteÿen, wie solches zu sehen ist, daß ander Lit: B. ist auch sehr gutt, alleß nach Gelegenheÿt.
[Zeichnungen]
Waß aber die Ihnlaß oder kleÿnne Pörttle betrüfft, seindt sie sehr nutz vnndt gutt, vnndt wollte ich dieselbigen (an Stetten), an alle Portten machen laßenn.

[40r]
Die Thor weÿß man wol wie dieselbigen gemacht sein sollen, jhe nach Gelegenheÿt der Örtter.
Die Bruckhen mögen strackh oder nach der Schreg gewendt werden, doch muß hierinen Achtung gethan werdenn, daß die Statt Thor, weÿtter, dieffer, stahn, dann die Füetterungen hoch seindt mit dem Boden, also daß sich die Bruckh gegen der Portten senkhe.
Auff der Bruckh, auch an der Portten, mag man Fallbruckhen machen.
Auch innwendig der Bruckhen durch den Lauff kahnn man den Weg wol ettwaß schlümß machen, auff daß die Portten, Bruckhen, vnndt Lauff mit bedeckht werden, vor dem außern Schutz.
Wollte man Schutzgattern machen, müßen solche auff fünfftzig Schuh hünder die erste Portt gesetzt werden, doch auff die neüw Artt, nämblichen mit einem Kettengahrn, vber einen Welbaum, so mit der Schrauben am End auffzogen würdt, also wann die außer Portt schon beschossen, gefellt, danoch nichts benohmmen ist.
[40v]
Wie aber die Wachtheÿßlein, vnndt wahien die sollenn geordnet werden, ist solchs gewonlichen an die Ortt, da sie mögen zum besten vmb sich sehen, vnndt werdenn solche auff alle Eckh der Pasteÿen, auch zwischen die Bolwerckh, vnnd auff die Portten, geordnet.
Es kahnn auch auff der Gewölben auff den Portten (doch gegen der Stadt inwendig) ein Wohnung gebauwet werden, dann solche in allen Zeÿtten hochvonnötten ist, zu dem Wachten, vnndt anderßwo auch zu brauchen.
Also hab ich auffs kürtzest angezeÿgt, waß zu einem Bauw vnndt Beuöstung vonnötten ist, vnndt würdt sich ein verstendiger Bauwmeÿster hierin wol wüßen zuuerhaltten, vnndt weÿtterß Rath fragens habenn, in Berathschlagung der Werckh.
Vnndt nach allem, wöll vor einen inden hiemit verwahrnnet haben, sich hierin wol fürzusehen, dann ettwann in Höhe, Schrege, Eckhen, oder Wasserenn, schwehre Sachen fürfallen, deßgleichen auch inn anderen gemeinen Sachen vnndt Gebeüwen auch, der halben seÿe

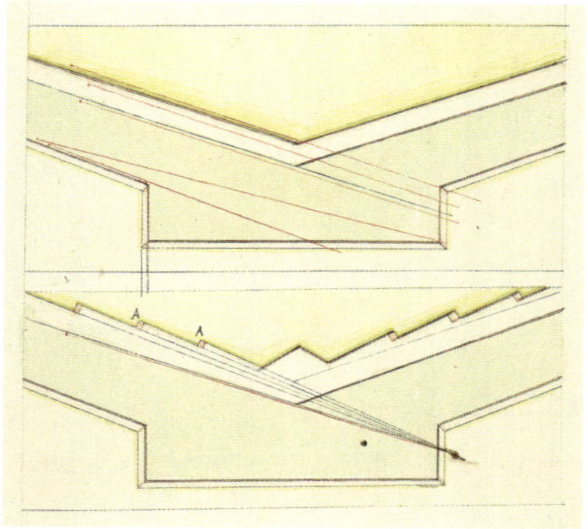
[37r]

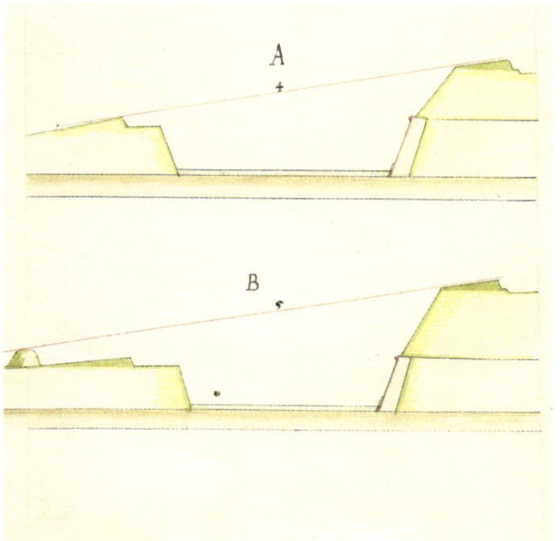

[37v]

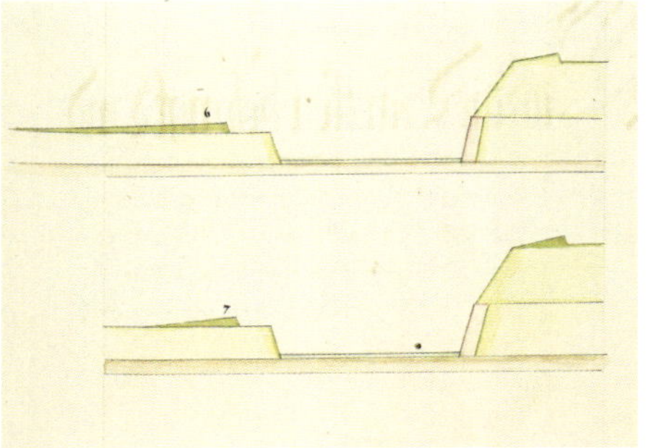
[38r]

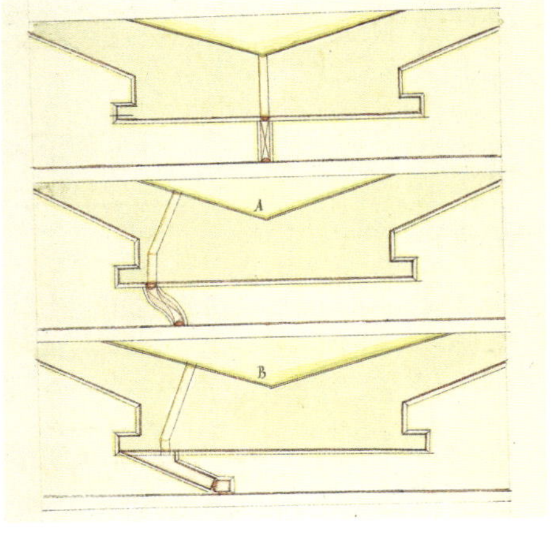

[39v]

[42r]

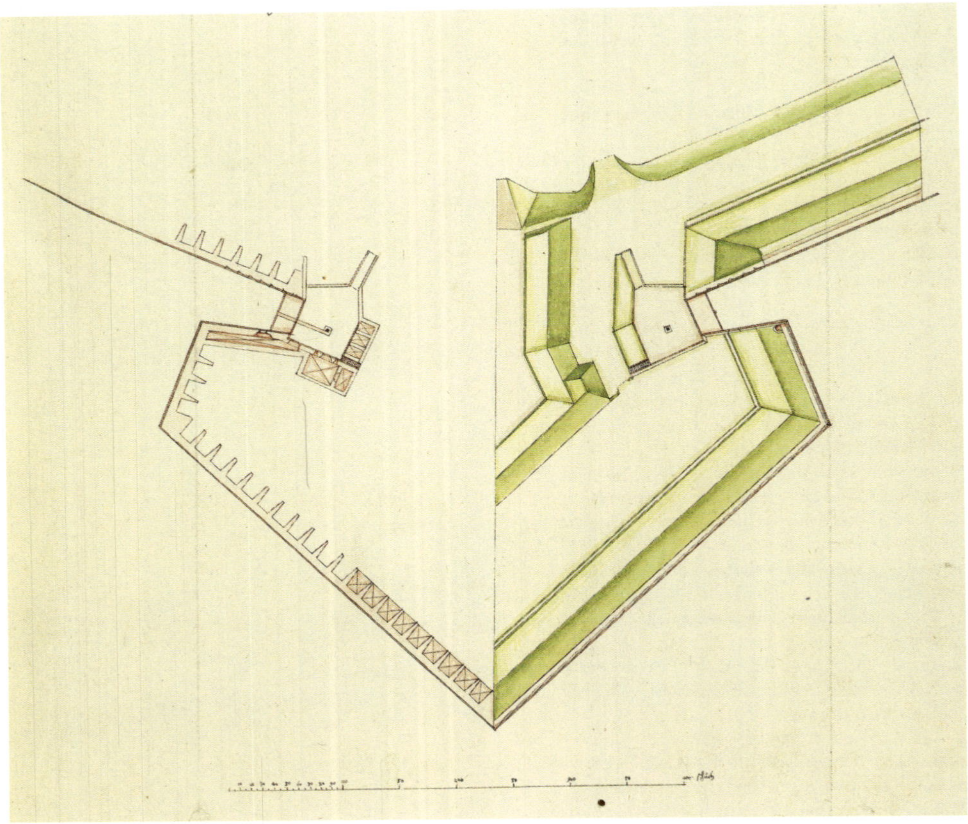

männiglichen verwahrnet, man kahnn baldt ein Bauw rathschlagen, auch ettwann bald bauwen, aber nihmmer helffen, vnndt daß nihm[m]er wüder zubringen.

[41r]

Zum Beschluß wüll ich vngefahrlich ein gantze Wehr oder Pasteÿ in Grundt legen, vnndt auffziehen, daß mans desto besser kahnn verstahnn, vnndt kahnn solches im Bauw zu vnndt von geben werden.

Vnndt solle diße Visierung verstanden werden an einem rechten volkohmmenen Bauw, waß aber gemeinn Verbesserungen seindt, hab ich solche auff dreÿ Weg für mich genohmmen, aber den volkohmmenen Bauw, in der viertten Visierung, ist solcher, für allen Gewalt, solche Erklehrung, dient, allein dahinn daß man alles hernach, es seÿe von geringen, mittlen vnndt rechten Werckhen, handlet oder fürbringt, desto baß kahnn verstanden vnndt vernohmmen werden, darneben wüll ich in der viertten Visierungen mein Bedenckhen geben, auff Mittel vnndt Weg, daß man solches von einem zum andern verstähn kahnn, so gutt alß ichs mit Gottes Hülff, weÿß zuuolenden vndt hiemit beschließen.

Zu ruckh deß Blatts, hab ich ein gantze volkohmmene Weher verzeichnet wie sie im Fundament gelegt, zum halben Theÿl, daß ander Halb, wie solchs mit allen Brustweheren, Caualier, vnndt andern belegt ist.

[41v]

Dernach wüderumb ein Verzeichnuß, wie ein solche Wehr in die Perspectiff fornen her anzusehen ist, damit man sich auß allen nachfolgentem, so in der .4. Visierung begriffen, desto baß kahnn verstön.

[42r]

Grundt einer ganzen Pasteÿen oder Bolwerckh[en], halb im Fundament vnd halb im obern Lager.
[Zeichnung]

[42v: leer]

[43r]

Auffzug in die Perspectif wie ein ganz Bolwerck oder Pasteÿen von außen fornen her ahn zu sehen, wie alle Streichen vnd Leger bedeckt sind.
[Zeichnung]

[43v: leer]

[43r]

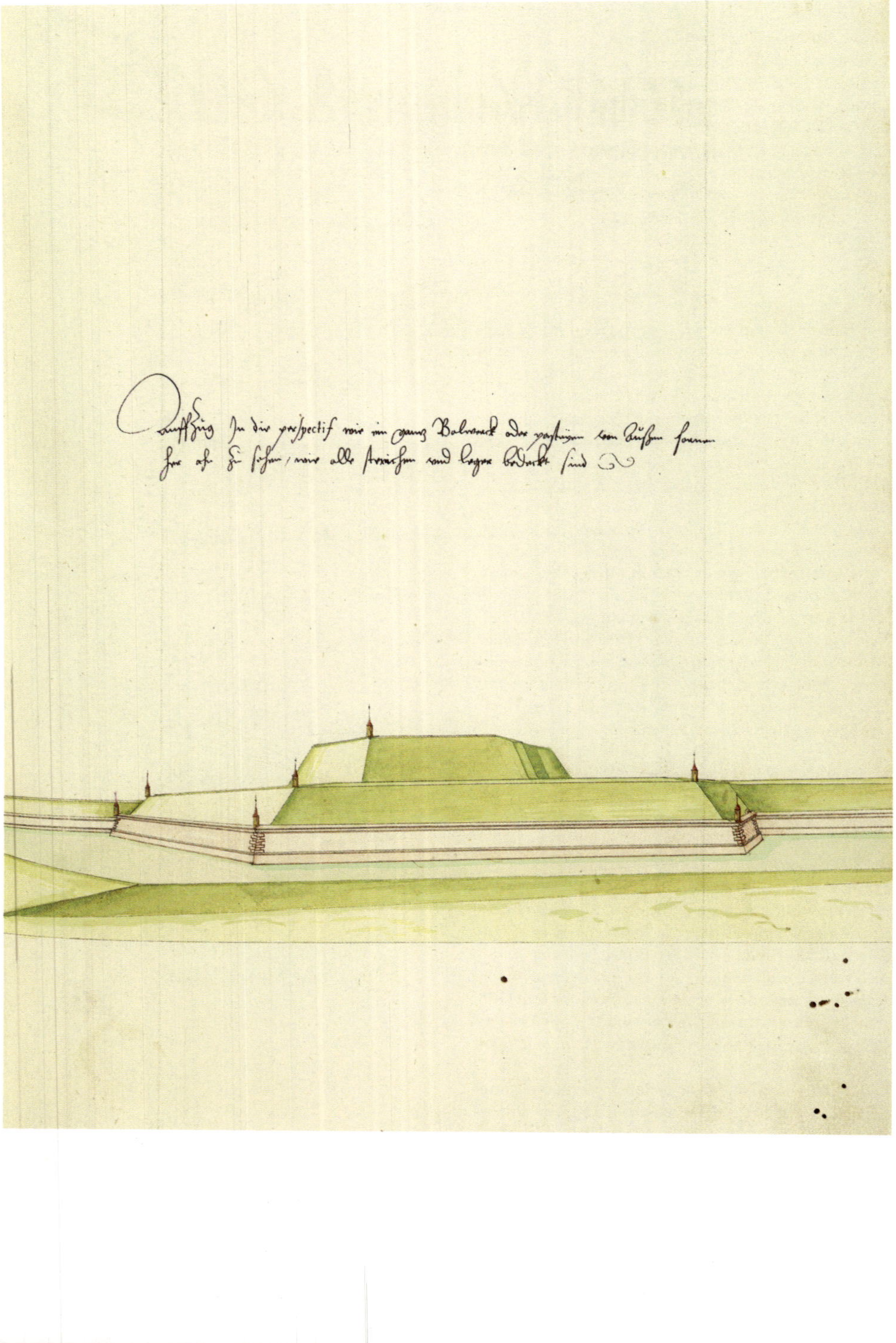

[44r]

Register vber den anderen Theyll.

Do würdt kurtz gehandlet (waß vorgemeldt) wie ein lobliche Stadt Basell, kahn angriffen werden, zu bauwen, darüber vier ordentliche Capittel, sampt deren Visierungen fürgestelt.

Inn der ersten Visierung vnndt Bedenckhen, würdt gehanndlet, wie solche auffs schlechtest zu bauwenn mag angriffen werden. [↑Fol. 45r]

Inn der zweÿtten, wie solche mit nüderen bedeckten Streichen, Wähllen, vnndt Caualieren im Graben, zu ringßumb kahn fürgenohmmen werden. [↑Fol. 56r]

Inn der drÿtten Visierung würdt gehandelt, wie solche mit kleinen Pasteÿen, Bollwerckhen, Streichen vndt Caualieren, auffs best erbauwet werden, dauon auch ins Veldt kahnn gehandlet werden. [↑Fol. 68r]

Inn der vierten vnndt letsten Visierung vnndt Bedencken, wierdt angezeigt, wie ermeldte Stadt, können zum mechtigsten, mit gewaltigen, Bollwerckhen, Wähllen, Caualieren vnndt Streichen, zu Waßer, zu Landt, erbauwet werden, darüber der erste Theÿ[l] genugsamen Bericht gibt. [↑Fol. 79r]

[44v: leer]

[45r]

Der ander Theil. Erklerung vber die vier Visierung[en] vnnd Model einer loblichen Stadt (groß vnndt kleinn) Basel.

Erstlichen vber die Visierung N.° 1.

In dißem Model oder Visierung muß erstlichen (wie auch in andern) Achtung gethann werden, daß ich alleß waß gebauwenn, stöhn laß vnndt kein Enderung für nihmm, zuuerhintung Vhunkostens, damit aber ettwaß muß[12] fürgenohmmen werden, daß die Gräbenn soll defendieren vnndt bestreichen, hab ich mich geflüssen, so veil müglichen, daß solchs an Ortt vnndt Enden geordent vnndt angestelt werden mag, do es sich zum besten schickht.

Zum andern, nach dem die Stadt also zuringßherumb beschaffen ist, daß vor Zeÿtten (alß die Stadtmauren gebauwen) noch kein Wüßenschafft des Geschützes gehabt sonder allein die Armbrosten geweßenn, hatt man also die Mauren auff bauwen, zu Beschützung vor den selbigen. Die gegen Wehr aber, hatt man nit auff den Mauren sonder auff den hohen Thürnnen gesucht,

[45v]

damit man alle Werckh, so für die Mauren kohmmen, hiemit vberhöcht werden, derhalben hatt man weder Gäng noch Leüff auff die Ma[u]ren bauwen, allein (wie gehört) nuhr zur Deckung, damit man aber solchen Mauren, mit Böckhen, Wüderen, vnnd anderen Krigßrüstungen, so man vor Zeÿtten gehabt, hatt können ihnstoß[en] vnndt fällen, die Gräben hatt man für solches geordnet, damit man mit solchen Werckhen nit hatt können zu den Mauren kohmmen, solches ist für vest gehaltten worden, wie dann solchs in veÿl Stedten zu sehen ist.

Demnach aber daß Geschütz in Brauch kohmmen, würdt solchs für Nichts geacht, insonderheÿt jetzundt bey vnßern Zeÿtten, da alles zum höchsten kohmmen ist, von wegen vnnßerer Fünd, dann dieweil der allmechtige Gott, sein selligmachents heÿlig Euangelium, widerumb gnedig hatt leüchten laßen, welches man wenig acht, waß hatt solches nuhr für Anstöß vnndt Verfolgung so man täglichen in allen Landen sicht vnnd hört, ja man zeücht auch von weÿttem nach denen, die der Wahrheÿt anfangen, solche zuuerfolgen, daß auch schier niemandts sicher durch die Landt wandlen noch reÿß[en] darff, damit sie alle wahre Christen mögenn außrotten, solches hört vnnd sicht man an ihrenn starckhen Bündtnußen, derhalben alle fromme Christen hierinen nit wüder Gott handlen, insonders

[46r]

die Oberkeÿtten seindt schuldig, sich vnndt ihre liebe Vnderthannen (alß Vätter) zu beschützen vnndt zu beschürmmen, insonders wann sie sich verbauwen, wüder ihre Feindt, die sie vnschuldig begehren zu beleÿdigen, welches auch den vnuernünfftigen Thieren ist ihngepflantzt, in Gott hatt solche noch darzu bewaffnet, eins mit starckhen Zennen, Hornneren, Klauwen, die andern, so solchs nit haben, können sich vergraben, ihnschantzen, verkriechen, oder gantz geschwündt außreÿßen. Dieweÿl aber der Mensch solchs schüer keinnes, hatt Gott ime die Vernunfft gegeben, sich vor vnbüllichem Gewaldt zuo beschützen, mit Vestungen, Waffen, vnndt anderen Mittlen welchs offenbar ist.

Damit ich aber zu einem solchen Werckh greÿff, wüll ich soueÿl möglichen in meinem Bedenckhen, erstlichen ein kleine Anzeigung thun, wie man möchte gantz gering vnndt geschwindt ein schlechte Verbesserung thun, vnndt alles stächen bleÿbt.

Erstlichen ehe ich die Visierung vnndt Bedenckhen N.° 1. ahngreÿff, muß ich zuuoran, die Mängel beeder Städt Basel, einwenig vermelden, dadurch ime (jetzumal wann sie schon wol besetzt,) der Feindt kahn zu kohmmen, vnndt waß für Gefahr dauon zu gewartten ist, vnndt soll hiemit solchs beÿ den Lit: außwendig Achtung gethan werden, dah der Feindt schantzen würdt[,] Die rötten

[46v]

Linien bedeüten die Schutz, vnndt wie wol ein Feindt solchs mit Gewaldt würde angreÿffen, wüll ich doch nuhr mit einem Schutz vnnd rotter Linien solchs verstendigen, solchs muß hernach allenthalben verstanden werden.

Erstlichen bey Lit: A. am Reihn der Letzen vnder S: Johann, ist es gefohrlichen an dem Eckhe, von auffsteÿgens, Beschießung vnndt Verrettereÿ beÿ Nacht, so da zu gewartten ist.

Bey Lit: B. bauwet er da ein Schantz kahnn er mit fünff oder sechs Cartunen in zwo Stunden die Maur auff einhundert Schuch oder lenger, deß innern Boden gleich, abschießen, vnndt da ohn alle Hündernuß stürmmen. Will man ime von der Handt Gegenwehr thun, (dann man sich so baldt nit verbauwen khann) so hatt der Feindt noch ein schantz, do er (neben S: Johannis Thor) die Maur auch öffnen, würdt, vnndt auff der Seÿttenn hünder die Streich vnnd abtreibt, daß sie die gegenn Wehr nit thun können, wie mit Lit: C. zu sehen ist.

Beÿ Lit: D. vnndt E. ist es ebenmässig, dann sich der Feindt verdeckhen kahnn, gegen der Weheren mit N.° 3. zu sehen.

N.° 10. ist es ebenmäßig ein böß Eckh, weil aber einn starckher Wahl da gebauwen ist, würdt er solchs nit angreiffen.

[47r]

Alle krume Wünckel, da kein Eckh ist, kompt kein Feindt nit gern.

Ahm Eckh ob Spahlen Thor [Nr. 17], würdt ers pleiben lassenn weil ein Rundöl da gebauwen ist.

Daß Eckh ob Steinen Thor N.° 28. dieweÿl ein Rundöl da gebauwen, last ers bleiben.

Daß Eckh N.° 30. mit dem großen runden Bollwerckh, hülfft solchs nichts, dann der Feindt kahnn die Maur zu beeden Seÿtten öffnen, vnndt hünder dem Bollwerckh, zusamen kohmmen, mit dem Schutz, in zwo oder dreÿen Stunden, wie mit Lit: F. vnndt G. zu sehen ist, vndt also die inner gegen Wehr nehmmen, vnndt daß Volckh abtreÿben.

Oben beÿ S. Albanns Thor, hatt es wüderumb ein Eckh, also wann der Feindt vnden im Grundt bey Lit: I. solchs beschiest, kahnn oben auff der Höhen vor S. Albannßthor beÿ Lit: H. daß Eckh öffnen, vnndt hienab hünder der Mauren, biß zur Letzen am den Reihn, die Maur streichen vnndt schießen, vnndt die Gegenwehr abreÿben.

Solchs seindt fast die fürnemsten vnndt gefärlichsten Ortter an der großen Stadt, wie wol sie sonst, wann die Maur gefält, alleß offen steht, wie dann solchs an allen Ortt[en] zu sehen ist.

[47v]

An der kleinen Stadt.

Die kleiner Stadt hatt fast eittel Eckh, an allen Ortten so in daß Winkhelmeß fallen, also wann solche nit solte auch verbeßert werden, hetten alle Eckh solche Gefahr zu warthen, dann es sich (wann die Nott vorhanden) nit also bald bauwen löst.

Solchs hab ich zum Bericht auffs kürtzest wollen zuuoran melden, auff daß, wann ich die Eckh ettwaß stercker bauwe, daß ich solchs auß Vrsachen thuo.

Jch wüll aber anfenckhlichen gantz gelind, vnndt gemach, meine Bedencken ihnfüehren, vnndt also eher mehr erstreckhen, von miner Visierung biß in die ander, nit, daß man beÿ einem allein müeste bleÿben, sonder man kahn mit guttem Rath von allen, oder von einer, zwo, oder dreÿen, ein Visierung zusammen ziehen, vnndt ein Werckh darauß machen, darumben wüll ich den gantzen Grundtriß, in allen Visierungen durchauß fiehren, also daß man sehen kahn, wie ein Bauw kompt, drüber oder drunder, an allen Enden, will hiemit zum Anfang greÿffen.

Eß haben kurtz verschünnener Zeÿt meine gnedige He[rren] einer loblichen Stadt Basel, zu einer Verbeßerung vnndt Defension fürgenohmmen, vnndt auff

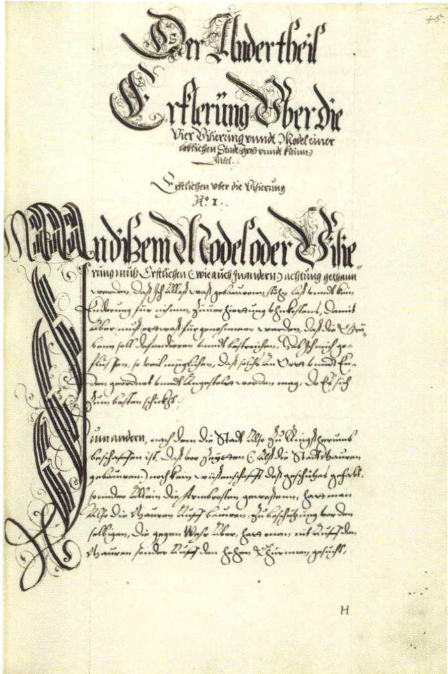

[45r]

12 Die Reihenfolge der Worte «ettwaß» und «muß» ist nachträglich mit Hilfe von Klammern wie transkribiert geändert worden.

[49v]

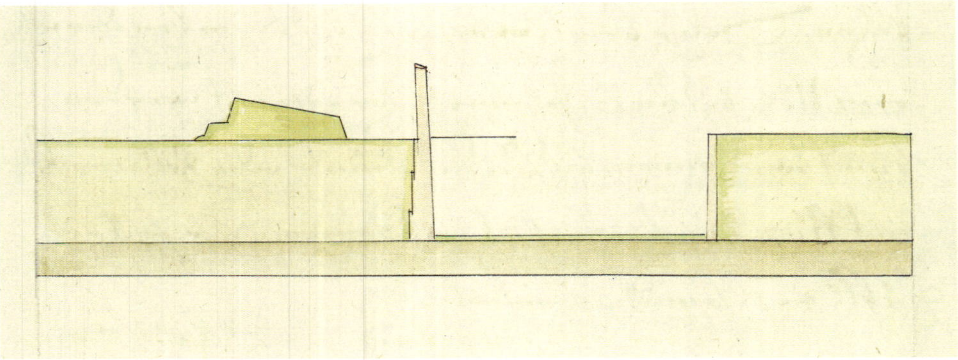

[50r]

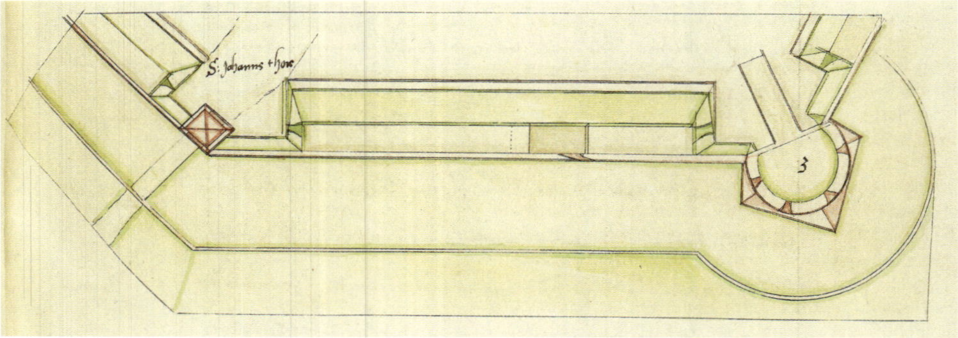

[51r] [52r]

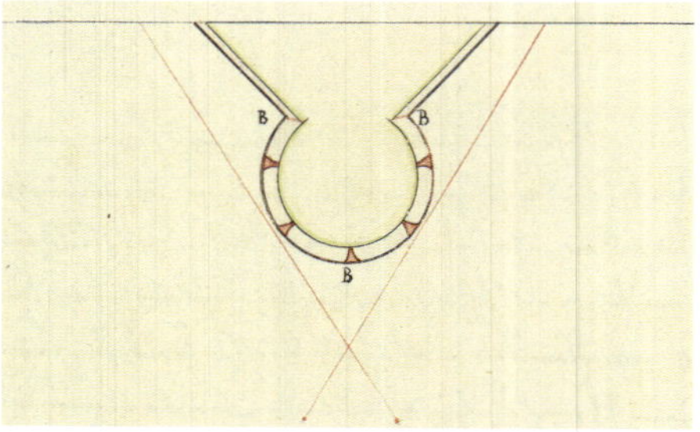

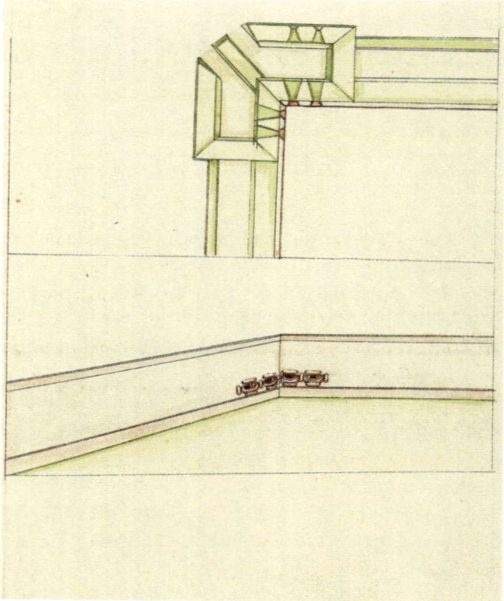

[51v]

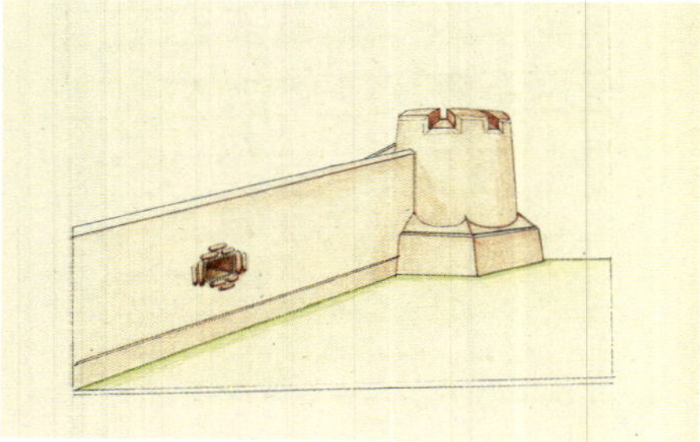

[52v]

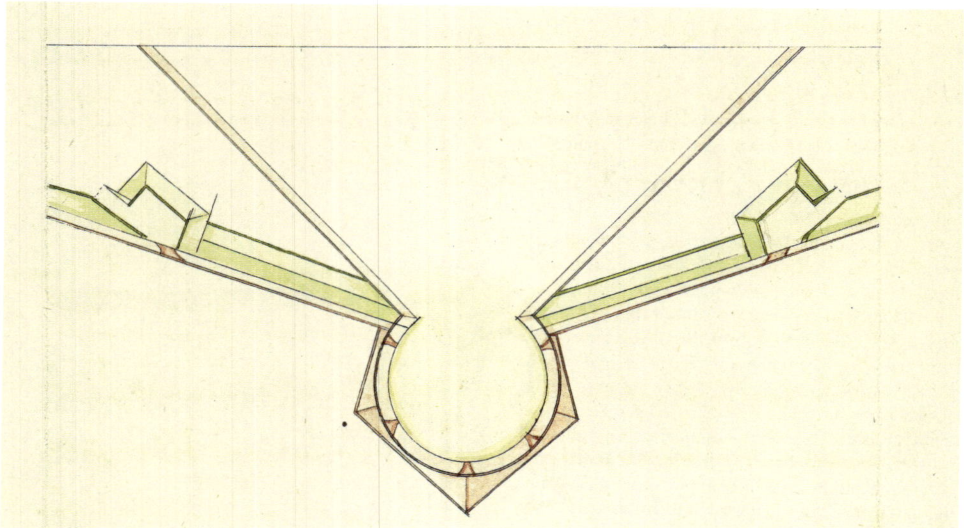

[48r]

ebnem Boden (dieweil nit auff die Maur zu kohmmen ist) Schutzlöcher durch die Stadtmauren zurüngßrum gebrochen, damit man mit Handtrohren den Graben kahn bestreichen vnndt vertädigen, wann der Feindt dardurch die Stadt ersteÿen woltte, vnndt solche nach der Seÿtten geruckht, welches ich passieren laß, vnndt ist gutt.

Zum andern obschon der Feindt die Stadtmauren beschiest, vnndt ein Luckhen macht, kahn doch solchs nit an allen Enden durchauß geschehen.

Damit solchs alles in seinem altten Standt, mag bleÿben, vnndt weniger Kosten möchte erfordern, woltte ich solchs noch mehr verbeßern auff diße Weÿß.

Doch soll Achtung gethan werden wann man alle Visierung[en] besüchtigt, daß man von Außen herumb solchs besehen soll, vndt allwegen am Reihn bey S. Johannisthor an der Letzen, vnden beÿ N.° 1. anfahen, vnndt also herumb fahrenn biß oben am Reihn, an die Letzen vnder S. Albann am Eckh, solchs betreffen die groß Stadt.

Darnach solle nach den N.° fortt vber Reihn in die klein Stadt gefahren werden, vnndt oben am Reihnn, (am Eckh der Cartauß) anfangen, vnndt auch also herrumb auff die rechte Handt biß ans Closter Clingental an Reihn zu füehren.

[48v]

Letstlichen würdt zu Beschliessung am Reihn beeder Seÿtten, auch der Brückhen Anzeigung geschehen, solchs soll in allen Visierungen Achtung gethan werden, damit ich nit allmalen solches von neüwem mehlden darff.

N.° 1.

Die Letze bey S. Johann N.° 1. woltte ich den Thurn vnden verbauwen, vnndt ein Graben in Reihn schrott[en], oder sonnst bewahren, daß mir kein Feindt zum Fuoß deß Thurns kohmen kahnn, der ersteigen, vndergrabenn, sprengen, oder beschießen, dann hieran veil gelegen ist, wann die Eckh wol versehen seindt, vnden vnndt oben, auff allen Seÿtten, dann ein Feindt, allenthalbenn bedacht, gewalttig veil Fortheil zu suchen, welches nicht zu glauben ist, dieweil er weÿst daß man nuhr auff einer Seÿtten kahn zu ime kohmmen, sücht er wie die ander Seÿt kahnn gefeltt, vnndt die innern abgetrÿben werden. Solchs soll in allen Visierungen gemerckht werden, wie ichs dann auch wüll verzeichnen, wann ich hernach in die andern Werckh kohmme, vnndt die Vorgebeüw würde hienauß legen.

Es muße aber ihnwendig auff dem Platz beÿ S. Johann, gegen dem Reihn zu, vnden auff dem Boden wohl geraumpt werden, völlig auff zwantzig Schuch breÿt, vnndt die Erden vbersich arbeÿtten, vnden auff dem Boden kahnn man Schutzlöcher haben, zu bestreichenn,

[49r]

den Aufffart deß Reihns vnndt anderer Gegenwehr, obenauff muß man ein Brustweher von der Erden bauwen, domit der Reihn mag hienüber gefüehrt werden.

Solche Brustweher muß aber nit allein da angefangen, sonnder zuringßvmb die Stadt gefüehrt werden, nambliche auff fünff Schuch von der Mauren imwendig auff fünffzehen Schuch dickh, vnndt acht hoch, mit einer Banckh für Schützenn, oder kahnn also weÿt hünder sich gelegt werden, so weÿt der jetzige Ganng hinder der Mauren ist, also wann schon die Maur (welche in Zeÿt der Nott für nicht zuo achten ist) hiennweg schiest, dannoch ein Deckhung vorhanden, do man an solchen Luckhen mit mehrer Beschantzung grobe Stuckh stellen, auch mit Schutzen Gegenweher thun kahnn. Solche Brustweher, muß alß dann von der Letzenn N.° 1. biß an S. Johannsthor gefüehrt werden, vnndt von dannen, biß an daß Rundel oder Bolwerckh, mit N.° 3. wie verzeichnet, von dannen, also fahrt biß zu N.° 4. 5. vndt 6. zeichnet.

Die Erden aber zu solcher Brustweher ist also zu nehmmen, man kahnn den Graben in Mitten erdieffen, die Erden zusamen hauffen, vnndt allwegen an einer Lenge oder Ortt ein Loch durch die Stadtmaur brechen, ein verlohrenn Bruckh ordnen, vnndt dahinn füehrenn, vnndt alda die Luckhen wüderumb zumauwren, daß kahn an einen Ortt .10. oder .12. geschehen, oder wo man kahn, vnndt will, vnndt die Nott erfordert.

[49v]

Hie muß ich ein wenig stüllhaltten, vnndt einen Bericht thun, den man im gantzen Circumferentz durchauß halten muß, damit man nit jedeßmal ein Ding offtermalen

13 Lesart unsicher.

muß repetieren, sonder wie an einem Ortt, also am anderen auch, damit wann man ettwaß wüderumb meldt, solchs der Proceß durchauß also gefüehrt, vnndt verstanden werden sol.
Die Brustweher hinder der Mauren soll (wie gemeldt) also gefüehrt werden, Exempel, von S. Johannisthurn an biß zum Bollwerckh N.° 3. welche in ein Durchschnitt, also anzusehen, ist mit Lit: A.
[Zeichnung]
Eß muß aber, an S. Johannsthurn nebenzu, auch gegenvber an dem Rundel oder Bollwerckh ihnnwendig, ein Fierung gefüehrt werden, zwelff Schuch lang vnndt breÿt, darumb van Ausser einn Brustwehr mit einer Schartten, darin ein Streichbüchßen rüwig stöhn kahnn, also wann der Feinndt zu seiner Notturfft die Maur felt, vnndt zum

---

[50r]

Sturm arbeÿt, vnndt ob im solchs im Graben nit wohl kahnn gewehrt werden, weil kein Streichen vorhanden, damit im auffsteÿgen, hiemit auff den bloßen Man kahn gestrichen, geschoßen, vnndt soueil möuglichen abgetrÿben werden, doch kahnn solchs ihn gestelt, vnnd in Zeÿt der Nott, bald geordnet werden, wo es die Notturfft erfordert, wie ich hie zu einem Exempel solchs verzeichnet hab, vnndt den Schuch in dißem Grundtrÿß größer genohmmen.
[Zeichnung]
Wann es sich aber rathsam befünde, solche Schantz hinder der Mauren noch höher, vnndt den Graben noch mehr zu erdiefferen, zufüehren, wehre es noch beßer.
Zum andern muß hierauff auch fleÿsig Achtung gethan werden, nach dem die Rundöllen oder Bollwerckh, inn dem Auffbauwen seind rund gebauwen worden, welche gantz nichts sollen, allein hienauß zu rings

[50v]

vmb inß Feldt zu reichen, daß solchs nitt gutt ist, vnndt nit können bestreichen werden, dann keinn Schutz kahnn rundt geschoßen werden, sonder ein jeder Schutz gäht alles der Linien nach, also sollen alle Gebeüw an Vestungen auch gebauwen werden, also wann der Feindt ein Leÿtter .10. 20. oder .30. nacheinander anwürff daß man solche nach der Seÿtten kahn anwerffen mit dem Schutz, welches in keiner Rundung nimmer mehr geschehen kahnn.
Zudem, melden ettliche, ein rundt Corpus seÿ sterckher, dann ein gefüehrttes, ehe mehr man solchs zusammen druckht, ehe sätter vnndt sterckher es würdt. Bringen ein Exempel herfür, vnndt sagen ein Kieffer der ein rund Faß bündt, ehe mehr er Reÿff daran schlecht, ehe sätter daß Faß zusammen treÿbt, steÿffer vnndt behäber es würdt. Derhalben haben die runden Wehre ein Sterckhe ihnwendig, daß sie inß Centrum nicht weichen, sonder vest haltten.
Solchs Argument ist leicht auffzulößen, ein Faß insonders wann es foll ist, ehe sätter es getrÿben, ehe vester es haltt, (ist wahr) wann es ohne weÿttere Nott vnndt Zwang beÿ seinem Corpus bleÿbt, wann aber mit einem scherpfferen vnndt hartteren Gegenstreich, alß wann der Kieffer die Reÿff mit der Scherffe deß Küeffermeßers antrÿbe, würdt er solche baldt einzweÿ hauwen, vnndt dergegenn last, ime solchs mit Gewahlt von einander treÿben, solchs hie

---

[51r]

auch wann ein Rundung beschoßen vnndt ledig würdt, faltt sie veÿl ehe dann ein gleich Corpus, vnndt ist in solchen Sachen, weder vnden noch oben zueranttwortten, vnndt im Bauwen wüder alle Regulen. Dieweÿl aber solche runde Bollwerckh schon bauwen seindt, woltte ich sie doch im Fueß in die Eckh füehren, damit mir der Feindt nichts im Forttteÿl habenn mochte, dann wann er in Graben kehmme, kahnn er Fornnen an der Ründung ihnberechen, vnndt ein Luckhen machen, vnndt also beÿ Nacht in Fuß kohmmen, welches man ime nit wehren küntte, weÿl kein Streichen im Graben seindt, darinn er doch wol sicher ist, vor dem Schutz, solchs kahnn verstanden werden, wo einer beÿ Lit: B. stäht, ist er sicher von beden Nebenseÿtten.
[Zeichnung]
Damit aber solchs gewendt, würde, woltte ich solche Rundungen, oder Bollwerckh im Fuß ihnfaßen, auff .12. oder .15. Schuch hoch, wie ein Streben, vnndt ime damit die Rundung im Fuß hinweg nehmmen, alß dann küntte der Feindt kein Fuß noch Standt sicher haben, vnndt würdt hiemit ersterckht, wie sie zeichnet.

[51v]

[Zeichnung]
Dieweÿl ich aber auff ein mal beßer forthfahren will, biß ann N.° 6. dieselbige dreÿ Eckh, darinnen alle Bedenckhen fürfallen, so in dißer Visierung, kahnn durchauß braucht werden, will ich solchs ein wenig auch erklehren, domit in nachuolgenten, alleß beßer verstanden kahnn werden, dann ich mich kurtzes vnndt satten Berichts hierinnen gebrauche.
Vnndt von dißem Bollwerckh, N.° 3. biß N.° 6. hatt es zwehn Winckel vnnd ein Eckh mit N.° 5. wann solche Brustwehr abermalen also hierein gefüehrt würde, kahn man in beeden Wünckhlen N.° 4. vnndt N.° 6. Creützstreichenn

---

[52r]

machen, N.° 4. streicht für daß Bollwerckh, N.° 3. vnndt N.° 5. fürs Eckh N.° 6. streicht mit N.° 5. vnndt den Graben fortt hienauff zu N.° 7. vnndt 8. zu.
Die Creützstreichen mußen aber also verbessert werden, also daß sie in Winckel oder Eckhen, also die außgraben oder dieffgelegt würden, daß sie vom ausseren Boden aber ein Man auff sechs Schuch hoch bedeckt wehre, vnndt müeste man solche auff zwantzig schuch in Boden völligen lang vndt breÿt machen, vndt die Brustwehre dahünder gleich der anderen füehren, vnndt fornnen mit zweÿ starcken Schutzlöcheren, die in Graben streichen, können wie gemeldt, vnndt in der Visierung zu sehen, vnndt hie eine verzeichnet habe, im großen Schuch.
[Zeichnungen]

[52v]

Wo aber runde Bollwerckh gebauwen vnndt wann sie (wie vorgemeldt,) den Fuß woltte in die Vierung ihnfassen vnndt bauwen, vnndt aber solche Creützstreichen nicht vorhanden, muß Achtung gethan werden, daß man nebenzu ein starckh Schutzloch senckhe ettwaß dief, vnndt die Linien dem Schutz nach dafür ziehen, damit solche Weher möchte bestrich[en] werden, dann der Feindt gewohnlichen den hohen Wehren zusetzt dauon er dann den grosten Schaden entpfahet, wie ich hie vngefohr verzeichnet, vnndt in der Visierung auch kahnn gesehen werden.
[Zeichnung]
Solchs seindt fast die fürnembsten Reglen, so in dißer erst[en] Visierung werden fürgenohmmen, deßhalben, würdt man solchs, wann ichs kurtz von solchem melde beßer verstahn, vnndt auß der Visierung den Bericht abnehmen.

[53r]

Wann also in solchenm also forttgefahren würdt, biß hienauf ans Eckh, an den hohen Thurn Luginßlandt, hatt es beÿ N.° 10. ein starckh Bollwerckh, da man Geschütz zu beeden Seÿtten hien brauchen kahnn, welchs gutt ist, in dißem Ortt.
Vom Luginßlandt vnndt deßen Bollwerckh, falt die Maur wüderumb in ein Eckh, mit N.° 12. vnndt von dannen für 13. bis N.° 14. für S. Petersplatz in Winckel, von dannen biß ans Spahlenthor.
Alle dißen beeden Ecken vnndt Wincklen, werden abermalen die Creützstreichen, (wie vorgemeldt) geordnet, deßgleichen mit der Brustwehren herumb gefahren wie in der Visierung zu sehen ist.
Vom Spahlenthor biß zum Bollwerckh N.° 17. vnndt dann biß für N.° 18. 19. biß in Winckel .20. würdt gleichmeßig solchs herumb gefüehrt, doch neben dem Bollwerckh zu beed[en] Seÿtten vnden wüderumb zwo Streichen, beÿ N.° 16 vndt N.° 18. ihnbrochen, so für daß Bollwerckh .17. die Linien streich[en] können.
Im Winckel mit N.° 20. würdt abermalen ein Creutzstreich[en] müeßen geordnet werden, die den Graben zu beeden Seÿtten vertädigen.
Von dem Winckel mit N.° 20. biß auffs (oder zum Bollwerckh) mit N.° 24 ist ein große Lenge, muß aber also

[53v]

fortt gefahren werden, doch mechte in mitten ein kleine Bollwerckh gelegt werden, wie in der Visierung zu sehen ist.
Daß Bollwerck mit N.° 24. muß wie die andern gleichtrag[en] vnndt neben zu mit Streichen, do es sich zum besten schickht, geordnet werden.
Vonn dißem Bollwerck biß an den Ihnfluß deß Bürß, für Steinnenthor biß zum Bollwerckh mit N.° 28. muß solchs ihnwendig woll versehen werden, deßgleichen außwendig auch, dann man von den hohen Wehren nit wol vnder sich kommen kahnn, welches allenthalben nit gutt ist.
Dieweÿl es sich aber im Ihnfluß ettwaß beügt, muß der Ihnfluß (weil er nit zu nehmmen) beßer versorget werden, damit man nit auß vndt ihnkohmmen kahnn, wie in der Visierung mag gespeürt werden, oder die Portten beßer vermachen, weÿl sie dieff hin leigt, gegen dem Nebenlandt.
Daß Bollwerkh N.° 28. muß auch also ihngefast, vnndt mit Nebenstreichen versehenn werden.
Vonn dannen hienauff biß anß groß Rundöl mit N.° 30. muß alleß wie vorgemeldt gebauwen werden, wann aber daß Bollwerckh, auch also würdt ihngefast, würdt es ein

---

[54r]

scharpffen Spitz geben, welchs sein muß, damit es kahnn von beeden Seÿtten bestrichen werden. Es muß aber die Futtermaur, gleichfalß dem Spitz nachgezogen, damit solchs volkohmmen bestrich[en], vnndt beede Streichen nebenzu ihnbrochen werden.
Von dißem Bollwerck hienab, biß zum Escheimerthor, muß wüderumb also fortt gefahren werden, weÿl solchs auch ein zümliche Lenge, mag wüderumb ein Bollwerck gelegt werd[en], inmitten wie in der Visierung zu sehen ist.
Am Escheimerthor muß ein Creützstreich ihnen vnndt außwärtz bauwen werden, wie zu sehen ist, zuo beeden Seÿtten. [Andere Schrift:] Oder heruß eins forgelegt werden.
Vom Escheimerthor biß zu S. Albanßthor ist ein grosse Lenge, muß solchs durchauß also auffgefüehrt werdenn, vnndt möchten zweÿ Bollwerckh gelegt werden, wie in der Visierung zu sehen ist.
Beÿ S. Alban hatt eß ein sehr große bösse Höhe, doch wie dem allem, so muß ein Deckhen fürzogen werden, vnndt mit einer Streichen biß hienab auff den Reihn der vndern Letzen mit N.° 42. vnndt muß auch ein Wahl, neben dem Thor, zur außern Vberhöhung, gelegt werden wie zu sehen.
Von dißer Letze oben am Reihn biß wüderumb hienab an

[54v]

die Letze bey S. Johann (do ich angefangen hab,) muß durch abe[n]13, alles gantz wol bewahrt werden, damit beÿ Nacht, zu Schüff vnndt Waßer nit, in die Stadt steigen, vnndt darein kohmm[en] kahnn, derhalben, alle Außflüß, Portten, Thörlein, Thüeren, Fenster, vnndt alleß waß offen, mit Getteren, Beschliessung[en], vnndt anderß, wohl muß versorgt werden. Soueil von der großen Stadt, vber die Visierung .N.° 1.

Vber die kleinn Stadt Basel.
Belangt die kleiner Stadt Basel, muß solche bey N.° 43. gleichmeßig angefangen werden. Dieweÿl sie aber inwendig mit Heüßer an der Maur besetzt ist, muß drob[en] am Ortt der Carthauß ein Streichen gelegt werden, die den ihnnern Graben verdetig, (auff den außeren Zwünger ist sich nicht zuuerlassen).
Beÿ dem Reÿheinerthor, oben am Eckh, vnndt inmitten können zwo Streichen nebenzu, gelegt werden, zu Vertädigung deß Grabenß zu beeden Seÿtten.
Hienab baß da die Wÿhßen in die Stadt fleüst, oder oben am Eckh möchte wüderumb ein Streichen geordnet werden.
Beÿ S. Bläsÿthor im Winckel oder Eckh, kahnn aber ein Creützstreichen geordnet werden. Obschon Heüßer

---

[55r]

da stöhn, kahnn solche in Zeÿtt der Nott, wol gebraucht werden, ob sie schon in Keller oder andern Gemach kohmmen, ist es ohne Nott die Heüßer dardurch zuuerderben.
Vom Eckh N.° 43. kahnn biß hienab anß Closter Klingenthal ein Brustweher gefüehrt werden, vnndt vnden am Eckh deß Closters ein Streichen (am Waßer) hienauff, in Graben. Wann der Graben küntte von (dem Waßer) der Wÿhßen gefült, oder also außgefüehrt werden, daß er Wasser hüeltte, wehre es desto beßer.
Solchs hab ich anfengklichen vber die erste Visierung wöllen melden, damit hernach von einem zum anderen alleß beßer kahnn verstanden werden. Vnndt wie wol die Visierung klein, so hab ich doch (wie auch hernach) alleß waß nöttig ist, in den Bedenckhen vollig vnndt groß verzeichnet, darauff muß auch Achtung gethan werden, im gantzen Werckh, würden sonnst, die Visierungen vberschwencklichen groß, die Gelegenheÿt nit wol zu sehen wehre. Also will ichs in allen Visierungen durchauß brauchen.

Solchs ist gantz ein schlechts Bedenckhen, allein daß man dz ander desto baß verstöhen kahnn, wüll hiemit solches beschließen, vnndt zum andern N.° 2. greÿffen.

[55v: leer]

[56r]

Kurtzer Bericht vber die Visierung N.° 2.

Hierin in dißer Visierunng wil ich abermalen, den gantzen Circumferentz, der gantzen Stadt stöhnn laßen, damit kein sondere Verenderungen abermalen fürfalt, vnndt der Kosten soveÿl müglichen kahnn vndt mag erspart werden, außwendig würdt die Futtermaur geendert werden, doch mit Rath vnndt Nutz möchte ettwaß erbauwet werden, vnndt will vnden beÿ S. Johann an derselbigen Letzen anfangen.

Anfengklichen muß abermalen (wie in N.° 1. gegen dem Wasser oder Reihn zu vermeldet) ihngenohmmen werden, also vnden vnndt oben mit der Streichen vnndt Brustwehren.

Aber vom Thurn oder Letzen muß es ein ander Bedencken haben, wie zuuoran ihnwendig ein Brustweher ist gelegt worden, also muß jetzundt ein schmaller Wahl geordnet werden, der muß ihnwendig von der Mauren .10. oder .12. Schuch weÿt leigen (vngefohrlichenn) wie jetzundt der Gang hinder der Mauren an die Stadt goth.

[56v]

Solcher Wahl muß also hoch sein (auff dem Standt ohne die Brustweher) daß er auff .10. Schuch höher ist, weder der außer Boden am Lauffgraben, im Feldt oder völliger noch höcher, damit man kahnn inß Feldt reichen. Ob aber die Stadtmauren wollten so hoch sein, müste man solchen oben die Zinnen abbrechen, so hoch alß man vermeint genugsam zu sein. Mann muß aber sehen, daß der Anlauff oder Böschung deß Wahlß nit zu weÿt hinder sich laufft, damit der Wahl oder Standt nicht zu breÿtt werde (wann die Brustweher obenn 10. Schuch dickh ist, nuhr für die Schütz) vnndt der Standt auch 10. Schuch breÿt, ist es genug. Aber an End vnndt Ortten do es nöttig (insonderß an Eckhen) auch wo lange Mauren oder Stend seindt, muß man Wähl oder Ständt ordnenn, (so man Caualier nent) damit man ins Feldt handlen kahnn.

Solche Wähl, Ständt, oder Caualier so zu ringßumb, köhnnen auff nachuolgende Artt geordnet werden, wie hie verzeichnet, vnndt im Durchschnidt zu sehen, auch in der Visierung ist.

[Zeichnung Ansicht und Schnitt]

[57r]

Wann man aber im Rath befünde, daß man die Mauren nit abbrechen, sonder nuhr ließ stöhn, vnndt im Deckhen so ettwaß völliger wehre dann in der Visierung N.° 1. anzeigt, also daß nuhr die Caualier oder Weheren oben möchten vber außgehn, dauon man daß Feldt regieren könnte, also wann die Mauren hienweg geschoßen, man allerest den Wahl oder Schütten dahinden sehen kahnn, wie dann im Durchschnitt, vnndt Fornen her, hie anzusehen ist, were solchs auch nit böß.

[Zeichnung]

[57v]

Dieweil aber solchs allein ein Defentation vnndt Deckhung imwendig ist, vnndt hie außen der Feündt im Grabenn vnndt allenthalben seinen Wüllen haben kahnn, müeste man in Graben Streichen bauwen, welche durchauß vnndt zu ringßumb die Stadt den Graben vertädigen, auch die Mauer, auch alleß Auffsteigen, dem Feündt nehmmen vnndt wehren kahnn, also daß nichts in Graben könnte kohmmen, solches würdt von den Streichen zuruckh gehaltten, bestrichen vnndt gefeltt werden. Solche Rudöl, Streichen, oder kleine Streichwehren, müßen dief im Graben leigen, daß man sie von Aussen weder sehen noch beschießen kahnn, also daß eine für die ander kohmmen kahnn. Es muß aber im Graben auff die rotten Linien[,] welche Schütz bedeÿtten Achtung gethan werden, so kahnn man sehen wie alleß bestrichen würdt, also soll es in allen Visierungen verstanden werden, dann alleß mit Fortel nach solchem gebauwen würdt.

Es würde aber solche Wehren oder Streichen außwendig an der Futtermauren, ettwaß ein Enderung vnndt Weÿtterung geben, doch nach der Ordnung, vnndt köhnnte man hiemit den Graben auch auffs dieffest, außfüehren vnndt raumen, vnndt solche Erden alle zum Wahl vndt Caualier nehmmen vnndt brauchen, vnndt auff daß dieffest herauß nehmmen, ob es schon Kÿß, Grien, oder

---

[58r]

Wackhen gibt, feindt man doch ettwann so veil gutte Erden, daß man zur Brustwehr auch fornnen her, haben mag. Wo aber solche Weheren oder Streichen stöhn sollen, würdt man in der Visierung wohl sehen, auch wann ich dauon würdt anheben zu melden.

Es werden aber solche Streichwehren an alle nöttige Eckh, Krume, auch wo die Linien an den Mauren gantz zu lang seindt gesteltt, doch sollen sie (wo meüglichen) nicht vber achthundert Schuch, zum weÿttesten von einander gesetzt werden, damit eine der anderen völlig die Handt biettenn kahnn.

Dieweÿl solche klein, seindt sie von ittel Steinen gebauwen, wo aber solchs Steinwerckh zu nehmmen, weren die alttenn jetzigen Thürn sehr gutt dazu, die man ohne daß müeste abbrechen, vnndt veil Stein würden geben, deßgleichen auch die außern Futtermauren, do man ohne daß nit würde wiß[en], wo man mit den Steinen hien soltte, wehre alleß hiezu (in der Weher) gutt zu gebrauchen, wovon man aber die Füetterung würde machen will ich bald melden. [Am Rand in anderer Schrift:] Thürne abzuebrechen

Die Thürn müeste (wann man Wähll oder Caualier machte) abbrochen werden, dann sie allenthalben von den Schutz ligen vnndt hünderen. Deßgleichen würde sie der Feündt ohne daß nit lang da lassen, sonder er schiest solche hohe

[58v]

Thürn vnndt Wehren, erstlichen ohne daß zu Boden, wann dann solche in den Graben fallen, ist es veÿl erger, alß wann sie vor hienweg weren, dann der Feündt, solche nicht allein zu seinem Fortteÿl braucht, sonder man kahnn auch daruon nit zum Feündt schiessen oder streichen, sonder bedeckht denselbigen, vnndt macht im ein Schantz vnndt Deckhen im Grabenn. Zudem hündern sie ohne daß auch im Streichen, wann der Feündt hünder die Thürn im Graben kompt, (wie sie dann für die Maur hienauß gehn) bedeckhen sie den Feundt an der Mauren auch zu, am Auffsteigen deß Sturms.

Ich wüll aber erstlichen ein solche gantze Streichen im Grundtrÿß, hie verzeichnen, wie sie an einer flachen Maur soll leigen, darauß man alles sehen vnndt meßen kahnn, die Größe, Lenge, Breÿtte, vnndt Dickhe, darnach den Aufzug, wie sie fornen her, auch nach der Seÿtten ahnnzuosehenn ist, derhalben ich im allem, den Schuch ettwaß größer genohmmen habe, doch daß Meß so vberhaupt im Grundt ist, solche man mit meße.

Die Lenge an der Mauren achtzig Schuch, doch nach Gelegenheÿt auch wol nuhr sÿbentzig oder sechtzig Schuch, doch wüll ich in dißem Maß bleÿben, damit man zuuoran daß rechte Maß wol verstande, auch in der Visierung besser zu sehen ist.

[59r]

Inn mitten der Spütz von der Mauren in Graben viertzig Schuch, die Fleügel Dickhe zu beeden Seÿten in Graben dreÿßig Schuch, also zeicht man die Linien von beeden Eckhen Lit: A. biß in mitten Lit: B. also hatt man daß gantz Corpus von Außen herumb.

Darnach müeste man wüderumb von der Stadtmauren zwantzig Schuch hienauß in Graben, vnndt zeicht die Linien der Stadtmauren gleich dem außern Spitz vnndt Deckung der Streichen, würdt gewonlichen alleß gemaurt, damit man wol bedeckht ist, zu beeden Seÿtten, würdt die Maur zuo den Schutzlöchern zehen Schuch dickh genohmmen, darein man zweÿ Schutzlöcher macht, auff anderthalben oder zwehn Schuch weÿtt vnndt hoch, inwendig auffgethan, außwendig den Außlauff auff acht Schuch weÿt, vnndt 6. hoch, alleß mit Kröpffungen abgesetzt, mit einem Schloß Eißen inwendig der Schutzlöcher in den Streichen. Oben löst man solche offen sechtzehen oder zwantzig Schuch lang, so weÿt die Streichen seindt, vnndt zehen breÿt, zu dem Dampff vnndt Rauchlöcheren, vnndt zugegüttert, daß man nit hienein steigt, in mitten gewölbt, man solches alles zu, vnndt oben mit einer Dachung (in die Eckh) zugedacht, biß fornnen vnndt nebenzu auffs Gesüms, wie zu sehen ist, in dißem Grundtrÿß vnnd Auffzug.

[59v]

Solche Streichen müßen gantz nider im Graben seÿnn, damit sie von Außen, vom Feündt nicht beschoßen noch gesehen mögen werden. Derhalben weÿl der Graben druckhen vnndt kein Waßer darein kompt, kahnn der Boden darin auch wol nid[erer] werden, vnndt dörffen die Schutzlöcher vom Boden nicht höher stöhn, dann zu einer Streichbüchßen Hohe von nötten ist, mit einem Gutter inwendig beschloßen. Die Ihnfarth kahnn innwendig mit Gelegenheit geordnet werden. Solchs ist fast die gantz Meinung, wie dann in nachgesetzter Visierung beßer abzunehmmen ist.

[Zeichnung drei Risse]

[60r]

Weÿl ich dann verhoffe, ich werde zümlicher maßen verstanden werden, wüll ich die Visierung für mich nehmmen, vndt solchs besser vnndt noch verstendtlicher machen, wie daß ander alles soll geordnet werden, alß Gräben, Füetterung, vndt Leüff, wann ich anheb die Wehren oder Streichen zu ordnen anfang.

Vnden am Reihn beÿ S. Johann am Eckh der Letzen, beÿ N.° 1. woltte ich (wann die Wähel innwendig auffgefüehrt) ein halbe Streichen setzen, die mit ihren breÿtten Endt gegen dem Reihn zu, vnndt die Streichen für S. Johannsthor günge, aber auff dem Reihn müeste die Wehr die Letze beschließen, biß in Reihn, damit kein Zugang da were, noch auffsteigens.

Darnach woltte ich neben S. Johannsthor, auch ein gantze Wehr setzen, die zu beeden Seÿtten, für beede Wehrenn streichen küntte, doch muß hierinnen Achtung gethan werden, daß man in solchen Streichen oder Wehren, von inen ein Abfahrt darein ordne, do es sich zum besten schickhte.

Darnach kompt man an die Wehr mit N.° 3. die muoß vmbfangen werden, wie mit N.° 1. vermeldt worden ist, allein daß sie gegen S. Johanns, vnndt derselbigen Weher zu ein Streiche hab, (wie die andern gemeltte)[.] Auff der andern Seÿtten gegen N.° 4. zu, ist es ohne Nott,

[60v]

doch muß sie wol hienauß gesetzt werden, mit einem Schutzloch für S. Johann hienauff.

Wie die Graben, auch in waß Dieffe, Weÿtte, auch die Füetterung vnndt Leüffgräben sein sollen, wüll ich (wann ich herumb kohmme) auff ein mal vermelden, wann ich biß an dem Reihn aben kohmme, damit kein Hündernuß in dißem kompt.

Vonn N.° 3. dem Bollwerckh zu N.° 4. 5. vnndt 6. zu, woltte ich wie bey der ersten Visierung gemeldt, beÿ den Creützstreichen bleÿben, dann sich kein Feündt in die Wÿ[n]ckel begibt.

Vonn N.° 6 vnndt .7. biß in .8. beÿ dißem Thurn woltte ich wüderumb ein Weher in Graben setzen, die zu beed[en] Seÿtten streiche, dabeÿ ein Caualier, ob man wüll.

Darnach kompt, N.° 9. vnndt .10. der Thurn Luginßlandt, dieweÿl ein starckh Bollwerckh, da leigt, am Eckh woltte ich den hohen Thurn abbrechen, vnndt an daß Eckh ein Streichen setzen, wie am anderen gemeldt ist worden.

Es müßen aber solche Streichen an der Mauren auff, zehen oder fünfftzehen Schuch auff jeder Seÿtten kürtzer werden, wo aber große Bollwerckh vorleigen wie kohmmen werden, muß ein Gang herumb gefüehrt, wo es sein kahn.

[61r]

Dann weÿl sich im Buckh die außer Linien auffthut, erstreckt sie sich auch lenger, dann sunst an einer Streichen, wie ich hie ein Vertzeichnuß zum Exempel setze, damit man hernach solchs desto baß verstehen kahnn.

[Zeichnung]

Vom Luginßlandt faldt die Linien zuruckh, auff N.° 11. vnndt .12. in Winckel, von dannen auff N.° 13. 14. aber ein Winckel, für S. Petterßplatz, da zeücht sie sich wüderumb herauß, biß ans Spahlenthor, in beed[en] inneren Ecken, N.° 12. vnndt .14. woltte ich abermalen, die Creützstreÿchen, machen wie vorgemeldt.

Am Eckh beÿ dem Spahlenthor gebe es ein Enderung ettwaß, dann man müeste den Bauch auß dem winkel N.° 14. vnd dann den Bauch von N.° 15. in ein gleich Eckh fürs Spahlen

[61v]

thor ziehen, vnndt da ein halbe Streichen setzen, so gegen der Weher oder Bollwerckh, mit N.° 17. zu göht.

Dozwischen mag ein Caualier geordnet werden, daß Spahlenthor, würdt die Außfahrt ettwaß geendert, oder nebenzu außgefüehrt werden, welchs daß Thor bedeckt N.° 17.[,] daß Bollwerckh am Eckh, muß für solchs auch ein Weher oder Streichen gebauwen werden, so zu beeden Seÿtten Streichen hatt, vnndt daß Ihnflüßle, hartt vor der Streichen in die Stadt leÿtten, zu göht.

Von dißem Bollwerckh N.° 17. fehlt die Stattmaur zuruckh auff N.° 18. vnndt .19. biß in Winckel.

N.° 20. in dißem Wünckhel muß aber ein gutte Creützstreichen gebauwen werden, die in beede Graben diehnnen, wie zu sehen ist.

Aber beede Linien, von N.° 17. dem Bollwerckh, vnndt auß dem Winckel N.° 20. müeßen zusammen zogen werden, vnndt in mitten deß Bauchs ein Streichwehren gestelt werden, auff daß diße die andern, vnndt die anderen diße köhnnen bestreichen. Dahinden lege ein Caualier gantz wohl, der vber daß gante Feldt hünder dem Feündt biß zum Steinenn thor zustreichen köhnntte.

[62r]

Auß dem Eckh oder Winckhel N.° 20. hienauff hatt es ein lange Linien, derhalben woltte ich hienauff zum Bollwerckh mit N.° 24. in mitten beÿ N.° 22. abermalen ein Weher oder Streichen legen, dahünder, (oder auff beede Seÿtten) Caualier ordnen, nach Gelegenheÿt guttem Rath, vnndt der Notturfft.

Wie die Weher N.° 24. woltte ich wüderumb ein Streichweher legen, die zu beeden Seÿtten diehnt, insonders weÿl es gegen dem Býrß deß Ihnfluß do es thallhinlig abfält, dahien stellenn.

Den Ihnfluß woltte ich innen vnndt außen auch beßer verseh[en], damit (ober schon nit kahnn genohmmen werden,[)] doch wann er klein ist, besser versehen were, wie auch vor Steinenthor ettliches müste beßer geordnet werden, wie zuo sehen ist.

Daß ander Bollwerkh wüderumb hienauff mit N.° 28. muß wie die andern mit einer solchen nüdern Streichwehern vmbfangen werden.

Von dem Bollwerckh N.° 28. biß ans groß rund Bollwerckh mit N°. 30. für diß Bollwerckh muß wüderumb ebenmeßige ein Weher mit einer Streichweheren vmbfangen werden vndt wie wohl es ein langen Spitz bekompt, muß man sich solchs nit irren laßen (sonder beÿ der Regel bleÿben,[)] derhalben

[62v]

muß man zwischen diß vnndt dem Bollwerckh .28. ein Caualier legen, der auch für beede Streichen in Graben kohmmen kahnn, wie zu sehen ist.

Es muß aber ein Caualier gelegt werden beÿ N.° .29. zwischen beede Bollwerckh, doch besser hienauffwerttß zum Bollwerckh .28. vber den Bruch, do mit solchs dem großen Bollwerckh N.° 30. nach der Seÿtten kahn zu Hülff kohmmenn, wie dann auff der andern Seÿtten auch zu sehen ist.

Von N.° 30. dem Bollwerckh herab zum Escheimerthor, hatt es ein lange Linien hinzwischen. In mitten beÿ .32. muß wüderumb ein solche Streichen gelegt werden, dahinder wüderumb ein Caualier, da man abermalen zu beeden Seÿtten kahnn für die Bollwerckh streichen.

Escheimerthor, wie wol da abermalen soltte ein Weher oder Streichen legen, dieweÿl eß vor der Portten leigt, vndt die Auß vnndt Ihnfart hindert, müeste man die ausser Portt raumen, vnndt zu beeden Seÿtten, (weÿl es ein Sackh da gibt) neben dem Thurn oder Thor ihnbrechenn vnndt ein Creützstreichen machen, wie zusehen ist.

Vom Escheimerthor, biß hienab zu S. Albannsthor hat es ein sehr große Lenge, also muß vom Escheimerthor an, biß vnder St. Albann am Eckh (da die Býrßeckh inn

[63r]

die Stadt fleÿst) die Lenge nehmmen vnndt solche in dreÿ Theÿl abtheÿllen, vnndt in die mittlen zwo Abtheÿlungen wüderumb solche zwo gleiche Wehren oder Streichen bauwen. Eins beÿ N.° 36. die andere beÿ 38. wie zu sehen ist.

Hie muß man abermalen welches nöttig ist, die Linien abtheÿlen, vnndt zwischen alle jetzige Streichweheren ein Caualier legen, einen vnder daß Escheimerthor, beÿ N.° 35. an die Maltzgaßen.

Den anderen hienab zwischen die zwo Streÿchen bey N.° 37. den drÿtten, inn mitten zwischen S. Albansthor beÿ N.° 39. Dieweÿl aber hieuor S. Albann ein große Höhe ist, vnndt der Boden mit Gewaltt gegen dem Reihn vnndt dem Fluß Bürßeckh hienab faltt, wüll ich daß Eckh, Thor, vnndt Caualier mit einander Anzeÿgung thun.

Belangt S. Albannsportten, vnndt die außer Gelegenheÿt, ist es (weÿl es sich auff viertzig Schuch auff zeight) ettwaß bedencklichen, dann do durch hatt der Feündt schon alleß vberhöcht, waß aber vor oder oberhalb S. Albansthor, an, biß hienab an denn Reihn zu leigt, daß ist per se.

[63v]

Dißem vorzukohmmen, muß am Eckh wüderumb ein Streichen oder Weher gelegt werden, aber ettwaß auff ein andern Artt, beÿ N.° 41. die muß doppelln Streichen haben, damit eine die ander entsetzen kahnn, am Eckh (aber wie gemelt) dieweÿl es ettwaß dieffers leigt, kahnn

[56v]

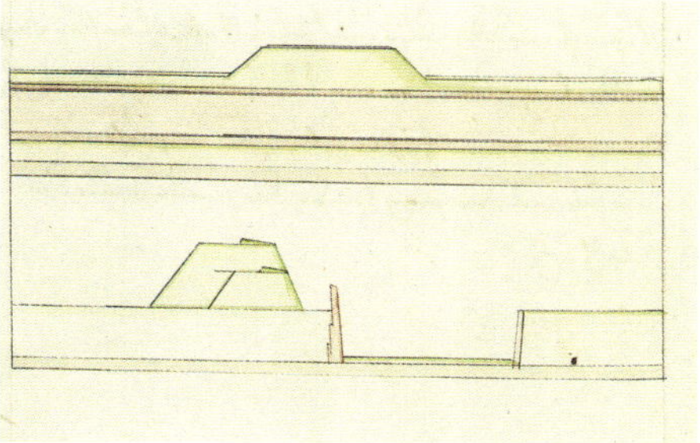

[57r]

[59v]

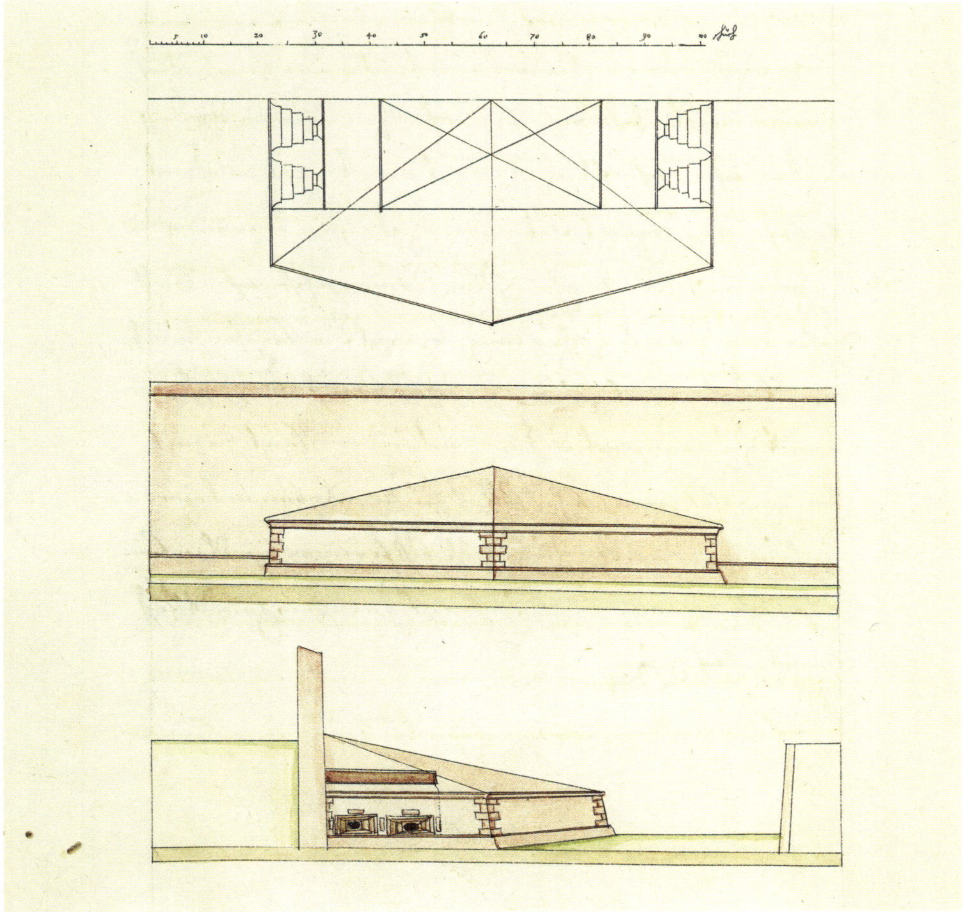

[61r]

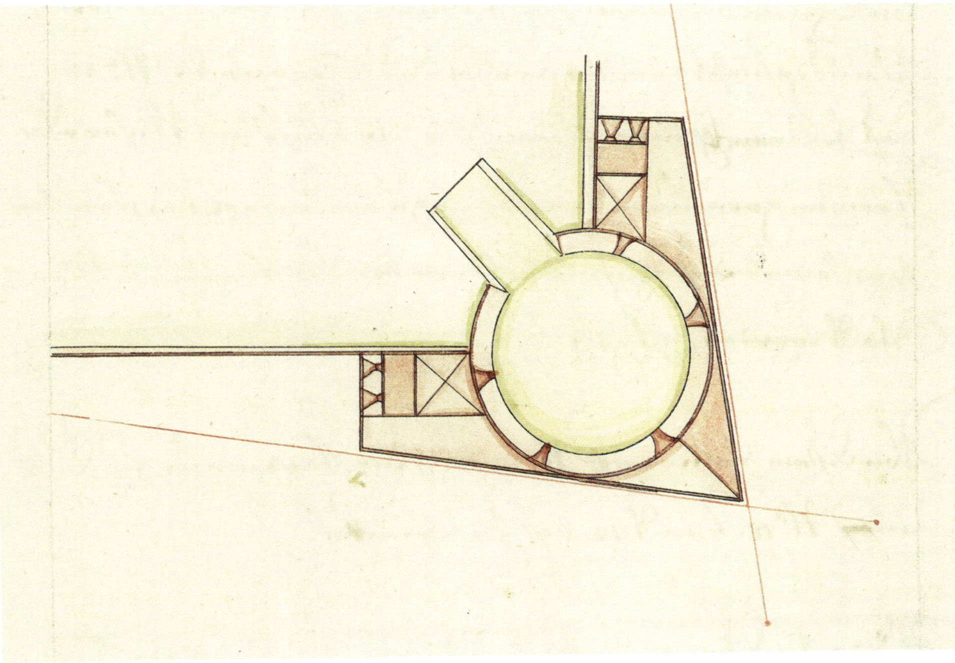

[64v]

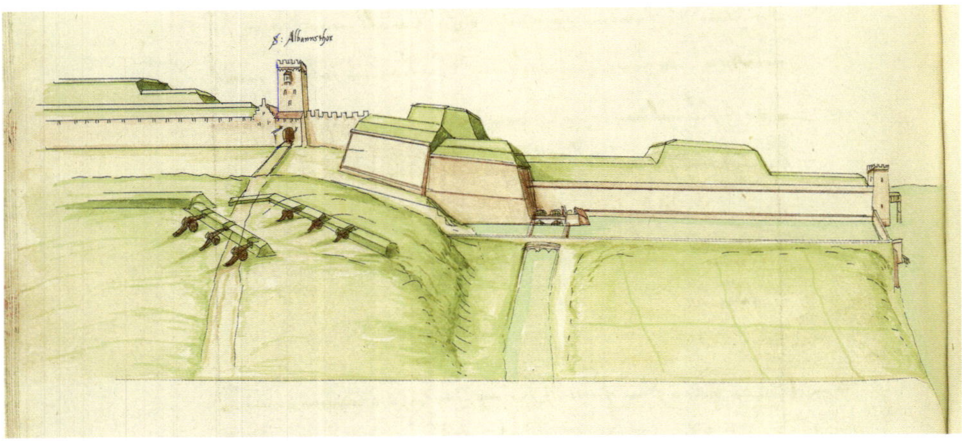

[66r]

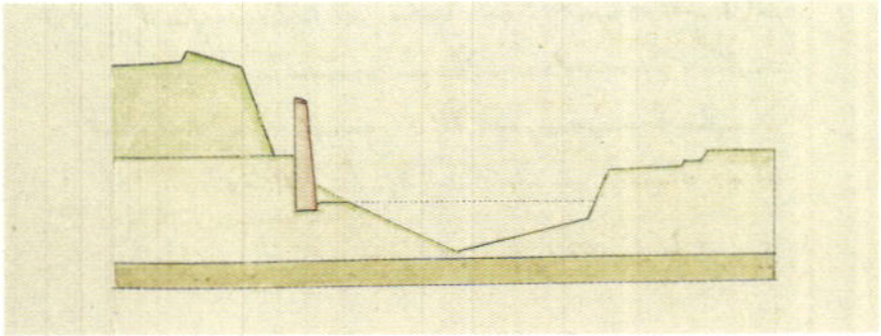

[71r]

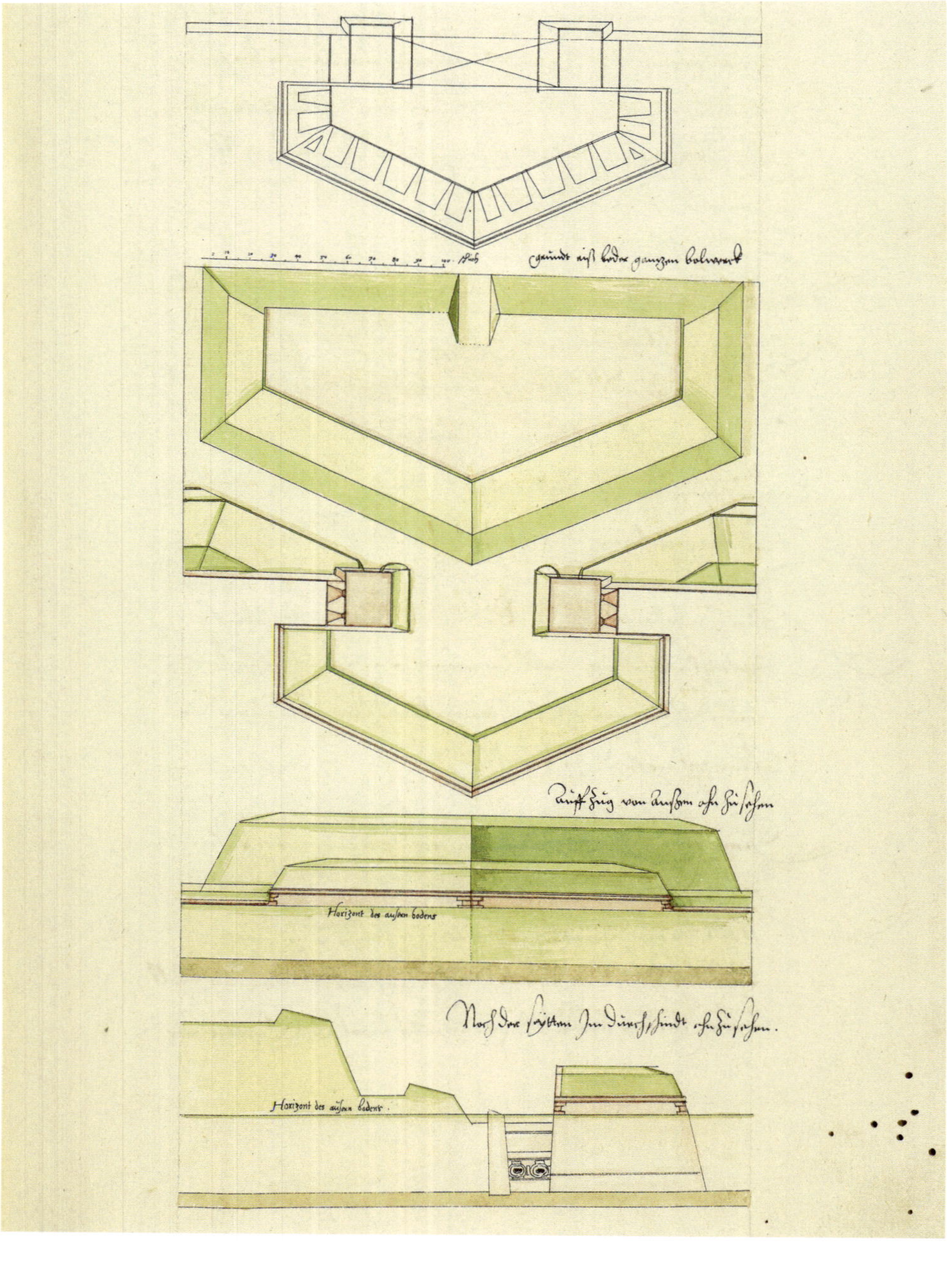

sie nit wol von ihren Nachbauren beÿ N.° 38. oben her entsetzt werden.
Derhalben muß neben S. Albannsthor beÿ N.° 40. ein Streichen gelegt werden, welche ettwaß starck muß versehen sein. Dieweÿl solche Streichen sich gegen dem Reihn zu wendt, kahnn sie von keinem Ortt beschoßen noch ihngenohmmen werden, man schieß von der Dieffe oder von der Höhe so ist sie bedeckht, derhalben muß ein kleiner Flügel vorgesetzt sein, diße Streÿch beschürmt die Weher, do beÿ am Eckh mit Gewaltt.
Dieweÿl die Eckhweher von dißen beschürmt, würdt der Feündt, die Streÿchen oder Weheren nicht leichtlichen angreÿffen, ob er schon von der Höhen oder Diefenn solche beschiest, von der Dieffen kahnn er nit, wüll er sie von der Höhen beschießen, kahnn er keinn Öffnung machen, weÿl sie sich selbs verbürgt, vndt bedeckht, dann man muß alleß von der Linien der Höhen nach hünder sich henckhen, wie auf die Absatzung

---

[64r]

deß Wahlß sein muß, damit er nichts von der Höhen kahn außrichten vnndt also dieff vnder sich die Weheren beschießen.
Wollte er allein von der Höhen, nuhr hinn vnndt wüder, ihnn vnndt vber die Stadt schießen, vnndt den Winckel vnndt Eckh gegen dem Reihn zu, biß zur Letzen, allein ihnbehaltten, damit er vnden die Linien von deß Ihnfluß, deß Býrßeckhs biß an Reihn von N.° 41. biß .42. inhaltt[en], vnndt do ettwaß vnder stöhn, hatt es vunden am Eckh ein halbe Streichen, am Reihn, wie auch oben dargegen, die den Graben seübern kahn, wüll man dann in mitten darzwischen auch ein Caualier setzen, muß der sich auch von der Linien der Höhen noch sehnckenn, vnndt möchte nichts schaden, wüll der Feündt den Ihnfluß deß Bý[r]ßeckhs nehemen kahnn, daß man denn vndern Graben mit Waßer beschloße, vnndt erhieltte.
Wollte aber der Feündt auff der Höhe bleÿben, muß dabeÿ N.° 39. oberhalb S. Albannsthor ein doppeltter Caualier geordnet werden, domit würdt der Feündt vüberhöcht [!] vnndt muß sich hienab in die Halden tun, daß er bedeckht ist, wüll er aber mit

[64v]

Gewaldt hie oben bleÿben kahnn er den vndern keinen Schaden thun[,] dann vndersich kein Weher oder ettwaß zu beschiessen ist, sondern muß von wagrechter Linien gegen dem Centro zu beschoßen werden, wie ich solchs beÿ S. Albannsthor hieunden beßer wüll zuuerstehn geben.
[Zeichnung]

[65r]

Dieweÿl ich solchs hab anzeigt, so muß wüder von der obern Letzen bey S. Albann, biß hinab zur vunderen Letzen beÿ S. Johann, waß für Gebeüw am Reihn nach stöhn, wüderumb alles wol versehen, vergettert, verbauwen, vnndt anderß waß Nott ist, damit kein Feündt seinen Anstandt, weder beÿ Tag oder Nacht haben kahnn, oder mag, insonderß beÿ kleinen Wasseren.
Dieweÿl aber auff dißmalen die Visierung N.° 2. an der inneren Becürck der großen Stadt Basel beschloßenn, hab ich vormalen verheÿßen, nach dißem auch anzuzeig[en] wie die Gräben, Leüff, vnndt Füetterungen sein müeßen. Wann solche Weheren vnndt Streichen in Graben gebauwen werden müeßen solche zum dieffesten gelegt, vnndt dozu geraumpt werden, daß sie von Auß[en] nit köhnnen genohmmen werden, vnndt soll man mit Fleÿß sehen, weil der Wahl vnndt Schütten ein Schuch zehen, zwölffen oder mehr von der Mauren geschütt würdt, daß man die Ihnfartten in die Streüchen vndersich mit allem Forttel an dem gelegensten Ort abgeführt mag werden.

[65v]

Dieweÿl aber in Erweÿtterung deß Grabens auch in Erdiefung solcher veil Erden gibt, kahnn man solchen (mit Durchbrechung der Mauren[)] in die Stadt zu den Wählen erschut vnndt gebraucht werden.
Es muß aber Achtung gethan werden, daß man ann den Stadtmauren nit gehelingen vndersich grabt, domit die Stadtmauren vnden nit ledig werden. Sonder muß gähn Thall abgemacht vnder sich gefahren werden, biß völlig in die Mitten also auch von den Streichwehren zuringßumb.
Deßgleichen in Erweÿtterung deß Grabens, muß daß Meß fornnen an denn Eckhen oder Spitzen der Streichweheren, deß Bodens genohmmen werden, biß hienauß an die Füetterung achtzig oder neüntzig Schuch breÿtt, wann also die Beschung der Füetterung zehen oder mehr

14 Buchstaben in Zeichnung Fol. 71r nicht vorhanden.
15 Buchstaben in Zeichnung Fol. 71r nicht vorhanden.
16 Ist Fol. 71r nicht so gezeichnet.
17 Ist nicht das Mass in der Zeichnung Fol. 71r.
18 Mass nicht identisch mit Zeichnung Fol. 71r.
19 Im Grundriss Fol. 71r sind keine Scharten verzeichnet.
20 Im Grundriss Fol. 71r ca. 34 Schuh.

Schuch anleüff, würde solcher auff oder vber einhundert Schuch oben weÿth, welches genug were.
Obenauff woltte ich ein Lauffgraben zuringßumb machen, auff dreÿßig Schuch breÿt, vnndt sÿbenn Schuch dieff mit einem Banckh zwehn Schuch hoch, also daß man mit Kärchen vnndt Wägen (weÿl man auch darumb muß) fahren könntte, solche Erd[en] kahnn alleß dem Wahl zum besten kohmen.

[66r]

Wann die Erden also gutt wehre, daß man sie könntte auffsetzen, woltte ich gantz kein Futtermauren Außen herumb bauwen oder füehren dann sie von Erden besser dann von Maurwerckh ist, kost auch wenig vnndt können solche Stein zu den Streichwehren, vnndt anderßwo zu gebraucht werden.
Der Graben (wo müglichen) woltte ich in mitten also dieff machen, so ich immer küntte, damit würde der Feÿndt veil zu thun haben solte er in graben kohmmen, es were mit Schantzen, Ihnbrechen, Vndergraben, oder Verschütten, zu dem muß man ohne daß veil Erden haben[,] solche hette man in der Nehe vndt müeste fast also der Graben außgeführt werden, auch der Lauff vnndt Schütten, wie hie verzeÿchnet ist, im Durchschnidt.
[Zeichnung]

[66v]

Dieweÿl ich aber dahien gesehen, daß alles waß schonn gebauwen stöhn bleÿbt, (doch ohne die Thürn) vnndt aber nit müglichen in solchen Werckhen, daß alles kahn verschont werden, würdt man ettliche Güetter so den Burgern zustendig[,] antreffen, daß würdenn meine gnedige Herren von Basell wol wüßen mit innen zuuergleichen.

[Kleinbasel]
Nachmalen faltt auch in solche Visierung, die kleiner Stadt Basell für, da müeste abermalen beÿ der Carthauß N.° 43. oben am Reihn angefangen, vnndt da ein Weher gesetzt werden, wie die andern Streich[en], an der großen Stadt gemeldt, doch gegen dem Reihn hienauß gestoßen, also daß man dieselbige Linienn der Stadt zur Reihnbruckhen zu auch vertädigenn kahnn, insonders wann der Reihn kleÿn ist.
Nachmalen würdt wüderumb ein Streichwehren ans Eckh bey N.° 44. gesetzt, dieweÿl daß Eckh zuruckh fahlt, gibt es ein spitze Weher, solchs aber schadt nichts. Hernach würdt wüderumb ein flache Streichen in mitten, bei N.° 46. gesetzt. Daß Bollwerck N.° 47. bleÿbt, wie auch die Ihnflüß N.° 48.
Am Eckh beÿ N.° 49. kompt wüderumb ein Eckhweher.

[67r]

Beÿ S. Blässenthor mag man Schutzlöcher brechen, daß es ein Creützstreichen gibt, wie in N.° 1. gemeldt.
Am Eckh N.° 43. gibt es wüderumb ein scharpffe Weher.
Hienab am Reihn bey N.° 44. vor dem Closter Klüngenthal, gibt es wüderumb ein Weher, wie die ober bey der Carthauß.
Woltte man aber auff der Seÿtten gegen dem Reihn zu auch ettwaß bauwen, müeste solchs an der Brucken, vnndt oben am Bruch beÿ N.° 45. geschehen.
Waß nuhn die Erweÿtterung deß Grabens belangt, mag solchem allem vor dem Weher genohmmenn werden, doch ist er nit veil nutz, weil er nit recht bauwen ist, man woltte dann die Weheren herauß für den Zwünger bauwen, so müeste man, ein neüwen Graben, Wähl, auch die Streichen legenn, also gebe es ein gantzen neüwen Bauw, vmb die gantze Stadt, weil es aber nuhr ein Verbesserung ist, binn ich beÿ der innern Zarg bleiben.
Dieweil aber veil Heüßer an der Stadtmaurenn stöhnn, vnndt solche nit hienweg zu brechen seindt, kahnn man den Wahl, oder Caualier, Schütten, do

[67v]

es nuhr hündert, damit es kahnn sein Gegenweher thun, sonnst mag es genohmmen werden, wie vorgemeldt.
Solchs ist nit also ein geringe Visierung oder Bedencken, sonder wann es also gebauwen, ein herrliche feinne Vestung sein würde, vnndt dieweil auff solche Gebeüw Zeÿt vnndt Weil gäht, vnndt nit in einem Sommer oder Jahr, kahnn gebauwen werden, so kahnn doch solchs an einem oder zweÿen Enden algemacht fürgenohmmen werden, (do man vermeindte zum nöttigsten solchs für zu nehmmen wehre) vnndt mit gemeinem Rath meinen gnedigenn Herren, auch Kriegß[-] vnndt Bauwverstendigenn, oder durch den Bauwmeÿster vnndt anderen die es verstöhnn angestelt werden.

Solchs habe ich wöllen auffs kürtzest, vber die Visierung N.° 2. vermelden, vnndt hiemit beschließen, vnndt N.° 3. für die Handt nehmmen.

[68r]

Bedencken vber die Visierung N.° 3. Wie solchs mag erbauwen vnndt fürgenohm[m]en werdenn.
Wann die Visierung vnndt daß Bedencken, so kurtz vber N.° 2. gestelt mit Fleiß ihst waher genohmmen worden, so ist gantz leichtlichen auß dißer Visierung zu kohmmen, Vrsachen, dann solche Wähl, Wehern, Streich[en], vnndt alleß anders, auch die Katzen, Caualier, wüderumb beÿ den vorigen bleÿbt, vnndt gelegt würdt. Deßgleichen mit Erweÿtterung deß Grabens, Lauff, vnndt anderß mehr in vohrigem Bedenckhen bleÿbt, außgenohmmen, daß ich die kleinen Weheren, mit ihren Streichen ein wenig besser in Graben lege.
Zum andern erstreckhe ich solche ettwaß lenger, (auß Vhrsachen) dieweÿl ich solche obenauff nit begern zuo verdeckhen, sonder vber den außeren Boden auffzufüehren, damit sie ihr Werckh, vnden vnndt oben (alß den Graben vertädigen, vnndt oben daß Veldt regieren köhnnen). Damit aber solche kleinen Weheren (oder Plattaforma) die kein rechte Bollwerckh oder Pasteÿen seindt, ihr rechte Maß haben, wil ich solche erstlichen verzeichnen im Grundt, wie solchs an einer flachen Mauren anzusehen, vnndt hernach an einem Eckh, mit aller Maß vnndt Mensur.

[68v]

Die gantze Lenge vberhaupt, an einer flachen Mauren, würdt auff einhundert vnndt sechtzig Schuch genohmmen, wann man aber die Abbeschung oder Anlauff der Mauren kompt es im Fundament soueil lenger vnndt breÿtter.
In mitten deß Spitz von der Linien der Mauren biß mitten in Graben [Lit.] A.[14] fünff vnndt achtzig Schuch (doch soll es verstanden werden an einer flachen Mauren).
Von der Mauren inwendig an der Stadt biß hienauß an daß Eckh deß Fleügelß Lit: B.[15] fünfftzig Schuch, also kompt die Linien von beeden Eckhen, Lit: B. biß mittenn deß Spitzs .A. jede neüntzig Schuch, daß ist der Vmbfang des gantzen Corpus, daß soll oben (außwendig herumb) verstanden werden.
Vnndt wie wol an solche Weheren (dieweil sie klein) kein Fleügel oder Deckung gemacht oder bauwen werden, so haltte ich doch nit vndienstlich, dieweil die Streichen zwantzig Schuch, im Schlundt offen, vnndt die Fleügel dreÿßig Schuch dickh, man fahre ebenmeßig zwantzig Schuch, hienein, damit kahn der Feündt nit in die Streichen schießen, will er solchs, müst er sein Schantz nach der Seÿtten wenden, damit kompt er desto neher zur Stadt, also daß man ihn do hienweg treÿben kahn.

[69r]

Vnndt wie wol an rechten gebauwenen Bollwerckhen oder Pasteÿen, solche Fleügel vnndt Streichen, so nuhr also dieff alß breÿtt sie seindt, gantz verworffen werden, so seindt sie doch an solchen Streichen, veÿl nutzer, dann wann gantz keine do wehren, vnndt offen stünde, dann weÿl obenn auch Streichen seindt, köhnnen dieselbigen nit gahr verbauwen werden, derhalben ich sie also woltte ordnen.
Die vnder Brustwehr vor der Streichen, woltte ich von Steinnen acht Schuch dickh, machen, mit zwoen Schartten oder zweÿen Schutzlöcher, zwen Schuch weÿtt, durchauff offen, oder nuhr Löcher mit Kröpffungen vnndt Absetzen, domit sich von Außen der Schutz stost. Ihnwendig muß man solche auff jeder Seÿtten, ein Schuch dieff vollig die Gewendt absetzen vnndt ziehen, damit die Stückh nach der Seÿtten sich wenden, oder zu richten seind, außwendig zu beeden seÿtten, auch vnden vnndt oben wol außgeschweÿfft, damit im Wenden Raums genug ist. Wann die Streichen fornnen also beschaffen, mißen sie ihnwendig in die Breÿtte auff fünff vndt zwantzig Schuch sein, diße fünff Schuch muß neben zu hienein gegen der Stadt genohmmen werden, do man daß Stuckh zunegst wenden vnndt kehren kahn, die Lenge hinden auß achtzehen Schuch, doch solle solchs verstanden werden, der obern Streichen halben, darunder mag

[69v]

oder soll ein Bogen wie ein Gewölb geschlagen werdenn, auff zwölff Schuch dieff, also hette sie mit dem außeren Standt, dreÿßig Schuch lang,[16] woltte man dann solchs gantz durch, von einer Streichen zu der andern füehren, wie in der Visierung N.° 2. kahn solchs wohl geschehen.

Die Abfahrt in die Streichen, kahn oben herab genohmmen werden, damit man auff vnndt abkohmmen kahn, ohne Hündernuß.
Wann solchs auffgeführt würdt, biß vngefohrlich dreÿ Schuch vber den außwendigen Boden deß Landts,[17] an allen Enden, so muß man mit dem Maurwerckh auffhören, vnnd daß vberige so noch höcher hienauff göht, alles von Erden auffsetzen, welche gantz gutt sein soll, ist auch veil beßer an solche Ortt zu gebrauchen, (dann Steinwerckh) wann nuhn solche auff die Maur auffgeführt würdt, auff ein Schuch, sechs, oder acht, vnndt der öber Boden geebnet, muß alßdann einn Brustweher sÿben Schuch hoch,[18] auffgeführt werden, mit Schartten zuringßumb, wie jm Grundtrÿß zu sehen ist,[19] die muß zwantzig Schuch dickh sein,[20] dahindern ein Banck zwehn Schuch hoch, vnndt dreÿ breÿt, woltte man aber vber Banckh schießen (welchs gahr gutt ist,) muß der Boden soueil erhöcht werden.

[70r]

Dieweÿl daß Wortt (vber Banck zu schießen) offt gemelt würdt, ist solchs also zuuerstöhn, daß der Boden also hoch würdt, daß man keiner Schartten in Brustweheren, bedarff, sonder vber Banckh, vnndt Brustweheren ledig hienauß schiest, wohinn man wüll. Die gantz Lenge oben auff, zwischen beeden Fleüglen der Brustweheren, werden vber einhundert Schuch lang, also von dem Eckh biß in mitten Eckh, oder Spitz, auff sechtzig Schuch lang, do köhnnen vngefohr, wol dreÿ Stuckh stöhn, also ob die Weheren wol klein seindt, haben sie dannoch ein freÿen Standt, vnndt auff jedem Fleügel, kahn auch ein Stuckh stöhn.
Hünden zu seindt die oberen Streichen, welche auff ein Schuch, dreÿ oder vier nüderer sein soll, dann der forder Standt, damit solche von Außen vnndt Jnnenn wol bedeckht seindt, vnndt daß Regenwaßer hünder sich laufft, do mag man noech machen, in die vnder Streichen, vnndt was dannen in Graben, oder aber alleß hünden ablauffen, vnndt geleÿt werden.
Die Brustweheren an den obern Streichen, müßen auch von ittel Erden auffgefüehrt, vnndt gesetzt werden, vnndt also hierumb zogen, damit man mit den obern Streichschützen, nicht allein in Graben, vndt die Nebenweheren, sonder die Füetterung, Lauff,

[70v]

vnndt daß Veldt bestreichen kahnn, vnndt mitt Geschütz vnndt anderß dahinn zu kohmmen seÿ.
Hünder dißen Wehren, muß ein Caualier geordnet werden, dem forderen Spitz, vnndt geschicht der Schrägen vnndt Linien nach, deß außern Bauws, der also diße Weher, nit allein defentiert, sonder zu beeden Seÿtten ins Veldt reichen kahnn. Solcher muß mit allem Fleÿß also gesetzt, vnndt geordnet werden, daß er oben seinen rechten Standt zu einem Stuckh oder vieren haben mag, in der Nott.
Die Brustweher darff nit hoch, vnndt auff zwantzig Schuch dickh sein, vnndt muß solcher Caualier oder Wahl, also hoch sein, daß er vollig vber die Weher, die Füetterung fornen erreichen kahnn.
Wie der Graben, Weÿtte, Höhe, auch der Lauff außen soll geordnet werden, ist in der Visierung auch beÿ N.° 2. [(]zuuoran gemeldt) zu sehen.
Damit alleß desto baß kahnn verstanden werden, hab ich zwehn Grundtrÿß gethan, einen von dem Maurwerckh, den anderen, wie eß außbauwen vnndt alles kahnn gemeßen werden, hernach, wie solcher

---

[71r]

Bauw, fornnen hehr, auch nach der Seÿtten anzusehen ist, im Auffzug.
Fundament
[Zeichnung]
Grundtriß beder gantzen Bolwerck
[Zeichnung]
Auffzug von Außen ahnzusehen
[Zeichnung]
Nach der Seÿtten im Durchschnidt ahnzusehen.
[Zeichnung]

[71v]

Wann nuhn solchs verstanden wie die Weheren vnndt Wähl sein sollen, wüll ich auch kurtz anzeigen, woh vnndt an welchem Ortt solche stöhn sollen, vnndt erstlich[en] wüderumb vnden beÿ S. Johann am Reihn anfahen, vnndt würdt fast alleß in der Gegene gestelt werden, an die Ortt vnndt End wie beÿ der Visierung N.° 2. gemeldt ist.

Erstlichen beÿ S. Johann am Eckh, muß ein halbe Weher stöhn, so mit dem Fuß in Reihn reicht, damit Niemandts zur Letze oder Stadt kohmmen kahnn, die Streichen vndt Weher muß mit dem Fleügel gegen S. Johannsthor zu sehen, vnndt muß ettwaß gebogen sein, damit von Außen nit wol darein zu schiessen ist.
An S. Johannsthor N.° 2. muß ein gantze Weher gesetzt werden, wohl hienumb, damit solche beßer vom Thor geruckht ist, vnndt mit der Streichen oder Fleÿgel nohe dazu kompt.
Dieweil aber solche Weheren nohe zusammen kohmmen, gibt es die Gelegenheÿt, zu dem dieweÿl die Stadt, do ein schmal Eckh hatt, ist solchs auch nöttig, vnndt kahnn der Wahl, daher gefüehrt werden. Will aber hünder beede Weheren, nit wol die Caualier

---

[72r]
köhnnen gesetzt werden, mag einer darzwischen gelegt werden, wie zu sehen.
Daß Rundöl mit N.° 3. muß also ihngefangen werden, vnndt dieweÿl solchs nit wol abzubrechen, woltte ich solchs stöhn lassen. Dörffte ich desto weniger Vnkost[en] mit Abbrechen oder auch Außfüllen. Wann man obenauff kompt, hebt man oben die rundt Brustweher hienweg, vnndt bauwet wie gemeldt. Es darff aber nuhr ein Streichen gegen S. Johann zu, die ander so in Winckel hündern geht, darff solchs nit. Wie in der Visierung zu sehen ist, sampt dem Caualier.
Im Eckh N.° 4. würdt ein Creützstreichen gelegt, wie auch beÿ N.° 6. Aber am Thurn N.° 5. do würdt der Wahl, wie ein Caualier erhöcht werden.
Vonn dannen beÿ N.° 8. muß wüderumb, ein solche Weher angelegt, oder gesteltt werden, sampt dem Caualier.
Beÿ N.° 10. do der Wahl stöht, vnndt der Thurn Luginßlandt, kompt wüderumb ein solche Weher, sampt dem Caualier, es muß aber der hoch Thurn (wie auch der ander) abgehaben werden,[21] dann der Feündt von Stundt an solche sonst fält.
[72v]
Von dem Luginßlandt, biß hienab zu S. Petterßplatz am Eckh N.° 12. vnndt dann noch dem Spahlenthor zu, ihm Eckh N.° 14.[,] in dißen beeden Eckhen, müeßen abermalen zwo Creützstreichen gestelt werden, die zu allen Seÿtten, den Graben vertädigen, biß herfür auff beede Eckh, vnndt den Wahl herumb gelegt.
Vor Spahlenthor N.° 15. muß abermalen ein solche Weher geordnet werden, wohl herauß, damit man nit allein fürs Bollwerkh N.° 17. streichen kahnn, sonder daß man die Ihnfahrt vor Spahlenthor nit verbauwe, sondern geordnet werde, wie in der Visierung zuo sehen ist.
Hie falt ein Bedenckhen vor, namblichen ob daß es rathsam ist, daß Bollwerckh oder Wahl ihnwendig herumb, vber S. Petersplatz, biß anß Spahlenthor, sampt den zwoen Creützstreichen, vnndt also daß Spahlenthor mit der Weher vmbfangen, vnndt verbauwen, auch solchen Kosten vberschlagen.
Oder obs rathsamer were, (daß man den Bürgern, deren Güetter man antreffe ein gebeürenten Wüllen machte) vnndt vom Luginßlandt, strackhs vbers Veldt zum Spahlenthor zu füehre, welchs veil neher, vnndt der Wahl beÿ fünffhundert Schuch kürtzer, auch

---

[73r]
daß Thor, noch der Platz ihnwendig veÿl weniger verschlagen würde, solches muß durch Verstendige, die den Platz fleißig abmeßten, den Kosten vberschlügen, berathschlaget werdenn.
Wie ichs aber meine, ist an der Visierung ein Vmbschlag, die Decke man nuhr herumb, vnndt kleÿb in auff, da kahn man solchs alles just sehen, also würdt disser Winckel verbauwen.
Dieweÿl aber kein Feündt, sich in dißen Wünckel legen würdt, kahnn wol nuhr ein schlechte Schütte hünder der Mauren hienein gefüehrt, vnndt also beÿ den Creützstreichen bleÿbenn, solches stöht wie gemeldt im Bedenckenn.
N:° 17. daß Bollwerckh oder Rundöl, muß auch (wie vorgemeldt) mit einer solchen Weher (wie vor vnndt nochgemeldt würdt) vmbfangen, vnndt oben auffgebauwet werden, sampt dem Caualier.
Zwischen N.° 17. vnndt dem Winckhel N.° 20. muß wüderumb ein Weher vnndt Caualier gelegt werdenn,[22] doch von beeden Linien gleich gezogen, dauon kahnn biß zum Ihnnfluß, auch darüber, hünder dem Feündt gestrichen werden.

[73v]
Im Eckh oder Winckel mit N.° 20. da muß wüderumb eine Creützstreichen geordnet werden, wie zuuoran beÿ den andern auch gemeldt worden ist.
Beÿ N.° 22. da muß ein gleichfermige flache Weher gelegt werden darhünder ein Caualier, wie zu sehen.[23]
Beÿ N.° 24. da einne steinene Weher oder Rundöl stöht, die muß mit einer solchen Weher auffgebauwen werden, man darff sie nit abbrechen, biß man obenauff kompt, vnndt ein Caualier dahünder legen.
Von dannen gegen Thal hienab zum Ihnfluß der Býrß N.° 25. vnndt 26. muß solchs mit einer Mauren gleich zogen werden, vnndt des Ihnfluß, wie in der Visierung zu sehen, wol verwart, damit beÿ kleinnenn Wasseren kahn solcher verschloßen werden.
Dieweil aber der Boden von der Weher .24. biß zum Ihnfluß der Býrß vnder sich fält, vnndt vom Ihnfluß wüderumb (vber sich, fürß Steinenthor, biß ahns rundt Bollwerckh N.° 28.) steigt, muß do der Wähl schrege Absetz haben.
Ehe einer wüder den anderen, zu beeden Seÿtten geg[en] der Höhen gericht, domit allwegen ein Absatz den andern bedeckht, vnndt gegen dem andern streicht, wie hie auch in der Visierung zu sehen ist.

[74r]
[Zeichnung]
Daß Bollwerckh oder Rundöl N.° 28. muß ebenmeßig mit einer solchen Weher, vmbfangen vnndt gebauwenn werden, wie daß ander mit N.° 24. auch. Es muß aber vor beeden Weheren, der Graben in mitten gantz dieff alle gemacht der Senckhung vnndt Halden nach abzogen werden, damit von allen Streichen, kahnn vber den Ihnfluß gestrichen werden, nit allein hienab, sonder auch die ander dargegen hienauff von allen Wähllen, damit sich kehinn Feündt do erhaltten kahnn.
[74v]
Wie von der Weheren N.° 28. biß an daß groß Rundöl, mit N.° 30. am Eckh, da muß dieselbige Weher, oder Bollwerck starckh vmbfangen werden, (weil es ein Eckhwehere ist) vnndt der Feündt, solche zu beeden Seÿtten beschiessen kahnn, vnndt wie wol im Bruch zuuoran, in der Visierung N.° 2. ein Streichen dahien geordnet, ist doch solchs ohne Nott, weÿl nit vber neünhundert Schuch zu streichen ist. Es kahnn aber wohl ein Wahl oder Caualier dahünder geordnet werden, welche nach der Seÿtten für beede Bollwerckh streichen kahnn, wie zu sehen.
Es muß aber nit allein do (sonder allenthalben) die Schütten, Wähl, vnndt Caualier, wol von den altten Mauren auff zwölff oder fünfftzehen Schuch, geschütt werden, auff daß solche Schüttung den altten Mauren keinen Trang thun, vnndt sie zum Fall verursachen. Solchs soll wohl gemerckht werden.
Daß groß Rundöl N.° 30. wann es also vmbfangenn, vnndt auff bauwen ist, solle daß vberige oben abgebrochen werden, vnndt ein Caualier darhünder leg[en], ettwaß starckh, in die Vierung.
Vom Rundöl N.° 30. biß hienab zum Escheimerthor muß in mitten N.° 32. wüderumb ein flache Weheren gebauwen werden, sampt einem Caualier darhünder.[24]

[75r]
Dieweÿl aber daß Escheimerthor in ein Winckhel faltt, muß alleß dauor hienweg geraumpt werden, damit nichts hündert, vnndt zu beeden Seÿtten ein starckhe Creützstreichen ihnbrechen vnndt gebauwen werden.
Vom Escheimerthor hienauff zu S. Albansthor zu, da muß abermalen ein Weher beÿ N.° 36. gelegt werden, sampt einem Caualier darhünder.
Von dannen wüderumb hienauff beÿ N.° 38. muß abermalen ein flache Weher, vnndt Streichen sampt dem Caualier gelegt vnndt gebauwen werden.
Vonn dannen hienauff biß zu S. Albannsthor, alles in einer Lenge, alleß daßjenige so vor dem Thor hündert, muß hienweg gethan werden. [Andere Schrift:] Wie alles was vor den Thoren gebawen heinweg muß, dan es sehr schedlichen ist.
Dieweÿl von S. Albannßthor, ein Schregen hienab zu dem Ihnfluß deß Býrßeckhs fahlt, muß solche Schrege der Linien nach von S. Albannsthor, gleich zogen werden, biß an die Streichen, so daselbs ans Eckh muß gesetzt werden, auff die Höhe, so hoch alß man bleýben kahnn, vnndt dieweÿl solche von der Höhe gantz wohl muß verdeckht werden, muß sie starckh sein, vnndt sich algemach hünder sich senckhen, damit der Feündt nit darauff reichen kahnn, ob er schon

[75v]
sich höher schantzt, gegen dem Ihnfluß deß Býrsigs, faltt die Streichen ohne daß gantz dieff, vnndt wirdt von dem Bollwerckh oder Weheren, vor der Höhe her bedeckht, wie auch der Wahl durchauß.
Waß nuhn zu den Wählen, Caualieren, vnndt zur Schüttung, darein gebraucht würdt, kahnn solches alles von der Höhe genohmmen, vnndt abgeschleÿfft werden, der Boden gibt (noch alß vor) wüderumb sein Frucht.
Der Wahl hienab biß zu N.° 42. ohne die Lenge am Reihn, do muß wüderumb ein halbe Weher, oder Streichen gebauwen werden, die mit dem Fuß vnndt breÿtten Theÿl, im Reihn stöht, die Streichen, muß den Fleügel, geg[en] dem Ihnfluß, beschließen, wie zu sehen ist, damit biß in Winckel aben kahnn gestrichen werden, man kahn auch den Graben also erdieffen, vnndt daß Waßer darinnen fangen, daß es, (ob schon der Fluß genohmen) solchs da stöhn bleÿbet.
Belangt die Erweÿtterung deß gantzen Grabens zuringßumb, hatt es ebenmeßig sein Bedenckhen, vndt Erweÿtterung von den Weheren zuringßumb, wie in der Visierung N.° 2. vermeldt ist, doch werden sie vmb ein soueil weÿtter herauß, alß die Weher in Graben kohmmen.

[76r]
Doch soll hierauff Achtung gethan werden, wo die Weheren, von neüwem gebauwen werden, daß man den Grab[en] daruor dieff genug mache, also wann der Feündt daran stürmen woltte, hoch zu steigen hatt, oder wann er die Weheren soltte beschießen, waß herab faltt, solches in der Dieffe leigen bleibt, vnndt dem Feündt keinn Staffel oder Deckung gibt.
Vnndt woltte abermalen, wann ich einwenig gutte Erden hette, die Füetterung nuhr von Erden, vnndt keinen Steinenen Mauren auffüren, dieselbigen mit Hagdornnen, Schlehen, Wülttroßen, Brombeher, Wecholder, besehen laßen, obschonn daß .20. Theÿl nuhr auffkähme were es genug, vnndt im halb wachßenn die Gertzlen laßen abbrechen, damit sie kurtz vnndt dickh wýeßen, welches nicht allein wohl haltt, sonder dem Feündt auch ein große Hündernuß ist, im auff vnndt abe steigenn.
Kein Feündt stürmet zwischen zwohen Weherenn, dann er sich in keinn Klammer gibt, sonder beschiest die Bollwerckh vnndt Pasteÿen, damit hatt er nuhr einn Streichen zu forchten, da kahnn er sich deckhen, aber da kahnn man zu allen Seÿtten zu im kohmmen.
[76v]
Der Graben wo er außgebauwen vnndt truckhen ist, muß man den mit Küßling vnndt grobem Griehn vber schütten, (oder hatt es zuuoranen da) also wann man in die Steÿnn schiest, solche vmb sich schlagen, solches soll an allen Ortten vnndt Visierungen gemerckht werden, dann [(]wie mehrmal gemeldt) ich ein Ding nicht gernn offt, vnndt veÿl mal anzeige.
Man muß auch an allen Weheren oder Wincklen, Thor oder Thüeren machen, also wann der Feündt in Grab[en] kompt, es seÿn in Sturmen oder Ihnfäll, deßgleichen wann er darein schantzen oder bauwen woltte, daß man zu Roß vnndt Fuoß zu ihme kohmmen kahnn, sein bauwen alleß ihnreÿßen vnndt schleÿffen, vnndt in die Stadt füehren. Deßgleichen im Stürmen im Graben ihnfallen vnndt zuruckhhaltten, solches soll auch an allen Bedenckhen gemerckht werden.
Wann ein solche Vestung soltte gebauwen werden, würde es wahrhafftig der besten Vestungen einne sein, so man fünden möchte, vnndt seindt die Weheren nit also klein wie mans ahnsicht. Soueil hab ich wöllenn auff die Visierung mit N.° 3. vermeld[en], vber die größer Stadt Basell.

[77r]
Waß von der Letzen oben am Reihn, biß hienab wüderumb zu S. Johann derselbigen Letze betreffent, hab ich solches zuuoran im anderen Bedenckhen vermeldet.

Belangt nuhn vber Reihn die kleiner Stadt Basell, muß oben am Reihn beÿ N.° 43. angefangen werden wie volgt.
Am Reihn oben vor der Carthaußen muß vor dem Zwinger ein halbe Weher (oder wo mans haben mag) ein ganntze Weher gesetzt werden, die auff der Seÿtten, den Reihn abe dient, auff der anderen zu der Weherenn am Eckh, mit einem Caualier.
Es muß aber zuringßumb vor dem Zwünger, ein neüwen Wahl vnndt Graben auffgeworffen werden, nuhr mit einer Fuoßmauren, vnndt weÿl der Boden also beschaffen, daß man ein Wassergraben habenn mag, muß solcher

auffs dieffest genohmmen werden, damit wann der Ihnfluß der Wÿeßen genohmmen, dannoch sein Waßer im Graben behaltt, also kahnn der Feündt desto wenniger darinen außrichtten.
Am Eckh N.° 44. muß wüderumb ein solche Weher vndt Streichen leigen, mit einem Caualier darhünder wie zu sehen.

[77v]

Inn mitten beÿ N.° 46. muß außwendigs deß Zwüngers wüderumb ein solche Weher vnndt Streichen, darhünder ein Caualier, die noch etwaß stercker seÿn, damit mann beeden Eckhweheren besser kahnn Rettung thun.
Vnden am Eckh N.° 49. muß außwendig wüderumb ein Weher gesteltt werden, wo aber ein Müehllen do stünde kahn deren verschont (oder verruckht) werden.
Vom N.° 49. kahnn biß zu S. Blasÿthor gefahren werd[en] vnndt ein Creützstreichen machen, von dannen strackhs hienüber fahren, zum Eckh .43. vnndt da wüderumb ein Weher sampt einem Caualier stellen.
Daruon hienab biß ins Closter Clingenthal, am Eckh deß Reihns wüderumb ein Weher stellen, die abermalen zu beeden Seÿtten dient.
Woltte man dann abermalen am Reihn hienauff Weheren stellen, müste die ein beÿ der Bruckhen, die ander oben daran beÿ N.° 45. stöhnn.
Wann solches soltte wie genohmmen vnd also gebauwen werden, were es für den Türckhen, vnndt einen mechtigen Feündt ge[-]

[78r]

nugsam, kündte auch also alle Jahr ein solchs Werck oder Weher fürgenohmmen werden, vnndt erstlichen an Ortt vnndt End do man vermeint am nöttigsten zu sein.
Dieweÿl ich diße .3. Visierung also gesteltt, vnndt mein Bedenckhen gantz kurtz vnndt richtig geben habe, wüll ich auch zur viertten greiffen, darinnen ich alles fohllkohmmen wüll fürstellen.
Ehe ich aber vber die .4. Visierung mein Bedenckhen stelle, muß ich zuuoran ein Anstellung thun, wie solche Weheren zu Landt vnndt Wasser sollen vnndt müeß[en] gebauwen werden auß dem Fundament, biß obenn auff, dabeÿ ich auch die Visierung stellen wüll, damit man alleß desto juster verstöhn kahnn, ahn allen Ortt[en] vnndt Enden. Also wann ich die viertte Visierung darüber stelle, vnndt mit meinem Bedenckhen von einem zum anderen forttfahre, daß ich nit lang darf stüllhaltten, vnndt alles von Grundt auff erzähllen, derowegen der erste Theÿl aller Fordrag desto fleÿßiger besichtiget solle werden, der sich dann auff die .4. Visierung zum meisten referrieren thut, vnndt auch juster von Handt göht, vnndt beßer kahnn verstanden werden, daß ich nit zu einer jeden ein sondere Visierung machen darff, sondern in der letsten Visierung, genugsam Meldung anzeige, wie dann solches alles daraußer

[78v]

zu sehen ist, deßgleichen kahnn auß dißen genohmmen vndt zu allen Visierungen vnndt Bedenckhen gebraucht werdenn.
Hiemit wihll ich diß drÿte Bedenckhen auch beschloßen haben.

[79r]

Kurtz Bedencken vber die Visierung N.° 4.
Wiewohl eß ohne Nott were, weÿtters von dißer Visierung zu handlen, muß ich doch ettliche Bericht darthun, damit der Bauw in seiner Ordnung (vnndt ich auch) beßer kahnn verstand[en] werden, dann ich gantz wohl weÿß, vnndt ist mir veil beschehen, wann Kriegß[-] vnndt Bauwuerstendige vber meinen Visierungen vnndt Bedenckhen kohmmen, vnndt gesehen, daß ich veil Dingß hab geordnet, darin ich nicht allein den Vncosten, sonder auch die Gelegenheÿtt der Preperation vnndt Vorraths deß Zeügs, vnndt anderer Materia, hab müeßen inhaltten, auch offt ohne Nott, daß man an schlechten Ortten vbermeßigen Kosten angewendt also (wie gemeldt) wann sie solchs gesehen vermeint haben, ich verstande solchs nit beßer.
Denen will ich hiemit anttwortten, auch mich verwahret haben, daß ich solchs (gottlob) gantz wohl verstanden, auch wann ich ein Ortt, Standt, oder Platz, ansiehe, von Stund an, ein Weg fünff, oder sechße weÿß, wie solchs möchte gebauwen werden. Es ist aber nit allen Obrigkeÿtten hiemit gemeindt, also die aller schwersten Werck, vnndt Gebeuw fürzunehmmen. Derhalben ich solchs offtmalen laß inn gemeinem Werckh (do ich meine, ein Stadt wolversehen) beruohen.

[74r]

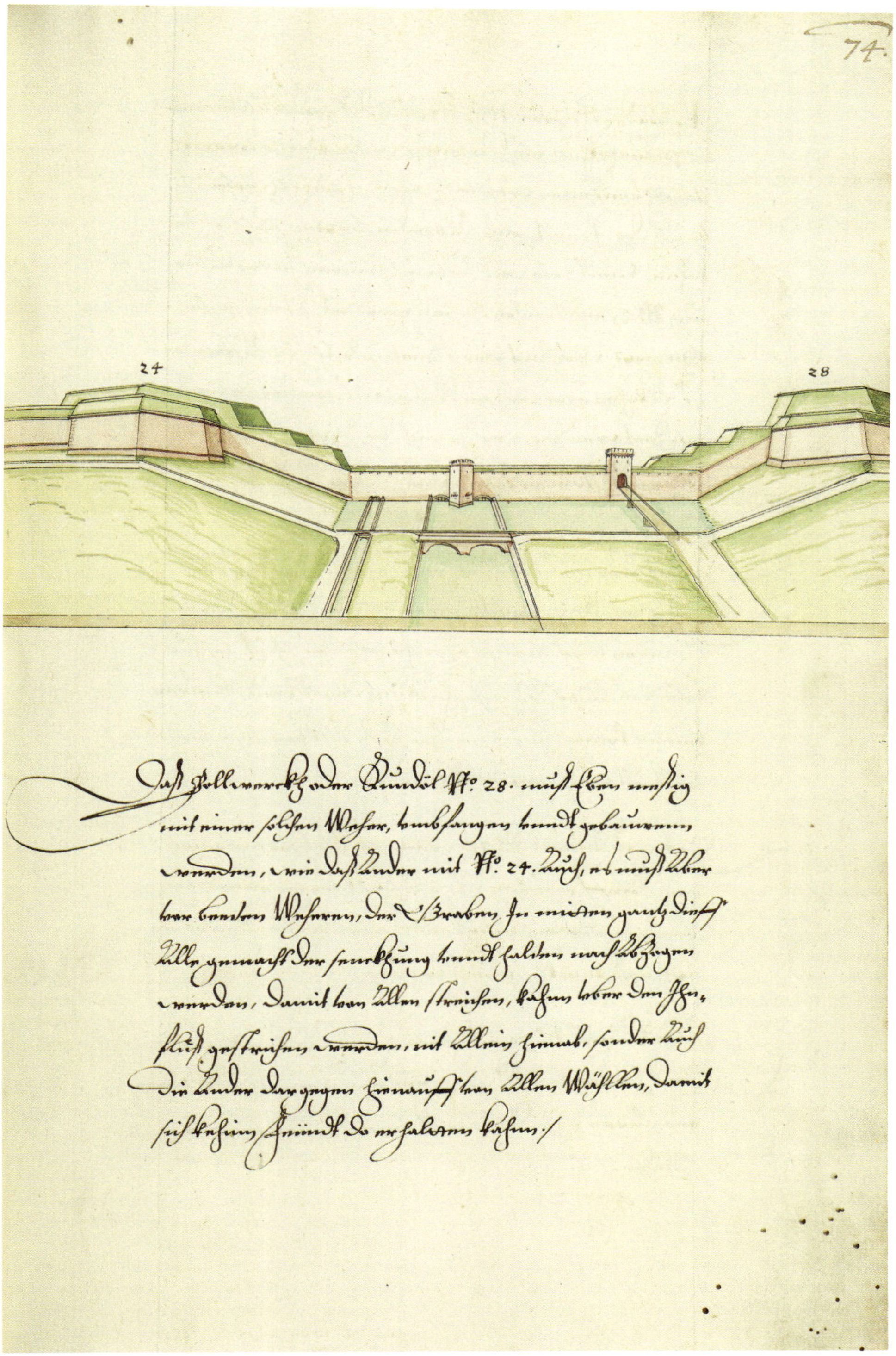

21 Die Türme sollen abgebrochen werden.
22 Kavalier ist in der Visierung nicht eingezeichnet.
23 Kavalier ist in der Visierung nicht eingezeichnet.
24 Ist in der Visierung nicht so gezeichnet.

[79v]

Dieweÿl nuhn ich vber die dreÿßig Jahr an veilen Endenn, auch in Hungaren wüder den Türcken mancherleÿ Vestungen, hab helffen berathschlagen vnndt auffbauwen, mit Herren Johann Schalutzer Obrister Bauwmeÿster, auch mit Herren Latzari von Schwendi [etc.] selligen, do man offt schlecht genug hatt bauwen, vndt dannoch vor dem Türckhen erhaltten würdt, doch hab ich vnder den fürnembsten, die grösten Pasteÿen zu Wien, Gam[m]orra, vnnd Rab, helffen erbauwen.

Dieweÿl ich aber an dißer Visierungen der Stadt Basell, von S. Johannsthurn an, mich keiner außgelegten Pasteÿen, oder Bollwerckhs gebrauche, auch Kriegs[-] vnndt Bauwuerstendige verachten möchten, ob ichs ettwann nicht recht verstünde, dieweÿl ich schier ittel geschobene Weheren brauche, dann die Stadt beÿ S. Johannsthor also schmahl ist, wann ich soltte Weher, Pasteÿen, hienauß legen, würdt ich vber die Maßen weÿtt ins Veldt kohmmen, vnndt gantz schwerlichen wüderumb können hienein keheren, es were dann wüderumb mit einer oder zwoen geschobnen Streichenn, wie diße auch seindt.

Dieweÿl ich mit Creütz[-] vnndt geschobnen Streichen vndt Wehren, müeste wüderumb hienein fahren, bin ich eben so mehr zuuoran hie innen bleÿben, damit ich nicht allein den Vnkosten erspahre, sondern auch mich gantz

[80r]

satt zur Stadt haltte, damit man von innen herauß auff solche Weheren vnndt Gebeuw bald kohmmen kahnn, insonderß hatt die Stadt an dißem Ortt herumb kein rechten Bogen außwertts, daß man solchs köntte für nehmmen, sonder ittel Eckh vnndt Winckel, muß hienauß, daß ander hienein, wie zu sehen ist, doch ist es also mechtig vnndt starckh, daß sich kein Feündt nihmmer mehr do her legen, noch solchs vnderstehn würdt, anzugreÿffen, vnndt kohmmett solchs alles dannoch weÿtt genug ins Veldt. Derhalben ein Obrigkeÿt, es seÿ inn oder außwendig, dem man seine Güetter antrifft, sich wol werden wüßen zuuergleichen.

Solchs hab ich müeßen vermelden, wann ettwann solchs fürfahlt, ich zuuoran solchs alleß, gantz wol verstanden, gemeßen, vnndt durchsucht habe, wann auch ein Bauwmeÿster darüber kompt, mir solches nicht anders würdt ordnen köhnnen, er wolle dann in ein[em] Cürckel oder halben Mon, außwendig herumb fahren, vnndt da Wehere legen vnndt ordnen. Solchs kahnn ich (vndt ein Jeder) gantz wohl, darff hierinnen keinen Meÿster, vnndt wie wol alles vmb die gantze Stadt, fast einn neüwer Bauw würdt, vnndt ein mächtiger Vnkosten solchs erfordern würdt, darneben ein solch langwührig Werkh, dann sich ein solcher großer Bauw, nicht also leicht

[80v]

löst fürnehmmen vnndt vollenden, man wölle dann solchen auch auff die Nachkohmmenten gereichen lassen, die thuon dann waß sie mögen. Wüll kurtz zum Werckh greÿffen.

Beÿ S. Johannsthor ist die Stadt zum schmalesten, vndt auch zum schwechsten, vnndt hatt doch ein strenge Ihnfahrt vnndt Landtstraß da. Derhalben ich solchs Ortt mit zwehen Fleüglen, von zwohen Weheren woltte ihnfaßen vnndt verwahren, wie mit Lit: A. vnndt B. zu sehen ist. Wo aber die Caualier verzeichnet seindt, müeßen auch solche dahien geordnet werden, damit solche daß Veldt regieren köhnnen.

Von Lit: B. faltt der Bauw zuruckh, gibt wüderumb ein Streichen vnndt Fleÿgel, mit Lit: C. hie zwischenn ein Caualier.

Von Lit: C. faltt die Linien, in ein Creützstreÿchenn, beÿ Lit: D. in dißer Linien, mag wüderumb einn Caualier geordnet werden.

Hie mag mit Rath gehandlet werden, ob man den Wahl beßer möchte der Stadt zu legen, wie auch der ander beßer hienauff (zum Luginßlandt) mit Lit: E. Daß ich solche vber den Graben gelegt, habe ich der Erden

[81r]

oder Grundts halben gethan, dann wann man den Graben außfüllen soltte, were nicht wol mehr Erden da zum Wahl. Bey Lit: E. muß wüderumb ein Caualier stöhn, zwisch[en] diße Creützstreichen oder Klammen, legt sich kein Feündt, nihmmer mehr, dann was zu beeden Seÿtten, kahnn zu im kohmmen, auch auff alle Seÿtten.

Vnden beÿ Lit: E. gibt es wüderumb ein Streichen für Luginßlandt, dieweÿl es aber beÿ N.° 9 ein Buck gibt, muß solche Linien gleich zogen werden, biß zu den Wahl, an daß Eckh, mit Lit: F.

Von Lit: F. biß ins Eckh .G. do kompt aber ein Creützstreichen, vnndt muß hünder dem Eckh Luginßlandt, ein Caualier gesetzt werden, dißer hoch Thurnn muß hienweg.

Hie ist zu merckhen wüderumb, daß die geschobnen Streichen, eine für die ander, ihr Werckh verrichtenn, auch vom Fleügel vnndt der Streichen, muß in ein Gesicht daß ander vertädigen, obschon der Feündt sich gegenvber legt, vnndt der Linien nach, den Fleügel vnndt Streichen beschießen woltte, so leigt die nechste Streichen vnndt Fleügel, ime auff dem Halß, wann er schon solchen beschossen, so müeste er den Sturmm zwerch anlauffen (welches er nicht kahnn[)], dann

[81v]

ime beede Gesicht, sampt den Caualieren, mit vollem Gewaltt entgegen leigen. Solchs soll an allen Creützstreich[en] vnndt geschobnen Weheren, in Achtung gethan werden.

Von Lit: F. biß zu Lit: G. gibt es wüderumb, ein Creütz, vnndt vnden beÿ Spahlenthor, ein geschobene Streichen. Hie muß ich still haltten, vnndt ettwaß do melden.

Vom Luginßlandt, Lit: F. faltt die Maur zuruckh, biß zu S. Peterßplatz, N.° 12. von dannen in Winckell wuderumb N.° 14. vnndt wüderumb dauon biß ans Spahlenthor. Woltte man nuhn beÿ dißen Wincklen pleÿben, vnndt Creützstreichen darein ordnen, kahnn solchs wohl geschehen. Es müeste aber der Wahl zuringßumb ebennmeßig geführt werden, ob sich schon kein Feündt inn diße Klammen oder Winckhel legen würde. Es müeste aber beim Spahlenthor ein halbe Weher zum wenigst[en] leigen, die hienauff zum Bollwerckh N.° 12. streiche, do müeste wüderumb ein Bollwerckh oder Pasteÿen leigen, die diße Weher auch bestreiche.

Dieweÿl solchs ein großen Kosten fordert, auch vmb den gantzen Winckhel herumb der Wahl fünffhundert Schuch lenger würde, dann wann man nuhr stracks

[82r]

herüber fahrn, zu dem, dieweil die Gräben gemacht, vnndt man nicht wohl wüßen kahnn, wo die Erden zuo den Wähllen zu nehmmen, binn ich deßhalben, von wegen wenigers Kosten, auch Stercke halben, strackhs von Lit: G. herüber zu .H. gegen Spahlenthor, vberß Veldt zuo gefahren.

Dieweÿl es hie ein geschobene Weher vnndt Streichen gibt, biß für Spahlenthor, zu Lit: I. da sonst ein Pasteÿen müeste gebauwen werden, hab ich solchs alleß für rathsamer angesehen, dieweÿl solche auch nicht weÿtt ins Veldt kompt.

Von Lit: I. faltt es hünder sich in Wünckel, zu Lit: K. do muß ein halbe Weher oder Pasteÿen gebauwen werd[en], für den gantzen Winckel, biß zu Lit: L.

Dieweÿl aber solcher Winkel, wol anderß könntte versehen werden, so muß man gleiche Mensur haltten, von wegen aller Bollwerckh, die hernach volgen, dann allwegen, alle Bollwerckh oder Pasteÿen, müßen gleich mit einander fürgenohmmen werden, damit jede ordentlichen hien kompt, da sie hien gehört.

Dieweil aber Lit: L. von der Weheren oder Bollwerckh M. muß bestrichen werden, vnndt von Lit: L. die Pasteÿ[en] mit Lit: M.

[82v]

Die Pasteÿen Lit: M. muß her gelegt werden, damit sie beede Pasteÿen zu allen Seÿtten, vertädigen köhnnen, auch den Ihnfluß deß Býrß. Da mechte zur beßern Bedeckhung, ein Maur vnndt Wahl in gleiche Linien zogen werden, vnndt in mitten daß es Waßer behaltten mag, ihngefangen, damit der Ihnfluß besser verwarth were.

Gleichmeßig muß es mit dem Bollwerckh Lit: N. auch verstanden werden, zu beeden Seÿtten, wie auch in der Visierung N.° 3. zu sehen ist.

Vom Bollwerckh Lit: N. muß man, beÿ dem Bruch N.° 29. der Linien nach ettwaß fortt ziehen, vnndt also daß Eckhbollwerckh oder Pasteÿen mit Lit: O. legen, wie zu sehen ist.

Von dißer Pasteÿen oder Eckhweheren Lit: O. faltt die Stadtmauren hienumb zum Escheimerthor, do es möchte ein Creützstreichen geben. Dieweÿl aber solche Streichen auß der Regel zu weÿtt kompt, fürs Bollwerckh .O. vnndt gantz zu bloß lege, soltte man ein gantz Bollwerckh bauwen, kehme solches für die Portten oder Escheimerthor. Solchem allem vorzukohmmen, hab ich solche Weher brochen, damit die Portt, oder Thor, nicht durchs Bollwerckh kompt, welches gantz falsch were, vnndt nihmmer mehr, soll durch ein Pasteÿen, geordnet werden.

[83r]

Derhalben weÿl daß Escheimerthor, ohne daß ein Buck ihnwärts hatt, hab ich die Weher brochen, vndt zu beeden Seÿtten gelegt, wie mit Lit: P. vnndt Q. zu sehen ist, vnndt ein Scher oder Klammen in mitten, vnden mit einer Streichen zu beeden Seÿtten, ob die schon nicht bedeckht, so kahnn kein Feündt, doch solche Weher in der Klammen angreÿffen, es seye welche Seÿtt es wölle, so leigt ime die ander im Ruckhen, vndt ist hie gantz kein Gefohr zu erwartten, dieweÿl die Port gantz wol verwarth ist.

Von Lit: Q. göht wüderumb die Ordnung an, dahienauff muß aber ein Bollwerckh, oder Pasteÿen gelegt werden, mit Lit: R. vnndt dieweÿl sie ettw[aß] wol hienauß kompt, kahnn sie daß gantz Veldt regieren, vnndt alle Weheren herinnen beschützen.

Hienauff zu S. Albannsthor zu, kompt wüderumb ein Pasteÿ oder Bollwerckh, die weÿ[l] solche Weher beÿ S. Albannsthor, abgeschnütten würdt, wegen der Portten, vnndt der nechsten Eckhweher, mit Lit: T. würdt sie desto kleiner, weÿl daß Eckh, ohne daß sich abschneidt, vnndt alda die gröste Gefahr ist, wüll ich kurtz anzeÿgenn vnndt vermelden, warumb ich solchs Eckh also ordne zu bauwen.

[83v]

Nachdem sich die Stadt, vnndt der außer Boden erhöcht, vndt aber gehelingen die Halden hienab in Dobell faltt, vndt abezeucht, da sich der Feündt oben legen vnndt beschießen, vnden an der Halden sich verdecken, vnndt also zum Sturm sicher kahnn kohmmen, dann man ime vor der Höhe nichts thun, noch zukohmmen kahnn, weder mitt Schiessen noch von der Handtarbeÿtt.

Dißes vorzukohmmen, muß die Wehere mit Lit: S. an S. Albannsthor, der Fleügel oder Deckung der Streichen ettwaß dünner genohmmen werden. Alß dann zeicht sich die Linien mit Lit: W. beßer herumb gegen dem Thor, vnndt der Höhen zu, vnndt der Weher mit T. die muß am Eckh liegen, hart vor der Höhen, vnndt muß die Höhen wie auch der Grab[en], allgemach gegen dem Ihnfluß deß Býrßeckhs, sich hienab senckhet, also daß man mit dem Streichschutz, hienab, auch hienauff kohmmen kahnn, deßgleichen muß von S. Albannsthor, der Bauw, oder daß Bollwerckh mit Lit: T. sich ettwaß, aber nicht also seher senckhen, damit die Streichen ihre rechte Sterckhen, vndt Werckh volbringen kahn.

Dieweÿl sich aber, die beeden Streichen vor S. Alban zusammen thun, würdt kein Feündt sich hie zwisch[en] legen vndt do anzugreÿffen vnderstöhn.

[84r]

Es muß sich aber die Weher am Ihnfluß obenauff abschreid[en][25], vnndt in zümlicher Höhen sein. Dieweÿl aber nicht rathsam, daß ein Ihnfluß (vnder oder durch ein Weher göht) woltte ich solches hie auch nicht thun, sondern offen lassen, vnndt vber den Fluß ein Streichen legen, welche den Fluß, vnndt auch die vnder Streichen Lit: V. vertädigt, aber beede Streichen am Ihnfluß deß Býrßigs, auch Lit: V. vnden am Reihn, müeßen die Fleügel sich ettwaß innwardts wenden, damit von der Höhen nit wol darein gestrichen kahnn werden, weil sie innwarts Anstöß haben sollen, vor dem schießen, ist mit † zeichnet.

Diße vnder Streichen am Reihn (müeßen die Fleügel) muß ettwaß mit dem Fuoß im Reihn stöhn, vnndt sich algemach von der Linien der Höhen senckhen, dieweil der Boden hie dieff leigt, kahnn vom Ihnfluß deß Býrßecks, biß an Reihn wohl Wasser gehaltten werden, damit man desto weniger sich da befahren darf.

Es muß aber durchauß, [(]wie auch an der vorigen Visierungen N.° 2. vnndt .3.) Achtung gethan werden, daß man ihn oder vor den Streichen, wol verwahrtte Außfäll im Graben mach, damit man dem Feündt im Graben sein Bauwen, Schantzen, Vndergraben, Stürmen, wehren vnndt hienweg nehmmenn kahnn.

[84v]

Vnndt wie wol oben an der Maltzgaßen, do es fast keine Heüßer hatt, sonder ittel Rebgärtten, schüer zwerch durch biß an Reihn, also mann es an einem Ortt gegen der Gräntzen wüder den Türckh wehre, woltte ich do durchfahren, vnndt gegen, oder ettwaß oben der kleinern Stadt zu, daß ander alles hinaußen leigen lassen, würdt nicht allein besser, sonder auch weniger kosten. Solchs habe ich auffs kürtzest, auff die .4. Visierung wöllen anzeigen, damit mans desto beßer verstöhn kahn, warumb ich ettwann ein Ding also hab müeßen ordnen, vnndt forttgefahren. So veil von der großen Stadt.

Vber die kleiner Stadt Basell.
Belangt die kleiner Stadt, muß abermallen beÿ der Carthauß, angefangen werden, vnndt daselbst ein kleinen Streichen gelegt, werden, die zu beeden Seÿtten ihr Werckh verrichten kahnn.
Dauon an muß den Reihn hienauff gefahren werd[en], vnndt da ein halbe Pasteÿ gebauwen werden, wie mit Lit: Aa. zu sehen ist.

[85r]
Hienauffwärts muß am Eckh wüderumb ein gantz Bollwerckh oder Pasteÿen gelegt werden mit Lit: Bb. zu sehen. Reihenthor muß mit einem Gewölb, durch gefüehrt werden, vnndt also in seinem altten Weg bleÿben.
In mitten kompt ein Bollwerck mit Lit: Cc. welchs muß ettwaß hienauß gesetzt werden, damit die neben Weheren nit also zu scharpff oder spitz hienauß fallen, vnndt beßer dahinn zu kohmmen ist, mit dem Streichschutz.
Die Eckhweher mit Lit: Dd. ist wie die obrist Weher auch, allein nuhr halb im Liecht, vnndt faltt beÿ S. Bläsenthohr in ein Creützstreichen.
Die Weher am Eckh mit Lit: Ee kompt deßhalben fornen, auch nuhr halber, wie auch die ander vnden am Reihn, beÿ dem Closter Clingenthal, mit Lit: Ff.
Am Eckh deß Closter Clingenthal muß es wüderumb ein kleine Streichweher haben, die zu beeden Seÿtten streichen, vnndt dasselbige vertädigen kahn, wie obenn beÿ der Carthauß vorgemeldt ist.

[85v]
Oben an der Bruckhen beÿ Lit: Gg. wie auch darüber hienauff beÿ Lit: Hh. mögen wüderumb zwo Streichen gebauwen werden, damit solchs zuringßumb beschloß[en] würdt.[26]
Dieweil die klein Stadt ebenß Veldt leigt, vnndt Zuflüß hatt, kahnn sie auch gantz wol mit Wassergräben beschlossen, vnndt zuringßumb erhaltten werden.
Ich muß auch ettwaß weÿtterß melden, wie man den Reihn möchte beschliessen, welchs in rechten Beuöstigung muß fürgenohmmen werden.
Alß ich zuuoran ane der großen Stadt beÿ S. Albann vnden, zur Letzen an den Reihn, beÿ der Weher Lit: V. kohmmen, hab ich nichts wollen melden, wie der Reihn möchte von derselbigen Letzen, biß hienab an die Letzen beÿ S. Johann beschloßen werden. Solchs kahnn mit Aufffüehrung der Mauren, Streichen, vnndt anderen versehen werden, damit man nit zu Fuoß beÿ kleinen Wasseren, oder mit Schüffen da außsteigen kahn, beÿ Tag vnndt Nacht, dann solchs den Verettereÿen zum meÿsten vnderworffen ist, wo aber Felßen vndt Höhn, hienauff zu kohmmen, ist leichtlichen do zu weher[en], solchs muß vnden herauff ebenmeßig versehen seinn noch aller Notturfft.

[86r]
Dieweÿl die Bruckh vber denn Reihn nicht gantz von Steinenn, ist hoch von Nöttenn, daß in Zeÿt der Nott solche auch mag verschont werden, dann der Feündt, solche, mit Brandt, vnndt Verspringung kahnn zu kohmmen, vnndt verderben, also daß man nicht zusammen kohmmen kahn, dann er kahn große Flötz machen, vnndt hünden mit langen Zwerchlöcheren anbünden.
Dißе mit Reÿßern, Holtz, Bech, Schweffel, vnndt anderen Materien so gern brennet, ein großen Hauffen, vnndt auff ein solchen Flotz legen vnndt zurüsten, ihnnwandig ein Thonnen Puluer oder zwo gestelt, vnndt mit einem verborgenen Feür angezünt, vnndt also auff den Reihn treÿben lassen, wann es dann vnder die Brücken kompt, vnndt hinden an den Jochen, mit den Zwerchhöltzeren hangen bleÿbt, daß Feür mit Gewaldt brennt, vnndt daß Puluer angöht, hebt es die Brückhen mit Gewaldt hienweg.
Deßgleichen kahnn der Feündt an Ortt vnndt End, dieweÿl stürmmen, vnndt dann wüderumb ein großen langen Flotz, darauff veÿl Krüegßleütt, oder Volckh, so sich mit Holtz, Wollseckhen, vnndt anderß verdeckhen, den Reihn herab fahren, vnndt mit der kleine (oder großen) Stadt auch stürmmen,

[86v]
wann man dann nit wol mehr vber die Brückh zusammen kohmmen könnte, einander Rettung vnndt Hülff thun, ist es seher gefohrlichen.
Dißem für zu kohmmen, muß man zwehe Weg fürnehmmen. Erstlichen, muß an der Bruckhen, von Joch zu Joch ein gemeine starckhe Ketten zogen werden, vnndt also denn gantzen Fluß beschließen.
Zum andern, muß vnden an der Pfaltz am Felßen, ein gewalttiger starcker Ring von jeehem Eÿßen, im Diameter .4. oder 5. Zoll dickh, in einen Angel so noch dicker ist, in Felßen auffs dieffest vnndt sterckest ihnngoßen, vnndt verklammert, werden, daran ein gewalttige starckhe Ketten, die Ring hatt, im Diameter .1. Zoll vnndt auff .8. oder .10. Zoll lang, die vber den gantzen Reihn göhn, vnndt oben beÿ der Carthauß in der kleinen Wehren, mit einer Schrauben, ohne End, auff einen Welbaum oder Waltzen anzogen werden. Derhalben die Ketten so lang sie auffgewücklet würdt, kein lange sonder kurtze Ring haben soll, oder aber durch daß Loch, so sie anzogen, ihnwendig von einem dickhen starckhen henffnen Seÿll sein soll. Derhalben der Zug ihnwendig ettwaß weit stöhn muß, damit daß Seÿl außwendig nicht kahn gesehen werden.

[87r]
Dieweÿl sich aber diße Ketten von der Pfaltz vber Reihnn biß an die Carthauß, sich in die Lenge auff sÿbenhundert Schuch erstreckht, welche ich auff fünfftzig oder sechtzigkh Centner schwehr achte, vnndt allwegen vngefohrlichen zwölff oder viertzehen Schuch für ein Centner, welchs ein starckhe Ketten gibt, würdt solche gantz schwehrlichen ohne Forttel köhnnen (Last halben) angestreckht werden.
Derhalben muß erstlichen in einem großen Schiff, do die Ketten ihnleigt, von der Pfaltz an (do sie angemacht ist) den Reihn auffwärtts mitgefahren werden, vnndt allwegen, in zehen, zwölff oder mehr, nach Erachtung deß Lasts, ein dürer Dahnnenbaum auff ein Schuch zwantzig lang, fast in mitten, (doch ettwaß besser oben) die Ketten angehenckht, oder verklammert werden, vnndt allwegen in einhundert Schuhen ein Schüff vndergestelt werden, die solchs von einhundert zu einhundert Schuchen helffen heben vnndt tragen im Wasser, biß mans vollendt, vnndt also von Oben herumb auff die Carthauß zu fahren, vnndt da den Zug anlegen vnndt streckhen kahn, vnndt dann die Schüff hienweg gethan, will man dann ein Schüff oder zweÿ stöhn laßen, so es helffen tragen, mag mans thun, doch müesten solche Schüff an Ketten geschmitt werden.

[87v]
Solche Kett sol in Zeÿt der Nott also angespannen werd[en], sonst darff es solchs gahr nit, wo aber der Reihn klein, vnndt nit dieff, kahn neben zu mit Pfellen hülffenn gemacht werden, wie ich in der Visierung solches ettwaß verzeichnet hab.
Aber oder vnder solche Ketten, kahnn nichts kohmmen, solche schwümmette Ketten, gantz nutz vnndt gutt seindt, vnndt köhnnen vorgemelte Schüff oder Flötz zum Verderbung der Brucken, nit hienab oder drüber kohmmen, sonder hengkt do an, vnndt kahn keinen Schaden thun. Solchs hab ich wöllen melden, vnndt anzeigen, wie man große Flüß in Eill beschließen sol, do muß solche Ketten im Vorath daleigen, vnndt darauff wartten, Holtz kahn man allwegen soueil zuwegen bringen.
Mann kahn auch ein Streich oder Schutzloch, zweÿ oder dreÿ der Ketten nach ordnen, also wann ettwaß daran kehmme, solche möchten abgetrüben werden, deßgleichen auch von anderen Ortten (auch oben herab) mehr. Woltte man solchs vnden herauff, solche auch ordnen, stöht es zu den Kriegs[-] vnnd Bauwverstendigen.

[88r]
Wann nuhn daß Bedenckhen mit N.° 3. so ich vor dißer Visierung, habe anzogen, mit Fleiß obseruiert vnndt gefasset worden, darauff diße Visierung vnndt Bedenckhen N.° 4. dargegen erwegt, würdt man sehen vnndt speÿren, daß es der mächtigsten Vöstungen eine ist, so mag gefunden werden, auch wüder den Türckhenn genugsam.
Dieweÿl solchs ein Werck ist, daß in veil Jahren, nicht möchte vollendt werden, hab ich doch solche, auß meiner gnedigen Herren Befelch (auch meiner Verheÿßung nach) wöllen also kurtz anzeigen vnndt erclären. Obschon solchs nicht erbauwen möchte werden, so ist doch solchs sehr nutz, dann man kahn allein, vnndt veil Werckh darauß abnehmmen, daß zur Besserung dienstlich ist, ob schon nit also groß vnndt gewalttig, doch kleiner, vnndt von einer Visierung in die ander mag tragen vnndt genohmmen werden, nach Gelegenheÿtt der Örtter.
Vnndt wie wol ich alleß (vnndt jedeß insonderheÿt) soltte vermeldten, wozu, vnndt wie, vnndt für w[as] ein jedeß bauwen, würdt solchs zu erzehlen, veil zu lang, vnndt werden alle Kriegß[-] vnndt Bauwverstendigen, in Ansehen vnndt Betrachtung deß Wercks, vndt Visierungen, sich selbs darauß zuuerrichten wüßen.

[88v]
Waß für Geschütz, Munition, vnndt anders dazu gehörig, welchs hoch von Nötten, hab ichs doch nicht wöllen melden, dann solchs den Bauw nichts angöht, wie zu bauw[en] ist, allein wie solchs alles mag geordnet werden, kahn nachmalen sich selbs weißen.
Daß hab ich gnedige vnndt gebiettent Herren (auff den Beuelch kurtz vnndt richtig vber diße .4. Model oder Visierungen wöllen fürstellen vnndt melden, von Gott bittent vnndt wünschen, daß wir solche, noch anders nicht bedörffen, welchs Gott geben wöll, Amen.
Solchs wünsche ich E: G: vnndt den Vnderthanen von Gott dem allmechtigen, sampt glückhselliger Regierung, vnndt langes Leben, nebenn meinem vnderthänigen Dienst alle Zeit.

Wer Gott vertraut,
hatt wol gebauwt.

[Specklin eigenhändig:]
Ewer Gnaden vnd
Herlichkeÿtten
dienstwilliger
Daniel Speckle der
Statt Straßburg besteltter
Bawmeÿster

[89r und 89v: leer]

25 Abschreiden bzw. abschreiten bedeutet hier: schräg abschneiden.
26 Buchstaben Gg und Hh sind in Visierung N°: 4 nicht vorhanden, die Streichwehren aber eingezeichnet.

[88v]

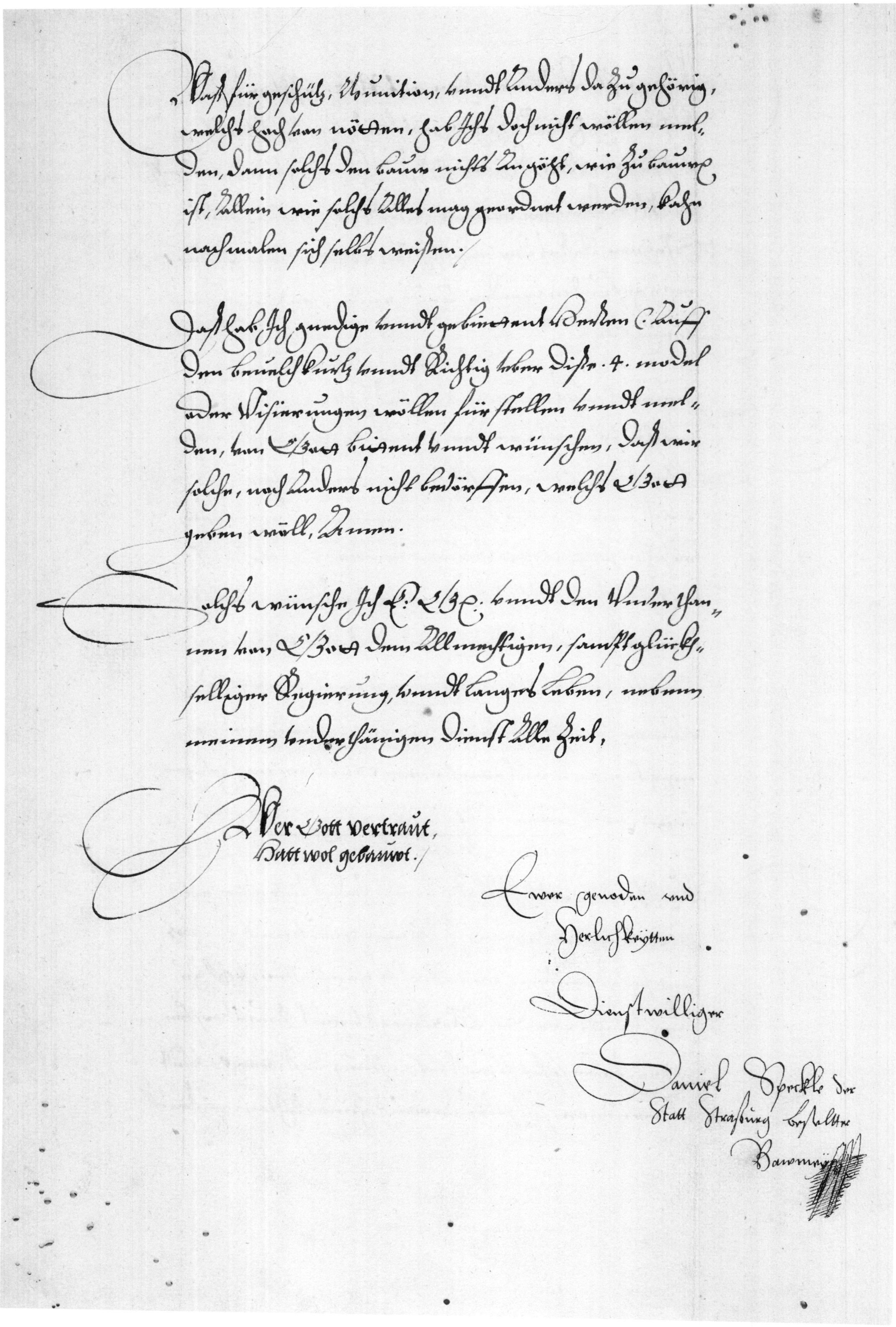
Waß für geschütz, Munition, vnndt anders darzu gehörig,
welches hoch von nötten, hab Ich dißmahl wöllen mel-
den, dann solches dem bauw nichts angeht, wie zu bauwen
ist, allein wie solches alles mag geordnet werden, daher
nachmalen sich selbst weißen.

Dieß hab Ich gnedige vnndt gebietent Herren E. auff
dem bauwlich kurtz vnndt richtig vber diße 4. modell
oder Visirungen wöllen für stellen vnndt mel-
den, vnd Gott bittent vnndt wünschen, daß wir
solche, noch anders nicht bedörffen, welches Gott
geben wöll, Amen.

Solches wünsch Ich E: G: H: vnndt den vnderthe-
nen von Gott dem allmechtigen, sampt glück-
selliger Regierung, vnndt langes leben, neben
meinen vnderthänigen dienst alle Zeit,

Wer Gott vertraut,
Hatt wol gebauwt.

Ewer genaden vnd
Herlichkeitten
Dienstwilliger
Daniel Speckle der
Statt Straßburg bestellter
Bauwmeister

Visierungen N°: 1 – N°: 4

Das von der Stadt Basel 1588 bei Specklin in Auftrag gegebene Gutachten umfasst ein illustriertes **Manuskript** und vier grossformatige Pläne oder **Visierungen**, die hier ediert und erstmals vollständig zugänglich gemacht werden. Manuskript und Visierungen werden aufgrund ihrer unterschiedlichen Grösse im Staatsarchiv unter verschiedenen Signaturen im Bauarchiv und im Planarchiv aufbewahrt.

Visierungen N°: 1 bis N°: 4

Signatur: StABS, Planarchiv T 4
Grösse: jeweils ca. 134 × 92 cm
Beschreibung: Vier kolorierte Pläne, in der Mitte mit N°: 1 bis N°: 4 bezeichnet.
Die offensichtlich lange im aufgerollten Zustand aufbewahrten grossformatigen Visierungen sind aus jeweils neun Blättern Papier mit Abmessungen von bis zu 32 × 52 cm zusammengesetzt und auf jeweils eine Leinwand montiert worden. Nur Visierung N°: 2 ist aus zum Teil kleineren zwölf Blättern zusammengesetzt.
Die vier Pläne sind als orthogonale Projektion konzipierte Aufsichten und werden jeweils von einem 1–3 cm breiten schwarzen Rand umgeben. Rot wurde für das Mauerwerk, bläulich für Wasser, grünlich bis bräunlich für Erde verwendet. Der Einsatz der Lavierung erzeugt im Bereich der Festungswerke eine gewisse Plastizität. Das Stadtinnere ist – sieht man von Rhein und Reihnbücke ab – nicht dargestellt.
Specklin hat die bestehenden Türme, Rondellen und Tore auf allen Visierungen – mit dem Thomasturm beginnend – im Gegenuhrzeigersinn um die Stadt herumgehend mit den Zahlen 1 bis 54 nummeriert. Auf Visierung N°: 1 sind zudem mögliche Batterien des Angreifers gezeichnet, die im Bereich St. Johann mit den Buchstaben Lit. A–E bezeichnet wurden. Auf Visierung N°: 4 sind die neuen Festungswerke mit Buchstaben Lit. A–V (Grossbasel) und Aa–Ff (Kleinbasel) bezeichnet. Einige Tore, Strassen und Orte sind beschriftet. Jeweils vier Massstäbe von jeweils 500 Schuh, die durchschnittlich 81 mm messen, sind auf allen vier Visierungen vorhanden.
Editorische Notiz: Abb. 26 bis 29 im Haupttext vorne geben die Visierungen als Ganze stark verkleinert wieder. In dieser Edition werden auf den Seiten 149 bis 219 jeweils acht Ausschnitte der vier Visierungen in der Originalgrösse wiedergegeben. Eine Übersicht der gewählten Ausschnitte findet sich auf den Seiten 149 (Visierung N°: 1), 167 (Visierung N°: 2), 185 (Visierung N°: 3) und 203 (Visierung N°: 4). Bei der Auswahl der Ausschnitte wurde jeweils im Bereich St. Johann (Grossbasel am Rhein) begonnen, wo Specklin mit der Nummerierung der bestehenden Türme anfing. Dann wird – der Nummerierung Specklins folgend – die Stadt im Gegenuhrzeigersinn umkreist, so dass sich das Stadtzentrum immer oben befindet und die Beschriftungen aufrecht stehen. Der Betrachter geht also quasi um die vier die Stadtbefestigung darstellenden Pläne herum. Um auf einen bestimmten Ausschnitt einer Visierung verweisen zu können, sind diese nummeriert worden. Im Text wird auf diese Ausschnitte verwiesen: ↑N°: 1.1, ↑N°: 1.2, ↑N°: 1.3, …, ↑N°: 4.7, ↑N°: 4.8.

Nº: 1

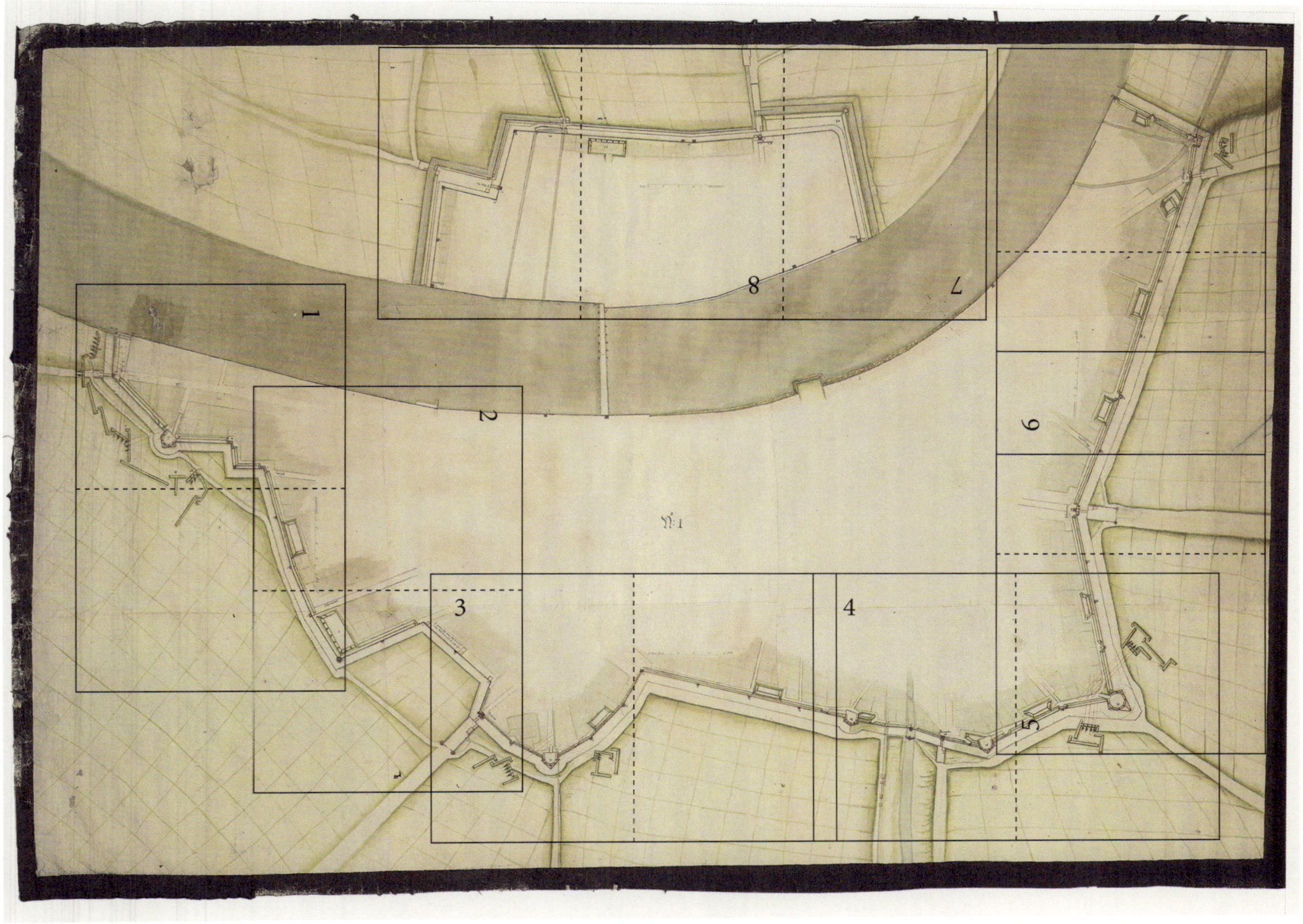

6
4
E
D
3.
C
S: Johann.
1
2
A
B

N°: 1.1
1–10
A–E

N°: 1.2
6–16

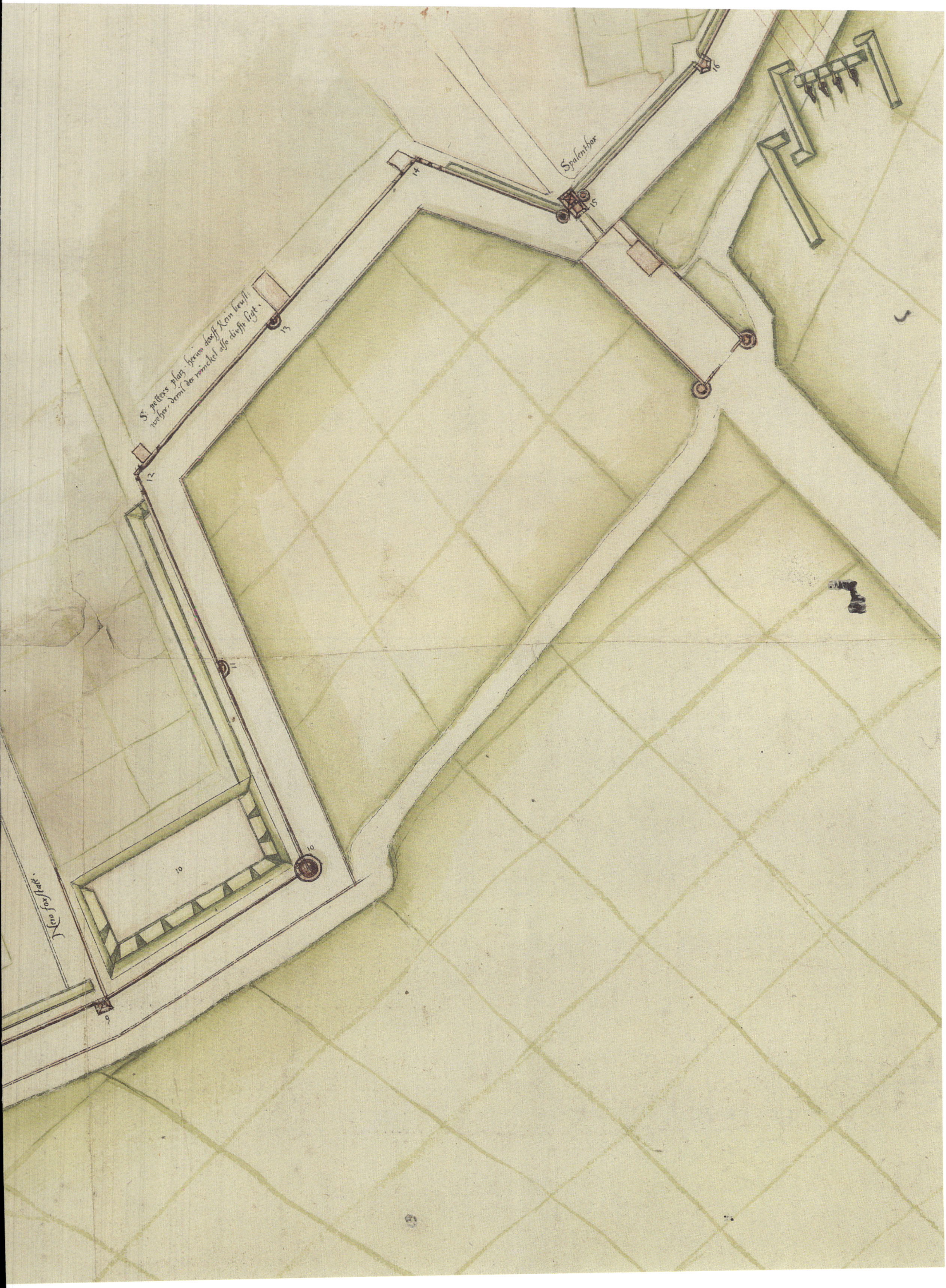
Spalenthor
S. petters platz herum darff Kein brust:
weher, dewil der winckel also dieffe ligt.
12
13
14
15
16
10

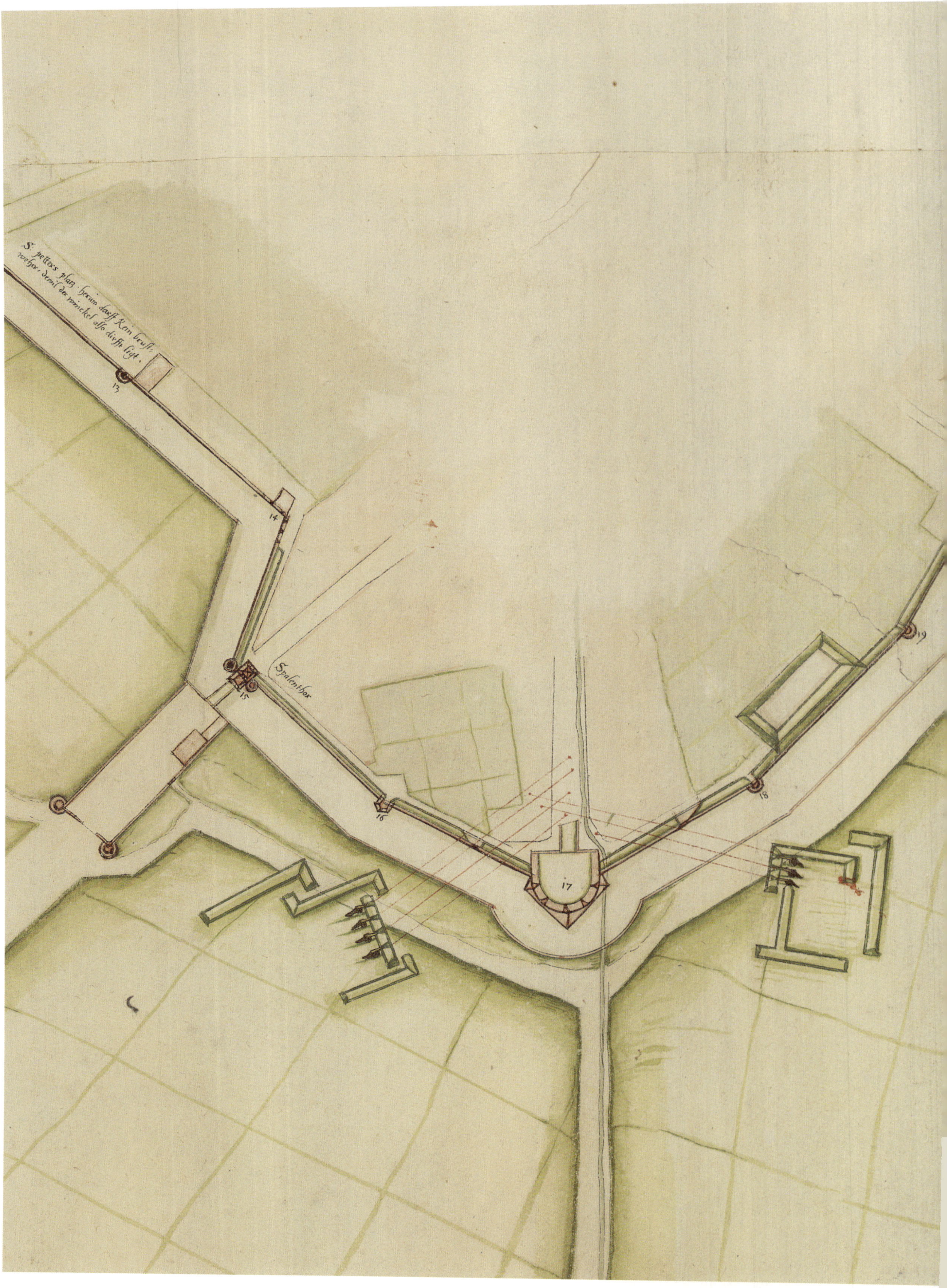
S. petters plaz. herum darff Kein brust,
weher, demil der winckel also dieffe ligt.
13
14
15
Spalenthor
16
17
18
19

N°: 1.3
13–23

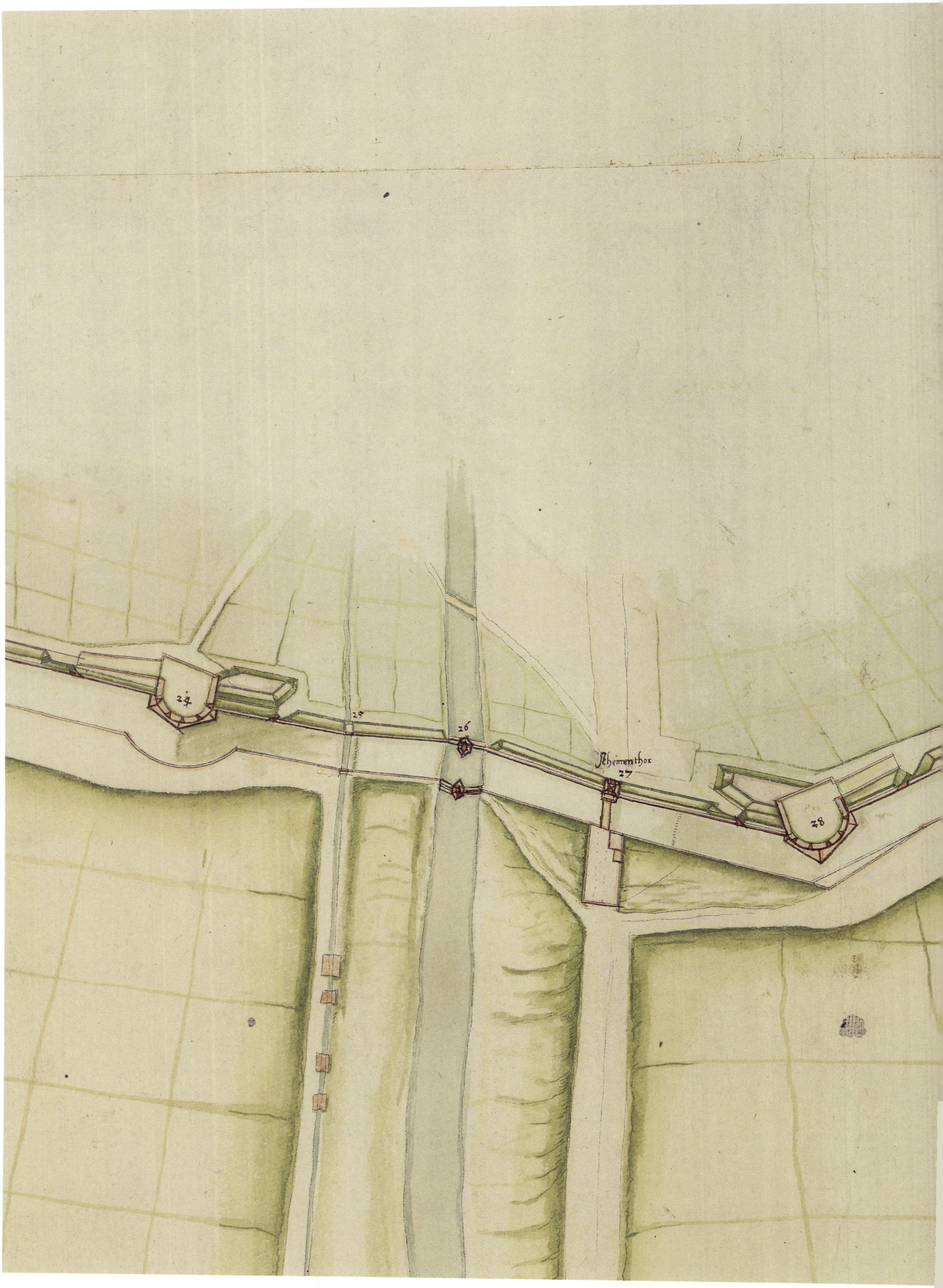
24
25
26
Stheinenthor
27
28

N°: 1.4
24–32

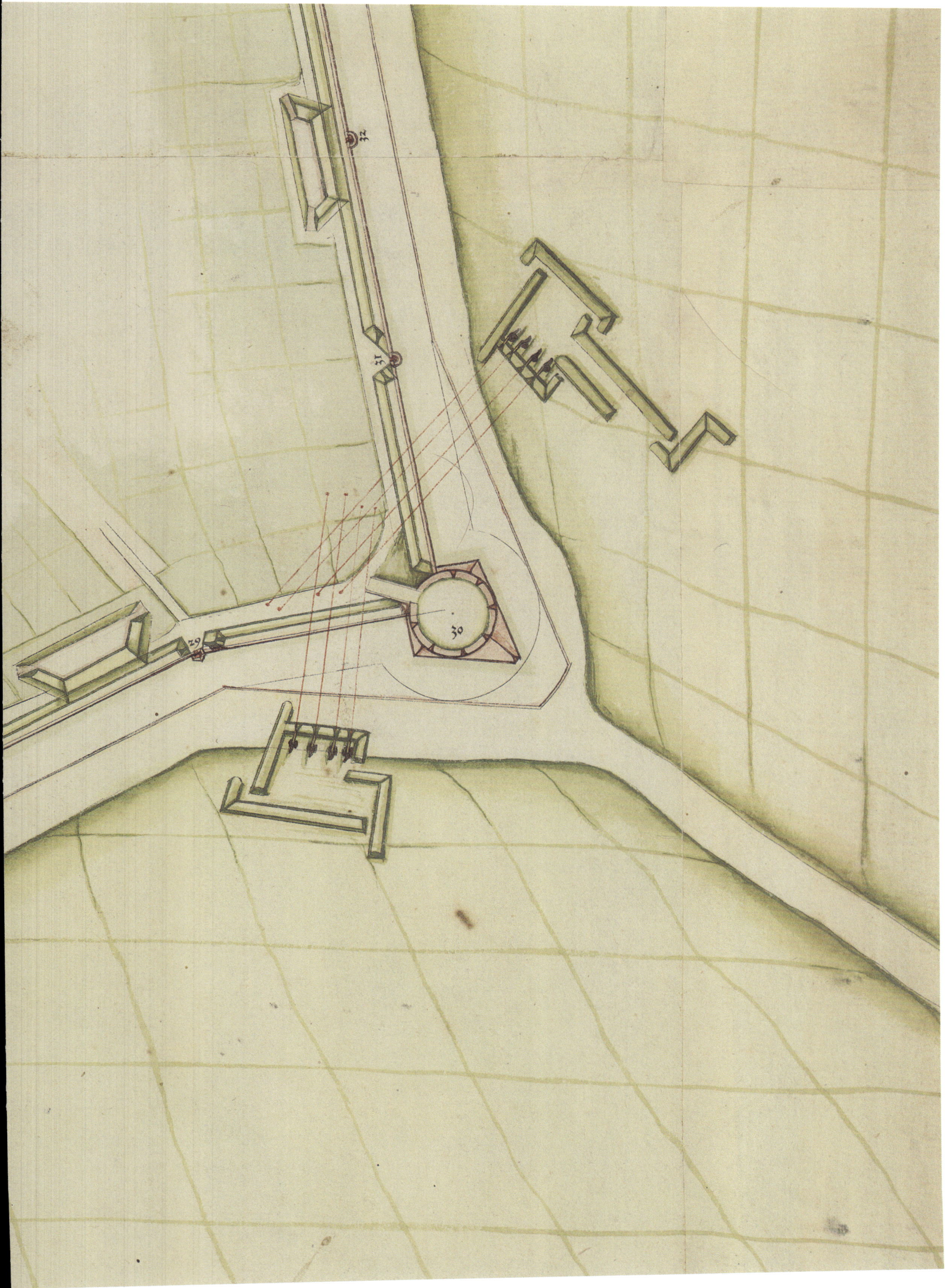

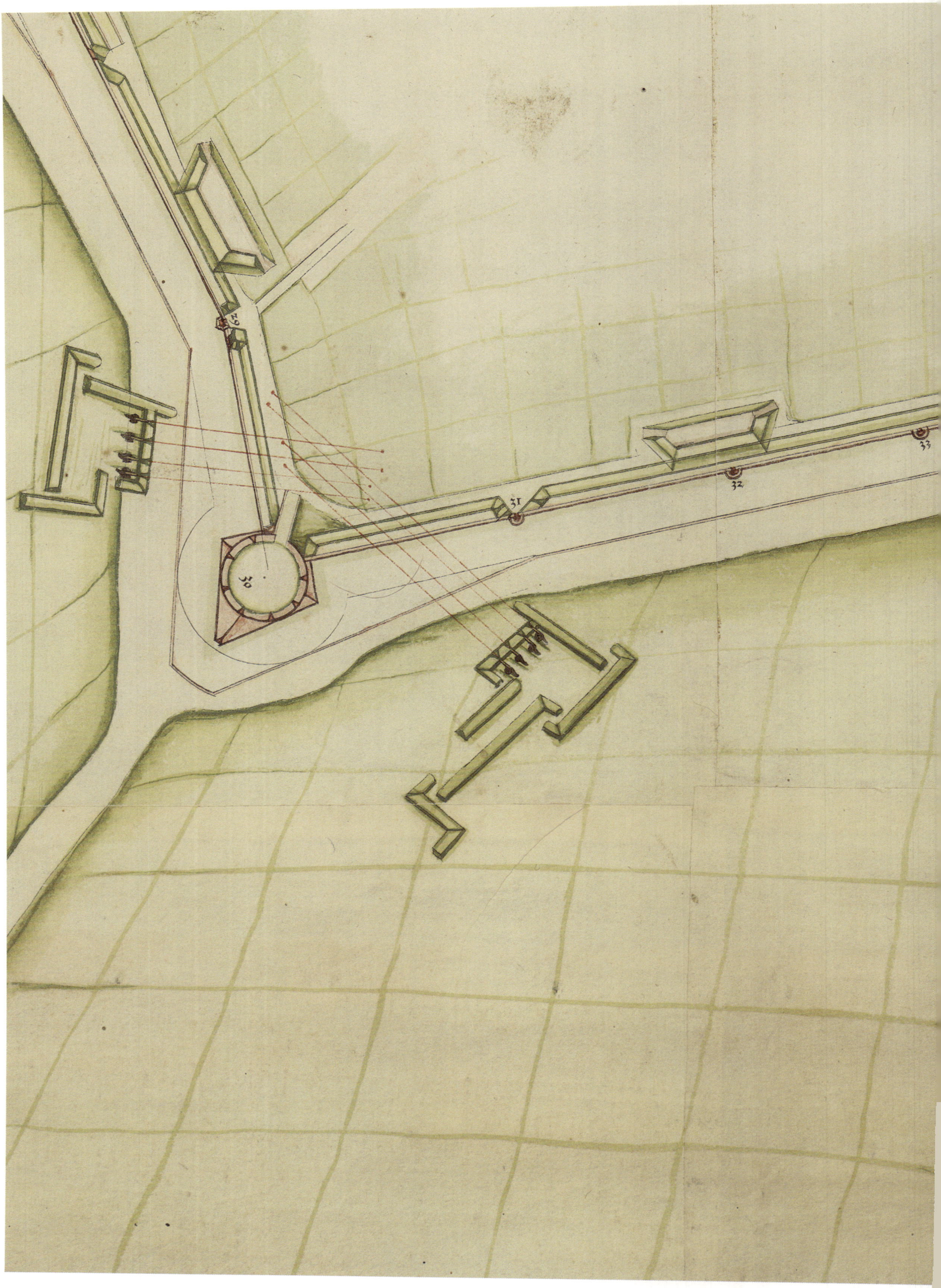
29
30
31
32
33

N°: 1.5
29–36

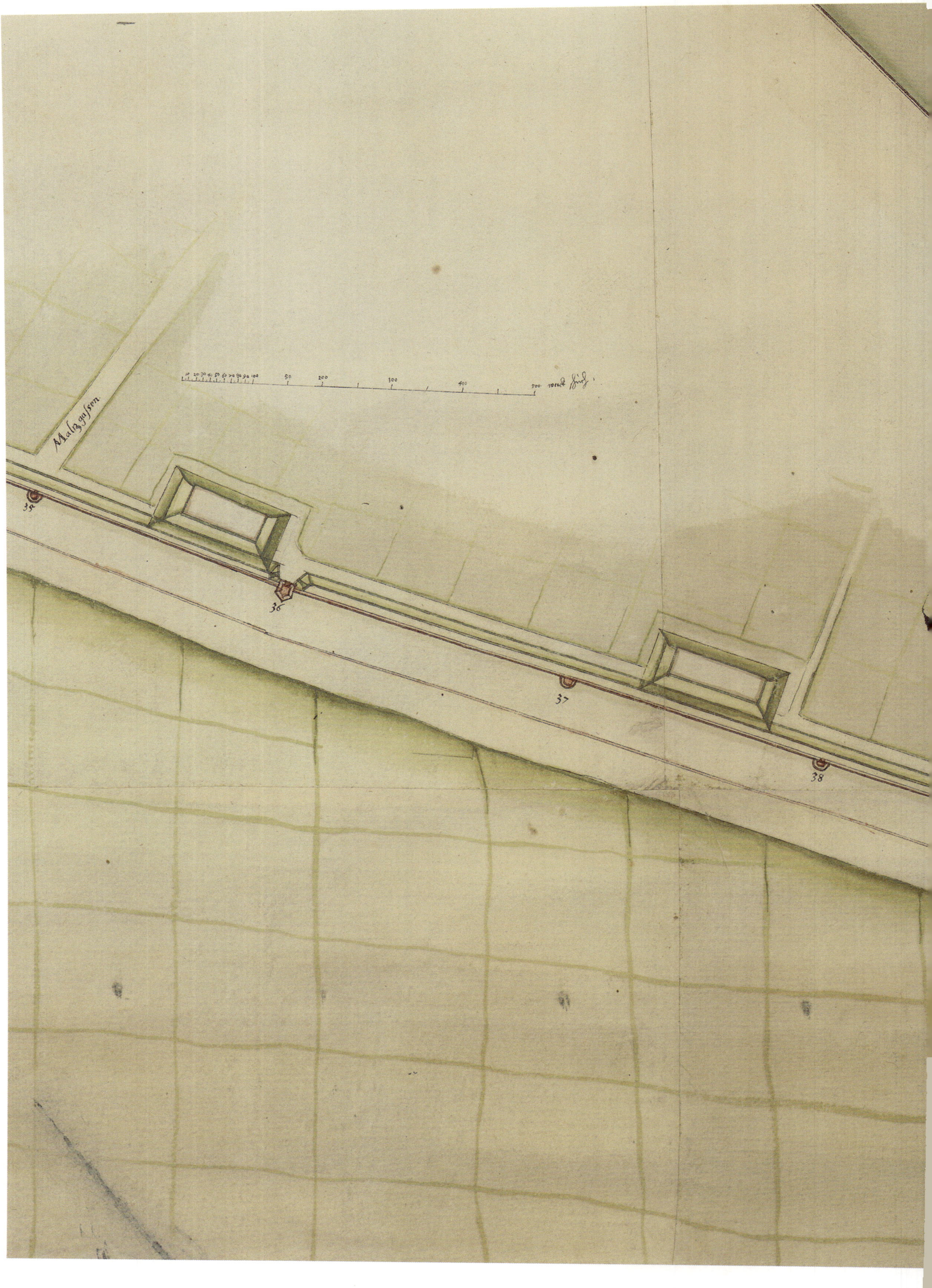
Malzgassen
10 20 30 40 50 60 70 80 90 100
50
200
300
400
500
35
36
37
38

N°: 1.6
35–42

43
Caxtuſs
44

N°: 1.7
43–47

Rieheimerthor
45
46
47
10 20 30 40 50 60 70 80 90 100
200
400
Schuh

N°: 1.8
45–54

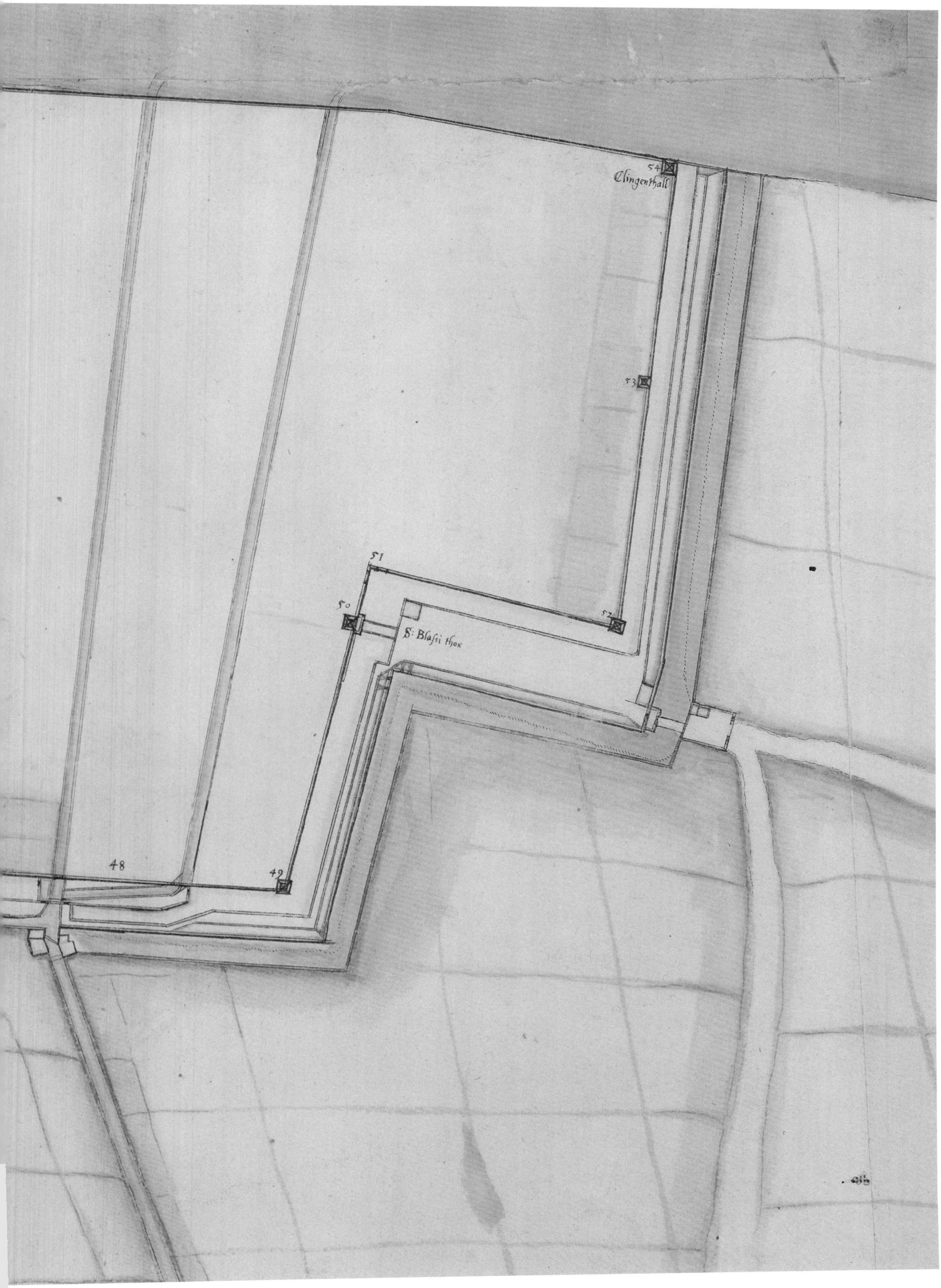

Nº: 2

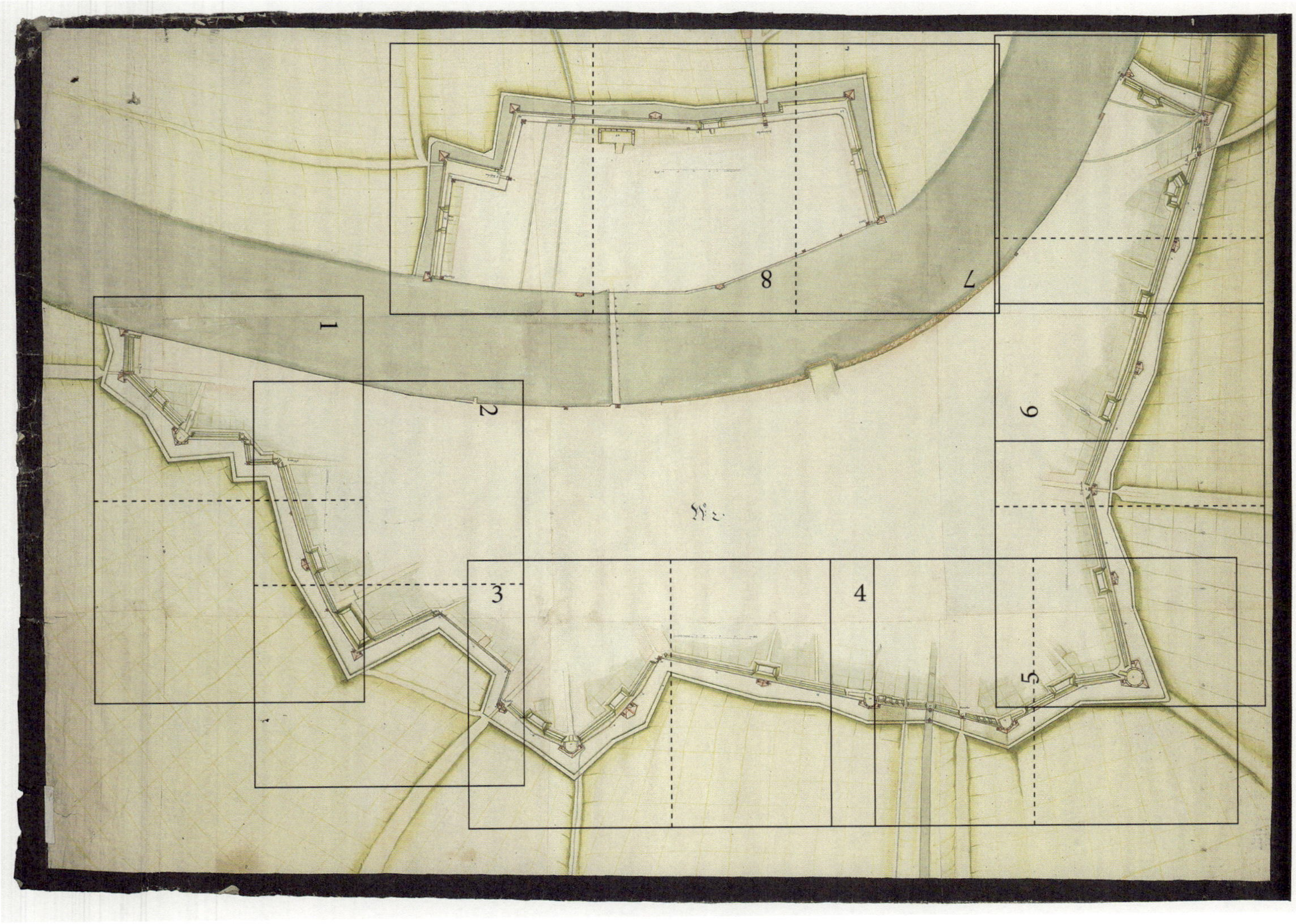

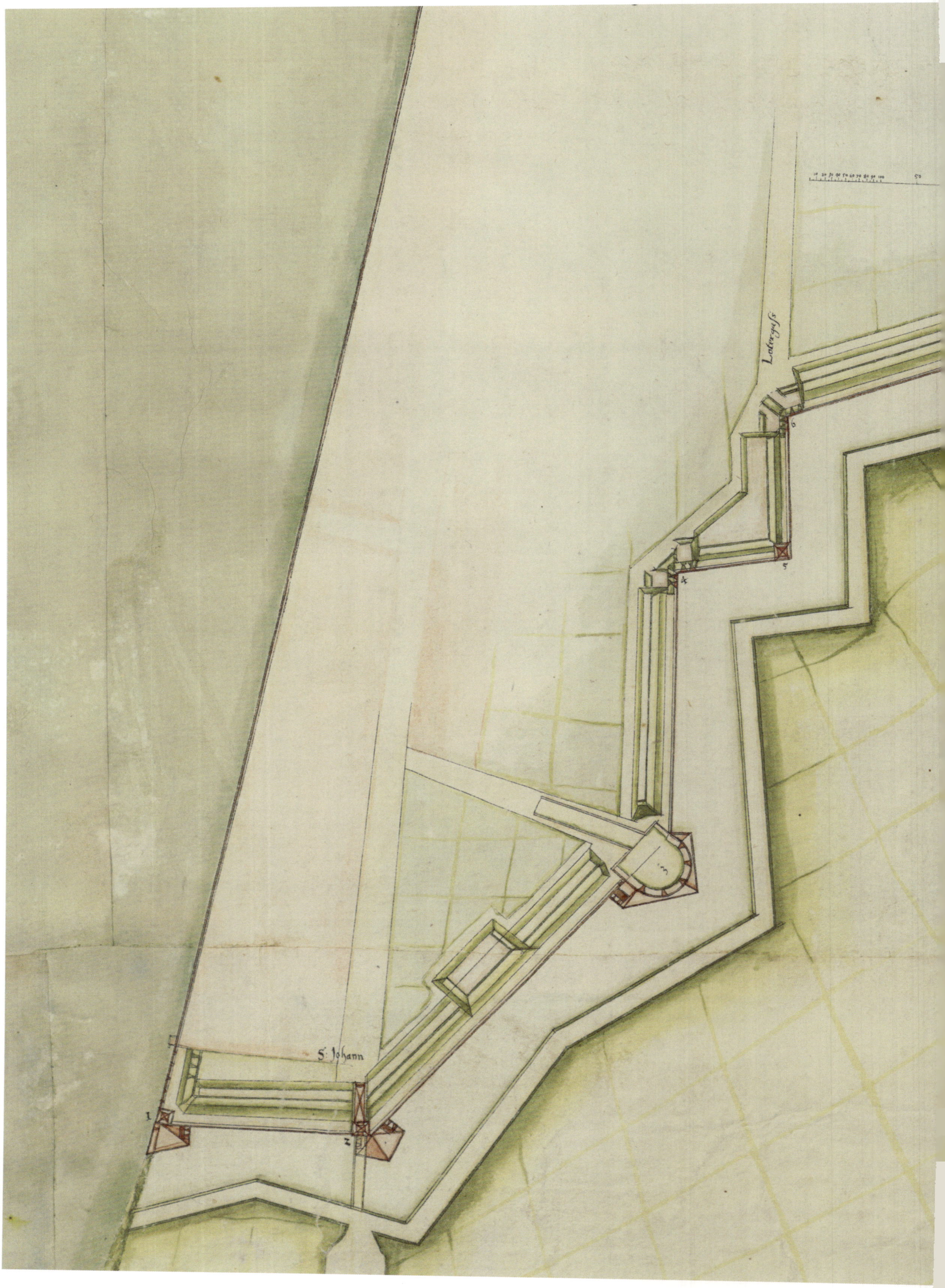
Lottergess
6
5
4
3
S. Johann
1
2

Nº: 2.1
1–10

10 20 30 40 50 60 70 80 90 100 50 200 300 400 500. schuch
Lottergass
6
7
8

N°: 2.2
6–15

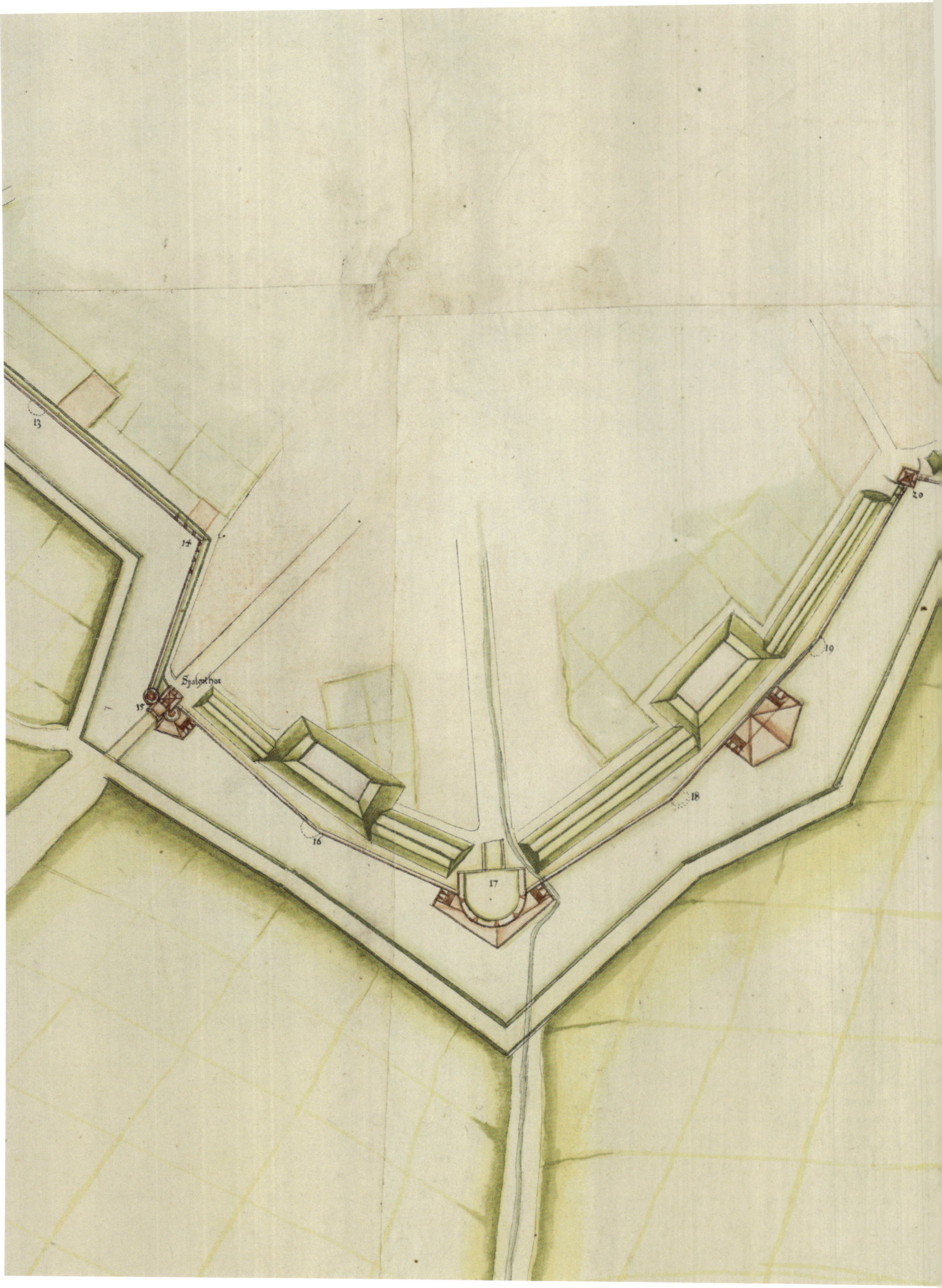
13
14
Spalenthor
15
16
17
18
19
20

N°: 2.3
13–24

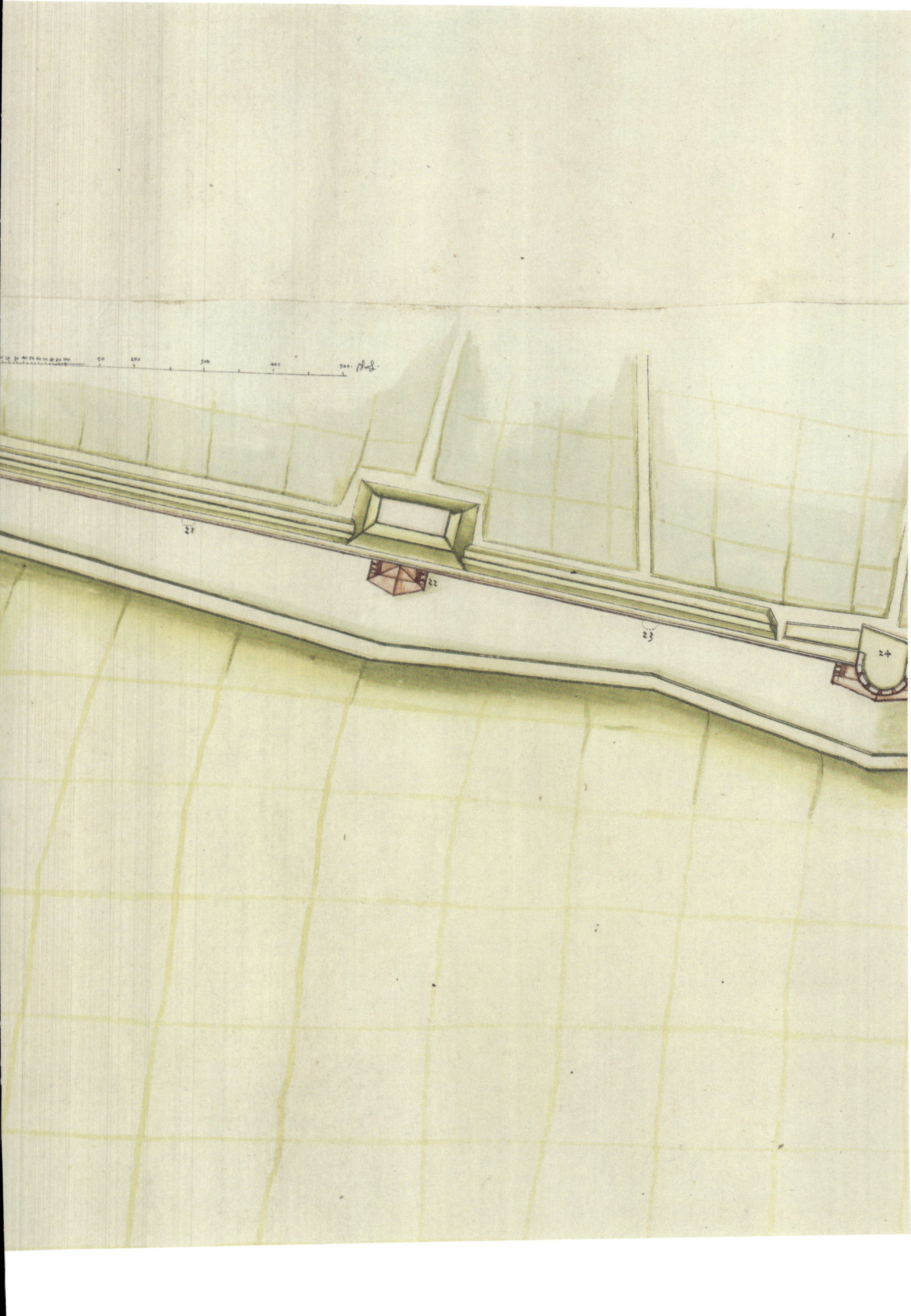

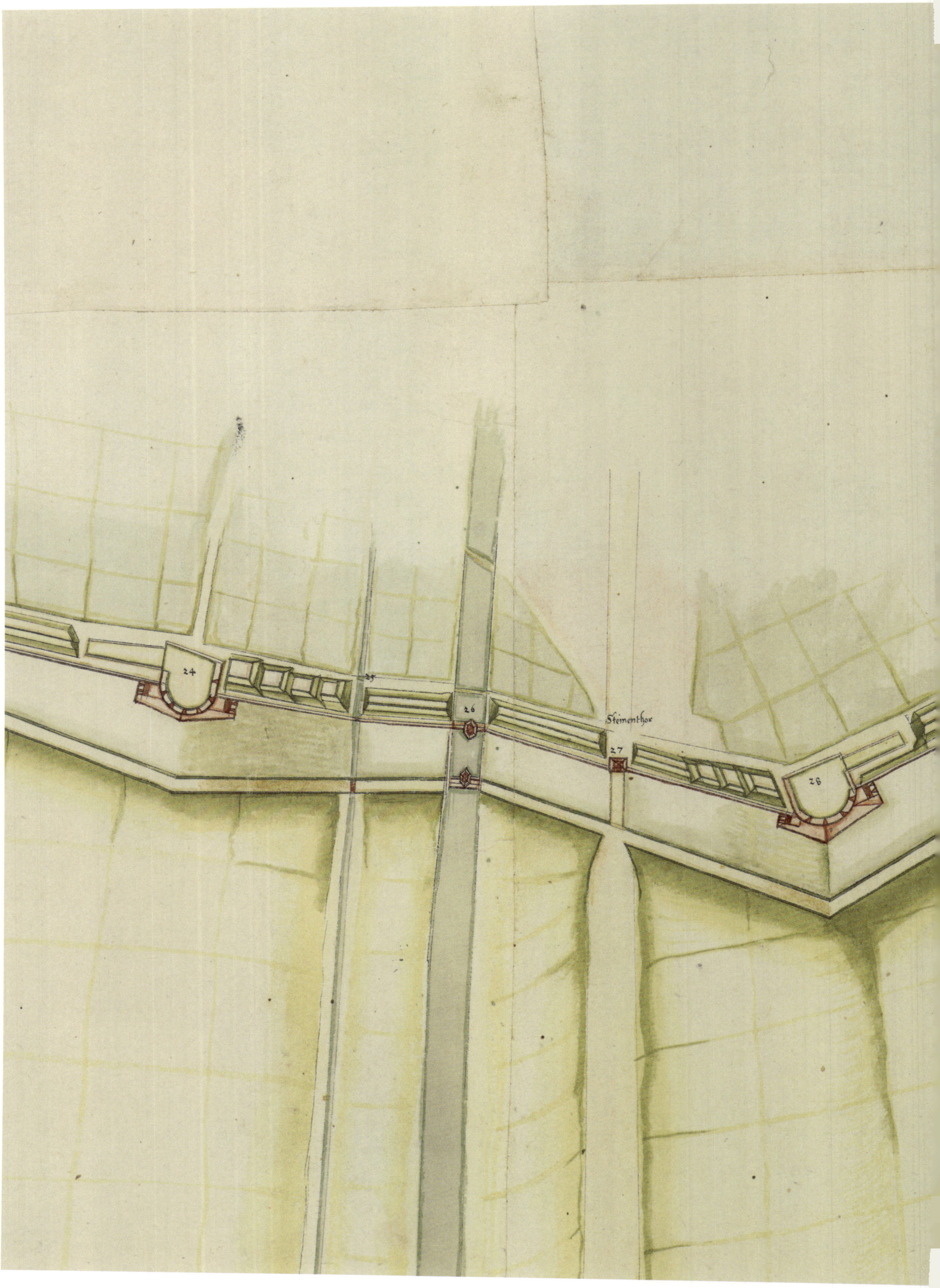
24
25
26
Steimenthor
27
28

N°: 2.4
24–32

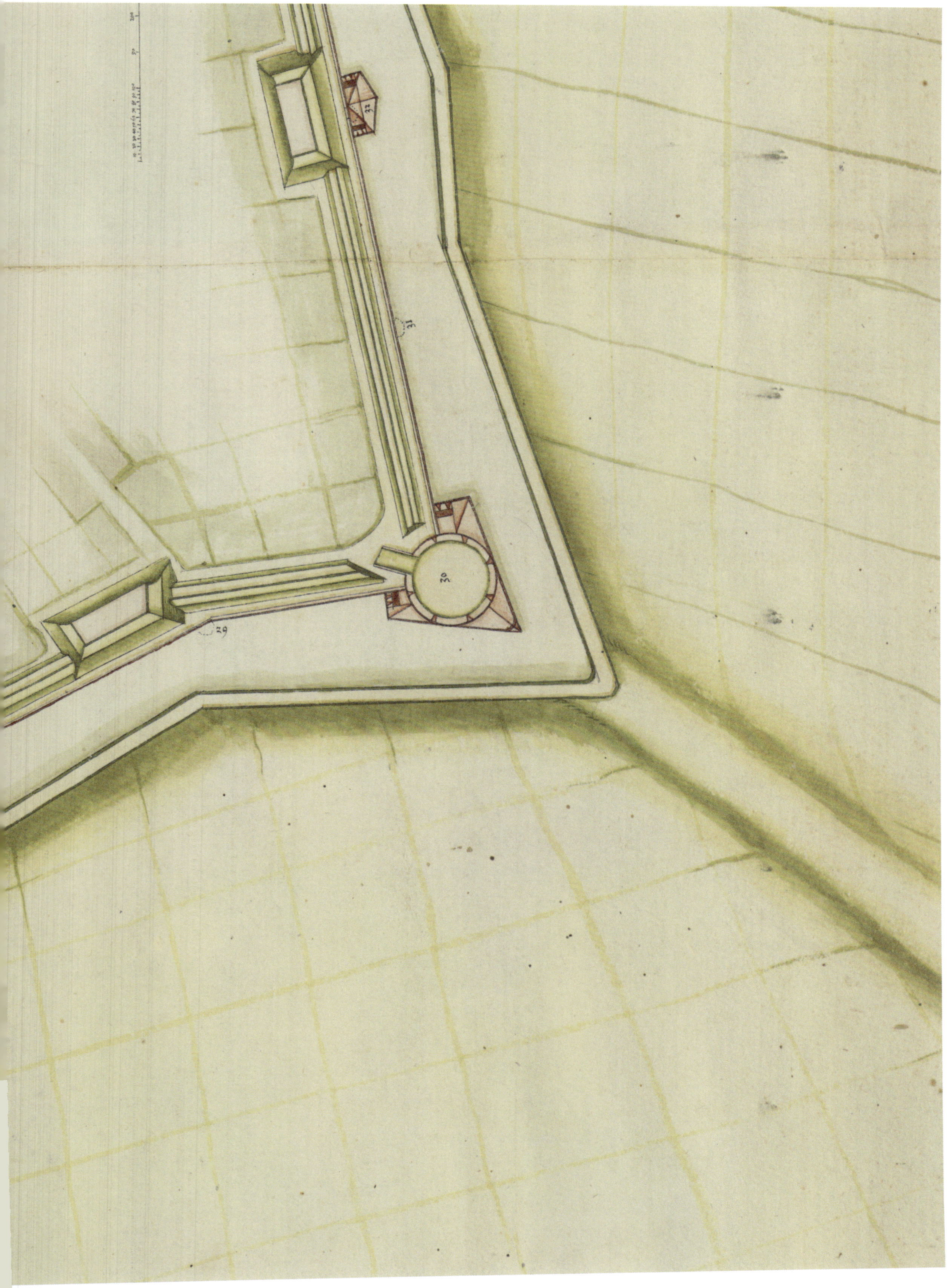

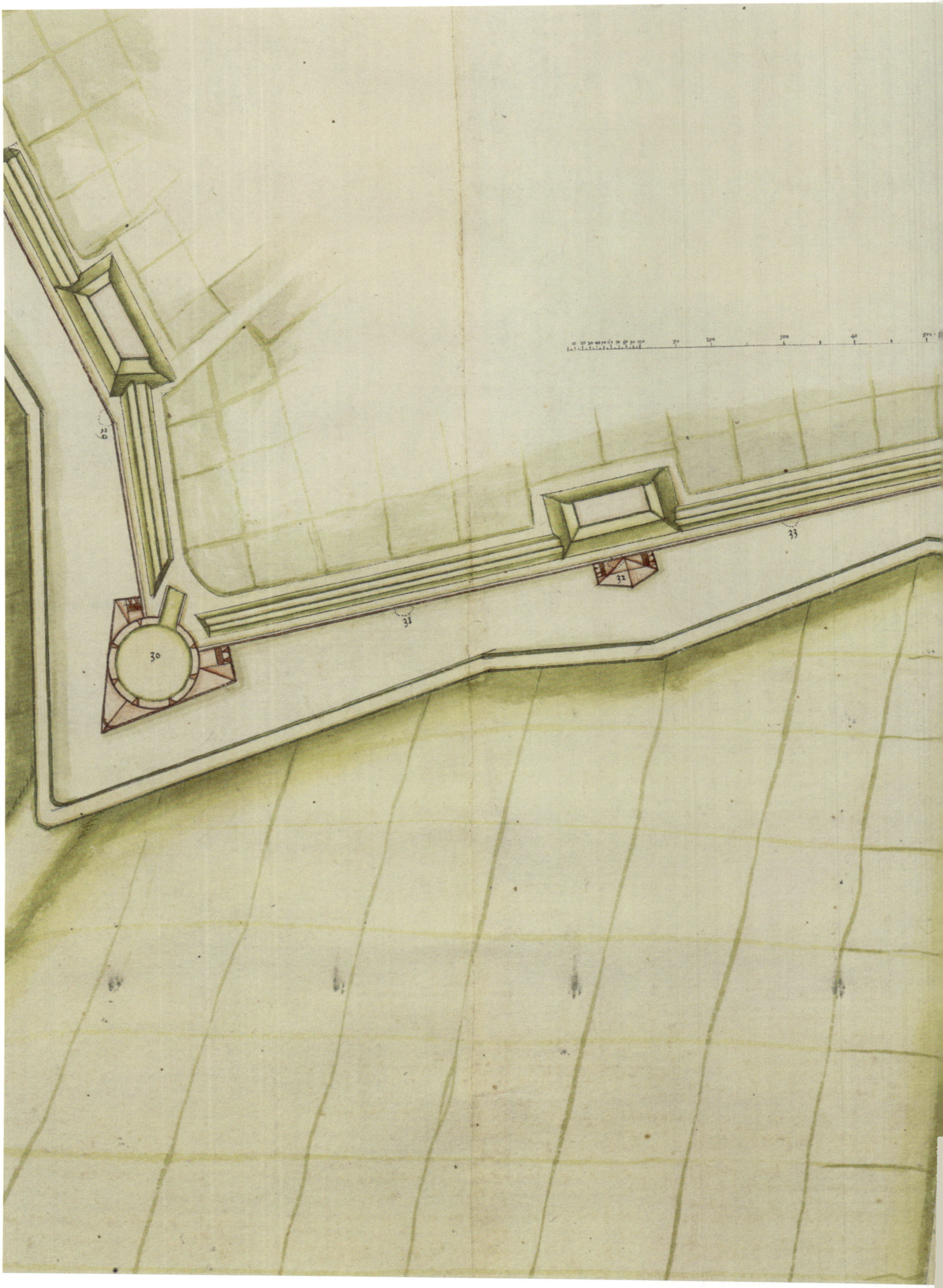
29
30
31
32
33

Nº: 2.5
29–37

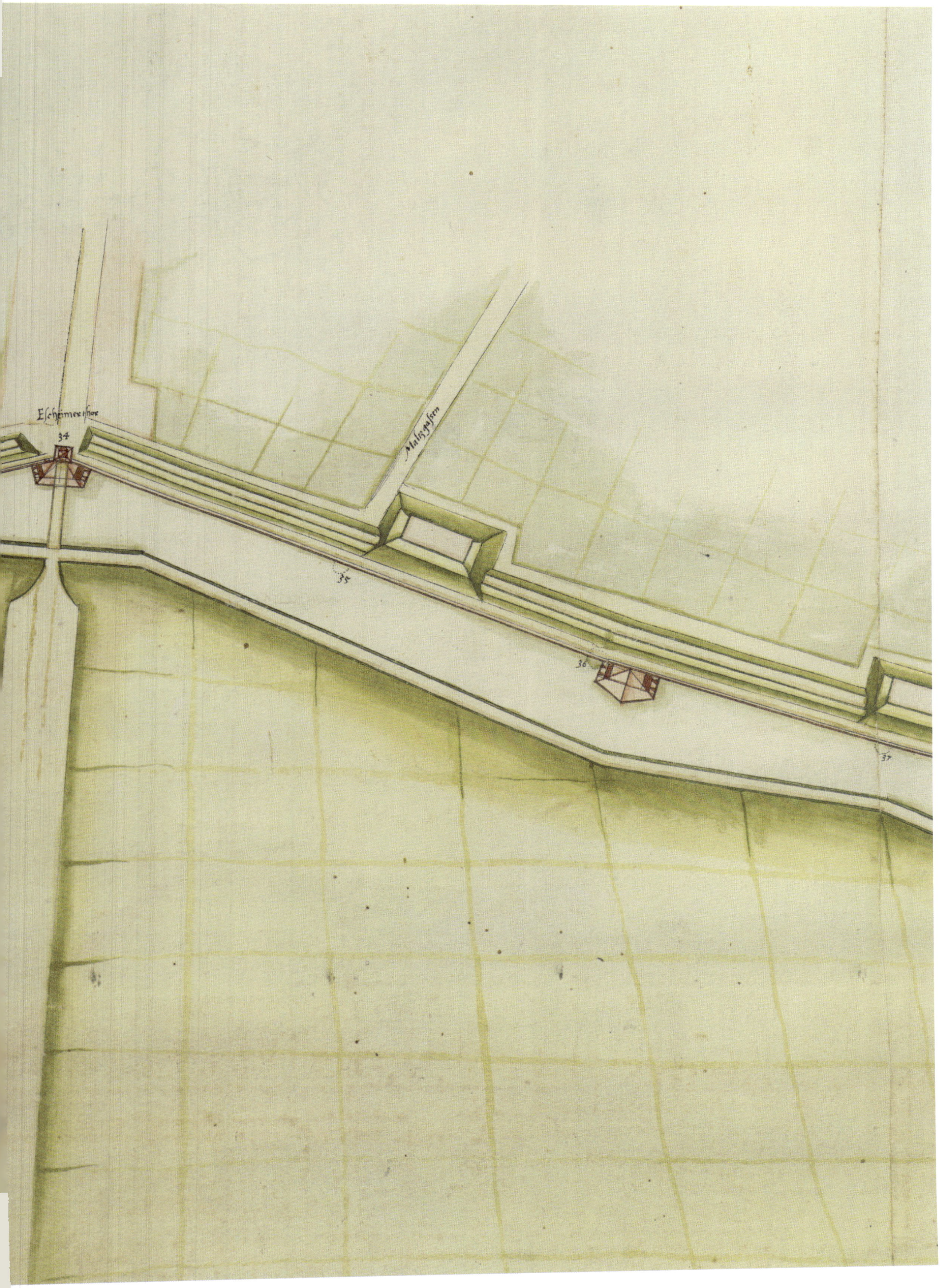

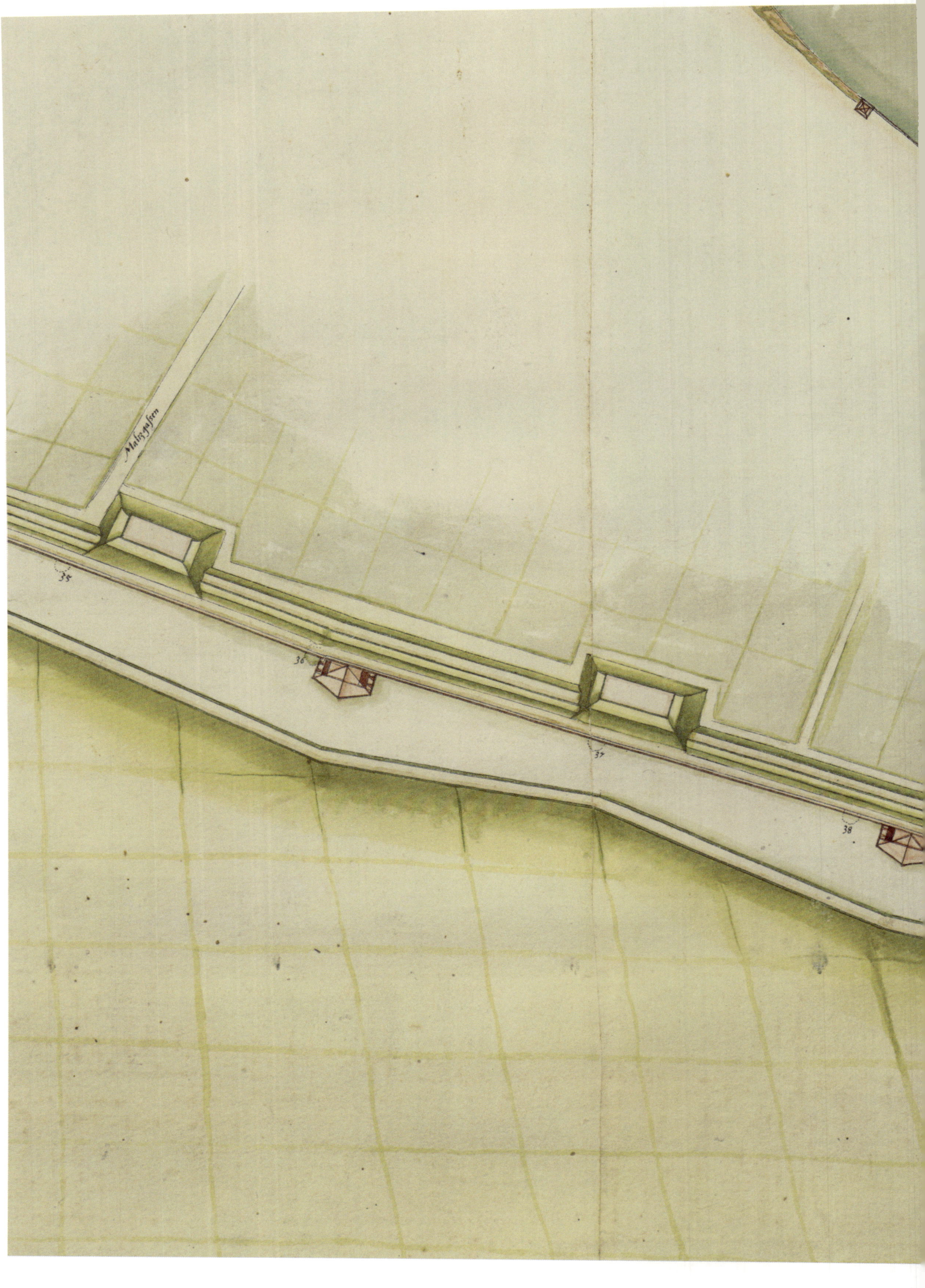
Maltzgaßen
35
36
37
38

N°: 2.6
35–42

43
Cartuss
44

N°: 2.7
43–47

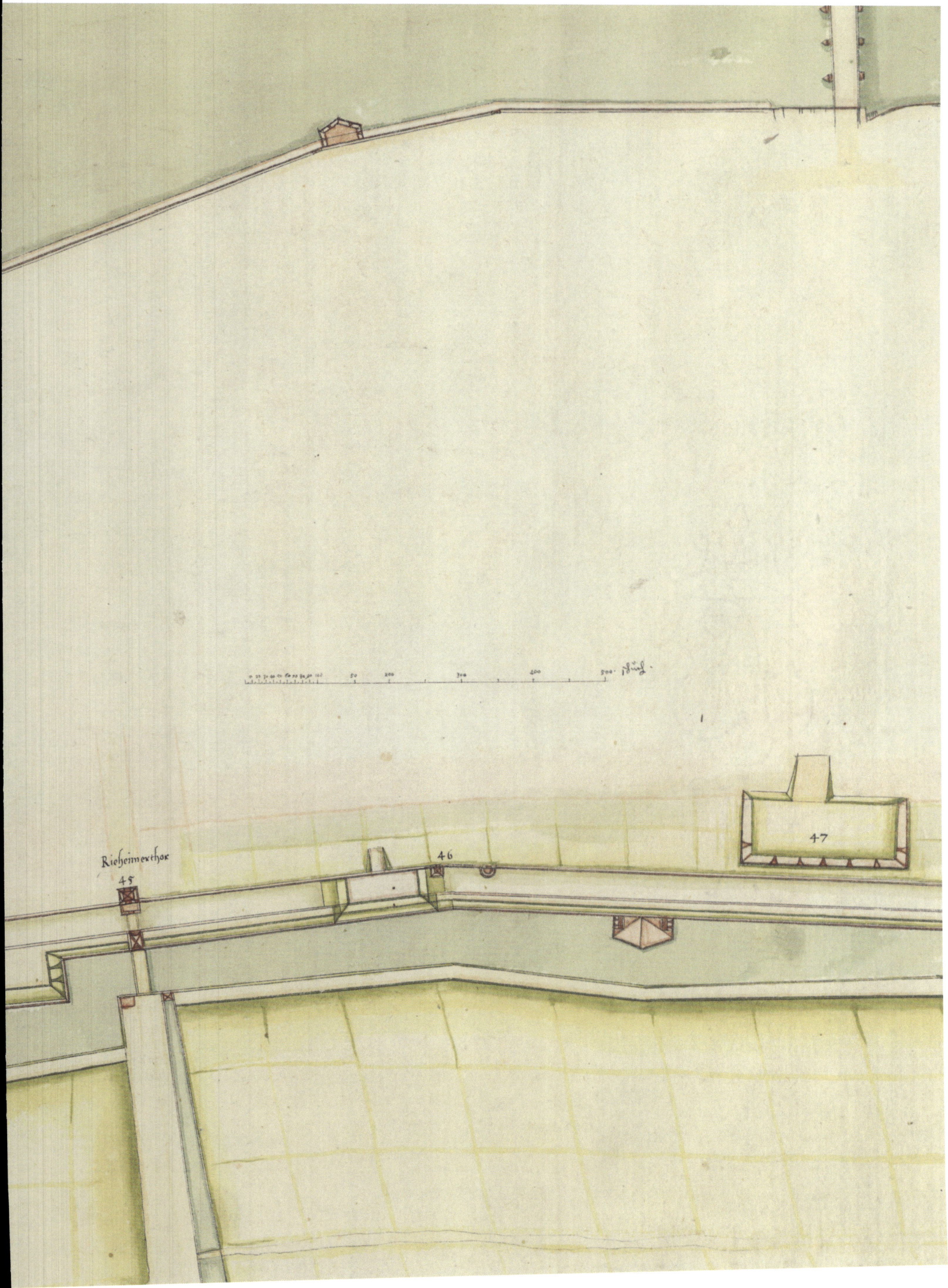

Riehemerthor
45
46
47

N°: 2.8
45–54

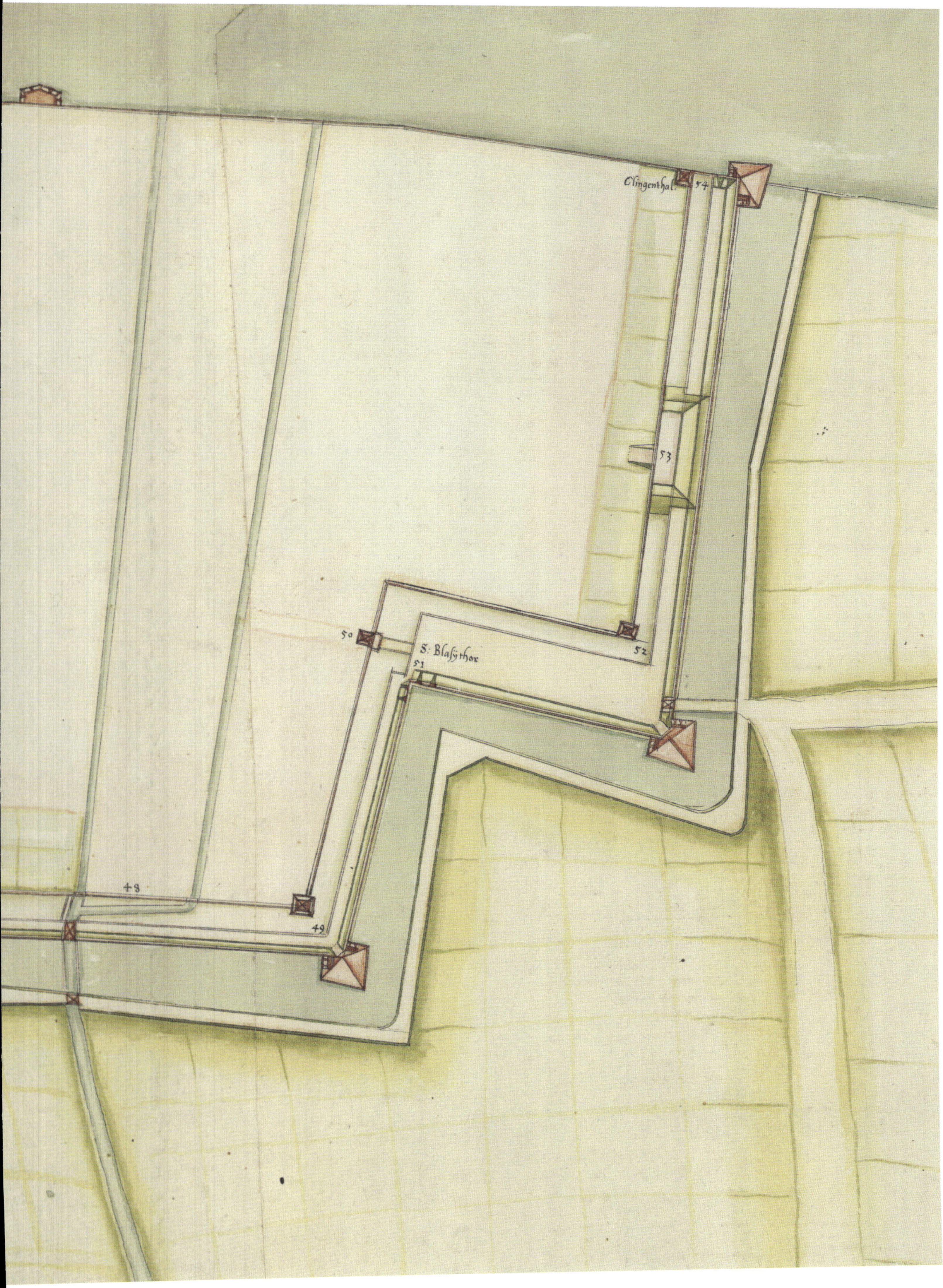

Nº: 3

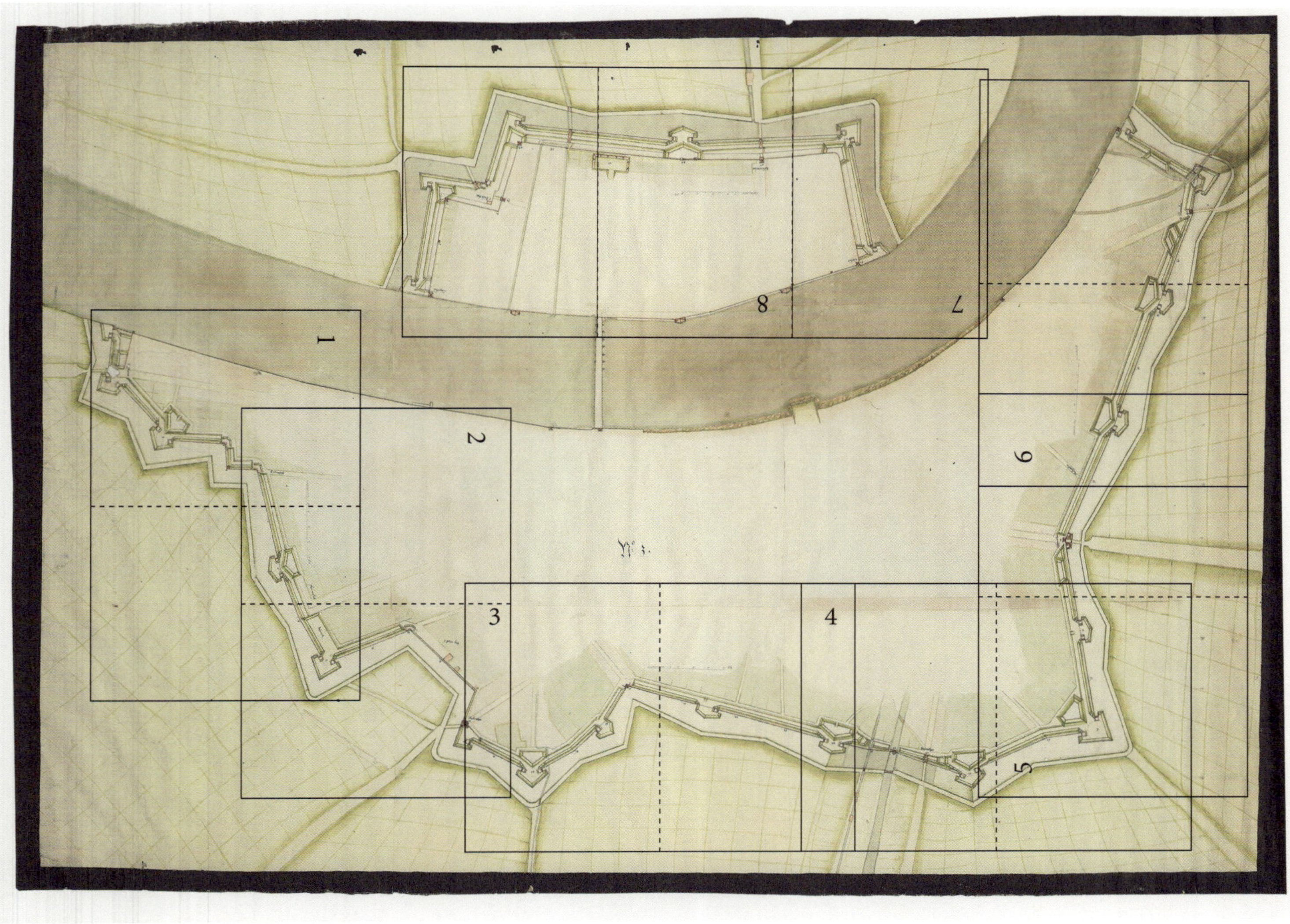

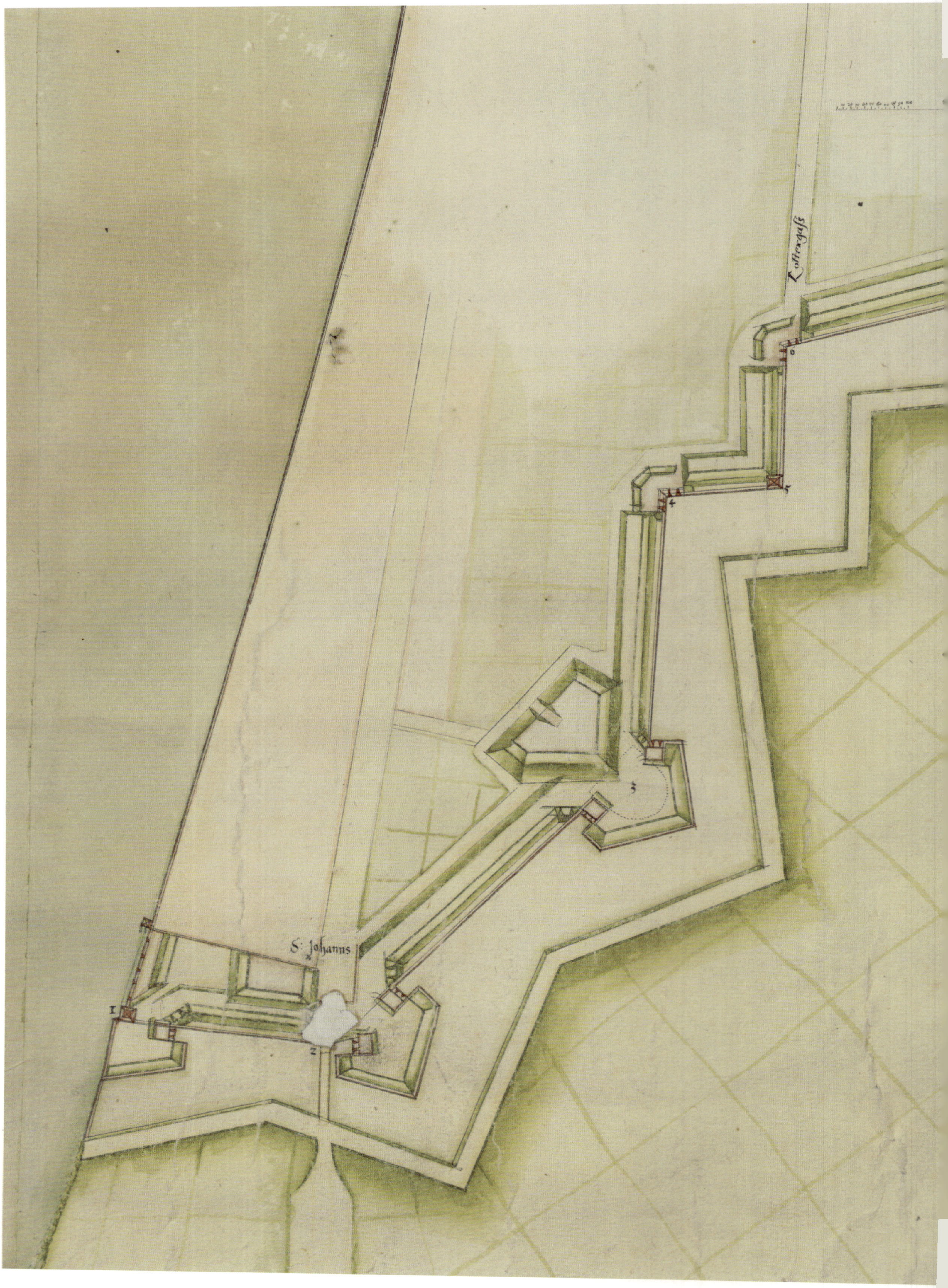
Lottergass
S. Johanns
1
2
3
4

Nº: 3.1
1–10

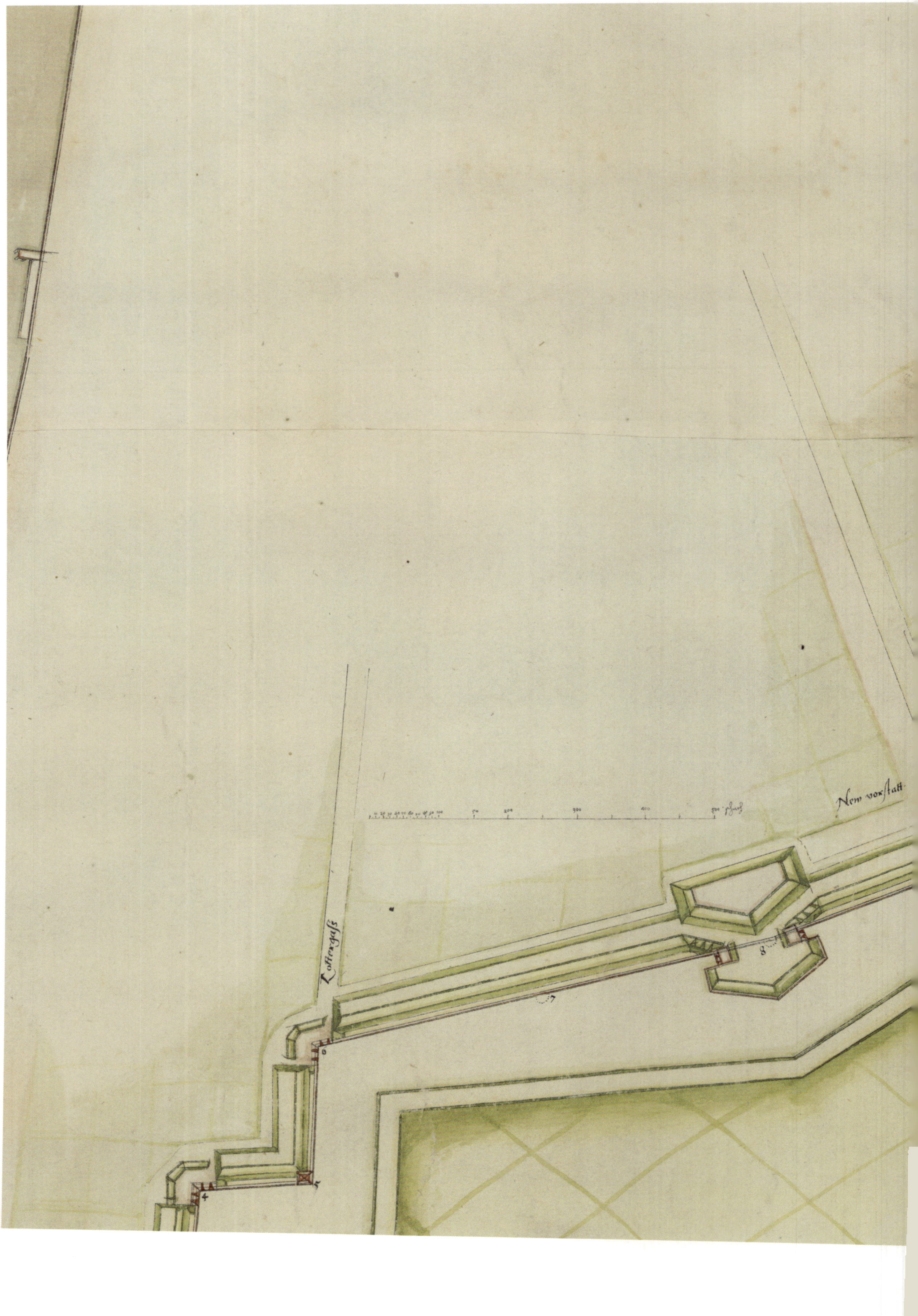
New vorstatt
Lottergass

N°: 3.2
4–15

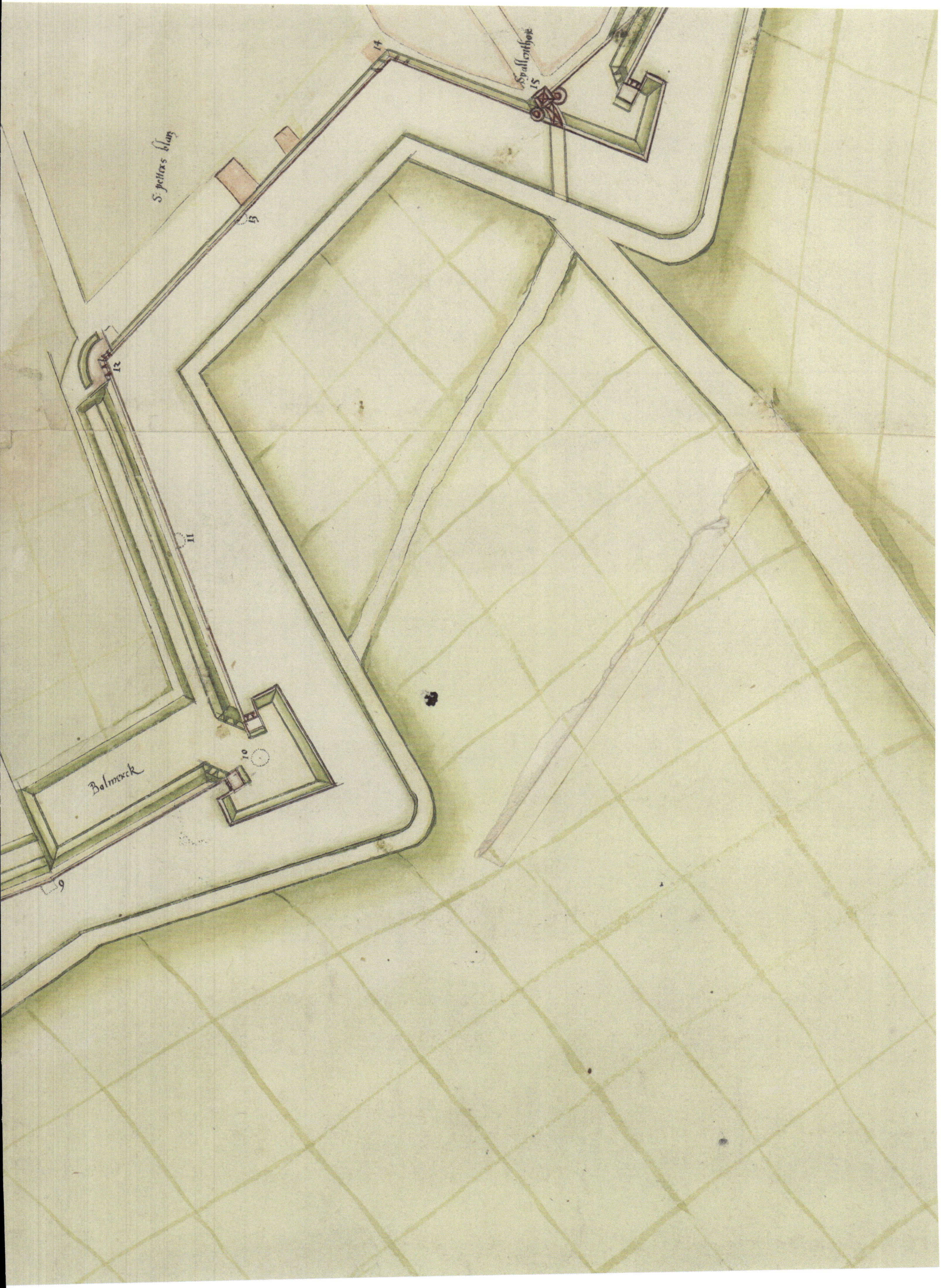

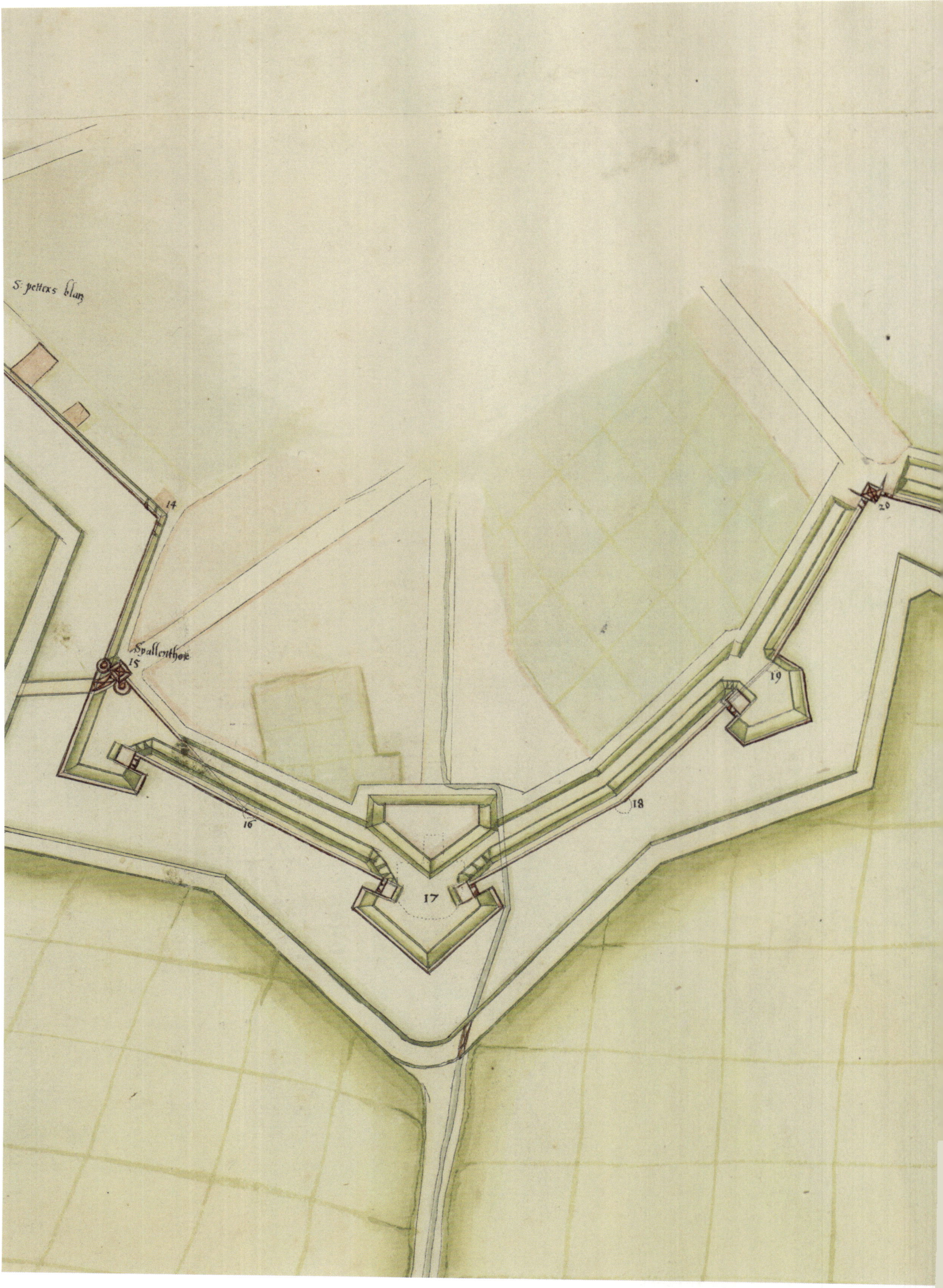
S: petters blaz
14
Spallenthor
15
16
17
18
19
20

N°: 3.3
14–24

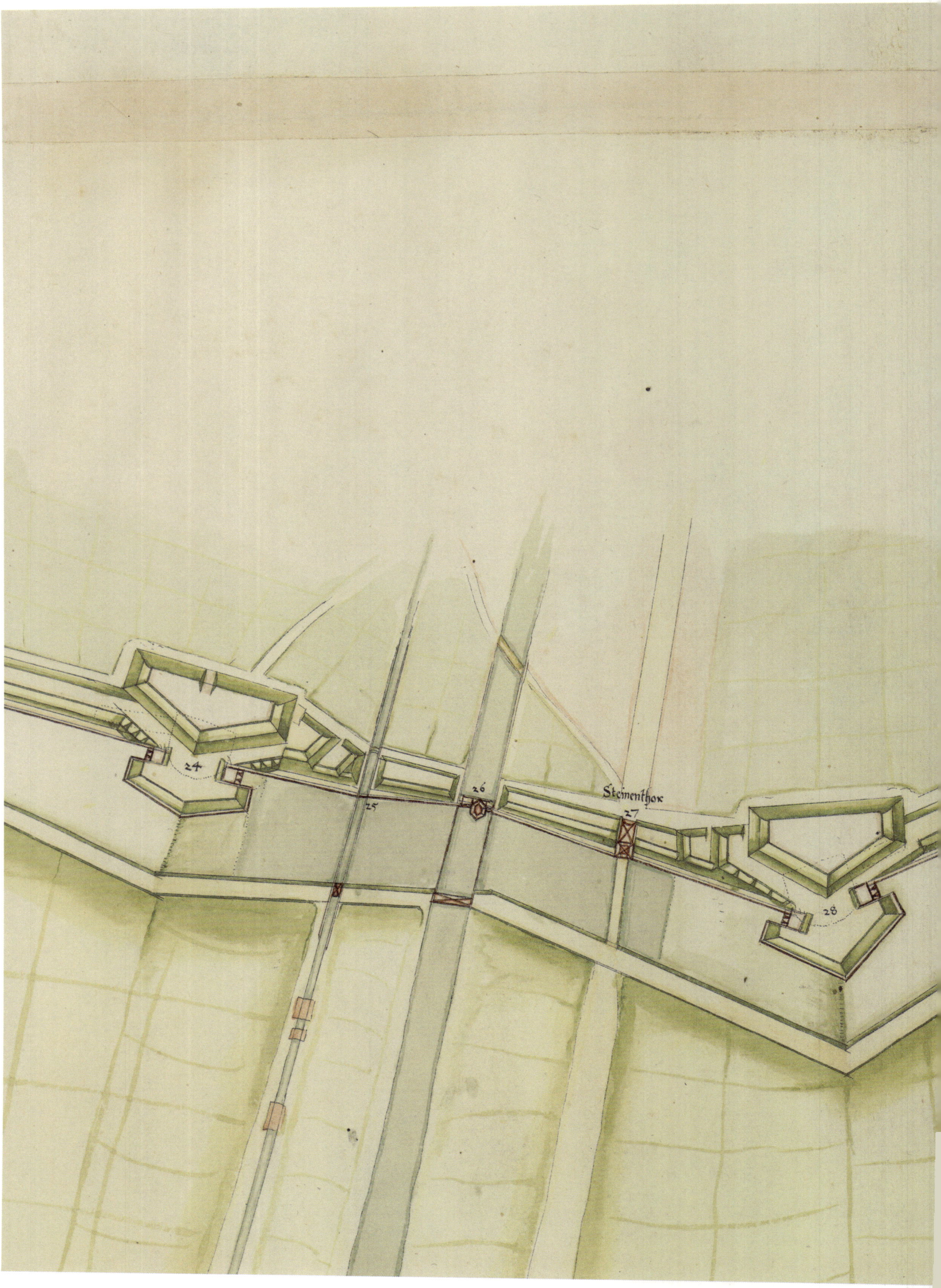
24
25
26
Steinenthor
27
28

N°: 3.4
24–33

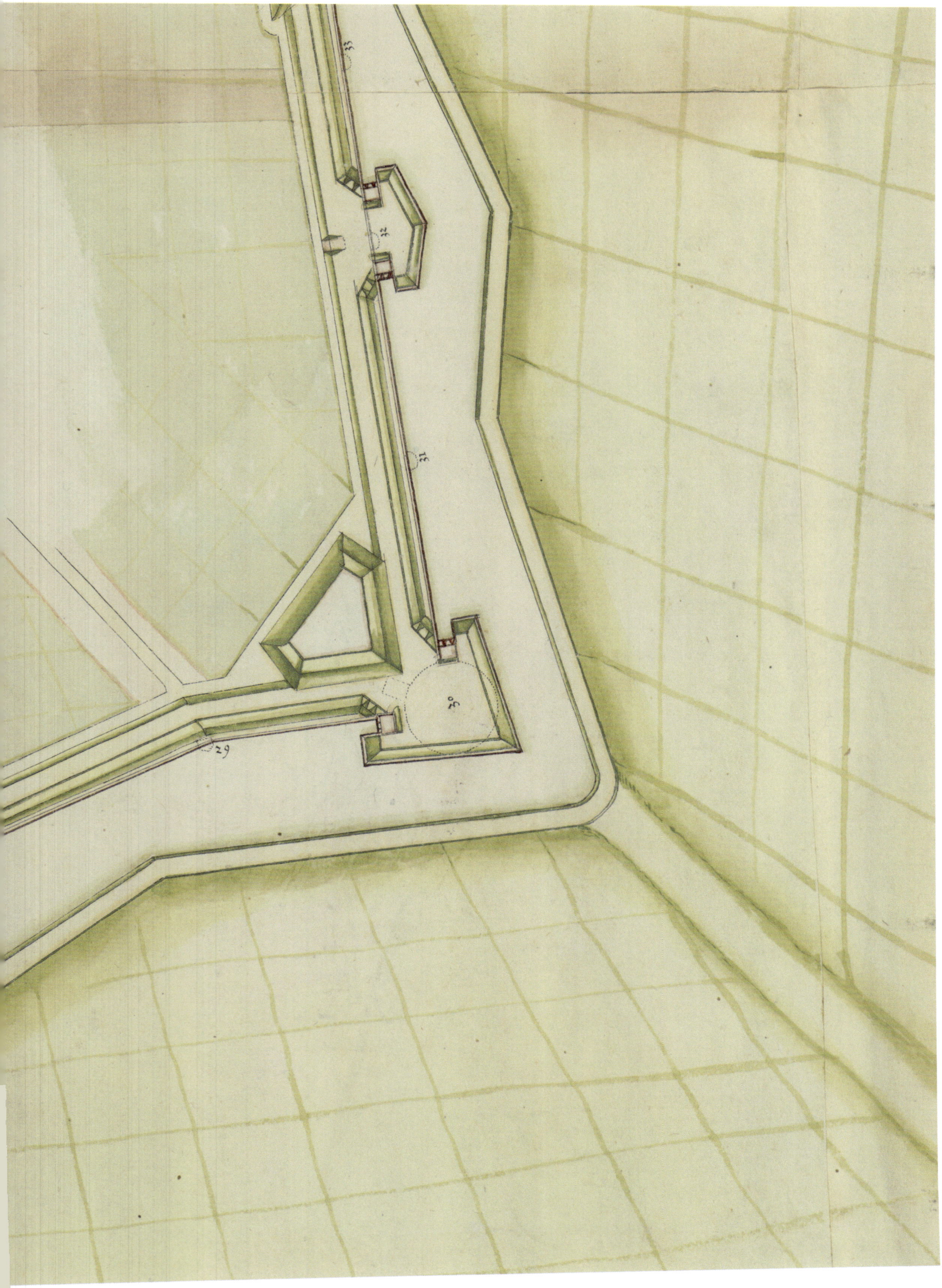

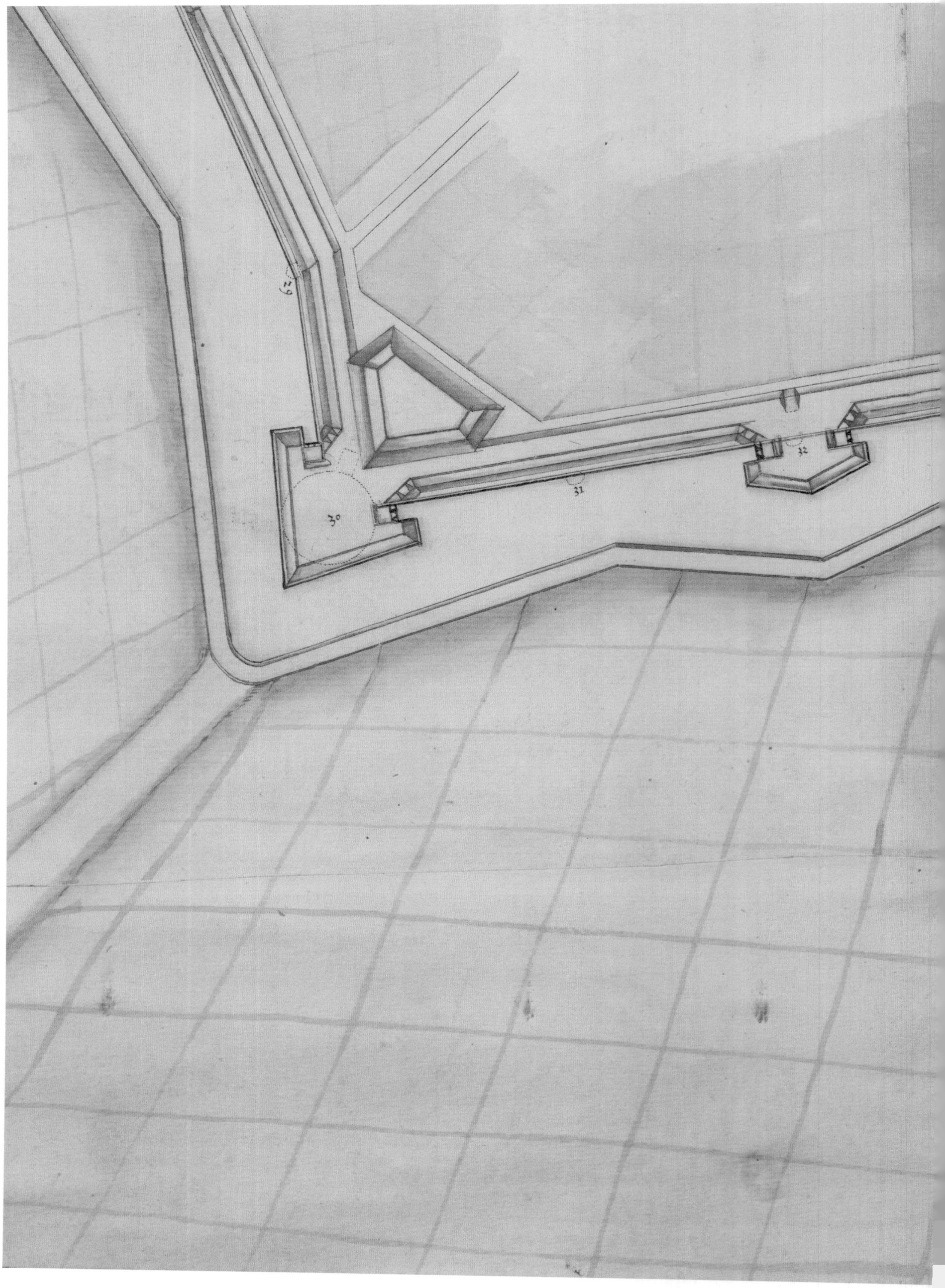
29
30
31
32

N°: 3.5
29–36

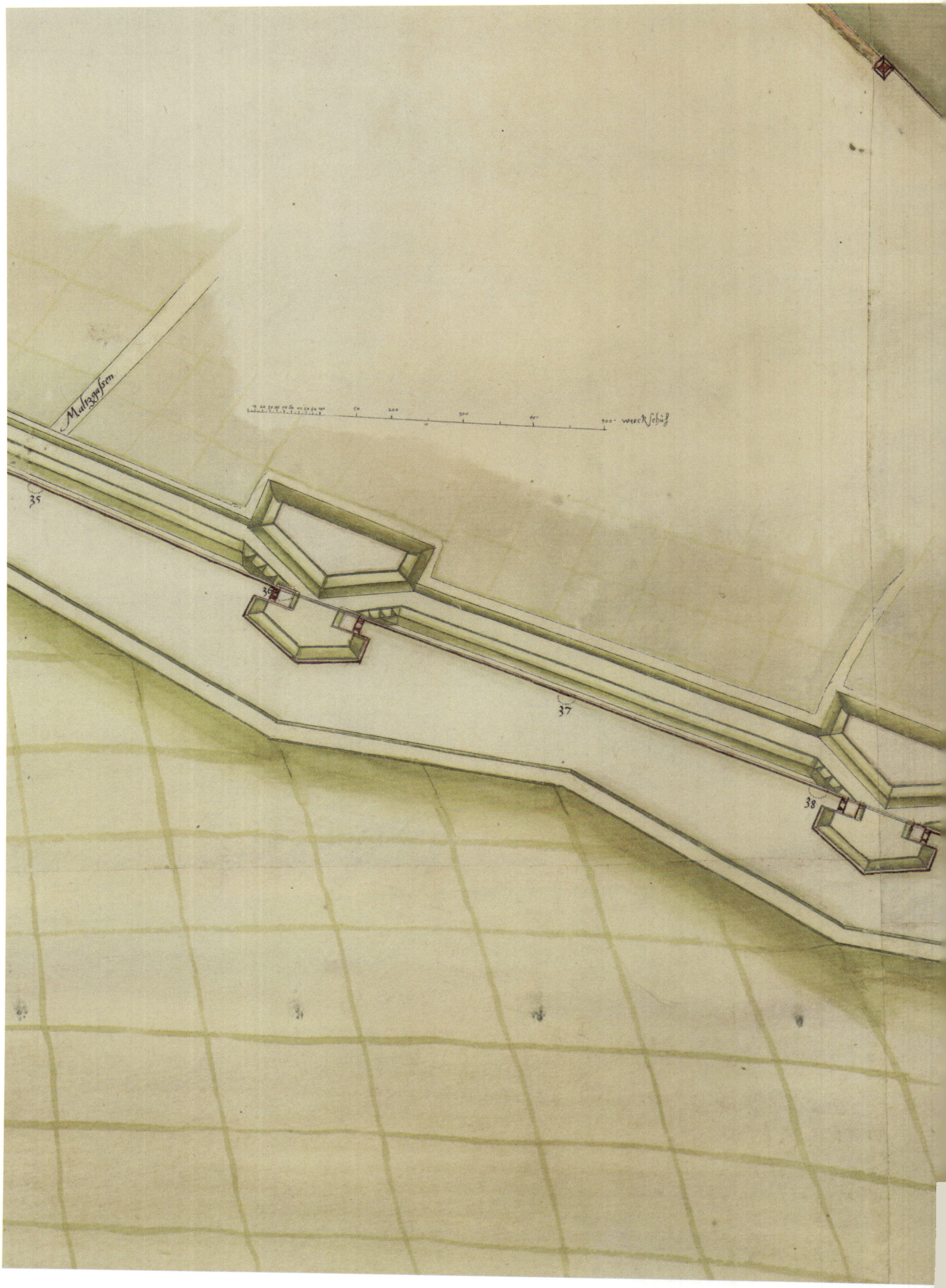
Maltzgassen
200
300
werckschuh
35
36
37
38

N°: 3.6
35–42

43
Carthuss
44

N°: 3.7
43–47

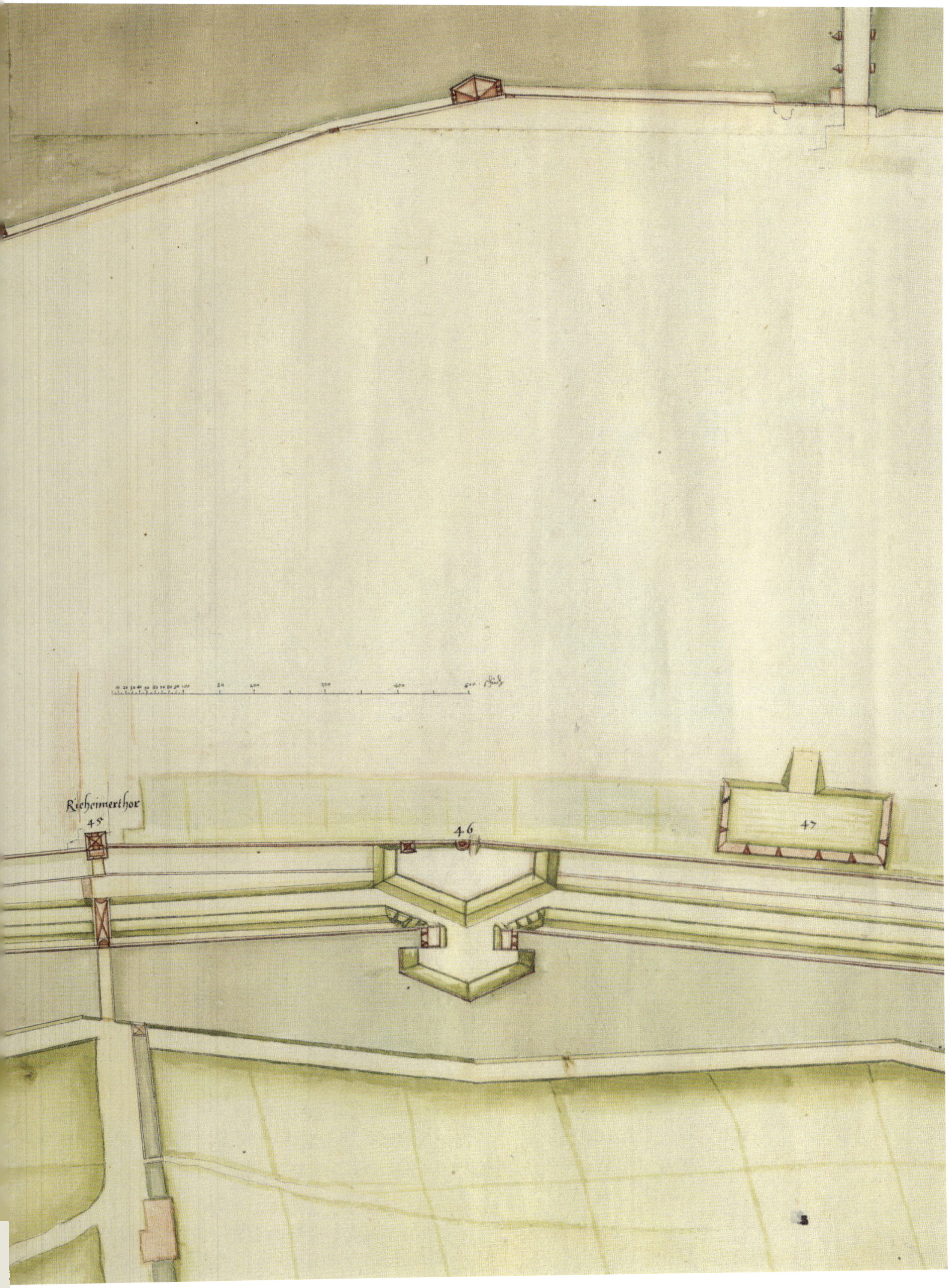

Richeimerthor
45
46
47

N°: 3.8
45–54

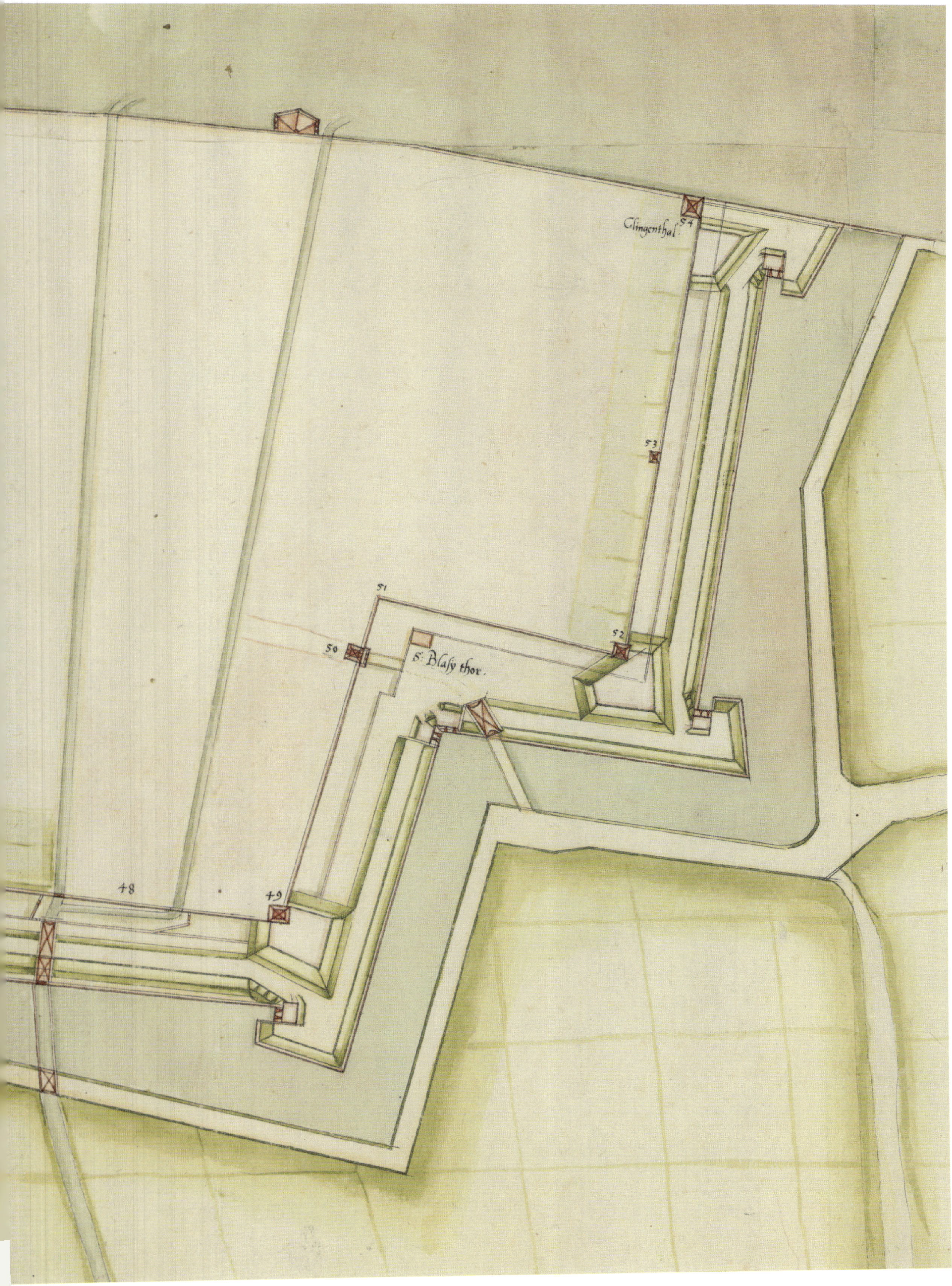

Nº: 4

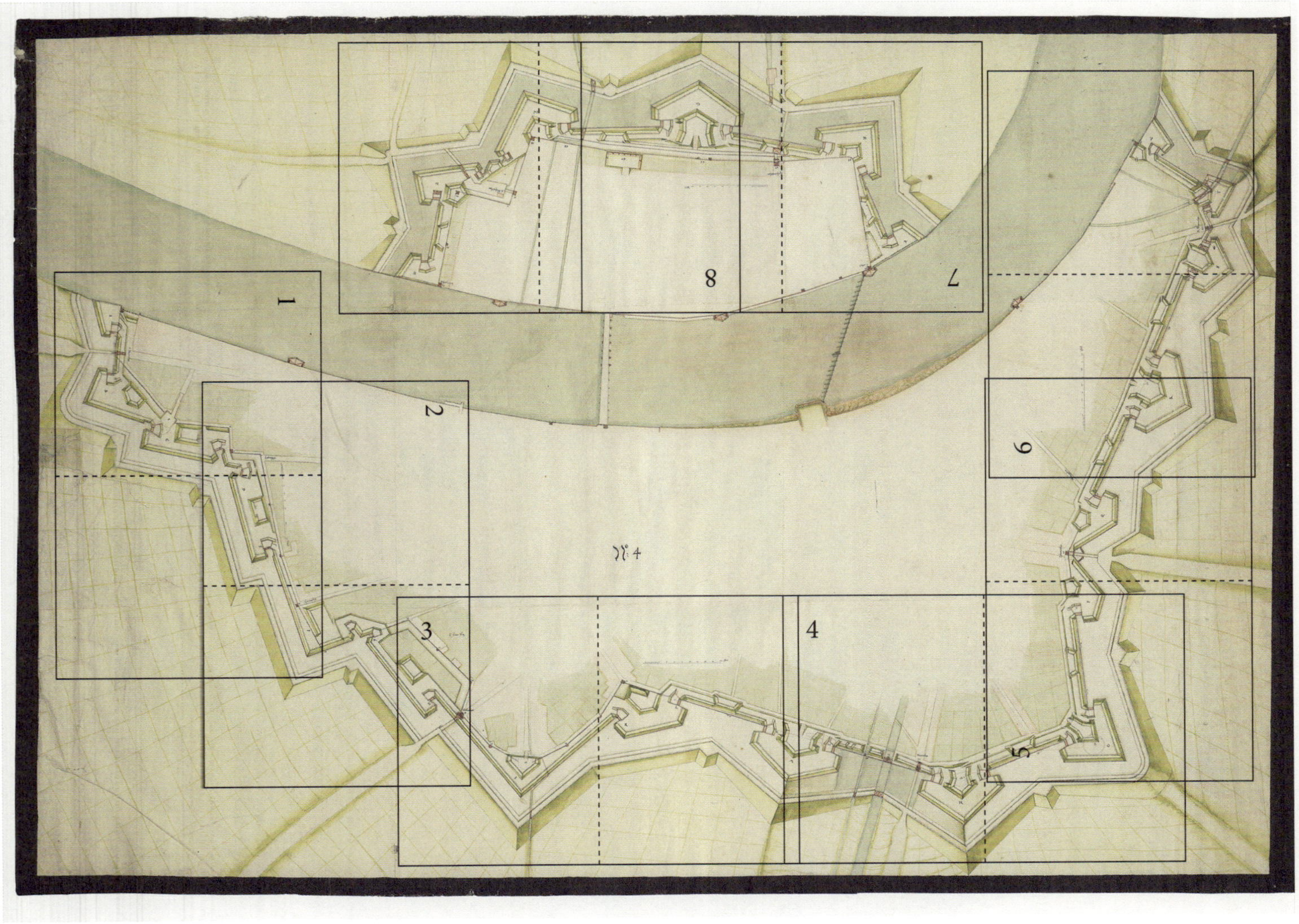

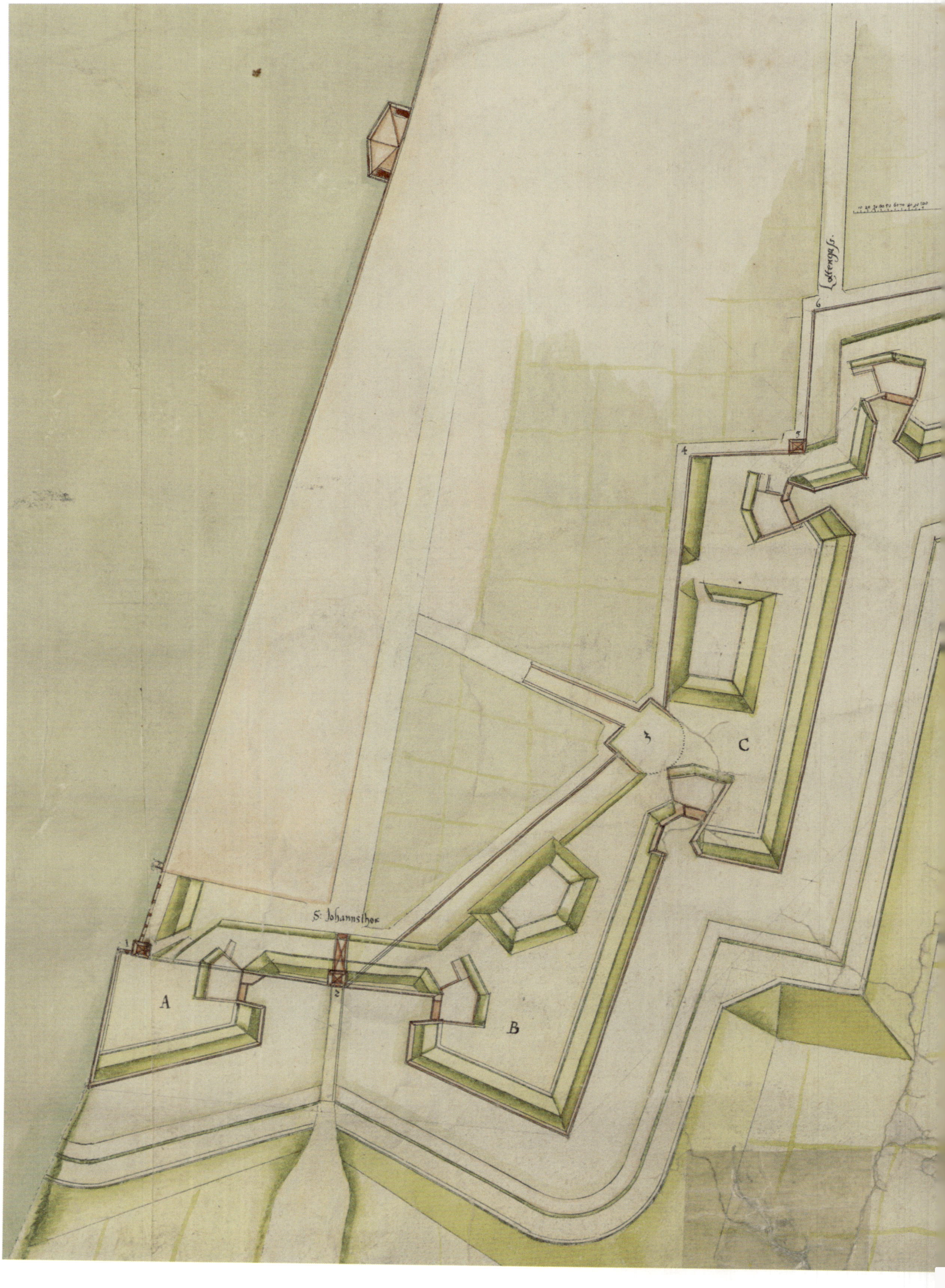
Lottengass.
6
5
4
3
C
S: Johannsthor
1
2
A
B

N°: 4.1
1–10
A–F

500 · Schüch
Lottengass.
D
E

N°: 4.2
5–15
D–H

12
S: Petters plaz
13
14
H
Spalenthor
15
16
17
18
19
I

N°: 4.3
12–23
H–M

24
25
26
Steinenthor
27
28
N

N°: 4.4
24–33
M–P

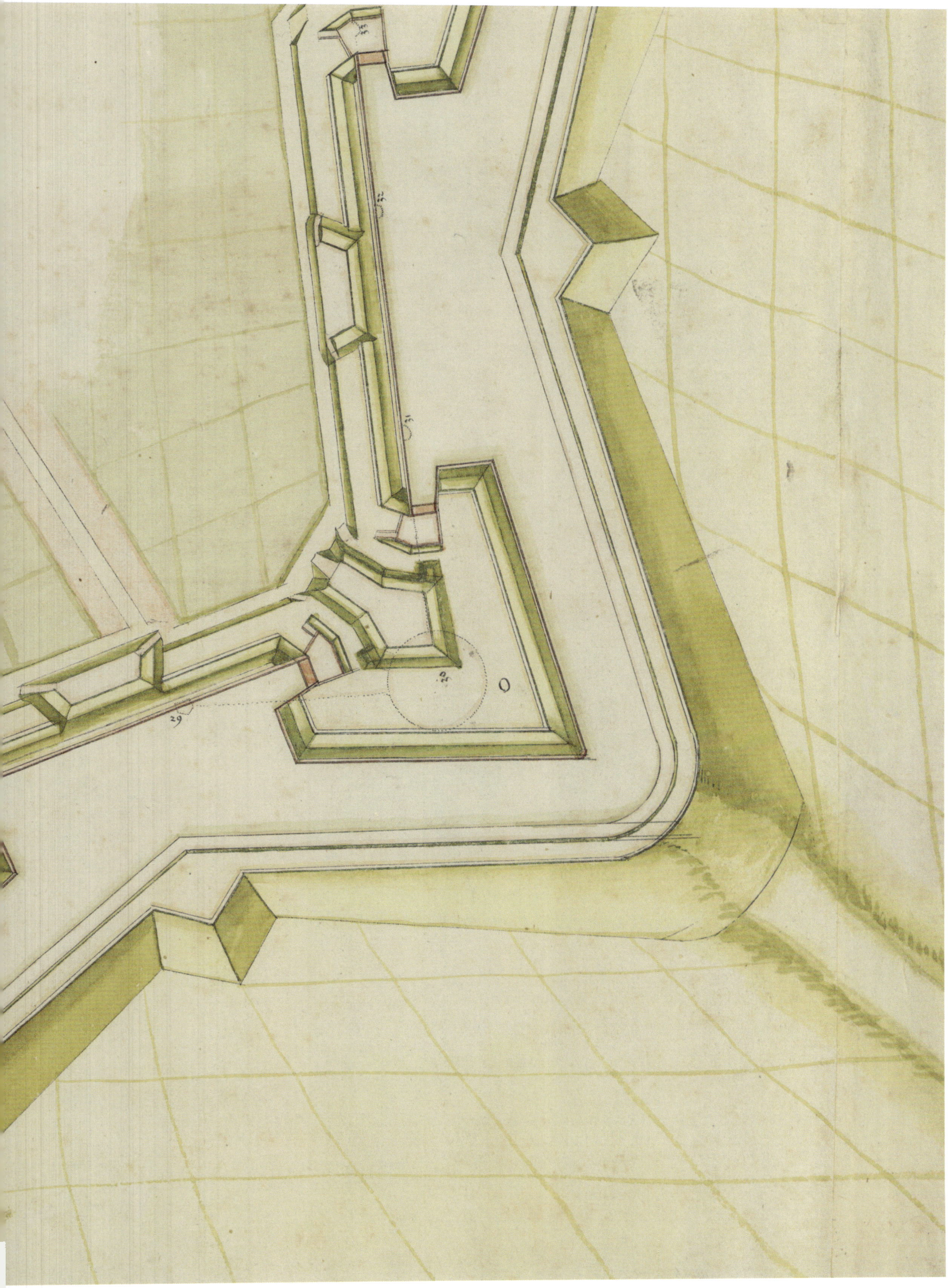

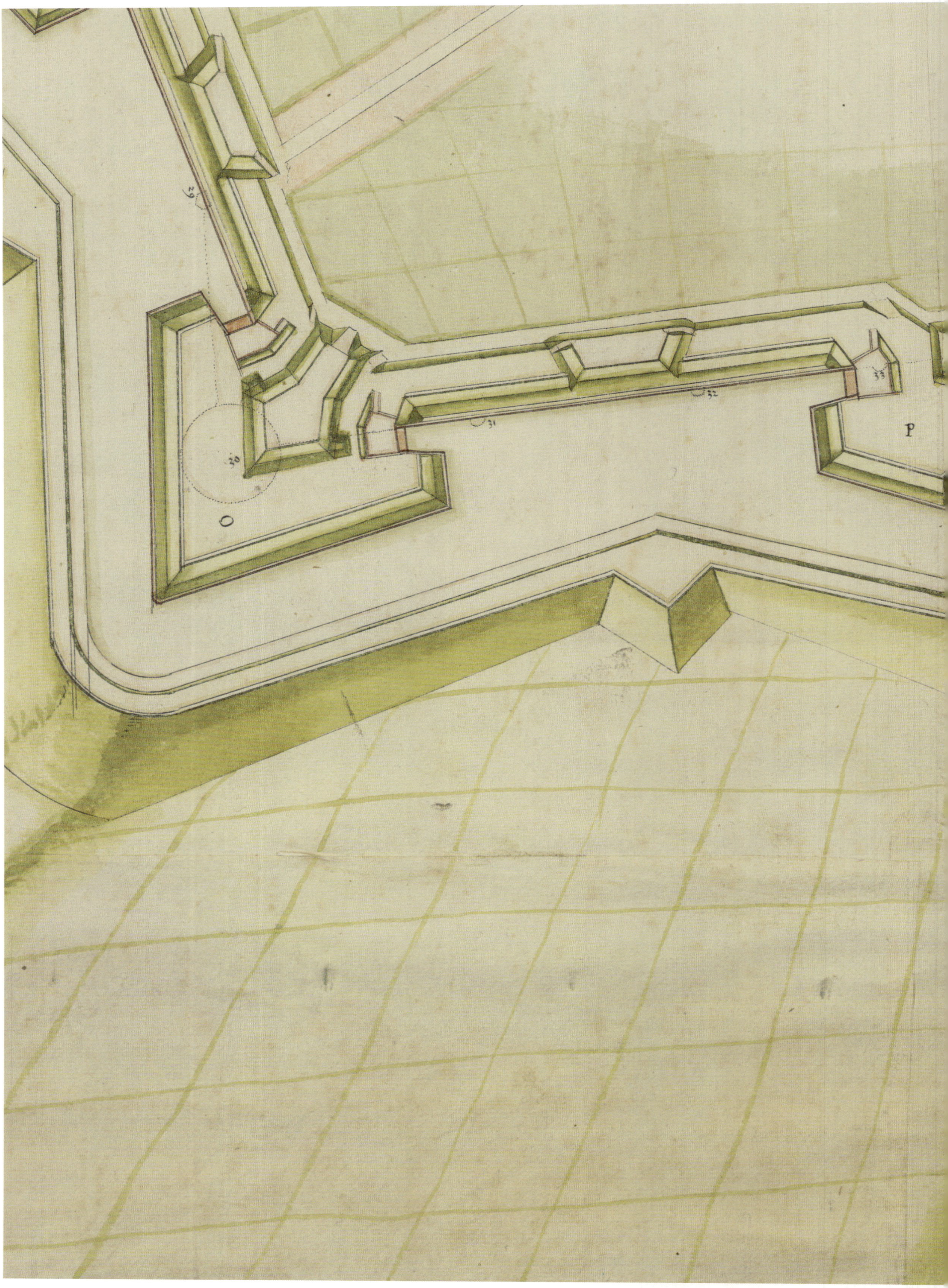
30
O
31
32
33
P

N°: 4.5
29–36
O–R

Maltzgaßen
100
200
300
400
500
36
37
38
R

N°: 4.6
36–42
R–V

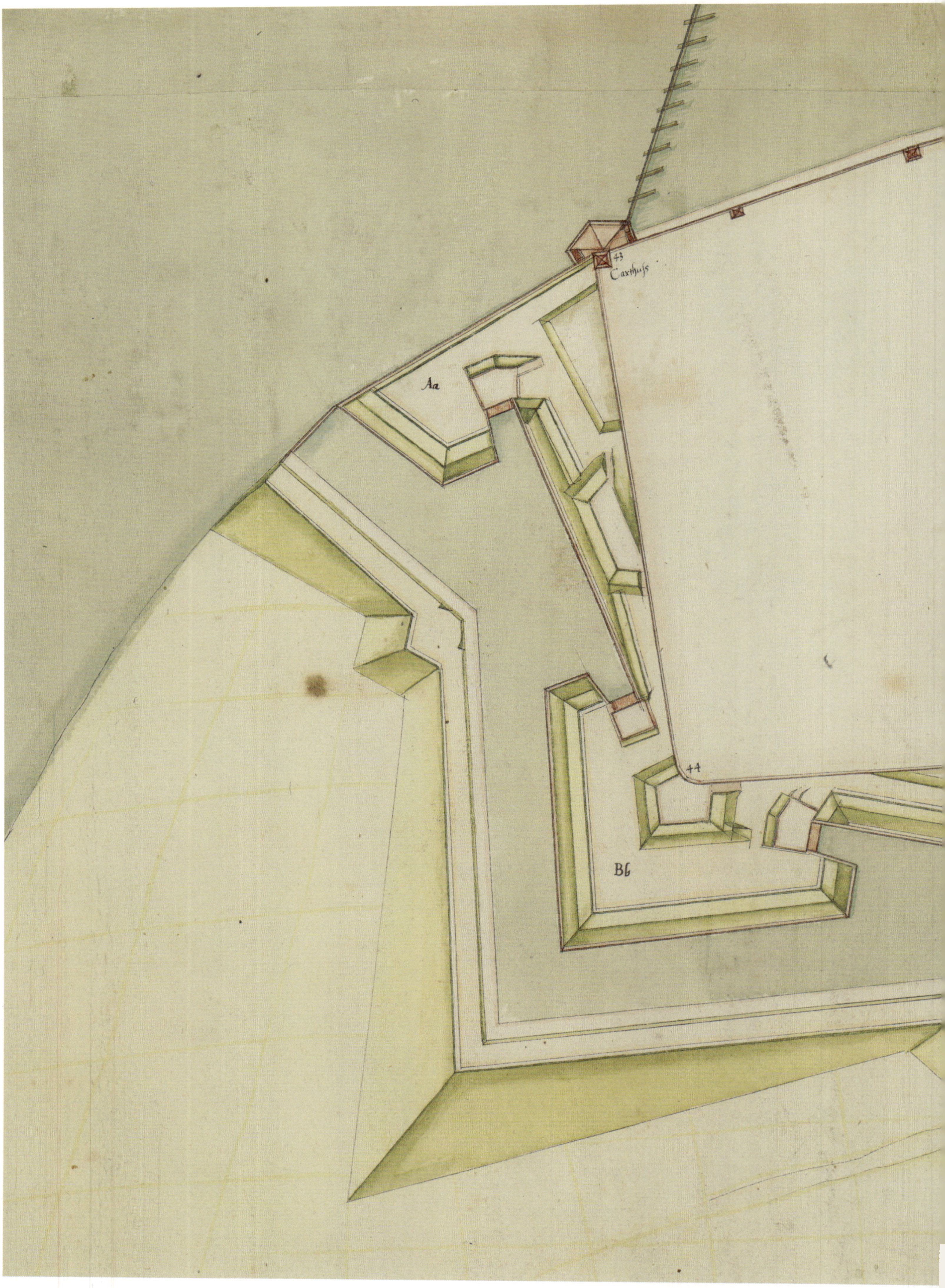
43
Carthuss
Aa
44
Bb

N°: 4.7
43–47
Aa–Cc

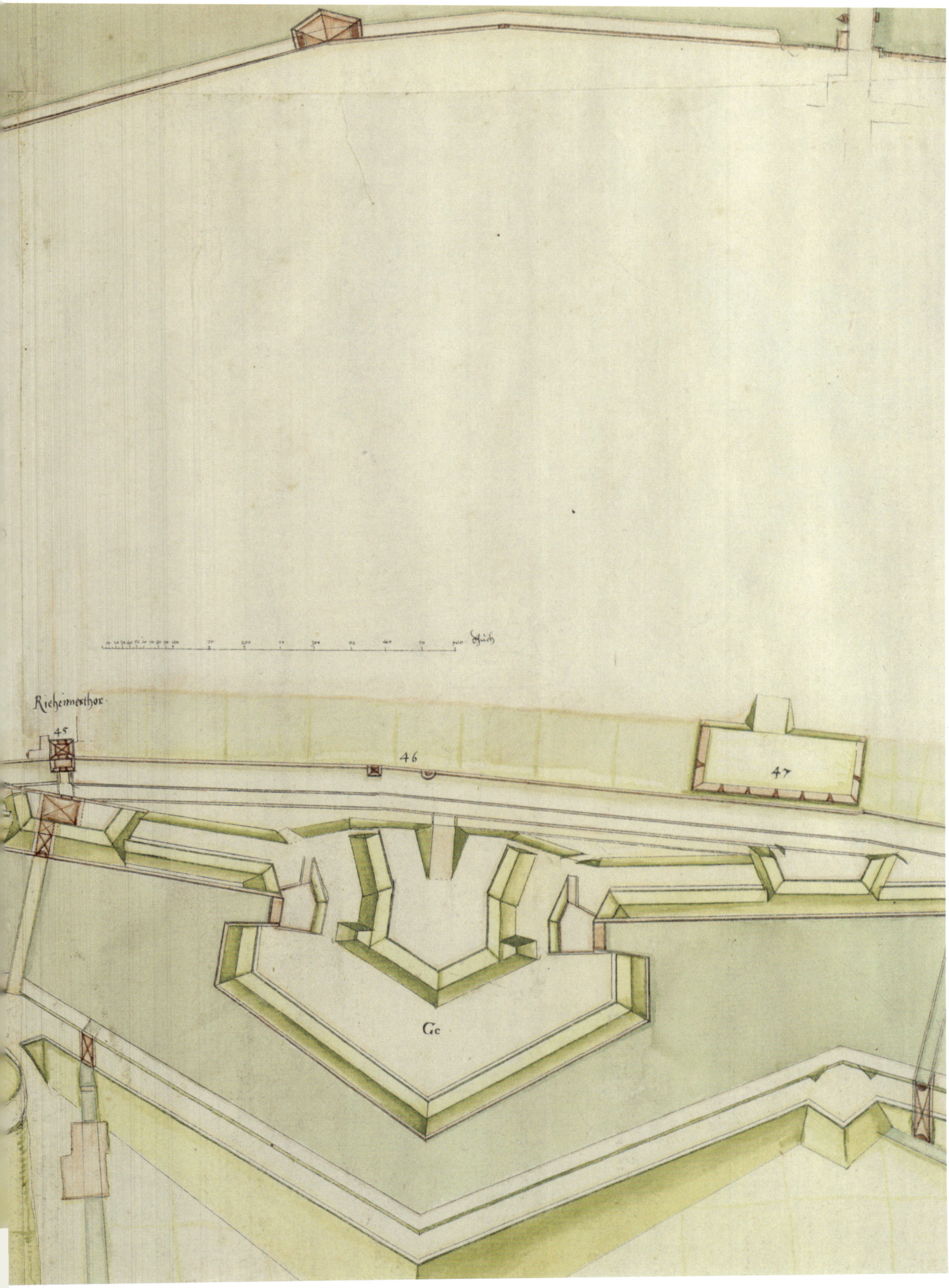

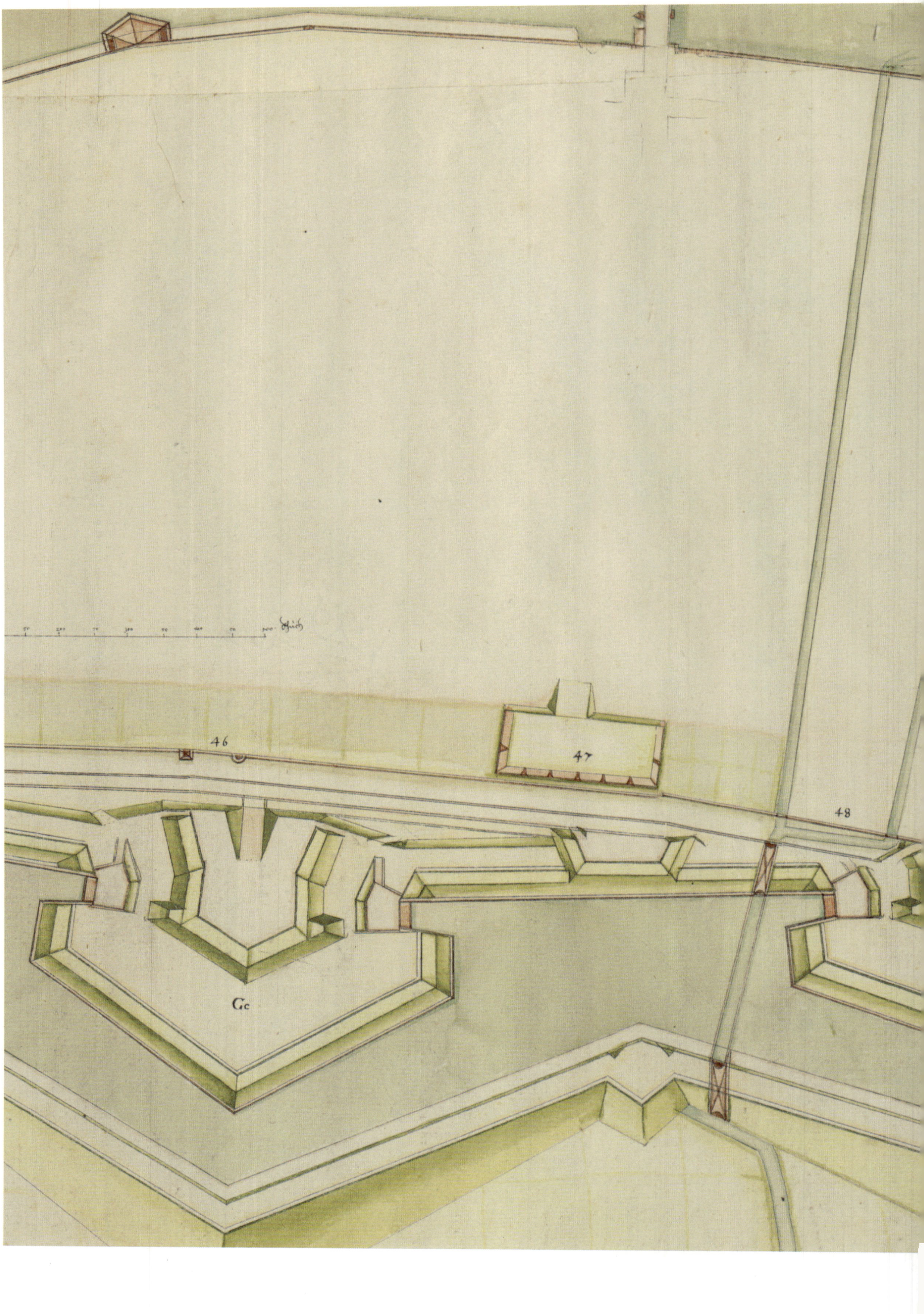
46
47
48
Gc

N°: 4.8
46–54
Cc–Ff

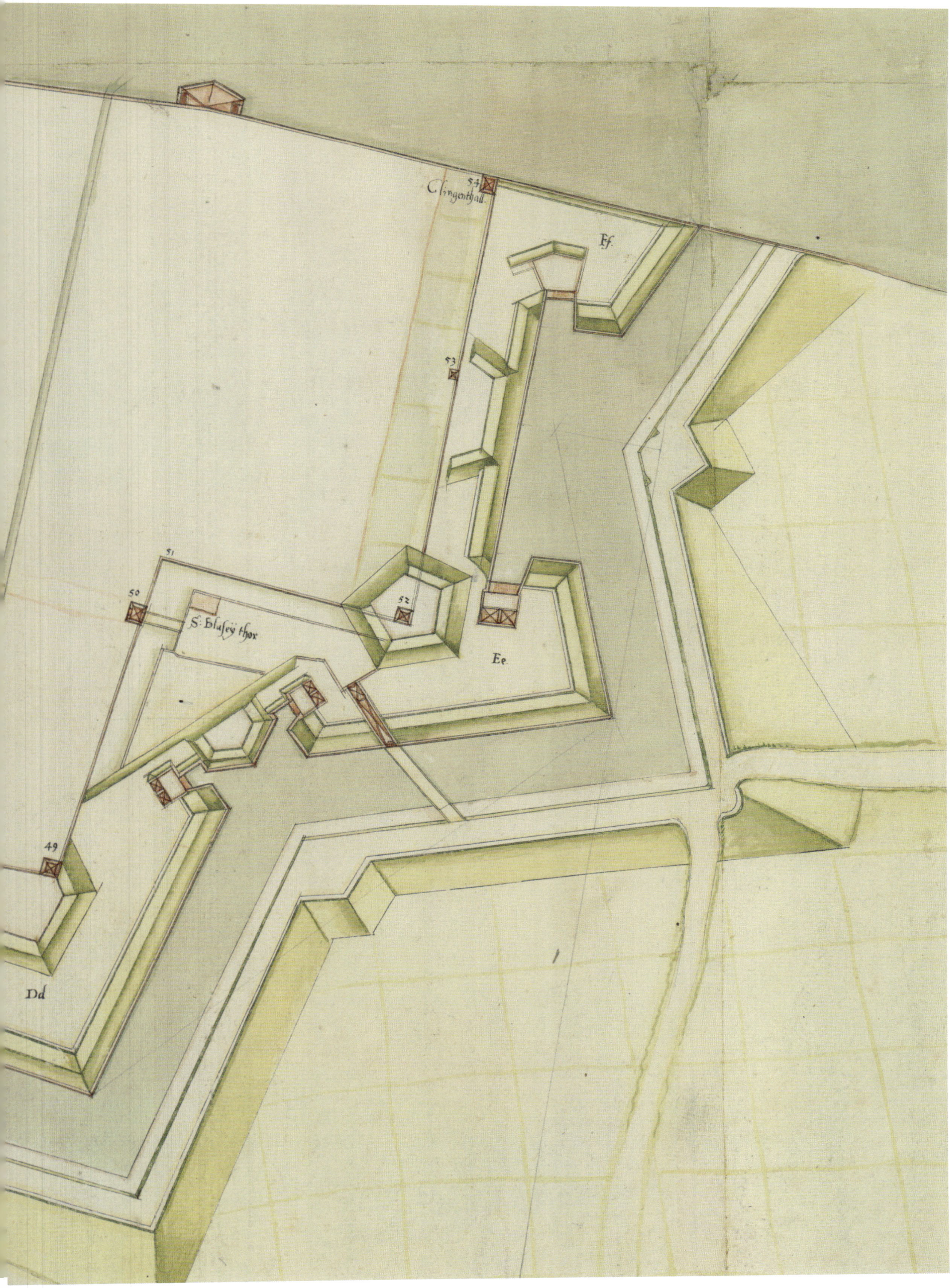

Anhang

Glossar

Abdachung, äussere f. (Glacis n.): Im Vorfeld der Festung sich verlierende Abdachung der Brustwehr des → Gedeckten Weges.

Bastei f.: Zur Verteidigung der → Kurtine angeordnete, meist in den Ecken eines Platzes über die Hauptumfassung Richtung Vorfeld vorspringende Werke. Die B. tritt im Übergang vom mittelalterlichen zur neuzeitlichen Festung auf und übernimmt die Funktion der Türme. Die als B. bezeichneten → Bollwerke können eine beliebige Form haben (z. B. rund, blatt- oder herzförmig, fünfeckig oder siebeneckig). Die → Flanken der B. dienen in erster Linie dem → Bestreichen des Zwischenwalles.

Bastion f.: Die B. ist ein aus zwei geraden → Gesichtern und zwei → Flanken bestehendes Werk einer Festung, das in den Ecken eines im Bastionärsystem befestigten Platzes über die Hauptumfassung vorspringt. Immer zwei Bastionen werden von einer → Kurtine miteinander verbunden. Die Flanken der B. dienen nicht wie jene der → Bastei dem → Bestreichen des Zwischenwalles, sondern der Verteidigung der Gesichter benachbarter Bastionen. Die Bastionsgesichter sind dazu eingerichtet, das Vorfeld der Festung in das Kreuzfeuer zu nehmen.

Bestreichen n. (Rasieren n.): Schuss entlang einer Linie oder parallel zu einer Ebene beliebiger Lage. Der ein Element bestreichende Schuss wird vom → fichierenden Schuss (Steckschuss) unterschieden. Die bestreichende und die fichierende Verteidigung sind spezielle Arten des → Sekundierens. Im Bastionärsystem gibt es meist eine vertikale Bestreichung der → Kurtine, des Bastionsgesichts und der → Kontereskarpe von der → Flanke und eine horizontale Bestreichung der äusseren → Abdachung vom → Niederwall.

Bollwerk n.: Ursprünglich jedes in offensiver Absicht gegen den Feind gerichtete Werk. Oft werden besonders die vorspringenden Werke wie die → Rondellen, → Basteien, → Bastionen und → Ravelins als B. bezeichnet.

Bresche f.: Durch Beschuss oder Sprengung erzeugte Lücke in einem Festungswerk, welche die Erstürmung ermöglicht.

Braie f.: Im mittelalterlichen Wehrbau vor der Hauptumfassung liegende niedrigere Wehrmauer (Zwingermauer) oder ein vor der Hauptumfassung eines Platzes errichteter Wall. Im bastionären Festungsbau ist die B. ein vom Hauptwall abgesondertes, ihm vorgelagertes Werk. Sie ist mit dem → Niederwall (Faussebraye) verwandt und wird manchmal auch als → Kontergarde bezeichnet.

Eskarpe f.: Dem Feind einsichtige, stadtseitige Seite des Grabens (innere Grabenböschung). Die Eskarpenmauer soll die Hauptwerke vor Leiterbesteigung sichern.

Enfilierbatterie f.: Batterie des Angreifers, von welcher der Wallgang einer Linie des Verteidigers bestrichen werden kann.

Enfilieren n.: Das Geschütz des Angreifers → bestreicht die Stellungen einer Linie des Verteidigers der Länge nach. Um die Enfilade zu verhindern, werden Traversen auf dem Wallgang errichtet.

Faussebraye f.: → Niederwall

Fichieren n.: Der fichierende Schuss ist ein bohrender Schuss ohne → bestreichende Wirkung. Die fichierenden Steckschüsse werden von den ein Element bestreichenden Schüssen unterschieden. Die fichierende und bestreichende Verteidigung sind spezielle Arten des → Sekundierens.

Flanke f.: Im Allgemeinen der seitliche Teil eines Werkes, von dem eine benachbarte Verteidigungsanlage → flankiert werden kann. Im Besonderen eine Linie einer fünfeckigen → Bastei oder → Bastion, die im Falle der Bastei dem Flankieren der → Kurtine und im Falle der Bastion dem Flankieren des → Gesichts der Nachbarbastion und dem → Bestreichen des Grabens dient.

Flankieren n.: Von einer Linie wird eine andere flankiert, wenn sie mit dieser eine → Tenaille bildet und ihr mit → bestreichenden und/oder → fichierenden Schüssen → sekundiert werden kann. Das Flankieren kann einseitig (die → Flanke flankiert dem Bastionsgesicht) oder gegenseitig (Bastions- und Ravelinsgesicht flankieren sich gegenseitig) sein.

Gesicht n. (Face f.): Feindwärts gewandte Linien der → Bastion oder des → Ravelins, welche einen ausspringenden Winkel bilden. Im Bastionärsystem ist diese Linie in der Regel der angegriffene und breschierte Teil einer Festung.

Hornwerk n.: Vorwerk aus zwei mit einer → Kurtine verbundenen Halbbastionen.

Kasematte f.: Gedeckter Geschützstand, der meist der Verteidigung der Grabensohle dient. Die K. wird oft in der → Flanke errichtet.

Kavalier m.: Auf der → Kurtine, der → Bastei oder der → Bastion errichtete, erhöhte Stellung, die der Beherrschung des Vorfeldes oder der Verteidigung der Grabensohle dient. Oft wird ein K. zusätzlich als Teil eines inneren Abschnittes verwendet.

Kontereskarpe f.: Äusserer Grabenrand, der abgeböscht oder mit einer Futtermauer bekleidet sein kann. Das Wort wird oft zur Bezeichnung der jenseits eines Grabens liegenden Teile einer Festung (äusserer Grabenrand, → Gedeckter Weg und äussere → Abdachung) verwendet.

Kontergarde f.: Ein Werk in Form eines ausspringenden Winkels, das im Graben errichtet wird und meist die Bastions- und die Ravelinsgesichter gegen direktes Feuer von aussen deckt.

Künette f.: Entwässerungsrinne im Hauptgraben, die ein Annäherungshindernis bildet und zu einem Schützengraben ausgebaut werden kann.

Kurtine f. (Mittelwall m., Zwischenwall m.): Zwei → Basteien oder → Bastionen verbindender Teil des Hauptwalls.

Mine f.: Unterirdische Sprengstoffpackung; oft auch der unterirdische Gang zu diesen Sprengsätzen.

Mittelkavalier m. (Kurtinenkavalier m.): Erhöhte Geschützplattform in der Mitte der → Kurtine. Wurde im Artillerieduell gegen gerade vor der Mitte des Zwischenwalles platzierte Stellungen des Angreifers verwendet, die man Generalbatterie nennt.

Nebenflanke f.: Jener Teil der → Kurtine, von dem das Bastionsgesicht → flankiert werden kann. Erstreckt sich zwischen dem Mittelpunkt des Flankenwinkels und dem virtuellen Schnittpunkt des → Gesichts der benachbarten → Bastion mit dem Zwischenwall.

Niederwall m. (Faussebraye f., Unterwall m.): Vor dem Hauptwall angeordneter niedriger Wallgang, welcher der frontalen Verteidigung des Grabens und des → Gedeckten Weges dient. Wird der N. vom Hauptwall abgesetzt im Hauptgraben errichtet, entsteht die → Braie.

Ohr n. (Orillon m.): Runde oder rechteckige Deckung der zurückgezogenen → Flanke einer → Bastei oder → Bastion.

Ravelin n.: Der → Kurtine in der Mitte zwischen zwei → Bastionen vorgelagertes → Bollwerk, das zu den Aussenwerken gerechnet wird. Die → Gesichter des R. werden im Bastionärsystem von den Bastionsgesichtern und das Innere vom Zwischenwall verteidigt.

Revêtement, halbes n.: Eskarpenmauer (→ Eskarpe), die einen Wall bis höchstens auf die Höhe des Horizonts verkleidet.

Rondell n. (Rundbastei f.): Befestigung mit niedrigen, runden Türmen. Rondellen können zu den → Basteien gerechnet werden und sind eine Art → Bollwerke.

Sappe f.: Laufgraben, der dem Angreifer der Annäherung an den Hauptwall einer Festung dient. Dazu gehören Annäherungsgräben (Approchen), Grabenabstieg und Grabenüberquerung.

Sekundieren n.: Eine sekundierende Linie unterstützt eine andere bei der Verteidigung oder beim Angriff einer dritten Linie oder eines Punktes. Liegt der unterstützte Punkt auf einer der beiden sich unterstützenden Linien, spricht man vom → Flankieren.

Tenaille f. (Schere f., Zange f.): Werk aus zwei im einspringenden Winkel aufeinandertreffenden Wällen.

Weg, Gedeckter m.: Durch die → äussere Abdachung gedeckter Wehrgang am äusseren, feldseitigen Grabenrand (→ Kontereskarpe).

Zwinger m.: Raum zwischen zwei Wehrmauern; im Speziellen der Raum zwischen Ring- und Zwingermauer (→ Braie). In der Übergangszeit zwischen mittelalterlichem und neuzeitlichem Festungsbau oft mit dem Rondenweg, einem schmalen, in der Höhe zwischen Grabensohle und Hauptwall verlaufenden Gang, identifiziert.

Zwischenwall m.: → Kurtine.

Masse, Währungen

Basler Feldschuh = 12 Zoll = 0.281302 m (Mulsow 1910, S. 32)
Basler Rute = 16 Feldschuh = 4.500832 m (Mulsow 1910, S. 32)
Basler Werkschuh = 12 Zoll = 0.3054387 m (Mulsow 1910, S. 32 nach dem Urmass am Werkhof; Chelius 1830, S. 109 gibt den Basler Werkschuh nach einer unbekannten Quelle mit 0.30454 m an)
Rheinländische Rute = 3.76735 m
Strassburger Schuh = 12 Zoll = 0.289 m

1 Gulden (fl) = 25 Schilling (ß) = 300 Pfennig (d)
1 Pfund (lb) = 20 Schilling (ß) = 240 Pfennig (d)
1 Gulden = 1¼ Pfund (nach Stritmatter 1977, S. 276)

Sigeln

AMSt: Archives municipales de Strasbourg
BaselKM: Kunstmuseum Basel
BaselUB: Universitätsbibliothek Basel
BernBB: Burgerbibliothek, Bern
BrünnMZK: Morasvská zemská knihovna, Brno (Mährische Landesbibliothek, Brünn)
CESt: Cabinet des Estampes et des Dessins de Strasbourg
DresdenSLUB: Sächsische Landesbibliothek – Staats- und Universitätsbibliothek Dresden
EinsiedelnBWOe: Bibliothek Werner Oechslin, Einsiedeln
GenèveBGE: Bibliothèque de Genève
MünchenBSB: Bayerische Staatsbibliothek, München
ParisCNAM: Conservatoire national des arts et métiers, Paris
ParisRMN: Réunion des musées nationaux, Paris, Grand-Palais
StABE: Staatsarchiv Bern
StABL: Staatsarchiv Basel-Landschaft
StABS: Staatsarchiv Basel-Stadt
StASH: Staatsarchiv Kanton Schaffhausen
StAZH: Staatsarchiv des Kantons Zürich
StuttgartWLB: Württembergische Landesbibliothek, Stuttgart
UlmStA: Stadtarchiv Ulm
WolfenbüttelHAB: Herzog August Bibliothek, Wolfenbüttel
WStLA: Wiener Stadt- und Landesarchiv
ZürichTH: Eidgenössische Technische Hochschule Zürich, Rara-Sammlung
ZürichZB: Zentralbibliothek Zürich

Abbildungsnachweis

Abb. 1: Specklin 1588, Titelblatt (StABS, Bau Z 1, 1588)
Abb. 2: Jakob Sandtner, Kleines Modell von Ingolstadt, 1571–1573 (Stadtmuseum Ingolstadt)
Abb. 3: Hans Rogel, Stadtmodell von Augsburg, 1560–1563 (Maximilianmuseum Augsburg, Inv.-Nr. 3818, Fotografie: Andreas Brücklmair)
Abb. 4: Dürer 1527, E3b (ZürichTH: Rar 5113)
Abb. 5: Dürer 1527, F1a (ZürichTH: Rar 5113)
Abb. 6: Dürer 1527, D3a (ZürichTH: Rar 5113)
Abb. 7: Specklin 1589, Taf. 10 (WolfenbüttelHAB, N 180. 2°)
Abb. 8: Lorini 1597, S. 206 (ZürichTH, Rar 9401 q)
Abb. 9: Galileo 1638, S. 129 (ZürichTH, Rar 5498)
Abb. 10: Daniel Specklin, Normalsystem (Ausschnitt), Specklin 1589, Taf. 10 (WolfenbüttelHAB, N 180. 2°), verglichen mit seiner Visierung N°: 4 für Basel (zwei Ausschnitte, StABS, Planarchiv T 4)
Abb. 11: Ardüser 1651, Taf D (ZürichZB, 6. 39 a)
Abb. 12: Marolois 1615, L1b (ZürichTH, RAR 9726)
Abb. 13: Galileo 1640, Falttafel (ZürichTH, RAR 907)
Abb. 14: Daniel Suttinger, «Türchische Belagerung der Kayserlichen Haubt und Residentz Statt Wien in Oesterreich. 1683» (BrünnMZK, Kartensammlung von Bernhard Paul Moll)
Abb. 15: Sébastien Le Prestre de Vauban, *Traité de l'attaque et de la déffence des places*, erste Hälfte 18. Jahrhundert, Taf. XXIV (ParisCNAM, Fol Qe 2 Res).
Abb. 16–18: Sturm 1718, Tab. I, V, IX (ZürichTH, Alte Drucke)
Abb. 19: Caporali 1536, Fol. 41r (EinsiedelnBWOe)
Abb. 20: Specklin 1599, [P2b] (ZürichTH, Rar 9614)
Abb. 21: Matteo Perez, «LA NVOVA CITTA É FORTEZZA DI MALTA CHIAMATA VALLETTA.», Perez 1582, Fol. 14 (BaselUB, Kartensammlung)
Abb. 22: Dilich 1689, S. 352–353 (DresdenSLUB)
Abb. 23: Unter der Leitung von Jean-François de Montaigu, Planrelief von Neuf-Brisach, ca. 1703–1706 (ParisRMN, Foto: René-Gabriel Ojéda)
Abb. 24: Specklin 1588, Fol. 42r (StABS, Bau Z 1, 1588)
Abb. 25: Specklin 1589, Taf. [9], Lit. 24 (ZürichTH, Rar 9365)
Abb. 26: Daniel Specklin, Festung Basel, Visierung N°: 1, 1588 (StABS, Planarchiv T 4)
Abb. 27: Daniel Specklin, Festung Basel, Visierung N°: 2, 1588 (StABS, Planarchiv T 4)
Abb. 28: Daniel Specklin, Festung Basel, Visierung N°: 3, 1588 (StABS, Planarchiv T 4)
Abb. 29: Daniel Specklin Festung Basel, Visierung N°: 4, 1588 (StABS, Planarchiv T 4)
Abb. 30: Specklin 1588, Fol. 16v (StABS, Bau Z 1, 1588)
Abb. 31: Specklin 1588, Fol. 4r (StABS, Bau Z 1, 1588)
Abb. 32: Specklin 1588, Fol. 28r (StABS, Bau Z 1, 1588)
Abb. 33: Specklin 1588, Fol. 24v (StABS, Bau Z 1, 1588)
Abb. 34: Specklin 1588, Fol. 37r (StABS, Bau Z 1, 1588)
Abb. 35: Daniel Specklin, Festungsprojekt für Strassburg, 1585 (Royal Danish Library, GKS 350 folio, tillæg n. 10)
Abb. 36: Specklin 1583, Fol. 102v–103r (CESt)
Abb. 37: Specklin 1583, Fol. 97r (CESt)
Abb. 38: Matthäus Merian d. Ä., Solothurn, o. O., o. J. (ZürichZB, STF XV, 83)
Abb. 39: Ryff 1547, AA2b (ZürichZB, AW 1015)
Abb. 40: Matthäus Merian d. Ä., Vogelschauplan von Basel, 1615 (BaselUB, Kartenslg Schw Ml 4)
Abb. 41: Matthäus Merian d. Ä., Clarabollwerk, Kleinbasel (Staatliche Museen zu Berlin, Kupferstichkabinett, Ident. Nr. KdZ 4372; Fotografie: Jörg P. Anders)
Abb. 42: Specklin 1588, Fol. 35r (StABS, Bau Z 1, 1588)
Abb. 43: Specklin 1588, Fol. 51v (StABS, Bau Z 1, 1588)
Abb. 44: Specklin 1588, Fol. 56v (StABS, Bau Z 1, 1588)
Abb. 45: Specklin 1588, Fol. 57r (StABS, Bau Z 1, 1588)
Abb. 46: Specklin 1588, Fol. 59v (StABS, Bau Z 1, 1588)
Abb. 47: Specklin 1588, Fol. 66r (StABS, Bau Z 1, 1588)
Abb. 48: Specklin 1588, Fol. 71r (StABS, Bau Z 1, 1588)
Abb. 49: Augustin Hirschvogel, «HANC VIENNÆ QVAM VIDES GEOMETRICAM FACIEM ARCHIMEDEM SIRACVSANVM AVGVSTINVS HIRSFOGEL A SVO DEPICTAM RADIO IMITATVS EST ANNO M.D.XLVII. CVM GRATIA ET PRIVILEGIO IMPERIALI IMPRES VIENNÆ 1552» (WStLA: 3.2.1.1.P1.1/1. Ex.)
Abb. 50: Sattler 1619, Titelblatt (BaselUB, Kg IX 12)
Abb. 51: Matthäus Merian d. Ä., Vogelschauplan von Basel, nach 1638 (ZürichZB, Graphische Sammlung, STF XVI, 13)
Abb. 52: Georg Friedrich Meyer (?), Festungsentwurf für Basel und Darstellung der im Dreissigjährigen Krieg ausgeführten Werke (StABS, Planarchiv A 1,113, Nr. 1)
Abb. 53: Flamand 1597, Titelseite (ZürichTH)
Abb. 54: Valentin Friedrich (zugeschrieben), Planung Festung Bern mit ausgeführtem Westwerk, undatiert (StABE, Planarchiv, Schauenburg-Sammlung Nr. 34)
Abb. 55: Ardüser 1654, Taf. 100 (ZürichZB, MS B81)
Abb. 56: Ardüser 1654, Taf. 99 (ZürichZB, MS B81)
Abb. 57: Lucas Kilian «Wahre Contrafactur Deß Ehrnvesten, Hochachtbaren vnd Kunstreichen Herrn Johann Faulhabers, weitberümbten Ingenieurs zu Vlm omnigenæ Matheseos peritissimi.», 1630 (WolfenbüttelHAB)
Abb. 58: Faulhaber 1633–1637, Taf. M (MünchenBSB)
Abb. 59: Johannes Faulhaber, Entwurf für Ulm, 1632 (UlmStA, F1, Nr. 17)
Abb. 60: Profile für die Befestigung von Basel von Johannes Faulhaber (oben) und Jean Flamand (unten) (StABS, Planarchiv A 1,113, Nr. 16 b)
Abb. 61: Claude Flamand, «Le plan pour fortifier le costé denhaut de la grande Ville des le Rhin jusques a la porte saint albe» (StABS, Planarchiv A 1,113, Nr. 7)
Abb. 62: Claude Flamand, «Le plan pour fortifier le costé d'enbas de la petitte basle des le Rhin jusques a la porte saint blaise» (StABS, Planarchiv A 1,113, Nr. 2)
Abb. 63: Claude Flamand, «Le plan pour fortifier la costé d'embas de la grande basle des le rhin le long des angles et courtines signifiez et demonstre par plan» (StABS, Planarchiv A 1, 113, Nr. 3)
Abb. 64: Johan van Valckenburgh, Entwurf für Ulm, 1619 (UlmStA, F1, Nr. 14)
Abb. 65: Johan van Valckenburgh, Entwurf einer Royalfestung für Basel, datiert auf den 30. Mai 1623 (StABS, Planarchiv A 1,113, Nr. 15)
Abb. 66: Verstärkung der Ringmauer Basels gemäss dem Entwurf von Adam Stapf (Planarchiv A 1,113, Nr. 16 a)
Abb. 67: Adam Stapf, Entwurf für Frankfurt am Main, 1619 (MünchenBSB, Cod. germ. 1674, Fol. 11r)
Abb. 68: Matthäus Merian d. J., Frankfurt am Main, [1761 unter Verwendung der Druckplatten von 1636] (DresdenSLUB A9469, alte Inventarnummer, Tab. geogr. B. Germ. urb. 5060)
Abb. 69: Adam Stapf, Profil für die Bastione von Frankfurt am Main, 1619 (MünchenBSB, Cod. germ. 1674, Fol. 10v, Ausschnitt)
Abb. 70: Adam Stapf, Profil für die Kurtinen von Frankfurt am Main, 1619 (MünchenBSB, Cod. germ. 1674, Fol. 11v, Ausschnitt)
Abb. 71: Lucas Kilian, Portrait François de Treytorrens, 1632 (Braunschweig, Herzog Anton Ulrich-Museum, Inventarnummer LKilian AB 3.293)
Abb. 72: Ardüser 1654, Taf. 98 (ZürichZB, MS B81)
Abb. 73: Ardüser 1654, Taf. 97 (ZürichZB, MS B81)
Abb. 74: Johann Heinrich Albertin, Befestigung von Stein am Rhein, 1789 (ZürichZB, MS J108, Bl 24)
Abb. 75: Johann Heinrich Sattler, die Eidgenossenschaft als Festung, 1641, Falttafel (ZürichZB, HS B121, Falttafel Blatt 12)
Abb. 76: Emanuel Büchel, Blick vom Aeschenrondel Richtung Aeschentor, 1745 (StABS, BILD Falk. Fa 3, 4)
Abb. 77: Emanuel Büchel, Blick von der Elisabethenschanze auf die Steinenschanze, 1745 (StABS, BILD Falk. Fa 3, 7)
Abb. 78: Emanuel Büchel, Blick von der Elisabethenschanze Richtung Aeschenrondel, 1745 (StABS, BILD Falk. Fa 3, 5)
Abb. 79: Emanuel Büchel, Blick vom Aeschenrondel Richtung Elisabethenschanze, 1745 (StABS, BILD Falk. Fa 3, 6)

Literaturverzeichnisse

Manuskripte

Ardüser 1654
Johann Ardüser: *Festungsbau.* Zürich 1654
Vestungs Bau mitt beifugung Etlicher auch viller Jn[n] dem[m] werckstender Grundrys vonn Stetten Vestungen vnd Schantzen vnnd andren hier zu dienstlichen Sachen Durch [Portrait mit Legende:] Haupt: Joh: Ardüser des loblichen Standts Zürich bestelter Jngenieur. Atat: 70 A.° 1654.
Signatur: ZürichZB: MS B81

Engelhard 1621
Laurent Engelhard: *Pläne oder Grundrisse der wichtigsten Orte und Städte der unteren Pfalz, welche in den Jahren 1618 bis 1621 von Adam Stapf geplant worden sind.* 1621
PLANTAÆ oder Grundtriß deren fürnembsten Orther vnnd Stätte in der vndern Chur[fürstlichen] Pfaltz gelegen, sambt etlichen angrentzenten, so vom 1618 biß jetztschwebenten 1621 Jahrs zu bauwen vnnd zu fortificiren seind im Vorschlag gewesen. [...] Von Herrn Adam Stapfen der Churfürstlichen Pfaltz Jngenieurn vnnd Bauwmeistern der Vöstung Mannheim, in grund gelegt vnnd der gestalt zu fortificiren vorgegeben. Alles jn verjüngter proportion, doch eigentlichster vnnd gewitzelten sym[m]etri vnndt Mensur der lebentigen, vffgerißen, zusammen getragen, beschriben vnd mit höchstem fleiß verfertiget. Durch Laurentium Engelhartum Heidelbergensem. Anno Salvatoris MDCXXI
Signatur: MünchenBSB, Cod. germ. 1674

Faulhaber 1630
Johannes Faulhaber: *Academia Fortificatoria.* Ulm [um 1630]
Academia Fortificatoria, darinn Die gantze FortificationsKunst, in einer Tafel, dergleichen vorhin in keiner sprach gesehen worden, aufs kürtzerst vnd verständlichst, für Augen gestellt, docirt vnd gelehrt würdt. Allen vnnd Jeden Christilichen Potentaten Als Römischen Kaißer, Königen, Churfürsten, Fürsten, Grafen vnd Herrn, auch Generalen der Armee, Cavallerie, Jnfanterie, Artillerie, Feldmarschallen, KriegsObristen, sampt derselben Leütenanten, vnd Maiorn, General Jngenieurn, Quartiermaistern, Comissarien, Rittmaistern, Capitainen Corneten, fendrichen, auch andern hohen vnd nidern officiern vnd befelchshabern, der löblichen vnd Hochnutzlichsten fortificationskunst, wol affectionirten Patronen vnd Fautorn, Com[m]uniciert vnd verehrt in bester form, nach eines (respectivè) ieden Standt, Höchst, hoch vnd wol hergebrachter gebürenden Ehren. Johann Faulhaber Jngenieur [&]c: Jn Vlm.
Signatur: MünchenBSB: Cod. icon. 224

Lützelmann 1582
Walter Lützelmann: *Vortrab zu der Arckalay.* 1582
Vortrab zu der Arckalay Ordenliche beschreybung des Buluers vnd Saliter machens Welches als ain vhrsprung nachulogender siben Thail vorhör gath Sampt bericht derselbigen Als Schimpflicher vnd Ernstlicher Fewrwerckh auch andern darzu dienstlichen deren Bericht vnd Figuren auff das kurtzest volgen Wie dessen Register nechsten zuerkennen Gebenn thuet: zu samm[m]en Colligirt: Durch mich Walther Litzelman von Basel Der Zeit Furstlicher Bayrischer Zeugwarth der Beuestigunng Jngoldstatt: Actum den Neunten Augusti An[n]o 1582.
Signatur: MünchenBSB, Cod. germ. 909

Sattler 1641
Johann Heinrich Sattler: *Vergleich der Eidgenossenschaft mit einer Festung.* [Basel] 1641
Handtspiegell der Wundern Gottes, darinnen gegengestelt zu ersechen, was der allmechtige Gott biß dato einer [...] Eydtgnoschafft für einen freyen, mechtigen Bundt [...] verlichen [...] sie zu vergleichen unuberwündtlichen [...] Fortifikationswerckh [...]. 1641
Signatur: ZürichZB, HS B121 (1)

Specklin 1575
Daniel Specklin: *Codex mathematicus.* [Strassburg] [beendet 1575]
[Kein Titel]
Signatur: StuttgartWLB: Cod. math. 2° 4.

Specklin 1583
Daniel Specklin: *Architectur.* [Strassburg] 1583.
Architectur. Das ist Wie man Aller Hand vestungen bauen soll wiederr die feindt Christliches Namens, zuland vnd wasser, zu berg vnd thall, auß Mathematische[n] vnnd Mächanischenn grunden aus Rechter Simmetria sampt derenn fundamentenn vnnd auffzugen mit sattenn vnnd justem bericht, auffs kurtzest fur|gestelt, Durch Daniel Speckle, Der Stat Straspurg Verordneten vnd besteltenn Baumeyster, Jm Jarr. 1.5.83.
Signatur: CESt, ohne Signatur

Specklin 1588
Daniel Specklin: *Architectur- vnndt Bauw Ordnung vber die Stadt Basell.* [Strassburg] 1588
Architectur- vnndt Bauw Ordnung vber die Stadt Basell, wie die möchte auff ettliche Weg verbeßeret, gebauwen vnnd beuöstigt werden. Zu Ehren den gesthrengen, edlen, ehrenuest[en] & fürsichtigen, weissen, vnd fromen, Herren Burgermeÿster vnndt Rath einer loblichen Stadt Basell, meinen gnedigen Herrenn. Gestelt in zweÿ Theÿll, durch Daniel Specklein der Stadt Strassburg bestelten vnndt verordnetenn Bauwmeÿster. Jm Jahr 1.5.88. zahlt.
Signatur: StABS, Bau Z 1, 1588 und Planarchiv T 4

Vauban o. J.
Sébastien Le Prestre de Vauban: *Traité de l'attaque et de la déffence des places.* Ohne Ort, ohne Jahr (erste Hälfte 18. Jahrhundert)
TRAITÉ DE L'ATTAQUE ET DE LA DEFFENCE DES PLACES PAR M.R LE M.AL DE VAUBAN
Signatur: ParisCNAM, Fol Qe 2 Res

Gedruckte Quellen

Ardüser 1651
Johannes Ardüser: ARCHITECTURA Von Vestungen, Wie ein jeder Platz auff ein neüe Art zubevestnen mit gebürenden Kupfer-stuken in Truck gegeben. Zürich: Johann Heinrich Hamberger, 165[1].

Aubigné 1731
Théodore Agrippa d'Aubigné: Memoires de la Vie de Théodore-Agrippa d'Aubigne. Amsterdam: Jean Frederic Bernard 1731.

Aubigné 1873
Théodore Agrippa d'Aubigné: OEuvres complètes. Paris: Alphonse Lemerre, 1873.

Belidor 1740–1771
Bernhard Forest de Bélidor: Architectura hydraulica. 1. Teil: Augsburg: Johann Georg Mertz, 1740–1750; 2. Teil: Augsburg: Maria Jakobina Klett, 1766–1771.

Belidor 1745
Bernhard Forest de Bélidor: Neuer Cursus Mathematicus. Leipzig und Wien: Johann Joseph Pentz, 1745.

Belidor 1757
Bernhard Forest de Bélidor: Ingenieur-Wissenschaft. 2 Teile. Nürnberg: Christoph Weigel, 1757/58.

Belidor 1769
Bernhard Forest de Bélidor: Vermischte Werke über die Befestigungskunst und Artillerie. Worinnen insonderheit eine ganz neue Theorie von den Minen. Braunschweig 1769.

Burghartz 2015
Susanna Burghartz (Hrsg.): Die Jahrrechnungen der Stadt Basel 1535–1610. Digitale Edition. Basel/Graz 2015.

Caporali 1536
Gianbatista Caporali di Perugia: Architettura con il suo commento et figure Vetruvio in volgar lingua raportato. Perugia: nella stamparia del conte Iano Bigazzini, 1536.

Castriotto 1583
Jacomo Castriotto, Girolamo Maggi: Della fortificatione della città. Venedig: Camillo Borgominiero, 1583.

Cellarius 1645
Andreas Cellarius: ARCHITECTVRA MILITARIS, Oder Gründtliche Vnderweisung der heuttiges tages so wohl in Niederlandt als andern örttern gebräuchlichen Fortification oder Vestungsbau. Auß den besten Authoribus zusammen getragen und in ein volkommen werck gebracht. Amsterdam: Jodocus Janssonius, 1645.

Dilich 1640
Wilhelm Dilich, Johann Wilhelm Dilich: Peribologia. Frankfurt a. M.: Anton Humm, 1640.

Dilich 1689
Wilhelm Dilich: Kriegsbuch WILHELMI DILICHII. darin die Alte und Newe Militia aller o[e]rter vermehret, eigentlich beschribe[n] und allen kriegsnewlinge[n], Baw und Buchsenmeistern zu nutz publiciret und zu Franckfurt a[m] May[n] gedruckt. Frankfurt a. M.: Johann David Zunner II.; Johann Philipp Andreae, 1689.

Dögen 1648
Mathias Dögen: MATTHIÆ Dögens heutiges tages übliche Kriges Bau-kunst, mit vilen ausserläsenen, so wol alten als neuen geschichten bewähret: und mit den vornämsten Fästungen der Christenheit lehr-bilds-weise aussgezieret. Amsterdam: Ludwig Elzevier III., 1648.

Dürer 1527
Albrecht Dürer: Etliche vnderricht, zu befestigung der Stett, Schlosz, vnd flecken. Nürnberg: [Hieronymus Andreae], 1527.

Faulhaber 1626
Johannes Faulhaber: Weiter Continuation dess privilegirten mathematischen Kunstspiegels. Ulm: Jonas Saur, 1626.

Faulhaber 1633–1637
Johannes Faulhaber: INGENIEURS-Schul. 1. Teil: Frankfurt a. M.: Eberhardt Kieser; Johann Nikolaus Stoltzenberger, 1630; 2–4. Teil: Ulm: Jonas Saur, 1633; Tafeln: Nürnberg: Wolfgang Endter, 1637.

Flamand 1597
Claude Flamand: La guide des fortifications et conduite militaire. Montbéliard: Jaques Foillet, 1597.

Flamand 1597a
Claude Flamand: Les mathématiques et géometrie, departies en six livres contenant ce qu'est le plus necessaire, pour l'utilité de la vie humaine. Montbéliard: Jaques Foillet, 1597.

Flamand 1611
Claude Flamand: La guide des fortifications et conduite militaire. Montbéliard: Jaques Foillet, [1611].

Flamand 1612
Claude Flamand: Gründlicher Unterricht von Aufrichtung und Erbauung der Vestungen. Montbéliard: Jakob Foillet d. Ä., 1612.

Flamand 1616
Claude Flamand: Geometria. Frankfurt a. M.: Nikolaus Hofmann d. Ä., 1616.

Fludd 1617
Robert Fludd: Utriusque cosmi maioris scilicet et minoris metaphysica, physica, atque technica historia. Oppenheim: Johann Theodor de Bry; Hieronymus Galler, 1617.

Freitag 1631
Adam Freitag: ARCHITECTVRA MILITARIS Nova et aucta, oder Newe vermehrte FORTIFICATION, Von Regular Vestungen, von Jrregular Vestungen vnd Aussen wercken, Von praxi Offensivâ vnd Defensivâ: auff die neweste Niederländische praxin gerichtet vnd beschrieben. Leiden: Bonaventura und Abraham Elzevier, 1631.

Friedrich 1619
Valentin Friedrich: Kriegs Kunst zu Fuss unnd eigendlicher Underricht mit sonderbarer Behendigkeit und geschwinden Vortheil allerhand eydgnössischer Schlachtordnungen zu machen. Gedruckt zu Bern: bey Abraham Weerlj; in Verlegung des Authoris, 1619.

Galileo 1638
Galileo Galilei: Discorsi e Dimostrazioni Matematiche, intorno à due nuoue scienze. Attenenti alla Mecanica & i Movimenti Locali, Con una Appendice del centro di grauità d'alcuni Solidi. Leiden: Appresso gli Elsevirii, 1638.

Galileo 1640
Galileo Galilei: La operazione del compasso geometrico, et militare. Padua: per Paolo Frambotto, 1640.

Harms 1910
Bernhard Harms (Hrsg.): Der Stadthaushalt Basels im ausgehenden Mittelalter: Quellen und Studien zur Basler Finanzgeschichte. Abt. 1: Die Jahresrechnungen 1360–1535. Bd. 2: Die Ausgaben 1360–1490, Tübingen: Laupp, 1910.

Harms 1913
Bernhard Harms (Hrsg.): Der Stadthaushalt Basels im ausgehenden Mittelalter: Quellen und Studien zur Basler Finanzgeschichte. Abt. 1: Die Jahresrechnungen 1360–1535. Bd. 3: Die Ausgaben 1490–1535, Tübingen: Laupp, 1913.

Herbort 1734
Johann Anton Herbort: Nouvelle manière suisse de fortifier les places. Augsburg: Johann Andreas Pfeffel; Frankfurt a. M.: Johann Benjamin Andreae I. und Paul Heinrich Hort Erben; Leipzig: Jakob Schuster, 1734.

Kästner 1799
Abraham Gotthelf Kästner: Geschichte der Mathematik seit der Wiederherstellung der Wissenschaften bis an das Ende des achtzehnten Jahrhunderts. Göttingen: Johann Georg Rosenbusch, 1799.

Lorini 1597
Buonaiuto Lorini: Delle Fortificationi Libri cinque. Ne' qvali si mostra con le piv facili regole la scienza con la pratica, di Fortificare le Città, & altri luoghi sopra diuersi siti Nvovamente dati in luce. Venedig: Appresso Gio. Antonio Rampazetto, 1597.

Lörer 1616
Johann Lörer: Novum instrumentum Geometricum perfectum. Zürich: Johann Hardmeyer, 1616.

Marolois 1615
Samuel Marolois: FORTIFICATION OV ARCHITECTVRE MILITAIRE tant offensive que defensive. Den Haag: Hendrik Hondius, 1615.

Perez 1582
Matteo Perez: I veri ritratti della guerra, & assalti dati alla isola di Malta dall'armata turchesca l'anno 1565. Rom: appresso Matteo Perez d'Allecio, 1582.

Plan 1945
Pierre-Paul Plan: Pages inédites de Théodore-Agrippa d'Aubigné. Genf: Société d'Historie et d'Archéologie, 1945.

Ryff 1872
Fridolin Ryff: Die Chronik des Fridolin Ryff 1514–1541, mit der Fortsetzung des Peter Ryff 1543–1585. Die Chroniken des Karthäuser Klosters in Klein-Basel 1401–1532 (Basler Chroniken, Bd. 1). Leipzig: S. Hirzel, 1872.

Ryff 1547
Walther Hermann Ryff: Der furnembsten, notwendigsten, der gantzen Architectur angehörigen Mathematischen vnd Mechanischen künst eygentlicher bericht. Nürnberg: Johann Petreius, 1547.

Sattler 1619
Johann Heinrich Sattler: Von Festungen, Schanzen und Gegenschanzen. Basel: Ludwig König, 1619.

Specklin 1589
Daniel Specklin: ARCHITECTVRA Von Vestungen. Strassburg: Bernhard Jobin, 1589.

Specklin 1599
Daniel Specklin: ARCHITECTVRA Von Vestungen. Strassburg: Lazarus Zetzner, 1599.

Stigler 1757
Johann Georg Stigler: Anleitung zu den mathematischen Wissenschaften, worin die Theorie mit der Praxis verbunden. München: Franz Josef Thuille, 1757.

Struensee 1771–1774
Karl August Struensee: Anfangsgründe der Kriegsbaukunst. 3 Bde. Leipzig und Liegnitz: David Siegert, 1771–1774.

Sturm 1718
Leonhard Christoph Sturm: Freundlicher Wettstreit der Französischen, Holländischen und Deutschen Kriegsbaukunst. Augsburg: Jeremias Wolff; Peter Detleffsen, 1718.

Thommen 1908
Rudolf Thommen (bearb.): Historisch Antiquarische Gesellschaft zu Basel (Hrsg.): Urkundenbuch der Stadt Basel. Bd. 10. Basel: Helbing & Lichtenhahn, 1908.

Vauban 1744/45
Sébastien Leprestre de Vauban: Angriff und Vertheidigung der Vestungen. 2 Teile. Berlin: Christian Sigismund Bergmann, 1744/45.

Vauban 1770
Sébastien Leprestre de Vauban: Abhandlung von der Vertheidigung der Festungen, ein Original-Werk des Herrn Marschalls von Vauban. Auf höchsten Befehl aus dem Französischen übersetzt durch G. A. von Clair Königlichen Preussischen Ingenieur-Capitaine. Berlin und Potsdam: Christian Friedrich Voss, 1770.

Vogel/Fechter 1875
Jakob Vogel, Daniel Albert Fechter: Die Eidgenössischen Abschiede aus dem Zeitraume von 1618 bis 1648 (Der amtlichen Abschiedesammlung Band 5, Abtheilung 2.) Basel: Schultze, 1875.

Wolff 1710
Christian Wolff: Anfangsgründe aller Mathematischen Wissenschaften. 5 Bde. Halle: Renger, 1710.

Zwinger 1634
Theodor Zwinger: Christliche Leichpredigt [...] Leonhard Lützelmans. Basel: Johann Jacob Genath, [1634].

Zwinger 1654
Theodor Zwinger: Christliche Leichpredigt Theodor Falckeysens, gewesenen Lohn- oder Bawherrens. Basel: Johann Jacob Genath sel. Erben, 1654.

Sekundärliteratur

A

Ahlberg 2011: Nils Ahlberg: Netherlandish expertise in Swedish sixteenth- and seventeenth-century urban planning. In: Piet Lombaerde, Charles van den Heuvel (Hrsg.): Early Modern Urbanism and the Grid. The Low Countries in International Context: 1550–1800. Turnhout: Brepols, 2011, S. 95–127.
Apell 1902: F[erdinand] von Apell: Geschichte der Befestigung von Strassburg i. E.: Vom Wiederaufbau der Stadt nach der Völkerwanderung bis zum Jahre 1681. Strassburg: Eduard von Hauten, 1902.

B

Bachmann 1919: Albert Bachmann: Die Grenzbesetzungen Zürichs während des dreissigjährigen Krieges. Zürich, Lehmann & Co., 1919.
Banderier 1997: Gilles Banderier: Nathand d'Aubigné und die Zürcher Stadtbefestigung. In: Zürcher Taschenbuch 1998 (Neue Folge 118. Jg.). Zürich 1997, S. 293–298.
Barraud/Jezler 1999: Christine Barraud Wiener, Peter Jezler: Die Kunstdenkmäler des Kantons Zürich: Die Stadt Zürich I: Stadt vor der Mauer, Mittelalterliche Befestigung und Limmatraum. Basel: Wiese Verlag 1999.
Bernoulli 1918: August Bernoulli: Die Organisation von Basels Kriegswesen im Mittelalter. In: Basler Zeitschrift für Geschichte und Alterumskunde, Band XVII (1918), S. 120–161.
Büchi 2015: Tobias Büchi: Fortifikationsliteratur des 16. und 17. Jahrhunderts. Traktate deutscher Sprache im europäischen Kontext. Basel: Schwabe, 2015.
Büchi 2018: Tobias Büchi: Freundlicher Wettstreit der französischen, holländischen und deutschen Kriegsbaukunst: Leonhard Christoph Sturm als Fortifikationstheoretiker, in: Deutsche Gesellschaft für Festungsforschung e. V. (Hrsg.): Die Festung der Neuzeit in historischen Quellen (Schriftenreihe Festungsforschung, Bd. 9). Regensburg: Schnell & Steiner, 2018, S. 145–160.
Bürger 2013: Stefan Bürger: Architectura Militaris: Festungsbautraktate des 17. Jahrhunderts von Specklin bis Sturm. Berlin/München: Deutscher Kunstverlag, 2013.
Bürki 1937: Fritz Bürki: Berns Wirtschaftslage im Dreissigjährigen Krieg. Inaugural-Dissertation der philosophischen Fakultät I der Universität Bern zur Erlangung der Doktorwürde. Bern: Gustav Grunau, 1937.
Burckhardt 1906: Fritz Burckhardt: Über Pläne und Karten des Baselgebietes aus dem 17. Jahrhundert. In: Basler Zeitschrift für Geschichte und Altertumskunde, Bd. 5 (1906), S. 291–360.
Burger 2008: Daniel Burger: Festungen in Bayern. Regensburg: Schnell & Steiner, 2008.

C

Chelius 1830: Georg Kaspar Chelius: Mass- und Gewichtsbuch. Frankfurt a. M. 1830.

D

Duffy 1979: Christopher Duffy: Siege Warfare. The Fortress in the early modern Wold, 1494–1660. London: Routledge & Kegan Paul, 1979.

E

Eberle 1911: Ludwig Eberle: Wien als Festung (1530–1740). In: Alterthumsverein zu Wien (Hrsg.): Geschichte der Stadt Wien, Bd. IV. Wien: Holzhausen, 1911, S. 218–282.
Eimer 1961: Gerhard Eimer: Die Stadtplanung im schwedischen Ostseereich 1600–1715. Mit Beiträgen zur Geschichte der Idealstadt. Stockholm: Svenska Bokförlaget, 1961.
Enzmann 1941: Paul Enzmann: Die Militärorganisation des Kantons Basel bis zum Jahre 1813. Diss. jur. Basel, Maschinenschrift, Basel 1941.

F

Fischer 1996: Albert Fischer: Daniel Specklin aus Strassburg (1536–1589): Festungsbaumeister, Ingenieur und Kartograph. Sigmaringen: Jan Thorbecke Verlag, 1996.
Fouquet 1999: Gerhard Fouquet: Bauen für die Stadt: Finanzen, Organisation und Arbeit in kommunalen Baubetrieben des Spätmittelalters. Eine vergleichende Studie vornehmlich zwischen den Städten Basel und Marburg. Köln/Weimar/Wien: Böhlau, 1999.

G

Gallati 1918/19: Frieda Gallati: Eidgenössische Politik zur Zeit des dreissigjährigen Krieges. In: Jahrbuch für schweizerische Geschichte, Bd. 43 (1918) und Bd. 44 (1919).
Gauss 1932: Pfarrer D. K. Gauss: Geschichte der Landschaft Basel und des Kantons Basellandschaft. Bd. I, Von der Urzeit bis zum Bauernkrieg des Jahres 1653. Liestal: Lüdin & Co. A.-G., 1932.
Gauss/Stoecklin 1953: Julia Gauss, Alfred Stoecklin: Bürgermeister Wettstein: Der Mann. Das Werk. Die Zeit. Basel: Benno Schwabe & Co., 1953.
Gauss 1954: Julia Gauss: Über die Ursachen des Baselbieter Bauernkriegs von 1653. In: Baselbieter Heimatbuch, Bd. 6 (1954), S. 162–192.
Gessler 1912: Eduard Achilles Gessler: Die Basler Zeughausinventare vom Ende des 16. bis zum Ende des 17. Jahrhunderts. Inventar von 1591. In: Anzeiger für schweizerische Altertumskunde, Neue Folge, Bd. 14 (1912), S. 246–257.
Gessler 1912a: Eduard Achilles Gessler: Die Basler Zeughausinventare vom Ende des 16. bis zum Ende des 17. Jahrhunderts. Inventar von 1634. In: Anzeiger für schweizerische Altertumskunde, Neue Folge, Bd. 14 (1912), S. 357–360.
Gessler 1913: Eduard Achilles Gessler: Die Basler Zeughausinventare vom Ende des 16. bis zum Ende des 17. Jahrhunderts. Inventar von 1634. Fortsetzung. In: Anzeiger für schweizerische Altertumskunde, Neue Folge, Bd. 15 (1913), S. 67–84.
Gessler 1913a: Eduard Achilles Gessler: Die Basler Zeughausinventare vom Ende des 16. bis zum Ende des 17. Jahrhunderts. Inventar von 1648. In: Anzeiger für schweizerische Altertumskunde, Neue Folge, Bd. 15 (1913), S. 151–172.
Gessler 1913b: Eduard Achilles Gessler: Die Basler Zeughausinventare vom Ende des 16. bis zum Ende des 17. Jahrhunderts. Inventar von 1648. Fortsetzung. In: Anzeiger für schweizerische Altertumskunde, Neue Folge, Bd. 15 (1913), S. 229–251.
Gessler 1915: Eduard Achilles Gessler: Basler Geschütznamen. In: Basler Zeitschrift für Geschichte und Altertumskunde, Bd. 14 (1915), S. 85–104.
Gessler 1922: Eduard Achilles Gessler: Der Springolf, ein mittelalterliches Torsionsgeschütz, im Gebiete der nachmaligen Eidgenossenschaft. In: Basler Zeitschrift für Geschichte und Altertumskunde, Bd. 20 (1922), S. 189–203.
Gessler 1938: Eduard Achilles Gessler: Basler Wehr- und Waffenwesen im 16. Jahrhundert (Neujahrsblatt der Gesellschaft zur Beförderung des Guten und Gemeinnützigen Nr. 116). Basel: Helbing und Lichtenhahn, 1938.
Glasemann 2009: Reinhard Glasemann: Dilichs Instrumente und die Befestigung von Frankfurt am Main. Die Sammlung des Historischen Museums. In: Tanja Michalsky, Felicitas Schmieder, Gisela Engel (Hrsg.): Aufsicht – Ansicht – Einsicht. Neue Perspektiven auf die Kartographie an der Schwelle zur Frühen Neuzeit. Berlin 2009, S. 387–406.
Grosjean 1953: Georges Grosjean: Berns Anteil am evangelischen und eidgenössischen Defensionale im 17. Jahrhundert. Bern: Stämpfli, 1953.
Grütter 2021: Daniel Grütter: «dem lieben Gott anbefohlen» – Schaffhausens Stadtbefestigungen der frühen

Neuzeit im Kontext obrigkeitlicher Selbstdarstellung und Fremdwahrnehmung. In: Daniel Schneller, Guido Lassau (Hrsg.): Basel und der Dreissigjährige Krieg: Zuwanderung, Zerstörung, Festungsbau und neue Konzepte im Städtebau und Bauwesen Europas vom 16. bis zum 18. Jahrhundert. Basel 2021, S. 123–135.
Grunder 2005: Karl Grunder: Die Stadt Zürich IV: Die Schanzen und die barocken Vorstädte (Kunstdenkmäler des Kantons Zürich Bd. IV, neue Ausgabe). Bern: Gesellschaft für Schweizerische Kunstgeschichte, 2005.

H

Hawlitschek 1995: Kurt Hawlitschek: Johann Faulhaber 1580–1635: Eine Blütezeit der mathematischen Wissenschaften in Ulm. Ulm: Stadtbibliothek Ulm, 1995.
Helmig/Matt 1989: Guido Helmig, Christoph Philipp Matt: Inventar der Basler Stadtbefestigungen – Planvorlage und Katalog, 1. Die landseitige Äussere Grossbasler Stadtmauer. In: Jahresbericht der Archäologischen Bodenforschung des Kantons Basel-Stadt, 1989, S. 69–135.
Helmig/Matt 1990: Guido Helmig, Christoph Philipp Matt: Inventar der Basler Stadtbefestigungen – Planvorlage und Katalog. 2. Die rheinseitige Grossbasler Stadtbefestigung. In: Jahresbericht der Archäologischen Bodenforschung des Kantons Basel-Stadt, 1990, S. 153–222.
Hess 1862: J. W. Hess: Basel in den Jahren 1633 bis 1635. Nach einer handschriftlichen Chronik. In: Basler Taschenbuch auf das Jahr 1862. Basel, Schweighauser, 1862, S. 75–134.
Heusler 1854: Dr. A. Heusler: Der Bauernkrieg von 1653 in der Landschaft Basel. Basel: Neukirch'sche Buchhandlung, 1854.
Heusler 1855: Andr. Heusler: Zur Entstehung des Eidgenössischen Defensionals. Basel: Schweighauser, 1855.
Heusler 1866: A. Heusler d. Ä.: Mittheilungen aus den Basler Rathsbüchern aus den Zeiten des dreissigjährigen Krieges. In: Historische Gesellschaft in Basel (Hrsg.): Beiträge zur vaterländischen Geschichte. Bd. 8. Basel, H. Georg's Verlagsbuchhandlung, 1866, S. 171–343.
Hofer 1953: Paul Hofer: Die Wehrbauten Berns: Burg Nydegg und Stadtbefestigung vom 12. bis zum 19. Jahrhundert. Bern: Benteli-Verlag, 1953.
Howard 1981: Michael Howard: Der Krieg in der europäischen Geschichte: Vom Ritterheer zur Atomstreitmacht. München: Beck, 1981.

J

Jouffroy 1992: Christian Jouffroy: Jean Flamand, ingénieur du duc Louis-Frédéric de Wurtemberg 1597–1634. In: Bulletin et Mémoires de la Société d'Émulation de Montbéliard, Bd. 88, Nr. 115 (1992), S. 45–94.

K

Kaufmann 1949: Rudolf Kaufmann: Die bauliche Entwicklung der Stadt Basel. Klein-Basel, Vorstädte, heutige Stadt (Neujahrsblatt der Gesellschaft zur Beförderung des Guten und Gemeinnützigen Nr. 127). Basel: Helbing & Lichtenhahn, 1949.

L

Leins 2012: Leins Steffen: Soziale und räumliche Mobilität im Dreissigjährigen Krieg: Peter Melander von Holzappels Aufstieg vom «Bauernsohn» zum Reichsgrafen. In: Elena Taddei, Michael Müller, Robert Rebitsch (Hrsg.): Migration und Reisen: Mobilität in der Neuzeit (Innsbrucker Historische Studien Bd. 28). Innsbruck/Wien/Bozen: StudienVerlag, 2012, S. 55–69.
Loeffler 1881: Emil von Loeffler: Geschichte der Festung Ulm. Ulm: Wohler'sche Buchhandlung, 1881.

M

Mantel 1919: Alfred Mantel: Geschichte der Zürcher Stadtbefestigung. Teil 1 (Neujahrsblatt der Feuerwerker-Gesellschaft in Zürich Nr. 114). Zürich: Komissionsverlage Beer & Co., 1919.
Mantel 1920: Alfred Mantel: Geschichte der Zürcher Stadtbefestigung. Teil 2 (Neujahrsblatt der Feuerwerker-Gesellschaft in Zürich Nr. 115). Zürich: Komissionsverlage Beer & Co., 1920.
Mantel 1921: Alfred Mantel: Geschichte der Zürcher Stadtbefestigung. Teil 3 (Neujahrsblatt der Feuerwerker-Gesellschaft in Zürich Nr. 116). Zürich: Komissionsverlage Beer & Co., 1921.
Mörikofer 1874: Dr. J. Mörikofer: J. J. Breitinger und Zürich. Ein Kulturbild aus der Zeit des dreissigjährigen Krieges. Leipzig: S. Hirzel, 1874.
Müller 1880: Hermann von Müller: Geschichte des Festungskrieges seit allgemeiner Einführung der Feuerwaffen bis zum Jahre 1880. Berlin: Verlag von Robert Oppenheim, 1880.
Müller 1955: C. A. Müller: Die Stadtbefestigung von Basel. Die Befestigungsanlagen in ihrer geschichtlichen Entwicklung (Neujahrsblatt der Gesellschaft zur Beförderung des Guten und Gemeinnützigen Nr. 133). Basel: Helbing & Lichtenhahn, 1955.
Müller 1956: C. A. Müller: Die Stadtbefestigung von Basel. Beschreibung der Wehranlagen nach alten Plänen und Bildern (Neujahrsblatt der Gesellschaft zur Beförderung des Guten und Gemeinnützigen Nr. 134). Basel: Helbing & Lichtenhahn, 1956.
Mulsow 1910: Hermann Mulsow: Mass und Gewicht der Stadt Basel bis zum Beginn des 19. Jahrhunderts. Lahr: Moritz Schauenburg, 1910.

O

Oechslin 2018: Werner Oechslin, Tobias Büchi, Martin Pozsgai: Architekturtheorie im deutschsprachigen Kulturraum 1486–1648. Basel: Colmena, 2018.
Opll 2017: Ferdinand Opll, Heike Krause, Christoph Sonnlechner: Wien als Festungsstadt im 16. Jahrhundert. Zum kartografischen Werk der Mailänder Familie Angielini. Wien/Köln/Weimar: Böhlau Verlag, 2017.

P

Padjera 1920: Emil Padjera: Die bastionäre Befestigung von Frankfurt am Main. In: Archiv für Frankfurts Geschichte und Kunst, 3. Folge, Bd. 12 (1920), S. 230–302.
Parker 1996: Geoffrey Parker: The military revolution: Military innovation and the rise of the West 1500–1800. Cambridge: University Press, 1996.
Peter 1907: Gustav Jakob Peter: Ein Beitrag zur Geschichte des zürcherischen Wehrwesens im XVII. Jahrhundert. Zürich: Schulthess & Co., 1907.
Peter 1978: Rodolphe Peter: Daniel Specklin (1536–1589) et l'art des fortifications. In: Société Savante d'Alsace et des Régions de l'Est (Hrsg.): Grandes figures de l'humanisme alsacien courants milieux destins. Strassburg 1978, S. 203–219.
Peyer 1978: Hans Conrad Peyer: Verfassungsgeschichte der alten Schweiz. Zürich: Schulthess, 1978.
Pronay 2016: Andreas Pronay: Die lateinischen Grabinschriften in den Kreuzgängen des Basler Münsters. Basel: Schwabe, 2016.

R

Rodt 1831: Emanuel von Rodt: Geschichte des Bernerischen Kriegswesens. Bern, C. A. Jenni, 1831.
Rosen 1989: Josef Rosen: Finanzgeschichte Basels im späten Mittelalter. Gesammelte Beiträge 1971–1987. Stuttgart: Franz Steiner Verlag Wiesbaden GmbH, 1989.

S

Schadow 1885: Richard Schadow: Daniel Specklin, sein Leben und seine Tätigkeit als Baumeister. In: Jahrbuch für Geschichte, Sprache und Literatur Elsass-Lothringens, II. Jg. Strassburg 1885, S. 5–60.
Schäfer 2001: Christoph Schäfer: «Krygsvernuftelingen». Militäringenieure und Fortifikation in den Vereinigten Niederlanden. Inaugural-Dissertation zur Erlangung des Doktorgrades der Philosophie des Fachbereiches Geschichts- und Kulturwissenschaften der Justus-Liebig-Universität Giessen, 2001.
Schmidtchen 1990: Volker Schmidtchen: Kriegswesen im späten Mittelalter: Technik, Taktik, Theorie. Weinheim: VCH, Acta Humaniora, 1990.
Schmuki 1989: Karl Schmuki: Zur Baugeschichte des Munot zwischen 1563 und 1798. In: Schaffhauser Beiträge zur Geschichte, Bd. 66 (1989), S. 141–187.
Schneewind 1953: Wolfgang Schneewind: Das Feuerwerksbuch des Basler Büchsenmachers und Zeugwarts Walter Lützelmann vom Jahr 1582. In: Basler Zeitschrift für Geschichte und Altertumskunde, Bd. 52 (1953), S. 37–64.
Schneider 1993: Ivo Schneider: Johannes Faulhaber 1580–1635: Rechenmeister in einer Welt des Umbruchs (Vita mathematica, Band 7). Basel: Birkhäuser, 1993.
Schönhuth 1858: Ottmar F. H. Schönhuth (Hrsg.): Leben und Thaten des weiland wohledlen und gestrengen Herrn Sebastian Schertlin von Burtenbach durch ihn selbst deutsch beschrieben. Münster: Aschendorff'sche Buchandlung 1858.
Schubiger 1994: Benno Schubiger: Die Stadt Solothurn I: mit einer Einleitung zum Kanton Solothurn: Geschichtlicher Überblick, Stadtanlage und -entwicklung, Befestigung, Wasserversorgung und Brunnen, Denkmäler, Brücken und Verkehrsbauten (Die Kunstdenkmäler des Kantons Solothurn, Bd. 1). Basel: Wiese Verlag, 1994.
Simon 2004: Thomas Simon: «Gute Policey»: Ordnungsleitbilder und Zielvorstellungen politischen Handelns in der Frühen Neuzeit. Frankfurt a. M.: Vittorio Klostermann, 2004.
Steinebrei 1986: Hans Steinebrei: Der kurpfälzische Festungsbaumeister Adam Stapf. In: Pfälzer Heimat, Jg. 37, 1/1986, S. 7–15.
Stiefel 1937/38: Otto Stiefel: Die Wehranlagen des Städtchens Stein am Rhein. Separatabdruck aus Heft 14 und 15, 1937 und 1938 der «Schaffhauser Beiträge zur vaterländischen Geschichte». Thayngen: Karl Augustin, 1937/38.
Stritmatter 1977: Robert Stritmatter: Die Stadt Basel während des Dreissigjährigen Krieges: Politik, Wirtschaft, Finanzen (Europäische Hochschulschriften, Reihe III, Geschichte und ihre Hilfswissenschaften, Bd. 84). Bern/Frankfurt a. M./Las Vegas: Peter Lang, 1977.
Sutter 1957: Hans Sutter: Basels Haltung gegenüber dem evangelischen Schirmwerk und dem eidgenössischen Defensionale (1647 und 1668). Basel: Helbing & Lichtenhahn, 1957.

U

Usteri 1957: Emil Usteri: Antistes Breitinger und die Zürcher Stadtbefestigung. In: Schweizer Monatshefte: Zeitschrift für Politik, Wirtschaft, Kultur. 37 (1957–1958), Heft 9, S. 763–771.

V

Valleriani 2010: Matteo Valleriani: Galileo Engineer. Dordrecht/Heidelberg/London/New York: Springer, 2010.

W

Walter 1906: Friedrich Walter: Die Leiter des Mannheimer Festungsbaus. In: Mannheimer Geschichtsblätter VII (1906), Nr. 1, Sp. 78–82.
Wanner 1964: Gustaf Adolf Wanner: Seit 600 Jahren in Basel: Lebensbilder aus der Familie Iselin. Basel: Kommissionsverlag Helbing & Lichtenhahn, 1964.
Weber 1995: Karl-Klaus Weber: Johan van Valckenburgh. Das Wirken des niederländischen Festungsbaumeisters in Deutschland 1609–1625. Weimar/Wien: Böhlau, 1995.
Wieland 1886: Carl Wieland: Über das baslerische Militärwesen in den letzten Jahrhunderten. Basler Jahrbuch 1886, S. 79–144.

Y

Yenny 2008: Julien Yenny: Être ingénieur à Montbéliard à la charnière des XVIe et XVIIe siècles: Claude et Jean Flamand (vers 1570–1634). In: Société d'Emulation de Montbéliard: Bulletin et mémoires. Montbéliard 2008, S. 51–84.
Yenny 2008a: Julien Yenny: Livres et lectures de Claude et Jean Flamand ingénieurs militaires du Prince. In: Cahiers du laboratoire RECITS (UTBM). Nr. 6 (2008), S. 7–29.

Z

Zimmermann 1965–1967: Jürg Zimmermann: Das «Geheime Kriegsbuch» von Bürgermeister Heinrich Schwarz. 3 Teile. In: Schaffhauser Beiträge zur vaterländischen Geschichte. Thayngen: Karl Augustin, 1965 (42. Heft), S. 167–172; 1966 (43. Heft), S. 116–125; 1967 (44. Heft), S. 60–73.

Register

Fette Zahlen verweisen auf die in diesem Buch enthaltenen Biografien von Claude und Jean Flamand, Johannes Faulhaber, Adam Stapf und Johannes van Valckenburgh. Kursive Zahlen verweisen auf die Transkription, also auf Nennungen Daniel Specklins in seiner *Architectur- vnndt Bauw Ordnung vber die Statt Basell* (1588).

Personenregister

A

B

C

D

E

F

G

H

I

K

L

M

N

O

P

R

S

T

U

V

W

Z

Ortsregister

A

B